本丛书由澳门基金会策划并资助出版

澳门研究丛书 MACAU STUDIES

澳门研究丛书 MACAU STUDIES

澳门学与澳门民间文化

——第六届澳门学国际学术研讨会论文集

Macaology and Folk Culture of Macau
– Proceedings of the 6th International
Conference on Macaology

澳门基金会 / 编

社会科学文献出版社
SOCIAL SCIENCES ACADEMIC PRESS (CHINA)

澳門基金會
FUNDAÇÃO MACAU

目录

一 澳门学的学科建设与宏观思考

二 非物质文化遗产与社会互动

三 文化艺术与多元发展

四 历史研究与史料整理

一　澳门学的学科建设与宏观思考

澳门学学科构建的理论问题、实证分析及策略建议*

郭万达**

摘　要：“澳门学”研究对象是澳门这个特定区域发生的“故事”，研究视角不仅是澳门的历史，也要包括澳门的现在和未来，要从时间、空间和结构三个维度全方位开展研究。澳门学正在经历从“领域”到“学科”的构建过程，学科建设关系到学科方向凝练、学科水平提升、学科发展创新以及学科体系完善。澳门学学科构建应把握好“澳门学”与“澳门研究”、学术研究与应用研究、本土性与全球性的关系，着力构建以历史文化、法律制度、政治制度、经济和社会治理研究为主的澳门学学科体系。

关键词：澳门研究　澳门学　学科体系　策略建议

澳门学因澳门而生，是总结澳门经验、讲述澳门故事的重要载体。澳门学概念于20世纪80年代末提出，目前已从学术概念的探讨阶段，发展到学科构建阶段。构建澳门学学科体系，是澳门学研究的一个重要内容，

---

* 本文系澳门基金会委托研究课题“澳门学学科建设规划纲要”的阶段性成果，参加课题研究的还有张玉阁、王万里、谢来风、李佳桧、杨秋荣、文雅靖等，感谢研究团队对本文的观点形成、逻辑框架、资料整理做出的重要贡献。本文曾刊于《澳门理工学报》2020年第1期。

** 郭万达，经济学博士，研究员，中国（深圳）综合开发研究院常务副院长，全国港澳研究会副会长。

具有重要的理论和学术价值，也具有重大的现实意义，即通过澳门学研究，形成丰盛的智慧成果，支持澳门打造“以中华文化为主流、多元文化共存的交流合作基地”，促进澳门更好融入国家发展大局，为“粤港澳大湾区”和“一带一路”建设贡献学术力量，为“一国两制”澳门实践行稳致远提供保障。

以往对澳门学的研究，存在以下两个不足：一是大多停留在宏观叙事和澳门学概念之争，未对澳门学过去、现状和未来的发展做深入、系统、全面的评估；二是对澳门学学科构建的学理分析和系统梳理的研究比较少，且分析的视角多以历史学、区域学或者“地区学”为主，从教育学理论视角探索澳门学学科体系的研究也比较缺乏，尚未从学理上研究分析澳门学学科体系的构成要素。

笔者是从事经济学研究的智库学者，有感于澳门学学科体系构建对澳门文化和教育发展的重要性，斗胆做一次“跨界”的学术之旅，把澳门学看成是经济学范畴的“公共品”来研究。为此，本文以问题为导向，着重回答澳门学学科构建的若干关键原则问题：从理论研究来看，澳门学学科构建需要什么学理支撑？从实证分析来看，澳门学学科构建存在的基础和问题有哪些？从现实发展来看，支持澳门学学科构建应采取什么策略和措施？

一　关于澳门学学科构建的理论问题

（一）教育学理论的“领域”与“学科”之争

从教育学理论研究来看，学术研究领域与学科之间的争议一直存在。知识是无界的，学科的划分具有人为性，这是不可否认的事实。任何学科的发展大凡都要经历“研究领域→理论发展→学科体系”动态发展过程。从某一领域出发，不断研究和探索新的研究领域，逐渐形成自己特有的研究方法和理论体系，这样就诞生了新的学科。因此，在领域与学科之间，研究领域成熟以后就走向学科，[①] 这是学术发展的普遍规律。有学者认为，任何一门

① 王建华：《领域、学科之争与高等教育概念体系的建构》，《现代大学教育》2006 年第 2 期。

学科的形成和发展都需要经过漫长的过程，不可能一蹴而就，它需要知识的建构和社会的认可，这必然是一个渐进的过程。①

古希腊哲学家亚里士多德在柏拉图知识分类法的基础上，第一次从哲学层面明确提出了“学科”的概念。他在《物理学》开篇说：“任何一门涉及原理、原因和元素的学科，只有认识了这些原理、原因和元素，才算认识或领会了这门学科。”② 这说明只有当学科研究者形成共同范式，该学科才能从前科学时期进入科学时期。中国文献中出现“学科”一词，最早见于北宋欧阳修等人所修《新唐书》中《儒学传序》，本意为“儒学的科目分类”。③《辞海》将“学科”解释为“学术的分类”，是“一定科学领域或一门科学的分支”，同时也是“教学的科目”。④ 奥斯特瓦尔德认为，科学的分类不是依照所谓的事物的“本质”，而仅仅属于为了比较容易和比较成功地把握科学问题而做出的纯粹实际的安排。⑤

学术之争在不同的时代具有不同的类型，如由于代际更替和范式转移引起的德语区四大系科（德国神学、法学、医学和哲学）之争，在康德时代主要表现为“哲学”与神学、法学和医学之间的系科之争；在 19 世纪上半叶主要表现为哲学与语文学和历史学等新兴的人文学科之争；在 19 世纪下半叶则主要表现为“精神科学”与“自然科学”之争以及语文学和历史学等“二级学科”内部的纷争。⑥ 以我国高等教育学为例，也存在潘懋元主张的“学科论”与阿特巴赫主张的“领域”之争，在中国可以称为学科，在美国则是一种研究领域。⑦

还有学者认为，人们对经典学科的认识具有较强的一致性，一个学科能否被称为成熟的学科、一流的学科，并不仅仅根据它是否拥有雄厚的资金、

① 于倩、曲扬：《教育经济学发展历程回顾》，《教书育人》2007 年第 10 期。

② 转引自袁曦临《学科的迷思》，东南大学出版社，2017，第 1 页。

③ 转引自刘海峰《高等教育学在学科与领域之间》，《高等教育研究》2009 年第 11 期。

④ 转引自张应强《超越“学科论”和“研究领域论”之争——对我国高等教育学学科建设方向的思考》，《北京大学教育评论》2011 年第 4 期。

⑤ 转引自李醒民《论科学的分类》，《武汉理工大学学报》（社会科学版）2008 年第 2 期。

⑥ 吕和应：《德罗伊森时代的学科之争——兼论德国现代史学的诞生》，《历史研究》2015 年第 3 期。

⑦ 陈兴德：《高等教育学的“学科”“领域”之争——基于知识社会学视角的考察》，《高等教育研究》2018 年第 9 期。

是否拥有一流的研究平台，而是看它是否拥有自己特有的价值观念、思维方式、行为方式，形成自己独特的研究方法和理论体系。[①] 理论对于学术研究的重要性是不可忽视的，进而对于一个学科的建设更是重中之重，基础理论是学科建设的基石，正如美国社会学家赖特·米尔斯所言："没有资料的理论是空洞的，没有理论的资料是盲目的。"[②] 这虽然是针对具体的理论与学术研究之间的关系而言的，但在理论与学科的关系上也同样适用。理论支撑了研究，并且逐步提升研究的层次，扩展出更多的研究成果，这样也有利于建设更完善的学科体系。

（二）澳门学的"学科"与"领域"之争

长期以来，学者们围绕澳门学是否可以成为一门独立的学科以及作为一门独立学科的困难进行了综合论述，可以看成是澳门学学科构建的"领域"和"学科"之争。综合海内外有关研究，主要形成了"领域论"（"澳门学审慎论"）和"学科论"两派，"学科论"又分为"狭义澳门学论"和"广义澳门学论"。

1. 领域论

即"澳门学审慎论"，认为澳门学还不足以成为一门单独的学科，对澳门学持怀疑或者否定的态度。持这种观点的学者认为，对澳门学学科构建应审慎，认为把澳门学作为一个学科来说，现在还是有一定的难度，澳门学在当前没有必要也没有可能取代澳门研究。持这种观点的学者认为，澳门学不足以成为一门学科，认为澳门学可以看作一种学术建设，或者是一个研究领域。杨允中指出，目前对澳门学的科学解读不同，意欲借一两次会议把概念定型，恐怕为时过早、利弊参半，假如概念尚未清晰界定而急于单方面判断，其结果也很简单：难以落实，一时的热闹景象恐难长久维持。[③]

2. 狭义澳门学论

即认为澳门学作为一门学科，研究对象是澳门的历史文化。1986 年 11

---

① 王贺：《基于学习型组织理论的"一流学科"建设思考》，《现代教育科学》2019 年第 7 期。

② 转引自徐翔《改革开放四十年来我国体育法学科建设回顾与展望》，《武汉体育学院学报》2018 年第 8 期。

③ 杨允中：《整合学术，确保长期繁荣稳定》，郝雨凡、吴志良、林广志主编《澳门学引论：首届澳门学国际学术研讨会论文集》（上册），社会科学文献出版社，2010，第 42 页。

月在澳门研究的学术研讨会上有澳门学者首次提出建立澳门学。① 1994 年，常绍温通过分析澳门历史文化的特点来论述建立澳门学的问题。② 1995 年，汤开建认为澳门学研究的内涵、研究队伍的数量和质量已经达到成为一门学科的条件，作为区域性学科的“澳门学”可称为“澳门文化”或“澳门历史文化”③。2001 年，黄汉强主张澳门学应以澳门文化为主要研究对象，采用静态、动态、结构和综合分析等唯物辩证思维为主导的研究方法。④ 金国平立足中外文历史资料，尝试解决澳门学的一些关键问题。⑤ 此外，还有学者认为澳门学是区域性学科，发生和存在于这一区域的有关问题都是这一学科的研究对象。也有人认为，澳门学是一门反映和阐明澳门社会各领域的矛盾、规律及其相互关系的学问。⑥

3. 广义澳门学论

认为澳门学是一门综合性学科，既从纵切面研究澳门社会的发展过程，亦从横切面研究澳门社会的各个方面，⑦ 其研究领域（内容的、空间的）、研究维度、研究方法等是开放和动态发展的。吴志良认为，澳门学就是从物质生产、社会结构、人群组成、风俗习惯、宗教信仰等各个方面，研究澳门社会形成、变迁和发展的过程。⑧ 许嘉璐认为，澳门学是一门综合性学科，只有从史学、哲学、宗教学、文化等多角度综合研究，才能重新认识澳门的内涵。⑨ 郝雨凡认为，澳门学是一门以文献档案、文化遗产为基础，以历史文化和社会生活为对象的，探寻澳门模式与澳门精神及其效应的综合性学科。⑩

---

① 杨仁飞：《城里城外的多元视角：三十年来澳门研究回顾及展望》，《澳门研究》2018 年第 3 期。

② 常绍温：《从澳门历史文化的特点略谈建立“澳门学”问题》，《文化杂志》1994 年总第 19 期。

③ 汤开建：《“澳门学”刍议》，《特区与港澳经济》1995 年第 2 期。

④ 黄汉强：《关于“澳门学”对象与方法的思考》，《学术研究》2001 年第 7 期。

⑤ 金国平：《澳门学：探赜与汇知》，广东人民出版社，2018。

⑥ 黄汉强：《关于建立澳门学的一些思考》，《港澳经济》1989 年第 2 期。

⑦ 吴志良：《旧话重提“澳门学”》，吴志良、陈震宇主编《澳门人文社会科学研究文选·综合卷》，社会科学文献出版社，2009，第 38 页。

⑧ 吴志良：《澳门学：历史，使命与发展路向》，《澳门理工学报》2018 年第 2 期。

⑨ 许嘉璐：《研究澳门文化，弘扬澳门精神》，郝雨凡、吴志良、林广志主编《澳门学引论：首届澳门学国际学术研讨会论文集》（上册），第 2 页。

⑩ 郝雨凡：《澳门学的学术可能性（代前言）》，郝雨凡、吴志良、林广志主编《澳门学引论：首届澳门学国际学术研讨会论文集》（上册），第 2 页。

笔者持“广义澳门学论”的观点，在2018年也参与了有关澳门学内涵及方法论的讨论。笔者认为，澳门学作为一门地区学，其研究对象是澳门这个特定区域发生的“故事”，研究的视角就不仅是澳门的过去，也要包括澳门的现在和未来，要从时间、空间和结构三个维度全方位地开展研究。也就是说，澳门学不仅要解释历史，而且要面向实践，更要为澳门的未来指路。①

（三）实现从“领域”向“学科”的提升

学科建设的过程就是学科方向凝练的过程，学科方向凝练的过程是学科水平提升的过程，也是创新的过程。学科文化在不断的发展中也会整合、分化成新的学科文化体系。② 从长久发展的角度来说，学科应不断加强知识积累和学术理论体系建设，依靠加强内生知识增长来降低对外部政策制度的附着度。③

笔者认为，澳门学正在经历从“领域”到“学科”的构建过程。也就是说，澳门学与澳门研究并不对立，澳门学与澳门研究相辅相成，互相促进，④ 并非要在“澳门研究”之外搞一个澳门学⑤。澳门学是以国际视野、学科思维、学术范式，对“澳门研究”进行学理上的梳理、整合和提升，使“澳门研究”逐步成为一门学科，可以说，澳门学是澳门研究领域演进的学科目标。因此，不应纠缠于澳门学的概念和内涵而裹足不前，而应在学科发展中不断研究探索，动态生长，以学科的发展积累，丰富和发展澳门学概念和内涵。因此，澳门学是以澳门研究为基础对澳门研究的学理总结与推进澳门研究向更高层次、更深拓展的学术建构过程。⑥

---

① 郭万达：《基于经济学“小”方法论的澳门学研究——对澳门城市功能、产业发展和空间格局演变的分析》，《澳门理工学报》2018年第2期。

② 王贺：《基于学习型组织理论的“一流学科”建设思考》，《现代教育科学》2019年第7期。

③ 郑浩：《学科政策视域下青年研究作为独立学科的建设》，《中国青年社会科学》2019年第4期。

④ 陈树荣：《建立澳门学，促进澳门研究》，吴志良、陈震宇主编《澳门人文社会科学研究文选·综合卷》，社会科学文献出版社，2009，第43页。

⑤ 刘泽生：《回归十年澳门研究的回顾与展望——以澳门历史研究为中心》，《澳门研究》2010年第1期。

⑥ 杨仁飞：《城里城外的多元视角：三十年来澳门研究回顾及展望》，《澳门研究》2018年第3期。

二　澳门学学科构建的实证分析[①]

（一）澳门学学科构建的基础条件及面临的问题

经过多年积累，澳门研究成果丰富多元、研究平台开始搭建、研究范围不断拓展、研究主体逐步壮大，可以说，澳门学已经形成一定基础和条件。同时，也要清醒地看到，澳门学作为一门学科，其发展处于初始阶段，当前及未来还存在诸多问题。

一是研究成果丰富多元，研究范围不断拓展，但存在学科发展不平衡的问题，形成完整学科体系尚需时日。回归以来，由澳门基金会出版或资助出版的澳门研究成果达数百种，包括“澳门知识丛书”“澳门特别行政区法律丛书”等。[②] 此外，澳门基金会还创立了网上阅读平台——澳门虚拟图书馆，至撰写本文为止共收录了 827 本图书（见图 1）、591 本期刊。澳门大学、澳门文化局、澳门理工学院、澳门科技大学等机构以历史研究为基础陆续推出一批澳门研究的代表性著作。大量澳门学研究成果被收录汇编在《澳门学引论：首届澳门学国际学术研讨会论文集》（上下册）、《全球视野下的澳门学》等著作中。但是，目前澳门学学科发展不平衡，一些学科仍有空白，一些学科起步较晚，起点较低，活动的力度和影响力有限。[③] 集中在澳门历史、法律、经济方面，政治、社会研究方面的出版物较少，学科互动性较弱。澳门学和澳门研究在相当时期内处于边缘位置，与社会科学各学科有机结合的程度不够，跨学科研究直到近年才开始出现，学科概念、学科理论、学术范式等学科建设的重大路向问题还有待于进一步明晰和确定。

二是学科构建开始起步，但发展路向有待明确，研究方法有待完善。澳门学发展脉络和演变历程大体经历了三个阶段，分别以三个时间节点为标志。

① 2019 年 3～4 月，笔者和研究团队成员采取田野调查的方法，访谈了澳门十多位学者，就澳门学的发展、存在问题及解决办法、学科建设的方向和路径等听取意见和建议。本实证分析引用了此次访谈的部分内容。

② 吴志良：《放宽视野，深耕细作，构建澳门学的话语体系》，《行政》2017 年第 4 期。

③ 杨允中：《面临新突破的澳门社会科学研究》，吴志良、陈震宇主编《澳门人文社会科学研究文选·综合卷》，社会科学文献出版社，2009，第 47 页。

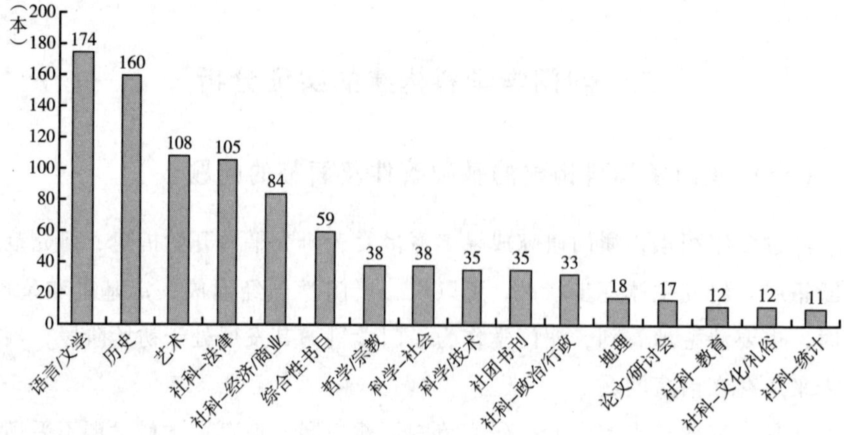

图1　澳门虚拟图书馆书目分类统计（2019）

说明：部分书目为跨类别。

资料来源：澳门虚拟图书馆，http：//www. macaudata. mo。

20世纪80年代中后期为第一阶段，提出澳门学概念。2010年，首届澳门学国际学术研讨会召开，就“文献调研与澳门学实证研讨”“知识建构与学术成长”“文献基础与学科建设”“澳门学与澳门发展”等主题进行探讨，澳门学进入被认可和接受的第二阶段（见表1）。2017年澳门基金会澳门学专家小组成立，澳门学学科建设进入启动发展的第三阶段。虽然澳门学学科建设已经有三个阶段的积累，但是澳门学未来发展愿景、发展目标，以及需要把握的关键问题仍然处于摸索状态。尽管学界总体上认同澳门学可以作为一门学科来建设、要与现实结合并吸纳更多的研究领域，但怎么界定其研究范围和研究方法，学界还有不同看法。特别是澳门学对澳门社会实践经验的认知有限，学术范式不足。①

表1　推动澳门学学科构建的重要事件

时间	重要事件
2010	首届澳门学国际学术研讨会召开，以“澳门学的学理化与国际化”为主题，此后又分别与海内外学者在里斯本、北京、澳门和广州举办了四届研讨会，围绕“文献调研与澳门学实证研讨”“知识建构与学术成长”“文献基础与学科建设”“澳门学与澳门发展”等主题进行探讨。澳门学被认可和接受

① 吴志良：《放宽视野，深耕细作，构建澳门学的话语体系》，《行政》2017年第4期。

续表

时间	重要事件
2017	澳门基金会成立“历史文化工作委员会”，下设澳门学专家小组，负责编制澳门学学科建设项目及活动方案。澳门学学科建设进入启动发展阶段
2018	4月和6月澳门学专家小组会议和第一次“澳门学学科建设协调会议”先后召开，制定了《澳门学学科建设的工作纲领》，提出了澳门学学科建设的愿景、目标、策略和工作规划
2018	11月中旬召开的第二次“澳门学学科建设协调会议”，集中探讨了澳门学研究人才培养、研究成果宣传机制等具体工作
2019	9月召开“第六届澳门学国际学术研讨会”，围绕其中一专题“澳门学的学科建设”做探讨，为澳门未来发展提供知识的支撑与理论的指导

注：笔者根据有关资料整理制作。

三是研究队伍不断壮大，但研究力量有待加强，研究机构有待健全。20世纪以来，澳门研究形成了三股学术力量，分别是澳门本地、中国内地和海外学术力量。这些进展为澳门学研究和澳门学学科构建奠定了良好的基础。澳门学研究已经进入高校课程体系。澳门大学开设了社会科学（澳门研究）硕士课程，培养有志于澳门学研究的青年学术人才，成为澳门学迈入高校课程体系的第一步。此外，澳门学也作为讲座课程进入高校，如澳门城市大学举办了“关于澳门档案现状与使用”讲座。但是，澳门的学术研究起步晚、进展慢，研究队伍薄弱而分散。澳门高等教育在最近20多年才得以发展，本地学术社团（智库）、学术队伍及学术功底薄弱，参与者绝大多数为义务兼任。尽管近年来澳门研究队伍逐渐壮大，但就某一问题长期系统跟踪研究的人并不多，以澳门研究为志的人更少，缺乏稳定、专业的研究机构，也缺乏持续性的推动和研究。

四是对现实问题的关注和研究应进一步强化。随着“一国两制”澳门实践的不断深入，澳门发展面临许多新情况新问题，如粤港澳大湾区“人文湾区”建设的加快，世界经济发展不稳定性和不确定性的增加，“一带一路”民心相通和构建文化命运共同体对澳门学科建设提出新要求等，都是澳门学的研究范畴，都需要全面、深入、持续的研究。澳门学学科构建必须具有强烈的现实意义，澳门学发展路向应该具有强烈的现实关怀，澳门学研究应该具有更加鲜明的现实导向。[①] 智库是将学术研究与政策研究较好结合的研究载体，澳门的智库也比较缺乏，其中倡导型智库（Advocacy Tank）规模相对较小。[②] 智库功能的实质是思想、知识、人才的"供给侧改革"，学科建设与智库建设是"一体两面"，如何通过智库建设或智库功能延伸和拓展学科建设创造的思想与知识、科技与人才的"价值链"，拓展学科理论成果和实验成果的"服务区""外溢区"，[③] 是值得深入思考的问题。

（二）澳门学学科构建的必要性和意义

可以肯定的是，加强澳门学研究、推动澳门学学科构建，对澳门学术发展、"一国两制"澳门实践、"一带一路"建设、粤港澳大湾区建设以及世界文明和谐共存发展，均具有重要的战略意义和现实意义。澳门学研究与"一基地"（以中华文化为主流、多元文化共存的交流合作基地）相辅相成，相互推动。

一是对澳门学术发展进步具有重要意义。澳门学学科构建就是构建澳门本土知识体系，形成澳门独特、完整的宏观叙事体系和解释体系，确立澳门的学术自主性，巩固澳门的学术话语权。"从远古到澳门港口城市的起源及其之后的历史演进和社会变迁、澳门在早期全球化中扮演的角色和中国近代史过程中的作用与地位、澳门在人类文明发展中的典范意义"，[④] 是澳门历史宏观叙事的主线。澳门学研究是促进国际文化交流、加强"一基地"建设的重要载体。一方面，澳门打造"以中华文化为主流、多元文化共存的交流合作基地"需要澳门学做出独特贡献；另一方面，澳门学学科建设本身也是澳门"一基地"建设的组成部分，是重要的平台和载体。

二是对"一国两制"澳门实践具有重要意义。2019 年是澳门回归 20 周年。20 年来，澳门积极加强与内地的交流合作，努力促进经济适度多元发展，社会和谐稳定，经济持续发展，积累了丰富的"一国两制"实践经验。

---

① 吴志良：《澳门学与澳门发展道路》，《南国学术》2019 年第 1 期。

② 邓玉华：《探讨澳门人文及社会科学学术社团的社会功能》，程惕洁主编《澳门人文社会科学研究文选·社会卷》，社会科学文献出版社，2009，第 512 页。

③ 刘鸿武：《高校学科建设与智库建设：一体之两面》，《图书馆论坛》2018 年第 4 期。

④ 吴志良：《澳门学：历史，使命与发展路向》，《澳门理工学报》2018 年第 2 期。

对20年来澳门"一国两制"实践进行全面总结，提炼澳门经验，结合澳门厚重独特的历史文化积累，讲好澳门故事，是澳门学研究的重要任务。此外，"一国两制"在澳门的实践取得了举世公认的成功，积累了丰富经验，需要通过澳门学研究，从学术视角予以系统的总结提炼，形成"一国两制"实践的澳门模式和澳门学理，推进"一国两制"事业发展，为最终实现祖国和平统一做出澳门示范和澳门贡献。①

三是对新时代国家发展具有重要意义。更好参与"一带一路"和粤港澳大湾区建设，是澳门未来发展面临的重大课题，也是澳门学研究现实问题的重要内容。近年来，在中央政府支持下，澳门将强化提升与葡语国家的精准联系功能，成为"一带一路"建设的参与者、共建者和受益者。澳门是大湾区四大中心城市和核心引擎之一，粤港澳大湾区建设为澳门未来发展提供了新空间，为澳门融入国家发展大局、服务国家发展创造了新契机。在"一带一路"和粤港澳大湾区建设两大国家规划中，澳门能发挥独特作用，做出积极贡献。

四是对促进世界文明和谐共存具有重要意义。澳门是中外、东西两大文明碰撞、融合、互补、共存的杰出典型，对澳门丰富的历史文献和特殊的社会形态展开研究，发掘澳门开放、多元、宽容等文明兼容相处的价值，有利于构建世界文明发展互动的知识体系，为世界各国解决民族、宗教冲突，促进世界和平提供重要启示。② 澳门以及澳门学的案例可以用来检验安德森提出的有关"印刷资本主义"的假设。③ 澳门拥有丰厚的历史文化积淀，形成了鲜明的爱国爱澳核心价值观，这些优秀的文化资产和价值观，需要一代一代澳门居民传承下去，推陈出新，发扬光大。这就需要深入系统的研究，形成可资流传的科学知识体系和优质知识成果。推进澳门学学科建设，挖掘和

---

① 林广志：《互动－相生：人类文明发展的澳门模式——近20年澳门学研究书评及其他》，郝雨凡、吴志良、林广志主编《澳门学引论：首届澳门学国际学术研讨会论文集》（上册），第83页。

② 郝雨凡：《澳门学：互动相生的文化"活化石"》，《社会科学报》2010年5月27日。

③ Geoffrey C. Gunn, "Macaology: The Intellectual Roots/The Rise of Print Capitalism"，转引自郝雨凡、吴志良、林广志主编《澳门学引论：首届澳门学国际学术研讨会论文集》（上册），第131页。安德森（Benedict Anderson）认为印刷资本主义是新纪元民族国家时代兴起的主要因素。他还认为，印刷语言所带来的技术复制和其附属品，可导致人口与语言的关系从根本上发生变化，印刷资本主义打开了除拉丁美洲以外的印刷市场。

提炼澳门历史文化和价值观成果，培养老中青学科研究队伍，加强对澳门学的传播弘扬，有利于澳门年轻一代文明素养和思想的成长，有利于澳门文化、澳门精神代代相传，为推动人类文明和平发展、构建人类命运共同体贡献澳门智慧和力量。

五是对提升澳门的国际形象具有重大意义。倡导澳门学的根本意义，在于建立一个本土知识体系，寻找内在发展的规律，激发社会成员自主发展的创造力，为文化多样性的合理性解释提供认识论和方法论的路径。[①] 此外，构建澳门学话语体系的关键在于如何处理澳门学全球化与本土化的关系，应注意在全球化语境地方“失语症”的集体焦虑中，[②] 以全球视野探索澳门学的意义和价值。在探讨澳门扮演的中介与桥梁角色时，结合澳门本土视角及全球史观的理论方法，综合运用法学、经济学、社会学、社会管理等学科的概念工具、理论假设，将澳门文化置于人类文明发展的长河中加以考察，将关于澳门的学问推广至国际主流学术层面，将澳门学打造成澳门的“文化名片”，[③] 丰富现有国际学术体系并提升澳门的国际形象。澳门学学科构建的核心和关键，是实现本土性与国际性、学术性与应用性、历史性与现实性的有机结合。

三　澳门学学科构建的策略建议

（一）澳门学学科体系构建的主要内容

学科建设究竟要建设什么，不同的专家学者有不同的看法。有学者认为学科建设是培养师资队伍，有学者认为是科学研究，有学者认为是争取学位点，有学者认为是平台建设等，其实这些都是学科建设的要素，并没有把学科看成一个有机整体。[④] 西方学术界的学科建设，通常被定义为一类知识，

① 吴志良：《作为本土知识体系而建构的澳门学》，郝雨凡、吴志良、林广志主编《澳门学引论：首届澳门学国际学术研讨会论文集》（上册），第 9 页。

② 吴志良：《全球视野下澳门本土学术话语知识体的建构与阐释》，《澳门研究》2016 年第 4 期。

③ 赵伟：《推动澳门学研究，打造澳门“文化名片”》，郝雨凡、吴志良、林广志主编《澳门学引论：首届澳门学国际学术研讨会论文集》（上册），第 4 页。

④ 王贺：《基于学习型组织理论的“一流学科”建设思考》，《现代教育科学》2019 年第 7 期。

与大学教育相伴而生。学科认定和学科划分仅具备统计功能，不具备学科管理的作用，各大学对学科划分和认定享有很大的自由决定权。在内地的学术界，学科不仅与知识有关，更是国家行政管理力量在学术上的体现。①

一般而言，学科实际上涵盖了三个方面的范畴，即学术范畴、组织结构和学科文化。② 综合中西方学科建设的要素，澳门学学科体系建设主要包括三个层面：一是理念层面，是对学科的内在精神、理念和价值等方面的概括和综合；二是理论层面，包括学科的定义、性质、特点、研究目的、研究范围、研究对象、研究方法等显性层面；三是工具和技术层面，包括学术载体、研究平台、学术组织、学术资源和学术活动等的构建与开展。澳门学学科构建的主要内容是建立澳门学学科体系，并根据经济社会发展需要调整完善。重点解决学科发展不平衡的问题，在做好历史文化研究的同时，注重对发展较慢学科的扶持，加强对现实问题的研究。

综合而言，澳门学学科体系构建主要包括以下五个方面的内容。

一是以理论提升为主的历史文化研究。历史文化研究是澳门学研究的基础性领域和重点所在。随着澳门学研究的进一步发展，历史文化研究应在全面梳理挖掘历史资料的基础上，更加注重理论提升，同时不断拓展丰富历史文化研究的范畴和内涵。

提升历史文化研究的理论水平。在澳门学众多研究成果中，澳门史研究成果尤为丰硕，是最主要的研究领域。澳门史地理考证、澳门国际关系史考证、澳门城市史、澳门历史人物研究等成果丰硕。但这些研究以资料式、考据式的研究居多，理论提升做得很不够。在构建澳门学学科体系中，应使澳门历史文化作为中西文化交流代表性成果的独特内涵，能够被系统客观地概括和提炼出来，达到一定理论高度。

丰富历史文化研究的范畴内涵。澳门历史文化研究涵盖比较丰富的领域，包括文献与档案、中西文化交流、民俗文化、宗教、地方戏曲、建筑等方面。澳门学研究已在这些方面做了比较深入的探索，未来应在已有基础上

---

① 郑浩：《学科政策视域下青年研究作为独立学科的建设》，《中国青年社会科学》2019 年第 4 期。

② 〔美〕伊曼纽尔·沃勒斯坦：《知识的不确定性》，王昺等译，山东大学出版社，2006，第 104 页。

继续拓展延伸研究边界，深入挖掘研究内涵，在深度和广度上下功夫，与邻近学科融会贯通，使澳门历史文化研究的内涵呈现新风貌，不断涌现新亮点，取得新成果。

二是以宪法、基本法为主的法律制度研究。加强对“一国两制”下澳门适用宪法、实施基本法和本地法律改革发展的研究，是澳门学关注现实问题的必然要求，也是澳门学研究服务澳门法治建设的职责所在。

深化宪法、基本法研究。在继续完善法律通论研究的同时，深入进行专题探讨，加强对法理学、法制史等冷门领域的研究力度。特别是基于回归后宪法和基本法构成的澳门宪制基础和新的宪制秩序，围绕如何将以葡萄牙为渊源的现行法律真正本地化、澳门化和现代化展开研究，为建立符合澳门法律地位、适应澳门社会发展需要和澳门居民现实需求的法律体系提供学术指引和理论支撑。

强化部门法立法研究。除宪法、基本法外，澳门法律基本体系还包括《刑法典》《民法典》《刑事诉讼法典》《民事诉讼法典》《商法典》等法律，有必要强化对上述法律的研究，为废除过时的、修改不适应澳门本地现实的法律条文提供依据。强化商事法律条例修订研究，为澳门发展特色金融企业、平台、项目、工作团队以及法律法规建设提供依据。此外，还应加强环保立法等研究。

三是以“一国两制”为主的政治制度研究。重视澳门政治制度研究，总结澳门“一国两制”实践的成功经验和做法，探寻澳门以行政主导为特征的政治体制运作规律，丰富研究方法，拓展理论深度。

深化“一国两制”澳门实践研究。澳门学应全面总结“一国两制”的创新性、科学性，并研究如何在新时代追求更高水平的“一国两制”实践成效，继续从学理上解释为什么“一国两制”是解决历史遗留问题的最佳方案，以澳门文化经验（传统文化的保存）和社会实践（社会自治、社会管理、市民守望相助，包括扶贫救困、助学）为主，综合运用比较研究、历史分析、实证调查以及社会学等方法，研究澳门如何利用好“一国两制”优势实现自身更好发展，并为国家发展战略做出澳门贡献。

加强澳门政治体制研究。澳门政治体制的最大特点是“行政主导”。澳门学应以更加开放的历史观念、更加开阔的空间视野、更加多元的研究方法（比较分析法、实证调研法等），加强对“行政主导”体制机制的研究。随着与“行政主导”配套的其他政治体制（如选举制度、地方治理制度等）的不断改进，澳门学应研究如何正确处理特区公权力与社会各界的关系。

四是以经济适度多元发展为主的经济研究。加强对澳门产业结构调整和经济适度多元发展的研究，特别是结合粤港澳大湾区建设，研究如何通过深化拓展与内地合作，服务“一带一路”建设和中葡经贸合作，发挥澳门在国家战略中的独特作用，实现澳门经济社会可持续发展。

从澳门产业发展角度研究经济适度多元发展路径。如对以博彩业为特征的澳门产业结构如何进行渐进性调整，如何推动特色金融、文化创意、海洋经济等产业发展壮大，如何提升澳门休闲旅游中心功能，如何提升澳门经济适度多元化发展的“软件”和“硬件”等进行研究。同时，加强博彩业研究，包括澳门博彩规模、博彩产业发展路向、博彩业管理、博彩法律等。

从区域合作角度研究经济适度多元发展的空间。澳门学研究应对照《粤港澳大湾区发展规划纲要》，研究如何进一步“发挥澳门—珠海强强联合的引领带动作用，增强对周边区域发展的辐射带动作用”；如何发挥澳门开放平台的示范作用，落实中央支持澳门全面参与和助力“一带一路”建设的安排。研究如何发挥澳门与葡语国家的联系优势，依托中国与葡语国家商贸合作服务平台，办好中国—葡语国家经贸合作论坛（澳门），更好发挥中葡合作发展基金的作用等。

五是以社会结构为主的社会治理研究。澳门独具特色的社会形态、社会结构和社会运行机制，为澳门学提供了宝贵的研究素材。以社会学理论和方法，加强对澳门社会结构和社会治理的研究，有利于扩大澳门学的研究成果，有利于促进澳门社会优化发展。

强化澳门社会形态研究。澳门是典型的移民社会，传统色彩鲜明，累积了社会组织、社会管理与社会生活的经验。这种以传统与道德为行为规范和约束，以宗族、乡族、行业为组织，以社团为网络的社会形态和治理模式，值得认真研究与总结。

深入开展澳门社会结构研究。澳门社会结构问题，有些是历史遗留问题，有些是发展过程中积累的问题。应进一步厘清澳门社会的主要问题和矛盾，研究如何界定和破解问题、化解矛盾，研究如何调整澳门的社会结构，形成一个组织合理规范、政治参与程度和水平高的发达的市民社会，并确立市民社会与政府之间良性互动的二元社会结构。[①] 同时，要加大对突出的社会现实问题的研究力度，如人才问题。

（二）澳门学学科构建的资源支撑体系

学科构建是由人、财、物等基本要素资源构成的系统工程，资源体系是学科体系构建的有效支撑和保障。

对学术的探究是学科活动的核心，共同的学术信念是澳门学的重要构件。学科理论是创造出来的，学科理论体系是“学术共同体”的集体创造，而不是“编教材”编出来的。[②] 澳门学要建立严谨的学术范式，通过将澳门地方知识与全球化结合，为人类文明贡献增量的这个学术过程，[③] 形成澳门学独具魅力的学术吸引力和凝聚力，形成具有共同学术信念的澳门学学术共同体和优质的澳门学术生态圈。学术层面，应提供并保障学术探索的自由，实现学术环境的自由、宽松化。[④]

注重公平竞争的学术资源分配。强化目标管理，突出建设实效，打破学术资源在各科研机构之间的壁垒，促进学术载体协同布局，在各高校及研究机构之间建立有效的分工合作关系，发挥政府、科研机构、市场、社会等多元主体的作用，激发澳门学术机构内生动力和发展活力，澳门学以责任和勇气为澳门解决现实问题提供方案，以问题为导向，理论与应用并重，以学科独特的视角和优势，诊断影响澳门长治久安的现实问题，深入研究，大胆探索，提出科学的解决方案，做到研以致用。澳门学研究机构、研究队伍能够并且应当发挥学术研究和智库平台、学者和智库专家的双重作用。

加强澳门学学科平台建设。成立跨学科国际学术组织，比如全球澳门学学术联盟，为澳门学研究机构和研究者搭建信息分享、工作沟通、学术交流

① 吴志良：《构建澳门的市民社会》，程惕洁主编《澳门人文社会科学研究文选·社会卷》，社会科学文献出版社，2009，第58页。

② 张应强：《超越“学科论”和“研究领域论”之争——对我国高等教育学学科建设方向的思考》，《北京大学教育评论》2011年第4期。

③ 郝雨凡：《澳门学：知识体系中澳门谱系的呈现》，澳门大学澳门研究中心编《全球视野下的澳门学：第三届澳门学国际学术研讨会论文集》，社会科学文献出版社，2012，第9页。

④ 李月梅：《学术管理与行政管理的文化渊源及其运行机制初探》，《清华大学教育研究》2004年第3期。

与合作的平台。在学科队伍培养方面，通过各种激励机制，持续推动澳门学研究人才的培养，支持和激励学术界对澳门学的研究热情，建立专业化的学术研究人才梯队。

在教学工程方面，鼓励举办澳门学学术讲座，编写《澳门学概论》等教材。构建澳门学学科建设与智库建设协调叠加的综合发展机制，探索澳门学学术人才与智库研究人员联合聘任制度、内部“旋转门”制度，依托澳门高校澳门学研究力量发展一批特色智库。探索设立澳门学研究院，[①] 在澳门高校开设“澳门学概论”等课程，鼓励将澳门学作为选修课，条件成熟后设置为必修课。在传播机制方面，形成“互联网 + 澳门学”思维，加强澳门学网络化信息平台建设，建立澳门学官方网站以及微信公众号等平台。

（三）把澳门学纳入特区政府施政内容

澳门学作为推动澳门文化教育发展的“公共品”，需要将澳门学学科建设纳入特区政府施政内容，在行政长官施政报告“教育”篇章中加入澳门学学科建设内容，将澳门学学科建设纳入澳门高等教育重点推进工作之中。在高等教育中长期发展规划中加入澳门学元素，推进澳门学的教学工程建设。将澳门学学科建设作为推进澳门“一基地”建设的重要载体，研究出台相关政策文件。

推进澳门学学科建设的相关立法工作。建议就澳门学学科建设制定有关行政法规；探索修订《高等教育制度》，增加澳门学相关元素，鼓励高校自主设立澳门学学科，开设澳门学相关课程；审慎研究制定澳门学学科建设相关法律法规，为澳门学学科建设提供强有力的法制保障。

此外，建议在特区政府设立“澳门学学科规划和建设研究委员会”。吸纳澳门学历史文化工作委员会下设的澳门学专家小组成员及具有相关研究经验的本地和外地专家，设立“澳门学学科规划和建设研究委员会”。

---

① 陈树荣：《再议建设澳门学》，郝雨凡、吴志良、林广志主编《澳门学引论：首届澳门学国际学术研讨会论文集》（上册），第 53 页。

澳门学研究的现状、问题及未来发展

郝雨凡*

摘　要：澳门学自创立以来，虽取得了一系列重要的成果，但一直受困于地区学框架，至今仍面临诸多问题。一是学科发展不平衡，史学研究一枝独秀，其他研究各成一体，而且连续性不强；二是缺乏正确的学术框架引导，导致澳门学始终在"地区学"的范畴内兜圈子，很难实现学理的突破。对此，澳门学未来在学理的质的突破上依然任重道远。一是澳门学需要一个更为广阔的发展界定；二是全球史观下的澳门学发展，需要一个具有学理和现实意义的学术框架；三是通过微观的个体的行为、微观的历史来实现宏大历史的研究，做到"立足澳门、研究澳门"和"跳出澳门、研究澳门"两条路线并重。

关键词：澳门学　地区学　全球史观

1987年，吴国昌提出构建"澳门问题"研究，指出："无论是认识澳门、搞'澳门学'，还是对澳门进行社会科学研究，都不宜只埋首于澳门本身的史料，应该正视澳门在世界中的角色，广泛参考其他地区的经验，研究世界性的机能，不卑不亢地探讨澳门的转变、问题与出路。"① 纵观30多年

---

* 郝雨凡，博士，香港中文大学（深圳）校长讲座教授，人文社科学院副院长。

① 吴国昌：《批判"澳门意识"，重建"澳门问题"》，吴志良、陈震宇主编《澳门人文社会科学研究文选·综合卷》，社会科学文献出版社，2009，第15页。

过往，澳门学研究取得了一系列重要的成果，却受困于地区学框架，在实现学理的质的突破上依然任重道远。

一　澳门学研究发展的现状和存在的问题

自20世纪80年代来，澳门学研究集中在三个时间段：一是中、葡两国围绕澳门回归的纷争、谈判期澳门学的兴起；二是2005年澳门历史城区列入《世界遗产名录》，澳门学进入首个兴盛期；三是粤港澳大湾区和“一带一路”两个国家级发展规划，促使澳门学研究进入第二个兴盛期。发展至今，澳门学依然面临两个较为本质的问题。

（一）学科发展不平衡，史学研究一枝独秀，其他研究各成一体，而且连接性较差

从学科成就上来看，澳门学是一门多学科和跨学科的研究，包含范围较广，涉及历史研究、跨文化研究、文明互动研究、区域发展研究、社群研究和城市研究等，但不同学科发展水平参差不齐。其中，历史研究成果最为突出，从宏观的角度构建了澳门学的发展宏图，其标志是《澳门编年史》和《澳门史新编》。同时，法学研究也颇有建树，存有“澳门法律汇编”“澳门法律丛书”“澳门特别行政区法律丛书”“中国大陆与港、澳、台地区法律比较丛书”等一系列全面而系统的研究著作。除此之外，澳门学在政治、社会及其他领域的相关研究则较为零碎，成果也多少不一，尤其是在移民、华人社会、语言等专题方面，研究甚少。

与此同时，学界对澳门学内涵和目标的理解多有参差，也缺乏宏观的研究主题和框架，学者讨论的焦点往往集中在学科的侧重点方面，即是以澳门历史研究为重点还是以澳门文献、澳门社会抑或是澳门文化为重点，导致各大学科之间的研究关联性较差，尚不能互相支撑，形成一个或多个具有针对性的系统研究。

（二）缺乏正确的学术框架引导，导致澳门学始终在“地区学”的范畴内兜圈子，很难实现学理的突破

目前澳门学研究过于强调个体研究领域或题材的框定、研究对象与话题

的凸显，是类似于多学科所有内容的叠加与整合，而非有逻辑体系的、学术的质的归纳。究其本质，这种认知上的偏差和正确的学术框架的缺乏，导致澳门学似乎只是研究澳门的大杂烩，似乎所有关于澳门的研究都可以被命名为澳门学。如果是这样，那么澳门学相对于澳门研究就成了一种量的累积，而不是有关澳门学问的规定性和整体性的把握以及质的提升。

当一个如澳门研究这样的独特的研究领域需要提升为一门类似于澳门学这样的学问或者学科时，它所需要精心设计和打造的是这门学问乃至学科的学术规定性，也就是它要取得能够作为一门学问乃至学科的独立资格的学术属性和学术可能性。

二　澳门学的未来发展——构建学问体系和学科框架

澳门学的命名与提出尽管一开始在学术上并不十分自觉，但其传达的学术信息中显然含有将澳门学问做明显的品质提升的良苦用心与庄严感。构建一个合理的、恰当的学问体系和学科框架，对于澳门学未来的发展至关重要。

其一，澳门学需要一个更为广阔的发展界定。理想中的澳门学应当是对有关澳门研究的一种学术的质的规定性的概括，应建构并提供独特而又有内在逻辑体系的有关澳门的学理认知系统；应揭示围绕着澳门及关于澳门的知识系统，更须呈现澳门知识系统所展示的历史的、地域的文化特性和学术特性；应具有普泛性的概括，从世界和人类文明发展的广阔视野取其内涵的价值能量，从而显现其学术辐射力。

其二，全球史观下的澳门学发展，则恰恰需要一个具有学理和现实意义的学术框架。全球史观下的澳门学，是不同文明、不同文化的“互动相生”，是将澳门文明的发展与世界文明进程紧密联系起来。在长达四个多世纪的对外交往过程中，澳门见证了“中国与西方交往、角力的全过程，从侧面清晰折射出中西文明交锋冲撞的轮廓”，①而且在这种交流、融合、斗争、抗拒、调试、尊重中，形成了澳门多元开放、求同存异、和平共处和

---

① 季羡林：《对于文化交流的一点看法》，季羡林、张光璘编选《东西文化议论集》上册，经济日报出版社，1997，第2页。

互相尊重的社会，塑造出澳门特有的“不同而和、和而不同”的文化特性。在数百年的发展历程中，澳门容纳、吸收和形成了多元的语言、多元的节庆民俗、多元的饮食、多元的宗教、多元的建筑和多元的族群和谐共处的局面，并发展出具有自身特色的经济形态、政治形态和文化形态，这不仅仅是政治、经济、社会结构互相支撑发展，更是不同民族、文化的和谐交融、互动发展，交织着东西方鲜明的文明元素，并最终形成生生不息的独有的澳门。

其三，“互动相生”的澳门学更是一种由历史映照现在、由现在延续将来且生生不息的学术研究，“其所承载的知识体系和学术价值，乃在于它的现实性和可持续发展性”。[①] 学者应当见微知著，从澳门的个案中寻求推动世界文明发展的答案。一般意义上，历史微观学存在表面化、孤立化和碎片化的现象，对整体宏观事物的把控薄弱，缺乏与整体历史的联系和贯通，使得澳门学局限于区域研究的范围，无法实现与其他地区和学科的对话。史则是将宏观与微观考察有效结合起来的一种研究。通过跨学科、长时段、全方位地探讨和关注人类社会的相互联系与互动，尤其是关注跨越地域和种族的互动与交流，[②] 跳出以往建构宏大体系与理论的框架和过于繁复的微观实践，将宏大叙事与微观视角相结合，建立一种新的研究范式，即试图通过微观的个体的行为、微观的历史来实现宏大历史的研究，做到“立足澳门、研究澳门”和“跳出澳门、研究澳门”两条路线并重。

---

① 郝雨凡、汤开建、朱寿桐、林广志：《全球文明史互动发展的澳门范式——论澳门学的学术可能性》，《学术研究》2011 年第 12 期。

② 蒋竹山：《超越民族与国家的历史书写——试论晚近西方史学研究中的“全球转向”》，《新史学》2012 年第 3 期。

澳门学的经济分析框架

袁持平　杜　妍*

摘　要： 澳门学不仅包含了澳门的历史文化和社会生活，而且也涵盖了澳门发展进程中方方面面的经济现象。本文主要将澳门学的经济分析框架分为三个部分。第一部分从经济分析的不同层面出发，分别探讨微观、中观、宏观分析框架下澳门经济的具体表现。其中，微观层面包括传统经济学中的一般均衡，中观层面主要涉及博彩业相关的寡头垄断，宏观层面主要涉及政府的政策调控。为了进一步研究澳门经济社会发展中产业结构的影响，第二部分探讨产业体系内博彩制度的演变对澳门发展的重要影响。第三部分从制度基石、文化特质、开拓精神三个方面简要分析“澳门精神”对澳门经济社会的卓越贡献。

关键词： 澳门学　经济学分析　博彩业

一　不同视角下的澳门经济发展模式

（一）基于微观视角的一般均衡

1. 市场有效与市场失灵

微观经济学研究市场中个体的经济行为。微观经济学是在马歇尔的均衡

* 袁持平，中山大学粤港澳发展研究院（港澳珠江三角洲研究中心）教授、博士生导师，港澳经济研究中心主任；杜妍，中山大学粤港澳发展研究院（港澳珠江三角洲研究中心）博士研究生。

价格理论基础上，吸收美国经济学家张伯伦和英国经济学家罗宾逊的垄断竞争理论以及其他理论后逐步建立起来的。微观经济学是关于市场机制的经济学，它以价格为分析的中心，因此也称作价格理论。其中心思想是自由交换往往使资源得到最充分的利用，在这种情况下，资源配置被认为是帕累托有效的。

微观经济学还考察了市场机制失灵时政府如何采取干预行为与措施的理论基础，在价格理论的基础上研究现代西方经济社会的市场机制运行及其在经济资源配置中的作用，并提出微观经济政策以纠正市场失灵。

2. 一般均衡理论

需求定律、供求分析和一般均衡理论构成现代微观经济学理论体系的基础。阿罗 - 德布鲁（Arrow-Debreu）的一般均衡理论主要是为了研究竞争的市场均衡，其主要假设之一是市场制度安排作为外生给定。它的分析框架包括五个部分：（1）经济环境，由消费者和生产者及他们的经济特征和信息结构组成；（2）制度安排，私有制下的市场机制，或称为价格机制；（3）行为假设，每个消费者追求效用最大化；（4）每个生产者追求利润最大化；（5）每个消费者将价格视为给定。均衡的结果是：消费者在自己预算约束集中决定偏好最大化的消费组合；生产者在自己的生产可能集中决定利润最大化的生产计划；市场自我调节决定所有商品的市场出清均衡价格，即对所有商品的总需求不超过总供给。在一般的条件下，该理论证明了每个竞争市场均衡解导致了帕累托最优资源配置；每个帕累托最优配置结果都可以在竞争性市场中达到。

采用一般均衡分析方法，我们可以探讨博彩旅游业扩张带来的旅游城市收入效应和资源转移效应两方面的影响路径。[①] 一般地，我们认为旅游业扩张对旅游城市经济的影响不仅是辐射效应和集聚效应，对“去工业化”及其他负面作用同样会带来极大冲击。由于缺乏工业化作为基础，且受自然资源的限制，生产性服务业发育缓慢，消费性服务业居主导，就业和财政支出也进一步向这些行业倾斜，从而使工业发展升级面临更多挑战。产业结构的不尽合理导致抵抗危机的能力非常脆弱。加上民众没有经历工业

① 钟伟：《旅游业扩张对旅游城市经济影响的均衡分析：一个理论模型》，《现代城市研究》2016 年第 8 期。

化和城市化的洗礼，旅游业发展缺乏其他服务业支撑和人力资本配套，旅游业超越城市其他产业的增长颇有孤军突进之势，呈现出一定的“荷兰病”的风险和特征。

3. 澳门博彩业的扩张

澳门主导产业——博彩业的扩张就是基于一般均衡理论的资源最优转移的过程。特区政府实施的“以旅游博彩业为龙头”的发展策略，促使澳门的资金大部分流向博彩业。自2004年以来，澳门博彩业的工资率先大幅提高，澳门经济也因博彩服务出口剧增而呈现出繁荣景象。2018年，澳门赌博业收入为3028亿澳门元，比2017年增长14%，对旅游休闲产业产生积极的关联效应。全年入境旅客超过3580万人次；全年留宿旅客达1840多万人次，同比增长7.2%；酒店场所住客人数达1400万人次，酒店平均入住率超过90%；全年旅客消费增长16.4%，达613.2亿元；旅客人均消费1946元，同比增长3.5%。[①]

一方面，博彩业的蓬勃发展，严重打击了澳门其他非博彩旅游相关产业，削弱了其他产业的竞争力，并引发物价全面上涨，导致澳门居民实际购买力下降。另一方面，博彩业对周边地区或其他产业的影响更是以负面的为主。因此，需要意识到单一产业及其带来的单一税基占比过大的问题。

4. “荷兰病”

“荷兰病”是指经济体中个别产业高速发展导致其他产业萎缩的现象，尤其在澳门这种微型经济体资源十分有限的情况下，现象将更为明显。一个经济体出现“荷兰病”，主要有两种病征。一是资源转移效应，最大限度体现为博彩经营权开放后人力资源及土地资源的转移。首先，在澳门，土地主要是由特区政府批给的，私人拥有地段较少，而博彩业的发展需要大量的土地，对其他产业有较大的影响；其次，博彩权开放后，由于大量外资进入，博彩公司开出的工资较一般中小企业高，因此大量的人力资源都转移至博彩公司，导致其他产业人力资源不足。

二是支出效应，是指该地区自然资源出口带来的收入增加会使对制造业和不可贸易部门的产品的需求增加，而这种需求增加却是通过进口国外同类制成品来满足的。在澳门，由于博彩公司收入大幅上升，引起人力资源价格

① 数据来自澳门特区政府统计暨普查局统计资料。

上涨，人们的能力可能并没有提升，但工资却由于人员需求的增加而上升，收入提升后，社会的各类需求亦上升，进口额亦年年上升，但由于博彩业的特色，非服务业类出口额并没有相应增加，贸易赤字则每年增加。同样，澳门的不可贸易部门，如金融业，有大量外来劳动力流入，需要租用或购入住宅维持正常生活，刺激了房地产业，再加上大量建造的酒店及娱乐设施，土地亦渐变稀缺。随着贸易赤字的持续上升，不可贸易部门持续增长。这种不可贸易部门的产品的需求增加，体现了不断扩大的支出效应。

（二）基于中观视角的寡头垄断

1. 寡头垄断

寡头垄断，一种由少数卖方主导市场的市场状态。寡头垄断是同时包含垄断因素和竞争因素而更接近于完全垄断的一种市场结构。它的显著特点是少数几家厂商垄断了某一行业的市场，这些厂商的产量在全行业总产量中占很高的比例，从而控制该行业的产品供给。寡头垄断市场形态的出现主要归因于两点：一是市场竞争的垄断，即企业通过自身竞争优势垄断市场，比如微软垄断操作系统软件领域的技术性优势，经过大洗牌之后的共享单车市场垄断的资金性优势；二是政府法定的行政垄断，即政府通过法律法规赋予行业中的某个企业以垄断权力，同时对其进行一定的管制以提高效率。这些市场形态常出现在一些具有自然垄断属性的行业，如供水、管道煤气等。

表 1　完全信息下的双寡头垄断

双寡头模型	产量领导	价格领导
静态	古诺模型	伯兰特模型
动态	斯塔克尔伯格模型	价格领导模型

在完全信息的双寡头垄断（见表 1）中，除伯兰特模型外，其他的竞争结果都会导致企业垄断利润增加、社会总福利减少。伯兰特均衡结果具有两个显著的特征：（1）两家企业就足以消除市场力量；（2）企业间的竞争导致了垄断利润的消失。但现实中，竞争往往是动态的，而且产品是差异化的，企业的生产能力也有所不同。这就是有名的伯兰特悖论。

2. 逐渐开放的赌权

2001年底，澳门特区政府抓住赌权到期的机会，改革博彩业制度，开放赌权，实行赌权多元化。经过三次转批，澳门赌牌数目扩展为6个。从禁赌到专利经营再到“赌权”开放，澳门博彩业从此由一家企业垄断变成了一个垄断竞争市场，博彩制度变革在推动经济发展方面取得了巨大成效。一百多年来，博彩业已发展成澳门的支柱产业。2013年，以当年生产者价格计算的博彩业增加值占澳门产业增加值的比例高达63.1%。由于内外因素的影响，近几年有所回落，2017年仍占据49.1%。2017年澳门博彩业（包括博彩中介业）就业人口有8万人，占全部就业人口的21.2%。如果考虑到博彩旅游业拉动的酒店、零售业等主要行业就业，占比已经达到50%。

3. 完全竞争的博彩企业

根据寡头垄断中的古诺模型，如果博彩业中存在很多相同的博彩企业，每一个现存的博彩企业成本函数相同，当博彩企业无数多的时候，价格会接近于边际成本。也就是说，当博彩企业无穷多时，博彩业市场结构会趋于完全竞争。完全开放博彩专营权，中资与外资均积极参与澳门博彩业，形成多元竞争的格局，极大地影响澳门地区生产总值和就业，对澳门社会经济发展产生极大影响。

现行博彩批给制度的主要缺点之一，是不能为未来的博彩市场提供足够竞争。现在澳门的博彩公司都还处在上升的过程，但未来在特区政府的保护下，极大可能会出现保守经营的情况。并且，现有的经营者在澳门投资到一定程度就会选择把资金转移到世界其他市场，如果让市场更开放，引进多元资本，可以在一定程度上使澳门市场持续保持繁荣。现有博彩批给合同分别于2020年及2022年到期，澳门赌权是进一步开放还是维持现有格局，是一个两难的问题，也是目前学术界热议的话题。目前，主流观点主要围绕着博彩业“完全竞争”的利弊（见表2）展开。

表2　“完全竞争”下博彩业的利弊

可能的优势	1. 促使博彩行业经济运行保持高效率，提高了博彩业竞争力
	2. 增进社会利益，提升城市的整体形象
	3. 拉动相关产业的发展，提高资源配置效率
	4. 消费者及消费需求满足最大化

续表

潜在的问题	1. 在现实生活前提条件的情况下很难成立
	2. 造成资源的浪费、土地及人力等有限资源的不合理配置
	3. 社会群体贫富悬殊，存在恶性竞争并潜伏着较大风险
	4. 城市的规模与功能难以承载博彩业过快发展所需的游客数量，与此同时，市民的价值观受到冲击

（三）基于宏观视角的政府力量

1. 为什么货币政策无法独立

（1）三元悖论

三元悖论（见图1），也称三难选择，是由美国经济学家保罗·克鲁格曼（Paul R. Krugman）就开放经济下的政策选择问题提出的，其含义是：在开放经济条件下，本国货币政策的独立性、汇率政策、资本的自由流通不能同时实现，最多只能同时满足两个目标，而放弃另一个目标来达到调控的目的。

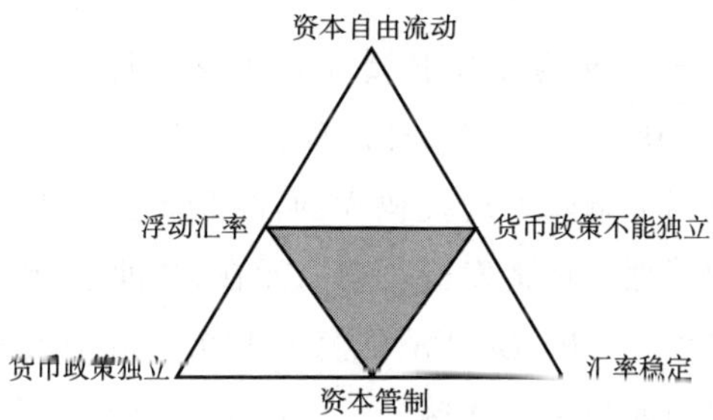

图1　三元悖论

20世纪60年代，罗伯特·蒙代尔（Robert A. Mundell）和J. 马库斯·弗莱明（J. Marcus Flemins）提出的蒙代尔－弗莱明模型对开放经济下的IS-LM模型进行了分析。该模型指出，在资本完全可流动情况下，货币政策在固定汇率时在影响与改变一国的收入方面是完全无能为力的（如图2所示），但在浮动汇率下则是有效的。

《澳门基本法》第108条规定："澳门元为澳门特别行政区的法定货币，继续流通。澳门货币发行权属于澳门特区政府。澳门货币的发行须有百分百

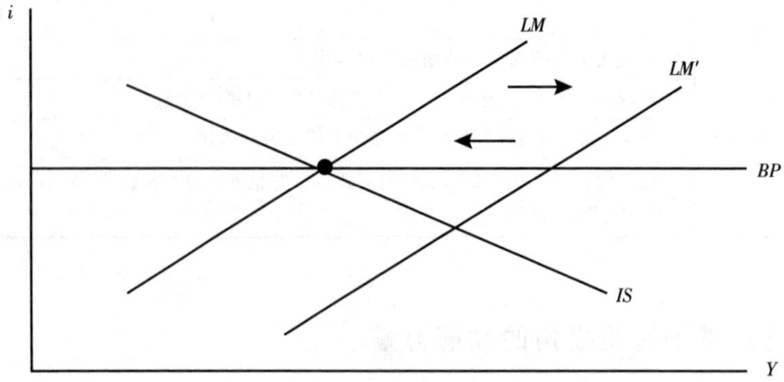

图 2　固定汇率下货币政策失效

的准备金。澳门货币的发行制度和准备金制度，由法律规定。澳门特区政府可授权指定银行行使或继续行使发行澳门货币的代理职能。”第 111 条规定：“澳门特别行政区实行自由贸易政策，保障货物、无形财产和资本的流动自由，即澳门在保证资本自由流动和汇率稳定的同时，放弃了自主的货币政策。”

（2）货币制度

1905 年 9 月 4 日，葡萄牙政府授权其国家银行——大西洋银行在澳门发行纸币澳门元。1906 年 1 月 27 日，首批澳门元在澳门市场上正式流通。现时，澳门元由澳门金融管理局授权大西洋银行与中国银行澳门分行发行，硬币则由澳门金融管理局负责发行。澳门元在 20 世纪 80 年代已经开始与港元实行联系汇率制度，1.03 澳门元兑换 1 港元。由于港元与美元实行联系汇率制度，所以澳门元与美元间接挂钩，汇率约为 1 美元兑换 8 澳门元。

在澳门货币制度中，外汇储备是极其重要的一环。因为澳门只有充分的外汇储备，澳门元的信用和可兑换性才有保障，从而维持与港元的挂钩关系，确保固定汇率的实施。

2. 博彩财政与社会福利

（1）财税制度

《澳门基本法》第 105 条规定：“澳门特别行政区的财政预算以量入为出为原则。力求收支平衡，避免赤字，并与本地生产总值的增长率相适应。”第 106 条规定：“澳门特别行政区实行独立的税收制度。澳门特别行政区参照原在澳门实行的低税政策，自行立法规定税种、税率、税收宽免和其他税务事项。专营税制由法律另作规定。”

土地财政是学术界对以地生财的地方政府财政收入结构的戏称。在澳门，由于产业结构过于单一，同样存在类似土地财政的情况，澳门公共财政收入的主要特点就是博彩专营税收高，过度依赖博彩业及以博彩为核心的周边产业带来的税收收入，本文将这种模式称为博彩财政，特征为博彩业对经济增长有全面影响，虽然相对挤占了其他产业的发展空间，但是能充分发挥其带动作用，并且其经营状况与财政盈余紧密相连。

澳门特别行政区实行独立的税收制度，自行立法规定税种、税率、税收宽免和其他税务事项，专营税制由法律另作规定。财政支出按经济分类，可以分为经常支出、资本支出和指定账目支出三个类别。其中，经常支出主要指政府行政运作的日常支出，包括政府人员的工薪报酬、第三者供应之物品及提供之服务等。此外，还有社会福利支出、对教育机构的支出，以及研究费用、公共卫生、医疗、环保费用支出等。经常支出是政府财政支出的主要部分，近年来占比也逐渐上升，达到80%以上。

（2）公共服务

澳门丰富的财政盈余支撑着高水平的社会福利，这主要体现在以下四个方面：在基础公共服务领域，特区政府将继续贯彻“社屋为主、经屋为辅”的公共房屋政策，加快推进新城各区建设（D区填海工程），加快推进轻轨列车、九澳隧道等交通工程；在经济公共服务领域，精准培育新兴产业、协助中小企业开拓发展，包括推进中医药科技产业园、实行中小企业援助计划等；在公共安全服务领域，建立健全防灾减灾长效机制等体系和平台；在社会公共服务领域，持续优化由双层社会保障、社会援助、社会福利构成的社会保障体系，不断充实惠民措施，包括现金分享措施、最低维生指数、针对性学生津贴等。

（3）潜在问题

尽管澳门的公共福利体系尤其是社会保障体系已经较为完善，但部分举措一直饱受争议，主要集中在两个方面。

一是澳门特区政府采取的措施更多是解决澳门即时性的社会诉求，而不是持续的社会保障制度。一次性现金资助补贴“派钱”，亦即特区政府直接派发现金给市民，2008年开始连续多年发放，但实质上每年都从行政法规上列明是临时性措施。

二是特区政府缺乏长远规划或有效监督的预算体制，因此很多临时措施可能是基于博彩收入在社会诉求后临时追加的，如兴建社会保障房屋，亦即澳门的“公屋”。

二　产业体系下的澳门经济发展路径

（一）产业结构理论

产业结构是指社会再生产过程中国民经济各产业之间的生产、技术、经济联系和数量比例关系。产业结构演替是一个传统的经济学话题，至少可以追溯到17世纪威廉·配第的研究。配第根据当时英国的实际情况明确指出：工业往往比农业、商业往往比工业利润多得多，揭示了产业间收入相对差异的规律，而产业间收入相对差异又决定了各国国民收入的差异和经济发展的不同阶段。

20世纪80年代，以罗默（Romer）、卢卡斯（Lucas）等人为代表的新增长理论经济学家开启了以“内生技术变化”为核心的经济增长内生型解释的大门。此后，学者重拾马歇尔关于分工和报酬递增的思想，以及新增长理论里有关“干中学”“产业知识外溢”等报酬递增理论，讨论产业结构变化和经济增长的内生型动力。其中最著名的是在“第三意大利”新产业区发展起来的产业集群理论，特别强调产业专业化对经济增长的作用，认为相同或相关行业在某一区域集聚产生的知识和技术外溢有助于提高本地创新能力，进而促进地方经济发展；而以简·雅各布斯（Jane Jacobs）为代表的城市经济学家则重视产业多样化的作用，认为大多数重要的知识转移发生在跨产业之间，城市的产业多样化比专业化更有利于创新，面临多样化环境的产业将实现更快增长。前者的思想发端于马歇尔，经过阿罗（Arrow）和罗默发展，因此被称为“马歇尔－阿罗－罗默（Marshall-Arrow-Romer）外部性”，而后者则被称为“雅各布斯外部性”（见表3）。但是很长时间以来，到底是专业化还是多样化更有利于经济发展成为主要争论的话题。①

① 胡树光、刘志高、樊瑛：《产业结构演替理论进展与评述》，《中国地质大学学报》（社会科学版）2011年第1期。

表 3　若干产业结构理论观点

理论	核心观点
库兹涅茨人均收入影响论	国民收入和劳动力在各产业间分布结构的演变具有一定趋势
产业集群理论	区域集聚形成有效的市场竞争，形成专业化生产要素优化集聚洼地，降低信息交流和物流成本，形成区域集聚效应、规模效应、外部效应和区域竞争力
马歇尔－阿罗－罗默外部性	同一产业不同企业之间的知识溢出
雅各布斯外部性	地理集聚企业的多样性与差异性促进了企业的创新，而不是地理集聚企业的专业化促进了创新和经济增长

（二）澳门经验

1. 产业关联与集聚

从澳门目前的产业结构来看，博彩业总量大、增长快，在产业结构中占主导地位。2009 年以来，博彩业及博彩中介业所占比例在 50% 以上，发展极为迅速。近年来，博彩收入开始下降，但比例仍然高达 49.13%（见图 3）。由此可见，博彩业及博彩中介业占据国民经济的绝对主导位置。

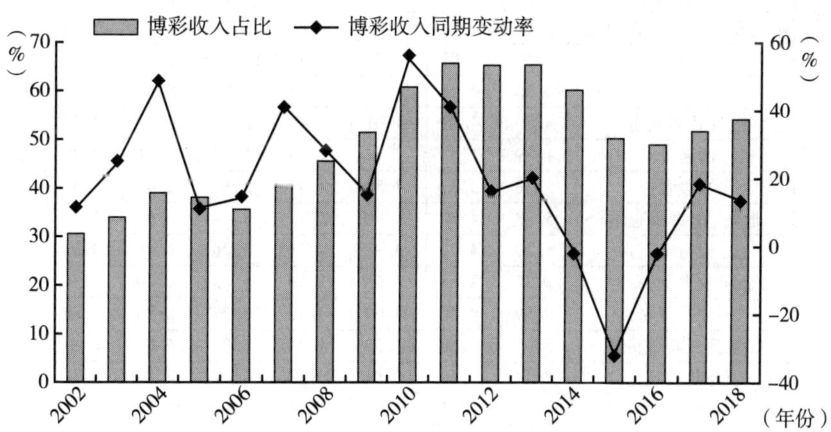

图 3　澳门博彩业收入占比及同期变动率

集聚效应作为经济发展过程中的一种产业现象，学术界过去长期以制造业作为研究的对象和例子。澳门的产业集聚是以博彩为中心的相关产业的快速发展。受博彩业影响比较大的行业主要有酒店业、批发及零售业、餐饮业，这些行业的发展受到博彩业发展的深刻影响，带有很强的博彩业印记。有学者通过简单计量模型测算博彩业与其他产业的关联关系，发现建筑业、租赁及向企业提供的服务、酒店业、批发及零售业与博彩业正向关联度高居前四，但银行、旅行社、运输和仓储三个行业出现负集聚效应。[①] 可以推论，博彩业对其他相关产业的作用举足轻重。

数据显示，2013～2017 年，批发及零售业、酒店业、餐饮（饮食）业总值占 GDP 比例相比前些年有所上升（见表 4）。而博彩旅游业的扩张使制造业、建筑业等行业的产值占 GDP 的比重均有不同程度的下降。制造业处于不断衰退状态，产值比重不断下降，占比由 2002 年的 5.61% 下降到 2017 年的 0.57%。建筑业产值比重呈倒"U"形，占比从 2002 年的 2% 上升到 2007 年的 11.25%，达到峰值，随后开始下降，到 2017 年仅占 3.75%。

表 4　以当年生产者价格计算的澳门产业结构

单位：%

	年份	2002	2003	2004	2005	2006	2007	2008	2009
第二产业	小计	9.80	10.09	9.25	11.75	15.29	14.27	12.19	7.58
	采矿业	0.01	0.02	0.02	0.01	0.01	0.01	0#	0#
	制造制造业	5.61	4.91	4.07	3.34	3.11	2.16	1.47	1.02
	水电及气体生产供应业	2.19	2.10	1.68	1.48	1.33	0.86	0.86	0.88
	建筑业	2.00	3.07	3.48	6.91	10.85	11.25	9.86	5.67
第三产业	小计	90.20	89.91	90.75	88.25	84.71	85.73	87.81	92.42
	批发及零售业	4.50	4.29	4.01	3.79	3.76	3.58	3.54	4.35
	酒店业	1.89	1.57	1.72	1.63	1.49	1.71	2.72	3.12
	饮食业	3.38	3.22	3.59	2.99	2.85	2.49	2.46	2.24
	运输、仓储及通讯	5.38	4.30	4.00	3.73	3.44	3.03	2.45	2.53
	银行业	5.30	4.72	3.92	5.08	5.26	4.41	4.11	4.04
	保险及退休基金	2.35	2.58	1.68	1.59	1.63	1.40	1.16	1.20
	不动产业务	9.59	8.90	8.03	9.37	8.75	8.80	8.47	8.73
	租赁及工商服务业	3.91	3.60	4.38	4.27	5.05	5.04	4.81	4.90
	公共行政	7.14	6.62	5.54	5.22	4.62	4.39	4.30	4.49
	教育	3.09	2.85	2.46	2.24	2.02	1.73	1.76	1.91
	医疗卫生及社会福利	1.91	1.75	1.51	1.47	1.31	1.20	1.24	1.38
	博彩及博彩中介业	37.99	42.28	46.23	43.25	40.91	44.50	47.25	50.00
	其他团体、社会及个人服务及雇用佣人的家庭	3.76	3.21	3.70	3.64	3.60	3.45	3.53	3.53

① 梁华峰：《澳门服务产业集聚效应实证分析》，《经济地理》2011 年第 2 期。

续表

	年份	2010	2011	2012	2013	2014	2015	2016	2017
第二产业	小计	4.87	4.15	4.05	3.73	5.09	7.80	6.70	5.07
	采矿业	0#	0#	0#	0#	—	—	—	—
	制造制造业	0.56	0.46	0.46	0.40	0.42	0.61	0.61	0.57
	水电及气体生产供应业	0.69	0.54	0.52	0.47	0.51	0.66	0.72	0.75
	建筑业	3.61	3.15	3.06	2.86	4.15	6.53	5.38	3.75
第三产业	小计	95.13	95.85	95.95	96.27	94.91	92.20	93.30	94.93
	批发及零售业	4.89	5.02	5.32	5.28	5.18	5.60	5.32	5.63
	酒店业	3.18	3.23	3.11	3.11	3.48	3.83	4.09	4.29
	饮食业	1.87	1.67	1.67	1.60	1.60	1.74	1.82	1.74
	运输、仓储及通讯	2.43	2.11	1.94	1.78	2.04	2.73	2.86	2.66
	银行业	3.16	2.95	2.92	3.25	3.94	5.26	5.56	5.42
	保险及退休基金	0.89	0.69	0.69	0.69	0.63	0.97	1.30	1.08
	不动产业务	6.33	5.77	6.57	7.13	8.44	10.18	10.56	10.58
	租赁及工商服务业	4.37	3.53	3.18	3.32	3.73	3.94	4.66	4.43
	公共行政	3.58	3.08	3.02	2.82	3.03	4.19	4.44	4.30
	教育	1.53	1.35	1.26	1.21	1.31	1.78	1.94	1.86
	医疗卫生及社会福利	1.11	0.98	0.97	0.92	0.97	1.34	1.50	1.45
	博彩及博彩中介业	59.17	63.01	62.94	63.10	58.47	48.01	46.66	49.13
	其他团体、社会及个人服务及雇用佣人的家庭	2.63	2.47	2.33	2.06	2.09	2.62	2.59	2.37

2. 外部的潜在竞争

澳门博彩业在相当长的一段时期在亚洲占有垄断地位，但是这种地位正在丧失。如今，东南亚的新加坡、马来西亚、菲律宾、越南、老挝、柬埔寨等国家，东亚的韩国，东北亚的俄罗斯，均已建成赌场，且规模越来越大，越来越豪华，有些已经可以与澳门的赌场相媲美。澳门周边地区博彩设施的兴起为当地以及周边地区的赌客提供了方便，赌客不必千里迢迢来到澳门就可享受现代化的博彩服务。

面对激烈的竞争，澳门必须从纯粹的赌城转型为旅游休闲娱乐中心，为游客提供除博彩之外的其他休闲娱乐活动，否则难以保持目前的繁荣。近年来，澳门博彩业正面临周边地区开赌的挑战，这迫使澳门兴建更多的酒店、会展、餐饮、娱乐等设施。澳门将来如欲立于不败之地，必须能够为游客提供除博彩以外的其他体验。

3. 内部的现实问题

博彩业高速发展虽然是一个经济问题，但是由于吸纳了大量劳动力和博彩者，所以也会对澳门社会的其他方面产生影响。赌权开放以后，博彩业高速发展对澳门社会的负面影响，主要表现在以下四个方面。

（1）扩大了贫富差距

澳门经济快速增长的同时，却无法惠及澳门各个阶层，已经被多次诟病。由于澳门的 GDP 大多来源于博彩业，那么社会财富的分配也会向博彩业投资者倾斜，同时特区政府可以通过税收积累财富，使博彩企业和特区政府成为博彩业高速增长的最大受益人，与普通居民尤其是贫困居民的财富差距扩大。

（2）扭曲了社会价值观

博彩业具有从业门槛低、收入回报高的特点，难免对从业者乃至澳门社会的整体价值观产生负面影响，尤其是对澳门青少年价值观的负面影响会更加明显。一方面，澳门博彩业高速发展，从事博彩行业的人数不断增加，许多家庭的成员均有机会进入博彩场所或相关场所工作，使得青少年很容易受到不良博彩信息或行为污染，对青少年的价值观及行为造成不良影响。另一方面，博彩业巨大的劳动力需求，以及相对较高的薪酬回报，会直接影响青少年及大部分已就业的年轻人的就业和教育价值观。这样一来，受博彩业高速发展影响，不但澳门的人力资源短缺问题得不到解决，连积极健康的社会价值观也会动摇。

（3）增加了治安风险

博彩业高速发展对澳门社会治安有两个不可回避的负面影响：一是病态赌徒出现；二是与博彩相关的犯罪增加。据估计，通常情况下一个发展博彩业的地区，大约有 2% 的本地成年居民可能成为问题赌徒或者病态赌徒。

至于与博彩相关的犯罪，从澳门社会整体罪案发生数量来看，从 2001 年起，罪案发生数呈稳步上升趋势，2018 年发生了多达 14365 件罪案，上升最快的是诈骗案，相较 2017 年增幅达 31.3%。[①] 由于罪案发生数增加的原因是复杂的，所以并不能直接判定博彩业的发展与之高度相关，但博彩业

① 参见澳门特区政府保安司司长办公室网站统计资料。

的特殊性会提高罪案发生率却是毋庸置疑的。可见，博彩业高速发展的确增加了澳门社会治安的风险与成本。

（4）加大社会环境压力

2002 年，澳门陆地面积 26.8 平方公里，虽然近年来填海造陆，陆地面积有所增加，但还是难以缓解澳门土地资源稀缺的问题。博彩业的膨胀，带来了澳门经济繁荣，同时也挤占了澳门宝贵的土地资源。一方面，博彩业的发展造成人力资源短缺，不得不引进大量外劳，外劳的引进进一步造成土地资源的短缺；另一方面，博彩业外围行业如酒店、餐饮、购物、休闲、博彩培训、博彩咨询、赌场设计等相关行业的发展也需要大量的土地资源，这加剧了土地资源的紧张状况。

博彩业的发展在一定程度提高了澳门人口密度。2002 年，澳门人口密度是 16400 人/平方公里，2018 年达到 20777.5 人/平方公里，居世界首位。人口密度增长引起的交通问题也不容小觑。2002 年澳门的行驶车辆有 122345 辆，到 2018 年增长了将近一倍。车辆的快速增加，不仅造成交通堵塞，也导致澳门的空气质量逐年恶化。目前在澳门，交通运输是仅次于电力生产的另一个对环境造成较大污染的领域。

（三）特区政府的抉择

综合澳门经济社会现实和规模报酬递减的经济规律，澳门博彩业规模应当有所调整。然而，如何把控调整澳门博彩业规模的时机和程度，都是摆在特区政府面前的实践问题。

关于如何把握调整时机，特区政府首先需要考虑当前的博彩业规模与澳门的承载力的适应性问题。澳门各界对此持不同意见。一方面，旅游业议会副理事长凌世威认为，面对目前的旅客量，澳门的承载力尚可承受。同时，理工学院“一国两制”研究中心教授杨允中亦认为经过有效管理，例如错峰旅游、分流旅客等方法，可以解决旅客过分集中入境所造成承载力的负荷。另一方面，与之相对，旅游业界则多次表示澳门的承载力已经透顶，同时，议员吴国昌也表示旅客集中入境和旅游业过度发展，均令市民生活质量下降。

其次，特区政府判断博彩业业绩是否已经进入拐点。2014 年 6 月，娱乐场贵宾厅收入同比跌幅达到 16%，博彩业收入出现 5 年来首次倒退，博彩股股价则由 2014 年初的高位纷纷回落。为此，“赌王”何鸿燊之女、美高梅中国联席主席何超琼已经表示澳门有必要减少对博彩业的依赖。而投行报告则认为这是由于世界杯举办、近期迭码仔携款百亿元跑路、内地经济放缓以及反腐打击等众多因素的综合影响。花旗银行尽管调低了对全年博彩业收入的预期，但是仍然认为娱乐场贵宾厅可以实现 35% 的高增长 。

最后，澳门博彩业规模扩将会继续吸收和摊薄有限的资源，也是特区政府不可回避的风险。未来，路氹金光大道各项工程将会竣工，博彩、酒店、餐饮业将会引入更大规模的外雇劳工，住屋资源、公共交通资源、医疗资源等均面临缺口，而已有资源亦会被摊薄 。本地劳工与外雇劳工之间的问题、地区生活空间受到挤压、楼价进一步高涨、通关压力等一系列问题，均可能成为澳门社会面临的不稳定因素。

综上所述，澳门博彩业的发展虽然带来了澳门经济的辉煌，使澳门居民收入和生活水平都有了很大提高，但是也不可避免地造成了诸多不良的经济影响，如产业过度单一、劳动力成本上升、土地资源紧张，间接造成人口密度过大，交通拥堵、环境质量下降等问题，功过参半。如何把握调整澳门博彩业规模的程度，适度控制澳门博彩业规模的进一步扩张，促进澳门博彩业的可持续发展，是特区政府不可回避的问题。

澳门学研究：研究文献的时空拓展与阶段演化

孙思宇　张小劲*

摘　要：澳门学与“中国学”研究之间的关系是经久不衰的学术议题，近些年研究发文数量呈持续上升的趋势。相较于其他城市，历史的特殊原因让澳门长期以来扮演着中西文化研究交融的角色。本文以可视化知识图谱的方式，试图对澳门学相关研究进行全景式的知识史考察，着重从时间维度和空间维度进行挖掘，探寻澳门学研究的演进脉络，分析澳门独具特色的中西文献研究历史和现状，结合澳门未来发展规划，检讨澳门学在“一带一路”建设中的意义，以及澳门学之于中国学研究的推进意涵，从而对未来的学术发展和理论思考空间做出新的估量。

关键词：澳门学　文献研究　区域研究　文本分析

一　问题的提出

自四百余年前葡萄牙人租居澳门以来，澳门始终是一个相对独立的微型社会，而且由此逐渐形成了特殊的政治、历史、文化以及人文环境；16 世纪中叶至 17 世纪中叶近一百年的时间里，澳门都保持着东西方国际贸易中

* 孙思宇，博士，中国电子科技集团深圳市网联安瑞网络科技有限公司高级工程师、清华大学社会科学学院政治学系博士后项目研究员；张小劲，博士，清华大学社会科学学院政治学系教授。

转港口和贸易中心的地位，认知和介绍自身的文献逐渐积累并型构了近代澳门学的雏形。鸦片战争后，英国割占香港，香港开埠，大力发展对外贸易并且不断崛起，渐渐取代了澳门的地位，澳门的各项发展均面临极大的挑战和危机，但博彩专营却蓬勃发展，连带性的社会进程亦有丰富多彩的变化。凡此种种引发澳门内外各界的关注，研究性文献日益增多，促成了澳门学的学理化转型。1999 年 12 月 20 日，澳门回归到祖国的怀抱，在“一国两制”“澳人治澳”的政策指引下，澳门作为特别行政区开始走上了逐步探索经济多元化发展的道路。政治稳定、经济腾飞和社会进步使澳门学研究进入了“快车道”。2019 年 2 月 18 日，《粤港澳大湾区发展规划纲要》（以下简称《纲要》）正式发布，广东、香港、澳门三地收获打造粤港澳大湾区、建设世界级城市群的机遇；互相开展深度合作，谋划长远发展，成为澳门进行区域交流甚至走向融合必然面对的重大课题。在这个课题构成中，文化和理论建设具有基础性架构的意义。澳门学研究无疑将进入新的发展阶段，并由此生成新的属性。

站在这样一个历史性的时点，回顾澳门学的发展历程，展望未来的发展趋势，显然是必要的。与此同时，随着大数据时代的来临，当代社会科学研究范式和技术方法又有新的发展，尤其是相关数据分析技术的进步，使得历史回顾和未来展望具有新的可视化特征。本文即立基于专项数据库及大数据技术的可视化分析，希望从文本数据的角度来探讨澳门学研究文献的时空拓展与阶段演化。

二　研究方法论与数据库

为了更好地从数据上展示澳门学已有研究的发展脉络，本文以 2019 年 7 月 20 日为时间节点，分别对中国高等教育机构及中国知网（cnki. net）进行搜索，以“澳门”作为关键词，限定检索条件为“标题”，在《中国优秀博硕士学位论文全文数据库》共检索到 563 篇学位论文；以“澳门”作为关键词，限定检索库为“核心期刊”与“CSSCI”，在《中国学术期刊（网络版）数据库》（简称 CAJD）共检索到博士和硕士学位论文 3006 篇。依据这些学位论文，本文建立了名为“澳门学研究（学位论文）”的数据库。

之所以选择博士和硕士学位论文作为数据库的主体，首先是因为博士硕士学位论文属于有明确的指导、有外在的监督和有创新意图的学术文本；不仅作者本人因为学位获取的需求而有精心写作和原创研究的激励，而且指导者和评审者也有负载道统和承担责任的动力，因而其原创性和新颖性当得肯定。其次是由于规范性要求和篇幅体量的规定，博士硕士学位论文不仅在案例研究、素材搜集和文档使用等方面更加广泛和完整，而且其论说体系和内容陈述更加完整和系统，因而可以为本项研究提供更多的信息和内容用于判断其中的研究质量和学术取向。再次是由于澳门问题的特殊性，一般学术刊物往往会更多地关注宽广地域的议题或普适性的学术争论，而在博士与硕士学位论文的总体中反而能够更容易地发现以澳门学为主题的论文聚集现象。这为本项研究的展开提供了特殊的便利。

立基于“澳门学研究（学位论文）”数据库，本文将相关学位论文的摘要予以专项采集，然后透过 R 语言进行编程文本分析，同时加入社会科学监督学习的方法对运算进行迭代研究，由此使用的关键性技术包括将非结构化数据进行转换，编码为统计方法可识别、可计算的数据形式，进而实现媒体数据解构、属性抽取及分析处理，完成典型场景下的数据统计、态势感知及可视化展示。

之所以聚焦于摘要文字，首先是因为在学位论文的结构构成中，摘要是论文研究最全面的呈现和最精练的描述。通过理解和解读文摘，可以对已发表的学位论文有更简便而不失真的把握和掌握。其次，较之于篇幅超过数十倍乃至百倍的学位论文正文，摘要更适于机器处理，并可以得到更易于理解的结果。这也是本文在技术层面考虑的重要因素之一。

经由 R 语言处理后的结果，本文尤其注意采用可视化技术进行表象呈现和内涵解读。在这里，可视化技术是指在自动分析挖掘文本方法的同时，利用信息可视化的界面以及支持分析过程的技术，有效融合计算机的计算能力和人的认知能力，以获得对复杂数据集的洞察力。其中，基于地图的可视化分析将在地图上把数据分析结果按照各个城市展示在分析者面前时，使分析者洞悉数据背后隐藏的信息并转化认知知识；基于频次转化的词云图，可以一目了然地理解多重信息中的关键所在；基于时间的演化信息，更能够帮助我们全方位地了解澳门学的不同关键词、主题之间的关联性以及历时性发展变化情况等。

正是应用上述研究方法和技术，本文可以从时间与空间的维度展开初步分析，进而依据长期积累的研究实践和经验，对澳门学研究的情形进行全景式描画。

三 澳门学研究的时空拓展

一般而论，目前澳门学的发展主要分为两大方面，一方面基于历史与文化的深度挖掘而意图达成的自我认知，另一方面则是基于现实经验和材料展开对澳门的学理性描述和解释性研究。对于澳门学的定义问题，澳门基金会主席吴志良指出，澳门学术话语体系建构的核心，在于从思想上、理论上回应澳门的历史、实践和经验。[①] 毫无疑义，这个定义有效且精练地总结了澳门学的内涵。更精细的界说则强调澳门学是以文献档案、文化遗产为基础，以历史文化和社会生活为研究对象，探寻澳门模式与澳门精神的国际性、综合性学科。[②] 澳门大学中国语言文学系教授朱寿桐提出，澳门学作为一门独立的学科，其研究者不能仅限于澳门的历史、政治、社会、经济，更要将自己的研究纳入“澳门的全部学术的总和”。[③]

澳门学研究的不同论说，乃至澳门学的提法所引发的争论，其实从一个重要层面体现了澳门学研究成果的丰裕度和多样性。

从时间维度来讲，1993 年 3 月 31 日全国人民代表大会通过了《中华人民共和国澳门特别行政区基本法》，有关澳门学的系统性研究也以此时间点展开，学界研究成果的数量从 1992 年的 15 篇期刊论文逐步增加，并且在 1999 年爆发性增长，达到顶点，共计 678 篇（见图 1）。而与澳门学直接相关的学位论文均是在回归以后才逐渐出现，1992 年出现了第一篇有关澳门研究的博士论文，[④] 在随后的电子化数据库中，目前可查题目提及澳门的学位论文出现在 2000 年，共有 19 篇，随后逐年增加，在 2009 年达到 50 篇，随后保持稳定在 20 篇（见图 2）。

---

① 吴志良、张中鹏：《澳门学术话语体系的构建与阐释——吴志良博士学术访谈录》，《华南师范大学学报》（社会科学版）2017 年第 1 期。

② 夏泉、董锦：《澳门学研究与〈澳门编年史〉的学术贡献》，《当代港澳研究》2012 年第 4 期。

③ 朱寿桐：《从澳门学到澳门文学》，《光明日报》2015 年 12 月 21 日，第 13 版。

④ 张小劲：《在新的视野和框架下认知和考量澳门问题研究：一项知识史的考察》，《澳门研究》2012 年第 4 期。

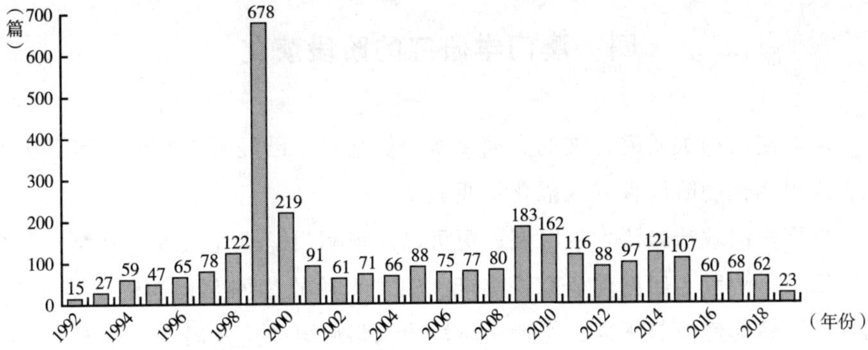

图 1　1992～2019 年澳门相关期刊论文分布

资料来源：笔者自建的“澳门学研究（学位论文）”数据库。

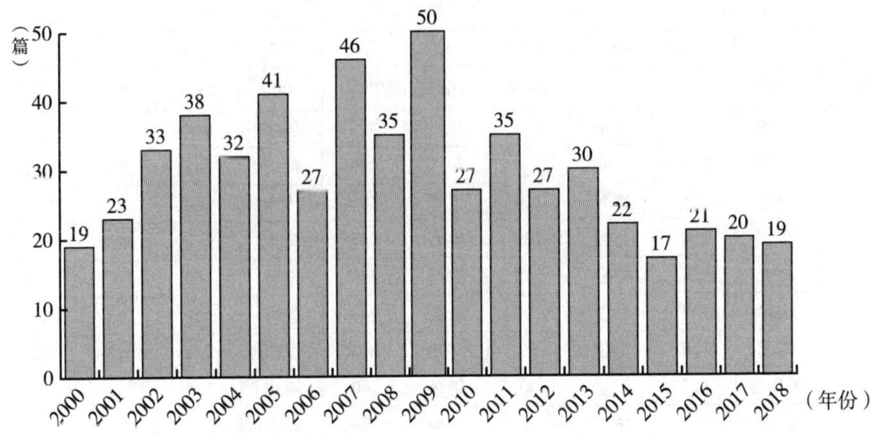

图 2　2000～2018 年澳门相关学位论文分布

资料来源：笔者自建的“澳门学研究（学位论文）”数据库。

在回归后的 20 年里，澳门经济快速增长，特区政府财政年年盈余。澳门特区政府的公共投资、财政收入和支出都在随着经济增长而增加。但是，相对来说，因社会的急速发展，社会需求不断增加。再者，澳门特区政府未来还要面对人口老化、房屋供应、卫生、教育和医疗等一系列公共问题，上述问题也越来越引起学界的关注。因此，论文数量的增加固然与澳门自身的发展以及澳门与内地的关系重构有着突出的关联，而这种数量的变化也与议题的广泛性有关，更与澳门自身问题的复杂性不断叠加有关。

四　澳门学研究的阶段演化

从对澳门相关研究论文的文摘文本分析结果，已经可以发现，澳门学研究表现出变化的阶段性和区隔化（见表1）。

依据澳门政治经济发展时期，更可以发现澳门学研究大体可分为五个阶段：第一个阶段为回归前研究探索期，第二个阶段为回归初期固本培元期，第三个阶段为经济起飞期，第四个阶段为调整后再高速发展期，第五个阶段为新发展期。

表1　1992～2019年澳门相关研究论文摘要文本分析

阶段	研究探索		固本培元		经济起飞		调整发展		新发展	
	词汇	词频	词汇	词频	词汇	词频	词汇	词频	词汇	词频
年份	1992	1999	1999	2002	2003	2008	2009	2014	2015	2019
排名前十词语	经济	362	经济	174	经济	329	经济	644	经济	240
	回归	227	文化	154	制度	308	社会	582	文化	235
	香港	178	教育	134	工作	300	体育	407	社会	213
	文化	164	回归	123	教育	263	制度	378	城市	197
	历史	164	社会	112	教师	253	文化	369	教育	170
	法律	133	制度	106	社会	243	教育	369	内地	168
	祖国	120	学校	96	文化	213	城市	338	历史	152
	葡萄牙	117	土生	90	管理	190	历史	326	制度	151
	制度	111	法律	90	政府	179	政府	318	旅游	128
	社会	107	历史	81	法律	172	回归	285	高等教育	100
排名前11～20词语	世纪	92	政府	72	学生	162	内地	273	情况	99
	关系	87	教师	72	旅游	155	政策	254	政府	97
	内地	83	银行	70	城市	154	旅游	253	理论	96
	教育	83	葡人	68	博彩	146	博彩	235	管理	94
	政府	81	关系	57	体育	139	法律	227	法律	93
	成为	77	博彩业	57	关系	138	环境	218	建筑	90
	年代	73	世纪	56	土生	130	博彩业	213	活动	88
	贸易	73	文学	52	内地	130	模式	197	环境	88
	我国	65	体育	50	情况	120	关系	178	产业	88
	葡萄牙人	65	管理	48	历史	120	产业	178	空间	87

资料来源：笔者自建的“澳门学研究（学位论文）”数据库。

（一）回归前研究探索期（1992～1999）

回归前，澳门投资环境恶化，本地投资者投资欲低下，外来投资者望而却步，经济连续负增长。面对经济低迷、失业率高企和营商环境不善，澳门各界都在探索发展的方向。在此时期澳门学研究集中在面对即将来到的回归，以及澳门的历史、法律、国际定位。从表1可以看出。“经济”出现频率最高（362次），其次为“回归”（227次）、“香港”（178次），可见在此时期澳门学研究更多对香港回归进行比较讨论。另一个重点是出现较多的“法律”“历史”“葡萄牙”关键字。可以总结出回归前研究探索期是对比香港回归，回溯澳门历史，探讨政治法律。这些结论也可以从一些著作的表述中得到验证，如黄启臣的《澳门通史》、邓开颂的《澳门历史》、金国平和吴志良的《早期澳门史论》等。

（二）回归初期固本培元期（1999～2002）

回归后，特区政府致力于营造一个被国际社会认同的自由开放、公平竞争的城市，改善民生就业。行政长官何厚铧在2001年施政报告中提出了“以旅游博彩业为龙头、以服务业为主体，其他行业协调发展”的新城市经济发展策略。回归初期，澳门学研究内容逐渐广泛，同时政治色彩也开始逐渐淡化。学界将澳门学研究的重心转移到“文化”（154次）、“教育”（134次）上。从学界的关注可以发现，面对历史遗留问题，需要依赖文化和教育建设来支撑澳门的发展。

（三）回归后经济起飞期（2003～2008）

2003年7月澳门开放自由行，内地居民可以赴港澳地区旅游。但是在2003年“非典”疫情结束之后，为了带动港澳地区旅游业的恢复，加强经济、文化、技术等方面的交流，中央决定率先在广东省的四个城市办理内地常住居民个人赴港澳旅游业务，之后逐步进入“港澳自由行”时代。这一时期澳门GDP高速增长，2003年、2004年、2005年、2006年、2007年实质增长率分别为11.7%、26.8%、8.1%、13.3%、14.4%。在经济起飞期，澳门学研究并没有专注于“经济”，反而是“制度”得到了极大的关注，共计308次，其次是“工作”，达300次。另外，对于教育领域的研究，“教师”共计253

次。第二梯队的“旅游”“博彩”“体育”等关键词也逐渐浮现。总的来说，在经济起飞阶段，澳门学研究一方面关注内部高速发展带来的教育、工作、制度问题，另一方面关注外部带来的与内地交流的问题。正如吴志良提出的澳门学第二次浪潮，始于21世纪初，特别是2005年澳门历史城区列入《世界遗产名录》后，学者们自觉地探寻澳门独特的历史文化历程，为特区的社会发展和人文建设提供理论支持。①

（四）调整后再高速发展期（2008～2014）

受国际金融危机的影响，2008年底澳门经济增长出现了放缓和停滞的现象，一些重要的指标，如访客人数、旅客消费及博彩总收益，在经历了数年高速增长之后，出现下滑，进入整固期。经过短时间的调整，在博彩业高速发展的带动下，澳门经济很快又重上快速发展的轨道。从2010年开始，至2014年上半年，澳门经济高速发展。随着亚洲其他地区的赌场纷纷出现，澳门博彩业面对的竞争日益激烈，同时受到内地经济及其他影响，2014年下半年澳门博彩业开始深度调整，出现较大幅度的下降。面对挑战与调整，澳门学研究转向“社会”（582次）、“体育”（407次）。大环境的变化必然对社会造成影响，高速发展后的转型以及“澳门产业多元化”也逐渐进入学者的视野，正如“城市”“模式”“产业”关键词的出现也正说明澳门学研究对未来走向的预见性，并且可以与澳门编年史中的事件脉络相映射。②

（五）新发展期（2014年至今）

受内外因素的影响，从2014年6月下半年开始，澳门经济经历了近三年的深度调整，是国际金融危机之后首次大幅度下降。本地生产总值由2014年的4435亿澳门元下降到2016年的3582亿澳门元，2014年、2015年、2016年分别下降1.2%、21.5%和2.1%。博彩业收入下滑，给经济发展带来一系列新的问题。首当其冲的是就业，博彩业对人力资源的要求较低，对文化程度要求低，因此成为吸收大量就业的中坚力量，博彩业发展速

① 吴志良、张中鹏：《澳门学术话语体系的构建与阐释——吴志良博士学术访谈录》，《华南师范大学学报》（社会科学版）2017年第1期。

② 吴志良、汤开建、金国平主编《澳门编年史》，广东人民出版社，2009。

度放缓，由博彩业释放出来的部分人员，成为特区政府需要应对的就业问题。为了应对上述问题，澳门学研究一方面关注“文化”“社会”，更重要的开始着眼于“城市”的建设、“高等教育”的发展以及“理论”的发展，逐渐提升澳门的整体城市水平。正如吴志良提到的第三次浪潮，近年来，澳门学作为独立学科建设的呼声日渐高涨，呼吁在全球视野下重新发现澳门独有的人文意义和普遍价值。①

五　澳门学的可视化分析

大数据分析技术提示和提供的可视化分析，可以并行地提示我们做进一步的考察。

从对学位论文的文本分析结果可以发现，研究的主题在经济、教育、社会（见图 3），其次是对政府、城市、体育、历史的研究（见图 4）。两个梯

图 3　澳门学位论文词云分布

资料来源：笔者自建的“澳门学研究（学位论文）”数据库。

① 吴志良、张中鹏：《澳门学术话语体系的构建与阐释——吴志良博士学术访谈录》，《华南师范大学学报》（社会科学版）2017 年第 1 期。

队并没有明显的区隔差异，可见在澳门学研究中，主要是人文社科相关的研究。可见，对于澳门本土学术的研究，既有助于推动澳门历史发展和社会进步，也有助于建立提升澳门特区对外“软实力”，研究的效果也反映在近些年澳门发展成果中。

图 4　澳门核心期刊论文词云分布

资料来源：笔者自建的“澳门学研究（学位论文）”数据库。

由此可见，对于中文核心期刊来说，最主要的研究还是集中在经济层面，不同时期的澳门学研究中经济一直是最重要的议题。还可以发现在社会、教育、历史、城市等方面与学位论文的研究互相印证。另外，对期刊的关键词研究还可以对下一阶段澳门发展方向予以预测，多个第二梯队关键字在下一个时期较大概率会成为第一梯队的关键词。这反映出澳门学的文本数据研究可以进行预测分析。

从中文核心期刊发文的单位，可以发现关注澳门学研究的主要学者单位有两个最主要的区域，一个为长三角地区，另一个为珠三角地区。另外，研究较多地集中在北京。可以推测，相似的区域带来的效应会促使互相之间进行比对研究。

从学位论文颁发单位可以发现，区别于期刊研究集中在长三角与珠三角，北京也占据了较大数量，同时武汉、长沙以及重庆均有一定的数量。

六　结语

（一）配合国家战略，扩大澳门学研究的国际影响

一方面，国家“十三五”规划提出支持澳门建设世界旅游休闲中心、中国与葡语国家商贸合作服务平台，促进澳门经济适度多元可持续发展。同时，国家实施“一带一路”倡议，为澳门开展对外经济合作和加快经济适度多元发展提供了新契机。

澳门学研究可发挥“一国两制”的制度优势，结合澳门在中国与葡语国家商贸合作和交流中可发挥独特的作用，比如中葡贸易投资促进平台、中葡金融服务平台和中葡人民币清算中心，以及中葡联系交流和资讯网络平台等，同时考虑国际贸易自由港、东南亚归侨众多的优势，进一步拓展澳门学研究的空间。同时，透过社会各界努力，把握机会，将澳门五年发展规划、落实中央惠澳政策等工作系统地结合起来，鼓励和带动澳门社会各界发挥创造力，把握机遇，将澳门学研究模式推向国际。

（二）扎根澳门本地，提高澳门学研究本地深度

目前周边国家与地区的博彩产业合法化带来竞争的扩大，同时人口压力、交通压力、基础设施压力、环保压力等还将加大。城市空间有限，土地资源不足，不利于培育和发展新的产业以实现经济适度多元化。同时，当经济快速发展、经济规模迅速扩张、经济结构调整和整体经济素质逐步提升时，澳门人力资源的质和量就难以满足经济发展的需要。另外，澳门教育制度的特殊性及高等教育和职业教育发展滞后，20 世纪 80 年代初才成立第一所大学，至今未建立完善的职业培训体系，使得澳门在人才培育培训方面相对滞后，跟不上社会经济急速发展的步伐。回归以来，经济快速发展对劳动力素质的要求也大大提高。但总体来看，目前澳门劳动人口素质偏低。产业单一化所带来的问题是持续的，对澳门学的研究更要扎根本地，针对已存在的问题进行新的道路探索，解决本地居民真切感受的痛点、堵点。

（三）展望湾区融合，保持澳门学研究区域影响

在国家发展的新时代，澳门根据国家所需、自己所长，积极参与国家现

代化建设，有效把握国家发展新时代的机遇，澳门学研究要进一步探讨澳门在粤港澳大湾区建设中精准务实参与，探讨澳门在湾区中的地位和功能。把“一个中心、一个平台”建设与“一带一路”建设有机结合，与大湾区其他城市携手打造国际一流湾区和世界级城市群。

澳门学研究可针对澳门精准联系功能，一方面，重点发挥澳门归侨侨眷资源，特别是利用澳门精准联系内地与葡语国家、欧盟及东盟国家的优势，助力大湾区“走出去，引进来”；另一方面，关注澳门世界旅游休闲中心研究，与大湾区共同打造世界旅游休闲目的地，同时发挥澳门中西文化交往历史悠久的特点，与大湾区共同建设以中华文化为主流的多元文化，促进大湾区与共建“一带一路”国家和地区互联互通，推澳门学持续发展。

澳门学的学科意义

朱寿桐*

摘　要：澳门学是中国社会科学研究领域正在艰辛成长和“执着”发展的一个学科和学术门类，吴志良等学者为此付出了巨大的心力并且有了一定的成效。但目前，这一学术研究课题进展趋缓，作为学科的建设更是有停滞迹象。国家在新制定的《粤港澳大湾区发展规划纲要》中对澳门作为一个基地的定位，为澳门学的学术发展和学科建设注入了新的资源和动力。将澳门定位为以中华文化为主流、多元文化共存的交流合作基地，实际上正是对澳门范式的一种高度概括，也是近十年来澳门学研究者不断论证、阐述和宣传的学术要点。这将有助于健全、发展澳门学学科。

关键词：澳门学　学科建设　学科意义

澳门自 1553 年为葡萄牙人租借被迫开埠以后，就一直发挥着西学东渐和东学西传桥梁的作用。作为四个多世纪东西方宗教和文化交汇、交流及相互碰撞之地，澳门在西方走近中国、走进中国，在中国走向世界的过程中扮演了极为重要的角色。研究澳门通向建构澳门学的学术目标，而澳门学的充实与发展，则须仰仗相关学科的形成。澳门研究在通向重新认知甚至改写澳门历史、岭南历史、中国现代化历史乃至世界近代历史的学术努力中，应能

---

* 朱寿桐，澳门大学中国语言文学系教授，澳门大学中国历史文化中心主任。

形成与敦煌学等传统学问相媲美、相匹配、相比较的澳门学，这样的学问必须在学科化的运作中才能得到充分的发展。

一　澳门学的学术优势

澳门学作为一种独立的学问，具有其他相邻地区的相关地域性学问天然缺少的历史文化优势和学理学术优势。数年前，我们运作了将澳门学推向学术殿堂的一系列活动，其中包括让澳门学走进故宫。在故宫博物院高层次专家报告会上，郝雨凡教授代表我们研究团队系统地阐释了澳门学的价值内涵和学术意义，引起了在场专家的高度兴趣。不过也有一些专家在问题讨论环节提出，澳门地方特殊，因而有澳门学，是不是其他重要的地方都应该有属于该地方的专门学问？

这实际上提出了澳门学的学术优势究竟在哪里的问题。

澳门虽然面积小，人口少，但它在中国近代化历史过程中扮演着无法取代的角色。中国的近代化与澳门有着密不可分的联系。随着澳门西方化的积累不断增加，西学在以澳门为中心的南粤地区不断扩散、渗透，从而形成了澳门、香山以及广粤地区西潮汹涌的地域文化气氛和时代文化气氛，在这样的气氛下涌现出一批杰出的思想家：革命先行者和近代革命领袖孙中山；戊戌维新的主倡者和近代启蒙主义杰出思想家康有为、梁启超；以西方批判视域看取中国历史、现实与未来，从而为几代领袖人物所阅读和欣赏的杰出思想家郑观应；身体力行学习西方文化、开启中国留学欧美之先河的容闳；等等。这些思想家同时又是相关事业的实践者，他们以自己的实际行动践行自己的思想，同样也是在西方重视实学的思想系统中养成的行为风格。澳门以及以澳门为中心形成的西方文化氛围无疑成为这些促进中国近代化的伟大思想家最可靠和最重要的精神资源。

澳门于1860年修建的伯多禄剧院（俗称岗顶剧院）被公认为是中国最早的西式剧院。1822年由葡萄牙立宪党澳门分部首领巴波沙（Paulino da Silva Barbosa）创办的葡文周报《蜜蜂华报》，不仅是澳门历史上第一份报纸，而且是中国境内出版的近代第一份报纸和中国领土上的第一份外文报纸。1833年，基督教传教士马礼逊创办的不定期中文刊物《杂闻篇》，被公认为是在中国境内最早出版的中文期刊。1839年，林则徐以钦差大臣的身份到广东禁烟。为了让朝廷官员掌握“夷情”，以利于“制取准备之方”，便派人进入澳门收集外国人出版的外文报纸，聘用翻译人员，将有关鸦片贸易、西方各国对中国禁烟的态度以及其他方面的消息和评论译成中文，抄送给广东督抚衙门作为禁烟和备战的参考。这种随译随送的手抄译报，被人们称为《澳门新闻纸》。后来，林则徐还根据《澳门新闻纸》的内容选编了《澳门月报》，开了中国译报编辑出版的先河。1893 年，孙中山在澳门参与了《镜海丛报》的出版，该报是土生葡人飞南第出版的葡语同名报刊的中文版。1897 年，由康有为、梁启超筹划，澳门巨商何廷光出资，康广仁负责运作，维新派人士在澳门创办了《知新报》。该报和康有为、梁启超等维新派代表人物在变法失败前于内地出版的《时务报》非常近似。《知新报》除畅销华南地区外，还远销日本、越南、新加坡、美国等地，推动了中国从传统走向近代的进程。

澳门为中国的近代化贡献了如此多的中国之最，可见其在中国走向近代化的过程中起了不小的作用。于是有人说：“只要对中国近代、现代史稍微熟悉的人都不难发现，中国封建社会逐渐解体的整个过程，跟来自澳门的文化影响有着或隐或显的微妙关系，大凡中国近代史上与社会变革有直接关联的风云人物，他们几乎多半跟澳门结下了很深的缘分。如果说，把澳门看做是近代孕育中国社会伟大变革的一条输精管，似乎无任何夸张之处。”① 这样的比喻有些夸张，也有些诙谐，但所传达的道理是真切的。

澳门不仅在中国走向近代化的过程中具有其他地域难以企及同时也难以替代的重要意义，在中西文化交流方面更是一个十分重要的基地与桥梁，其作用超过任何其他地区。应该说，澳门是世界走近中国和走进中国的门户，又是中国走向世界的基地之一。

有资料表明，澳门是 16 世纪中期至 19 世纪中期远东地区最繁盛的贸易中转口岸，吸引了亚洲、欧洲及美洲数十个国家的商贾、教士及移民停留与居住。这是澳门为西方走近中国、中国走向世界所奠定的物质文化基础。同时，澳门又是东西方宗教文化交汇碰撞之地，是西方宗教进入中国以及其他东亚地区的主要集散之地，也是中国文化向西方世界展示自身影响力的重要基地。国学大师季羡林断言：“在 400 多年以前，明代的末叶，欧风东渐的突破口就在这里。

① 黄晓峰：《澳门的文化视野：世界语中国》，《文化杂志》1993 年第 13、14 期合刊。

许多赫赫有名的向中国和其他一些东方国家传播西方的宗教和科学艺术的人物，很多都是先从澳门登岸，然后逐渐散向中国内地，直至中国的首都北京。”①

这里所说的当然包括耶稣会意大利传教士罗明坚和利玛窦于1579年与1582年先后来到澳门，在这里学习汉语，了解中国民情，从澳门进入广东肇庆等地传教的故事。《明史》记载：“万历九年，利玛窦始泛海九万里，抵广州之香山澳，其教遂沾染中土。至二十九年入京师，中官马堂以其方物进献，自称大西洋人。”据统计，1557～1644年，澳门教区天主教徒从400人发展到4万人，俨然成为东方天主教的大本营。“其国人东来者，大都聪明特达之士，意专行教，不求禄利。其所著书多华人所未道，故一时好异者咸尚之。”② 这说明明末清初中国的部分社会风尚是由澳门这个西方宗教集散地发散而成的。也有人认为，西方宗教的集散地是广州、澳门两地，这恐怕与《明史》所载“广州之香山澳”有关。

1594年，耶稣会士在澳门建立圣保禄修道院，以此作为天主教在中国和东亚传教和培训传教人才的总部。据西方学者统计，1581～1740年，有483名耶稣会士通过澳门进入中国内地。其中利玛窦、汤若望等还进入了北京宫廷，进入中国社会的上层，对明末清初中西文化交流做出了关键性的贡献。《明史》还点出了一些重要的传教士：“时著声中土者，更有龙华民、毕方济、艾如略、邓玉函诸人。华民、方济、如略及熊三拔，皆意大里亚国人，玉函，热而玛尼国人，庞迪我，依西把尼亚国人，阳玛诺，波而都瓦尔国人，皆欧罗巴洲之国也。”③ 清代，基督教新教传教士也通过澳门进入中国内地。1692年康熙帝颁布容教令，大批西洋传教士以合法的身份通过澳门进入中国内地，除葡萄牙传教士外，最主要的就是西班牙和法国的传教士。这一时期，进入中国的传教士有数百人之多，传教区域遍布中国（包括西藏）。至康熙末年，中国教徒已发展到30万人，④ 澳门则是天主教传入中国内地的根据地和中转站。⑤

西方传教士往往通过著述、翻译、办学、行医、办报刊等方式在中国和

① 季羡林：《我的祝福》，李观鼎编《边鼓集》，澳门基金会，1996。

② 《明史》卷326《意大里亚传》。

③ 《明史》卷326《意大里亚传》。

④ 参见〔德〕G. G. 莱布尼茨（Gottfried Leibniz）《中国近事——为了照亮我们这个时代的历史》，梅谦立译，大象出版社，2005，第34页；张泽：《清代禁教时期的天主教》，台北：光启出版社，1992，第27页。

⑤ 汤开建、田渝：《明清之际澳门天主教的传入与发展》，《暨南学报》2006年第2期。

其他东亚地区传教，将西方文化与科学技术知识带进了中国。这是西方文化由走近中国到走进中国的重要契机。

另外，澳门也是中国走向世界的重要基地。曾有学者将澳门比喻为“世界型的土地与海洋”,① 这表明了澳门在世界政治、经济、文化、地理上的重要地位。通过海上丝绸之路以及其他贸易途径与方式，中国的许多产品通过澳门源源不断地走向世界。早在 16～17 世纪，澳门就已成为葡萄牙商人欧亚国际贸易的重要中转港。葡萄牙商人用欧洲的银圆、毛织品、机械制品，来自果阿等地的印度棉织品，来自马六甲海峡的东南亚香料等商品，在澳门换取或购买中国的生丝、绸缎、药材和瓷器，贩运到东南亚、欧洲地区。

与澳门渊源很深的利玛窦等传教士还通过传教的机缘，将中国儒家文化传入了欧洲，从而使中华文化在陌生的西方世界发出了非同寻常的异响。受到耶稣会创始人圣方济各·沙勿略（St. Francis Xavier，1506－1552）的影响，利玛窦和罗明坚意识到，要在中国传播基督“福音”，必须了解以儒家思想为精粹的中国文化。辗转在东南亚和日本传教的沙勿略一直希望到中国传教，这位在临死的时候依然在一个名为“上川”的海岛上眺望中国大陆的传教士告诉同道：“中国是一个疆域广大，国势强盛的国家。中国境内没有战争。据到过中国的葡人记载：‘中国是正义之邦，一切讲公义公道，甚至超过信仰基督的国家。迄今我在今日本并其他地方所见到的中国人，在智慧方面得天独厚，远远超过日本之之上。’”② 他勉励他的后来者能够通过阅读和熟稔中国经书进入中国。沙勿略逝世不久，范礼安神父（Alexandro Valignano，1538－1606）由葡萄牙东来，驻留在澳门。他同样认为传教士欲进入中国内地传教，必须先了解与熟悉中国语言、中国文化以及中国人的礼俗。于是，罗明坚、利玛窦等在澳门就开始研习四书五经。③

利玛窦研读“四书五经”，并由此制定了在中国的传教事业中“易佛转儒”的策略，即放下了通过佛教接近中国、了解中国进而走近中国社会的初想，转而在儒学的学问体系中融入天主教教义以便传教。同时，利玛窦还

---

① 〔葡〕潘日明：《殊途同归：澳门的文化交融》，苏勤译，澳门文化司署，1992，第 135 页。

② 张奉箴：《福音流传中国史略》卷 2 上编，台北：辅仁大学出版社，1971，第 543 页。

③ 张奉箴：《福音流传中国史略》卷 2 上编，第 603 页。

将四书译为拉丁文，使儒学等经典学问进入了西方世界。有人认为德国哲学中融入的修齐治平、唯精唯一的儒学精神即来自利玛窦的译述，至少，19世纪末20世纪初美国的新人文主义倡导者欧文·白璧德关于孔子学说的印象来自利玛窦的译述。中国文化经典经由澳门通过一些机缘走向了西方世界，并在西方文化的发展中起到了重要作用。

通过以上史实与机缘，澳门成为西方世界走近中国、走进中国的重要门户，同时又是中国文化走向世界的桥梁与基地。拥有这种特别的文化地理位置、特别的文化地位，澳门应向世界呈现自己的内涵和自己的实力、优势。在澳门，各种宗教信仰、各个民族文化（包括东西方民族文化以及其他地区的文化）、各种语言方式、各种礼俗制度，都以彼此尊重、彼此涵容、彼此之间保持适当的距离的温和且和谐的方式相处相对，即便是在狭小的空间中也很少发生冲突。这是世界文明交流中非常罕见也特别值得珍惜的文化涵容范式，是澳门特有的或者说在澳门表现最为充分的文化交流和文明相融的范式。这种范式，不仅是面对“已经过去”的历史存在，更加关注“正在发生”的现实形式，并因此探讨多样性民族、宗教、文化“互动相生”的特殊形态及其未来走向，为人类不同类型的文化如何相处相知提供了有价值的认知，为人类文明的发展揭示了可能的路向，即不同的民族、宗教、文化怎样相处，不同的国家如何交往：不是在征服中求胜利，而是在多元中求和谐；不是在冲突中毁灭，而是从多元中求大同。当今世界，地区性的冲突，多由民族、宗教、文化之间的摩擦造成，民族、宗教、文化问题，日益困扰着各国政治家。不同民族、宗教、文化能否避免冲突，冲突如何化解，如何和谐共处？研究澳门学，就是要从澳门文化“互动相生”现象中找到历史的解释及其核心价值，为不同的国家、不同的文明找到避免冲突、和谐相处的道路，为当今世界各国妥善处理民族、宗教问题，促进世界各国的和平发展提供有益的启示与借鉴。这既可以为当前中国有效处理民族问题、推进“一国两制”实践提供历史智慧，又可以为快速发展的中国走向世界时与其他国家和谐交往提供历史经验。这样的文化交流和交融的范式对于未来世界文明的发展具有十分重要的启发意义，这同样是澳门学应该加以揭示并弘扬的当然内容。

从18世纪中叶至今，澳门研究已经走过了250余年的历史，形成了一定的学术积累。但这样的学术积累基本停留在就澳门研究澳门，停留在具体的研究课题层面，不足以支撑澳门学。20 世纪 80 年代，一批学者为提升澳门形象，提高澳门研究的学术地位，提出了建构澳门学的一系列设想，[①] 但仍然未能跳出澳门研究的框架，未能从澳门之于全球文明互动发展的地位、作用和影响的角度展开宏观的学术设计，因而未能取得面对世界学术发言的资格与效果。澳门学作为一种独立的学问，须以澳门深厚的历史及其研究为基础，建构以澳门历史和社会现实为核心内容同时又能丰富世界历史认知的知识系统，揭示人类文明进程中的澳门图式及其学术范式，从而为人类文明的发展乃至世界和平进程提供有价值的参照。

近年来，澳门学已经在学术界产生了一定的影响。澳门学已经为来自各国的与会者所承认或者默认。如果说第一届澳门学国际学术研讨会上还有不少学者对澳门学的学术概念提出各种各样的疑问（当然是善意的），第二届已经没有人再对这一概念及其可行性提出质疑。所有学者都是在既成的澳门学概念基础上展开自己的学术论证和学理阐发。

这当然归功于澳门学术界对这一概念不遗余力的推广。澳门学倡导者系统地梳理了澳门学的学术框架和基本范式，将这一富有内涵的学科向国际学术界和内地学术界推介。举办多次的国际学术研讨会已经让国际学术界对澳门学有了基本而清晰的认识，向内地学术界的推介则以澳门学走进故宫为标志。

澳门学是由来已久的澳门研究的必然发展。作为澳门学的学术基础，澳门研究从一开始就透溢着中国历史乃至全球化文化交流的宏观因素，这种关于澳门学的学术原生态决定了澳门学从最初产生之时就越出了澳门自身的内涵，蕴含着中国历史乃至全球历史的诸多深刻命题。

---

① 1986 年 11 月，澳门社会科学学会举行座谈会，提出建立“澳门学”的创议；1989 年 2 月，东亚大学澳门研究所（澳门大学澳门研究中心前身）举办“澳门学”学术研讨会，讨论“澳门学”的对象、方法及其意义，对“澳门学”的概念做了初步界定；1994 年，澳门大学再次召开“澳门学”问题研究的专题讨论会；2000 年 11 月，澳门社会科学学会、澳门大学社会及人文科学学院、澳门大学澳门研究中心联合举办“澳门学”的对象与方法学术研讨会，对“澳门学”多年来的研究做了一次阶段性总结。其间发表的代表性著述有：黄汉强《关于建立澳门学的一些思考》（1989）、常绍温《从澳门历史文化的特点略谈建立“澳门学”问题》（1994）、陈树荣《建立澳门学，促进澳门研究》（1995）、吴志良《旧话重提“澳门学”》（1996）、黄汉强、徐新《澳门社会科学学会书列总序——为“澳门学”催生》（1998）、汤开建《“澳门学”刍议》（1998）、黄汉强《关于“澳门学”对象与方法的思考》（2001）、黄汉强《澳门文化与“澳门学”》（2003）、赵利峰《澳门文献整理研究与“澳门学”》（2008）等。

二 澳门学的学科建设

澳门学的学术建设已经取得了长足的进步，但要澳门学的影响力得到持续发挥，让澳门学所容涵的正能量在社会文化建设中发挥应有的作用，就必须考虑澳门学的学科建设问题。任何学术建设都应该通向学科建设，学术建设应该在相应的学科建设中体现其成就与发展前景。

澳门学的学科归属应该是中国历史文化类的地域学，不过它应该是与中国历史文化的整体发展特别是与中国近代历史发展紧密相连的超地域学的专门学问，因此澳门学应该与敦煌学一样被视为研究中国历史文化的专门学问。敦煌学有大量实存的经卷和壁画作为研究资料，澳门学有成片的历史街区和众多的葡文档案、中文史料作为学术资源。敦煌学有一个令人激动不已同时又唏嘘不已的发现过程，澳门学始终处在学界和文化界的发现之中，但可以说至今尚未完成对它的发现。不过，相信一旦完成了对澳门和澳门学的发现，同样会有一种激动不已的兴奋。更重要的区别在于敦煌学标示着民俗文化的众多内容，包括讲唱文学文本、民间绘画成果等，以及这些文本和画幅所呈现出来的民间信仰和民间生活，而澳门学包含着华洋杂处的社会民俗文化全景图，更包含着官僚阶层、缙绅阶级、商贾社会、僧侣文化以及秘密社会文化等立体的多层次的社会图景，其内涵更为复杂丰富。敦煌学集中表现的是中国特定时代的宗教文化生活，而澳门学表现的是中国与世界，东方与西方，社会人生与宗教信仰，不同民族与不同文化之间交流、交融、交互发展的历史情状和现实情景，其内涵更为广阔，其政治、社会、文化意义更加深邃。

敦煌学所承载的是已经固化并且已经远去了的历史文化，而澳门学呈现的则是一直在发展、演变，不仅现在仍然实存，而且拥有辉煌未来的鲜活的历史文化。澳门学的历史资源当然远不如敦煌学所承载的那样古老，但它对中国历史文化的贡献并不会因它的并不足够古老而逊色。

除了澳门的政治法律制度具有明显的开创性和延续性外，澳门华洋杂处、多元文化并容的社会生活方式，同样具有开创性和延续性。如果说敦煌学研究的是已经成为历史化石的文化，那么澳门学研究的则是仍然鲜活灵动着的历史文化。

如果说敦煌学包含的是文化学、文学、民俗学、宗教学、艺术学、美学、语言学等多学科交叉的学问，那么澳门学则在此之外至少还包含政治学、社会学、经济学、国际关系学、法学、民族学、教育学等几乎全部关于人文社会科学的学问。长期以来，澳门就是一个相对独立的社会，与中国内地和葡萄牙都有着相当紧密的联系，澳门社会所呈现的各种政治、经济、文化以及社会心理现象都具有独特的澳门学意义，这与敦煌学所包含的较为单纯的宗教艺术成果与材料形成鲜明的对照。澳门学研究的对象是一个丰富复杂的社会综合体，是一个在中国历史文化范畴以及世界文明交流中起着举足轻重作用的特定社会综合体，它的基本内涵不会只是在某一个特征性的素材上的聚焦，包括它非常独特的博彩文化，它包含着一个社会综合体所必然包含的各种各样、各个层面、各个向度和各色因素的纷繁复杂，因而澳门学研究更具有学科的综合性。

澳门学已经成功地跻身于世界学术之林，澳门文学研究者应该做些什么，就成了我们必然面临的问题。澳门学的确立，对于澳门文学研究者而言，既意味着一种机遇，更意味着一种挑战。

作为一门独立的学问，澳门学显然不仅仅是澳门历史研究，甚至也不仅仅是澳门历史、政治、社会、经济研究的集合，而是所有关于澳门的学术的总和。澳门文化、澳门艺术，当然还有澳门文学，是澳门学学术构成中的应有之义。澳门文学研究应该并且已经成为澳门学中的一个有机组成部分。而且，更重要的是，在我看来，澳门文学在澳门学的学术构成中还是非同凡响的重要部分。

即使是澳门学中的澳门文学也仍然有自己的特色，能够为汉语新文学和澳门学做出贡献。

尽管澳门文学未像台湾文学、香港文学那样出现一批杰出的文学家和足以在整个汉语新文学世界形成巨大影响的作品，但澳门文学在澳门学的语境中还是非常有意义、有价值的事实存在和审美存在。

首先，相较于港台文学，澳门文学具有自身的优势和结构性的特点，对于健全、诠解澳门学的学术范式有着不容置疑的作用和价值。澳门是中国乃至整个东方近代化发动较早的区域。如果说现代性的标志是主动的开放性，则近代化的标志是被动的开放性。中国被动的开放历史从澳门开始，从葡萄牙人进入澳门开始，澳门随即成为西方宗教势力进入中国和东亚的通道，成为中国被动地向西方的文化、宗教打开国门的门户。传教士在澳门受训，由澳门出发，进入广东、广西、福建、上海、天津、四川、陕西等中国沿海地区和内陆腹地，进入最冷僻的城市巷弄和最僻远的乡村民间，甚至进入帝国的核心部位——清廷。中国社会上下的文化心态面临改变，生活方式面临调整，甚至政治格局也因此发生了某种变化。因此，一般认为鸦片战争爆发之后西方帝国主义的坚船利炮轰开了中国的国门，实际上是提前300年进入中国的西方宗教势力，将中国的国门一步步推开。因此，中国的近代化、中国文学的近代化、中国被动地向西方开放的近代性都可以从澳门说起。这些都成为现代文学或者汉语新文学的基本学术资源。

澳门有理由成为近代以来东方言说的开端性话题。在这一意义上，澳门文学也最早传达出近代化的强烈信息，为中国文学的现代进程注入了最初的活力与资源。其实，郑观应的《盛世危言》等也是澳门文学发挥其批评本体作用的一种典范文本，这样的文本是文人所从事的社会批评和文明批评。这是澳门文学的结构，也是澳门学的范式意义的体现。

澳门的政治学研究是澳门学研究的一个重要话题。澳门的政治生态及其固有形态使得它一度体现的西方城邦政治文化，在古老的东方世界演绎了非常独特的政制范式。这些问题如果展开，会引起历史学、政治学、社会学的积极参与，会引起热烈的学术讨论。这是澳门学引人入胜的重要话题，也是迄今尚未完全打开的一个重要命题。

宗教和谐、文化和谐关系，长期构成澳门社会结构的某种优势与特性。在这里，各种宗教从不以相互冲突的方式处理之间的关系，不仅各种宗教在这片狭小的土地上和平共处，而且不同宗教的内容甚至可以纳入同一宗教场所加以展开。各民族的文化都可以井水不犯河水似的相敬如宾，有趣的是，中国新旧文化在内地的某些时期不止一次地发生冲突，然而进入澳门则可以并行不悖、相容相合。于是，20世纪20年代初期澳门的旧文学团体——雪社，可以尝试并主倡新文学的写作，更不用说在今天，主倡旧文学的团体与主倡新文学的团体不仅毫无冲突，而且常常联袂活动。这样的社会文化结构形态是其他地区所无法存在甚至无法理解的，这同样是澳门学面临的重要学科内涵。

许多人相信相对狭小的澳门是一个巨大的语言博物馆，相对面积而言其涵容的语言种类可谓十分繁富，更不用说以粤方言为首的各种方言。对于澳门语言学的研究同样是澳门学研究的一个热门科目。澳门语言学会在这方面发挥了很大作用，澳门大学和澳门社会的语言学研究一直非常活跃，澳门的社会语言学也能在中国和世界语言学界产生较大的学术影响。澳门语言学不仅在中国乃至世界语言学界具有一定的学术地位，而且在澳门学研究中具有不容忽视的学科地位。

相当一段时期内，人们对澳门学的学科认知相对模糊。有学者认为澳门学的材料应该以葡文档案为主，澳门历史应该是以葡文传述的学术线索为主要线索。即便不是以葡语文化为主，研究者也认为，应该充分考虑到葡文以及土生葡语等文化对澳门文化的参与度，不应该以汉语及汉语文化为主导概括澳门学和澳门文化的内容。在这样的学术认知下，以汉语为主体的澳门文学概念面临某种质疑，于是出现了将汉语承载的澳门文学标示为澳门华文文学的提议，因为澳门文学不仅包括汉语文学，还包括土生葡语在内的其他语种的文学。这样的学术设想固然非常审慎、非常严谨，不过在防止以偏概全倾向的同时又会导致以次要成分冲击主要成分的偏差。澳门作为一个多元语言、多民族杂处的社会，当然需要考虑其多元文化的复杂性，但在的澳门，在以中国人为主体的市民社会，其文化主流毫无疑问是中华文化，其语言文化的主流毫无疑问是汉语文化，其文学的主流毫无疑问是汉语文学，其他语种的文化与文学都只是澳门多元文化中并存发展的因素，它们都不足以削弱中华文化主流的位置和影响。在这样的意义上说，以主流文化作为澳门文化的总体概括应该说是理所当然，将其他并存发展的语言文化夸大到澳门文化的次主流位置，在逻辑上难以说通，也不符合澳门文化发展的历史实际。澳门学巨大的学科涵容性的确应该考虑到葡语、葡语文化乃至其他语言文化因素的参与度，但不应将这样的并存发展因素提升为澳门文化的主流或者次主流位置。

澳门学面临许多需要解决的学术问题，而这些学术问题的解决有利于各个学科对澳门学的参与。澳门学的发展当然需要建立在各个具体学科的学术建设和充分发展的基础之上。因此，应该鼓励澳门政治学、澳门行政学、澳门社会学、澳门经济学、澳门法学、澳门教育学、澳门宗教学、澳门文学、澳门语言学、澳门传播学、澳门史、澳门文化学等分支学科的研究，以丰富和充实澳门学的内涵，提高和拉升澳门学的水准，扩大澳门学的影响。这当然是学术界的事情，同时也是澳门特区文化管理部门的事情。

澳门学学科形成的标志应该是关于澳门学的学问体系进入澳门教育环节。一门学问能否最终成为一个学科，最外在的便是看它是否进入了某个社会教育环节。在高等教育中，地方文化的研究和教育一直是各地所重视的内容；在基础教育中，乡土文化教学也一直是各地教育部门不敢懈怠的工作，尤其是中国内地，乡土教育与国情教育联系在一起，成为社会主义教育体制中的重要一环。澳门要提高自己的文化自信，要让澳门青少年牢固树立爱国爱澳理念，必须加强他们对中国历史文化的教育，也必须增进他们对澳门学的了解，于是澳门学进入澳门高等教育的相关课程体系，乃至进入澳门的基础教育课程结构，从澳门文化建设方面来看是非常有意义的顶层设计。

构建澳门学需要明确的几个关系*

娄胜华**

摘　要：澳门学的研究需要明确几个关系。在历史与现实及未来的关系方面，澳门学不仅研究澳门历史，而且属于贯通历史、现在与未来的综合性研究。在理论方法与资料利用方面，适应澳门独特性的研究需要，澳门学需要创造自身的理论范式，并注意资料的实质性支持。从历史研究的角度看，澳门学是地方学，但又不局限于地方学。在澳门学与澳门研究的关系方面，澳门学可以分为广义澳门学与狭义澳门学。广义澳门学与澳门研究之间不是包含关系，而是相互替代的关系。而狭义澳门学与澳门研究则是并列关系。

关键词：澳门学　澳门研究　地方学　学术范式

澳门学自20世纪80年代提出后时冷时热，几经沉浮。到2010年因澳门基金会与澳门大学的力推再度兴起，并连续举办了多届澳门学国际学术研讨会，有关澳门学的论述也逐渐增多。但是，迄今为止，关于澳门学的概念、研究对象、研究内容、理论框架与研究方法等事关学科建设的重要问题并未完全取得共识，仍然存在争论。而实际上，要回答上述有关澳门学的问题，需要明确几个关系。

---

* 本文曾刊于《澳门理工学报》2020年第1期。

** 娄胜华，博士，澳门理工大学人文及社会科学学院教授。

一　历史与现实及未来的关系

澳门学究竟是以研究澳门历史文化为主，还是应该将研究的时限延伸至当下及未来，这是一个不无争论的问题。要回答这个问题，需要回溯一下澳门学何以提出以及何以重新兴起的历程。

20世纪80年代，黄汉强、杨允中、陈树荣等学者提出“澳门学”概念，具体地说，在1986年11月的一次有关澳门研究的学术研讨会上，他们提出要建立“澳门学”的构思。那么，为什么会在80年代中期提出建立“澳门学”呢？当时，正值中葡关于澳门回归的谈判进入尾声，社会上时兴澳门前途问题的讨论。而此时提出澳门学构想不仅是对葡人进入澳门并管治澳门的历史进行清理与总结，更重要的是对社会上寻求未来澳门管治与建设的学术回应与学术期待。通过研究澳门的过去展望澳门的未来。可以说，澳门学从提出之时，就意味着其作为一个学科不仅需要研究澳门历史，更需要研究澳门的现实与未来。

从20世纪80年代澳门学提出至澳门回归、“一国两制”从理论构想进入实践模式，再到2010年特区成立后博彩经营权开放推动澳门经济强劲增长，城市建设与城市面貌日新月异，社会的急剧变化引发居民担忧长久形成的历史情怀与人文传统能否得到保存与延续。正是在这样的背景下，澳门学得以复兴，重新进入研究者的视野。而此次复兴是对澳门居民陷入“文化焦虑”集体心态的学术回应，是社会群体性情感表达和心理发展的需要。① 可以说，澳门学的复兴同样反映了社会对澳门的历史关怀与未来发展的忧虑，是要求学术界对“一国两制”澳门实践的反思与总结，并为澳门未来发展规划方向与道路。

可见，澳门学从提出构思到复兴是时代发展的需要，也是澳门社会发展与社会科学自身发展的需要。

首先，澳门学的提出与复兴是澳门社会发展的需要。从20世纪80年代澳门进入过渡时期，澳门如何顺利地从澳葡时期过渡到特区时期？而当回归实现特区建立后，澳门如何成功实践“一国两制”并保持繁荣与稳定？这些都需要从学术与理论上给予明确回答。提出澳门学与重建澳门学就是希望

① 林发钦：《澳门学的新生：走出文化焦虑》，《澳门日报》2014年4月30日，F6版。

能从学术上对上述问题加以研究与探索。同时，面对自身经济迅猛发展与快速融入国家与世界的形势，澳门更需要寻找与确立适合自身的发展定位，需要明确自身应有的价值坐标。

其次，澳门学的提出与重建是对澳门居民精神文化需求的回应。进入20世纪80年代，特别是回归之后澳门居民在物质生活上迈过了温饱与小康阶段，逐渐走向富裕的新阶段，物质生活富足后的澳门居民需要在精神生活上寻求文化标志与价值满足。加之澳门素来以“赌城”形象示人，因此需要寻找“赌城”之外的新城市形象。2005年，澳门历史城区成功列入《世界遗产名录》，借此契机，探讨澳门作为中西文明交汇遗存成为新的学术研究内容。故而，重建澳门学就是为了满足建构新的澳门城市形象与澳门居民寻找新的精神家园之需要。

再次，澳门学的提出与重建也是澳门人文社会科学不断深化研究的需要。20世纪80年代，澳门研究总体上未得到应有的重视，研究只在少数领域展开，如澳门历史、经济等领域，而政治、行政、社会、教育、卫生、文化、艺术、建筑等领域少有涉及。即使是有较多研究的澳门历史领域，在研究理论方法及研究成果上，多从民族主义入手，在与主权相关的问题上中葡研究者之间存在较大分歧。因此，澳门学的提出与重建就是试图通过拓展新的研究领域，运用新的研究理论与方法进行新的学术探索与论述，深化澳门人文社会科学研究。

可见，澳门学的提出与重建是时代发展的需要，也是解释澳门历史与现实以及规划澳门未来的需要。此乃澳门学的初心。也就是说，澳门学不仅研究澳门历史文化，而且要对发生在当下澳门的生动活泼的现实社会现象做出解释，并通过历史与现实的研究为实践中的“一国两制”提供学术支持与知识支撑，又通过研究发生在澳门本土的中西文明交汇共处的价值，为文化多样性与人类文明交流与共存提供“澳门方案”。因此，澳门学不同于以研究历史文献与文化遗存为主的敦煌学、西夏学与徽学，它是贯通历史、现在与未来的综合性研究。正如郝雨凡等所言：“我们可以用历史的眼光分析今天的澳门，可以从历史中寻觅解决今天问题的答案。我们为了今天研究历史，也为了解历史来分析今天。分析今天不仅是为了印证历史，更是为了启示明天。”①

① 郝雨凡等：《全球文明史互动发展的澳门范式——论澳门学的学术可能性》，《学术研究》2011年第12期。

二　理论方法与资料利用的关系

与其他任何一门学科一样，澳门学研究离不开具体的理论方法的运用、研究路径与视角的切入以及研究资料的掌握与取舍。

以澳门学中过往研究较成熟的澳门历史文化研究为例，其经历了从殖民史观到全球史观的转移。与殖民史观相联系的研究视角是从中外关系或中葡关系切入的研究，此类研究无疑地将丰富生动的历史生活概念化与平面化，甚至可能被遮蔽。因为从中葡关系研究视角来观察澳门，往往不可避免地使澳门成为中葡关系甚至中国与西方列强关系演变的历史注脚。其结论最终难免落入东西方冲击—反应、挑战—应战、落后—先进，甚至纯粹是实力对比的解释模式之中，结果必然重新回到以主权为中心的论证。

不是说中外关系视角下研究得出的结论，即澳门管治权的失去与回归是中国由弱转强的历史见证有什么问题，而是说中外关系视角下的澳门研究，导致澳门作为研究主体的地位很难得到重视，甚至完全消失在研究者的视野里。因此，在一些讲述澳门史的著作中，很难看到澳门本地社会真实的历史场景，充斥其中的反而是丰富的中外交涉史料。对于有意了解澳门历史的读者来说，很难从中真切地感知与认识澳门。而澳门本地读者阅读由“他者定义”的澳门历史，除了缺乏本土文化的受尊重感外，也无法借此展开“生活意义”的历史想象，更无助于理解潜藏于澳门历史之中东西方文明共处与相互影响的社会特征。

1999 年澳门回归后，澳门史研究进入一个新的阶段。其中一个表现就是本土视角的引入。以本土人物、本土事件为研究对象，挖掘与运用澳门内部史料，重构澳门本土历史发展线索与生活场景，是本土视角引入澳门史研究后呈现出的不同于殖民史研究视角的新特征。然而，当澳门史研究从殖民史视角转向本土视角后，尽管不同领域的本土研究取得了相当进展，但是过分强调从内部研究澳门史，强调澳门的地域性与特殊性，却几乎使澳门史研究处于与内地任何一个省区甚至市镇地方史研究无异的地位，甚至成为一种方志研究。亦即看起来好似澳门历史特殊性得到重视，其实是限制乃至削弱了对澳门文明价值的深度发掘。

新阶段澳门史研究的另一个表现是尝试引入现代化理论。现代化理论是一个具有强大解释力的理论方法，尤其是在用于解释被殖民国家（地区）的历史发展时。可是，澳门的现代化进程与其他地区并不相同，尤其表现在经济上。严格意义讲，澳门从来就没有经历过像西方社会那样的工业化历程，虽然在20世纪70～80年代加工业有过短暂的辉煌与繁荣，可是随着内地的开放，加工业很快外移内地，澳门维持着以服务业为主体的产业结构，其中博彩旅游业居于主导地位。与经济结构相一致，澳门社会结构因博彩旅游服务业吸附大量低技术劳动力并未随着后工业化社会来临形成以中产阶层为主导的橄榄型社会，反而长期维持着金字塔结构。因此，无论从哪个方面看，澳门都是一个现代化的非典型地区，当典型的现代化理论被引入澳门历史研究时，其解释力显得非常薄弱。或许正是因为此，现代化理论在澳门史研究中远不如其他地区那样广泛而成果丰硕。

实际上，殖民史观与现代化史观都是以"欧洲中心论"或"西方中心论"为理论背景的。站在欧洲的角度看，在经济、制度与观念上，西欧各国属于先发国家，其他地区包括亚非等地属于后发国家（地区）。亚非等殖民地本来就是西方国家对外扩张的产物，在西方人看来，是他们的优势文明向非西方地区扩散的结果。即使是独立之后的前殖民地国家（地区），因为经济文化等处于落后状态，它们要实现工业化、民主化与现代化，完成从传统社会向现代社会的转型，就需要从技术、制度与观念方面不断学习与模仿西方。可见，殖民史观与现代化史观实际上是以西方特别是西欧地区为中心来看待人类历史的，正因为此，在葡萄牙及一些西欧国家有所谓"发现事业"，在这些人"发现"之前，"东方世界"难道是不存在的？显然，这种历史观存在的问题是不言而喻的。此外，批评观点还认为，在思维方法上，它把东西方关系看作一种单向而非互动的关系，是极其偏颇的。

在批评"西方中心论"并试图建立新解释范式的努力中，一种尝试是以新的中心观来取代它，比如中国中心观①或者东方主义②。尽管有一定理据，可仍未走出"西方中心论"的思维误区。而多中心论的提出乃至全球

① Paul A. Cohen, *Discovering History in China: American Historical Writing on the Recent Chinese Past* (New York: Columbia University Press, 1984).

② Edward W. Said, *Orientalism: Western Conceptions of the Orient* (New York: Pantheon Books, 1978).

史观的形成，则减少了“西方中心论”遭遇的批评与挑战。或者可以说，全球史观是在对“西方中心论”的反省中逐渐发展起来的一种新的史学理论。作为包括史观、史识、方法等在内的新史学理论体系，全球史观以跨文化、跨民族和跨地区的联系和互动为研究对象，观察与研究不同民族、不同文化、不同地区之间的影响与互动过程，以及通过互动而产生的变化。它扬弃传统史学的民族国家本位观，以国家场域之外的社会空间作为考察重点，其不是要否认或取代国别史研究，而是把世界作为一个相互联系的整体看待，从而真正实现对不同民族国家的历史文化价值平等的研究。全球史在进行比较研究时更多地运用大范围比较与跨文化比较，[①] 重视通过比较研究，捕捉历史事件与现象的内在联系，寻找与发现其中变化的规律。同时，还有助于澄清与克服“西方中心论”影响下历史研究中曾经存在的误会与偏颇。虽然全球史是以跨文化、跨区域为历史研究单位，并不意味着全球史从不进行区域研究或不关心“小地方”，而是反对将区域研究局限在孤立自足的封闭语境中进行，以开放的与外界互动的方式来比较与研究“小地方”，探讨“小地方”与“大世界”的关系，把“小地方”置于“大世界”中，发现“小地方”的文化现象所折射的外部世界影响及其回应。[②] 可见，全球史观确实在诸多方面突破了传统史学的局限，以民族国家之外的社会场域为研究单位，以跨文化互动为研究核心，关注互动因素与互动工具等议题，[③] 并已形成一些基本共识：世界是一个联系与互动的整体，各民族国家并非孤立地存在；即使是特定地方也不是封闭自足的，地方历史可以反映与折射其与更大范围世界之间存在的超时空互动与影响；不同民族国家的文化虽各具个性特征，却并不存在高下优劣之分，文明是等值的。可以说，全球史研究超越了“欧洲中心论”或“西方中心论”，成为具有强大解释力的研究工具。

自 1999 年澳门回归以来，澳门史研究重新开始思考与探索如何突破的

---

① 有关大范围比较与“跨文化比较”研究的内容可参阅艾达·布洛姆（Ida Blom）：《国际比较中的性别与民族国家》，夏继果、〔美〕杰里·H. 本特利主编《全球史读本》，北京大学出版社，2010，第 251 ~ 253 页。

② 夏继果、〔美〕杰里·H. 本特利主编《全球史读本》，导言，第Ⅺ ~ Ⅻ页。

③ 〔美〕L. S. 斯塔夫里阿诺斯：《全球通史：1500 年以前的世界》，吴象婴等译，上海社会科学院出版社，1999，第 130 页。

问题。其中，本土视角的兴起可以看作澳门史研究新的重要标志。也就是说，澳门史研究经过了从回归前以外部视角为主到回归后以本土视角为主的转变。客观地说，对于历史上长期作为中外交流窗口且又是早期全球化产物的澳门来说，内部视角的研究可能有助于弥补过去为外部视角研究所忽视的本土历史片段或事件，但对于研究澳门社会发展机理则显得有些吃力。正因为此，一些澳门史学者再次将目光投向外部，试图把内、外部视角结合起来，寻找一种新的理论工具来推动澳门史研究走向深入，于是以研究跨区域联系与互动见长的全球史观进入澳门史研究的视野。

全球史理论关于“小地方”与“大世界”关系的论述给了澳门学在研究中西方文明在澳门交流以新的启发，因为在澳门没有文明的冲突或者一种文明吞并或压倒另一种文明的情况，于是有研究者认为，中西文明在澳门相互碰撞，是两种文明形态的互动与结合，两种文明在澳门和谐互动，交融相生，从而“杂交”出一种新型的文化样本和文明类型——澳门文化。澳门文化“互动相生”的发展模式，为世界提供了文明互动的新模式。①

事实上，从有限的文明互动的成果看，澳门中西文化的交流进程，主要体现为“交汇”而非“交融”。不同语言、宗教、建筑、思想、文化、艺术长期以来在澳门平行并存，彼此的交流却从来没有为澳门产生一种新的文明形式。实际上，澳门作为中西文明交汇的地域，既没有冲突，也很少融合，也就是说，并未有太多的互动相生的文明成果，更多的是一种和而不同、中西并存的文明形态，是一种博物馆式的陈列文明或拼盘文化。

可见，在理论运用方面，从殖民史观到现代化理论再到全球史观，在研究与解释澳门时，都有其可用与进步之处，同时也存在未必合适的缺陷，或许这正是澳门自身的独特性所在。因此，澳门学要发展成为一门学科，既需要借用现存的理论方法，更需要创造属于自身的理论范式。作为中西文明交汇之地的澳门集中了诸多异质性因素，而各种异质性文明和谐共存和而不同，形成不同文明之间相互尊重、各美其美、美美与共的文明模式。

① 林广志：《试论澳门学的概念、对象及其方法》，《广东社会科学》2010 年第 6 期；郝雨凡：《澳门学：中西文化互动共生的范型》，《澳门日报》2014 年 4 月 2 日，E8 版。

同样，在资料选择上，澳门文献史料数量庞大，初步统计有近百万份之多；语种复杂，除了中、葡文外，还有英文、日文、西班牙文、意大利文、越南文、泰文等；存放地域广泛，除了澳门本地外，也在葡萄牙、巴西、西班牙、荷兰、英国、日本、印度、意大利、泰国、菲律宾、越南等地存放；形式多样，包括政府与自治机构文书档案，海关与外交部门档案，企业账册与社团档案，个人书信、日记与报刊，除了典籍档案外，还有建筑、碑刻、牌匾等实物遗存，以及语言、饮食、风俗等文化遗存。故而，研究者很难全面掌握与运用。因此，就会出现在研究中对史料各取所需的情况。于是，在早期研究中，中、葡研究者叙述的澳门历史就出现各不相同的情况。同样，认为“澳门文化是中西文明互动相生的产物”也需要得到大量的史实与资料的证明。在构建澳门学学科过程中，应当注意史料的实质性支持，将澳门作为中西文化交流中心的独特内涵系统客观地概括及提炼出来。

三　澳门与世界的关系

既然澳门学是研究澳门的学问，那么澳门学是不是一门专注于澳门本地研究的地区学呢？这是澳门学学科建设需要回答的一个问题。首先，与中国的其他地区相比，作为一个微型地区的澳门是否具有特别的学术价值？如果澳门与中国的其他地区不存在太大的差别，那么就没有必要对其进行特殊的学术观照。

16～19 世纪，澳门在沟通与联系欧洲文明与中华文明中地位独特甚至具有唯一性。西方文明的“入口”与中华文明的“出口”在很长一段时期内基本上只有澳门这一唯一的“通道”。无论是器物与商贸互通，还是中西宗教文化思想的交流，都必须经澳门“停留”与“中转”。正是在见证中西文明相遇、交流与沟通以及深度参与西学东渐、东学西传的过程中，澳门形成了不同宗教、种族、建筑、语言、饮食、风俗、文化、艺术等相容并包、和谐共存的独特文化性格与城市形象，构成了澳门与众不同的社会特征与人文格调。这些澳门的独特性构成了澳门学研究的基本内容。“澳门学应该作为本土知识体系而构建，因为本土知识是本土居民长期生活中积累并世代相传的知识，是传统智慧和精神财富的结晶，是内在发展的基础和核心要素，……澳门学首先要确立以澳门本身为主体的研究路径，以澳门模式为核心研究命题。在此前提下，再以严格的学术规范挖掘、整理、研究本土知识，促进知识增量，加速本土知识体系的形成，逐步构建解释体系即理论框架，促成澳门学的发展。”① 其次，从学术界认可的最早的澳门学著作《澳门记略》来看，该书是1751年由澳门同知印光任、张汝霖撰写。全书分为上、下两卷，上卷包括《形势篇》和《官守篇》，《形势篇》主要介绍澳门及附近地方之地理、气候与军事布防等，《官守篇》则集中关注澳门历史沿革、明朝与清廷的管治、相关政令与历史事件等。下卷《澳蕃篇》，主要详述外蕃之贸易往来、宗教信仰和传教士在中国之风俗习惯等。作者“历海岛，访民蕃，搜卷帙”，运用搜集到的大量澳门地方第一手资料，对澳门的历史文化、地理风貌、人口构成、政治法律、风俗技艺、经济民情等进行了全方位的研究与介绍，还配有插图与中葡对照词语等资料。可见，作为历史上第一部真正意义上的澳门学研究著作，《澳门记略》就是将发生在澳门本地的政治、经济、社会、文化等作为研究对象，反映了澳门与内地其他城市不同的社会特性。

澳门作为中国的一个区域，发生在澳门的故事理应成为中国故事的组成部分。研究发生于澳门的历史与故事，进而总结出的澳门经验与澳门价值，就成为中国经验与中国价值的组成部分。16世纪中叶，一群来自葡萄牙的商人到达澳门并获得明政府的同意赁地而居，于是，在“普天之下，莫非王土”的大一统中华帝国疆域内出现了由居澳葡人自治的聚居区，由此开启了澳门不同于内地其他城市的发展历程。澳门的存在以及由一个华南渔村发展为多元开放的国际性城市的历程，丰富了中国社会与文化近代转型的形式与内涵，其经济及社会结构变革形态拓展了中国社会变化的多样性。与此同时，澳门作为中国对外开放的窗口城市，展示了中国与世界沟通接触、面向海洋与外来文明的态度与姿势。所以，有关澳门的学问是与中国密切相关的，澳门学就是中国学（如有）的一个分支。回归后，澳门成为实行“一国两制”方针的两个特区之一，而“一国两制”已经成为新时代中国特色社会主义的有机组成部分，因此澳门的治理实践也成为中国社会治理的内容之一。

---

① 吴志良：《全球化背景下新的学术增长点》，《澳门日报》2014年4月2日，E08版。

澳门学与海外汉学则更是关系匪浅。澳门教区作为天主教东传的据点，由罗马教廷派往东方传教的教士在澳门驻留与学习，其中，前往中国的教士成为西学东渐与中学西传的主体。中国典籍正是经过他们的翻译介绍传播到欧洲，海外汉学也因此起源。“澳门在鸦片战争之前的中外文化交流中，有其双向沟通的独特甚至唯一性。从这种意义上，澳门文化亦与当时开始形成的国际汉学结下不解之缘。可以说，国际汉学的最早雏形或早期形态就是‘澳门学’最初所涵括的内容，这种意义的‘澳门学’应为国际汉学之始。……‘汉学’最初被视为来华耶稣会的一门学问，早期汉学的实施并不是在‘海外’，而是在澳门，真正的‘海外汉学’其实源于‘澳门汉学’，隐含在‘澳门学’之中。”①

实际上，澳门学不仅与早期海外汉学发展关系密切，还具有跨区域、跨文明的特征。澳门是一个小社会，却联系着大世界。作为东西方文明对接、沟通与对话的窗口，澳门近连中华文明，远接欧陆文明，保存着两种文明互相对视、相互交流与相互碰撞的历史记忆，在推动中外经贸与文化交流、中国近现代化以及人类文明进步方面发挥着独特的作用，折射出中国文化与世界文化的发展与变化。仅就澳门史研究而言，它“不仅仅是涉及到中国的古代史、近代史和现代史，还涉及到葡国史、世界史，要把澳门的历史尤其是她的近现代史放到世界史的视野中去考察，才能更清晰地反映澳门历史的全貌”。② 可见，澳门史研究需要从中国史、亚洲史和全球史的跨区域历史视野加以审视，唯此方能重构澳门史全貌，也才能真正凸显澳门存在的意义与价值。

故而，澳门学是地方学，但又不局限于地方学，而是通过研究澳门“小地方”联结起中国与全球的“大世界”。

四　澳门学与澳门研究的关系

澳门研究在澳门学提出之前就存在，自从澳门学提出后，很多研究者在

① 卓新平：《中西文化交流中的澳门研究》，《澳门研究》2015 年第 2 期（总第 77 期）。

② 刘泽生：《回归十年澳门研究的回顾与思考——以澳门历史研究为中心》，《澳门研究》2010 年第 1 期（总第 56 期）。

追问，澳门学与澳门研究之间是并列关系还是包含关系，即究竟是澳门学包含澳门研究还是澳门研究包含澳门学？对于澳门学来说，这确实是一个需要明确的问题。实际上，澳门学有广义与狭义之分。广义的澳门学与澳门研究之间不是包含关系，而是相互替代的关系。

与其他学科一样，澳门学也可以分为基础性研究、实证性研究（描述性研究、解释性研究）与规范性研究。澳门学的基础性研究即澳门的文献与资料研究。文献与资料构成澳门学研究的基础。众所周知，澳门的文献量多面广，形式丰富多样。对于研究者来说，有其有利的一面，即数量多便于运用，形式多样便于比较；而不利之处则在于对于同一件事，不同的当事者运用不同语种记载的文本未必一致，不但需要研究者掌握不同语言，还需要研究者进行反复的文献对照、校勘，方能从浩瀚的文献中还原事实真相。因此，与较为单一的文献研究相比较，澳门学的文献基础研究显得尤为重要与困难。

澳门学的实证性研究包括描述性与解释性研究，即研究澳门是什么样以及为什么是这样的。因此，需要对澳门的历史与现实进行分门别类的研究，包括政治、经济、社会、文化、教育、卫生、体育、军事、艺术、地理、交通、种族、宗教、建筑、饮食、风俗、礼仪、对外联系等物质形态与精神生活各领域。如果说澳门学是一门具有跨学科性质的综合性学科，其综合性就来自分门别类的专业性研究基础。没有专业性研究，就没有澳门学。也有人将澳门学的研究对象确定为澳门历史文化，认为澳门学是以澳门文化为研究对象的一门学科，研究 400 多年来在东西方经贸互动和中西文化交流、碰撞、融合中形成和积淀的澳门文化，研究澳门文化独特的个性、品质、功能及其形成和发展的规律。① 可是，既然澳门学是研究澳门的学问，与澳门相关的领域也应该成为澳门学研究的对象，而不仅仅是历史文化，因为历史文化只是澳门的组成部分。诚然，历史文化是澳门最有特色的研究内容，也是澳门其他各学科的研究基础，因此也必然是澳门学研究的基础与特色内容。

澳门学的规范性研究包括理论性研究与政策性研究，即是对澳门不同领域研究成果的提炼及升华，是从实证研究中抽象出的“澳门模式”与“澳

① 黄汉强：《关于“澳门学”对象与方法的思考》，《学术研究》2001 年第 7 期。

门价值”以及为澳门未来规划发展提供政策启示，同时也为人类不同文明和谐互动提供知识与经验。可以说，理论性研究是澳门研究形而上的抽象形式。而政策性研究则是为回归后澳门在实践“一国两制”过程中遇到的问题与困难提供解决方案，从而保障“一国两制”顺利实施。在一定程度上，如果没有理论性研究，澳门学难以成“学”；如果没有政策性研究，澳门学存在的价值与目的将存疑。

然而，若从狭义上说，澳门学作为一个学科，虽然与澳门研究一样是以澳门为研究对象的，但是它应更注重从现有的澳门研究中提炼出知识系统与学术范式。而系统性的知识形成依赖于对研究对象的深入认识与剖析，也就是说，澳门研究越深入，澳门学的知识系统就越完善。可见，澳门研究是澳门学的基础，而澳门学是对澳门研究的总结、概括与提炼。实际上，从发生的次序看，先有澳门研究，而后才提出澳门学。澳门学是随着澳门研究的不断深入而提出的，是澳门研究的理论化与学科化的产物。具体地说，澳门学旨在建构本土知识体系，通过研究发生于澳门的社会事实以及澳门与外部世界的互动关系，探索与总结澳门社会发展规律以及“一国两制”实践的成功经验，从而使澳门文化多样性与社会和谐发展得到合理的解释，并归纳与提炼出澳门学的普遍意义，推动文明之间的对话与交流，为不同文明共存共处提供“澳门经验”，为澳门的未来发展提供知识基础与价值支撑。也可以说，“澳门学是具有全球意义的地方知识”。①

由上可见，就广义澳门学而言，其与澳门研究之间存在着可以相互替代的关系；而就狭义澳门学而言，其与澳门研究则是并列关系。澳门研究是澳门学的基础，澳门学则是澳门研究的理论化与学科化。

五　结语

明确了上述几个关系，可以为界定澳门学的概念、研究对象与范畴等提供基础与条件。首先，在历史与现实及未来的关系方面，澳门学以研究澳门历史文化为基础，并通过对历史与现实的研究为澳门未来发展以及人类文明

① 郝雨凡：《澳门学的学术可能性（代前言）》，郝雨凡、吴志良、林广志主编《澳门学引论：首届澳门学国际学术研讨会论文集》（上册），社会科学文献出版社，2012，第2页。

的多元交流提供启示，属于贯通历史、现在与未来的综合性研究。其次，在理论方法与资料利用方面，适应解释澳门独特性的需要，澳门学在运用现有理论方法的同时，需要创建自身的理论范式，并注意资料的实质性支持，避免各取所需地利用资料。再次，在研究区域方面，澳门学虽是地方学，但又不局限于地方学。澳门作为中国的一个地区，澳门经验与澳门价值是中国经验与中国价值的组成部分。澳门作为中华文明与西方文明交流互动的城市，澳门学还具有跨区域与跨文明的特征。澳门是一个小社会，然而，通过澳门学的研究，澳门的“小地方”却联结起中国与全球的“大世界”。最后，在澳门学与澳门研究的关系方面，澳门学分为广义澳门学与狭义澳门学。广义澳门学研究包括基础性研究、实证性研究与规范性研究。它与澳门研究之间不是包含关系，而是相互替代的关系。而狭义澳门学是对澳门研究的总结、概括与提炼。因此，澳门研究是澳门学的基础，澳门学则是澳门研究的理论化与学科化。就狭义的澳门学而言，其与澳门研究则是并列关系。

澳门学在“一带一路”建设中的作用与现实意义

周　平*

摘　要：澳门学是澳门的一张名片，它的创立为广大研究者开启了一方新天地。尤其是在“一带一路”研究方面，不仅使澳门作为海上丝路与陆上丝路节点城市而尘封多年的历史再度为人们所认识，明确了澳门丝路节点城市的历史贡献，确立了澳门在丝路历史上的地位，而且也启发研究者深入思考澳门作为“一带一路”建设的节点城市，如何参与和助力新时代的“一带一路”建设，发挥应有的作用。

澳门学通过历史和档案发掘研究，揭示了澳门丝路节点城市的历史地位，探讨了澳门在东西方交流历史中，尤其是在贸易畅通、资金融通、民心相通方面的历史经验与做法，为澳门参与“一带一路”建设奠定了理论基础。

澳门学还将在“一带一路”建设中继续发挥作用。随着现实的需要，澳门学有可能进一步拓宽研究领域，涵盖更多学科，成为一门发展的学科，在“一带一路”建设与发展中发挥更大作用。澳门学的发展与“一带一路”建设是相助相生的。澳门学的理论为澳门参与“一带一路”建设提供了理论和经验，“一带一路”又为澳门学提供了丰富的一手素材和宝贵的资源。“一带一路”实践将开拓更广阔的澳门学研究道路，使澳门学更好地为“一带一路”建设服务。

* 周平，博士，澳门城市大学澳门“一带一路”研究中心主任。

关键词： 澳门学　一带一路　大湾区

澳门，一个蕞尔之地，由于区位和制度等优势，成为“一带一路”倡议和粤港澳大湾区中的重要角色。澳门的地位远不止于此，澳门学研究发现，作为香山县十三乡之一的澳门，自16世纪中期至19世纪中期一直是远东地区最繁盛的贸易中转口岸，吸引了亚洲、欧洲及美洲数十个国家的商贾、教士及移民停留与居住，是东西方宗教文化交汇碰撞之地。①

澳门无论在历史上还是在现实中，作为海上丝绸之路和陆上丝绸之路的节点城市，都始终发挥着重要作用。从专家学者开展澳门研究到澳门学创立，无不证明了澳门在丝绸之路上发挥的重要作用；自“一带一路”倡议提出以来，在“一带一路”研究中，澳门学并未仅仅停留在澳门对丝绸之路的历史贡献方面，还延伸到了澳门如何参与“一带一路”并发挥作用方面上来。

一　澳门学肯定了澳门作为“一带一路”节点城市的历史地位及其发挥的作用

（一）澳门学创办以来所取得的研究成果、抢救整理的历史资料，对“一带一路”研究具有很高的价值

澳门历史悠久，不过因地处边陲、历史上轻商传统的影响，尽管早年福建、广东的渔民和商人把此地与泉州、广州和东南沿海联系起来，瓷、茶、丝绸生意红火，东西文化交流融合，澳门开埠之后，澳门作为广州的重要门户成为陆海丝路节点城市，但很长时间并不被人们重视，对澳门在丝路历史上的地位和作用研究重视不够，从事澳门研究的人也屈指可数。

早在澳门学创立之前，国际、国内澳门研究学者已经通过历史学、城市学、人类学、社会学、文化学、政治学、经济学等学科开始了零散的澳门研究。这些零散、杂乱的研究，虽然经历了从碎片化零星记述到个别分支研究

① 郝雨凡等：《全球文明史互动发展的澳门范式——论澳门学的学术可能性》，《学术研究》2011年第12期。

的专著出版、某一研究范畴系统化的过程，但是对于澳门学而言，仍未建立一个全面系统的学科架构，形成澳门学的整体理论体系。20 世纪 80 年代，在澳门基金会的倡导下，创立了澳门学，30 年的不懈努力使澳门学研究队伍不断壮大，研究日益深化，成果不断丰富。澳门历史档案资料、东西方跨文化交流等方面的研究不仅具有国际视野，也呈现出系统化的态势，成果令人瞩目。例如，澳门文献信息学会发掘抢救的“天主教澳门教区档案文献”经申报入选亚太区世界记忆名录。为使澳门学拥有自己的学术平台，鼓励并吸引国内外学者关注澳门学，澳门基金会行政委员会主席吴志良等人大力创办、推进澳门学学术期刊和拓宽出版物发行渠道，使澳门学研究刊物从无到有，与国际、国内高校、出版社合作出版了一批具有国际学术水准的丛书，如“澳门丛书”“澳门论丛”“澳门蓝皮书”“澳门知识丛书”“澳门研究丛书”，筹办澳门记忆数据库，等等。这些学术刊物和图书不仅使澳门学学科架构更趋健全，也为澳门学研究者、关注者提供了宝贵的研究资料。更难能可贵的是，人们能够通过澳门学的宝贵资料，深入了解澳门在丝绸之路的商贸合作、跨文化交流中的角色和作用。

澳门文献信息学会理事长杨开荆在澳门城市大学澳门“一带一路”研究中心演讲时，介绍了该会如何抢救和发掘澳门历史文献资料，申报“天主教澳门教区档案文献”并成功入选亚太区世界记忆名录的情况。她介绍说，他们整理挖掘出一批大航海时期从西方带来的珍贵文献，这些文献当时已在澳门印成图书；研究还发现，当时的航海者还将大量中文图书带回西方，使西方了解中国文化。当时这些航海者在澳门的商贸和文化活动，加速了东西方经贸往来，促进了东西方文化的交流与传播，促进了澳门东西方多元文化的融合，使澳门成为博采众长、多种文化融合共处的国际商务大都会。这一研究揭示了澳门在海上丝绸之路文化传播方面所做的贡献。澳门学研究者抢救整理的有关珍贵文献资料极具研究价值，不仅是对澳门学研究的贡献，而且也是对澳门“一带一路”研究的贡献。

（二）澳门学充分肯定了澳门作为丝路节点城市的历史地位

澳门学在发展的过程中，并非仅仅局限于澳门史料的发掘梳理，满足于澳门典籍、档案的呈现。随着澳门学发展，无论是组织者还是研究者，都将澳门学“置于中葡两国乃至世界格局、人类文明进步中的大历史来考察，凸显其意义与价值，并确定其应有的位置”。[①] 澳门学研究成果表明了无论是在地理位置、海内外贸易往来还是在东西方文化交流方面，澳门都是陆上丝绸之路和海上丝绸之路节点城市，在历史上扮演着重要角色，发挥着重要作用。

2017 年 6 月 8 日，澳门特区时任行政长官崔世安出席了澳门特区政策研究室、澳门基金会和思路智库举办的“‘一带一路’与澳门发展国际研讨会”。会上，崔世安指出，澳门是海上丝绸之路的节点城市，与丝路沿线国家有着长久传统联系。崔世安这一论述是建立在广大澳门学和“一带一路”研究者的研究基础上的，既表述了澳门作为丝绸之路节点城市的事实，也肯定了广大研究者过往的研究成果。

由于水路紧邻广州，东北可通日韩，西南近马六甲，澳门成为丝路贸易、东西文化汇聚的地方。众多学者对澳门丝路节点城市的地位和作用进行了研究和论述。著名学者吴志良认为，“澳门自十六世纪中叶开埠以来，在中国近现代化过程中发挥了独一无二的作用，特别在中外经贸来往、文化交流、思想交汇中扮演着不可替代的角色”。[②] 林广志在谈到澳门海洋文化建设时，对澳门海洋文化的形成有如下表述：澳门是大航海时代东西方文化交汇的结晶；澳门海洋文化是东西方海洋文化交融的结果，是东方海洋文化发展的重要源头，对东方海洋文明的形成发展具有重要意义。[③] 为了做好澳门学与“一带一路”研究，2017 年 11 月澳门城市大学召开了“一带一路”历史记忆系列国际研讨会，探讨了澳门“一带一路”历史记忆的构建问题。这次会议将澳门“一带一路”历史记忆纳入沿线城市和全球范围来考量，从史料和历史地位方面论证了澳门作为丝绸之路节点城市和在“一带一路”中的历史地位。周平认为，在丝绸之路的历史上，澳门是东西文化融合的典范，澳门国际化的贸易规则对东西文化融合十分有利。[④] 史料记

---

① 吴志良：《放宽视野，深耕细作，构建澳门学的话语体系》，《行政》2017 年第 4 期。

② 吴志良：《放宽视野，深耕细作，构建澳门学的话语体系》，《行政》2017 年第 4 期。

③ 林广志：《研究澳门海洋文化对中国内地海洋文化的发展有重要价值》，http：//wemedia.ifeng. com/41642874/wemedia. shtml。

④ Chao Peng（Zhou Ping），“Making Use of Geographic Advantage：Building ‘One Belt One Road’ Vital City”，in Liu Wei，Zhang Zhe，Chen Jin-xiong，Tsai Sang-bing，eds.，*The Belt and Road Strategy in International Business and Administration*（Hershey PA-USA，IGI Global，2009），p. 167.

载，早在14世纪中国商人就通过海上丝绸之路前往马六甲，开展丝绸等贸易。他们从中国带来麝香、大黄、珍珠、锡、瓷器和生丝，以及一切由丝织精制而成的绸、缎、锦绣、绫罗等华丽品。[①] 明代南海人庞尚鹏《抚处濠镜澳夷疏》记录了葡萄牙人来澳贸易的情景："余番商私赍货物至者，守澳官验实，申海道闻于抚按衙门，始放入澳，侯委封籍，抽其十之二，乃听贸易焉。"[②] 并描述了当时澳门贸易的繁荣景象："近数年来，（夷人）始入濠镜澳筑室，以便交易，不逾年多至数百区，今则殆千区以上。日与华人相接济，岁规厚利，所获不赀，故举国而来，负老携幼，更相接踵。"[③] 叶权也在《游岭南记》中描述了澳门当时中外通商的景象，已经成为海上丝路的大型城镇："开海市，华夷交易""乃今数千夷团聚一澳，雄然巨镇。"[④] 他还从人文比较的视角，记录了葡萄牙人的长相、衣着和举止。"其人白皙洁净，髡发多髯，鼻隆隆起，眉长而低，眼正碧"，[⑤] 男子"顶红帽，着裤袄，……足登革履"[⑥]；女子则"夫人更洁白，华鬘被首，裹以幅布，或用锦绣，耳缀金环，拽皮履，以大幅布或锦绣从顶上披下拖地，止露其面"[⑦]，"男子以除帽半跪为礼，夫人如中国万福"。[⑧] 叶权对白人白肤、卷发、高鼻梁、蓝眼珠的人种描绘，对男女服饰差别尤其是皮鞋款式的细节描绘，如男"足登革履"（正装皮鞋），女"拽皮履"（拖着皮拖鞋），都十分生动、精准。叶权描述的这种女士皮拖鞋，在今天的土风舞蹈中还可以看到，跳舞者还需要从葡萄牙定制这种鞋。他还从佛郎机男士"除帽半跪"和夫人"如中国万福"的礼节，对中外礼仪进行了记述和比较。

澳门作为丝路节点城市，无论在贸易还是在文化方面都充当了平台，发挥了重要作用。澳门作为东西文化交流的节点，不仅为西方认识中国文化打

---

① 1515年1月6日科萨里（Andrea Corsali）致梅迪奇公爵的信，转引自张增信《明季东南中国的海上活动》，1988，第198～199页。

② （明）庞尚鹏：《抚处濠镜澳夷疏》，明万历二十七年（1599）刻本，现存于中山大学图书馆，转引自温故《最早记录葡萄牙人来澳门》，http://www.xinhuanet.com/book/2017-10/09/c_129713437.htm。

③ 吴志良：《放宽视野，深耕细作，构建澳门学的话语体系》，《行政》2017年第4期。

④ 叶权：《游岭南记》，https://www.mingqingxiaoshuo.com/bijixiaoshuo/xianbobian/52594.html。

⑤ 叶权：《游岭南记》，https://www.mingqingxiaoshuo.com/bijixiaoshuo/xianbobian/52594.html。

⑥ 吴志良：《放宽视野，深耕细作，构建澳门学的话语体系》，《行政》2017年第4期。

⑦ 吴志良：《放宽视野，深耕细作，构建澳门学的话语体系》，《行政》2017年第4期。

⑧ 吴志良：《放宽视野，深耕细作，构建澳门学的话语体系》，《行政》2017年第4期。

开了一扇门，也为中国了解西方文化开启了一扇窗。东西方文化在澳门深度交汇融合并以此为契机，为利玛窦等人了解中国文化并将当时先进的科学知识从澳门带到内地奠定了文化基础，也为中国文化乘着葡萄牙的风帆远涉重洋、进入欧洲创造了条件。经过不断的努力和整理，澳门在丝路中的作用更加清晰。

（三）澳门学已经成为澳门参与“一带一路”建设的名片

自“一带一路”倡议提出以来，澳门学学者利用区位优势，积极行动，挖掘了澳门作为陆、海丝路的节点城市，东西文化交流前沿的文献，提升了澳门在丝绸之路上的历史地位，奠定了澳门作为“一带一路”建设节点城市的基础，增加了澳门“一带一路”建设节点城市的品牌认知维度。澳门学不仅提升了澳门品牌的国际形象，也使澳门学成为澳门“一带一路”建设的名片。

张锐等人认为，城市品牌是城市建设者通过分析、整合、提炼出的目标城市所独具的自然人文禀赋、历史积淀、产业优势等要素，以此向受众和消费者传递该城市的定位和核心价值。[①] 品牌是城市核心竞争力的集中体现，因此城市利益相关者在选择城市投资、旅游、居住、工作或学习时，对著名城市更偏爱、更感兴趣，著名城市也更能吸引越来越多的名人前来定居，使人们产生愉悦感、信赖感、可靠感和安全感，其地位一旦在人们心中确立，就能够保持长久的相对稳定性。[②] 外向性、多元化和休闲娱乐性是澳门城市文化最显著的特点。[③] 在“一带一路”和粤港澳大湾区建设中，澳门不仅是“一带一路”的节点城市，还是大湾区的中心城市、节点城市；世界旅游休闲中心、中葡商贸合作服务平台的地位，都给澳门品牌增添了高认知性的品牌维度，使澳门更加容易以鲜明的特点被认知、被认同和被接受。澳门为澳门学提供了丰富的研究资料，滋养着澳门学，推动其发展壮大，成为澳门的一张名片；澳门学挖掘被尘封的澳门历史，树立了澳门全方位的新形象，使

---

① 张锐、张焱：《重庆城市品牌塑造的现状、问题及对策建议》，《2006 年重庆蓝皮书》，重庆出版社，2006，第 72 ~ 79 页。

② 张鸿雁：《论城市形象建设与城市品牌战略创新》，《南京社会科学》2002 年增刊。

③ 周平、李泽：《“一带一路”背景下澳门城市品牌的重塑》，《青年记者》2019 年第 7 期（总 640 期）。

澳门享誉海内外。

澳门学提升了澳门品牌的认知维度，使人们更加全面地了解澳门的历史，也使人们能够基于澳门学研究重构澳门品牌，有利于推进澳门参与“一带一路”建设。澳门在新环境、新机遇下增添了新活力、新定位和新特色，因此要与时俱进，抓住时机，重塑澳门品牌，把澳门品牌与中葡商贸合作服务平台和“一带一路”建设结合起来；澳门学也应充分把握澳门的区情区势，更加广泛地关注澳门品牌等与澳门发展现实联系密切的元素，借助“一带一路”建设，推动澳门经济多元化。

二 澳门学在“一带一路”中的作用与意义

毫无疑问，历史上澳门在丝绸之路上发挥了十分重要的作用，这也为众多学者的研究所证明。但是，澳门学作为一门研究澳门问题的综合学科，并不仅仅满足于对澳门的历史进行系统、完整、全面的整理，而是通过梳理历史脉络、回顾发展路径来构建澳门学的研究框架，探讨澳门学在未来包括在今后“一带一路”建设中扮演的角色和发挥的作用。

笔者不揣冒昧，对澳门学在“一带一路”倡议中的作用和意义谈一点自己的看法。

（一）进一步发挥节点城市的优势，推进民心相通

澳门作为“一带一路”节点城市，不仅在历史上发挥过作用，而且也将在“一带一路”的实践中发挥更大作用。澳门曾经借助自身的区位优势和节点城市的地利条件，在贸易畅通、民心相通方面收效显著，在丝路经贸往来、中西文化交流融合中发挥了桥梁纽带作用，今天澳门作为中国唯一将中葡双语作为官方语言的特别行政区，中葡论坛常设秘书处所在地，大湾区多元文化交流基地，为澳门学的发展提供了更加广阔的空间和发展前景。澳门学研究要“重新发现和弘扬澳门对外交往的对话沟通传统功能”。①

澳门学在今后的研究中不仅要结合澳门地理区位节点研究与“一带一

① 吴志良：《放宽视野，深耕细作，构建澳门学的话语体系》，《行政》2017 年第 4 期。

路”沿线国家与地区的商贸优势，更要结合澳门作为东西方文化交流节点城市的优势，深入开展对澳门多元文化交流基地作用的研究，推进东西方多元文化交流与融合，掌握文化交流话语权，促进民心相通。

文化交流是民心相通的基础，只有通过交流、沟通，不同文化才能达到相知与理解。澳门是东西文化交流的前沿和基地，多年来东西文化在这里相遇、碰撞、沉淀、融合。澳门经历了各个阶段，在多元文化交流与融合方面经历了历练，在探索中取得了诸多经验，澳门学应该把这些多元文化交流与融合的经验加以总结，为当今澳门多元文化交流基地建设，为“一带一路”和粤港澳大湾区东西文化沟通的现实所用。让这些宝贵的经验服务于当前的多元文化交流基地建设，服务于民心相通，最终实现人类命运共同体。

（二）拓宽视野，结合现实，让澳门学在“一带一路”建设中讲好中国澳门的故事

经过多年努力，澳门学以文献档案、文化遗产为基础，以历史文化和社会生活为对象，发掘梳理了澳门史料，揭示了很多澳门在丝绸之路、在东西方文化交流方面不为人知的历史，为我们讲述了“一个符合澳门历史事实和发展规律、真实反映澳门社会形态、人文风貌与精神的宏观历史叙事”。[①] 可以说，澳门学在讲好澳门的历史故事方面已经取得了显著的成果。这些成果无论是对学者、居民还是每一个关心澳门的人来说，都是无价之宝，为未来的研究奠定了坚实的基础。

澳门当前最大的区情就是如何结合“一带一路”的现实需要，结合澳门未来发展讲好中国澳门的故事。通过“一带一路”，让中国澳门的故事走出国门，在共建“一带一路”国家广为人知，广为认同。

“一带一路”倡议自提出以来，受到许多国家的热烈欢迎，越来越多的国家加入进来，它们希望倾听中国的故事。丝绸之路是历史，而“一带一路”是现实。因此，“一带一路”不仅要传承历史故事，讲好过去，更要立足现实，讲好未来。讲好中国故事，需要从东西文化融合的视角，以沟通交融的方式交流，让人听着顺耳，想着舒心，只有达到“民心相通”，才能实现建设的“共建、共用”、成果的“共享”，最终实现人类命运共同体。

---

① 吴志良：《放宽视野，深耕细作，构建澳门学的话语体系》，《行政》2017 年第 4 期。

（三）澳门学的开放性和包容性将为其参与“一带一路”研究提供更广阔的空间

目前学界对澳门学持狭义和广义两种不同观点。持狭义观点的学者比较坚持澳门学以文献档案、文化遗产为基础，以历史文化和社会生活为对象；[①] 而持广义观点的学者则认为凡涉及澳门问题的研究都属澳门学范畴。以笔者所见，从澳门学今后的发展路径来看，吴志良的论述将给我们很大启发，即“澳门独特的历史和现实经验，极具价值，值得认真归纳整理，为解决当今世界的诸多问题、矛盾和冲突提供活生生的案例和范本。进而言之，为推动人类文明的和平发展、为建构人类命运共同体贡献澳门的智慧和力量，也就是贡献中国的智慧和力量”。[②] 笔者对吴志良先生这一观点的理解，就是澳门学不仅是为澳门历史研究服务的，而且也是为澳门现实研究服务的。因此，澳门学在其发展道路上要与现实相结合，为建构人类命运共同体贡献智慧和力量。澳门学作为一门综合性学科，既是一门健全的学科，又是一个开放的体系。澳门学在今后的发展中，既保持自身原有的系统性与活力，也要不断开拓，服务澳门参与“一带一路”的现实需要和澳门打造以中华文化为主流、多元文化交流基地的目标。吴志良先生的观点不仅清楚地论述了二者的关系，也把澳门学自身发展壮大与澳门社会的发展进步联系在一起，使澳门学有了更加广阔的发展空间。

澳门学作为澳门的名片，打造了澳门品牌，对让国际社会更加了解澳门、促进了澳门与周边国家和地区尤其是葡语国家的经贸文化往来发挥着不可替代的作用。澳门学的发起者给澳门学开启了一片蓝天，澳门“一带一路”研究也将在这片蓝天中放飞梦想。

---

① 郝雨凡、吴志良、林广志主编《澳门学引论：首届澳门学国际学术研讨会论文集》（上下册），社会科学文献出版社，2012。

② 吴志良：《放宽视野，深耕细作，构建澳门学的话语体系》，《行政》2017 年第 4 期。

粤港澳大湾区、“一带一路”与澳门学研究若干思考

叶　农*

摘　要：“澳门学”从概念提出到学科建设已经有30多年，在澳门学术界的积极倡议和推动下，澳门学基本上完成了学科建设，取得了一些成绩，也需要直面一些问题。在构建粤港澳大湾区与落实“一带一路”倡议背景下，澳门学研究需要做如下思考：如何总结澳门在建设“21世纪海上丝绸之路”方面丰富的经验；如何发挥澳门作为拉丁世界窗口的作用，探索澳门在建立与拉丁世界“一带一路”协作关系，发挥中葡经贸合作服务平台作用方面所能担当的角色；研究在构建粤港澳大湾区过程中，澳门如何发挥其独特作用，共担民族复兴的历史责任，共享祖国繁荣富强的伟大荣光。

关键词：一带一路　粤港澳大湾区　澳门学

20世纪70年代，陈树荣、黄汉强等一批有识之士提出了“澳门学”的概念。① 经过30多年的发展，通过学理的研究、范式的探讨、基础的构筑、澳门学国际研讨会的连续召开，澳门学已经向一门显学迈进，具备了下列特

* 叶农，暨南大学澳门研究院院长、教授。

① 参见黄汉强《关于建立〈澳门学〉一些思考》，《港澳研究》1989年第2期。

色："面向社会，联系实际"的现实取向、[①] 多层次有水准的发展过程、基础雄厚的学术研究与学术话语权的回归、丰富多彩的学术活动。在澳门学研究日趋深入、学科建设取得阶段性成果的时刻，如何更进一步推动澳门学研究继续前进，或者说澳门学研究未来发展的路径在哪里？学术界需要回归倡导澳门学的初衷，总结澳门发展的实践经验，探讨在粤港澳大湾区与"一带一路"建设背景下澳门学未来的发展走向。

一　澳门学研究需要直面的挑战

近年来，澳门学出现了宏观上过度理论拔高、微观下转向历史考证式研究的趋势。这不是倡议澳门学的初衷，也不是澳门学追求的目的，同时也必须认识到澳门学也面临一些挑战。

（1）如何在落实"一带一路"倡议、促进构建粤港澳大湾区过程中发挥作用，这是澳门学完成使命担当的重要命题（详见下述）。

（2）缺乏未来研究工作的"负面清单"。在澳门学发展的现阶段，为了准确掌握所取得的成就和研究的不足，最好的办法就是建立负面清单：将目前的研究工作归零，将需要研究的比较薄弱的学科开列一个清单，并制订有明确时间规划的研究计划，委托相关研究机构与研究人员展开研究。

（3）致力于内涵建设，外延式比较研究重视不够。目前，地方学研究方兴未艾。[②] 从世界范围来看，地方学的影响力也在不断扩大。[③] 除开澳门学，

---

① 澳门学最早倡导者之一的黄汉强于1988年，在澳门东亚大学澳门研究中心创办《澳门研究》时，宗旨是"研究澳门，服务社会"；1993年，《澳门研究》与澳门基金会合作复刊，再次强调："1993年2月，澳门大学和澳门基金会为了回应本澳社会发展的需要，更好地利用双方的资源，更有成效地开展、组织与推动学术活动，'研究澳门，服务社会'，双方决定分别透过其澳门研究中心和社会政治研究中心加强合作，其中包括编辑出版《澳门研究》。"（《澳门研究》1993年第1期，"复刊词"）

② 涂成林指出："20世纪以来，随着'区域主义'的兴起和城市化的快速发展，以某个特定地理区域或重要城市作为研究对象的地方学开始兴起，并逐渐成为一种世界性的学科建构潮流。在我国，随着各地经济社会发展向纵深拓展，地方学研究逐步从学术研究层面进入了地方和城市决策者的视野，成为令人瞩目的'显学'。"（涂成林：《地方学学科建构的路径探索——以"广州学"为例》，《教育研究》2018年第11期）

③ 严昌洪、汤蕾指出："当今世界，城市化的趋势越来越明显，规模也越来越大，因此，城市科学早已成为一门方兴未艾的学科。从其对城市研究的具体方面看，城市规划 （转下页注）

香港学、广州学、上海学、北京学、温州学、西安学、武汉学、台北学等国内的地方学，伦敦学、东京学、汉城学、罗马学等，不下数十个，研究工作也开展得有各自的特色，研究成果亦相当丰富，为各个地方学交流提供了可能性。身处其中的澳门学，如何起到引领作用？如何发挥“小城大世界”的窗口作用？

（4）澳门学各个学科之间的不平衡、学科范式的建立有待加强。在澳门学构建过程中，需要在不同学科领域深耕细作，重点填补某些学科研究的空白，逐步达至各学科均衡、协调、规范发展，并逐步提升其学术自主性。

在这四个挑战中，如何为落实“一带一路”倡议与构建粤港澳大湾区服务，是摆在澳门学研究面前需要投入研究力量来解决的迫切课题。

二　“一带一路”背景下澳门学研究的价值

2013 年 9 月和 10 月，国家主席习近平分别提出建设“丝绸之路经济带”和“21 世纪海上丝绸之路”（即“一带一路”倡议），主张依靠中国与有关国家既有的双多边机制，借助既有的、行之有效的区域合作平台，借用古代丝绸之路的历史符号，高举和平发展的旗帜，积极发展与沿线国家的经济合作伙伴关系，共同打造政治互信、经济融合、文化包容的利益共同体、命运共同体和责任共同体。

“一带一路”倡议为澳门提供了前所未有的发展机遇。如何发挥澳门的优势和作用，参与和助力“一带一路”建设，同时在“一带一路”建设中提升澳门特区的经济实力和综合竞争力，推动澳门经济适度多元发展，建设“一中心一平台”，这些对澳门来说具有积极意义和深远影响，澳门学术界对此反响很大，学者们纷纷就澳门如何在落实“一带一路”倡议过程中发

（接上页注③）学、城市建筑学、城市历史学、城市地理学、城市经济学等具体学科都在逐步发展，极大地拓宽了人们对城市研究的视野。同时，城市发展的多样性也使城市科学在具体的城市个案研究的基础上发展和深化。目前，以一个个具体城市所在的地理区域为研究对象、对上述诸多学科进行整合的城市地方学研究如火如荼，旨在进一步探索、发掘某个具体城市的特质和个性，从而很好地扩展了城市研究的深度。在世界范围内，一些闻名遐迩的著名都市的发展状况首先受到了广大专家学者的关注，因而当地的城市地方学已稍具规模。”（严昌洪、汤蕾：《国内外地市地方学研究综述》，《江汉大学学报》（社会科学版）2006 年第 2 期）

挥作用，发表了自己的意见，提出了很好的建议。① 2017 年 6 月，“‘一带一路’与澳门发展国际研讨会”在澳门召开，充分体现了澳门特区政府汇合商界、学术界及社会各界的力量，运用澳门社会的集体智慧，主动参与“一带一路”建设，围绕澳门如何携手闽粤参与“一带一路”建设，粤港澳大湾区、东南亚与“21 世纪海上丝绸之路”，澳门如何携手葡语国家参与“一带一路”建设以及澳门助力“一带一路”民心相通四大主题展开探讨。会后，出版了《“一带一路”与澳门发展》一书，收录了众多专家学者的真知灼见，为澳门经济社会可持续发展注入了新动力。

从历史发展过程来看，葡萄牙人于 16 世纪中叶入居澳门。在此之前半个世纪，郑和下西洋之后，中国人实际上已经停止对海上航路的探索，“海上丝绸之路”由此沉寂。半个世纪之后，葡萄牙人的大航海活动，联通了东西。澳门作为葡萄牙人开辟的海上航线的重要支点，曾在明清时期“海上丝绸之路”上发挥过巨大的作用，有着很大的影响力。严格意义上来说，澳门是大航海时代“海上丝绸之路”主航路的中国起始点之一，由此延伸出通往广州、闽浙及日本的东亚支航线以及经太平洋抵达美洲的泛太平洋支航线。

澳门作为中国最早对外开放的港口城市以及与西方交往交流的前沿阵地，积累了相当丰富的建设“海上丝绸之路”、与外国文化平等来往、相容合作的经验，如何在“一带一路”倡议中展示其价值？

“一带一路”是国家发展的重大倡议，支持澳门发展、保持特区长期的繁荣稳定，更是不会动摇。支持澳门在参与“一带一路”等国家发展规划中实现大发展，是国家总体战略框架的重要组成部分。因此，国家既支持澳门从自身发展出发参建“一带一路”，更不断释放出诸多利好政策改善澳门

① 参见陈思敏《“一带一路”背景下澳门加快打造中葡平台的建议》，《特区经济》2015 年第 12 期；关锋、谢汉光：《“一带一路”与澳门的发展机遇》，《港澳研究》2016 年第 2 期；苏树辉：《“一带一路”中，澳门要有新作为》，《人民日报》（海外版）2016 年 5 月 26 日；谢四德：《澳门融入国家“一带一路”倡议的发展定位与思路》，《亚太经济研究》2016 年第 1 期；代魁：《“一带一路”建设背景下澳门的发展机遇》，《现代管理科学》2017 年第 12 期；曾忠禄：《国家“一带一路”建设与澳门的机遇》，《当代港澳研究》2018 年第 1 期；陈广汉：《“一带一路”建设中香港和澳门的独特优势》，《人民论坛》2019 年第 10 期；盛力：《“一带一路”是澳门与祖国的共同发展之路》，《人民论坛》2019 年第 10 期；等等。

参建“一带一路”的条件。澳门如何利用自身优势来参建“一带一路”？

盛力指出：“由于历史原因，澳门与葡语国家有着悠久、密切的人文、商贸联系，拥有熟悉内地和葡语国家的语言、经贸和文化等人才。同时，中国与葡语国家经济互补性强，合作前景广阔。因此，澳门特区政府自成立以来，一直致力于将澳门培育和打造成为‘中国与葡语国家商贸合作服务平台’（以下简称‘平台’），并得到了中央政府的认可和支持。‘平台’在建设和运作过程中，体现了澳门特区政府的积极作为：2016 年，澳门特区设立‘中国与葡语国家商贸合作服务平台发展委员会’，特首崔世安亲自担任主席。澳门特区政府能在国家支持下搭建平台，有益于进一步巩固澳门联系中国与葡语国家交往的枢纽地位，扩大澳门参建‘一带一路’的外联优势。因此，‘平台’也是澳门参建‘一带一路’的途径之一，是澳门融入国家发展大潮并实现与祖国共同发展的途径之一。”①

因此，澳门学研究应探讨如何发挥澳门作为拉丁世界窗口的作用？探索澳门在建立与拉丁世界“一带一路”协作关系、发挥“中葡商贸合作服务平台”作用方面所能扮演的角色？

三　粤港澳大湾区构建与澳门学研究的作用

2019 年 2 月 18 日，中共中央、国务院印发了《粤港澳大湾区发展规划纲要》。此规划纲要由习近平总书记“亲自部署、亲自规划、亲自推动”，这三个“亲自”说明了粤港澳大湾区极其重要的地位。该规划纲要由中共中央、国务院发布，目前全国各地的区域发展规划中，只有雄安新区与粤港澳大湾区规划纲要是由这两个单位发布的，可见此规划纲要具有的重要性。

此规划纲要对澳门未来发展提出了期望：“建设粤港澳大湾区，既是新时代推动形成全面开放新格局的新尝试，也是推动‘一国两制’事业发展的新实践。为全面贯彻党的十九大精神，全面准确贯彻‘一国两制’方针，充分发挥粤港澳综合优势，深化内地与港澳合作，进一步提升粤港澳大湾区在国家经济发展和对外开放中的支撑引领作用，支持香港、澳门融入国家发展大局，增进香港、澳门同胞福祉，保持香港、澳门长期繁荣稳定，让港澳

① 盛力：《“一带一路”是澳门与祖国的共同发展之路》，《人民论坛》2019 年第 10 期。

同胞同祖国人民共担民族复兴的历史责任、共享祖国繁荣富强的伟大荣光。”①

同时，对澳门特殊的定位是粤港澳大湾区的中心城市：“优化提升中心城市。以香港、澳门、广州、深圳四大中心城市作为区域发展的核心引擎，继续发挥比较优势做优做强，增强对周边区域发展的辐射带动作用。”而澳门的作用是：“建设世界旅游休闲中心、中国与葡语国家商贸合作服务平台，促进经济适度多元发展，打造以中华文化为主流、多元文化共存的交流合作基地。”②

因此，澳门学应该研究在构建粤港澳大湾区过程中澳门如何发挥其独特作用，共担民族复兴的历史责任，共享祖国繁荣富强的伟大荣光。

1. 应该研究如何在澳门落实规划纲要

目前，在“一国两制”的制度安排之下，澳门形成了“一国”“两制”、两个关税区、两种货币的格局，对澳门融入大湾区有很大的影响。内地在经济领域已经给予澳门最大的优惠，能采取的措施基本上都采取了。该规划纲要在澳门落地实施，就必须突破一些制度上的障碍。具体来说，由于两地制度不同，在内地，类似规划纲要、发展计划等具有类似法律条文的地位，内地各级政府都会积极认真地实施。而在澳门，规划纲要等“红头文件”，就没有相应的法律地位，因而也就不产生约束力，因此澳门并没有义务履行规划纲要规定的义务。

因此，澳门学应该研究如何尽快促使规划纲要成为澳门的法律，进而在澳门产生法律约束力，推进规划纲要在澳门的实施，促进构建粤港澳大湾区。

2. 探索制度创新

粤港澳大湾区的最大创新之处是制度创新，因为在大湾区内经济领域创新已经做到极致，不管是区域合作还是区域经济发展，能够做的，都已经做到了。现在，构建粤港澳大湾区的重点问题是制度创新。如何构建一个全新的制度，促进粤港澳大湾区建设，推动规划纲要在澳门落地是当务之急。③

① 《粤港澳大湾区发展规划纲要》，人民出版社，2019，第1~2页。

② 《粤港澳大湾区发展规划纲要》，第12页。

③ http://www.cssn.cn/gd/gd_rwhn/gd_zxjl/201907/t20190722_4937434.shtml.

3. 促进构建“人文湾区”

规划纲要指出：“推动中外文化交流互鉴。发挥大湾区中西文化长期交汇共存等综合优势，促进中华文化与其他文化的交流合作，创新人文交流方式，丰富文化交流内容，提高文化交流水准。……支持澳门发挥东西方多元文化长期交融共存的特色，加快发展文化产业和文化旅游，建设中国与葡语国家文化交流中心……”

澳门拥有丰富的人文资料，是中华文化传承从未中断、传统保存得相对完整的一个城市，也一直保留着包容共济、守望相助的优良传统。如何在当今中华文化重建以及中国现代化过程中共建、共治、共用的社会建设中凸显其价值？如何在构建“人文湾区”过程中，发挥自己独特的作用？如何依托澳门，将中华文化远播异域？这些问题要予以考虑。

四 结语

澳门学自20世纪80年代倡议以来，历经30余年的发展，逐步发展成为一门显学。随着研究的深入，澳门学未来发展面临下列挑战：如何落实“一带一路”倡议、在粤港澳大湾区建设中发挥作用；缺乏未来研究工作的“负面清单”；致力于内涵建设，对外延式比较研究重视不够；学科之间不平衡，学科范式亟待建立。

针对第一个挑战，澳门学应该总结澳门在建设海上丝绸之路方面的丰富经验；探讨发挥澳门作为拉丁世界窗口的作用，探索澳门在建立与拉丁世界“一带一路”协作关系、发挥“中葡商贸合作服务平台”作用方面所能担当的角色；在构建粤港澳大湾区过程中，澳门应发挥其独特作用，共担民族复兴的历史责任，共享祖国繁荣富强的伟大荣光，如何在澳门地区落实规划纲要；探索制度创新；在促进构建“人文湾区”等方面发挥其作用。

近30年来澳门法律问题研究与澳门学的发展*

陈　杰**

摘　要： 因应20世纪末澳门回归祖国的历史背景和回归后特区治理的现实需要，澳门本地的相关法学理论研究机构和团体持续投入了大量的人力、物力和财力开展澳门法律问题研究，构建澳门法学理论体系。本文选取澳门基金会这一较具典型意义的机构作为个案，以其在1992年"新章程"核准以来出版的相关著作和刊物为基础，论述了近30年来澳门法律问题研究在澳门法律文化与法律本地化、《澳门基本法》及其相关法律和制度、澳门公法、澳门私法等领域的总体进展，从法律视角展现澳门学学科建设在近30年来发展的基本情况，也从一个侧面说明了澳门本地的相关学术机构和团体在组织中国和葡萄牙等国家和地区一批法律学者推动澳门法律问题研究、构建澳门法学理论体系等方面发挥的开创性、奠基性和主导性作用。

关键词： 澳门法律问题　法学理论体系　澳门学

---

* 本文系中国人民大学研究生科学研究基金项目"'一国两制'的'澳门故事'之'本土文化'话语体系构建问题研究"（项目号：19XNH074）的阶段性成果。

** 陈杰，中国人民大学台港澳研究中心助理研究员。

因应20世纪末中国政府对澳门恢复行使主权的重大政治转型，1986年以陈树荣、黄汉强为代表的一批澳门本地学者率先提出旨在阐释和指导澳门社会发展的"澳门学"学科建设的时代任务。自"澳门学"提出至今的30余年来，在澳门社会各界的共同努力下，澳门本土学理化、体系化的人文社会科学体系已经基本建立并日臻成熟和完善，为"一国两制"在澳门特区的实践提供了丰富的理论养分和人才保障。与此同时，这些年来，作为澳门学、澳门本土人文社会科学体系重要组成部分的澳门法律问题研究，同样经历了类似的从无到有、日臻完善的发展过程。

1987年4月13日，《中葡联合声明》及其附件正式签署，最终确定中国政府将于1999年12月20日对澳门恢复行使主权，同时声明中国政府根据"一国两制"科学构想对澳门实施十二条方针政策，其中规定了中央政府授予澳门特别行政区包括行政管理权、立法权、独立的司法权和终审权在内的高度自治权。[①] 然而，澳门社会华人人口占总人口的95%以上，澳门本地法律在回归前几百年的"葡人治澳"时期内却一直以葡萄牙语为唯一官方语言，立法部门、司法部门、执法部门以及律师行业皆被葡萄牙人和土生葡人占据，无论是普法教育还是法律研究都几乎是一片空白。因此，如果澳门学与本地人才特别是澳门法学理论体系与法律人才极度缺乏的局面不能在"过渡时期"得以有效改善，未来以"法治"为核心价值之一的澳门行政管理和社会治理将面临巨大挑战。在此历史背景下，澳门特区行政当局的相关部门、东亚大学澳门研究所（即现时的澳门大学澳门研究中心）、澳门基金会、澳门基本法协进会（即现时的澳门基本法推广协会）、澳门理工学院"一国两制"研究中心、澳门濠江法律学社等官方或民间机构开始大力支持或陆续展开法学理论研究和法律人才培养工作。需要特别指出的是，作为弥补一般公共和私人部门社会功能的公法人机构，澳门基金会从1992年2月24日"新章程"核准以来[②]，持续投入大量人

① 《中华人民共和国政府和葡萄牙共和国政府关于澳门问题的联合声明》，《人民日报》1987年3月27日。

② 澳门基金会是1984年7月7日由澳葡当局以"澳门总督基金"中的50万澳门元作为启动基金成立的，此时的工作重心在澳门慈善事业；1988年1月29日，澳葡当局首次重组澳门基金会并将其宗旨调整为"追从文化及教育性质之目标、鼓励科学研究，特别是有关东亚大学的行政及保障学术独立"，此时的工作重心是依托东亚大学培养本地化人才（转下页注）

力、物力和财力，以多样化的方式在该领域做了规模浩大的统筹性、基础性的组织和研究工作，其相继推出的综合类丛书、法律类丛书以及《澳门研究》[①] 中的系列法律文章，基本涵盖了澳门法律文化与法律本地化、《澳门基本法》及其相关法律和制度、澳门公法、澳门私法等澳门法学理论研究的主要领域，[②] 在澳门本地学术机构和学者群体构建澳门本土法学理论体系过程中颇具典型意义。

有鉴于此，本文拟选取近 30 年来澳门基金会在澳门法律问题研究领域的系列成果，从学术史的角度具体考察澳门法律问题研究发展的历史脉络和基本情况，从而从一个侧面展现澳门法学理论体系乃至澳门学学科体系发展演进的历史过程。

一　关于法律文化与法律本地化的研究

法律文化是一个国家、民族或地区法律的精神内核，是经过一定历史时期积淀下来的支配法律实践活动的法律价值观，是法治社会里法律制度形成和运行的内在逻辑。自 16 世纪后半叶至鸦片战争前夕，澳门社会就并存、运行着中国明清政府和葡萄牙政府两套法律体系，其中中国明清政府法律居于主导和统治地位。鸦片战争以后，葡萄牙确立起对澳门的殖民统治，大陆法系的

（接上页注②）特别是法律和公共行政人才；1992 年 2 月 24 日，澳葡当局颁布第 12/92M 号法令再次重组澳门基金会，并颁布了新的“澳门基金会章程”，将其宗旨调整为“进行文化教育工作，以及促进科学技术研究”，此后的工作重心是推动澳门科学研究特别是人文社会科学研究的发展，构建澳门本土的学术规范、知识和话语体系。

① 其中，含有澳门法律问题研究专著的综合类丛书有“澳门丛书”“澳门论丛”“新澳门论丛”“澳门研究丛书”，法律类丛书依次为“澳门法律丛书”，“中国大陆与港、澳、台地区法律比较丛书”“祖国大陆与香港、澳门、台湾地区法律比较丛书”“澳门特别行政区法律丛书”。此外，《澳门研究》从 1993 年 2 月开始由澳门基金会和澳门大学澳门研究中心联合编辑出版，是澳门问题研究领域的标志性刊物，其发展历程也是澳门学和澳门人文社会科学发展历程的一个缩影。

② 国内外学界对于法律体系划分问题历来存在争议，目前尚未形成定论。在社会主义法系的中国内地，目前占主流的是法律部门划分理论，但是在内容构成问题上，该理论从五部门法到十一部门法不等，争议很大。澳门属于大陆法系地区，由于历史原因，其法律非常特殊，在法律体系划分问题上自然也存在争议，但宏观上可以将其划分为公法和私法。因此，本文对澳门法律问题相关研究的划分，主要是结合法学界主流的划分方法、澳门自身的特点以及论述的需要，将其归纳为这四个方面。

葡萄牙法律大量延伸、适用于澳门。由此，澳门形成了多元的法律文化，特别是留下葡萄牙法律文化的深深烙印。在 1999 年中国政府恢复对澳门行使主权的历史背景下，澳门有必要对其现行法律进行系统的清理、分类、修订、翻译（中译）和过户，以使其法律制度和体系真正适应以华人为主的澳门社会的需要，从而为“一国两制”、“澳人治澳”、高度自治创造有利的法制环境。因此，澳门回归前后出现了一些关于澳门法律文化和法律本地化的研究成果。

在法律文化研究方面，既有对法律文化要素的微观探讨，比如对法律价值观、大陆法传统等法律思想、法律精神问题的研究，[①] 也有对法律文化这一整体概念的宏观探讨，比如对澳门法律文化的存在与否和发展因素、大陆法系的一般法理、澳门法律的概况、澳门法制史等问题的研究。[②] 这些研究，对于初步认识和了解澳门法律的整体状况、初步奠定法律本地化和澳门法制的基础具有重要作用。

在法律本地化研究方面，相关研究从“过渡时期”到澳门回归后一直持续不竭，既有澳门回归之前澳门法律问题研究者对法律本地化提出的对策和建议，[③] 也有澳门回归之后对“过渡时期”法律本地化过程的历史梳理、法律

① 曹娟娟：《建立科学的权利与义务统一观》，《澳门研究》2002 年第 2 期；简万宁：《浅谈权利》，《澳门研究》2004 年第 4 期；李寒霖：《“恶法非法”与“恶法亦法”辨析》，《澳门研究》2006 年第 1 期；黄宏耿：《西方法律解释学及其真理观》，《澳门研究》2007 年第 2 期；李燕萍：《“一国两制”下法律信息共享的若干思考》，《澳门研究》2008 年第 1 期；米健：《论大陆法传统及其与中国内地、台湾和澳门法制的关系》，赵国强主编《澳门人文社会科学文选 · 法律卷》上卷，社会科学文献出版社，2010，第 3 ~ 22 页。

② 赵国强：《澳门法律之发展与展望》，《澳门研究》2005 年第 3 期；陈镶：《对澳门法律文化的一点思考》，《澳门研究》2007 年第 5 期；范剑虹：《澳门法治发展之路》，《澳门研究》2010 年第 3 期；米健等著，黄汉强、吴志良主编《澳门法律》，中国友谊出版社，1997；叶士朋：《澳门法制史概论》，澳门基金会，1996；肖蔚云编《澳门现行法律汇编》（第一 ~ 三辑），北京大学出版社，1994 ~ 1998；郭华成：《澳门法律导论》，澳门基金会，1997；马沙度：《法律及正当论题导论》，黄清薇、杜慧芳译，澳门基金会、澳门大学法学院，1998；孟狄士：《法律研究概述》，黄显辉译，澳门基金会、澳门大学法学院，1998；《澳门特别行政区法律》编委会：《澳门特别行政区法律汇编》，中国社会科学出版社，2000；范剑虹：《澳门与欧盟相关国家法治研究》，广东人民出版社，2004；刘高龙、赵国强主编《澳门法律新论》（上、下卷），社会科学文献出版社，2011；黄宏耿：《澳门法律简史》，三联书店（香港）有限公司、澳门基金会，2016。

③ 黄进：《澳门法律本地化之我见》，《澳门研究》1998 年第 3 期；许昌：《论对港澳原有法律的采用》，《澳门研究》1998 年第 3 期；吴国昌：《澳门过渡后期的法律本地化》，赵国强主编《澳门人文社会科学文选 · 法律卷》上卷，第 23 ~ 31 页；许昌：《澳门法律本地化问题再探讨》，赵国强主编《澳门人文社会科学文选 · 法律卷》上卷，第 42 ~ 50 页；孙同鹏：《澳门法律本地化的新思考》，赵国强主编《澳门人文社会科学文选 · 法律卷》上卷，第 51 ~ 58 页。

改革之进一步"本地化"以充分适应澳门社会现实需要的研究。① 这些研究对于澳门回归前后法律本地化和法律改革工作的深入开展，对于澳门法律更好地融入和适用本地社会具有重要意义。

由此可见，法律文化和法律本地化的相关研究是澳门法律问题研究的一个重要方面。这些前期的基础性工作，彰显了内地、澳门等相关法学理论研究机构和学者群体为深化澳门法学理论研究、推动澳门法制建设做出的努力，同时也表明了澳门法律问题研究从产生之初就打下了深刻的服务和观照现实的烙印。

二 关于《澳门基本法》及其相关法律和制度的研究

《澳门基本法》是"一国两制"方针政策在澳门的法制化体现，是澳门特区的宪制性法律。《澳门基本法》分别从政治、经济、文化、社会和法律等多个层面对中央的全面管治权和澳门特区的高度自治权做了明确的规定。全面准确地理解、认识和贯彻落实这些条文规定，对于维护国家主权、安全和发展利益，对于保持澳门特区的长期繁荣稳定具有至关重要的作用。可见，《澳门基本法》在澳门具有特殊而崇高的地位。因此，自 1993 年《澳门基本法》颁布以来，国内外学界特别是澳门学界关于《澳门基本法》及其相关法律和制度的研究持续不竭，出现了大量有分量、有水平的研究成果。

在《澳门基本法》的整体性研究方面，既有澳门法律问题研究者从《澳门基本法》颁布之初至今一直向全社会宣传、推介《澳门基本法》的知识性、普及性读物，② 也有随着人们对《澳门基本法》认识的加深、澳门回

① 刘太刚：《浅析澳门原有法令的地位及处理》，《澳门研究》2003 年第 1 期；邱庭彪：《澳门法律改革本地化进程与趋势》，《澳门研究》2014 年第 1 期；华荔：《澳门法律本地化历程》，澳门基金会，2000。

② 李炳时：《一国一制——宪法与基本法的重大密码》，《澳门研究》1994 年第 1 期；杨允中：《"一国两制"——现代宪法学与政治学理论与实践的一大创造》，《澳门研究》1997 年第 1 期；黄汉强：《论〈澳门基本法〉的澳门特色》，《澳门研究》2002 年第 1 期；杨允中：《正确认识基本法，提升"一国两制"意识》，《澳门研究》2003 年第 4 期；梁凡：《基本法九九讲》，澳门基金会，1994；杨允中：《澳门与澳门基本法》，澳门基金会，1994；杨允中著，吴志良主编《澳门与澳门基本法（修订版）》，澳门基金会，1995；蒋朝阳：《澳门基本法与澳门特别行政区法治研究》，社会科学文献出版社，2016。

归祖国、《澳门基本法》付诸实践和出于特区治理的现实需要，澳门法律研究者对《澳门基本法》这一整体的具体内容的进一步深入解读，以及对《澳门基本法》中特区政治体制、中央与特区关系、基本法的解释等相关条文的立法精神和立法原意的深入阐释。[①] 这些研究，虽然深度不一，但都是以《澳门基本法》这一整体为研究对象，旨在向全社会特别是澳门居民宣传、推广《澳门基本法》，使其全面准确地理解和认识《澳门基本法》，更加自觉地遵守和执行《澳门基本法》，从而夯实澳门社会长期繁荣稳定的基础。

在与《澳门基本法》相关的法律和制度研究方面，由于这部分研究更多体现为解决《澳门基本法》实施过程中产生的具体问题的专题研究和政策研究，所以相关成果十分丰富。其中，在中葡两国政府关于澳门前途问题的外交谈判中，争议较多的国籍问题虽然最终以双方交换备忘录的形式加以解决，但是澳门特区由此也产生了作为地域概念的居民身份和作为政治概念的国籍身份两种不完全一致的身份标识，显然这两种身份享有的权利和履行的义务是不完全一致的，在此基础上也就产生了关于国籍和身份识别等问题的一系列研究成果。[②] 另外，《澳门基本法》第 23 条规定，自行立法是澳门特区维护国家主权和安全的一项宪制责任和义务，为此特区政府于 2003 年在其施政方针中将该项工作提上议事日程，并最终于 2009 年完成本地立法工作。在此期间，澳门社会各界在落实《澳门基本法》第 23 条规定、制定相关本地法律的过程中产生了广泛的讨论，形成了一系列研究成果[③]。此外，《澳门基本法》架构了澳门特区行政主导、立法与行政相互配合制约、司法独

① 何超明：《正确理解基本法，认真落实基本法》，《澳门研究》2008 年第 5 期；王兴国：《港澳〈基本法〉与马克思主义发展观》2016 年第 4 期；杨静辉、李祥琴：《港澳基本法比较研究》，澳门基金会，1996；骆伟建：《澳门特别行政区基本法概论》，澳门基金会，2000；王禹：《“一国两制”宪法精神研究》，广东人民出版社，2008；骆伟建：《“一国两制”与澳门特别行政区基本法的实施》，广东人民出版社，2009；骆伟建：《澳门特别行政区基本法新论》，社会科学文献出版社，2012。

② 黄宝莹：《国籍与澳门居民的权利与义务》，《澳门研究》2003 年第 2 期；黄宝莹：《基本法有关非中国籍居民权利和自由规定的立法由来及意义》，《澳门研究》2005 年第 1 期；陈海帆：《澳门的居留制度及身份识别制度》，澳门基金会，1997；陈海帆：《澳门的居留及身份认别制度》，社会科学文献出版社，2013。

③ 陈欣欣、邓子杰：《从港澳特区基本法 23 条立法看社会的极化与整合》，《澳门研究》2003 年第 3 期；龙锦练：《浅谈〈基本法〉第 23 条立法》，《澳门研究》2007 年第 6 期；杨允中：《落实第 23 条立法时不我待，别无选择》，《澳门研究》2008 年第 4 期；林桂桁：《浅论〈澳门基本法〉第 23 条立法》，《澳门研究》2008 年第 6 期。

立之行政长官制的政治体制，为更好地处理这一政治体制在实践中产生的问题和争议，为更准确地理解这一政制设计的相关内涵和关系，澳门法律问题研究者对其中的一些焦点问题做了广泛深入的研究，典型者如关于行政体制中行政法规的性质、位阶、与原有法令之关系、可否独立作为对外具有普遍约束力之规范的研究，① 关于立法体制中立法会的地位与职能、议员的选举和产生等问题的研究，② 关于司法体制中司法制度的沿革、概况、法律解释以及司法管辖权等问题的研究。③ 这些与《澳门基本法》相关的法律和制度的专题研究，大多旨在提出解决《澳门基本法》在实施过程中出现的各种问题的具体方案和对策建议，具有鲜明的现实导向和问题意识，体现了《澳门基本法》研究视野的扩展和研究内容的深化。

由此可见，由于《澳门基本法》的特殊地位和重要作用，关于《澳门基本法》及其相关法律和制度的研究长期以来一直是澳门法律问题研究领域的一个学术热点。内地、澳门本地等相关法学理论研究机构和学者群体组织、开展的这些研究，不仅对于开拓、扩展和深化《澳门基本法》研究具有重要

① 骆伟建：《论澳门特别行政区行政法规的性质和地位》，《澳门研究》2002 年第 2 期；郑锦耀：《论行政法规成为行政诉讼对象的可能性》，《澳门研究》2006 年第 2 期；王禹：《论行政法规的性质和地位》，《澳门研究》2006 年第 5 期；郑锦耀：《行政法规的性质、位阶与违宪审查权——兼回应王禹教授的观点》，《澳门研究》第 2007 年第 3 期；王禹：《行政法规的性质、位阶和违宪审查权——对郑锦耀先生批评的回覆》，《澳门研究》2007 年第 6 期；米万英：《行政法规与授权立法》，骆伟建、王禹主编《澳门人文社会科学文选·基本法卷》，社会科学文献出版社，2009，第 97～104 页；何志远：《论澳门特别行政区行政法规与法令的关系》，骆伟建、王禹主编《澳门人文社会科学文选·基本法卷》，第 114～128 页；何志远：《澳门行政法规的困境与出路》，社会科学文献出版社，2014。

② 冷铁勋：《〈立法会选举法〉的“竞选申报制度”》，《澳门研究》2016 年第 3 期；蒋朝阳：《“偷步宣传”及其相关行为的规管》，《澳门研究》2016 年第 3 期；周挺：《〈立法会选举法〉“修订建议”的分析与讨论》2016 年第 3 期；许昌：《论澳门立法会的地位和职能及其转变》，骆伟建、王禹主编《澳门人文社会科学文选·基本法卷》，第 54～72 页；冯文庄：《现行立法会选举制度之法理浅释》，骆伟建、王禹主编《澳门人文社会科学文选·基本法卷》，第 143～160 页；赵向阳：《澳门选举制度》，社会科学文献出版社，2013；王禹、沈然：《澳门特别行政区立法会产生办法研究》，社会科学文献出版社，2017。

③ 米万英：《澳门司法制度：延续与变革》，骆伟建、王禹主编《澳门人文社会科学文选·基本法卷》，第 105～113 页；蒋朝阳：《对澳门终审法院裁决的分析：演绎还是类比？——不同法律传统下对基本法司法解释的逻辑解读》，骆伟建、王禹主编《澳门人文社会科学文选·基本法卷》，第 324～339 页；王禹：《论澳门基本法对澳门特别行政区法院管辖权的规定及其限制》，骆伟建、王禹主编《澳门人文社会科学文选·基本法卷》，第 368～442 页；赵琳琳：《澳门司法制度新论》，社会科学文献出版社，2015。

意义，而且对于促使澳门居民更加全面准确地理解和执行《澳门基本法》，对于切实落实依法治澳、保持澳门的长期繁荣稳定都具有深远的意义。

三 关于澳门公法的研究

公法是大陆法系国家和地区法律体系的重要组成部分，既包括诸如行政法、刑法、财政法和税法等在内的实体法，也包括诸如行政诉讼法和刑事诉讼法在内的程序法。公法包含的这些法律规范以保护国家（政治体）公共利益为主要目的，主要调整和规范国家（地区）机关之间或与公民（居民）之间的关系，是调整、配置和实现政府公权力的重要手段，是社会稳定、有序运行的重要保障。无论是在“过渡时期”法律本地化过程中，还是在澳门回归后法律改革过程中，澳门法律问题研究者都积极回应现实需要，大力加强公法理论探索，为澳门公法的发展完善注入了强大动力，并形成了体系较为完备的公法理论研究成果。

澳门行政法是对负责公共行政的特区政府和相关市政机构的具体职能和活动范围进行调整和限定的法律规范，反映了特区政府及相关机构实现澳门特区公共利益的动态过程；澳门行政诉讼法是保证澳门特区法院公正审理行政案件，及时解决行政争议，保护居民、法人和其他组织的合法权益，监督澳门特区政府依法行使职权的法律规范。在一定程度上，可以说澳门行政法是澳门“基本法”的具体化和动态表征，澳门行政法和行政诉讼法在澳门法律体系中具有重要地位，因此澳门行政法与行政诉讼法研究是澳门法律问题研究者的一个重要关注点，并形成了一系列研究成果。其中，既有关于某一行政组织的设立、行政行为的有效性、公共行政人员行使职权、居留权、身份识别与出入境管理、文化教育和民政管理等行政法方面的专题研究，[①]

① 梁锡泉：《“一国两制”下出入境和定居制度若干问题比较研究》，《澳门研究》2004 年第 2 期；赖建国：《大厦管理机关创设之法改视角》，《澳门研究》2006 年第 3 期；林桂桁：《浅谈非有效的行政行为》，《澳门研究》2008 年第 4 期；简万宁：《谈非澳门居民之政治权利与自由及澳门的出入境管理制度》，《澳门研究》2009 年第 4 期；李燕萍：《制定信息公开法，推进阳光政府建设》，《澳门研究》2011 年第 1 期；王长斌：《博彩监管机构的设置：美国经验与澳门实际》，《澳门研究》2012 年第 3 期；黄耀佳：《澳门警察职权行使问题评析——以公共场所查证身份为例》，《澳门研究》2017 年第 3 期；陈海帆：《澳门的居留制度及身份识别制度》，澳门基金会，1997；陈海帆：《澳门的居留及身份认别制度》，社会科学文献出版社，2013；张雪莲：《澳门教育制度和受教育权保护》，社会科学文献出版社，2015。

也有关于行政机关实施行政行为的方式、步骤、权限等行政程序法方面和对比分析澳门特区与中国内地行政诉讼法方面的整体性研究。[①] 这些研究比较全面地反映了澳门行政法与行政诉讼法研究的基本领域和主要问题，对于促进澳门居民认识和理解行政机关依法运作的基本程序和规范、提高澳门居民的权利意识具有重要作用，对于推动特区政府依法治澳、依法行政具有重要的理论指导意义。

澳门刑法是规定何种行为构成犯罪以及对行为人如何追究刑事责任的法律规范；澳门刑事诉讼法是保证澳门刑法得以正确实施、惩罚犯罪、保护澳门特区的公共安全和社会秩序的法律规范。不同于其他部门的法律旨在调整某一类社会关系，澳门刑法旨在规定具有较大社会危害的行为并予以特别处罚，其涉及的领域涵盖了澳门社会的方方面面，对于维护澳门社会的安全和稳定具有重要作用。因此，澳门刑法与刑事诉讼法研究也是澳门法律问题研究者关注最多的一个领域，并形成了极为丰富的研究成果。总的来说，这些研究成果大致可以分为四类：一是澳门刑法总论，二是澳门刑法分论，三是澳门刑事诉讼法总论，四是澳门刑事诉讼法分论。具体而言，澳门刑法总论方面，相关研究主要涉及澳门刑法的理论渊源、一般原则、构成要素、澳门与内地等区域刑法总则比较等一般原理性问题[②]；澳门刑法分论方面，相关

① 朱林：《澳门行政程序法典：释义、比较与分析》，澳门基金会，1996；朱永梅、唐小波：《行政诉讼法比较研究》，澳门基金会，1998。

② 赵国强：《澳门未成年人刑事责任年龄立法价值导向评析》，《澳门研究》2004年第6期；赵国强：《“一国两制”下的移交逃犯制与国际惯例》，《澳门研究》2005年第6期；赵国强：《澳门刑法中法人犯罪之立法现状及其评析》，《澳门研究》2007年第4期；陈轩志：《从区际刑事司法协助看澳门〈维护国家安全法〉的司法管辖权》，《澳门研究》2009年第4期；杜宝庆：《澳门未成年人刑事归责年龄探讨》，《澳门研究》2010年第4期；赵国强：《论澳门刑法的理论本源——以大陆法系刑法理论为视角》，《澳门研究》2013年第1期；焦艳鹏：《法益理论的价值考量与适用维度的扩展》，《澳门研究》2013年第1期；燕人、东山：《澳门刑法总则概论》，澳门基金会，1997；吕继贵、宁青：《刑法比较研究》，澳门基金会，1997；赵国强：《澳门刑法总论》，澳门基金会，1998；赵秉志主编、赵国强副主编《中国内地与澳门刑法总则之比较研究》，澳门基金会，2000；赵国强：《澳门刑事法研究（实体法篇）》，澳门基金会，2005；赵国强：《澳门刑法研究》，广东人民出版社，2009；赵国强：《澳门刑法概说（犯罪通论）》，社会科学文献出版社，2012；涂龙科、吴波：《刑法制度比较研究》，法律出版社，2013；赵秉志主编《当代刑法的理论与实践——第七届中国大陆及港澳台地区刑事法论坛文集》，社会科学文献出版社，2015；方泉：《澳门特别刑法概论》，社会科学文献出版社，2014；徐京辉：《澳门刑法总论》，社会科学文献出版社，2017。

研究主要涉及澳门刑法中诸如毒品犯罪、电脑犯罪、诈骗罪、勒索罪、博彩犯罪之类的具体的刑事个罪分析；[①] 澳门刑事诉讼法总论方面，相关研究主要涉及审判级别管辖、羁押和监视居住等强制措施、正义与诉讼效率关系、澳门与内地等区域刑事诉讼法比较等基本理念和基本制度问题；[②] 澳门刑事诉讼法分论方面，相关研究主要涉及侦查程序、审判程序等具体审判层面的问题。[③] 这些研究，分别从宏观和微观、抽象和具体两个维度较为系统地阐述了澳门特区的刑事法律制度，一方面从学术层面深化了澳门刑法和刑事诉讼法理论研究，另一方面从实践层面为充分扬弃澳门原有的刑事法律规范、促进澳门刑事法律制度改革、推动澳门法制建设奠定了扎实的基础。

由此可见，行政法和行政诉讼法、刑法和刑事诉讼法是内地、澳门本地等相关法学理论研究机构和学者群体研究最为系统、成果最为丰富的两大公法领域。一方面，这些澳门公法研究成果主要是以澳门本地社

---

① 赵国强：《论澳门反毒品犯罪刑事政策之立法价值导向》，《澳门研究》2004年第2期；廖志聪：《以辅助手段实施的电脑犯罪行为》，《澳门研究》2004年第4期；袁彬：《中国传销犯罪的刑法规制及其完善》，《澳门研究》2007年第4期；赵国强：《试论受贿枉法和受贿不枉法的界限》，《澳门研究》2012年第1期；杨慧：《危险驾驶行为的刑法规制》，《澳门研究》2013年第1期；潘星丞：《诈骗罪与勒索罪的界限》，《澳门研究》2013年第1期；李德：《澳门的犯罪问题以及博彩与犯罪的关系》，《澳门研究》2013年第1期；杨士隆、李宗宪：《澳门毒品问题及其对策》，《澳门研究》2014年第2期；赵秉志：《中国内地与澳门刑法分则之比较研究》，澳门基金会，1999；陈海帆、崔新建：《澳门刑法与分则罪名释义》，澳门基金会，2000；赵秉志、赵国强主编《赃款赃物跨境移交、私营贿赂及毒品犯罪研究——第三届中国区际刑事法论坛文集》，社会科学文献出版社，2012；赵国强：《澳门刑法各论（上）》，社会科学文献出版社，2013。

② 叶青：《澳门与中国内地刑事强制措施制度比较研究》，《澳门研究》2002年第1期；赖建国：《羁押措施之务实决定——本澳司法实务若干罪名考察》，《澳门研究》2006年第6期；赖建国：《澳门现行羁押问题再探讨——兼评学说的引用》，《澳门研究》2007年第6期；朱彦：《确立中国刑事缺席审判制度的法理思考》，《澳门研究》2008年第3期；林桂桁：《浅论澳门司法机关的审级制度》，《澳门研究》2008年第4期；陈光中、张佳华：《论不被强迫自证其罪原则》，《澳门研究》2013年第1期；柯葛壮：《刑事诉讼法比较研究》，澳门基金会，1997；徐京辉、程立福：《澳门刑事诉讼法》，澳门基金会，1999；柯葛壮：《刑事诉讼法比较研究》，法律出版社，2012；李哲：《澳门刑事诉讼法总论》，社会科学文献出版社，2015。

③ 叶青：《逮捕、拘留附带搜查制度比较研究》，《澳门研究》2004年第5期；梁海泽《中国的死刑制度改革对澳门的启示》，《澳门研究》2007年第2期；赵琳琳：《澳门刑事特别程序之重构》，《澳门研究》2013年第1期；李哲：《澳门刑事特别程序改革之路径分析——以大陆法系发展趋势为基础》，《澳门研究》2013年第1期；邱庭彪：《澳门刑事诉讼法分论》，社会科学文献出版社，2012。

会背景为出发点，提出并解决的是澳门本土公法学上的一些问题，具有强烈的本地性；另一方面，这些澳门公法研究成果更多的是立足当下，解决的是法律本地化和司法实践中的一些实际问题，具有强烈的时代性和现实性。毫无疑问，这些研究对于建构澳门本地的公法理论研究体系、促进澳门公法本地立法不断完善和发展、推动澳门法律改革不断深化具有重要意义。

四　关于澳门私法的研究

私法是大陆法系国家和地区法律体系的另一重要组成部分，主要包括民法、商法等一些法律规范。[①] 私法包含的这些法律规范以保护公民（居民）私人利益为主要目的，不同于公法本质上调整的隶属关系，私法在本质上调整和规范的是社会领域公民（居民）或团体这种法律主体之间的平等关系，是实现和维护公民（居民）或社会团体合法权利的重要手段，是社会健康发展、有序运行的重要保障。无论是在“过渡时期”法律本地化的过程中，还是在澳门回归后法律改革的过程中，澳门法律问题研究者都积极回应实践需要，大力加强私法理论探索，为澳门私法的发展完善注入了强大动力，并形成了体系较为完备的私法理论研究成果。

澳门民法主要调整的是澳门特区内平等法律主体之间诸如居民之间、法人之间、居民与法人之间财产关系和人身关系的法律规范，主要目的和原则是保障居民、法人合法的民事权益，正确调整其民事关系。澳门民法对于维护澳门特区正常的社会经济秩序、保持澳门的长期繁荣稳定具有重要作用，因此澳门法律问题研究者在澳门回归前后对澳门民法的主要组成部分之债法、物权法、家庭法/亲属法、继承法和知识产权法展开了持续深入的研究，并取得了一系列研究成果。其中，在债法研究方面，相关成果主要涉及澳门与内地（大陆）、香港、台湾的对比分析，除此之外，也涉及债的渊源之各

---

① 民事诉讼法由于调整的是法院与一切参与人的民事诉讼法律关系，所以一般被归入公法体系。尽管如此，考虑到民事诉讼法作为民商法的程序法，法院最终着力解决的仍然是社会平等主体之间的民事法律问题，与民商法的关系极为密切，而且出于体例和论述的需要，本文将民事诉讼法放入私法部分进行阐述。

种合同的阐释，如预约、租赁、提单、承揽、提供劳务等；[①] 在物权法研究方面，相关成果既包括物权法的整体研究，也包括物权的各种概念内涵、物权的占有和变动等专题研究；[②] 在家庭法/亲属法研究方面，相关成果主要涉及澳门的婚姻制度、反对家庭暴力、澳门与内地和香港等婚姻家庭法的比较分析；[③] 在继承法研究方面，相关成果主要涉及澳门继承法的整体研究以及澳门与内地和香港等继承法的比较分析；[④] 在知识产权法研究方面，相关成果主要涉及著作权、工业产权、澳门与内地和香港等继承法的比较分析。[⑤] 这些研究，涵盖了澳门民法的四大分支，不仅建构了完整、系统的澳门民法研究体系，而且为"过渡时期"澳门民法的本地化和回归后澳门民法的相关本地立法工作提供了理论借鉴。

澳门私法在形式上属于民商分立的体系，商法也是澳门私法体系中一个相对独立的法律部门。澳门商法产生于市场经济之中，是调整商事交易主体

---

① 唐晓晴：《论要物合同》，《澳门研究》2005 年第 3 期；林浩威：《澳门法律制度下提单合同之法律适用冲突问题》，《澳门研究》2005 年第 5 期；林浩威：《论〈澳门民法典〉中买卖预约合同之真实内涵》，《澳门研究》2006 年第 2 期；林浩威：《承揽运送人法律地位研究》，《澳门研究》2006 年第 3 期；郑锦耀、林浩威：《论〈澳门民法典〉中买卖预约合同与物权变动的关系》，《澳门研究》2006 年第 6 期；吴丽珍：《承租人权利与义务的体系与作用方式——以〈澳门民法典〉租赁制度为中心》，《澳门研究》2009 年第 1 期；陈卓琦：《论澳门一般合同条款制度》，《澳门研究》2009 年第 2 期；简万宁：《旅行社与导游合同关系的法律思考》，《澳门研究》2009 年第 6 期；赵炳霖、乐嘉庆：《债法比较研究》，澳门基金会，1997。

② 米万英：《澳门物权研究》，《澳门研究》2003 年第 2 期；唐晓晴：《债权意思主义模式下物权要因原则的不必要》，《澳门研究》2003 年第 4 期；艾林芝：《合意主义原则下的物权变动——兼论预约合同制度的重要性》，《澳门研究》2007 年第 5 期；李磊：《比较法视野下复原性物权变动的善意保护》，《澳门研究》2008 年第 1 期；杨洋：《澳门物权之占有制度》，《澳门研究》2009 年第 2 期；艾林芝：《澳门物权法》，社会科学文献出版社，2013；唐晓晴：《民法一般论题与〈澳门民法典〉总则》上册，社会科学文献出版社，2014。

③ 谭桂珍、苏一丹：《论澳门婚姻登记制度》，《澳门研究》2008 年第 4 期；陈晖：《预防、保护与打击并重的反家暴立法》，《澳门研究》2017 年第 1 期；汉英：《澳门家庭法》，澳门基金会，1996；林荫茂：《婚姻家庭法比较研究》，澳门基金会，1997；程维荣、袁齐钧：《婚姻家庭法律制度比较研究》，法律出版社，2011。

④ 黄清薇：《澳门继承法》，澳门基金会，1997；侯放：《继承法比较研究》，澳门基金会，1997。

⑤ 黄志勇：《澳门的知识产权海关保护政策研究》，《澳门研究》第 32 期；邓达荣：《澳门专利保护——兼论药品专利及其注册现况》，《澳门研究》2007 年第 4 期；李静、王晓燕：《网络视野下内地与澳门著作权立法之比较研究》，《澳门研究》2013 年第 2 期；彭辉：《知识产权制度比较研究》，法律出版社，2015。

在其商行为之中所形成的商事关系的法律规范，对于维护澳门特区正常的市场秩序具有重要作用，因此澳门法律问题研究者在澳门回归前后对澳门商法展开了深入研究，并取得了一系列研究成果。其中，既有关于澳门商法的概述、法制建设等整体性研究①，也有关于保险法原则、公司法概述、公司立法、公司合并、澳门与内地及香港等公司法对比分析等专题研究②。这些研究，对于推进澳门的商法改革、构建澳门本地商事法律文化、巩固经济全球化进程中澳门“一个中心、一个平台”的地位具有一定的理论意义。

澳门民事诉讼法是关于澳门特区法院受理特区内居民之间、法人之间、其他组织之间以及他们相互之间因财产关系和人身关系提起的民事诉讼的法律规范，是澳门民法和澳门商法的程序法，直接关系到澳门社会经济事务中民事纠纷的正确、有序处理，在澳门法律体系中居于重要地位。因此，这一领域一直是澳门法律问题研究者的重要关注点，并汇聚了一系列研究成果。其中，既有关于澳门民事诉讼法的概述与改革等整体性研究③，也有关于澳门民事诉讼法中诸如级别管辖和地域管辖此类民事管辖权体系、澳门与内地及香港等民事诉讼法对比分析等专题研究。④ 这些研究，对于推动澳门民事诉讼法研究，促进澳门居民正确使用法律手段解决民事纠纷、培育社会经济

---

① 汪清阳：《全球化背景下澳门商法改革之路》，《澳门研究》2010 年第 3 期；蒋恩慈、侯放：《澳门商法典概论》，澳门基金会，2000；曹锦俊、刘耀强：《澳门商法》，社会科学文献出版社，2015。

② 陈辕：《浅析澳门特别行政区人身保险合同中保险利益原则的适用及修改》，《澳门研究》2007 年第 1 期；范剑虹、陈捷：《两岸三地有限责任公司立法比较概略（上）》，《澳门研究》2007 年第 1 期；范剑虹、陈捷：《两岸三地股份公司立法比较概略（下）》，《澳门研究》2007 年第 1 期；邱琦：《〈澳门商法典〉中的公司合并制度解析》，《澳门研究》2007 年第 4 期；冷铁勋：《澳门公司法》，澳门基金会，1999；陈卫忠：《澳门公司法比较研究》，广东人民出版社，2006；冷铁勋：《澳门公司法论》，社会科学文献出版社，2012。

③ 李淑华：《民事诉讼法入门》第 1 卷，澳门基金会，1996；黎晓平、蔡肖文：《澳门民事诉讼制度改革研究》，社会科学文献出版社，2016。

④ 周晓迪：《“一国两制”条件下的中国内地和澳门特别行政区民商事司法协助的思考》，《澳门研究》1999 年第 3 期；李磊明：《商事案件管辖权的关系为中心》，《澳门研究》2004 年第 3 期；范剑虹：《澳门与内地商事区际司法协助的起源、现状和框架及前景》，《澳门研究》2004 年第 5 期；姜燕、苏建峰：《小费争议与终审法院裁决》，《澳门研究》2008 年第 2 期；刘方辉：《澳门民事诉讼管辖权制度的完善——对相关〈民事诉讼法典〉修改的建议》，《澳门研究》2008 年第 4 期；李健男：《粤港澳民商事司法合作先行先试若干问题的思考》，《澳门研究》2010 年第 3 期；黄双全：《民事诉讼法比较研究》，澳门基金会，1999。

生活中的法制观念具有重要作用。

由此可见，内地、澳门本地等相关法学理论研究机构和学者群体对澳门私法领域的民法、商法和民事诉讼法研究均有涉及。类似于澳门公法研究，澳门私法研究同样具有强烈的本土性、时代性和现实性，这是澳门法律问题研究的一个共性特征。除此之外，由于私法体系本身的特征和内地、澳门本地等相关法学理论研究机构和学者群体的耕耘，澳门私法研究相对而言更为系统、完整。这些理论研究对于推进与澳门社会实际脱节尤其严重的澳门私法的本地化和改革具有重要作用，对于稳定澳门社会经济的正常秩序、保持澳门特区的长期繁荣稳定、助力“一国两制”在澳门的实践都具有深远意义。

五　结语

总体而言，20 世纪 80 ~ 90 年代以来，中国澳门本地学术机构和团体广泛组织中国和葡萄牙等国家和地区一大批关心澳门的法律学者在澳门法律文化与法律本地化、澳门“基本法”及其相关法律和制度、澳门公法、澳门私法等领域耕耘，取得了大量具有较高学术价值的成果。如果没有这些机构和学者的共同努力，澳门法律问题研究不仅无法起步，更无法在澳门回归前后形成如此强大的规模效应，产生“井喷式”的研究成果。实事求是地讲，作为澳门法律问题研究的参与者、推动者、建设者和见证者，这些机构和学者在澳门“过渡时期”以来澳门法律问题研究和澳门法学理论体系建构的历史过程中发挥了至为关键的开创性、奠基性和主导性作用。具体而言，体现在以下三个方面。

首先，这些法学理论研究机构和学者群体在开创澳门法律问题研究和建构澳门法学理论体系方面做出了不可磨灭的贡献。澳门法律问题研究和澳门史研究是澳门学学科建设和澳门本土人文社会科学建构过程中最为学理化和系统化的两大研究领域。但是，不同于澳门史研究早在清乾隆十六年（1751）印光任和张汝霖编纂《澳门记略》、1832 年瑞典人龙思泰出版《早期澳门史》就已起步，澳门法律问题研究即便到了 20 世纪 80 年代末乃至 90 年代依然相当滞后，其历史积淀和学科基础可谓相当薄弱，相关法学理论机构和学者群体在澳门法律问题研究和法学理论体系构建过程中所做的系列研究在学术史上无疑是开创性的。

其次，这些法学理论研究机构和学者群体在推动澳门法律问题研究和建构澳门法学理论体系方面具有奠基性作用。澳门回归前后，澳门基金会、澳门大学法学院、澳门理工学院“一国两制”研究中心等学术机构出版或资助出版了一系列法学理论研究专著，这些法学理论研究专著门类齐全，编排系统、合理，其中相当一部分兼具教科书的性质和功能，在很大程度上满足并缓解了当时澳门高校和科研机构内法学专业人才的教材需求。此外，澳门基金会、澳门大学澳门研究中心等学术机构以其组织或主办的期刊、研讨会、丛书出版、学术评奖等为平台会聚了一大批来自中国以及葡萄牙等国家和地区的关注澳门问题的法律专家学者。这些对于澳门特区建设法学研究人才队伍、推动澳门法律问题研究、构建澳门法学理论体系无疑具有奠基性贡献。

最后，这些法学理论研究机构和学者群体在构建完整的澳门本土法学理论研究体系方面自觉发挥了主导作用。如上文所述，澳门回归前后，澳门基金会等学术机构相继推出了包括“澳门法律丛书”“中国大陆与港、澳、台地区法律比较丛书”“澳门特别行政区法律丛书”等在内的中文法律类丛书，这些丛书辅之以“澳门丛书”“澳门论丛”“新澳门论丛”“澳门研究丛书”等中文综合类丛书中的法律专著和《澳门研究》等刊物中的法律专题文章，共同构建起包括澳门宏观法制建设、《澳门基本法》及其相关法律和制度、澳门公法、澳门私法以及澳门其他一些零散的特别法律（博彩法、房地产法和环境保护法等）在内的完整的澳门本土法学理论研究体系。在这一巨大工程中，这些法学理论研究机构和学者群体在强烈的回归热情和建构澳门本土文化话语体系使命的驱动下，自觉以组织者、建设者和参与者的身份，发挥了不容忽视的主导性作用，他们在此过程中无疑居于主导地位。

总而言之，20 世纪 80 年代以来，这些法学理论研究机构和学者群体配合“过渡时期”法律本地化和澳门回归以后法律改革的现实需要，支持和推动澳门法律问题研究取得了巨大成果。作为澳门学、澳门本土人文社会科学体系的重要组成部分，这些澳门法律问题研究成果也从一个侧面折射出澳门学、澳门人文社会科学学科建设的重要发展。即便如此，包括澳门法律问题研究在内的澳门学学科建设如何解决其迅速发展过程中出现的过于实证化等问题，如何在发扬现实主义传统的基础上更好地回应澳门社会发展的实际需要，仍然任重道远。相信在此过程中，相关的法学理论研究机构和学者群体将一如既往地发挥其基础性和主导性作用，从而为澳门法律问题研究和澳门法学理论体系构建、澳门学和澳门人文社会科学学科建设的进一步深入发展贡献力量。

二　非物质文化遗产与社会互动

从澳门民间文化研究看澳门学的文化价值取向

李　松*

摘　要：本文认为，澳门学的价值基础是澳门400多年社会历史发展过程中的独特社会实践；多元共存的文化多样性存在现状，决定了澳门学是与社会实践密切关联的学术体系；面对人文社会复杂系统的研究，澳门学是多学科融合发展的载体。

关键词：澳门学　民间文化　文化多样性

笔者对澳门文化的了解，主要是参与澳门文艺集成志书的编纂工作——一项起始于20世纪80年代国家文化建设的系统工程。这是一部全面反映我国各地各民族戏曲、曲艺、音乐、舞蹈、民间文学状况的鸿篇巨制，包括《中国民间歌曲集成》《中国民族民间舞蹈集成》《中国曲艺音乐集成》《中国戏曲音乐集成》《中国民族民间器乐曲集成》《中国戏曲志》《中国曲艺志》《中国民间故事集成》《中国谚语集成》《中国民间歌谣集成》，编纂按行政区划分省立卷（每省10卷），如果将澳门卷和香港卷统计在内，合共318卷，将近5亿字。这是一部全面反映我国各地区、各民族戏曲、曲艺、民歌、器乐、民间舞蹈、歌谣、谚语、故事状况的系列丛书，是我们了解中华民族民间文化传统最为全面、最为系统的大型文献资料，被学界称为中华

* 李松，原文化部（现为文化和旅游部）民族民间文艺发展中心主任、教授。

民族民间文化的“百科全书”和“文化长城”。此项工作与澳门学学科建设的内在关联性，产生于将澳门文艺集成志书的编纂工作成果与全国其他省（自治区、直辖市）的编纂成果的比较之中，也产生于透过澳门民间文化对澳门大众生活的了解与认知。民间文化既是历史文化的写照，又是当下文化生态的生动载体，笔者在澳门文艺集成志书的编纂过程中，通过对澳门大众生活文化历史及现状的全面梳理，真切地感受到澳门对多元文化的包容。

一　澳门学的价值基础是澳门400多年社会历史发展过程中的独特社会实践

作为一个“学”，澳门学的价值基础，首先是要明晰它区别于一般意义上的地域文化研究的内容是什么。以敦煌学为参照，正如季羡林先生所说：“世界上历史悠久、地域广阔、自成体系、影响深远的文化体系只有四个——中国、印度、希腊、伊斯兰，再没有第五个；而这四个文化体系汇流的地方只有一个，就是中国的敦煌和新疆地区，再没有第二个。”也就是说，敦煌学的确立，除了悠久的历史、独特的地域文化特色、丰富的文化内容这些地域文化研究共性的价值基础以外，还有不可替代的文化价值——主要来源于四大文明体系的“交汇”。尽管在全球化的今天，“交汇”的地域性表达是一个泛化的范畴，但是具有历史文化承载能力和文明体系文化交汇意义上的不可替代性，是敦煌学得以确立和得到广泛认同的立足点。再如，以红学为参照，《红楼梦》被认为是全面深刻反映了封建时代各个层面社会历史状况的文学巨著，而且同时代没有任何文学作品可以望其项背，正如周汝昌先生所说：“《红楼梦》是我们中华民族的一部古往今来、绝无仅有的‘文化小说’。从所有中国明清两代重要小说来看，没有哪一部能像《红楼梦》具有如此惊人广博而深厚的文化内涵的了。”就此，以文化价值的独特性和具有普遍意义上的典型性为逻辑进路，澳门学是一个具有独特性和唯一性的文化存在。其价值表现为在400多年来人类发展的历史进程中，澳门作为一个独特的参与者，在殖民主义时代，在民族国家的兴起过程中，在冷战时期和后冷战时期的世界格局之中，以及处于社会主义、资本主义，市场经济、计划经济，“一国两制”的政治语境之中，以其独特的社会实践，为人类社会的发展提供了一个不可替代的参照。澳门作为一个多元文化共存的参与者和实践者，一个联结多元文化的媒介，其历史与现状具有不可替代的独特性价值。从编纂澳门民族民间文艺集成志书的工作实践，从澳门大众的生活习俗、文化表达、相处伦理等诸多方面，可以清晰地感知澳门的大众生活文化，民众生动地实践着多元和谐的“相处之道”是澳门学重要的研究面向。近现代中国的历史巨变独特地作用于澳门地方，地缘（同乡）、业缘、社区等多元文化认同密集地存在于一个相对封闭（文化观念意义上的）的环境内，必须有一个澳门认同作为基本身份。相对去中心化的澳门社会逐渐成为客观事实和社会共识，使澳门社会形成了以大众生活（生存）文化为轴心的社会文化心态。制度文化与民众生活形成一种有独特包容性的文化样态，内在的平和稳健有效地作用于具有不同文化背景的群体。地缘政治、人口构成决定着较少中心化的文化生态，使澳门产生了一种更具“弹性”的澳门本土意识，这种“有我而不排他”的共同体意识为澳门社会的发展奠定了坚实的文化基础。政治、种族、宗教、意识形态等文化意识，在长期的生活实践中相对弱化，多元文化共处的社会需求，共同创造的相处之道，屏蔽了许多现代社会容易引发矛盾的“导火索”。包容性构成澳门文化显著的现代性特征。透过对澳门民间文化的全面了解，可以更加清晰地认知这种文化能力养成的过程与社会实践。总体而言，中华传统文化中的和合文化、家国意识、宗教信仰、艺术审美、生活习俗在澳门地方独特的社会历史进程中与世界文化碰撞融合，400 多年的社会实践，能够形成一种“有我但不排他”的包容性，一种多元但不多极的文化相处之道，这无疑为全球化背景下人类命运共同体建设提供了有意义的借鉴，也为“一国两制”的发展提供了重要的社会实践。这应该是澳门学建设发展的核心价值基础，其学术目标，当以将澳门社会发展置于世界、地区和国家及地方社会发展的框架之中，对澳门社会的历史变迁和社会现状进行理论上的梳理研究和归纳总结，从而使学术发展能够为社会进步贡献力量。

二　多元共存的文化多样性存在现状，决定了澳门学是与社会实践密切关联的学术体系

处于珠江三角洲门户地位的澳门，在世界范围内属于发展相对活跃的地区，其社会经济发展自有诸多的学术视角和讨论。应该予以重视的是，从文

化的视角看，在30多平方公里的空间中，在聚集着60余万人口的现代化社区中，古今中外各种文化认同与区隔，如此高密度地集聚、共存相处和交流往来，应该是澳门文化独特性的关键所在。从《民族民间歌曲集成·澳门卷》的编纂实际来看，在语言上包括粤语（含农事歌、儿歌、咸水歌、地水南音、粤讴、龙舟、小曲、配唱锣鼓八音、生活音调等）、闽南语、（在澳流传的泉州南音）、葡语、（含土生葡语、葡语、葡词华曲、华词葡曲等）。在宗教及民间仪式上包括以观音堂功课为代表的佛教诵经曲调，吴氏家族传承的道教科仪曲调，天主教、基督教和澳门巴哈伊教礼仪歌曲。[①] 仅仅从对澳门民间歌曲存在的调查和研究梳理当中，我们就可以真切地感受到如此丰富密集的多样性文化聚集和融合发展的生动社会实践。再以编纂过程中的澳门民间舞蹈、民间器乐和澳门民间文学三套集成的编纂研究为切入点，澳门的文化多样性特质无不有鲜明的呈现。可以说，澳门民间文化的历史与现状，为我们提供了一幅丰富而鲜活的文化长卷，不同族群、不同信仰、不同社区、不同行业、不同阶层的生活文化，在官方与民间、区隔与认同等多元结构中共存，和谐发展。这是城市化、信息化、全球化的现代发展进程中一个生动的案例，是具有独特性的澳门创造。

今天的中国和世界面临更严峻的考验，中国也必须承担更大的国际责任。在国家治理乃至全球治理意义上，澳门学在这个面向上是面对现实和未来的学问，是一门关于发展的学问，也是一门具有很强实践性的学问。能够引导人类命运共同体建设的文化主体，也必然能够为世界提供一种多元一体、和谐相处的生动社会实践。澳门应该也可以为这个代表人类未来发展核心价值的发展理念提供一个生动的实践。这种实践延续着中华文明多元一体、和而不同的文化过程，将这种过程置于“一国两制”和现代化、国际化的背景之中；聚焦澳门在历史实践过程中形成的社会包容发展、和谐自洽的独特文化生态；可以期待澳门学在政治、经济、文化等诸多方面，为区域、国家乃至国际层面的文化研究，提供一种可借鉴的案例性价值，这正是澳门学可以为后现代社会发展提供发展智慧的独特性和珍贵性之所在，也是澳门学应有的主要价值取向。从十多年与澳门的文化合作来看，澳门文化生态的发展变迁，伴随着内外部社会发展的历程，诸多的社会变迁要素深刻具

---

① 戴定澄主编《中国民间歌曲集成·澳门卷》，待出版。

体地影响着澳门社会，不断加快的发展步伐在“一国两制”的框架下取得了有目共睹的成就，公共性利益体现在每个社会成员的获得感上，澳门无疑是中国乃至世界社会发展状态较好的地区之一。如何维系来之不易的社会发展态势？如何更加优化澳门地方的社会文化生态和社会服务管理能力？如何有效地预防和消减由高速发展带来的在环境、政治、社会、文化等方面的负面影响？这些问题，正是澳门学从理论基础到方法论体系建设应有的学术观照。

三　面对人文社会复杂系统的研究，澳门学是多学科融合发展的载体

如果说澳门学是一门关于社会历史和发展的学问，其研究对象、价值体系、方法体系则决定了它作为一个综合性社会研究学术体系的基本属性。因此，澳门学不是一个学科、一部经典、一个代表性人物、一种方法论体系可以涵盖的学问。多学科的融合发展，学科本体研究与跨学科合作相结合；理论研究与社会实践相结合；历史与现状并重；政治、经济、文化、艺术等领域的系统性学术关照。这无疑是一个系统性的学术布局，涉及社会学、管理学、宗教学、语言学、文学、艺术学、历史学、经济学、政治学、法学、民族学与文化学、教育学等一级学科和众多二级学科，虽然我们不能简单地把经典时代的科学统称为简单科学，但与今天大科学时代的多样性、开放性和复杂性、关联性、不确定性等学术研究趋势相比，分门别类的经典科学在基本理念和存在形式上确实属于简单的范畴。解决复杂问题的现实需求和以人为本的价值内涵，要求澳门学成为整体性、有机性的跨学科融合平台。在这方面，澳门基金会作为澳门学的推动者与相关学术机构和学人做了大量具有开创性、基础性的学术工作，在历史、文化、政治、经济、宗教、艺术等诸多领域，积累了一大批研究澳门社会的学术成果。始于 2010 年的澳门学学术规划，一开始就是一个国际化的开放系统，以澳门基金会和澳门大学为主导的学术规划研究和研讨，有国内外多所大学及相关研究机构的学者参与，以澳门历史文化研究为代表性成果，澳门学已经有了一个良好的开端。如何使澳门学走向更大范围、更高境界的跨学科研究，如何使澳门学具有更加突出的问题意识和更加明显的实践效果，应该是澳门今

后学术工作的重要内容。总之，澳门学既属于历史学范畴也属于社会学范畴，承接历史，澳门实践落实了中华文明多元一体、和而不同的文明成果；面向未来，澳门社会的文化包容能力和社会发展潜力也应该为人类命运共同体建设贡献智慧。

中国礼俗互动传统中的“澳门模式”

张士闪*

摘　要： 通过考察明清时期澳门中葡之间的相处之道与从清末延续至今的鱼行醉龙节活动，可以发现在澳门社会的发展历程中，总是以地方民众的日常生活为基础，并在中葡两国关系的框架下不断磨合，并逐渐趋于经济上的安居乐业、政治上的高度自治、文化上的自洽自适与社会上的礼俗交融。不过，作为中西方两大文明交汇地，澳门葡人与华人长期存在“花分两朵，各表一枝”式的不同文化表述，潜存“中礼西俗”和“西礼中俗”之隔阂，却能在日常“待客之道”“做客礼仪”等生活规则中有所淡化或趋于消解，这种化民族之异为礼俗之别、化政治之争为文化之融、化经济之壑为生活之常的文化政治智慧值得关注。但迄今为止，对于澳门社会的整体性研究依然是粗线条的或处于表象呈现的状态，亟须展开对澳门人生活史与心态史的系统研究。对于正在兴起的澳门学研究而言，遵循“华洋不可排斥偏废，双轨定要交汇合一”（吴志良）的原则，强化以深度田野调查为基础的精细分析非常必要。

关键词： 礼俗互动　澳门模式　中礼西俗　西礼中俗

* 张士闪，山东大学非物质文化遗产研究院院长，教授。

中国是众多区域的集合，澳门虽然与其他区域表现出较大差异，但依然可以辨析出“异中之同”。综观澳门社会历史进程，似可发现澳门的生活似乎是在国家政治“清静无为”状态下的“小国寡民”生活，但其实不然，作为中国“礼俗互动”传统的表现形式之一，澳门自有其“负效应外溢”的社会运行模式设计，而400多年中葡杂居的历史，则使澳门社会更具研究价值。[①] 有学者认为，“在中国五千多年的历史上，文化交流有过几次高潮，最后一次也是最重要的一次，是西方文化的传入。这一次传入的起点在时间上是明末清初，在地域上说就是澳门”。[②] 这一影响复杂深远的文明博弈，形成了自南向北的中西文明碰撞、交流、吸收、融合的态势。而作为起点的澳门，在经过400多年的交汇、生息、磨合后，发展成为多个民族种群共处，多种生活习俗并存，多元伦理价值同生的“多元世界”。[③]

诚然，“近年来，澳门‘内部’社会发展的历史才逐渐受到史学界的关注”，[④] 而且这种关注主要体现为对中葡官方档案资料使用的扩展，特别是中葡学者对对方档案资料的关注与使用，而对原有的民族国家理念有所超越。如果从民俗学、人类学或历史人类学、新文化史的角度来看，对澳门社会的整体性研究迄今依然是粗线条的或处于表象呈现的状态，关于澳门人的生活史与心态史的系统研究颇为少见。因此，吴志良提出的关于澳门研究“华洋不可排斥偏废，双轨定要交汇合一”的原则，不仅是针对澳门政治发展史或澳门史而言，对于整体意义上的澳门社会或澳门学的研究亦具指导意义。在实际操作中，因为涉及中葡两国的政治、经济和外交关系，特别是还可能牵涉两种文化传统、风俗习惯之间的明显差异与微妙的互动关系，其难度着实不可低估。如100年前的总督遇刺事件引发的澳门中葡居民关系一波三折的变化，就充分说明了这一点。

就总体而言，澳门历史上“未曾发生过彻底的革命，整体政治发展是

---

① “这块弹丸之地在400多年的演进中，华洋共处分治，和睦相邻，虽长期葡河汉界，各自为政，却又不无交融汇合，基本上能够共存并进，创造出独一无二的澳门历史。”吴志良：《澳门政治发展史》，上海社会科学院出版社，1999，第9页。

② 季羡林：《澳门文化的三棱镜》，《羊城晚报》1999年12月14日。

③ 马进保：《澳门特殊文化现象及其对政治发展的影响》，《政治学研究》2010年第3期。

④ 参见吴志良《澳门政治发展史》。

一个为适应形势变化而和缓改革的过程”,[①] 呈现出类似“小国寡民”的社会特色，确为事实。澳门社会的发展历程，总是以一方民众的日常生活为基础，并在中葡两国关系的框架下不断磨合，并大致指向以下目标：经济上安居乐业，政治上高度自治，文化上自洽自适，社会上礼俗交融。本文拟通过集中考察明清时期澳门中葡之间的相处之道与从清末延续至今的鱼行醉龙节活动，来观察中葡国家政治与地方社会生活的互动关系，并试图以此为基础，以小见大地理解传统中国的“社会性”脉络向地方社会延展的运作实践及逻辑机制。

一　在“礼俗互动”中理解中国

观诸海内外关于中国“社会性”传统的研究脉络，英国人类学家弗里德曼可谓一位里程碑式的人物。在他之前，注重“国家大一统”者往往过于强调“礼制下行”的社会流向，而注重地方社会者则过于强调地方自治系统的发育过程与自主运行，由此形成了关于中国社会观察的某种偏狭之见。其极端者，在处理官与民、集权与民意之关系时，生硬切断两者关联，甚或着意强调两者之间的对抗，而轻忽中国社会中曾有的社会事实、政治智慧与话语形式。[②] 弗里德曼从葛兰言和高延关于中国宗教体系的论争[③]中看到“在表面的差异背后”，“存在一个中国的宗教系统”,[④] 从而试图超越上述关于中国社会的两极化判断，寻找贯穿于中国社会各阶层的总体特征。

① 吴志良：《澳门政治发展史》，第 11 页。

② 张士闪：《礼俗互动与中国社会研究》，《民俗研究》2016 年第 6 期。

③ “高延和葛兰言，每个人以自己的方式，指出了一种方式，使我们理解存在广大等级制的中国近代社会如何可能被认为在多种宗教形象之下潜存着一个单一的基础的宗教……荷兰人高延和法国人葛兰言都寻求中国宗教不同形式的根源，讨论其在中国社会不同阶层中的传播，但是高延在他成熟的著作中，是从一个精英—经典的视角开始的，从这一视角来看，其他的都是低劣的变异（精神性的宗派性运动除外），然而葛兰言是从所谓的农民起源出发建立起精英—经典版本……一个贬低了大众，另一个贬低了精英。”〔英〕莫里斯·弗里德曼：《论中国宗教的社会学研究》，李华伟译，金泽、李华伟主编《宗教社会学》第 1 辑，社会科学文献出版社，2013。

④ 〔英〕莫里斯·弗里德曼：《论中国宗教的社会学研究》，李华伟译，金泽、李华伟主编《宗教社会学》第 1 辑。

中国传统社会作为超复杂系统，其存在与运作必然不是“家天下”之集权专制的结果，而是自成一体的生活—文化系统，这应该成为中国“社会性”研究的立论基础与核心问题。在弗里德曼以后，史华慈、科大卫循此路径持续推进。史华慈不仅同意弗里德曼关于中国的精英宗教和农民宗教“都建基于共同的基础之上，代表着同一种宗教的两种版本”的说法，而且强调二者之间是“习惯用语式的互译”式的紧密关系，而且仅就文献记载中的民间宗教而言，“民间宗教的内容既不是简单同一的，也不是长期缺乏变化的，甚至也不缺乏自觉的反思……在‘高层文化’和‘民间文化’之间存在着经常性的、迁移性的相互作用”。由此，他对中国传统社会与文化的复杂性保持敬畏，甚至断言：“迄今为止，关于中国民间文化的研究很难说已经真正开始起步。”① 科大卫则长期致力于中国本土田野调查，将地方宗教、祖先祭祀、社区节诞、民众文字传统、庙宇建筑等视作“有意义的礼仪标签”，试图以此“重建地方社会整合到中华帝国的过程”。② 他在新近研究中，特别强调从“地方社会与国家机构打交道的形式”认知中国社会历史进程：

> 国家对地方社会的影响，不一定是控制，也可以是地方社会很主动、很巧妙地把国家制度引入来处理地方上的问题。所谓地方整合到国家，就是一种认同的过程。我们在田野考察的基础上注意到，这种认同跟地方社会与国家机构打交道的形式很有关系。③

在他看来，大一统的国家建构与地方社会发展之间的互动过程，即是“形成中国的历史”，而在这一互动过程中形成的“礼仪标签”，则使“理解中国”成为可能。

笔者在长期的田野调查中发现，地方社会对这类“礼仪标签”的制造

① 史华兹：《古代中国的思想世界》，程钢译，江苏人民出版社，2008，第546、13～14页。

② 张士闪：《“标准化”还是“正统化”？——从民间信仰与礼仪看中国文化的大一统》，《历史人类学学刊》2008年第6卷第1、2期合刊。

③ 科大卫、张士闪：《“大一统”与差异化——历史人类学视野下的中国社会研究——科大卫教授访谈录》，《民俗研究》2016年第2期。

与使用，普遍存在以“礼”“俗”为表征的不同话语流向，① 并呈现出多主体交互建构的特征。这其实是与国家大一统进程中的两大特征有关，即国家政治“地方化”与地方社会“国家化”。在“礼俗互动”中理解中国，② 或许是值得尝试的学术路径。

二　明清时期澳门中葡相处之道

为行文简便，我们姑且从科大卫从民间信仰与礼仪看中国文化“大一统”的一番论述出发，理解华葡杂处的澳门社会“左右逢源”的发展历程。

> 在不同时间不同空间，尽管人们都同样追求大一统，但他们用来定义大一统的标签往往不一定相同。在把地方传统纳入大一统范畴的过程中，尽管他们总是会努力把对自我的认知与对大一统认知之间的距离拉近，他们建构的大一统样式与其他人建构的大一统样式在概念和行为上仍然可以有很大的差异，问题不在于这种差异有多大，而在于他们对正统的理解和定义是否有规律可循。
>
> 一个要求每一个地域都表现相同的大一统肯定只是一个表象，但是，因为大一统是重重迭迭的卷标组合，而不是一个要求各地划一的标准，经历了一千年建构的大一统，就绝对不是一种表象。
>
> 中国大一统形成的历史，就是形成中国的历史。以儒家为主导的大一统只是历史上一个特定的时期、由小部份的人所推广的历史；中国大一统的历史，是由很多人参与建构的历史，要明白大一统的历史，也就

① 山东大学于2014年11月举办“礼俗互动：历史学与民俗学的对话”学术研讨会，学者从“据俗成礼”“礼化为俗”“礼俗共处”“礼俗冲突”“礼俗运用”五个方面进行研讨，认为“礼与俗作为勾连官方、文人精英与普通民众的重要机制，对于理解中国社会、阐释中国文化具有特别重要的意义”。龙圣：《“礼俗互动：历史学与民俗学的对话”学术研讨会述评》，《民族艺术》2015年第1期。

② “‘礼俗互动’的研究理念以民间传统的田野发掘为基础，聚焦地方社会中长期的礼俗互动实践与机制，并与中国社会悠久的历史进程相联系，蕴具着探索中国社会整体结构与历史进程、深化已有民俗学研究的可能性。”李海云：《边界视角：新时期中国民俗学发展脉络考察》，《民俗研究》2018年第6期。

是要明白这个参与的过程。①

事实上，中华文明一直没有发生大的断裂，离不开王朝中心与边陲地带的长期互动关系的维持。这是一种“夷夏互根”的关系，而非人们通常所认为的单纯地“以夏变夷”。一方面，中原王朝不断地将其相对成熟的社会管理经验推向四境；另一方面，地方精英是以王朝进入地方的时机和态度为契机，灵活地借助王朝力量来调整地方社会秩序，解决内部矛盾。中华帝国的“朝贡体系”是一种极富弹性的外交框架，地方官在执行的过程中可以灵活地酌情而为之。的确，面对早在400多年前就有葡人入居的澳门社会，要想做出“以夏变夷”抑或“以夷变夏”的判断是困难的。明廷对入居澳门的葡人的态度颇为矛盾，一方面是对葡人不信任甚或“污名化”，另一方面则因有利可图而倾向于包容。这在明两广总督吴桂芳的奏折中可见一斑。

> 臣等又访得正德末年，佛郎机番夷亦以进贡为名来广，名虽求贡，实拥大番船往来贸易，喜则人，怒则兽，官兵莫敢谁何，沿海被其荼毒。②

他由此分析“却其贡”与“许其贡”两种不同策略的利弊，最终未待朝廷明示而采取中庸之道，默许葡萄牙人在澳门贸易。

清乾隆年间，香山知县兼署澳门同知张汝霖为执行清廷的禁教令，曾上呈《请封唐人庙奏记》，提出封锢或拆毁澳门天主堂、禁绝华人在澳门进教之策，但实际上很难推行。

> 其各县每年一次赴澳门禁教者，缘澳门三八寺下建有天主堂，名为进教寺，专为唐人进教之所……夫除弊之道，绝流不如塞源，应请进教一寺，或行拆毁，或行封锢。其寺中神像、经卷，或行焚烧，或饬交夷

① 科大卫、刘志伟：《“标准化”还是“正统化”？——从民间信仰与礼仪看中国文化的大一统》，《历史人类学学刊》2008年第6卷第1、2期合刊。

② 吴桂芳：《议阻澳夷进贡疏》，陈子龙辑《明经世文编》卷342，转引自吴志良、汤开建、金国平主编《澳门编年史》第1卷，广东人民出版社，2009，第137页。

人收领。各县人民概不许赴澳礼拜，违者拿究。[1]

无独有偶，澳门天主教会也曾极力遏制妈祖神诞活动：清雍正十三年（1735），代理主教弗朗西斯·达·罗萨（Francis da Rosa）下令将华人正在演神戏的舞台推倒；乾隆二十三年（1758），罗马教廷宗教裁判所致函澳门教区严禁任何异教徒的表演和游行；乾隆四十五年（1780），澳门议事会命令理事官毁掉戏台，在众多华人反对下未遂；嘉庆二十一年（1816），在妈祖神诞五天前，澳门教区的查主教（Dm. Fr. Francis de Na. Sra. da Luz Chacim）发布告诫书，劝诫教徒不要上街参加妈祖神诞活动，违者革除教籍。[2] 同样，澳门天主教会禁绝华人传统信仰的上述措施也难奏效，最终不了了之。

在清康熙以降的较长一段时间里，中西“礼仪之争”势难调和。葡萄牙人显然是吸取了历史教训，以利益为重，采取了向中葡政府“双重效忠”的政治策略。于是，在中西方文明交汇的澳门，葡人与华人同处一地，澳门文化呈现出“花分两朵”的分述景观。在华人心目中，澳门的文化秩序应该是“中礼西俗”，而在葡人心目中则是“西礼中俗”，似乎同样天经地义。如在葡萄牙人看来，中国人重视祖坟、讲究风水等是一种“怪癖”[3]；在中国人看来，葡萄牙人的一些做派同样是不可思议。诚如黄遵宪所言：

> 风俗之端，始于至微，抟之而无物，察之而无形，听之而无声；然一二人倡之，千百人和之，人与人相接，人与人相续，又踵而行之，及其既成，虽其极陋甚弊者，举国之人，习以为常；上智所不能察，大力所不能挽，严刑峻法所不能变。夫事有是，有非，有美，有恶；旁观者，或一览而知之，而彼国称之为礼，沿之为俗，乃至举国之人，辗转沈锢于其中，而莫能少越，则习之囿人也大矣！[4]

① 印光任、张汝霖：《澳门记略·官守篇》，赵春晨点校，广东高等教育出版社，1988，第30页。

② Anders Ljungstedt, *An Historical Sketch of the Portuguese Settlements in China: And of the Roman Catholic Church and Mission in China*（Boston: J. Munroe, 1836）, pp. 156 – 158.

③ 1849年11月5日葡萄牙政府为澳门总督下达的指令，参见葡萄牙海外历史档案馆藏发澳门函档，卷3，第202页。

④ 黄遵宪：《日本国志》卷三十《礼俗志》，李绍平校点，岳麓书社，2016，第1121页。

虽然两种文化之间有着深沟巨壑，却可以在日常的“待客之道”“做客礼仪”等生活规则中淡化或趋于消解，因为“在一个国家与另一个国家的关系中，任何一个国家如同任何一个个人一样，都不会穷到拿不出任何东西给予他人，也不会有任何一个国家富到不能再接受任何东西”。[①] 明清帝国对于入居澳门的葡人虽然不信任，却会因有利可图而予以包容，而在葡萄牙以天主教为核心的文化优越感的背后，亦有更强烈的重商主义思潮的利益驱动，由此其对华策略表现出相当大的灵活性。于是，整个明清时期就有了澳葡政府在葡萄牙与中华帝国之间“双重效忠”的政治景观，并最终形成了澳门“非葡非中、亦葡亦中”的特殊社会样态。

三　清末延续至今的鱼行醉龙节活动

澳门鱼行醉龙节农历四月初八舞醉龙源于广东香山县（今中山、珠海、澳门），由移居澳门的鱼贩将此民间习俗带来，已超过百年历史，目前仍在澳门社会活态传承。《香山县志》载：“四月八日浮屠浴佛，诸神庙雕饰木龙，细民金鼓旗帜，醉舞中衢，以逐疫，曰转龙。”鱼行醉龙节于2009 年列入澳门非物质文化遗产名录（民间信俗类），2011 年入选第三批国家级非物质文化遗产名录。

在这一过程中，作为一种以祭祀仪式为表征的地方民俗传统，它经历了从文化移植到落地为传统的“在地化”过程，从乡土到城市的空间转移，从行业习俗到社区公益的性质转变，从生活自发到社团组织的管理机制变迁，以及从地方之俗（澳门地方文化）到国家之礼（国家级非物质文化遗产）的嬗变，虽迭有新变始终不脱民众生活本位。显然，中国历史上的大一统进程中充满了革命与改革，自古及今并没有一以贯之的国家制度，而葡萄牙对澳门的管治政策也时紧时松，澳门属于双重边陲地带，其地方传统不会被中葡国家政治轻易裹挟，不可能也没有必要快捷地与时俱进，而是游走于夹缝之间自洽自适。细看澳门鱼行醉龙节的发展历程，讲究改良而非革命，讲究传承而非创新，始终不离民众的生活之道，即是澳门社会自洽自适的表征。

① 潘日明：《殊途同归——澳门的文化交融》，苏勤译，澳门文化司署，1992，“后语”第2页。

余 论

400 多年中葡杂居的历史昭示，任何民族或文明，只要愿意走出或摆脱其政治强势、文化高位的认知误区或高傲心态，放弃依恃其经济和军事优势而支配世界的企图，都可以和谐相处，相得益彰。梳理历史上历代中央王朝进入澳门的时机与方式，与葡萄牙以“临时租赁”方式进入澳门的礼仪沟通意见与原居民的相处之道，考察民众日常生活中的本土情结与国家认同、社团组织与宗教心理，聚焦澳门社会管理层面的政府职能与民间自治的关系，就不难发现这一点。

中国传统社会的良性运转，在于礼俗互动的制度框架与弹性实践机制的设计。在文化层面，是要保证俗朝向德的方向，礼不至于脱离俗情。在政治层面，当政者在“为政必先究风俗”的前提下，讲究因俗制礼与以礼化俗的结合；知识精英讲究“居官以正风俗为先”，冀望通过教化引导民众习礼成俗，实现礼、俗的交融合一；生活日用层面，民间社会以贴近国家正统自许。由此出发，梳理历史上中国历代王朝进入澳门的时机与方式，以及葡萄牙“租赁”澳门的礼仪沟通以及此后与原居民的相处之道，并特别聚焦当代“一国两制”“澳人治澳”国家政治背景下澳门民众的本土情结与国家认同等，或许可以提炼总结中国礼俗互动传统中的“澳门模式”。这不仅有助于以小见大地理解中国独特的社会理路与文化政治模式，而且对国际学界流行的“普世价值观”“历史终结论”“文明冲突论”等理论话语也将形成一定的挑战。当代人类命运共同体的建构，亦应遵循上述原则。

当然，要想真正阐释澳门社会如何化民族之异为礼俗之别、化政治之争为文化之融、化经济之壑为生活之常等实践机制，尚有待于在深度田野调查的基础上做进一步的分析。

岭南华光诞起源及于澳门的传播与发展

林锐华　马建春*

摘　要： 华光诞起源于民间火神信仰，亦即对华光大帝的崇拜。华光大帝于岭南一带具有双重神格，它既是护佑人们免受火灾的保护神，也为粤剧伶人的行业神。据文献记载，明清以来，每逢华光神诞，珠三角各地均有隆重的祭祀、建醮活动。届时除举行火星醮，还表演神功戏。岭南现时，仅澳门尚存有较大规模的演戏酬神、华光大帝出巡、夜市庙会等华光诞活动，并保留有建于道光年间、重修于光绪元年（1875）的莲溪庙华光殿。岭南其他地方已不见祭祀华光大帝的集会活动，亦少有专门的庙宇神殿。究其原因，一是澳门华光信仰的流行得益于当地盛行的酬神传统、华商群体对庙会活动的支持以及澳葡政府对华人实施的宽容的文化政策；二是抗日战争时期内地许多粤剧伶人避居澳门，他们积极参与当地华光诞庙会活动，乃推进了这一岭南民间信仰于澳门的传播与发展。

关键词： 岭南华光诞　澳门传播　莲溪庙会　酬神娱人

华光诞是澳门地区重要的民俗活动之一。一年一度的莲溪庙会由磕拜华光、神位巡游、演戏酬神和夜间集市等活动组成。作为澳门群体性祭祀和娱神活动，华光诞有着广泛的民众参与性，辐射力、影响力亦较大。究其原

* 林锐华，广州体育文化博物馆助理馆员；马建春，暨南大学中外关系研究所教授。

因，在于华光信仰有其特殊的民间宗教属性，且澳门华光诞的起源与岭南的华光崇拜密切相关。

一　火神兼戏神：岭南华光信仰的双重神格

华光大帝一般被认为是道教护法神，又称五显华光大帝、五显灵官大帝、马灵官、三眼华光、三眼灵官等。虽然明清时期岭南一带华光崇拜已相当普遍，但文献表明，最早以华光大帝为神祇信仰却出现于江西婺源、德兴一带。约成书于元代的《绘图三教源流搜神大全》（以下简称《搜神大全》）引《祖殿灵应集》语曰："五显公之神在天地间相与为本始，至唐光启中乃降于兹邑（婺源）……邑民王瑜有园在城北偏，一夕园中红光烛天，邑人靡至观之。见神五人自天而下，导从威仪如王侯状，黄衣皂绦，坐胡床，呼瑜而言曰：'吾受天命，当食此方，福佑斯人，访胜寻幽，而来至此，我庙食此，则佑汝无忧也。'"① 明嘉靖《徽州府志》中亦有相似记载，并言及王瑜建庙奉祀五显神一事："王瑜闻之有司，捐地输币肖像建庙，复拨水田为修造洒扫之备，四方辐辏，祈祷立应，闻于朝，雷有褒封。宋大观三年赐庙额曰灵顺。"② 元人吴师道《礼部集》也道："婺源五显之神闻于天下尚矣……自唐至于近代，济聚记载。"③ 可见最晚在唐代，婺源一带已出现五显神信仰。但唐代的五显神并不等同于后之所言五显华光大帝。按黄兆汉、郑守治等学者探究，华光大帝形象与故事是由五显、马灵官、舍利弗等神祇的形象与故事自唐以来经不断加工、融合而成。④ 而这一融合过程似始于宋代。

宋人洪迈在《夷坚志》中多次提及五显神，如"德兴五显庙本其神发迹处故赫灵示化异于他方"，⑤ "福州长溪人林刘举……谒五显庙知为祖祠，

---

① 《绘图三教源流搜神大全（外二种）》，上海古籍出版社，2012，第65页。

② （嘉靖）《徽州府志》卷10《祀典》，台北：成文出版社，1976，第901页。

③ （元）吴师道：《礼部集》卷12《婺源州灵顺庙新建昭敬楼记》，《文津阁四库全书·集部·别集类》第405册，商务印书馆，2005，第50页。

④ 学界一般以为，华光大帝的形象是华光、五显神、马灵官三者的合流。见黄兆汉《中国神仙研究》，台北：台湾学生书局，2001；贾二强：《说五显灵官与华光天王》，《中国典籍与文化》2002年第3期；郑守治：《华光大帝信仰源流考》，《民俗学刊》第4辑，澳门出版社，2003；李计筹：《戏神华光考》，《艺术百家》2006年第2期。

⑤ （宋）洪迈撰《夷坚志·三志已》卷10《周沅州神药》，何卓点校，中华书局，1981，第1378页。

始验梦中之语”,[①]“扬州人胡十者……一客起曰：‘君勿用他疑，我辈非世间人，盖所谓五显公者也。’”,[②]“德兴以五显公事状申江东运司……吴呈俊奉檄而至，甫谒庙下，恍然有省，因忆少年时梦入大祠见神王五位”。[③] 由《夷坚志》记载看，尚未见有五显神与马灵官、华光之间的联系。《搜神大全》在记五显神事迹的同时，亦载有灵官马元帅的事迹，可见元代亦并未将五显神与马灵官视为同一神祇。但在宋代一些文献中，可看到其时对“五显神”称谓已发生变化。如常棠所撰《澉水志》中记道：“荆山在镇西南五里，占永安湖之胜，山有悟空寺，寺有五显灵官庙。”[④]《叠山集》中亦记道：“社令解到罪人一名……奉五显灵官大帝旨，凶人不善，自有常刑。”[⑤]《须溪集》卷1《五显华光楼记》曰：“繇南粤道赣右而下，繇蜀江转重湖而上，左衡右庐，舟车百会，惟樟镇。华光楼者，樟镇之巨观也，五王居之。”[⑥]《闲窗括异志》更明确言道：“五显灵官大帝，佛书所谓华光如来，显迹婺源久矣。”[⑦] 不难发现，宋代五显神已与马灵官、华光信仰联系在一起。而从“五显灵官大帝”“五显华光”等称谓看，已接近后人对华光大帝的认识，或曰即是日后华光大帝的始称。但华光大帝于宋代的演变似乎主要体现在称谓上，其形象与事迹尚显简略、粗糙，并未形成今日人们熟知的华光大帝形象。

华光大帝的形象与事迹，经历了较长的演变过程，其最终定型或到明代中期方得以完成。明末书贾余象斗所撰《南游记》中华光大帝之传述，即是其形象演变过程完成的具体标志。《南游记》又名《五显灵官大帝华光天王传》，主要讲述华光从出生到皈依佛道，最终获玉帝加封为“五显灵官大帝”的故事。明代，华光作为神祇在民间社会受到广泛供奉，元末明初杨

① （宋）洪迈撰《夷坚志·三志已》卷10《林刘举登科梦》，第1379页。

② （宋）洪迈撰《夷坚志·支戊志》卷6《胡十承务》，第1098页。

③ （宋）洪迈撰《夷坚志·三志已》卷10《吴呈俊》，第1379、1380页。

④ （宋）常棠：《澉水志》卷上，中华书局，1985，第8页。

⑤ （宋）谢枋得：《叠山集》卷15《代五显庙巫祝为还愿人放罪文》，《四部丛刊·续编集部》，中国书店，2016，第243页。

⑥ （宋）刘辰翁：《须溪集》卷1《五显华光楼记》，《文津阁四库全书·集部·别集类》第396册，商务印书馆，2005，第435页。

⑦ （宋）鲁应龙：《闲窗括异志》，《续修四库全书·子部·小说家类》第1264册，上海古籍出版社，2002，第634页。

景贤《西游记杂剧》、吴承恩《西游记》、施耐庵《水浒传》等著述均有提及。戏剧与道教史学者黄兆汉以为："华光的故事虽然荒诞不经，但内容却颇为丰富有趣，情节亦不乏姿采；人物方面，描写得相当生动，尤其是主人翁华光，塑造得颇为丰满传神。我相信这样一个华光故事一定是经过一段颇长的时间才发展得来的，换言之，它是长时间积累和演化出来得结果。余象斗只是华光故事的编纂人，他大抵是将当时流行的一些华光故事集合起来，加以编纂，或有可能再补上一点自己的虚构成分，最终成为现时我们所读到的《南游记》。"[①] 若将《南游记》内容与《搜神大全》之《灵官马元帅》相比较，不难发现其受到后者影响的痕迹。《搜神大全》所记马灵官原为如来佛弟子妙吉祥，火烧独火鬼、投胎马氏、大战东海龙王等情节均被《南游记》吸收。可以说，《南游记》中华光大帝的原型基本来源于《搜神大全》。在诸多记述华光大帝的明代作品中，《南游记》中之华光大帝基本反映了明代以来民间流传的华光形象，且由此形象又衍生出华光信仰的许多形态。[②]

显然，华光信仰最早源于江西婺源、德兴一带，元明时期于南北广泛流行。那么，华光信仰何时传入岭南，华光大帝究竟怎样演变为火神、戏神之双重神格的呢？

据所见文献，五显神与华光信仰或于宋代已传入岭南。清乾隆《肇庆府志》记高要县于宋宝祐年间（1253～1258）建有五显庙。"五显庙原在石头顶，宋宝祐建，明嘉靖初废为社学，二十五年再废为嵩台书院，后改建阅江楼，而改建五显庙于龙津坊。"[③] 清道光《南海县志》亦载宋代当地已建有华光庙两座，一座建于南宋建炎四年（1130），另一座修建时间不详。[④]除高要县、南海县外，肇庆府之新兴县亦建有五显庙，只是时间稍晚。"五显庙在（新兴）县治东，元至顺二年（1331）建，至正年间（1341～1370）重建。"[⑤] 可见，宋元时期，五显神信仰已由江西传入岭南。至明代中期，

① 黄兆汉：《中国神仙研究》，台北：台湾学生书局，2001，第56页。

② 郑守治：《华光大帝信仰源流考》，《民俗学刊》第4辑，澳门出版社，2003。

③ （乾隆）《肇庆府志》卷15《坛庙志》，《广东历代方志集成·肇庆府部》，岭南美术出版社，2009，第345页。

④ （道光）《南海县志》卷12《建置略四》，《广东历代方志集成·广州府部》，岭南美术出版社，2009，第272页。

⑤ （乾隆）《肇庆府志》，《广东历代方志集成·肇庆府部》，第349页。

"五显庙"已常见于岭南各地所修方志中，万历《高州府志》记茂名县城西有五显庙;[①] 天启《封川县志》记文德乡有五显庙 4 座;[②] 嘉靖《惠州府志》言当地原有五显庙 1 座，后被提学余本毁为卫官听事厅。[③] 但值得注意的是，岭南地区早期对五显神的形象认知仍停留在原初阶段。"五显"与"华光"两个神祇称谓于其时所修方志中基本各自独立出现，并未融合为一。上引明天启《封川县志》即载有五显庙，同时亦记有华光庙 1 座。[④] 此外，早期各地方志中亦鲜有以五显神或华光为火神的，这表明华光于岭南民间的形象尚未演变为余象斗《南游记》中描述的神祇形象，亦即五显神与华光大帝的事迹并未融于一体。或曰明代中期，华光大帝形象与事迹的演变定型，尚未于岭南地区完成。

遍阅乾隆以来岭南各地编纂方志，华光大帝形象于岭南的最终定型，或应在清乾隆年间。其时各地方志已注意到五显神、华光大帝与火神三者之关系。在有关五显神、马灵官及华光大帝记载中，最早与火神相联系的是马灵官。《搜神大全》云其"遂奉玉帝敕以服风火之神，而风轮火轮之使。收百加圣母而五百火鸦为之用……殊忆太子傲侮怒帅，火烧南天关，遍败天将"。[⑤] 由马灵官故事原型看，其已具备火神特征。后五显神（原指五位神祇）之其中一神也被赋予火神神格。而明人田汝成《西湖游览志》言："五显者，五行之佐也。"[⑥] 五显神即五行（金、木、水、火、土）之神，其中一位必是火神。又，明人谢肇淛评《南游记》："《华光》小说则皆五行生克之理，火之炽也，亦上天下地，莫之扑灭，而真武以水制之，始归正道。"[⑦] 由此可见，华光大帝之火神形象源于马灵官和五显神，而将马灵官、五显神、华

① （万历）《高州府志》卷 7《寺宇》，《广东历代方志集成·高州府部》，岭南美术出版社，2009，第 300 页。

② （天启）《封川县志》卷 6《祠宇》，《广东历代方志集成·肇庆府部》，岭南美术出版社，2009，第 62 页。

③ （嘉靖）《惠州府志》卷 12《外传》，《广东历代方志集成·徽州府部》，岭南美术出版社，2009，第 253 页。

④ （天启）《封川县志》卷 6《祠宇》，《广东历代方志集成·肇庆府部》，第 61 页。

⑤ 《绘图三教源流搜神大全（外二种）》，上海古籍出版社，2012，第 220 页。

⑥ （明）田汝成：《西湖游览志》卷 17《南山分脉城内胜迹》，上海古籍出版社，1980，第 232 页。

⑦ （明）谢肇淛：《五杂俎》卷 18《事部三》，周光培编《历代笔记小说集成·明代笔记小说》第 24 册，河北教育出版社，1995，第 599 页。

光大帝三者融为一体，视作火神，却是华光大帝在岭南民间神祇形象发展演变的结果。

乾隆《嘉应州志》即载当地“五显宫，在西街，一名华光庙”。[①] 道光《肇庆府志》记阳江县“火神庙即五显庙”；[②] 记封川县火神庙亦云“火神庙即华光庙”。[③] 光绪《高明县志》则称“五显华光庙在崇步村”，为仇谭两姓共建。[④] 乾隆《番禺县志》载粤人华光崇拜之俗：“吾粤多华光之神庙，号以帝，册封不知始于何时。世俗所传，事涉荒诞，非儒者所道。大约华光火神也，粤为火国，其神祝融而帝实秉火德，能司火功以为民御灾捍患。故其庙始于都邑，偏于乡闾，使人奔走乞灵而不自已。”[⑤] 梳理统计明清时期岭南一带方志所载华光庙或奉祀华光之殿宇，即可发现华光信仰于岭南的发展演变轨迹。

表1　南宋至清初岭南奉祀华光庙宇分布

序号	时间	地点	寺庙	备考
1	建炎四年	南海县	华光庙，在紫洞乡漩浒冈上，宋建炎四年建	（道光）《南海县志》卷12《建置略四》
2	宋代	南海县	华光庙，在简村堡吉水乡，宋建	（道光）《南海县志》卷12《建置略四》

① （乾隆）《嘉应州志》卷8《寺庙》，《广东历代方志集成·潮州府部》，岭南美术出版社，2009，第369页。

② （道光）《肇庆府志》卷7《坛庙》，《广东历代方志集成·肇庆府部》，岭南美术出版社，2009，第238页。

③ （道光）《肇庆府志》卷7《坛庙》，《广东历代方志集成·肇庆府部》，第247页。

④ （光绪）《高明县志》卷16《寺观》，《广东历代方志集成·肇庆府部》，岭南美术出版社，2009，第682页。

⑤ （乾隆）《番禺县志》卷19《艺文》，《广东历代方志集成·广州府部》，岭南美术出版社，2009，第488页。“粤为火国”或源于岭南被称作“炎州”一说。岭南被称为“炎州”始于何时尚待考证，但唐代岭南已有“炎州”之称。得名“炎州”，与其地处南端、气候湿热有关。杜甫《得广州张判官叔卿书，使还，以诗代意》写道：“忽得炎州信，遥从月峡传。”王洙注：“广州南，故谓之炎州。”《分门集注杜工部诗》，《四部丛刊·初编集部》第161册，第1350页。唐代诗人张籍《岭表逢故人》一诗云：“海上见花发，瘴中唯鸟飞。炎州望乡伴，自识北人衣。”彭定求编《全唐诗》第12册卷384，中华书局，1960，第4309页。刘长卿《送张司直赴岭南谒张尚书》诗曰：“人经秋瘴变，鸟坠火云多。诚惮炎洲里，无如一顾何。”彭定求编《全唐诗》第5册，中华书局，1960，第1350页。

续表

序号	时间	地点	寺庙	备考
3	洪武年间	南海县	梁山祖庙，在金紫堡刘边村右，洪武初年建，祀华光神	（道光）《南海县志》卷12《建置略四》
4	宣德五年	南海县	华光庙，一在盐步村，明宣德五年建	（道光）《南海县志》卷12《建置略四》
5	天顺年间	兴宁县	华光庙，在城南门外，原在南郊外，天顺五年寇燹	（咸丰）《兴宁县志》卷3《规制志》
6	嘉靖年间	博罗县	华光寺	（嘉靖）《惠州府志》卷12《外传》
7	万历年间	西宁县	华光庙，在南城内街，明万历五年建	（道光）《西宁县志》卷5《坛庙》
8	泰昌元年	阳江县	五显庙，在宣化坊，泰昌元年建，供华光之神，康熙十八年士民重修	（康熙二十年）《阳江县志》卷3《古迹》
9	天启年间	封川县	华光庙，在东厢登龙坊	（天启）《封川县志》卷6《建置志二》
10	康熙年间	增城县	华光庙，在洪圣庙左，右有文昌阁	（康熙二十五年）《增城县志》卷14《外志》
11	康熙年间	化州	华光庙，在龙母山	（康熙）《高州府志》卷2《祀典》
12	康熙年间	曲江县	华光寺，西丰街旧为院，即今南韶道公署也。后徙于城隍庙后殿……居民因于庙左建院，更为寺云。国朝康熙九年，韶镇都督林本直重修	（康熙）《韶州府志》卷2《营建志》
13	康熙年间	南海县	华光庙，在太平门外杨仁里，在佛山堡观音堂铺涌边，祀五岭神，有碑记	（康熙）《新修广州府志》卷13《坛庙》
14	康熙年间	河源县	木京华光庙，在木京……传闻创建于康熙年间	（同治）《河源县志》卷2《建置志》
15	康熙年间	河源县	蔡庄琼华庙，中立华光帝之像……康熙初年建	（同治）《河源县志》卷2《建置志》
16	乾隆年间	梅菉	华光庙在墟顶街……乾隆癸巳重修	黄炉修纂《梅菉赋志》，光绪二十二年稿本
17	乾隆年间	河源县	华光庙，在曾田约	（乾隆）《河源县志》卷2《建置志》

续表

序号	时间	地点	寺庙	备考
18	乾隆年间	怀集县	花石洞天，内有十三风，倚天拔地……或径可游华光寺	（乾隆）《怀集县志》卷8《艺文志》
19	乾隆年间	揭阳县	火神庙，在北门外，先是乾隆二十二年奉文建造，至四十二年，知县刘业勤始行创建	（乾隆）《揭阳县志》卷2《建置志》
20	乾隆年间	番禺县	月泉庙，在马鞍街，内祀华光像，盖火神也	（乾隆）《番禺县志》卷8《典礼》
21	乾隆年间	南海县	月泉庙，在马鞍街，祀华光像	（乾隆）《南海县志》卷13《古迹志》
22	乾隆年间	阳山县	五显庙，在县北半里，祀五显华光神	（乾隆）《阳山县志》卷18《名胜志三》
23	乾隆年间	程乡县	五显宫，在西街，一名华光庙。又一在松口，李椅建	（乾隆）《嘉应州志》卷8《杂记部》
24	乾隆年间	海丰县	华光庙，在邑北门内	（乾隆）《海丰县志》卷2《坛庙》
25	乾隆年间	恩平县	华光庙，在三灵宫东，凡三层	（乾隆）《恩平县志》卷2《建置志》
26	乾隆年间	清远县	华光庙，在下庙	（乾隆）《清远县志》卷5《晋祀志》
27	乾隆二十五年	顺德县	地藏菴在赤花，明季僧建乐善堂……乾隆二十五年，乡人延桂林斗尘庵僧智通主持以奉地藏二圣、华光诸神，故改今名	（咸丰）《顺德县志》卷16《胜迹略》
28	乾隆年间	廉州	华光庙，在州治南振民坊	（乾隆）《廉州府志》卷6《建置》

注：华光庙或奉祀华光庙宇所建时间，方志有载者，以志书所载时间为准；方志缺载者，则以方志编纂时间推定，亦可视为华光信仰已于当地产生影响的时间。因资料有限，统计粗略，遗漏在所难免，更难以全面反映岭南民间华光信仰状况。

资料来源：根据明清时期岭南一带方志统计梳理而成。

由表1内容可知，南宋至清乾隆时，岭南华光庙及奉祀华光庙宇数量已有不少，分布亦广，其中宋代2座，明代7座，清康熙年间6座、乾隆年间14座，清初所建数量约占总数的69%。这说明这一时期华光信仰在岭南获得了广泛传播。而华光庙分布地域，清乾隆以前主要集中于粤西、粤北及珠三角一带，粤东未见出现。至乾隆时，不仅粤西、粤北及珠三角华光庙多有增建，且粤东亦有华光庙新建。就岭南华光寺庙称谓看，清乾隆前奉祀华光之寺庙几乎均曰华光庙。乾隆时，华光尊奉已不限于华光庙。其时揭阳县火神庙即奉祀华光，该庙碑载曰："大抵华光，火神也。"① 番禺县月泉庙内奉祀有华光，且以华光为火神。② 程乡县则于当地五显宫内奉祀华光，亦称五显宫为华光庙。③ 阳山县五显庙奉祀神祇为五显华光神。④ 由方志所载岭南华光寺庙及其称谓不难发现，乾隆时华光大帝已与五显神、马灵官等神祇相交融，且主要以火神形象于岭南地区寺庙受到普遍供奉。正如乾隆《番禺县志》所言"大约华光火神也"，《揭阳县正续志》所云"大抵华光，火神也"。⑤ 此外，其时"华光庙"亦常见于同属岭南的广西方志记载。⑥ 由此看来，清乾隆年间应是华光信仰于岭南产生广泛影响的重要时期。

乾隆以后，岭南方志所载建有华光庙的县域数量进一步增加。检阅、统计嘉庆至光绪年间奉祀华光之寺庙数量及分布地方（见表2），新建华光庙宇及祭祀习俗的县域已扩展至龙川、遂溪、香山、茂名、鹤山、开建、仁化、乐昌、高明、四会、归善、镇平、丰顺、连州等16个县。而且，有些县域见于记载的华光庙不止一座，如（道光）《南海县志》载，其时南海县域内华光庙多达9座，而鹤山县华光庙亦有4座。显然，乾隆以后华光大帝在岭南地区已获得普遍信仰，华光祭祀习俗亦已十分流行。

---

① （乾隆）《揭阳县正续志》卷8《艺文上》，《中国方志丛书》，台北：成文出版社，1974，第1147页。

② （乾隆）《番禺县志》卷8《典礼》，《广东历代方志集成·广州府部》，第118页。

③ （乾隆）《嘉应州志》卷8《杂记部》，《广东历代方志集成·潮州府部》，第369页。

④ （乾隆）《阳山县志》卷18《名胜志三》，《广东历代方志集成·广州府部》，岭南美术出版社，2009，第328页。

⑤ 见（乾隆）《揭阳县正续志》卷8《艺文上》，《中国方志丛书》，第1147页；（乾隆）《番禺县志》卷19《艺文》，《广东历代方志集成·广州府部》，第488页。

⑥ （乾隆）《重修北流县志》、（乾隆）《灵山县志》、（同治）《腾县志》、（光绪）《百色厅志》、（光绪）《宁明州志》、（光绪）《北流县志》等均有本地华光庙之记载。

表 2　清嘉庆至光绪年间岭南奉祀华光庙宇分布

序号	时间	地点	寺庙	备考
1	嘉庆年间	龙川县	华光庙，在车田仙田镇，嘉庆丙子冬重修	（嘉庆）《龙川县志》第21册《坛庙》
2	嘉庆年间	遂溪县	华光庙，城南三十里，宾高村，嘉庆十八年，监生梁殿国、宾生梁上国等捐修	（道光）《遂溪县志》卷4《坛庙》
3	嘉庆年间	新会县	（嘉庆）十七年夏四月，新会泷水塘河村华光庙内砌砖，间产琪花两株	（光绪）《广州府志》卷81《前事略七》
4	咸丰年间	河源县	龙严寺，咸丰八年重建二栋，上栋左文帝右关圣，下栋左魁星右华光，规模始备	（同治）《河源县志》卷2《建置志》
5	道光年间	茂名县	华光庙在南门外，道光二十七年重修	（光绪）《茂名县志》卷2《建置志第二》
6	道光年间	新会县	五显坑山，山麓有华光庙，春秋官为致祭	（道光）《新会县志》卷2《舆地》
7	道光年间	南海县	大新古庙，在归德门外。大新街祀文昌、关帝、北帝、华光像	（道光）《南海县志》卷12《建置略四》
8	道光年间	南海县	华光庙，一在深村堡禄境乡，一在佛山山紫铺，一在丰甯铺，一在锦澜铺，一在汾水正埠，一在观音堂铺，一在叠滘圣堂墟，一在蠕冈堡，一在魁冈堡潘村塘头沙冈中道	（道光）《南海县志》卷12《建置略四》
9	道光年间	鹤山县	华光庙，一在维敦升平墟，一在大郡，一在越塘水部里，一在古劳	（道光）《鹤山县志》卷1《建置》
10	道光年间	开建县	华光庙，在县南城外龙湾墟	（道光）《开建县志》卷1《舆地志》
11	道光年间	香山县	火神庙，在南门外大石下，额曰华光庙。	（道光）《香山县志》卷2《建志》
12	道光年间	龙门县	华光庙在城西外，岁春秋仲月，县官致祭	（道光）《龙门县志》卷6《建置第三》
13	同治年间	仁化县	华光庙，在城北门外	（同治）《仁化县志》卷1
14	同治年间	仁化县	华光庙，在县治东	（同治）《韶州府志》卷19《建置略》
15	同治年间	乐昌县	华光庙，在沙堤市中街即旧之古竹院	（同治）《韶州府志》卷19《建置略》
16	同治年间	河源县	古云华光庙	（同治）《河源县志》卷2《建置志》

续表

序号	时间	地点	寺庙	备考
17	同治年间	河源县	沙村五显宫,在榄树围沙井前,宫内有神农、华光、文昌、阳大伯公诸神	(同治)《河源县志》卷2《建置志》
18	同治年间	连州	华光庙,在德政坊	(咸丰)《连州志》卷3《坛庙志》
19	光绪年间	丰顺县	五显岽,高百余丈……里人祀华光神于其上,因以为名;铁岽寨,在潘田社……顶甚平坦,上建华光大帝庙,不知始于何时	(光绪)《丰顺县志》卷1《疆舆志》;卷7《风土志》
20	光绪年间	镇平县	五显宫,在兴福乡……五显共称为华光大帝	(光绪)《镇平县志》卷6《地志》
21	光绪年间	高明县	白鹤庙在白鹤村左边一连三座……又华光庙一座;五显华光庙在崇步村	(光绪)《高明县志》卷16《杂志》
22	光绪年间	归善县	华光庙在府前横街	(光绪)《惠州府志》卷12《经政》
23	光绪年间	四会县	广东南离位,祝融火神凡乡约处处祀之,称为五显华光大帝……每春秋祀典奉行祭火神日,即在五显庙致祭;华光庙在大坑村	(光绪)《四会县志》编二下《建置志》

注：华光庙或奉祀华光庙宇所建时间，方志有载者，以志书所载时间为准；方志缺载者，则以方志编纂时间推定，亦可视为华光信仰已于当地产生影响的时间。因资料有限，统计粗略，遗漏在所难免，更难以全面反映岭南民间华光信仰状况。

资料来源：根据明清时期岭南一带方志统计梳理而成。

综上，虽然五显神与华光信仰于宋代已传入岭南，但早期两者并未融为一体，在岭南影响亦有限。明清之际，随着华光[①]与五显神、马灵官等神祇的合流，华光信仰逐步发展成熟，其火神形象日益突出，遂在岭南地区产生广泛影响。乾隆以后，华光大帝作为火神在岭南民间被普遍信仰。

华光崇拜在岭南地区的显著特征表现为：它不仅作为火神受到民间祭祀，而且作为粤剧伶人的神祇得到信仰。华光大帝被粤人奉为戏神，经历了由保护神向行业神演变的过程。[②] 但这一演变过程恰恰又与华光大帝的火神

---

① 岭南亦有以华光为祝融的记载。(光绪)《四会县志》即曰：“祝融火神凡乡约处处祀之，称为五显华光大帝。”

② 参见黄兆汉《中国神仙研究》，台北：台湾学生书局，2001；郑守治：《华光大帝信仰源流考》，《民俗学刊》第4辑，澳门出版社，2003；李计筹：《戏神华光考》，《艺术百家》2006年第2期。

属性密切相关。据广州八和会馆[①]末任会长黄君武云："八和会馆落成于光绪八年（或九年）……会馆门楣上有一块大石刻着'八和会馆'，后面有一大天井，两廊后供有祖师位，有'华光先师'……而我们安放华光先师是因光绪年间初期火烧寺院（寺院在今教育路，南方戏院附近——整理者注），当晚寺院有个前辈艺人叫'崩牙启'救了很多人，自己也以身殉；当时艺人下乡演出也是搭戏棚，也有被火烧去的。相传华光是火神，因而供奉华光为祖师。"[②] 由此来看，华光大帝在清光绪年间已被广府粤剧伶人奉为祖师与保护神。

陈守仁著《仪式、信仰、演剧：神功粤剧在香港》，戴淑茵、郑宁恩、张文珊修订的一书讲道："关于戏神华光与戏班的关系，香港粤班最流行的版本说华光原是天廷玉皇大帝手下的火神，因凡间演出粤剧，声音惊动玉帝，被派下凡火烧戏棚。但华光看戏入迷，不忍加害于戏班，便教戏班子演戏时烧香及衣纸，使烟升上天廷，好令玉帝相信华光已经火烧戏棚。由于得到华光的眷顾，戏班子弟免于火厄，后世遂供奉华光为粤班戏神。"[③] 曾石龙主编《粤剧大辞典》亦从此说，即华光大帝因保护粤剧伶人免遭火劫而被奉为戏神。[④]

传说故事《火神华光救粤剧》在粤剧中非常流行。此类故事虽然荒诞不经，但折射出一个行业群体信仰的渊源。亦即粤剧伶人之所以奉祀华光，与粤地伶人忌火的行业习俗相关联。岭南地区戏院出现之前，戏班往往以搭棚演戏，棚内常点燃灯油，表演时因人员密集，故易发生火灾。文献中常有此类粤剧伶人演戏中发生火灾的记载。陈徽言《南越游记》记载："道光乙巳四月，学署辕门酬神演剧。是日，以彩帛结棚，男女观者如堵。卓午，有人方支颐服烟，忽风扬其火，盘旋棚际，顷之，火焰轰烈，竟烧毙千余人。"[⑤] 道光《佛山忠义乡志》亦载："乾隆三十一年丁亥，颜料行会馆演戏

---

① 八和会馆为继琼花会馆、吉庆公所之后的粤剧艺人行会组织。会馆建在广州黄沙海亭街（今梯云西路附近），占地六十余井（约1000平方米）。"八和"是取和翕八方之意。参见曾石龙主编《粤剧大辞典》，广州出版社，2008，第810、811页。

② 黄君武口述，梁元芳整理《八和会馆馆史》，《广州文史资料》第42辑，广东人民出版社，1990，第31、32页。

③ 陈守仁：《仪式、信仰、演剧：神功粤剧在香港》，戴淑茵、郑宁恩、张文珊修订，香港中文大学音乐系粤剧研究计划，2008，第21页。

④ 曾石龙主编《粤剧大辞典》，第1258页。

⑤ （清）陈徽言：《南越游记》卷1《火灾》，《丛书集成续编·史部》第65册，上海书店，1994，第73页。

失火，烧毙百人。”[①] 光绪《广州府志》记：“东莞石龙乡新街演戏失火，焚男女四百余人。”[②] 同书还载：“新会礼义都演剧失火，场中焚死男子一百一十余人，妇女九十余人。”[③] 显然清代粤剧戏班于民间演出中，常有火灾发生。

此外，粤剧伶人尝以“红船子弟”自称，红船亦曾是粤剧的象征。这是因为珠三角河网纵横，马车等于此间多有不便，船舶却是这里最好的代步与运输工具。粤剧戏班早先为方便行程，常以红船为载具，游走于珠三角水域，每到一地，靠岸演出，演毕则多栖身于“红船”[④]，众人常年于“红船”生活亦易引发火灾，故粤剧伶人兼以火神华光为戏神，祈求护佑，乃亦属自然而然之事。

粤剧伶人奉华光大帝为戏神，或不只是因为其火神属性。因民间火神不止华光大帝一位，炎帝、祝融、回禄等神祇被奉为火神均有千年历史。相较而言，华光被奉为火神亦仅在明代。因此，华光大帝成为戏神亦应与琼花会馆相关联。琼花会馆是早期粤剧本地班的行会组织，有关华光大帝的传说故事中，就有涉及“琼花”的内容。《搜神大全》言马灵官，“帝授以左印右剑，掌南天事，至显也。锡以琼花之宴，金龙太子为之行酒，至宠也”。[⑤] 元杂剧《西游记杂剧》第八出《华光署宝》中，华光有一段独白：“玉皇殿金砖是我藏，后土祠琼花是我赏，吵闹起天宫这一场。”[⑥] 早期华光传说中，涉及其与“琼花”的内容并不多，亦看不到华光与“琼花”之间有何联系。但随着华光大帝形象逐渐定型，华光与“琼花”的联系日益紧密。《南游记》中有“灵耀（指华光）大闹琼花会”的故事，讲述玉帝召开琼花会，规定有功者可插花饮宴，款酒三杯，无功者不得冒请功劳。宴会上，华光与太子发生冲突。

> 灵耀曰：“我有功劳，该把与我插。”太子曰：“你有何功？”灵耀曰：“我收风火二判官，可为功否？”言未罢，即将那琼花抢来，插在

---

① （道光）《佛山忠义乡志》卷6《乡事》，《广州大典·史部地理类》第34辑，第11册，广州出版社，第249页。

② （光绪）《广州府志》卷81《前事略七》，《广东历代方志集成·广州府部》，岭南美术出版社，2009，第1290页。

③ （光绪）《广州府志》卷82《前事略八》，《广东历代方志集成·广州府部》，第1292页。

④ 民间以为粤人有“跑马行船三分险”之说，故常把船舶髹成红色，以趋吉避凶。

⑤ 《绘图三教源流搜神大全（外二种）》，第220页。

⑥ 《西游记杂剧》，隋树森编《元曲选外编》第2册，中华书局，1959，第653页。

头上，自己取上御酒连饮三杯。太子曰："你这匹夫，敢如此大胆，欺妄圣上！"灵耀便不答话，将金枪太子鞭打。太子打灵耀不过，众官劝解，太子便走。灵耀闹了琼花会，自号华光天王。①

黄兆汉先生因此以为，正是华光曾大闹琼花会，故以"琼花"命名的组织，如"琼花宫"和"琼花会馆"，须要特别奉祀华光，冀以华光保佑之、维护之，或降以福祉，至少也使华光不危害之。② 目前尚未见有明确表明华光大帝与琼花会馆相关联的资料，黄兆汉先生之认识也仅基于对华光传说故事的推测。但早在清乾隆时期，每当岭南举行华光诞活动，即有不少粤剧伶人参与。乾隆《佛山忠义乡志》记道："廿八日，华光神诞……集伶人百余，分十余队与拈香捧物者相间而行，璀璨夺目、弦管纷咽，复饰彩童数架以随其后。"③ 乾隆《番禺县志》亦载："粤俗尚巫鬼，赛会尤盛。省中城隍之香火无虚日，他神则祠于神之诞日……无不召梨园奏乐娱神……他则华光先锋白云蒲涧之属及端午竞渡所称会者，无月无之。"④ 粤剧伶人何时将华光奉为戏神，因文献乏载，难以考证。但由其时已多有伶人参与华光诞之情形看，乾隆年间华光大帝火神形象于岭南定型后，其神格属性或在粤剧行业中又得到进一步改造，并最终以粤剧伶人先师之形象被奉为戏神。

综上所述，华光大帝形象在岭南地区经时代演变，至清乾隆时成为岭南普遍祭祀的火神，而后又经粤剧伶人改造，被奉为戏神，最终于当地兼有火神与戏神两种神格。此后，华光大帝一方面作为火神为岭南民间所尊崇，另一方面亦作为戏神受到粤剧伶人的奉祀，两者相融乃构成岭南华光诞的基本内容，并成为岭南民间宗教文化的重要特征。

二　粤地到濠镜：华光信仰于澳门的传播

华光信仰传入澳门并形成影响，大约是在道光年间（1821~1850）。鸦

① 余象斗：《南游记》，《四游记》，华夏出版社，2013，第79页。

② 黄兆汉：《中国神仙研究》，第83页。

③ （乾隆）《佛山忠义乡志》卷6《乡事志》，《广州大典·史部地理类》第34辑，第11册，第85页。

④ （乾隆）《番禺县志》卷17《风俗》，《广东历代方志集成·广州府部》，第398页。

片战争前，所见澳门中文史料不多，涉及社会与文化的资料更是少见。成书于乾隆前期的《澳门记略》，载有本地民间神灵崇拜诞日命名的四方之风。其中九月命名之风有："九月初九重阳飓。十六日张良飓。十九日观音飓。二十七日冷风飓。又十一、十五、十七、十九主大风雨。"① 内中未见九月二十八日华光诞当日之风的命名。可见乾隆前期华光信仰尚未传入澳门，或曰其时华光信仰在澳门尚未形成影响。而辖管澳门的香山县出现"华光庙"载记，则见于道光八年（1828）编撰的《香山县志》，云："火神庙在南门外大石下，额曰华光庙。"② 此前乾隆十四年（1750）所修《香山县志》中亦未见当地有华光庙之记载。道光初期香山县以火神庙为华光庙，表明其时香山民间已将华光作为火神奉祀，或亦说明华光信仰是在岭南神格定型后传入香山的。由此推断，华光信仰传入澳门应在乾隆中后期至道光初年，而且应与18世纪末大量内地人口尤其是粤人进入澳门有密切关系。

澳门本为香山县所属小渔村。葡萄牙人入据前，已有粤民在此定居，但数量不多。澳门早期人口，中外文献所记差别较大，且缺乏系统与科学的统计。1557年葡人入居澳门后，当地人口开始增长。《明史》记"闽粤商人，趋之若鹜"。③ 清代，随着澳门商业贸易不断发展，大量内地商人、船员、劳工会聚于此，他们中常有定居澳门者。徐萨斯《历史上的澳门》云："1793年，限制中国人居住的各种措施被废除，加上澳门附近地区常受海盗的侵扰，中国人纷纷涌入澳门，致使澳门人口大增。"④ 龙思泰亦记道："最近15年（至1834年），澳门贸易停滞不前，迫使很多中国人到别处求职谋生，人口因此不再那么稠密，但我们仍可推测，（包括娘妈角炮台附近的一个村庄、望厦郊外的三个村庄的居民，以及那些河面船艇上的居民在内）中国人的数目达到30000人左右，或是比葡萄牙臣民实际上至少多六倍。"⑤

迁入澳门的内地人口，除从事商业贸易者，尚有不少人是因避战乱与灾

① （清）印光任、张汝霖：《澳门记略》，第15页。

② （道光）《香山县志》卷2《坛庙》，《广东历代方志集成·广州府部》，第326页。

③ 《明史·佛郎机传》卷325，中华书局，1974，第8433页。

④ 〔葡〕徐萨斯：《历史上的澳门》，黄鸿钊、李保平译，澳门基金会，2000，第169页。

⑤ 〔瑞典〕龙思泰著《早期澳门史》，吴义雄、郭德焱、沈正邦译，章文钦校注，东方出版社，1997，第42页。

害而移居澳门的。尤其是鸦片战争后，内地政局不稳，战事频仍，每逢动乱即有大批难民、富绅涌入澳门。这些迁入澳门的内地人口中，尤以广东珠三角居民为多。张之洞曾谓："粤民侨寓澳门，人数众多，良莠互异，南、番、香、顺等县，商民往来省澳者，何止数万？往往两地置产，两地行商，无从限断，至于闲民滥匪，往来如织，尤无纪极。"① 由此可见，留居澳门的人口以粤民居多。

澳门北连大陆，南面汪洋，地理位置使得其天然地与珠江三角洲的香山、东莞、顺德、新会、番禺、南海各县水路相通，联系紧密。黄鸿钊先生以为澳门的历史文化起源于香山。② 尽管其后为葡萄牙租借管理，但澳门与珠三角的经济、文化联系并未因此而中断。澳门与粤省的互动不仅体现在其居民的构成上，其文化基因亦深深打上了岭南文化的烙印。正是由于粤澳之间频繁的人口互动与经济、文化交流，许多岭南民间习俗亦在澳门生根发芽。华光信仰传入澳门，并成为澳门华人群体重要的社会信仰，应是粤澳两地密切交往的结果。

目前所见最早记录澳门华光信仰的资料为《中国丛报》。该报 1843 年 5 月第 12 卷第 5 期言道："最近，中国人在澳门的西海岸建立起来一座新庙，用于迎奉神'华光'的神像，华光的字面意思为辉煌的光明。该神被设想为掌握火，被祷告来防止纵火的企图和雷劈（中国人称闪电），并保护敬神者免于火灾……这座偶像后来被放到家具市场出售，被一位澳门店主投得，并将其带回家小心摆放的。募捐书在绅士们和城市的商人中流传，并制成街招贴到公共地方，宣布该神的美德，号召每个人来帮助该神建一座合适的庙宇。"③ 按《中国丛报》这一记载，澳门华光庙建造时间应在道光二十三年（1843），其记载之华光庙，或即指澳门华光诞主要庙宇——莲溪庙。但《重修莲溪庙碑记》载："道光庚寅（道光十年）岁，都人士建庙于此。"④《澳门掌故》亦称："莲溪庙创建于清道光十年（1830），为坊人

---

① （清）张之洞：《详陈澳界利害立约尚宜缓定折》，《张文襄公全集·奏议》卷 20，台北：文海出版社，1970，第 1628 页。

② 黄鸿钊：《澳门史》，福建人民出版社，1999，第 19 页。

③ 汤开建、陈文源、叶农主编《鸦片战争后澳门社会生活记实——近代报刊澳门资料选粹》，花城出版社，2001，第 148～149 页。

④ 《重修莲溪庙碑记》，谭世宝：《金石铭刻的澳门史——明清澳门庙宇碑刻钟铭集录研究》，广东人民出版社，2006，第 303 页。

昵于风水所特筑者，内奉北帝、华光、财帛、华佗、文昌诸神。”① 虽然中外文献就华光庙建造时间记载不一，但澳门华光信仰传入当在道光年间应该不误。

此外，据葡萄牙神父文德泉（Manuel Teixeira）《澳门众庙》云：“这座庙（莲溪庙）本来供奉北帝，后来北帝被华光取代。”② 由此可见，莲溪庙或即建于道光十年（1830），新建之初所供奉主神并非华光而是北帝。《中国丛报》所记1843年澳门华人新建庙宇，可能指在莲溪庙基础上扩建供奉华光的殿宇。而华光取代北帝成为莲溪庙供奉的主神，似与其时北帝庙的建成有关。氹仔北帝庙存有《重修上帝祖庙捐签碑志》，该碑文称北帝庙建于道光二十三年。③ 按《中国丛报》所载华光庙建造时间，与氹仔北帝庙建成时间相同，若该华光庙即指莲溪庙的华光殿，那么，华光取代北帝成为莲溪庙主神，应在道光二十三年，亦即莲溪庙原供奉北帝、华光等神祇，以北帝为主神。氹仔北帝庙建成后，因北帝有专门庙宇供奉，莲溪庙遂成为主要供奉华光神祇的庙宇。显然，随着澳门民间祀神的演变，华光大帝的地位变得日益重要，自然亦成为莲溪庙主要供奉的神祇，而莲溪庙则逐渐发展成为澳门每年华光诞庆典活动的主要场域。

三　酬神亦娱人：华光诞流行澳门之诸因素

华光诞节庆习俗在岭南一带一度十分流行，清乾隆以来不少地方文献中均有当地举行华光诞的记载。乾隆《番禺县志》即云：“有乡曰锦溪，聚而居者，若曾若文若范若朱，为姓不一。乡之中有庙，山蟠其后，溪环其前，林木疏竦，庙列神以七而中奉华光帝为主。乡之人月吉必祭，祭必虔，祷必应，若桴鼓然。庙盖与乡而俱古矣。乾隆某年九月为帝诞辰，乃醵金为锦以祝。”④ 乾隆《佛山忠义乡志》亦载：“（九月）廿八日，华光神诞，神为南方赤帝，火之司命。乡人事黑帝、天妃以祈水泽，事赤帝以消火灾。是月，

① 王文达：《澳门掌故》，澳门教育出版社，1999，第80页。

② 〔葡〕文德泉：《澳门众庙》，《文化杂志》2005年第56期。

③ 陈炜恒：《路氹掌故》，澳门民政总署文化康体部，2007，第106页。

④ （乾隆）《番禺县志》卷19《艺文》，《广东历代方志集成·广州府部》，第488页。

各坊建火清醮以答。神贶务极华侈，相互夸尚。”[1] 民国《清远县志》称：“各处神庙，逢诞日搭棚演戏，如洪圣、城隍、康公、宴公、天后、北帝、华光等，年年必然。而二月之洪圣诞、九月之华光诞尤必烧爆。”[2] 除方志外，乾隆年间任职粤地的李调元《南越游记》亦尝记道：“会城每岁九月华光神诞，里人先期于双门设坛，延羽流诵经，谓之保境平安醮。是风盛于道光乙未、丙申间，嗣后愈炽雄。镇街通衢建篾棚，棚高数丈，轩豁宏敞……凡三昼夜，复演剧以终其事。”[3] 而道光时粤人黄芝《粤小记》则强调：“里闬于八九月命巫禳火眚以祀华光神。”[4] 可见，乾隆以来广东各地盛行华光诞活动，而且“镇街通衢建篾棚”，“凡三昼夜，复演剧以终其事”，场面隆重，好不热闹。

由于社会发展变革之诸多因素，华光诞传统节俗逐渐于岭南绝大部分地区消失。时至今日，广东省内尚有华光诞庆祝活动的只有广州、佛山两地，且仅限于个别行业内部，无论规模还是影响，都已大不如前。但在澳门民间却长期保留有民众庆祝华光诞的习俗，届时还有神功戏演出，场面热烈隆重。“这一天，莲溪庙一定会举行酬神演戏活动。百余年来莲溪庙一直有神功戏演出，即使在香港沦陷期间，莲溪庙都没有停止为‘华光诞’演戏。”[5] 华光信仰在澳门甚为流行，华光诞及其一系列相关酬神仪式于澳门完整保留并得以传承、延续。这一现象的出现，不仅与澳门本土独特的文化环境有关，也与近代以来澳门社会与历史发展相关联。

澳门民间崇拜神祇数量众多，一座庙宇往往供奉数位甚至十数位神祇。[6] 虽然民间祭祀神祇气氛颇为浓厚，但并不意味所有神祇均可成为民众普遍尊奉的对象。澳门民间重要神诞有二月初二土地诞、三月初三北帝诞、

① （乾隆）《佛山忠义乡志》卷6《乡俗志》，《广州大典·史部地理类》第34辑，第11册，第85页。

② （民国）《清远县志》卷4《舆地》，《广东历代方志集成·广州府部》，岭南美术出版社，2009，第465、466页。

③ （清）陈徽言撰《南越游记》卷2《佞神浪费》，谭赤子校点，广东高等教育出版社，1990，第173页。

④ （清）黄芝撰《粤小记》，《清代广东笔记五种》，林子雄点校，广东人民出版社，2006，第389页。

⑤ 陈玉书主编《澳门社会大典》，香港：网联国际出版社，1999，第736页。

⑥ 〔葡〕文德泉：《澳门众庙》，《文化杂志》2005年第56期。

三月二十三天后诞、四月初八谭公诞以及九月二十八华光诞。能获得民众普遍尊奉之神祇通常在澳门社会具有广泛影响。“据称华光为‘火星’，是‘火之精，火之灵，火之阳’，玉帝封其为‘火部兵马大元帅’；故被民间奉为火神，也有被人奉为财神。故澳门民间祀奉华光者十分普遍。”① 华光诞相对“年轻”，其能与土地诞、北帝诞、天后诞等重要神祇诞日共同成为澳门华人民众祭祀的节俗，应与澳门早期发展中一度火灾频发现象密切相关。

澳门城市历史发展中灾害频发。因地理位置特殊，风灾、海难等自然灾害常有发生，而人为灾害尤以火灾为多。19 世纪以来，报刊就常有当地火灾的报道。1874 年 12 月 7 日《申报》记道：“澳门抱有祝融之灾，烧去房屋共计二十余间。又闻失火之处盖是华商最热闹之处也，该处既遭风灾，又遭火警。商其地者，抑何不幸之甚耶。”② 《镜海丛报》第二年（1894）第三十六号云：“二十九号晚十二点钟，大炮台升炮两门，报称沙岗火警，焚去蓬寮十数座。”③ 第二年第四十二号记：“报称仔室同盛制炮竹厂失慎，水车飞往灌救，幸即救息，焚毁无多。起火之由，系因匪人入盗药引，遗火于物，致兆祝融。”④ 葡人施白蒂《澳门编年史》中亦多有 19 世纪澳门火灾频发的记载：“1818 年，晚十九点，在北湾发生火灾，波及商业区。”⑤ “1834 年 11 月 5 日，澳门一场大火吞噬了 500 多家房屋。”⑥ “1856 年 1 月 4 日，下午 1 时 45 分，位于商业区内的一家中国商店起火，由于恰逢北风，火借风势迅速蔓延……大火燃烧了整整一夜，烧毁了 420 家店铺和 400 间民房。”⑦ 此类记载累见于早期澳门文献。由于其时华人聚居区人口密度大，商铺、寮屋密集，火灾一旦出现，造成损失往往十分严重。频发的火灾，促使当地居民寻求避灾的途径，遂亦自然产生祈求火神保护的强烈愿望。华光

---

① 陈炜恒：《路氹掌故》，第 106 页。

② 汤开建、陈文源、叶农主编《鸦片战争后澳门社会生活记实——近代报刊澳门资料选粹》，第 256 页。

③ 汤开建、陈文源、叶农主编《鸦片战争后澳门社会生活记实——近代报刊澳门资料选粹》，第 414 页。

④ 汤开建、陈文源、叶农主编《鸦片战争后澳门社会生活记实——近代报刊澳门资料选粹》，第 501 页。

⑤ 〔葡〕施白蒂著《澳门编年史（十九世纪）》，姚京明译，澳门基金会，1998，第 21 页。

⑥ 〔葡〕施白蒂著《澳门编年史（十九世纪）》，姚京明译，第 58 页。

⑦ 〔葡〕施白蒂著《澳门编年史（十九世纪）》，姚京明译，第 125 页。

大帝即以火神形象示人，此时便获得越来越多澳门华人的尊奉，逐渐成为饱受火灾困扰的澳门民众之保护神。

在澳门华光诞一系列酬神活动中，神功戏表演无疑是最为重要的。这一为神祇表演的戏剧，实际不只限于华光诞活动，其他澳门神诞亦均有神功戏演出。目的是借戏曲表演娱神娱人，神人共乐，以酬谢神恩，祈愿平安。神功戏不仅在诸神诞节庆日上演，平时也常有演出，目的仍是酬谢神恩。晚清澳门报刊有大量演戏酬神的报道。《镜海丛报》第二年第十一号（1894 年 10 月 3 日）《集款酬神》云："现在澳中商店，议集巨资酬神演醮，约需五六千金。雇召名班，金龙彩色，各处巡行，务极一时之耀。"① 第十五号（1894 年 10 月 31 日）《演戏酬恩》称："连日莲峰庙雇有国丰年名班开演，借以酬答神恩。"② 第三十五号（1895 年 3 月 27 日）《各留余地》记道："离前山二十里之遥，有地名坛洲者，皆疍民耕户。沿海之畔，相聚而居，搭蓬为寮，无一砖屋。去月中，是处有福神之诞，土人延有过山班演唱，共计八日九夜，戏金才一百二十元，其贫薄可想。"③ 第三十九号（1895 年 4 月 24 日）《未能获利》则言："每年妈阁天后诞期所演酬神之戏，男妇争相奔赴。"④ 由此可见，演戏酬神作为澳门神诞活动中的一项重要仪式，休现了澳门华人信神、敬神的心理特点。因习于敬神、祭神，神功戏演出已成为当地民众信仰习俗的重要组成部分。而酬神演出舞台往往设于寺观庙宇，由此澳门民间信仰氛围浓厚。"在澳门半岛西部中国传统村落聚居区中，庙宇成为每个村落的物质重心和敬神凝聚力。多种宗教信仰的存在使得澳门成为一个节庆活动数量最多、密度大的城市。"⑤

在澳门华人群体民间酬神文化中，华商无疑起着十分重要的作用。林

① 汤开建、陈文源、叶农主编《鸦片战争后澳门社会生活记实——近代报刊澳门资料选粹》，第 406 页。

② 汤开建、陈文源、叶农主编《鸦片战争后澳门社会生活记实——近代报刊澳门资料选粹》，第 414 页。

③ 汤开建、陈文源、叶农主编《鸦片战争后澳门社会生活记实——近代报刊澳门资料选粹》，第 481 页。

④ 汤开建、陈文源、叶农主编《鸦片战争后澳门社会生活记实——近代报刊澳门资料选粹》，第 491 页。

⑤ 宋俊华、黄纯：《从娱神到娱人、自娱：澳门粤剧的城市化嬗变》，《澳门理工学报》2013 年第 4 期。

广志先生即云："晚清时期，随着华商的崛起以及华商阶层的形成，不管是何种性质的华人组织，实际上均以华商为骨干参与策划、组织和营运，因此，这些众多的华人组织实质上又等同于华商组织。"① 鸦片战争后，澳门华商群体迅速崛起，由于拥有雄厚的经济实力，华人社会的诸多事务均有华商参与。"澳门的华人社区既保留了与渔业、农业社会的血缘、宗族观念千丝万缕的联系，又发展出了城市社会的契约、法制、自由竞争的新观念。这表现在移民初期，华商往往利用神庙载体，以神功戏为表现形式的神缘性组织成为其联络感情、发展商业的重要保障。"② 在澳门早期发展中，庙宇不仅是人们寻求与神祇交流的场所，而且是维系华人血缘联系的宗祠，更是表达华人诉求的平台，承载着议事、集会以及举行各种活动的功能。

华商作为华人群体的主要力量，以其实力积极投入庙宇的兴建与重修。前引《中国丛报》报道新建用于供奉华光大帝的神庙，便由华商集资建成。此次募集资金已足够建成一座约有三间房的庙宇。③ 妈阁庙曾于道光己丑年（1829）重修，时有中和行、兴泰行、泗和号等多个商家捐款。④ 除积极参与庙宇修建，华商出于酬神和商业营销的目的，还往往集资聘请戏班，举办庙会。1883 年，《申报》记澳门华商举行迎神赛会："澳门地方之华商，于本月初二、初三、初四三日为赛会之举，极为热闹。晚上则放烟火为乐，观者殊形拥挤。"⑤ 1895 年《镜海丛报》记澳门筹款举办莲溪庙奠土赛会，称："澳门举行莲溪庙奠土演戏赛会一节，前因商情艰滞，大疫之后，人甫宁居，捐资不甚踊跃，以故将成变更者，约有数番矣。今经议定，番摊围姓各公司先捐数千金作底，余则各商店量车为助，凑成盛举。"⑥ 庙会的举行

---

① 林广志：《澳门之魂——晚清华商与华人社会研究》，广东人民出版社，2017，第 456 页。

② 宋俊华、黄纯：《从娱神到娱人、自娱：澳门粤剧的城市化嬗变》，《澳门理工学报》2013 年第 4 期。

③ 汤开建、陈文源、叶农主编《鸦片战争后澳门社会生活记实——近代报刊澳门资料选粹》，第 149 页。

④ 《重修妈祖阁碑记》，谭世宝：《金石铭刻的澳门史——明清澳门庙宇碑刻钟铭集录研究》，第 64 ~ 66 页。

⑤ 汤开建、陈文源、叶农主编《鸦片战争后澳门社会生活记实——近代报刊澳门资料选粹》，第 274 ~ 275 页。

⑥ 汤开建、陈文源、叶农主编《鸦片战争后澳门社会生活记实——近代报刊澳门资料选粹》，第 563 页。

吸引了大量内地、香港游客赴澳，也间接起到了强化华光信仰的作用。民间崇拜、祭祀华光，一般将其视为火神。但在庙会演出神功戏的场域，则往往凸显了华光戏神的身份。陈守仁《仪式、信仰、演剧：神功粤剧在香港》一书言道："戏班成员在一台戏开始前到达地方及戏棚，通常先往各主要神庙，尤其是即将庆祝诞辰的神庙向菩萨烧香拜祭。初上戏台，成员也先向放于后台在杂边虎度门旁（行内叫'师傅位'）的戏神——通常是华光先师、田及窦——上香。"① 澳门神功戏演出前遵循相同仪式，必须先拜戏神。亦即凡有神功戏演出，须先行祭拜华光。由于神功戏是澳门酬神祭神活动中必不可少的仪式性演出，华光又兼具火神与戏神身份，故频繁举行的庙会酬神演出，使华光信仰在澳门得到巩固和强化。

澳门华人群体浓厚的民间神祇崇拜，为澳葡政府所关注。它为此制定了相应的宽容的文化政策，对华光信仰在澳门的流行给予了保障。鸦片战争后，澳门华商在商业贸易、店铺经营、土地投资、纳税等方面陆续占据绝对优势，并逐渐掌握澳门的经济命脉。"其实，鸦片战争后随着新经济时代的来临，葡人对于居澳华人的重要性开始有了新的认识，即使在亚马留时期，在中葡关系异常紧张的时候，亚马留也意识到华人及其商业对于澳门的重要影响和作用，所以他才会采取极端手段阻止华商迁埠黄埔。"② 显然，华人群体的存在对于澳门发展的重要性，已为澳葡当局高度认识。时有评论称："盖澳门无华人，无异于身体之无魂魄，将何以保其生命？"③ 基于这一重要认识，澳葡政府对华人多采取宽容体恤的政策，并为此数次颁布尊重华人习俗的政令。1851 年，其政令曰："照得华人教内所信行诸事，本总督非为轻视而不容之，又不愿禁止，反意款从，不碍其便习行。"④ 1880 年颁布的关于处理华政事务的政令曰："查本澳暨所属海岛之华人，向系借大西洋保护其政治，则循自主之义，从优厚待，获益良多，其律例皆同教化最著之国。虽华人现受保卫之恩，而中国风俗事例，所有民间相传习尚偏好者，均仍听

① 陈守仁：《仪式、信仰、演剧：神功粤剧在香港》，第 25 页。

② 林广志：《澳门之魂——晚清华商与华人社会研究》，第 321 页。

③ 汤开建、陈文源、叶农主编《鸦片战争后澳门社会生活记实——近代报刊澳门资料选粹》，第 646 ~ 647 页。

④ 《澳门宪报》1851 年 7 月 19 日第 35 号，汤开建，吴志良主编《〈澳门宪报〉中文资料辑录（1850 ~ 1911）》，澳门基金会，2002，第 4 页。

其便，而华人亦皆欣悦。”[①] 同年6月，华政衙门理事官巴士度表示：“查本澳华人向来行事皆沿风俗遗规，本官于尔华人风俗素所深重，但于风俗中仍必合乎公道者，方准施行。”[②] 不仅如此，每逢华人规模较大的醮会，澳葡政府常组织疏导，给予有效管理，以维护集会秩序，使活动得以顺利举行。“照得本澳前数日华人建醮庆闹，经有中外数万人之众前来看会，所见多是华人。因此次四方杂处，中外云集，幸藉平安，并无忧心之事。且阅各巡捕日报，均属无关紧要事件，是以奉督宪命，为本澳各民人等欣幸，及专为澳门华民庆贺暨所有办理建醮庆闹之值事等，均能善于设法妥为督理，致免滋扰，实堪嘉尚。至于文武官员，亦能认真出力，以致地方安靖，尤堪奖励。”[③] 不难看出，正是由于澳葡当局对华人民间信仰习俗给予尊重，施以宽容的政策，不同神祇酬神祭祀仪式方才获得存在与发展的空间，华光诞也在澳门得天独厚的文化环境中得以流行和发展。

抗日战争时期是澳门华光诞流行和发展的重要阶段。其时澳葡政府遵行“中立”政策，澳门社会相对安定，大批内地难民尤其是一批省港粤剧伶人避居澳门，客观上推动了华光信仰于澳门的盛行。卢沟桥事变后，即有不少内地民众迁入澳门。“本年（1937年），随着大量内地人来澳避难，广东省不少名校迁来，学生人数也从8000人增至3万人。”[④] 这时澳门总人口出现较大增长，1939年数据显示，“澳门本年度人口骤增至245194人（包括所有国籍），比1927年普查增加88019人”。[⑤] 到1941年，澳门的人口增长更为明显。“由于战争环境影响，澳门人口剧增至374737人。”[⑥] 而施白蒂的《澳门编年史》称，1940年“澳门人口从1939年的14万升至40万”。[⑦] 尽管以上两部编年史所载人口偏差较大，却均反映了抗战期间澳

① 《澳门宪报》1880年4月24日第17号，汤开建，吴志良主编《〈澳门宪报〉中文资料辑录（1850～1911）》，第30页。

② 《澳门宪报》1880年6月初5日第23号，汤开建，吴志良主编《〈澳门宪报〉中文资料辑录（1850～1911）》，第33页。

③ 《澳门宪报》1881年9月初10日第37号，汤开建，吴志良主编《〈澳门宪报〉中文资料辑录（1850～1911）》，第52页。

④ 吴志良、汤开建、金国平主编《澳门编年史》第5卷，广东人民出版社，2009，第2569页。

⑤ 吴志良、汤开建、金国平主编《澳门编年史》第5卷，第2599页。

⑥ 吴志良、汤开建、金国平主编《澳门编年史》第5卷，第2637页。

⑦ 〔葡〕施白蒂著《澳门编年史（二十世纪）》，金国平译，澳门基金会，1999，第285页。

门人口迅速增长的事实。而这些避居澳门的内地人口，多数来自广东地区。

大量粤人避居澳门，亦为粤剧伶人赴澳演出提供了观众群体。其时澳门粤剧演出可谓盛况空前："澳门很早有清平大戏院以及几座亦可演大戏的电影院，成为粤剧演出的务实载体，吸引了不少名伶、大老倌来澳门演出首本名剧，尤以十四年的抗战时期更形兴旺。在那十多年间，廿多个粤剧团相继来澳门演大戏。千里驹、马师曾、薛觉先、白驹荣、靓少佳、廖侠怀、曾三多……等粤剧名角，都曾在澳门旺场。"① 显然，"中立"的澳门因免于战争，遂引得大批粤剧伶人滞留澳门，乃亦为澳门民众观剧听戏提供了方便。

这时杰出粤剧伶人红线女跟随"胜寿年"剧团辗转于港澳演出。"'胜寿年'剧团很多时候安排在香港的郊区演出。香港仔、长洲、元朗等地，或是到澳门演出'神功戏'。"② 在澳门表演神功戏，一天要演三场，分日场、夜场和天光戏。天光戏多在夜场之后，大约凌晨一点开场，但仍吸引了不少观众前来观看。"在这种演出的过程中，往往发现不少台下的观众在打瞌睡；台上的演出人员，有时瞌睡到失场，在开戏师爷叫他的时候，他匆忙地赶出场去，有时连胡须、盔头也会忘记戴上。往往这样的情况下，台下看戏的便哄然大笑，喧哗不止。"③ 可见，其时澳门神功戏演出频繁，酬神礼仪传承有序，酬神气氛颇为浓厚。

在民间神功戏演出的同时，省港名班亦在澳门各大戏院频频上演粤剧。"（1937 年）11 月 21 日，妇女慰劳会邀请粤剧名伶薛觉先在澳门平安戏院上演粤剧《危城弄虎威》，以筹款为前方抗战将士购买棉衣"；④ "二战时期，任剑辉曾在澳门度过十年光景，除了这美丽的班牌，在澳门时期，她亦曾随'新声剧团'、'平安剧团'演出，即使战后，仍多次随'新声剧团'回澳演出"；⑤ "国华在二次大战期间，特别是 1942 年，也曾有声有色的公

① 陈树荣：《粤剧在澳门》，《粤剧国际研讨会论文集》下册，香港中文大学音乐系粤剧研究计划出版，2008，第 576 页。

② 红线女：《红线女自传》，台北：晓园出版社，1990，第 23 页。

③ 红线女：《红线女自传》，第 24 页。

④ 吴志良、汤开建、金国平主编《澳门编年史》第 5 卷，第 2566 页。

⑤ 黄夏柏：《澳门戏院志》，香港：麦穗出版有限公司，2012，第 32、33 页。

演粤剧，穗港大班名伶先后登场，像谭兰卿领导的‘新太平剧团’、薛觉先领导的‘觉先声剧团’、靓少凤和何芙莲领导的‘义擎天剧团’，伶人在国华戏院演锣鼓戏，甚至直接以戏院名字作班牌”。[①] 据黄夏柏《澳门戏院志》云，抗战时期澳门营业的戏院有南京戏院、清平戏院、海镜戏院、域多利戏院、娱乐戏院、平安戏院、国华戏院等。[②] 该志所记 1942 年澳门戏剧演出状况，反映了粤剧在澳门的流行。“1942 年 2 月，罗家权领导人寿年男女剧团于海镜演出；4 月白玉堂领导鸣声男女剧团于域多利献演；5 月新声剧团于平安戏院演出《郎不归》、义擎天于清平演出；6 月‘文武状元’陈锦棠领锦添花剧团于清平演出；7 月万能佬倌薛觉先率领觉先声剧团于国华演出。”[③] 其时省港名班云集濠镜，各戏院频演粤剧，澳门戏剧表演盛况空前。

避居澳门的粤剧伶人不仅以演戏为生计，还组织救难团体，利用粤剧义演筹款支持抗日。他们常与戏院、救亡团体合作，积极参与为饥民筹款的活动。“1942 年 3 月 30 日，报章特别报道名伶白玉堂、唐雪卿决定加入澳门域多利戏院负责人经营的‘鸣声男女剧团’，同时更与该院一同响应‘澳侨赈饥会’的义演筹款。”[④] 一些粤剧伶人也加入澳门学界、音乐界、体育界、戏剧界在柿山孔教学校成立的“四界救灾会”，通过粤剧演出等形式募捐。由此其时在澳粤剧伶人的演出不仅未因战争而减少，反而需参与大量义演，其演出频次更高。频繁的演出，促成了粤剧伶人对华光的常年拜祭，并于粤剧观众中产生广泛影响。总之，抗战时期大量粤剧伶人的移入，不仅促进了澳门当地戏剧的发展，而且也推动了华光信仰于澳门的盛行。集火神、戏神身份于一体的华光大帝在乡间剧场、戏院、义演场域频繁受到粤剧伶人奉祀，客观上对华光信仰在澳门的传播与流行，起到了促进作用，从而也使这一岭南民间信仰习俗得以在澳门传承发展。

四　余论

华光信仰在澳门的流行是粤澳两地经济、文化频繁交流的产物。新中国

① 黄夏柏：《澳门戏院志》，第 51 页。
② 黄夏柏：《澳门戏院志》，第 220 页。
③ 黄夏柏：《澳门戏院志》，第 52、53 页。
④ 黄夏柏：《澳门戏院志》，第 33 页。

成立后，在政府反封建、反迷信政策下，广东地区民间宗教文化受到较大冲击。“文化大革命”开始后，大批民间粤剧伶人被迫停止了演出活动，华光祭祀风俗更是遭到批判，岭南各地原有的华光庙宇、神殿或被拆除，或遭毁坏，传统的华光诞庆祝活动自此沉寂。改革开放以来，传统文化虽逐步得以复兴，但广东已不见旧时的华光诞活动。近年来，广州、佛山亦仅有龙狮队小众范围内的华光诞纪念。相反，澳门因特殊的社会历史走向与文化生态，较为完整地传承保留了这一民间传统文化习俗。当下，澳门应为这一传统神诞习俗注入新的元素，使其重新焕发活力，成为澳门具有重要影响力的节日盛典，以吸引岭南地区乃至国内外游客互动观光。这不仅有利于澳门旅游事业的拓展，而且也必将使这一植根于岭南并具有浓郁地域风格的文化习俗得到保护与发扬。此外，由此亦可加强粤港澳三地的经济文化交流，为粤港澳大湾区融合发展做出贡献。

粤剧神功戏与澳门民间节庆

谢少聪*

摘　要： 澳门是一个华洋共处的移民社会，具有独特的东西方文化交融气息。这座面积不到33平方公里、常住人口只有65万多的城市，有大小庙宇四十多处，近二十座教堂。庙宇大多是由民间坊众自发组织管理，庙宇祀奉的神祇多是岭南民间神。大部分的民间节庆活动都与这些庙宇所供奉的神仙诞期有联系，神诞活动多以祭祀仪式及演神功戏两类活动为主。而延续了二百多年历史的这些民间自发组织的酬神仪式，演神功戏活动，不断增强了小区坊众之间敬老、互助、关心小区公益的意识，从而形成小区平和、稳定局面。

关键词： 神功戏　澳门　庙宇　小区认同

澳门是一个华洋共处的移民社会，具有独特的东西方文化交融气息。这座面积不到33平方公里的城市，常住人口只有65万人。各种宗教活动十分活跃，佛教、道教、天主教、基督教、伊斯兰教均在澳门有其宗教组织及活动。几百年来，多种宗教文化在这狭小的空间共存，互不滋扰、冲突，这是澳门的特别之处。此外，民间信仰亦很盛行，澳门古属香山县治，世居民众

---

* 谢少聪，中山大学历史人类学研究中心粤剧粤曲文化工作室执行主持人，《中国戏曲志·澳门卷》编辑部主任，中山大学历史人类学研究中心客座研究员。

绝大多数是广府族群，属岭南民间信仰谱系，供奉的神祇较多，除佛道的观音菩萨、天后北帝，诸如关帝、谭公、金花、医灵、华光、土地等民间神祇也有供奉。庙宇多、神诞多也是一大特色，澳门现存大小庙宇有43处之多。大的有占地达几千平方米的莲峰庙，小的则如路环金花庙，只有十来平方米。这些庙宇大都由民间热心坊众组成值理会进行管理，常年香火不断。

有庙则有神，有神就有神诞，神诞是信众和当地坊众的节日，大多数有能力的庙宇，每逢神诞都要搭棚演酬神戏，俗称“神功戏”，“神功”意为神所做之功德。据考，立于沙梨头土地庙内的碑刻记载，清嘉庆十年（1805）该庙已有演神功戏的记载，算起来已有二百多年历史了。澳门庙宇供奉的神祇各有不同，但酬神演戏多是演粤剧，由于神诞演戏是由例戏（即《六国大封相》《香花山贺寿》《加官》《天姬送子》等）和正剧两部分组成，故神功戏由粤剧戏班演就叫作“粤剧神功戏”了。据我们统计，历史上在神诞演粤剧神功戏的澳门庙宇有二十多间，至今每年逢神诞仍开演的有妈阁庙、谭公庙、氹仔北帝庙、雀仔园土地庙、沙梨头土地庙、大三巴哪吒庙、莲溪庙。演神功戏所需人力、物力、财力及组办事务大多是由信众和当地坊众自筹自办，为何能延续二百多年不断？近几年，笔者带着这个问题，几乎跑遍澳门各个庙宇，观看了多个神诞演出的神功并戏访谈有关主办人。本文试图通过对路环谭公庙、雀仔园土地庙神诞演戏的例子，探讨其延伸意义。

一　路环谭公庙四庙神诞活动调研

路环有九澳、黑沙、荔枝碗三个村，路环街坊四庙慈善会成立于1947年（以下简称“四庙慈善会”），以前有五间庙，有一间是师傅庙后来倒塌了，没有再重建。现在四庙慈善会是管理路环谭公庙、天后古庙、观音古庙、三圣宫四个庙的机构，负责筹备并主办每年农历四月初八谭公诞（浴佛节）的节庆活动。其他的地方事务工作则由各村自己管理。

整个节庆活动的流程、仪式如下。

（1）每年诞期前几天，筹办人员都会将各庙菩萨由指定人负责“沐浴”（翻新），放回庙内。

（2）开演神功戏的前一天，会有个仪式把四间庙里面的全部菩萨都请出来，意即告诉菩萨“要请他们出去看戏了”，然后先抬着谭公像沿街接其他庙的神像，再抬着全部菩萨进行巡游，由体育会的青年人舞龙舞狮，在路环市区游一圈。通常都有三只狮、一条龙。回到谭公庙戏棚时将它们摆在戏棚正对舞台的一个神台上面，然后供奉一些果品，等到看完所有戏，再请菩萨回庙。

（3）神功戏开演是正诞前一天，晚上开演前照例要设“神功宴”招待嘉宾和参加主办的人，戏棚后面还要摆两桌酒席，据说一桌是酬神，另一桌是供奉先人，就是会里已故的理事、街坊，叫“众生”。这方面礼仪一定要做好的。仪式代代相传，但是在形式上也不一定跟以前一模一样。以前宴席都是摆在戏棚里面，摆完酒才开锣演戏，后期因为时间太赶，所以就在戏棚后面搭了一个酒会间（自助餐），可以前面看戏，后面吃东西，这样时间就不会拖得太长。以前做一套戏差不多四个钟头，散场的时候已经晚上十二点多，很晚了，所以就将时间缩短，尽量在晚上十一点散场。当天晚上（四月初七）就会开演神功戏，照例是先演《六国大封相》，然后再演正剧。

（4）正诞日那天要举行祭祀仪式，四庙慈善会值理会的会长、理事长、值理及乡亲都盛装出席，拜祭后还有一个投（花）炮的仪式，就是通过竞标的形式，将谭公爷爷的像请到家里或店铺里坐，希望一年之内都能好运。所谓“花炮”，就是谭公爷爷的像，然后有些吉利的话，譬如生意兴隆、万事胜意、出入平安等。每年受投的花炮有六个。因为慈善会自己请了一个放在会里长年供奉，所以就不参与投炮。每年都会做新的花炮，其他人都可以来投回去供奉，年尾再拿出，再投一次。投炮的过程就像投标一样，将花炮摆在台上，然后落了幕，司仪就会喊，这个花炮叫什么，底价多少，然后大家喊价，最后连喊三声，价高者得。以前不是投花炮，而是抢花炮，六十年代停做戏之前还是抢的，因危险性比较大，所以重新做戏就改为投花炮。投花炮的都是些善信、生意人，年年都顺境的就会继续投。价高者得，投来的善款又可以作为慈善会的经费。2014 年，最高的投了三万八千八百元①，通常都不会太贵的。游客想投也可以投，给钱就可以了，谁投都行，无所谓。

① 此处指澳门元，下文同指。

（5）在五天演戏期间会安排一天作为敬老专场，是专门招待澳门氹仔等各处老人院、社区中心的老人家来看戏的，那天也是一些大老倌出场的，做一些老人家喜欢的戏、熟一点的戏，因为太新的他们未必懂得看。如《凤阁恩仇未了情》之类的，他们自己也会哼几句，就看得很开心，主办方也会有一些礼包送给他们。

（6）五天九场演完后，当晚有个“送神”仪式，就是将神像送回各庙安放原位，整个神诞活动结束。

路环谭公庙四庙神诞活动结束后，我们就活动筹办、举行各方面访谈了四庙慈善会陈爱莲理事长。关于四庙慈善会，她说：“我们慈善会的工作人员都是义工，因为做这些事是没得勉强的，大家都是出自真心，各自做好自己的岗位，用心一起做好一件事，就像一家人一样。就算不是路环居民，只要有心帮忙，都可以参加四庙慈善会。我们这一届理事会有四十多人，都是通过选举，或者一些程序来产生的，如果大家觉得你能做事，你就可以连任。”

对于路环四庙合演神功戏，各庙的诞期不同，是如何选定时间的？她说：“四月初八是谭公诞，而天后诞是三月二十三，只隔了两个星期。分别演不论是人力还是物力都没办法应付，经过协商，大家认为谭公庙的地理环境比较好，靠海边码头。有很多渔船在那里泊岸，很多渔民在那里上码头。而且本地人多信奉谭公，所以就以谭公诞为主，将各庙菩萨都请来看戏，人神共庆，热闹和谐，所以就选了四月初八来做。由此可见，民间的事大家能协商解决，神仙也高兴。”

演神功戏最大的工程就是戏棚的搭建。路环谭公庙戏棚号称是全澳门最大的戏棚，有近千个活动座椅，而且靠近海边，防风、防雨且要兼顾通风，要求较高。她说：“搭棚工既要体力好又要有很好的搭棚技术才能胜任，所以工资十分高，整个戏棚的搭建费用约四十多万元，工期差不多一个月。按例都是每年农历三月初一开始动工，月底完成交付布置。这部分费用大部分是由四庙慈善会筹措，近几年政府也资助部分。我们希望政府能多给我们一些资助，让我们这一班热心人士更有动力去做。因为做这些什么都需要钱。搭棚的人工很贵的，一千多元一个人工，整个戏棚搭完差不多要一个月，每年从三月初一开始搭棚，大约在三月底完成。澳门有几间老字号的棚厂，都是些老师傅，现在的后生很少人入行。因为搭戏棚难度比较高，所以人工也比较贵。我们一般将工程交给老板，具体请多少个工人就由老板去安排，只要他们能按时完成就可以了。”

澳门演神功戏一般是“五日九场”包例戏，即演九场正剧，例戏按传统规矩插在各场次中演。请戏班方面是如何定？陈爱莲说：“以前戏班很多，我们就不需要很早就去请，像麦炳荣、凤凰女、林家声、李宝莹，还有雏凤等大班，我们都请过。但现在不少老演员已故了，就没了这个班底。在粤剧界来说，现在新入行的人越来越少，因为做这一行赚不到钱。这是个很现实的问题，因为人人都要生活，要养家。现在置办一件戏服，最便宜也要几千块，而演一个晚上的戏人工有多少呢？这就要看演员的身份而定了，做到什么位置就拿多少钱。因为粤剧演员不是按月算钱，而是按演出的场数来算的，一些比较好的老倌就会越来越吃香。所以我们有时都要提前一年甚至两年定好戏班，因为香港就这么多戏班，但是有很多神功戏，其实是不够分的。请戏的时候通常都是直接联系班主的，一般都是电话联络，看他们什么时候有空就过来谈，有时候没空，直接电话联系就可以了。这几年都是请龙贯天，也是要提前一两年订好。因为香港现在真的没多少文武生，加上观众又不是很接受女文武生，觉得她们缺少一种大将之风、男儿气概，没有男文武生那么威武好看，而且武场戏女文武生确实是搞不定的。也不可能每一晚都看文戏，要有喜剧，有武场戏才行。”

“每年神诞演哪些剧，也很讲究。要有文戏也有武戏，有感情戏，也有喜剧，四庙慈善会理事会在听取大家意见外，还要留意两个星期前妈祖诞上演过的戏，因为谭公诞与妈祖诞相隔两个星期，一般做过的戏，就不会再做，以避免重复。但例戏是每年都要做，譬如开场就一定要先做《六国大封相》，正诞日就做《八仙贺寿》《天姬送子》，这三个戏是一定会做的。我们每年都会选一套四大名剧，如《紫钗记》《蝶影红梨记》《再世红梅记》。我们今年的尾戏就选了《蝶影红梨记》，所以下这么大的雨都有这么多人来看。很多后生也都很喜欢看任白的戏。今年做最后两场的时候下了很大的雨，但是都有近八成观众，我们是有近千个座位的。一些第一次来的戏班都会感叹，说谭公庙戏棚比戏院还大。很多人特意从澳门过来看。所以请戏班、选戏是很重要的，如果挑的戏不好看就没人来看，所以要摸透观众的心理。我们请的多是香港的戏班，大陆的戏班不是不好，但路环的观众好像都比较喜欢看香港的老倌，因为香港老倌的古老排场是做足的，譬如《六国大封相》，内地是没有的。不过现在因为要适应港澳的观众，内地戏班也会去排这个戏，但水准始终还是不及香港戏班，排场不同。”

据说在请戏班方面还发生过一件趣事？她说：“曾经在做了几年香港戏之后，想着试一下请内地班，当时有人赞成也有人不赞成，大家就说不如去问一下谭公爷爷，去问杯，如果掷出来是三个胜杯，就请内地班来做。结果问了几次，谭公爷爷都不应承。再问香港班怎样，就一下子连着掷出三个胜杯。证明谭公爷爷喜欢看香港戏，既然是贺诞，所以肯定以谭公爷的喜好为主，所以，就长期以来都是请香港班。”

笔者曾在2014年谭公诞期间跟踪访问三天，发现大部分演员都会选择在戏棚里住下，是因为经费问题吗？陈爱莲说：“因为一个戏班有七八十人，现在戏金贵了，船票也贵得很厉害，每个演员来回的船票要三百多，几十人加起来就是很大一笔开支了。而住宿费太贵了，碰到周六日或者是假期甚至要几千元一间房，而演员的人工每天才一千多。所以无论是演员，还是我们慈善会，都实在没法负担，大老倌大多有地方住，就不需要我们管。总之，每次请戏，我们都是把戏金直接交给班主，由班主自己分配给演员，至于请戏班花费的具体数目，不便公开，理由是与戏班有约定，只是说要几十万”。

粗略计算一下，每年整个诞期搭戏棚、请班戏、神功宴和各种费用总计大概都要一百万。那么，举办活动的经费是从哪里来的？陈爱莲说：

> 我们每年三月初一开始，就会上街募捐，每年都是这样，会去氹仔、澳门所有地方募捐。我们会里的义工队功劳不小的，他们会分队到不同的街区募捐，中午就集中一起吃饭，很辛苦，但他们还是很乐意去做。我希望有更多年轻人加入，会更有干劲。因为年纪大的就应该让他们荣休，可以休闲一点，不要那么辛苦。但是单靠募捐还远远不够，还要靠一些常年支持我们的热心人，他们有些是不愿意出名的。
>
> 每年搞活动的时候政府也都有一些资助的，政府方面是有这个固定预算，每年我们要提前递一个预算表上去。但政府的资助不是很多。这几年的物资太贵了，所以上次特首过来路环视察，我们也有向他提出这个问题，希望政府的资助可以加大一点力度。光是一个搭棚师傅一天都

要一千多了。如果是熟客，他不会加很大价钱，但每年都还是要加一点的。他们也要平衡开支的嘛。

因为申请了政府的资助，所以做完戏，我们也要将收支情况递交给特区政府相关部门，但通常都不会再做公开，因为我们不需要向外面的人交代，你跟街坊说，他又能资助你多少呢？很多时候钱不够都是我们会里的人自己凑的。总之，我们都希望能够做到收支平衡。

谭公庙从什么时候开始在诞期演神功戏，目前尚未查找到相关的文字资料或碑刻记载，四庙慈善会于 1947 年成立后基本上每年都有酬神演戏。但是在 20 世纪 60 年代后期至 70 年代中期，受“文化大革命”影响停演了一段时间。陈爱莲说：

太早的事我不是很清楚，因为那时候我还没有出生。做神功戏是有停过一轮的，是因为“文革”。那时候觉得做神功戏是迷信，所以不敢做，包括上香都是不被允许的。澳门始终是中国的。虽然澳门当时不是中国管治，但澳葡政府也是要给面子的。所以从 1966 年开始澳门就没做戏了，到 1978 年，我们本来是想重新做戏的，但因为经费的原因，就搁置了。到了 1979 年，我们就正式开始做戏了。我们恢复做戏的第一年请的就是麦炳荣、凤凰女。当时有些庙宇由于经费不足就玩“幻境新歌”，就是穿上戏装唱唱曲。但我们四庙慈善会就没有这样，这么多年来，我们都是保持做大戏的习惯，从没想过搞其他的演出来代替。因为我们是为菩萨做事的，诞期就是做神功戏、做大戏，做其他的好像格格不入，菩萨未必会喜欢看。所以 1979 年一恢复我们就做戏了，是我姥爷他们从香港请戏班来演出的。当时觉得气氛松动了，所以就开会，经过大家同意，才拍板重新做神功戏。当时大家都很开心。我记得第一年做戏的时候，开锣首晚是狂风大雨，酒席都摆在戏棚里面，摆完酒才开锣演戏。

庙宇的保护与维修问题一直是由民间自筹资金解决，四庙慈善会自 1947 年成立以来，这几间庙有什么问题主要是由四庙慈善会筹款维修，特区政府成立后不断有所改善。陈爱莲说：

现在政府有关方面会说有什么问题都要通知他们，可以的话他们也会出钱帮忙维修。以前也有出钱，但是就少一点，而且申请的时间很长，所以我们一般都会自己先搞。不过现在政府有做这一部分的专责部门，研究哪些建筑可以动，那些不可以动。我们本身对庙的历史不清楚，像那些墙画我们也不知道它有多久了。政府部门能关心、支持当然是好事了。

二　雀仔园福德祠神诞活动调研

与路环谭公庙神诞搭建有上千个座位的大戏棚不同的是，雀仔园福德祠土地庙神诞戏棚就搭建在横街窄巷之中，可算是澳门演神功戏最小的“戏棚”。雀仔园福德祠修建于澳门雀仔园社区街道边上，由供奉神祇的建筑和旁边的小型舞台组成。小舞台是一座水泥结构的建筑，长约 6 米，宽约 4 米，其古色古香的风格又与周边盒式的居民楼形成鲜明的对比。祠庙内供奉的是土地神。这是澳门现存的三大土地庙之一（另外两个是沙梨头土地庙和下环福德祠）。澳门民众信仰土地神的风气很盛，因此该祠庙常年香火鼎盛。特别是每年二月初二土地诞前后，周边的街坊都会在祠庙周围组织一系列庆祝活动，上演神功戏就是不可缺少的一项。

笔者于 2013 年土地诞期间实地考察，考察过程中观看了祭祀仪式和神功戏。雀仔园福德祠的神功戏从农历一月三十（3 月 11 日）晚就开始，为期 5 天，初一至初四又有日、夜场之分。3 月 11 日傍晚由新会粤剧团上演《永结同心》。笔者来到雀仔园社区时，雀仔园社区的门口与主干道上都挂满了街坊们捐赠的花牌与彩旗。每个花牌上都醒目地写着“雀仔园福德祠　恭祝土地爷爷宝诞　××××敬酬”等。另一方，主干道口边上还挂着这次神诞的捐资榜。榜上有名的除了文化局、民政总署（现更名为市政署）、旅游局、霍英东基金会和澳门基金会等单位外，还有一些捐资的个人。如此看来，像雀仔园福德祠土地诞这样的民间信仰庆祝活动在澳门地区是得到社会上多方大力支持的。

主干道两旁的店铺还在像往常一样开着门做着生意，好几个腿脚不太方便的老人家早已坐上轮椅，在家人的“护送”下来到小舞台前的观众席上打着趣等着开场。所谓的“观众席”，就是设在小舞台前宽约5米的主干道上临时摆放的几排小凳子。小舞台上，被邀请过来的新会粤剧团正忙着布置场地，摆放乐器音响设备，紧锣密鼓地为晚上的首场演出做着准备。

晚上7点45分，主干道上的街灯都亮起来了，照射在原本就是以黄色为主的花牌上，整个戏场都弥漫在一片略显神秘的晕黄中。主干道两边的店主为了不影响街坊们看戏，都纷纷提早打烊。舞台前的观众席已经聚集了一群前来看戏的男女老少。本来就不宽的主干道这时就只剩下靠近舞台边的一条小过道。人群以早早就坐在观众席前排的那几位轮椅老人家为中心，呈半圆形状与舞台对着，向周边散开，一直挤到舞台对面的店铺门前。大家随意地坐着、站着或挨着，三五成群地拉着家常，场内的那片晕黄中，一份暖暖的邻里情谊柔柔缓缓地飘散开来。

晚上8点整，几声响亮的锣鼓后，舞台上的红幕徐徐上升，本来酬神演戏一般开台都先演《六国大封相》，但可能雀仔园的戏台实在太小，所以开台时演员在台口面向置于戏棚上供奉着的土地神焚香祭拜，祈求神仙护佑演出顺利、成功。之后就开演正剧了。大家纷纷停下手上的活，合上说话的嘴，目光相当一致地往舞台集中。喧哗的戏场渐渐静肃下来。虽然该剧团不是什么名伶大班，再加上狭窄的舞台束缚了演员们正常水平的发挥，但是台上的演员与幕后的乐师们依然一丝不苟地做好每一个动作、奏好每一个音符，有板有眼。回望现场的观众，纵使算不上看得津津有味，但用“专心”一词来形容也绝不为过。

第一场结束。静肃的戏场又开始喧闹起来。突然，一阵与这片喧哗极不相称的呼喊声吸引了人们的注意。“赶走佢!”“对，赶走佢!”“噤牙烟!”（危险的意思）几位大妈一边捂着嘴鼻，一边对着一个正在吞云吐雾的男观众骂道。有几位实在看不过眼的干脆跑去找现场负责人。最后，那位因为一支烟惹起公愤的男观众在负责人的指责、大妈们的呵斥下悻悻地离开戏场。不久，现场又恢复了原来那份平静而和谐的喧哗，直到第二场开始。原来戏棚都是易燃的，可见大家的防火意识很强。戏场外，两名警察一直平静地在人群外围站着，仅注视男观众离开，并无干涉。

演出结束后，笔者抓紧时间访问了雀仔园福德祠值理会一位罗先生，他说：“接下来几天还有神诞拜祭仪式、醒狮贺诞、分切福肉（分烧猪肉）、巡回采青、敬老宴等，这种神诞节庆活动已延续上百年，都是以雀仔园街坊、信众为主筹款举行，现在政府及一些机构都会有资助，大家就更高兴了。神诞活动既酬谢土地神护佑众生，又是街坊联络交流、敬老爱幼的机会，是有益社会、有益街坊的事，我们一定会年年都搞。”

三　结语

从路环谭公庙神诞和雀仔园福德祠土地庙神诞这两个民间节庆活动的例子来看，粤剧神功戏与澳门民间节庆活动有着紧密的联系，它的社会功能已经从单一向多元发展。

（一）戏曲社会功能的发展首先表现为给社会和民众以好的教化

神功戏的剧目通常都是批判社会中的自私、邪恶、虚伪、懦弱与丑陋，赞美仁爱、正义、善良、忠诚、智慧、勇敢等各种美好品质，如此就可以把一些优秀的思想精神以一种耳濡目染的方式传递给社会民众。

（二）丰富了人们的娱乐生活，增强社区乃至社会的黏合度

随着社会的进步、城市的发展，人与人之间的关系却越发疏远与淡漠。而民俗活动的举办和神功戏的上演把一群平时照面多但由于各自工作而疏于交流的人聚集在同一个地方，给他们提供了更多相互接触和交流的时间与空间。特别是对于一个社区来说，有共同的节日和共同参与的活动对社区的认同、和谐大有裨益。还有坐在轮椅上的几位老人家，居住在“盒式”大楼中，腿脚不便的他们想必很少有这样的机会聚在一起看戏聊天吧。在看戏的过程中，谈谈近况，拉拉家常，一个小小的戏台前就弥漫着那么一股浓浓的邻里情谊！所有这些对社会的安定、和谐都有着重要意义。

（三）对保护发展传统民间民俗文化有重要意义

这是由民俗与戏曲之间相互依存的关系决定的。民俗与戏曲有共同点：地域性强，相互依存，又各有其独特性。所以民俗需要戏曲，因为戏曲丰富了民俗的内涵，是民俗独特性的一个重要体现；民俗中的戏曲与其说是用来娱神，还不如说是用来娱人。像澳门雀仔园土地诞，参与土地诞

庆典的大部分是日常生活平淡但忙碌的普通市民。到了节假日，他们就有想打破生活常态的欲望。恰好民俗节庆活动的热闹喧哗给他们以不一样的感官刺激。特别是戏曲，其或婉转或激愤的演唱和鲜艳浓烈的色彩，更容易调动他们的情感。感情得以宣泄，精神得到满足，于是他们对民俗在精神上又多了一分依赖。戏曲离不开民俗，因为民俗活动的参与者是广大人民群众——戏曲赖以生存的土壤。戏曲在一定程度上需要依附于民俗，这样它才有更广阔的生存空间。这是任何一个剧场、戏院都无法比拟的。

综上所述，粤剧神功戏与澳门民间节庆已成为民俗文化的有机组成部分。它所要扮演的角色变得更加鲜活，它所要承载的社会任务更加多样，因而应该得到尊重，应该得到保护、传承。

澳门民间文艺多元多样化概述

陈树荣[*]

摘　要： 本文主要论述澳门民间文艺的多元化和多样性，详细介绍了澳门民间文艺的具体内容、特色、来源、历史、发展等。本文认为，澳门民间文艺一向以中华文化为主体，中西文化并存并举，深入交流发展，从不中断，这正是澳门民间文艺的特色和长期发展的原因；这既为澳门学研究提供了更多的资源，也促进了澳门学的发展。

关键词： 民间文艺　澳门学　澳门

古语有云："不忘初心，方得始终。"笔者于1986年倡导澳门学研究之初，已将澳门人文历史文化列为澳门学的重要载体之一，并将其中的"澳门民间文艺"作为重要部分，逐步推动澳门学深入发展。如今，借着第五届澳门学国际研讨会的举办，论述澳门民间文艺的具体内容、特色、历史和发展，以及其与澳门学的密切关系。而发展澳门民间文艺对澳门学的深入研究有促进作用，对今天澳门"一个中心、一个平台、一个基地"尤其是对"一个基地"（以中华文化为主体，中西文化多元并存的文化交流基地）定位的实现有积极的推动作用。

* 陈树荣，澳门资深历史文化学者，澳门历史学会理事长，《澳门日报》前副总编辑，澳门经济学会前会长。

一 澳门民间文艺种类多样

几百年间，澳门长期华洋杂处，中西文化并存并举，民间文艺种类很多，大概可分为几十类，略举一二。民间文学：民间故事、歌谣、谚语、谜语、歇后语、叙事诗、打油诗等。民间美术：分布在庙宇、教堂等的民间美术作品，有木雕、石雕、泥雕、砖雕、碑记、碑石，还有书画等。民间曲艺：白榄、快板、龙舟、相声、南音、粤曲、粤讴、活报剧、街头剧、土生话剧等。民间舞蹈，以及活跃在节庆、喜庆活动中的舞龙舞狮等表演。

澳门民间文艺不仅种类异常丰富，而且作品繁多得令人眼花缭乱，甚至叹为观止。澳门虽为弹丸之地，但有大小庙宇50多座，教堂20多座，各式神像几百座。仅以庙宇来说，庙宇的楹联有600多帧，牌匾300多帧；全澳的男女神像，各有300多座，多为木雕塑，形神兼备，别具风格，在各种节庆活动的圣像巡游中，各显风采。澳门的民间故事也很多，尤其是随着持续不断来到澳门的移民，各地的民间文学民间故事也在澳门传播。著名民间文艺家谭达先，首开先河，将流存在坊间的澳门民间故事编辑成书，发现原来小小的澳门竟有几百个（种）民间故事，令人惊喜。

二 澳门民间文艺来源广泛

澳门民间文艺之来源，是多渠道多方面的，蓬勃的移民社会，固然给澳门民间文艺带来新意，而本地制作、本土制造也颇具规模。如木雕神像在一百多年前，已经在本澳制作，澳门桔仔街亦是木雕神像名街；龙嵩街过去称为“中央街”，以制作精美银器铜器闻名。澳门历史名人郑观应于1875年在澳门郑家大屋结婚，龙头左巷坊众赠给他的精美贺婚银花瓶，就是在龙嵩街的银铺订造的。此外，外地送来澳门的民间文艺作品也不少。

三 外来文化丰富了澳门民间文艺

澳门武术可大体纳入澳门民间文艺的范畴。澳门武术种类繁多，仅是得到广泛普及的太极拳，便有十多种流派。而本土武术基本上没有在澳门创立的独家独派，更多的还是移植内地的武术流派或向其学习。最明显的是1910年在澳门创立的精武体育会，它其实是内地总会的分支，一切活动都按总会安排的程序进行，其时有名的段玉清师傅等，也是直接由总会派来澳门的。

澳门的武术项目虽然也自日本、韩国等地引入，但更多的源自中国内地，包括蔡李佛拳、洪拳、咏春拳等。

舞龙舞狮大都来自佛山、广州、江门等地。现今已列入国家级非物质文化遗产的舞醉龙，源出中山，八十多年前与来澳乡亲一同在镜海落户，并不断发展壮大，几十年前回流中山石岐。

至于精彩的澳门舞北狮表演，也是向内地学来的。那是1956年，中国民间艺术团应何贤之邀来澳门清平戏院演出，观众好评如潮；尤以威武的舞北狮为最，甚受欢迎。澳门工人武术班的师傅，站在舞台边“偷师”，并向对方请教，从而将舞北狮的技艺传入澳门。从此，南北狮一起舞动，声威大振。南北狮随同澳门龙狮团远征里斯本，亦大受欢迎。

澳门民间文艺中吸收海内外文化元素的，除了武术、舞龙舞狮等，还有各种的宗教活动，它们的引入丰富了澳门民间文艺的种类。1929年在葡萄牙兴起的庆贺花地玛圣母显灵的节庆活动传到澳门后，被澳门天主教教友普遍接受，年年举办。澳门在每年的5月13日举办花地玛圣母圣像出游，甚为热闹。

澳门的宗教节庆圣像出游很多，近年来更是兴盛，民间的宗教都有节庆圣像出游，个别已暂停的也陆续恢复出游。妈祖圣像出游、哪吒太子神像出游、花地玛圣母圣像出游、苦难善耶稣圣像出游等信俗活动，还陆续被列入澳门的非物质文化遗产目录，备受重视。

四　澳门民间文艺长期发展不断线

澳门几百年间的民间文艺发展，总趋势是顺利的，其间只有小小的不和谐与小摩擦。例如，备受欢迎的澳门神像出巡，在清代乾隆年间，曾有过不甚愉快的日子。当年的澳门天主教徒被严禁观赏妈祖圣像出巡贺诞，不过，有的教友却不为所限，通过百叶窗偷偷地观赏，觉得好看，转而向教会提诉求，后来获得解禁。从此，天主教徒可以公开、合法地观赏华人庙宇的圣像出巡。在澳门，中西宗教的教徒教友都能分享不同圣像出巡带来的不同文化的风情和光彩。

类似上述备受欢迎的民间文艺被叫停的事还有几例。“文革”期间，澳门的舞醉龙、扒龙船、唱大戏、神功戏……都陆续停止活动，直至 1979 年才恢复运作，这是受外力影响。几百年间，澳门民间文艺活动，大体上没有中断过。综上，几百年间澳门民间文艺一向以中华文化为主体，中西文化并存并举，深入交流发展，这正是澳门民间文艺保持特色和长期发展的原因。这既为澳门学研究提供了更多的资源，也促进了澳门学的发展。

土生葡人对葡萄牙土风舞作为旅游吸引物的态度研究

——基于 ABC 态度理论

柳嘉信　李　玺*

摘　要： 澳门土生葡人是澳门社会中一个独特的居民群体，在血缘上包括了居住在澳门的葡萄牙人的后裔，以及葡萄牙人与其他种族通婚而在澳门繁衍的混血后代，在文化上是以葡萄牙文化作为本位文化及身份认同的群体，除了以葡萄牙语作为主要语言，同时大多也可以说流利的粤语。土生葡人的饮食文化、节庆活动等是吸引游客前来本澳旅游的文化亮点。澳门土生葡人群体文化可谓中葡文化融合的最佳证明与结晶，而澳门作为一个世界旅游城市，以往学界却未曾对土生葡人群体在本澳旅游发展上的影响力进行探讨。在现有的澳门旅游发展中，土生葡人群体只被动地作为一项旅游上的文化主题，对于土生葡人群体主观上对待本澳城市旅游发展的态度以及他们的参与行为，并未有相关的研究。为了更为深入地了解土生葡人群体在本澳旅游发展中的态度与行为，本研究以霍夫兰和卢森堡提出的态度 ABC（Affecting-behavior-cognitive）三维度模型为基础，从澳门土生葡人对其所拥有的特色文化资源——葡萄牙土风舞旅游开发过程中的真实性感知作为出发点，探讨不同真实性感知与该群体的情感以及该群体对土风舞的旅游开发支持度之间的关系。通过 177 份调查问卷对澳门土生葡人的代表开展调查并进行分析，研究结果得以呈现，同时从该研究中获得的启示及研究中存在的

* 柳嘉信，澳门城市大学葡语国家研究院助理教授；李玺，澳门城市大学国际旅游与管理学院执行副院长，教授。

不足均得到探讨，探讨该群体对待澳门旅游发展态度的形成机制，以及该群体参与旅游发展之意向和行为偏好。该研究从多元文化的持续发展角度进行探讨，其结果进一步丰富了澳门旅游、文化方面的研究成果，而且对澳门旅游业及本地文化的发展具有实践指导价值。

关键词： 澳门　土生葡人　土风舞　态度 ABC 模型　真实性

澳门400 多年的中西融合的发展历史，除了带来了丰富的文化遗存，也产生了很多独特的社会现象。土生葡人就是澳门社会中具有典型的文化融合特征的群体。澳门的“土生葡人”（Macanese）一词虽然并未在官方法规中给予明文定义，但根据学界现有的研究成果，大致上是指在澳门土生土长，以葡萄牙语作为第一语言，以葡萄牙文化作为本位文化及身份认同的人群，包括居住在澳门的葡萄牙人后裔，以及葡萄牙人与其他种族通婚而在澳门繁衍的混血后代，一般可以说流利的粤语。[①] 澳门回归后，逾万名土生葡人留在澳门，过着安居乐业的生活。土生葡人在澳门社会和经济发展中做出了重要贡献，具有重要的影响力和代表性。在澳门印务局网站上使用“土生葡人”作为标题关键词搜索，可以找到四个相关的社团：土生葡人美食联谊会、澳门土生国际联谊会、澳门土生葡人青年协会、澳门土生葡人之家体育会。同时，澳门每三年都会举行一次澳门土生葡人社群聚会，这些活动强化与提升了澳门作为多元文化城市的形象。

从 16 世纪算起，土生葡人在澳门生活了近 5 个世纪，是澳门历史不可分割的组成部分，更拥有独特的文化特色。特区政府十分注意尊重及保护土生葡人的独特文化，如历史悠久的澳门土生美食已经成为澳门非物质文化遗产，并将进一步申报成为国家级非物质文化遗产。此外，土风舞是澳门土生葡人的另一项特色文化，经常作为一个特色环节出现在澳门各项节庆展演和

① 如学者哈维（Roy Eric Xavier）对土生葡人定义如下：“We define ‘Macanese’ broadly as: Anyone who is a descendant of mixed-race Portuguese from Asia with roots in China and India, and specifically in Goa, Macau, Hong Kong, Shanghai, Canton, Taiwan, Japan, Malaysia, Singapore and Timor. Your ancestors need not be from Macau, but there should be an ethnic connection in your family to the Portuguese in Asia during the last 500 years。”详见 Roy Eric Xavier（2017）。

官方组织的对外文化旅游推广活动中。

澳门土风舞可以追溯到葡萄牙人1553年来到澳门时带来的代表自己文化的葡萄牙土风舞。在葡萄牙人居留的400多年间，在澳门“集合”了葡萄牙文化、葡萄牙建筑风格以及多元化的人种，这些造就了现在澳门独特的文化。[①] 葡萄牙人把葡萄牙乡间农民在喜庆节日的舞蹈带到遥远的东方，通过载歌载舞表达对家乡的思念、缓解生活的压力。土生葡人的土风舞融合了唱歌、奏乐和舞蹈三种表演形式，舞者穿着葡萄牙各地方风格的传统服饰，使用典型的欧洲民间乐器如小提琴、手风琴、曼陀铃、吉他、口琴、大鼓及铃鼓等演奏舞曲，能令人观赏时仿佛置身于南欧欢快热闹的乡间庆典之中。[②] 土生葡人在澳门生活时，并没有忘记葡萄牙土风舞。葡萄牙土风舞经常出现在节日、聚会和大型宴会等场合，是土生葡人必不可少的娱乐节目之一。[③] 土生葡人把葡萄牙乡间农民在喜庆节日的舞蹈带到了遥远的东方，他们不但通过舞蹈表达他们对家乡的怀念之情，而且通过唱歌、奏乐和舞蹈三种表演形式抒发对生活的热爱。土生葡人表演的土风舞，在服饰上综合了葡萄牙由南到北的不同风格，使观众在视觉上有不同的享受。乐器方面，小提琴、手风琴、曼陀铃、吉他、口琴、大鼓以及铃鼓等，都是典型的欧洲民间乐器。

在澳门回归之前，土风舞只盛行于土生葡人和葡萄牙人的群体中。土风舞只在限定的人群内流传，虽然因此获得了较完整的传承，却也限制了其融入澳门社会其他群体的机会。1985年，澳门文化司署为了学生能更好地学习葡萄牙语和深入了解葡萄牙文化，设立了葡萄牙土风舞课程。[④] 前身为澳门俱乐部歌舞团的澳门歌舞团于1991年成立，旨在推广葡萄牙和澳门的传统文化，在国际平台上推广澳门的葡萄牙文化。1998年，该团获澳门总督颁授旅游功绩勋章，而团长方约翰也于澳门回归后获特区政府行政长官颁授2004年度功绩奖状。方约翰希望葡萄牙土风舞能够在澳门永远存在，同时

---

① 蔡小雨、蔡树本：《澳门“葡萄牙土风舞”的历史发展与演绎特色初探》，《内蒙古大学艺术学院学报》2015年第1期。

② 邓思平：《澳门土生葡人》，三联书店（香港）有限公司、澳门基金会，2009。

③ 霍志剑：《澳门土生葡人的宗教信仰——从“单一”到“多元混融”的变迁》，社会科学文献出版社，2009。

④ 蔡小雨、蔡树本：《澳门“葡萄牙土风舞”的历史发展与演绎特色初探》，《内蒙古大学艺术学院学报》2015年第1期。

还强调土风舞的表演者一定要有葡萄牙人，这才能让观众体会到这一文化的底蕴和韵味。

澳门1999年回归之后，以土生葡人姗桃丝（Rita Botelho dos Santos）为首成立的澳门葡萄牙土风舞蹈团，不仅有助于土风舞融入当地华人文化和节日，而且对扩展澳门的对外文化交流很有助益。[①] 面对多元文化，澳门选择将葡萄牙土风舞作为本地的文化符号之一，成立了葡萄牙土风舞蹈团。[②] 葡萄牙土风舞成为澳门文化符号之一，澳门特区政府前往各地举行“澳门周”活动，都会现场表演澳门土风舞；澳门土风舞参加了1999年回归巡游、2001~2009年上海国际旅游节、2008年北京奥运会开幕式、2009年上海世博会澳门主题周巡游等。在澳门本地，也参加了澳门周、活力澳门等活动。[③] 目前土风舞已经成为澳门著名的文化品牌之一。

澳门是一个多元文化社会，多元文化社会有极具包容性的特征。社会的包容性便于澳门特区政府推广葡萄牙土风舞。特区政府在学校和青少年活动中心开办土风舞兴趣班，主旨是普及葡萄牙土风舞知识。特区政府对于在澳门存在已久的葡萄牙文化，向来十分重视和尊重，更时常将葡萄牙土风舞安排为对外官方宣传活动中的一个环节，借此呈现出东西方多元文化交融共存的“澳门特色”；葡萄牙文化已然融入了澳门并成为当地文化的一环，这更确立了葡萄牙土风舞作为“澳门文化标志”的角色定位。[④]

现今，土风舞表演在澳门越发普遍，在节日庆典上是不可缺少的一部分。在国际会展项目中，土风舞演出也是必不可少的余兴节目。[⑤] 在澳门的葡萄牙土风舞旋律部分虽没有改变，但是为了融入澳门，在歌词部分加入了澳门元素。例如，歌曲 *Macau sâm Assi*（*This is Macau*）中加入了“Chega cedo San Ma Lou（新马路）”之类的澳门地名即为例证。[⑥] 在葡萄牙土风舞

① 东平：《姗桃丝：传递澳门土生葡人的丝丝情谊》，《国际人才交流》2008年第10期。

② 戴定澄：《澳门史新编》第4册，澳门基金会，2008。

③ 蔡小雨、蔡树本：《澳门“葡萄牙土风舞”的历史发展与演绎特色初探》，《内蒙古大学艺术学院学报》2015年第1期。

④ 徐杰舜：《澳门文化透视》，《广西民族学院学报》（哲学社会科学版）1999年第4期。

⑤ Imon, S. S.，“13 Issues of Sustainable Tourism at Heritage Sites in Asia”，*Asian Heritage Management: Contexts, Concerns, and Prospects*，Vol. 39，2013，p. 253.

⑥ Forêt, P.，“Rua de Macau: Heterotopic Urbanity in the Celebration of Place, Memory and Identity”，*Studies in History and Theory of Architecture*，Vol. 3，2015，pp. 105 - 114.

发展中最重要的是参演人员，澳门目前有数支土风舞表演队，成员有葡萄牙人、土生葡人，甚至也有华人和其他国籍人士。从最初只有葡萄牙人变为不同国家、不同民族的人都积极参与到这一文化活动中，这表明不同族群在澳门和谐共处，并促进了多元文化在澳门共同发展。

真实性（Authenticity）是文化旅游过程中较为重要的一环，以往研究真实性都是从旅游者的角度进行，少有学者从文化拥有者的角度来探讨，因此这是本文的一个创新点。土生葡人群体对土风舞的认知和真实性抱持什么样的态度？澳门土生葡人群体对土风舞成为旅游吸引物持何种态度，是否会支持与参与该项目的发展？这都值得深入研究。为此，本文将通过定性与定量相结合的研究方法，以问卷调研及深度访谈的方式来探析土生葡人对葡萄牙土风舞的认知、对葡萄牙土风舞的真实性的感知态度，并从真实性改变对其情感和态度的影响角度来探寻，土风舞作为旅游吸引物时可被文化所有者接受的改变之边界。

一　文献回顾与研究假设

（一）居民的态度 ABC 模型

旅游研究领域中已有许多关于态度所进行的研究，但现有研究大多是针对旅游资源或旅游项目，从旅游者行为模式的角度进行探讨，且将态度理解为一种“主体对客体各种属性的预期与评价”的单一维度①；这种单一维度概念下所建构出的态度模型，对于态度所形成的机理探讨恐不够深入。为弥补这样的缺憾，本文采用霍夫兰和卢森堡提出的态度 ABC（Affecting-behavior-cognitive）三维度模型则将态度划分为认知、情感和行为意向三部分，并强调态度的形成是认知、情感和行为意向相互作用的结果。由于态度主体对态度对象的动机水平不同，三要素在态度形成过程中的重要性也不同。据此上述学者提出了态度形成的三种层级，包括基于认知信息加工的标准学习层级（认知→感情→行为意向）、基于行为学习过程的低介入层级（认知→行为意向→感情）和基于享乐主义的经验层级（感情→行为意向→认知）。②

① 马先明、姜丽红：《态度及其与行为模式述评》，《社会心理科学》2006 年第 3 期。

② 李琪、王璐瑶：《基于 ABC 态度模型的消费者重复购买意愿研究》，《商业研究》2016 年第 11 期。

本文认为，认知、情感与行为意向所组成的态度是一个循环的动态变化过程，基于认知信息加工的标准学习层级是初始态度形成的基本过程，故以态度 ABC 模型的标准学习层级作为研究的理论基础，来探讨土生葡人群体对葡萄牙土风舞作为旅游吸引物的态度与行为意向。

旅游地居民的认知过程通常表现为对旅游发展的影响感知，以往研究都是从经济、社会文化和生态环境等方面进行探讨，在方向上又可分为积极和消极两种。[①] 由于本文主要探讨土生葡人群体对其特有的文化活动在旅游发展过程中之态度，因此，在认知方面主要涉及对葡萄牙土风舞的认知，以及对将葡萄牙土风舞开发成旅游吸引物之后，土生葡人群体对自身群体文化传承所产生的影响之认知。另外，本文还将重点关注土风舞作为旅游资源在开发过程中，澳门土生葡人群体对其表现形式之真实性的感知。因此，最终本文的认知成分包括葡萄牙土风舞之社会群体表征、葡萄牙土风舞旅游开发的影响、葡萄牙土风舞旅游开发的原真性三方面。

情感认知评价理论认为情感是人与外在环境相互作用的产物，是在对外界刺激进行感知并自我调节基础上所形成的一种情感判断。[②] 吴丽敏通过文献回顾与质性访谈的方式发现旅游地居民在旅游发展过程中存在地方依恋感、社区归属感、旅游发展满意感、生活幸福感、厌恶感、剥夺感和排斥感 7 种情感。本文试图从文化认同的角度，探究土生葡人在其传统文化转变为旅游吸引物过程中的情感状态，并借此分析情感状态在态度形成中的作用机制。本文结合与土生葡人代表的访谈，将土生葡人面对葡萄牙土风舞旅游开发时的情感判断分为两大类——认同感和厌恶感，从而将上述两类情感作为支持意愿形成前的情感部分。

行为意向是一种心理上的准备状态。学者们多从参与旅游发展、积极保护旅游资源、支持旅游发展、友好对待游客等方面研究旅游地居民行为意向。[③] 本文结合访谈分析，认为土生葡人参与葡萄牙土风舞的旅游开发、保

① 赵玉宗、李东和、黄明丽：《国外旅游地居民旅游感知和态度研究综述》，《旅游学刊》2005 年第 4 期。

② 吴丽敏：《文化古镇旅游地居民“情感—行为”特征及其形成机理》，博士学位论文，南京师范大学，2015。

③ 范莉娜：《民族村寨居民文化适应及其对旅游支持行为意愿的影响》，博士学位论文，浙江大学，2016。

护旅游资源的原真性，以及直接参与葡萄牙土风舞的传承与展示等都属于支持葡萄牙土风舞进行旅游开发的行为。

（二）文化旅游的真实性

英文“authenticity”的中译有真实性、原真性、本真性、原生性、可靠性、准确性多个意思，表述各有侧重。旅游界用“真实性”来强调旅游者的体验。[①] 由于真实性概念最初是从文化遗产保护领域引入旅游研究中的，在遗产保护领域，真实性既指遗产产生之初的“原真”，也指建成以后在各个历史阶段维护、维修中遵循的可以识别的“真实性”原则，以保持所有存在时期的“本色”。而在旅游研究领域，“authenticity”既指旅游者对旅游活动、文化等旅游地事物是否“保持本色”（original）的追问与评判，也指旅游者在旅游过程中获得“真实性”自我的主观状态。

旅游研究中对真实性的研究始于20世纪六七十年代。布尔斯廷（Boorstin）与麦克坎内尔（MacCannel）对旅游中“伪事件”的评论引发了学界对真实性问题的广泛关注。有学者开始认为“真实性”的概念除了可以运用于博物馆的展览品外，也可以延伸到对旅游领域的美术工艺、节庆、仪式、烹饪、服装、建筑等的评判上，[②] 真实性问题随后成为旅游研究的核心内容。

学者提出的真实性概念主要涉及客观对象的原始属性和主体的真实经验。[③] 对真实性概念的解释更多建立在描述的基础上。Littrell、Anderson与Brown认为真实性应具备独特性、原始性、制造工艺、文化与历史的完整性、功能及实用性等特征。[④] 王宁提出人们追寻的真实性不单是事物本身的真实性，而且是可以通过观赏对象与活动过程的体验唤起的感官知觉，属于一种象征的真实性，[⑤] 是社会建构的结果。真实性是根据人们自身的信念、

① 张朝枝：《原真性理解：旅游与遗产保护视角的演变与差异》，《旅游科学》2008年第1期。

② Wang, N., "Rethinking Authenticity in Tourism Experience", *Annals of Tourism Research*, Vol. 26, No. 2, 1999, pp. 349－370.

③ Steiner, C. J., & Reisinger, Y., "Y. Understanding Existential Authenticity", *Annals of Tourism Research*, Vol. 33, No. 2, 2006, pp. 299－318.

④ Littrell, M. A., Anderson, L. F., & Brown, P. J., "What Makes a Craft Souvenir Authentic?" *Annals of Tourism Research*, Vol. 20, No. 1, 1993, pp. 197－215.

⑤ Wang, N., "Rethinking Authenticity in Tourism Experience", *Annals of Tourism Research*, Vol. 26, No. 2, 1999, pp. 349－370.

期待、偏好、刻板印象及意念赋予对象的真实性意义[①]，是一种感知[②]（Perception）、价值[③]（Value）、主张（Claim）、动机[④]（Motivation force）。游客是感觉的主体。文芸与傅朝卿指出，真实性在形式上包含有形的物质（physical）状态和来自内心深层的无形情感[⑤]（emotionally），是人们自我意识做出的选择。由于游客文化背景、人格特质、旅游偏好、动机的复杂性，会产生对真实性理解的不一致现象。[⑥]

史密斯（Smith）与达菲（Duffy）认为真实性包括冷真实性、热真实性两种，源自产品（传统舞蹈或手工艺品）的真实性称为冷真实性，来自游客对旅游体验的情感感受称为热真实性，冷与热是就对真实性载体的区分而言的，实际上也指游客不同的旅游体验。[⑦]

王宁把旅游研究领域的真实性概念梳理、区分成客观真实性、建构真实性、后现代真实性几个不同类别，并在此基础上提出存在真实性概念。[⑧]

客观真实性也指"事物之真"，是一种不依赖个人主观的客观存在，真实性是一种客观标准下的现实性、原创性和精确性，从外到内都不存在虚假与不实[⑨]；它是旅游客体固有的一种特性，可以用类似博物馆的标准测量，

---

① Bruner, J., "The 'Remembered' Self", in *The Remembering Self: Construction and Accuracy in the Self-narrative*, 1994, pp. 41 - 54.

② Cohen, E., "Authenticity and Commoditization in Tourism", *Annals of Tourism Research*, Vol. 15, No. 3, 1988, pp. 371 - 386.

③ Olsen, S. O., "Comparative Evaluation and the Relationship Between Quality, Satisfaction, and Repurchase Loyalty", *Journal of the Academy of Marketing Science*, Vol. 30, No. 3, 2002, pp. 240 - 249.

④ Leigh, T. W., Peters, C., & Shelton, J., "The Consumer Quest for Authenticity: The Multiplicity of Meanings within the MG Subculture of Consumption", *Journal of the Academy of Marketing Science*, Vol. 34, No. 4, 2006, pp. 481 - 493.

⑤ 文芸、傅朝卿：《重思文化遗产的真实性概念——从过去到现在的理解》，《建筑学报》2011 年第 76 期。

⑥ Revilla, G., & Dodd, T. H., "Authenticity Perceptions of Talavera Pottery", *Journal of Travel Research*, Vol. 42, No. 1, 2003, pp. 94 - 99；曾慈慧、沈进成、陈丽如：《矿业遗产观光中真实性对观光意象，地方感与游后行为意图之影响》，《户外游憩研究》2011 年第 3 期。

⑦ Smith, M., & Duffy, R., *The Ethics of Tourism Development*, London: Routledge, 2003.

⑧ 王宁：《旅游，现代性与"好恶交织"》，《社会学研究》1999 年第 6 期。

⑨ Relph, E. C., "The Phenomenological Foundations of Geography", *Philosophy of Geography*, Toronto: University of Toronto, Department of Geography, 1976.

这种真实性与仿制、商业化背道而驰。[①] 在商品化充斥旅游业的语境下，游客很难体验到这种真实性，因为游客凝视的对象多数是人为加工过的。例如，目的地为了减少旅游对当地的冲击，会设立一个旅游接待前台为游客展现当地的文化活动，而在游客不可能达到的隐秘后台保持自己的传统文化，在人为的隔离下，游客所得到的“真实”，其实是一种“舞台化”的真实。所以，即使旅游者自己认为他们获得了真实的经历，如果被旅游的客体事实上是虚假的、被包装的，或者是如麦坎内尔（Dean MacCannell）所称的“舞台真实”（Staged Authenticity），它仍应被鉴定为“不真实”的。可见，旅游者固然具有追寻真实性的强烈愿望，但是否具有识别、体验真实性的能力，却值得怀疑。

建构主义哲学的基础源于意大利哲学家维柯（Giambattista Vico）认为人类史是人类自己创造的观点。[②] 建构主义者认为客观世界在人的头脑中的反映不完全是客观现实在人脑中直接投射形成的，而是认识主体建构后的结果。社会是由人建构并随着主体的知觉和动机投入而不断地发生转换和变化的。建构主义认为现实（reality）不过是人类解释和建构的结果而已，是多元的、弹性的，甚至是思想意识形态的。[③] 事物表现为真实性，并不是因为它们生来就是真实的，而是人们依据观念、信仰、权威等将它们建构成那样的。

在建构主义者看来，旅游者追求的并不是客观的真实性，而是作为社会建构结果的象征的真实性。旅游客体或被旅游的他者被旅游者体验为真实时，并不是因为它们事实上就这样，而是因为它们被当作真实性的符号或象征。旅游真实性是由各种旅游企业、营销代理、导游解说、动画片制作者（animators）等生产、制造（produce）出来的。[④] 在与客观事实的关系上，建构真实性所说的真实不是“真实”本身，不是真实的原始，而是对它的“形象复制”，是“真实的制造”，是社会现实的具体和客体的再现，只不过这种再现包含了主观因素和人为的选择。在一个特定的旅游活动中，不同的游客在看

① Boorstin, D. J., *The Image: A Guide to Pseudo-events in America* (New York: Harper & Row., 1964).

② Von Glasersfeld, E., "An Introduction to Radical Constructivism," in Watzlawick, P., ed., *The Invented Reality* (New York: Norton, 1984).

③ Wang, N., "Rethinking Authenticity in Tourism Experience", *Annals of Tourism Research*, Vol. 26, No. 2, 1999, pp. 349 - 370.

④ 转引自李旭东、张金岭《西方旅游研究中的“真实性”理论》，《北京第二外国语学院学报》2005 年第 1 期。

待同一个事物或者现象的时候，他们获得的真实性是不同的。建构真实性的观点解释了旅游活动带来的舞台化、文化商品化和真实性的关系，与客观真实性的观点相反，建构真实性认为舞台化、文化商品化会为地方文化注入新的活力，成为当地人在外来民众面前自我表征（self-representation）的工具。[①] 在大众旅游阶段，舞台化、商品化的产品所体现的某些突出的当地特征会使旅游者认可该产品的真实性，可以满足旅游者的期望，也能保护后台文化真实性免受破坏。

存在真实性借用了哲学中的本体论观点来指代旅游者的主观体验（first-person experience）。作为一种存在方式的潜能——“存在”（being）由旅游者和旅游活动引起、触发，当人处于存在的真实状态时，感觉自己比日常生活中的自我更加真实、自由，处于一种“真实性的奇妙时刻”，[②] 有一种“近似狂欢的感觉”。存在主义的真实性是一种特殊的“存在”状态，[③] 以怀旧和浪漫主义为特征。[④] 这种状态中个体成为真实的自我，与现代西方社会中人们在公共领域和公共角色中“真我”的失落是对立的。存在真实性论者认为纵使旅游时的客体完全是虚假的，游客可能还是在追求一种自我存在的真实性。

鲍德里亚（Sean Baudrillard）借用柏拉图的“虚像”来解释原真与虚像之间的关系，他认为现在的世界正是一个“模拟”构成的世界，它允许没有“原作品”，没有“起源”，没有原真的参照，而只是一系列形而上的编码符号。后现代主义的真实性其实是对人造物、复制品和仿制品的认同，而基于“原件”的真实性已不复存在。[⑤]

后现代游客则是追求享受、娱乐、表层美，[⑥] 只要游览的景观能给人以

---

① Cohen, E. A., “Phenomenology of Tourist Experiences”, *Sociology*, Vol. 13, No. 2, 1979, pp. 179 - 201; Cohen, E., “Authenticity and Commoditization in Tourism”, *Annals of Tourism Research*, Vol. 15, No. 3, 1988, pp. 371 - 386.

② Crang, M., “Magic Kingdom or a Quixotic Quest for Authenticity?” *Annals of Tourism Research*, Vol. 23, No. 2, 1996, pp. 415 - 431.

③ Berger, P. L., “Sincerity and Authenticity in Modern Society”, *The Public Interest*, Vol. 31, 1973, p. 81.

④ Wang, N., “Rethinking Authenticity in Tourism Experience”, *Annals of Tourism Research*, Vol. 26, No. 2, 1999, pp. 349 - 370.

⑤ 转引自李旭东、张金岭《西方旅游研究中的“真实性”理论》，《北京第二外国语学院学报》2005 年第 1 期。

⑥ Cohen, E., “Contemporary Tourism-trends and Challenges: Sustainable Authenticity or Contrived Post-modernity?” *Change in Tourism: People, Places, Processes*, 1995, pp. 12 - 29.

享受、娱乐，他们就不大关心景观的起源和真实性问题。迪士尼乐园是一个常见的例子，尽管是为商业目的而建造的，但随着时间的推移它变成了美国文化的标志；尽管源于虚构，但它仍要求有真实性的衡量，要求有真实性的技术。事实上，虚构的景观不再意味着毫无意义。真实性涉及复制的技术和准确和对过去完美的模仿。①

学者对真实性的分类不止以上几种，还有超现实（hyper-reality）②、渐变真实性③（Emergent authenticity）、后真实④（Post-authentic）、虚拟真实⑤（Virtual authenticity）等不同的提法，这正说明旅游真实性是一个复杂的问题，是多视角的产物，这也解析了理解的模糊和实际应用中的偏颇、困惑产生的原因。

然而，对于旅游地的居民而言，实际上也面临真实性感知的问题。尤其是在自身族群的文化要素被开发作为旅游吸引物的时候，其对此种开发形式的真实性感知与评价，可能会对其情感与行为意向产生显著的影响。然而，非常遗憾的是，目前在旅游学术界，较少学者从真实性角度探讨居民之态度与行为。为此，本文将借助上述文献分析和理论，对土生葡人群体在葡萄牙土风舞开发过程中的真实性感知进行探讨，并就其对态度的影响展开模型构建。由于居民与游客的研究视角不同，在探讨真实性的时候，对于土生葡人的葡萄牙土风舞真实性感知，本文采取了客观真实以及建构真实两个感知角度，同时还以文化旅游的相关文献为基础，增加了负面感知的部分，即旅游开发的商业化感知。

结合上述态度形成的ABC理论和真实性、商业化感知，基于正面与负面情感的影响之相关文献，本文最终提出以下假设及理论框架（见图1）。

H1：客观真实性感知对认同感有显著的正面影响；

H2：建构真实性感知对认同感有显著的正面影响；

---

① Daniel, Y. P., "Tourism Dance Performances Authenticity and Creativity", *Annals of Tourism Research*, Vol. 23, No. 4, 1996, pp. 780 - 797.

② Eco, U., *Travels in Hyper Reality*, trans. by William Weaver (New York: Harcourt Brace Jovanovich, 1986).

③ Cohen, E., "Authenticity and Commoditization in Tourism", *Annals of Tourism Research*, Vol. 15, No. 3, 1988, pp. 371 - 386.

④ Cohen, E., "'Authenticity' in Tourism Studies: Aprés la lutte", *Tourism Recreation Research*, Vol. 32, No. 2, 2007, pp. 75 - 82.

⑤ 陈兴：《"虚拟真实"原则指导下的旅游体验塑造研究——基于人类学视角》，《旅游学刊》2010年第11期。

H3：商业化感知对认同感有显著的负面影响；
H4：客观真实性感知对厌恶感有显著的负面影响；
H5：建构真实性感知对厌恶感有显著的负面影响；
H6：商业化感知对厌恶感有显著的正面影响；
H7：认同感对支持度有显著的正面影响；
H8：厌恶感对支持度有显著的负面影响；
H9：客观真实性感知对支持度有显著的正面影响；
H10：建构真实性感知对支持度有显著的正面影响；
H11：商业化感知对支持度有显著的负面影响。

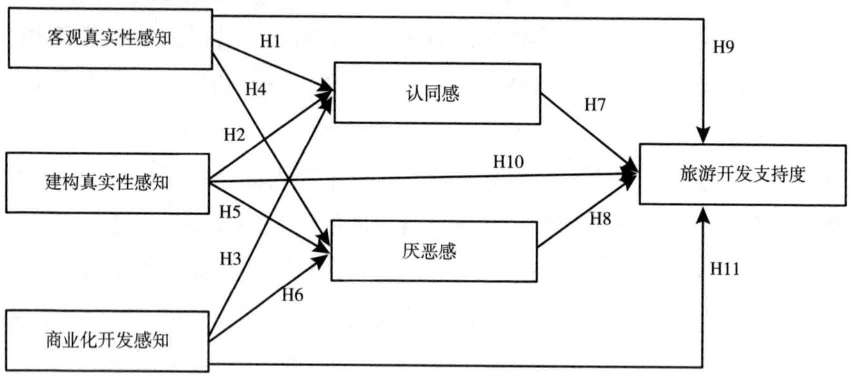

图1　本文理论框架

二　研究设计

本文在问卷设计方面，一方面参考了以往学者在客观真实性、建构真实性、商业化、认同感、厌恶感、支持度等方面的问项，另一方面还邀请了5位土生葡人代表进行了深度访谈，结合深度访谈的信息对问项进行调整，以便使其更加适合本文的场景。最终形成的调研问卷的初稿，由六个部分组成，分别是客观真实性（5个问项）、建构真实性（4个问项）、商业化（4个问项）、认同感（5个问项）、厌恶感（3个问项）、支持度(6个问项)。问卷初稿完成后，研究者进行了预调研。由于土生葡人群体较难以直观地进行判断，为此本文在抽样时，选择了滚雪球抽样的方式，即通过认识的土生葡人朋友，借助他们的社会网络以及部分土生葡人协会的人士进行问卷发放与回收。预调研时，发放了60份问卷，信效度方面表现较为理想。我们在 2019 年 6 ~7 月调查了 185 人，成功回收有效问卷 177 份。

三　研究发现

本文首先对回收的 177 份数据进行了信度检测，结果显示：客观真实性部分信度克朗巴哈系数（Cronbach's α）为 0.909；建构真实性部分信度克朗巴哈系数为 0.873；商业化部分信度克朗巴哈系数为 0.812；认同感部分信度克朗巴哈系数为 0.862；厌恶感部分信度克朗巴哈系数为 0.739；支持度部分信度克朗巴哈系数为 0.834。由此可见，所有分量表的信度都达到了 0.7 以上，为此，本文的信度具有较高的水准。为了进一步验证结构模型与问卷数据的适配度，本文对上述变量进行了验证性因素分析（CFA）。根据 CFA 的分析结果，有厌恶感和支持度两个变量的 AVE 值低于 0.5，根据系统修订指数的提示，删除厌恶感的第 3 个问项，以及支持度的第 4 个、第 5 个、第 6 个问项。为此，笔者对上述问项进行了删除处理，处理之后的 CFA 分析具体结果见表 1。

表 1　CFA 分析结果一览

			Estimate	S. E.	C. R.	P
ObjAuthen1	< - - -	OAU	1. 000			
ObjAuthen2	< - - -	OAU	0. 979	0. 094	10. 433	***
ObjAuthen3	< - - -	OAU	1. 321	0. 113	11. 684	***
ObjAuthen4	< - - -	OAU	1. 229	0. 103	11. 878	***
ObjAuthen5	< - - -	OAU	1. 222	0. 103	11. 859	***
ConstruAuthen1	< - - -	CAU	1. 000			
ConstruAuthen2	< - - -	CAU	1. 134	0. 132	8. 598	***
ConstruAuthen3	< - - -	CAU	1. 225	0. 133	9. 214	***
ConstruAuthen4	< - - -	CAU	0. 927	0. 116	8. 015	***
Commercial1	< - - -	COM	1. 000			
Commercial2	< - - -	COM	0. 803	0. 084	9. 534	***
Commercial3	< - - -	COM	0. 815	0. 084	9. 659	***
Commercial4	< - - -	COM	0. 832	0. 083	10. 036	***
Ident1	< - - -	IDT	1. 000			
Ident2	< - - -	IDT	1. 018	0. 085	11. 966	***

续表

			Estimate	S. E.	C. R.	P
Ident3	< - - -	IDT	0. 947	0. 093	10. 161	***
Ident4	< - - -	IDT	0. 647	0. 084	7. 668	***
Ident5	< - - -	IDT	0. 719	0. 097	7. 402	***
disgust1	< - - -	DSG	1. 000			
disgust2	< - - -	DSG	0. 681	0. 110	6. 164	***
support1	< - - -	SPT	1. 000			
support2	< - - -	SPT	0. 748	0. 079	9. 416	***
support3	< - - -	SPT	0. 527	0. 077	6. 829	***

总的来看，CFA 分析结果显示，该测量模型的配适度指数基本达到相关标准，数据与模型的拟合程度较好。具体数据结果详见表 3 中的 CFA 部分之内容。在效度分析方面，本文运用 Amos17 进行收敛效度和区分效度分析。收敛效度检验通过测量条目的标准化因子载荷（Standardized Estimate）、组合信度（Composite Reliability，CR）以及平均变异抽取量（Average Variance Extracted，AVE）进行检验。验证结果显示，AVE、CR、T 值等所有指标均达到标准，说明本文的测量模型具有良好的效度，为后续的数据分析打下了很好的基础。具体分析结果详见表 2。

表 2　测量模型的区分效度与收敛效度指标一览

	CR	AVE	MSV	MaxR(H)	OAU	CAU	COM	IDT	DSG	SPT
OAU	0. 907	0. 663	0. 376	0. 912	0. 814					
CAU	0. 833	0. 557	0. 336	0. 848	0. 580***	0. 746				
COM	0. 838	0. 566	0. 273	0. 849	-0. 119	-0. 113	0. 752			
IDT	0. 837	0. 513	0. 376	0. 869	0. 613***	0. 523***	0. 006	0. 716		
DSG	0. 729	0. 58	0. 273	0. 797	-0. 392***	-0. 454***	0. 523***	-0. 304**	0. 762	
SPT	0. 815	0. 529	0. 294	0. 847	0. 542***	0. 428***	-0. 241**	0. 528***	-0. 266**	0. 727

本研究运用 AMOS 17 对结构模型涉及的潜变量进行路径分析，结果如图 2 所示。从模型配适度指针来看，卡方值为 421. 458，自由度为 216，尽管 P 值显著，但结构模型的卡方与自由度比值为 1. 951，CFI、RMSEA 分别为 0. 901 和 0. 074。可见，模型配适度指数基本达到相关标准，数据与模型的拟合程度较好，适合做进一步的路径分析。

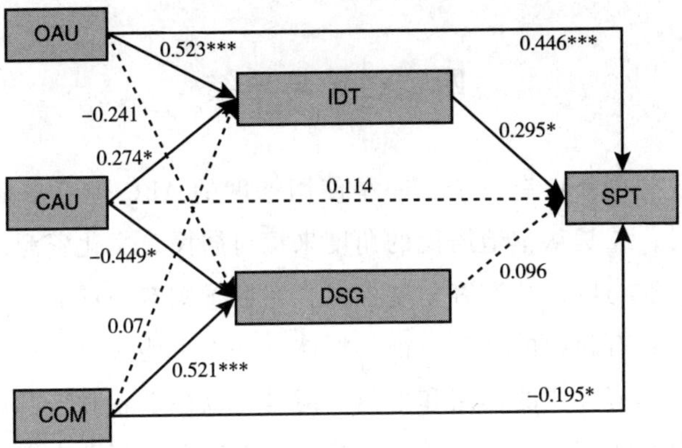

图 2　结构模型路径分析

注：*** 表示 P 值 =0.000； * 表示 P 值 <0.05。

总的来看，CFA 分析结果显示，该测量模型的配适度指数基本达到相关标准，数据与模型的拟合程度较好。具体数据结果详见表 3 中的 CFA 部分之内容。

表 3　模型适配度指标一览

Model fit Measurement	CMIN	DF	CMIN/DF	CFI	RMSEA
CFA	420.833	215	1.957	0.900	0.074
SEM Model	421.458	216	1.951	0.901	0.074

该研究模型的路径系数以及相关假设的验证情况，详见表 4。表 4 结果显示，除了 H3、H4、H8、H10 四个假设没有得到数据的支持外，其他 7 个研究假设均得到了支持。

表 4　路径分析结果

				Estimate	S. E.	C. R.	P	Result
H1	IDT	< - - -	OAU	0.523	0.108	4.818	***	支持
H2	IDT	< - - -	CAU	0.274	0.100	2.733	0.006	支持
H3	IDT	< - - -	COM	0.070	0.058	1.212	0.225	拒绝
H4	DSG	< - - -	OAU	-0.241	0.148	-1.633	0.102	拒绝
H5	DSG	< - - -	CAU	-0.449	0.148	-3.033	0.002	支持
H6	DSG	< - - -	COM	0.521	0.091	5.722	***	支持
H7	SPT	< - - -	IDT	0.295	0.110	2.678	0.007	支持
H8	SPT	< - - -	DSG	0.096	0.089	1.078	0.281	拒绝
H9	SPT	< - - -	OAU	0.446	0.129	3.466	***	支持
H10	SPT	< - - -	CAU	0.114	0.120	0.956	0.339	拒绝
H11	SPT	< - - -	COM	-0.195	0.083	-2.367	0.018	支持

四　讨论与总结

本文的主要创新点有三个，一是使用态度的 ABC 理论来对态度的形成机制进行探讨；二是从本地居民的角度来探讨居民之文化资源旅游开发后的真实性感知，这与以往从游客角度探讨真实性感知有一定的不同；三是选择的研究对象是具有独特的文化特征的群体——土生葡人，这一群体在澳门社会经济发展中具有重要的作用和地位。但是，以往学者对该群体的研究相对较少，本文也在研究的对象上进行了拓展，能够有效帮助人们了解该群体于旅游发展过程中对属于其自身文化资源进行旅游开发的态度及其影响机制。

本文还有一些有趣的发现：对于澳门土生葡人拥有的文化资源葡萄牙土风舞进行商业开发并不会对其文化认同感产生显著的负面情况；同时，对文化资源开发利用的客观真实感也不会显著降低受访者群体的厌恶感。澳门土生葡人对于土风舞开发的建构真实性感知以及厌恶感也不会显著地直接影响受访者群体的支持意向。上述这些假设不成立，笔者认为可能与旅游业在澳门居民生活中的地位有关系。由于澳门长期以来都是把旅游产业作为重要的经济支柱，因此经济发展和居民的生活都与旅游经济密不可分。因此，即使土生葡人群体感受到自身拥有的一些文化要素被商业化利用与开发，其文化认同感也不会必然降低。而那些对资源的旅游开发已经产生负面情感的受访者，其也会考虑旅游发展对澳门以及自身发展的重要性，因而不一定必然出现支持度的降低等情形。但从另外一些角度和研究结果来看，保持文化资源的真实性仍然十分重要。尤其是客观真实性感知会对文化资源的所有者认同度的形成、支持意向的形成等产生直接的影响。而建构真实性则会显著减少负面情感、增强认同度。

为此，结合上述分析和讨论的结果，本文认为，在开发土生葡人群体拥有的文化资源与要素时，应该充分调查与了解相关文化资源与要素的背景与形式，除了将澳门土生葡人群体“标签化”以凸显这一群体的独特性，更应尽可能多向社会大众以及广大游客正确和全面地介绍澳门土生葡人群体的内在文化内涵。

本文虽然借助 ABC 态度模型构建了一套土生葡人对其自身文化资源要素进行旅游开发的态度模型，但受制于受访者人数规模，相关研究的结果在普适性方面还需要在后续进行进一步的验证。

澳门妈祖文化及其澳门学意义

柯恒一　李燕萍*

摘　要： 妈祖信仰最早在福建莆田的渔民中兴起，随着中国航海事业的发展，妈祖信俗逐渐成为中国东南沿海城市居民的主要信仰之一。妈祖信仰传入澳门不仅在澳门形成了独特的妈祖文化，也为澳门民间信俗注入了新的活力。

妈祖信仰作为澳门最重要的民间信仰之一，在澳门社会拥有广泛的影响力。妈祖也是澳门供奉庙宇最多的神灵，许多居民在面对生活中方方面面的大事时都会祭拜妈祖以祈求妈祖保佑。除此之外，澳门妈祖信仰体现出澳门文化兼容并包、中西融合的特点。澳门妈祖信仰不仅是近代澳门社会重要的一部分，而且也是澳门城市精神的一张名片。

澳门学是以文献档案、文化遗产为基础，以历史文化和社会生活为研究对象，探寻澳门模式与澳门精神的国际性、综合性学科。本文旨在研究澳门妈祖信仰的起源、流变与现状，从澳门学视角探寻澳门妈祖信仰的精神内核及其社会价值和意义。

关键词： 妈祖文化　妈祖价值　澳门学

---

* 柯恒一，澳门城市大学文化产业管理专业硕士，研究方向为澳门文化产业管理；李燕萍，澳门理工大学“一国两制”研究中心副教授，研究方向为宪法与《澳门基本法》。

一　妈祖文化的起源与传播

妈祖文化是以妈祖这个海上女神为信仰的民间宗教及其文化。作为中国沿海地区民间重要的传统信仰之一，妈祖信仰起源于渔民在出航前要先祭妈祖以求保佑顺风和安全的行为。[①] 随着海上贸易的发展，妈祖信仰开始广泛流传，“有海水处有华人，有华人处有妈祖”这句民谣体现出妈祖文化的繁荣景象。妈祖也一跃成为中国海洋文化史上最重要的民间信仰崇拜神之一。

关于妈祖的原型，传统说法是五代十国时期闽王都巡检林愿生有一女，名叫林默，此女自幼好道，又得观音菩萨超度，成为女神，保佑航海的人们。[②]

妈祖信仰的起源地是福建莆田湄洲屿。根据乾隆四十三年（1778）林清标所辑《敕封天后志》记载，林默诞生于莆田县贤良港（即今天的港里村），在与贤良港隔海相望的湄洲屿“升天”。林默自幼“不类诸女”，十六岁时“窥井得符，逐灵通变化，驱邪救世，屡显神异。常驾云飞渡大海，众号曰‘通贤灵女’。越十三载道成，别家人，到湄洲屿白日飞升”。[③]

宋朝在北方崛起并统一了江南各国后，妈祖信仰在沿海地区乃至全国传播开来。南宋时期，海事活动逐渐增多，其中最为活跃的闽、粤、浙三省都出现了妈祖信仰。明清时期，随着科技和经济的发展，跨国跨州的海事行动开始进行，妈祖信仰也传播到了日本、越南、泰国等地，当时几乎凡是有华人出现的港口，都建有天妃宫。[④] 当今，华人在全球范围的广泛活动使得妈祖文化的影响遍及全球，如纽约、巴黎等全球闻名的现代化大都市里都出现了祭祀妈祖的庙宇。

妈祖文化最集中最频繁的体现还是在闽粤浙三省和台湾地区。台湾的妈祖庙现已达到900多座，是台湾最多的神灵庙宇；福建莆田到处是妈祖庙，

① 方遥：《妈祖祭祀活动中的民俗元素探析》，《东南学术》2012年第4期。

② 吴宏岐：《澳门妈祖信仰的形成、扩展及其与中西宗教的交融》，《海洋史研究》2015年第2期。

③ 林庆昌：《妈祖真迹——兼注释、辨析古籍〈敕封天后志〉》，中山大学出版社，2003，第72~73页。

④ 徐晓望：《妈祖信仰及其文化精神》，首届莆仙文化学术研讨会，2002。

总计不下百余座。[①] 台湾2300万民众中有1700万是妈祖的信徒，占台湾总人口的70%以上。民国以前的福建沿海各县，每县都有几十座妈祖庙，香火之盛亦不亚于今日之台湾。闽台之外，岭南的妈祖信仰最盛，这是因为广东人的生产与生活在很大程度上依赖海洋，岭南是中国重要的海洋文化区域，所以对海神的信仰也胜于他处。[②]

随着社会和科学的不断进步，人们对妈祖的迷信减少了许多，更多尊崇妈祖信仰的民众是出于对传统的遵循以及对宗教信仰的需求。而妈祖文化除了是一种极具特色的中国传统宗教文化之外，更是联系全世界华人的纽带，也是维护东南沿海地区稳定的一种社会力量。由妈祖文化衍生而来的妈祖文化旅游节发展为大型国际旅游节，具有很高的旅游和经济价值，保存较为完整的妈祖庙建筑群也有极高的历史和文化价值。

妈祖信仰其实早已深入人们的日常生活。在东南亚各国以及日本的华侨之中，妈祖信仰是最主要的信仰。据相关统计，马来西亚的华人中，妈祖信徒的比例在80%以上。泰国、印尼、菲律宾等国也拥有相当规模的妈祖信徒。当今世界，妈祖信仰是海外华侨社会里非常重要的社会力量之一。例如，在新加坡和中国台湾两地，妈祖信仰广泛传播，也成为当地社会关系中重要的一环。而在世界各地的唐人街，也集聚着许多妈祖信仰的忠实信徒。

二　妈祖文化中蕴含的儒家思想

妈祖文化在全国长时间广为传播的一个重要因素便是儒家学派对其进行宣扬和推行，而作为儒家思想在民间的一个重要载体，妈祖文化自然也包含儒家的重要思想，主要是通过妈祖的“爱”来宣扬儒家的仁爱思想。妈祖文化蕴含的儒家思想主要分为四个方面。

1. 妈祖的爱国体现了儒家的忠君爱国之道

随着妈祖信仰在民间的流行，越来越多的百姓将大难不死的原因归结为妈祖娘娘显灵，一传十，十传百，妈祖信仰也开始在海军和船员中传播。因

① 参见《中国历史》，四川教育出版社，2003。

② 徐晓望：《妈祖的子民：闽台海洋文化研究》，学林出版社，1999，第401~406页。

此，妈祖在海运和海军中也扮演守护神的责任。北宋年间，妈祖因“宣和护使”而获得“顺济”的封号。既获朝廷的封号，便担起君主赋予的职责，妈祖开始成为官方的守护神。从此之后，妈祖身上不仅有爱民、孝悌等精神内涵，也被以儒学治国的统治阶级赋予“忠君”的精神内涵。南宋以后，朝廷对妈祖的加封和祭祀逐渐增多，目的是希望获得妈祖庇佑，使得国泰民安、风调雨顺，妈祖也转变为有职能的守护神。

元朝定都燕京（今北京）之后，作为政治中心的北方和富庶的江南之间主要通过漕运来联系，妈祖的地位更加显赫。随着中外交流和海上贸易的增多，航运业的发展迅速而空前，为了祈求妈祖保佑海上航行船只的安全，朝廷加封妈祖为“护国明著天妃”。据学者统计，自元朝开始，历代皇帝一共为妈祖加封了22次，其中带有“护国”的加封就有21次。这正表明历代皇帝和大臣心照不宣地以民间妈祖信仰为蓝本，将妈祖塑造成一个辅国济民、神佑我朝的守护神形象。①

明清时期妈祖直接成为军队的保护神。在中国反侵略战争史上，多次发生官兵借助妈祖作为精神力量而战胜殖民主义侵略者。在台湾被日本帝国主义占领时期，妈祖精神就起到了鼓舞台湾同胞与“恶魔”斗争的作用。②

自北宋以来妈祖屡获朝廷加封，在被元太祖加封时，被元太祖赐予“忠贞卫国，慈惠宁民”的称号。在歌颂妈祖的传说中，也可以看出其中包含的儒家的忠君爱国之道。妈祖的种种神迹、妈祖信仰中宣扬的这种忠君爱国之道，激励了无数仁人志士抵御外敌、维护祖国的统一。

2. 妈祖的爱父体现了儒家的孝悌之道

传说妈祖林默本是五代闽王都巡检林愿之女，林默在织布机上伏机神游救下在海上遇难的父兄，生动地讲述了妈祖的孝悌事迹。妈祖飞仙后，其父母也接受追封，此与儒家认家庭是社会的基本构成单位原理相似。以孝道为核心的中国家庭是教化人们对封建专制政权顺从、忠诚的基本单位，因为维系君臣、父子关系对封建王朝来说至关重要。③ 因妈祖终身未嫁，统治者便将“夫妻”这层关系除去，重点强调君臣与父子这两对有助于巩固其统治

① 郑冰垚：《妈祖信仰与儒家思想关系之初探》，硕士学位论文，华中师范大学，2012。

② 杨志平：《浅议儒家的“仁”与妈祖的“爱”》，《课程教育研究》2013年第16期。

③ 郑冰垚：《妈祖信仰与儒家思想关系之初探》，硕士学位论文，华中师范大学，2012。

的关系，符合儒家的三纲。

3. 妈祖的爱众体现了儒家的仁爱之道

根据传说，妈祖生前常常救助百姓和灾民于水火之中，在《天妃显圣录》的描述中，妈祖更是时常显灵帮助百姓，排除灾难。这也是妈祖深得民心的一个关键原因，符合《礼记·礼运》中所谈到的“大道之行也，天下为公”，体现了儒家的仁爱之道。在妈祖信众口口相传的故事中，妈祖娘娘是一个慈祥仁爱的女神。在妈祖的传说中，更多的是妈祖对其他人的爱，比如《天妃显圣录》中的《化草救商》，表现的就是妈祖救护遭遇海难的过往商人的故事。其他如挂席泛舟、灵符回生、圣泉救疫等故事，无不表现妈祖这种广博之爱。最为感人的是，有关妈祖的民间传说中还有一则妈祖施爱于其他民族的故事，即《焚屋引航》的故事，这则故事说的是一支罗马商船队在靠近湄洲岛的海上遇风浪迷航，处于危急状况，妈祖为了给他们引航，毅然点燃自家的房屋，使船队认清航向，安全靠岸。[①]

4. 妈祖精神和文化体现了儒家的和平之道

孔子曰：“子为政，焉用杀？子欲善而民善矣。”（《论语·颜渊》）他认为战争暴力不应该进入“仁”的理想的和谐社会，所以儒家主张“慎战”。[②] 而在妈祖的神话中妈祖从不取人性命，对待那些作恶多端的妖怪，妈祖也多是采取惩罚劝化的方式，用自己的道行和德行去感化妖魔鬼怪。比如在《天妃显圣录》中的《伏高里鬼》《降伏二神》等故事中，妈祖都是采取惩戒、教化的方式对付作恶的神魔，面对故事里的反派、坏人，妈祖不是简单地取其性命，而是用自己的爱去感化和教育他们，最后让他们作为自己的助手救助海难，最后位列仙班，修得善果。妈祖的战争故事里从来不是恃强凌弱、攻城略地的侵略战斗，而是为民而战、惩奸除恶的和平战争。意味深长的是，在妈祖神话传说中，即使原本是危害一方的妖魔，往往被妈祖用智慧收服，成为造福人类的善神。

而今天，妈祖更是被联合国授予“和平女神”的称号，如今妈祖文化已经是两岸文化交流的媒介，妈祖精神也象征着儒家所盼望的和平和博爱。

---

① 杨志平：《浅议儒家的“仁”与妈祖的“爱”》，《课程教育研究》2013 年第 16 期。

② 杨志平：《浅议儒家的“仁”与妈祖的“爱”》，《课程教育研究》2013 年第 16 期。

三　妈祖信仰在澳门的独特发展

澳门的葡文名称为"Macau"，在英文中写作"Macao"，这是由于在葡萄牙人初入澳门之时，在妈阁庙前登岸，询问当地渔民此地的地名，当地人误以为葡人在询问妈阁庙的名字，便随口用闽南语答道："马交（意为妈阁)"，于是葡人便以谐音将澳门命名为"Macau"。而在众多世界闻名的城市里，只有澳门的名字与妈祖有关，可见澳门与妈祖的关系密切而深厚。

在澳门，妈祖文化的信仰浓厚而独特。现今学术界普遍认为妈祖信仰最早是由闽商在明朝早期传入澳门的。①而1751年成书的《澳门记略》记载了两个关于妈祖来澳的传说，两个传说都提到了闽商乘船开往澳门时遇到妈祖显灵受到恩泽的故事。这两段故事也是妈祖信仰在澳门最早实体化的表现，也是兴建妈阁庙的成因之一，今日妈阁庙的石碑之中也有记载。在澳门发展史上，福建移民一直在工商业发展中扮演着重要的角色，同时他们也是妈祖信仰的虔诚信徒，因而澳门工商业的繁荣与妈祖阁香火的兴旺交相辉映，互为因果。②

妈祖作为航海女神也是澳门居民最为欢迎的神灵。澳门的早期居民主要是以渔民为主，渔民出海前都会到妈阁庙里祭拜妈祖娘娘以求出行平安。后来因为社会不断发展，人们航海技术也在不断进步，渔民和海商在海上航行的危险也大大降低，人们祈求妈祖庇佑航行顺利的愿望也随之降低。人们便转而将对幸福生活的美好愿景寄托在妈祖身上。在失去了航海方面的单一功能之后，妈祖逐渐转化为一个全能之神。人们在逢年过和及家中发生大事之时，便会去祭拜妈祖，祈求妈祖保佑全家幸福安康。20世纪90年代中期，有学者对澳门妈祖信仰进行社会调查，发现在健康、平安、发财、升职、婚姻、(妇女）顺产、赐子、护婴以及其他方面，都有不少人祈求妈祖保佑。③澳门妈阁庙历经五百多年却依然香火不断。不难发现，人们现今依旧虔诚的妈祖信仰使得妈祖文化在现今社会的作用不减反增，妈祖这个民间信仰中的

① 徐晓望：《澳门妈祖阁与妈祖信仰相关问题研究——兼答谭世宝先生的质疑》，《世界宗教研究》2014年第5期。

② 陈衍德：《澳门的商业经济与妈祖信仰》，《世界宗教研究》1998年第1期。

③ 徐晓望、陈衍德：《澳门妈祖文化研究》，澳门基金会，1998，第176～177页。

神灵在澳门社会仍然有着举足轻重的地位。

妈祖信仰不仅在澳门华人群体里地位超然，也一样受到外国人的追捧。在西洋人眼里，“在中国找不出第二座像澳门那样用中国的妈阁神命名的城市”。[①] 一个地名的流行是约定俗成的，妈阁（Macau 或 Macao）在西洋人中流行，取代了其他种种称呼，说明妈祖信仰力量的强大，妈祖在澳门地区有深入人心的影响。在那样一种氛围中，西洋人显然也被感染，也不禁对妈祖怀有敬意，“既然他们（葡萄牙人）已经知道了该港的正式名称，因为他们本身就是海员，尽管阿妈（妈祖）是异教神，可是他们还是愿意用渔民保护女神的名字来称呼该港口”。[②]

妈祖文化不仅体现在澳门人民的日常生活中，还体现在随处可见的建筑文化中。在澳门，一共有八座与妈祖有关的庙宇，其中有五座分布在澳门半岛，两座分布在氹仔，还有一座（路环岛天后宫）在路环岛。其中最为古老最为重要的庙宇便是澳门妈阁庙，这也是澳门妈祖信仰的起源。这些庙宇中有七座始建于清代，又因为妈祖在清朝时受封为天后，因此澳门的妈祖庙宇多以“天后宫”“天后古庙”命名。所以目前学界普遍认为澳门在清代才开始形成妈祖信仰圈。在澳门的庙宇中存在一个独特的现象，即在一座庙宇中同时存在多个神灵甚至是多个宗教的元素。例如，妈阁庙中不仅供奉着妈祖，还有供奉观音的观音阁，以及富含佛教元素的正觉禅林；而在氹仔的关帝天后庙，则是同时供奉关帝和天后两个没有关联的神灵。还须值得一提的是，在路环岛的圣方济各圣堂，还供奉着一幅天后圣母画像，该画像独特的地方在于描述了西方《圣经》里的圣母玛利亚怀抱耶稣的样子，但画的技法以及画中人物的衣着及行为完全是东方风格的，圣母的形象也是参照妈祖的形象。这幅画体现了澳门妈祖文化与其他宗教文化融合之深。20 世纪末，在路环岛的石山上，中国工艺大师梁晚年先生及其团队创作了一尊身高 19.99 米、由汉白玉雕刻而成的妈祖像。该妈祖像是现今全世界最高的妈祖像，象征澳门在妈祖文化中具有十分重要的地位。

澳门妈祖信仰本是由福建渔民带来，脱胎于海上贸易。但在澳门这个中

---

① C. R. 博克萨：《十六 - 十七世纪澳门的宗教和贸易中转港之作用》，《中外关系史译丛》第 5 辑，上海译文出版社，1991。

② 郁龙余：《妈祖崇拜与中外文化交流》，《文化杂志》1993 年第 13、14 期合刊。

西交融的城市发展了五百多年后，妈祖信仰也拥有了新的内涵与特色。澳门妈祖信仰主要有三个特点。

第一个特点是本土性。澳门妈祖信仰距今已有五百多年，妈祖文化也已经深入澳门社会的每个角落，妈祖信俗也已融入澳门普通民众的日常生活之中。妈祖文化已成为澳门社会历史不可或缺的一部分，同时澳门妈阁庙亦是澳门对外交往的重要名片，澳门妈祖信俗是带有地方特色的重要的符号。

第二个特点是包容性。澳门拥有丰富的宗教和民间信仰，妈祖信仰虽然是其中最受欢迎、信众最多的信仰，但难能可贵的是，它能与其他宗教和民间信仰在澳门和谐共处。在妈祖庙内供奉关帝或其他神灵是稀疏平常的事情，这反映了许多信徒在祭祀中并不限于对某一偶像的崇拜。为了祈求出海航行的平安以及对美好生活的期盼，信徒们会求助于多种神灵。这种多重信仰的相互叠加融合正好说明了妈祖信仰的包容性。也正是澳门中西交融、相对自由开放的社会环境催化了各宗教信仰的重叠、融合以及和谐共处。

第三个特点是持续性。起初妈祖信仰由航海的福建渔民传入澳门，并逐渐发展为澳门渔业乃至全社会最重要的民间信仰之一。20 世纪，随着澳门渔业的衰败，向妈祖祈求出海平安的渔民数量越来越少，但是出于传统和习惯，澳门本地的华人依然会走进妈祖庙，向妈祖祈求身体平安、家人幸福等。因此，尽管最开始促进妈祖文化传入澳门的海上贸易逐渐萎缩，但妈祖信仰并未随之衰败，而是被澳门民众增添与注入新的功能和活力。2012 年，澳门特区政府将妈祖信俗列入本地非物质文化遗产保护名录。2014 年，澳门特区政府将妈祖信俗列入第一批申报国家级非物质文化遗产清单，由此澳门妈祖信俗被正式列入国家级非物质文化遗产名录。政府的肯定和支持扩大了妈祖信俗的影响力，也为妈祖信俗新的发展打好了基础。

每年农历三月二十三是澳门本地的重要节日——天后诞，即妈祖诞辰。在妈阁庙前地会搭建戏台，演出传统粤剧，供市民免费观看。当天澳门当地政府也会派官员出席相关庆典活动给予支持和帮助，但整个庆典活动却不由官方主持，而是由民间社团主导。社团里妈祖的信徒以及懂得规矩的老人会保留传统的仪式和规矩，而政府的支持和民众的积极参与则让妈祖信俗在维持传统之时仍有创新发展的活力。澳门社团社会的优势和特点在保护发展妈祖信俗的过程中体现得淋漓尽致。

近年来，澳门妈祖文化旅游节的影响力越来越大。澳门妈祖文化旅游节始办于2001年，由澳门特区政府相关部门以及福建省旅游局共同举办。节日举办期间，会有妈祖神像大巡游、开幕式、祭祀仪式、澳门宝鼎安放仪式、妈祖文化研讨会、文艺晚会及文娱表演等。妈祖文化旅游节已经发展为集文化、旅游、社会、经济功能于一体的大型综合旅游节。

澳门妈阁庙不仅是澳门对外的一张靓丽的名片，也被澳门本土文创企业激发出新的活力。例如，在每年12月举办“澳门光影节”时，妈阁庙被投射上美轮美奂的3D灯光，古老的建筑被赋予新的时代意义，成为澳门的热门景点之一，也引来众多游客参观欣赏。澳门妈祖阁也是澳门众多文化创意活动的重要地标，活动参与者会在活动中了解澳门妈祖阁的历史由来，甚至会亲临妈祖阁参观。对妈祖阁的保护、研究以及围绕妈阁庙发起的相关文化创意活动都十分利于妈祖文化以及妈祖信俗的传播和发展，因此笔者认为对妈阁庙的有关历史、建筑和文学进行研究也应该是当代澳门学发展的重要方向之一。

总而言之，妈祖文化自明代妈阁庙建成起在澳门开始发展，扎根于澳门本土风俗民情，已经深入澳门社会的每个角落，妈祖信仰成为澳门地区最受欢迎的民俗信仰，妈祖在澳门民众心中的地位也越发重要。另外，澳门独特的文化氛围对澳门妈祖文化发展产生了重要影响。在澳门，妈祖文化的包容性使其能够适应时代，在不同时期都能发展出新的内涵。澳门妈祖信俗与其他众多宗教文化交融在一起，在民俗、精神、教义等方面都有了新的特色。在当代澳门社会，妈祖文化亦能融入澳门文化旅游业的发展，借助新科技和新视角获得新形式的故事演绎。

四　妈祖文化的澳门学价值和意义

传统民间信仰是民俗文化的灵魂，它既是继承中国传统文化的产物，又是维系民族精神的纽带。民间信仰是长久在中国社会广大民众中流行信奉的有宗教内涵（即信仰超自然神秘力量）而又形成传统、融入民俗的信仰状态。[①] 民

---

① 韩秉芳：《试论民间信仰在促进社会和谐中的积极作用》，《宗教与民族》第九辑，宗教文化出版社，2014。

间信仰贯穿于中国的历史与民间的日常生活，是发扬传统文化和民族精神的基础。正确引导传统民俗的发展，对于发展传统民俗而言十分重要。

融合了儒家优秀思想的妈祖文化富有民族精神内涵，是中华民族的优秀传统文化之一。它不仅在弘扬社会正气、教育普通民方面有着重要的作用，还是中华民族相互交融、对外交流的关键元素之一。以新思路发展妈祖文化不仅能延续传统民俗在当今社会的影响，还能将儒家思想更为广泛、多元地传播开来。

在粤港澳大湾区建设中，发扬、传承妈祖文化也将是重要的一环。

结合了儒家文化的妈祖信俗包含许多正能量的思想。例如，将妈祖塑造成仁爱、孝悌、爱国的神灵，使普通民众在内心里敬仰和爱慕妈祖。这在无形中使传统民俗对社会价值观起到了正面的导向作用。

2018 年，《粤港澳大湾区发展规划纲要》发布，正式将粤港澳三地融合发展建设国际一流湾区和世界级城市群的目标纳入发展计划之中。然而，粤港澳大湾区发展也面临诸多挑战，粤港澳三地的社会制度不同，法律制度不同，发展历史也不尽相同，面对三地间的诸多差异，采取新的手段措施势在必行。而在促进湾区融合发展的过程中，作为三地共同的信仰，妈祖文化将起到重要的作用。

首先，妈祖文化是三地共有的民俗文化，在粤港澳三地广为流传，宣扬爱国、仁爱的妈祖精神有利于促进三地间的精神文化交流，加强三地之间的联系。

其次，妈祖文化是富有中国传统特色的文化习俗，发展妈祖文化对弘扬中华民族精神、打造中国特色文化产业十分有利。澳门的妈祖庙建筑以及妈祖节等传统民俗十分珍贵，是将澳门打造成富有特色的国际级休闲中心的重要一环，也是推进大湾区旅游发展、建设休闲湾区的关键元素。

最后，融合了儒家思想的妈祖文化也是岭南文化乃至中国文化中不可忽略的一部分，是中华文化与西方文化交流的重要媒介，是澳门东西方多元文化长期交融共存的基础之一，也是中华优秀传统文化向外输出的重要动力之一，也是粤港澳三地发掘自身资源建设人文湾区的关键元素。

妈祖信俗沿海洋传播，经过数百年的发展，遍布“海上丝绸之路”，到今天，妈祖也已经从单纯的海洋守护神蜕变为普通民众崇拜的“万能守护神”。妈祖信俗作为澳门最早的一批非物质文化遗产，还具有明显的跨国性。妈祖信仰的信徒遍布世界各地，不同地方的妈祖文化也都各有特色。海外的妈祖文化甚至比发源地的妈祖文化承载了更多的内容。海外华侨借由妈祖信仰联系感情，团结在一起，互帮互助，形成一个有力的群体，妈祖信仰中包含的儒家精神也帮助海外华侨对母国文化产生心理认同感和归属感。因此，对妈祖文化进行跨国的比较研究以及共享的保护发展应该是澳门学发展的一个新方向。

澳门亦是“21 世纪海上丝绸之路”的起点，借助“一带一路”倡议发展和保护妈祖信仰，也应该是澳门未来发展妈祖文化的新思路。妈祖信俗除了是莆田的世界文化遗产之外，还是澳门的国家级文化遗产，也是东南亚各国社会中重要的民间信俗。“一带一路”倡议强调的跨区域联动、合作共享的思想亦能为保护妈祖文化提供指引。例如，地中海饮食在 2010 年成为西班牙、希腊、意大利和摩洛哥共同申报的世界非物质文化遗产，2005 年中蒙两国联合申报蒙古长调等都为跨国非物质文化遗产的申报和保护提供了良好的案例。

澳门作为连接福建与东南亚地区的中转站，是妈祖信俗向海外传播的重要起点。东南亚的妈祖信俗也具有极强的包容性，与不同的宗教民间信仰和谐共存也是东南亚妈祖信俗的重要特点之一，这一点与澳门妈祖文化十分相似。结合东南亚妈祖信俗的状况与澳门相对比，找到两地妈祖文化同根同源的部分及制定协同发展的策略，应该是当代澳门学研究应该关注的内容。

澳门学是研究澳门社会历史的综合性、国际性学科，因此具有一个开放的国际视角是十分重要的。澳门妈祖文化不仅是我国民俗文化中的瑰宝，更是世界民族交流的重要纽带，所以应该以共享、跨区域联动的理念，与东南亚地区甚至是全世界共同开发和保护妈祖文化。基于此，笔者认为，对当代澳门妈祖文化的跨国保护与开发应做到以下几个方面。

一是在澳门高校设立相关专业和研究工作组进行“21 世纪海上丝绸之路”的相关文化遗产研究，从历史、文化、政治、地理等视角对澳门妈祖文化进行挖掘和保护。为共建“一带一路”国家培育专项人才，开展联合研究，以传承妈祖信俗非物质文化遗产的精神内核和文化内涵。

二是邀请有关专家对“21 世纪海上丝绸之路”沿岸国家的妈祖文化进行细致全面的考察，同时在澳开展相关学术交流活动，请各国专家结合本国特色提出真知灼见，同时将成果向国际公布。

三是加强澳门与福建以及东南亚地区的文化交流，以妈祖文化为核心，在传统戏剧、传统工艺、传统民俗等多个方面进行探讨和切磋。可以以东南亚会馆天后宫为文化空间的形式，将澳门特色民俗通过妈祖文化同根同源的特点传播扩散，也可以在澳门妈祖庙和天后宫进行文化交流和切磋。

四是在澳门学习东南亚地区妈祖文化的特点和优势，即利用妈阁庙和天后宫的空间优势，以妈祖建筑为支点，以妈祖文化为纽带，构建含有中华传统文化的文化空间，这有利于在澳门社会保护和发展以妈祖文化为代表的中华传统文化。

今天，每个国家都致力于培育国民对国家的情感认同与精神归属感，也就是国家观念的教育。国家观念教育是世界各国道德教育普遍包含的内容，通过大量生动具体的历史教育和仪式教育，使人们接受和认同“伦理价值观、科学概论、美学观，并理解人们所创建的政治、经济和社会机构的目的和性质”，从而实现国家教育的目标。[①] 一种行为只有在道德上被确认是正当的，才能最终获得自己的合理性。回归前，澳葡政府实行殖民管治，澳门人不需要明白国家、民族、主权对自己的意义，客观上造成澳门人关于国家观念的教育整体比较缺乏，但是由于各个爱国社团的努力，澳门居民有着较为强烈的爱国意识，社团运作方式不同，呈现出百花齐放的局面。回归后，特区政府不断加大教育投入，完善教育制度，对澳门社会的公民素养提出了教育总目标，国家观念教育也逐渐成为公民素质教育的重要内容，由此特区居民的国家观念培育整体上得到提升。回归后，澳门的国民教育也有不尽完善之处。例如，葡萄牙人 400 多年前立足澳门后，透过澳门为中国的天文、历法、数学、武器制造、海防以及难民收容做出了一定贡献，在澳门亦留下法制、天主教、艺术以及建筑等遗产，但没有任何课程对此加以介绍。澳门对国家的认同度一直很高。一般人对澳门的历史发展与成就不甚了解，也没有清晰的澳门人概念，因此较易接受国家观念，对国民教育不太抗拒。[②] 为了贯彻爱国爱澳教育，有必要为全澳学校提供帮助和引导，使其成为澳门全

① 王宇：《历史教育与文化认同——美国高校国家观念教育的特色分析与借鉴》，《比较教育》2007 年第 8 期。

② 余振、娄胜华、陈卓华：《澳门华人政治文化纵向研究》，三联书店（香港）有限公司，2011，第 45 页。

人发展与社会发育的重要基地。事实上，澳门有自己的历史文化与独特的政治、经济和社会生活环境，编写体现本地文化的教科书成为人们对优质教育的重要期盼。澳门学可以充分利用史学研究优势，客观系统地阐述澳门本地发展史，为澳门社会塑造既有历史传承又符合“一国两制”发展需求的国家认同意识，明确其内涵，为中国国家观念发展注入新的理论元素。澳门回归以来，妈祖文化得到很好的弘扬，在特区政府的大力支持下，澳门中华妈祖基金会投巨资兴建妈祖文化村，举办澳门妈祖文化旅游节和妈祖文化研讨会，取得了良好效果。这是“一国两制”在澳门成功实践的结果，对澳门学的发展也有重要意义。妈祖文化作为中华文化的瑰宝，理应成为澳门学关注的对象，共同为澳门的健康发展贡献力量。

澳门学视野下的澳门非物质文化遗产与文化生态学刍议

杨开荆*

摘　要： 澳门学属于地方学或地域学，也是跨学科的研究，必须具有相当的理论基础，同时与社会发展的实践紧密联系。经过数十年的研究、反思和推进，澳门学有必要探索更广阔的研究领域。事实上，文化范畴是澳门学的重要元素，20 世纪下半叶以来，非物质文化遗产的保护与传承逐渐成为国际社会关注的议题，其主要特色是以人为本的活态历史遗产，是人们经历长时间累积的生活智慧、经验、技艺、习俗，以及精神的活态流变。澳门小城，由于特殊的历史而形成丰富多元的文化内涵，目前已有 13 个项目列入了非物质文化遗产名录，反映了澳门独特的民俗色彩和本土文化符号，也是澳门的文化生态现象。由于非物质文化遗产是融合传统与现代的遗产，与当代社区群体息息相关，因此，对其深入研究将是探讨澳门历史文化、文化生态学的素材，可赋予澳门学研究强大的生命力，为澳门学研究提供广阔的学术空间。

关键词： 非物质文化遗产　澳门文化　民俗　澳门学　文化生态学

* 杨开荆，北京大学信息管理系图书馆专业博士，澳门基金会活动处首席顾问高级技术员，现任澳门社会科学学会会长、澳门文献信息学会理事长。

前 言

20 世纪 80 年代末，澳门及内地学者已开始构思“澳门学”的研究课题，回望当初原意，学者指出，澳门是一个充满特殊活力和魅力的小社会，是一座待开启的博物馆，一处等待开发的社会科学宝矿，亦是一个可为中小城市发展提供借鉴的样板。研究对象是澳门社会，研究方法是理论联系实际、综合的全方位研究方法。从发展的流程来剖析它的纵切面，即研究澳门社会的过去、现在和未来，寻找和阐明其发展的规律性，发现其特殊性。其后学者不断论证和深化研究，认为澳门学应该是研究澳门人民创造物质文化和精神文化的社会实践进程及其发展规律的科学。经历数十年的探讨，学界也在不断反思，寻求更广阔的空间。无论如何，构建澳门学并使之成为一门显学，仍然是学界的夙愿。

澳门学属于地方学或地域学，也是跨学科研究的课题，必须具有相当的理论基础，同时与社会发展的实践紧密联系，目的是通过理论研究，推动社会进步发展。笔者曾经提出建立“澳门文献学”的构思，如搜集整理文献、课程设置，以及为文献遗产申报联合国教科文组织（UNESCO）《世界遗产名录》等项目。时至今日，学者不断提出澳门学学科建设方案，在文献学、历史、人物等领域的学科建设等方面开展研究，令澳门学有了长足的发展。

诚然，澳门的历史文化仍然是学者锲而不舍探索的议题。而事实上，自 16 世纪以来，澳门由于与外部世界有着广泛的接触和交流，同时很好地保留了中华传统文化，因而遗存的历史遗产具有特殊的意义和文化价值。1999 年澳门的回归，更进一步唤起社会大众和政府的关注及重视历史遗产的价值，并明确文化乃社会资产中的重要元素。2005 年澳门历史城区成功列入联合国教科文组织《世界遗产名录》；从 2006 年开始，澳门各项民间技艺及传统信俗，如粤剧、神像雕刻、鱼行醉龙节等先后列入非物质文化遗产名录；2010 年至今，三份澳门文献列入《世界记忆名录》，包括澳门教区档案、功德林文献以及汉文文书。澳门深厚的文化价值获得国际社会的肯定。

因此，如何针对澳门文化进行深入研究，探索其源流、发展规律和变迁，形成理论体系，是当今澳门学研究所需要重视的。而文化生态学正是以文化为对象的学科，涉及环境及持续发展研究。笔者认为，其理论基础与当代兴起的非物质文化遗产文化具有相当密切的联系，容下讨论。

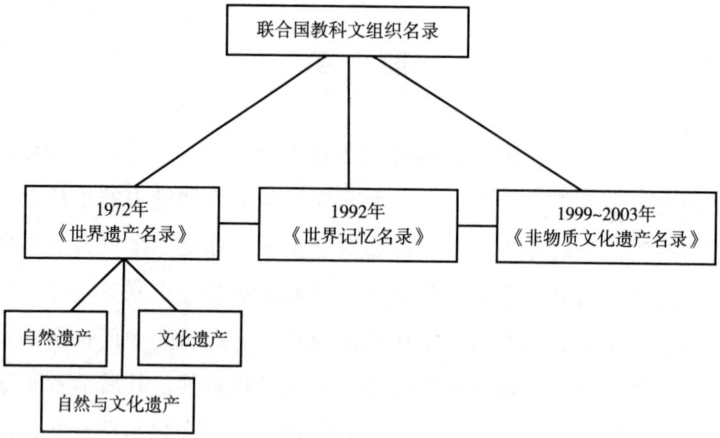

图 1　澳门与联合国教科文组织的三个遗产名录

一　非物质文化遗产的兴起

有学者认为，非物质文化遗产保护近年成为全球性的文化运动。事实上，非物质文化遗产文化的最大特色是社会高度参与，而且长期与民众生活相关，具有凝聚社区的作用，也是具有当代和现实意义的项目。因此，澳门学的非物质文化遗产项目具有充分体现社会文化特色的作用，是结合传统与当代的学科，其研究对于剖析社会的历史与状况以及发展规律皆有重要的价值。

20 世纪下半叶以来，非物质文化遗产保护逐渐成为一个国际性议题，五六十年代日本及韩国分别提出“无形文化财产”保护的理念，90 年代末，联合国教科文组织开展了各项计划，并通过了一些相关的政策措施。联合国教科文组织在正式文件中使用“Intangible Cultural Heritage”。2003 年 9 月 29 日至 10 月 17 日，联合国教科文组织大会第 32 届会议在巴黎举行，于 10 月 17 日通过了《保护非物质文化遗产公约》。除了唤起各地对非物质文化遗产的重视、保护以及传承意识，更设立了非物质文化遗产名录。各地通过当地政府申报项目，如列入当地城市或省级、国家级的非物质文化遗产名录，而最高级别是国际级（即《人类非物质文化遗产代表作名录》），当中还针对实际情况设有《急需保护的非物质文化遗产名录》和“优秀实践名册”的非物质文化遗产项目。至2018年，全世界有502项非物质文化遗产项目列入了世界级的名录，涉及122个缔约国。可见非物质文化遗产项目渐渐受到各国的关注，加入非物质文化遗产公约、成为缔约国后，各国便开展一系列相关的工作和计划，更积极申报项目列入名录，以取得国际社会的认同。

1. 非物质文化遗产保护在中国快速发展

21世纪初，中国使用了“非物质文化遗产”概念，目前中国有40个项目列入了世界级的名录，其中1个列入“优秀实践名册”，7个列入《急需保护的非物质文化遗产名录》。为推动非物质文化遗产的发展，国家设立“部际联席会议”，在国家、省、地市（州）、县市（四级）保护名录的系统，同时建立各级代表非物质文化遗产传承人制度，并进行非物质文化遗产项目普查。与此同时，文化和旅游部设立了非物质文化遗产司，学术机构也纷纷设立非物质文化遗产研究机构，各地纷纷修建非物质文化遗产展示中心或博物馆。而为了推动社会全面投入非物质文化遗产文化，国务院决定从2006年起每年6月的第二个星期六为“文化遗产日”，自2008年起增加了清明、端午、中秋三个传统节日为法定假日，可见国家对非物质文化遗产的重视。诚然，这是由于非物质文化遗产在社会发展中对社区参与以及凝聚人文情怀均具有特殊的历史和现实意义。从联合国教科文组织对非物质文化遗产的定义，以及入选名录的标准和要求，可探索非物质文化遗产的发展和影响，尤其是与地区的文俗学、地方学的关系。

2. 非物质文化遗产的定义和主要内容

根据《保护非物质文化遗产公约》第2条，非物质文化遗产是指“被各群体、团体（有时为个人）视为其文化遗产的各种实践、表演、表现形式、知识和技能及其有关的工具、实物、工艺品，以及文化场所”，包括语言、文学、音乐、舞蹈、游戏、神话、礼仪、习惯、手工艺、建筑艺术及其他艺术。除此之外，还包括传统形式的联络和信息，主要界定为以下五大内容：

（1）口头传说和表述，包括作为非物质文化遗产媒介的语言；

（2）表演艺术，包括戏剧表演；

（3）社会风俗、礼仪、节庆；

（4）有关自然界和宇宙的知识和实践；

（5）传统的手工艺技能。

这些定义清晰而明确，涵盖了社会多方面的无形财产，反映了社会的文化生态。自此各国也积极参与，申报项目列入非物质文化遗产名录。例如，中国有600多年历史的昆曲表演艺术、受大众欢迎的剪纸（属于传统的手工艺技能）、二十四节气（人与自然界相关的知识和实践），以及古时戈梅拉岛人发明的一种“鸟的语言”，西班牙加那利群岛中的一个岛屿等，都是名录中的项目。

3. 申报项目列入非物质文化遗产名录的标准

（1）申报项目符合《保护非物质文化遗产公约》第2条（定义内容）规定。

（2）申报项目将有助于确保非物质文化遗产的知名度和认知度，并鼓励交流对话，从而体现世界各地文化多样性，见证人类创造力。

（3）已列有明确的保障措施以助项目的保护和宣传。

（4）得到相关社区、群体认同，如果适用的话，有关个人广泛参与，并事先知情及同意项目的申报。

按照《保护非物质文化遗产公约》第11条和第12条的规定，申请项目已经列入所在地缔约国的非物质文化遗产名单。值得一提的是，只有《非物质文化遗产公约》缔约国才可申报项目列入非物质文化遗产名录。

4. 文化生态学

随着文化议题的兴起，学界对文化的重要性产生极大的兴趣，有关的理论探讨也在不断推进，尤其是文化的生命力、恒久力，以及社群的参与度和影响力等。因此，文化生态现象便渐渐受到学者关注。文化生态学（Cultural Ecology）产生于20世纪，以文化为研究对象，剖析文化的生存空间及成长规律。

1955年，人类学家J. H. 斯图尔特最早提出了“文化生态学”的概念，指出它是“从人类生存的整个自然环境和社会环境中的各种因素交互作用研究文化产生、发展、变异规律的一种学说”。文化生态学主张从人、自然、社会、文化的各种变量的交互作用中研究文化产生和发展的规律，用以寻求不同民族文化发展的特殊形貌和模式。因此，澳门非物质文化遗产的文化特征是能结合文化生态学进行有机联系，即澳门非物质文化遗产研究除了对澳门文献、历史遗迹或口述历史进行研究外，同时也着重对文化变迁的研究。

二　澳门非物质文化遗产的独特性

斯图尔特提出文化生态学的理论，他指出文化特征是在逐步适应当地环境的过程中形成的。澳门作为中国最早对外开放的城市之一，早在 1553～1645 年，就以东西方国际贸易的中转港著称于世，同时由于相对自由和开放的氛围，成为天主教进入中国内地和远东的基地。因而，在这数百年间，来自各地的族群在澳门生活繁衍，在渐渐适应澳门环境的同时，也形成了独特而深厚的文化底蕴，产生了具多元和包融特征的丰富历史遗产，包括各种风俗和习惯。非物质文化遗产也随之而出现。

澳门非物质文化遗产活动虽然已有相对长的历史，但引起社会关注，可追溯至第 32/2006 号澳门特区行政长官公告，《保护非物质文化遗产公约》在澳门正式生效。自此，澳门特区政府文化局及社会便展开了非物质文化遗产保护和申报名录的工作，并于 2008 年订立《澳门非物质文化遗产申报评定暂行办法》，令非物质文化遗产在澳门有了更明确的定位，以及进一步的推动和落实。2014 年 3 月，《文化遗产保护》正式生效，其中第 3 条有关"文化遗产的范围"之"一（二）"项，列明文化遗产包括非物质文化遗产，从而将非物质文化遗产纳入法律保护范畴。事实上，自 2006 年开始申报的一系列非物质文化遗产项目，已成为澳门历史发展和文化的写照。到 2021 年，澳门共有 13 个项目列入非物质文化遗产名录（见表 1）。

表 1　澳门非物质文化遗产名录

序号	项目名称	入选时间		
		澳门本地项目	《国家级非物质文化遗产代表性项目名录》	《人类非物质文化遗产代表作名录》
1	粤剧	2009	2006	2009
2	凉茶配制	2006	2006	
3	木雕——神像雕刻	2007	2008	
4	南音说唱	2009	2011	

续表

序号	项目名称	入选时间		
		澳门本地项目	《国家级非物质文化遗产代表性项目名录》	《人类非物质文化遗产代表作名录》
5	道教科仪音乐	2009	2011	
6	鱼行醉龙节	2012	2011	
7	妈祖信俗	2012	2014	
8	哪吒信俗	2012	2014	
9	土生葡人美食烹饪技艺	2012	2021	
10	土生土语话剧	2014	2021	
11	苦难善耶稣圣像出游	2017		
12	花地玛圣母圣像出游	2017		
13	澳门土地信俗		2021	

13 个列入澳门名录的非物质文化遗产项目中，有 11 项为国家级项目，而粤剧是与广东和香港联合申报而列入世界级的名录中，可见内容之丰富。而以上项目，涵盖了《非物质文化遗产公约》五个定义中的四个，即口头传说和表述，表演艺术，社会风俗、礼仪、节庆，以及传统的手工艺技能。笔者认为，非物质文化遗产与世界遗产或文献遗产的最大区别是拥有自己的特殊性——“活着”“人群”“长期”“认同”等因素，所以它蕴含了文化生态学研究内涵的明显因素和特征。

1. 语言与族群生态

以“土生土语话剧”为例，它属于定义中“口头传说和表述，包括作为非物质文化遗产媒介的语言”和“表演艺术”类。土生土语（Patuá）是澳门的一大文化遗产，它有别于正统的葡语，是定居澳门的土生葡人在澳门四百多年间形成的一个语言体系，成为澳门独有的语言文化。16 世纪葡萄牙人从欧洲出发探险，探索海上贸易之路，他们经过非洲、印度、马六甲到澳门，沿途与当地女子通婚，带来不同地方族群的血统，逐渐形成澳门的土生葡人社群，进而磨合、转化和发展出他们日常用作沟通的语言。其基本词汇以葡萄牙语为基础，夹杂着马来语、粤语、英语及西班牙语。

目前尚有少数掌握该语言的土生葡人，他们通过舞台艺术的表达方式，将这种多语言混杂、多语言结构的特点，利用文化差异、语调、不同用词及腔调的变化，以喜剧的形式进行调侃和讽刺，以接地气及非正统的形式表演，深受众多土生葡人和本地华人的喜爱，并维系了土生葡人的澳门情怀。诚然，由于时代的变迁，土生土语的使用越来越少，而且面临消失的危机。因此，如何记录和传承这种语言，保留其特色和文化，以及这种语言背后的历史，是值得研究和关注的问题。

2. 表演艺术多元

如果说土生土语话剧呈现了西方文化，那么华人传统表演反映了丰富的中华文化的特色，且占有重要的地位，如粤剧、南音说唱、道教科仪音乐等。相关的表演艺术既带有丰富的岭南文化表演特色、本土社区感情的沧桑色彩，也包含了宗教的元素。在澳门，粤剧的参与者非常广泛，其表演者和听众来自上流社会、达官贵人，以及平民百姓等各个阶层，粤剧是市民健康文娱生活中不可或缺的节目。而南音说唱则有广东珠三角居民的语言特质，社会低下层的人士尤其是盲人，为表达生活的无助和困境，以故事形式唱出凄楚的人生。他们通常在茶楼酒馆卖艺，或者在街头巷尾清唱，这成为昔日社会的一种人文场景。道教科仪音乐则充满了宗教色彩，市民生活当中的道教法事仪式多被采用，被视为民族传统音乐的组成部分。追溯历史，自 20 纪初，广东的道士从广东移居澳门，同时将道教科仪音乐带到澳门，也广为社会所接受。因此，目前保留昔日岭南正一派及全真派科仪音乐大大小小道曲合计近 500 首。这些表演艺术既蕴含生活元素，也体现了澳门丰富的文化和地方色彩。

3. 风俗节庆凝聚社区情怀

在数百年的发展中，澳门形成了各种传说、信仰、习俗，而当中有不少已经根植在社区当中，成为大众生活的一部分。因此，有关澳门风俗、礼仪、节庆的非物质文化遗产项目最为丰富，包括鱼行醉龙节、妈祖信俗、哪吒信俗、土地信俗、朱大仙信俗、苦难善耶稣圣像出巡、花地玛圣母圣像出巡。诚然，上述道教科仪音乐也属于礼仪类型。可见这是长期积淀的文化生态，具有恒久和众多关系人的特点。

澳门的风俗节庆非物质文化遗产项目，以宗教和民间信仰为主，长期在社会上形成了一种价值观和习俗，而且吸引了社区的参与，拥有深厚的群众基础。以鱼行醉龙节为例，每年四月初八，由澳门鲜鱼行总会（原称“澳门鲜鱼市贩职工联合会”）社团组织举办，早期为“澳门鲜鱼行团结日”，由各街市的鱼贩、渔栏等捐钱维持舞醉龙活动。大家欢聚一起，进行醉龙巡游，互相放下成见，以显示鱼行的团结。鱼行在关帝庙神案下发现几截已腐朽褪色的木龙，经验证这些木龙已有百年以上历史，从而推断澳门舞醉龙早在清朝末年已存在。每年举办的活动丰富，据笔者向鱼行负责人了解，数万人参与活动，民众以领取龙船头饭作为吉祥如意的象征，近年每次活动派出38000份，可见参与者之众、影响之大。而实际上活动从四月初七晚的盆菜夜宴就已经开始。街市摆放十多张大圆餐桌，大众享受美食的同时，一众鱼行前辈，喝过美酒，兴致大增，便与年轻龙队随着铜锣敲响和喧天鼓声，舞起龙首摆龙尾。街坊观众呐喊助威，人们自由放歌起舞，非常投入。而四月初八当天，营地街市、红街市、祐汉街市早就排满了领取龙船头饭的市民，老少齐出动。这是澳门独特的社区文化，是市民与鱼行的信任和互动的体现。久候的老人家领到龙船头饭，脸上展露满足、开怀的笑容。除此之外，摄影发烧友早就候在有利位置追踪舞龙队伍。市民脸上呈现着欢愉和喜庆的表情。值得一提的是，鱼行醉龙节已经被列入《保护非物质文化遗产优秀实践名册》。

无论是传统意义上的醉龙醒狮大会，还是被时代赋予新使命的鱼行醉龙节，其核心内容和价值都一样，为市民带来喜庆和祝福。从鱼行醉龙节活动可见，由街市发动街坊及档贩组织，集合民间的智慧和力量的大型活动，体现了鱼行的团结和市民的投入参与，具有浓厚的社区情怀。这种齐心合力的氛围若能感染更多的行业甚至整个社会，将起到凝聚民众的作用，亦即非物质文化遗产的核心价值。

4. 传统手工艺形成产业文化

传统手工艺范畴的澳门非物质文化遗产项目，主要有传统凉茶配制、澳门神像雕刻、搭棚工艺，以及土生葡人烹饪美食。这些传统技艺蕴含知识和技巧，呈现在商业产品或行业中，并通过师徒传授代代相传。不难发现，传统手工艺的成果，已经成为产业，也影响着社会的生活和经济模式。例如，凉茶已成为澳门人长期以来预防疾病与保健的常用饮料，被市民接受而形成一种习惯，在澳门成为一种重要的产业。

土生葡人美食亦然，可谓澳门餐饮的品牌，因而吸引本地居民和游客消费，成为澳门的特色饮食。神像雕刻的兴起，主要源于20世纪二三十年代澳门渔业发展鼎盛时期。20世纪20年代，澳门渔民达6万多人，约占当时澳门总人口的71%；有大小渔船3000多艘。由于渔民对木雕神像的需求，澳门神像制作业迅速发展，工艺水平不断提高。“公仔铺”仅在新埗头街就有十多家，可谓成行成市，兴盛一时。诚然，随着渔业和时代的发展，现时澳门的神像店只剩两家：“大昌佛像雕刻木器”和“广荣造像雕刻木器”。而值得关注的是，由于澳门社会发展转型，渔业逐渐式微，神像木雕市场也有所收缩。另外，搭棚工艺伴随建筑工程产生，是具有行业特色的非物质文化遗产项目。

事实上，传统手工艺相关的非物质文化遗产项目，对于产业的发展具有相当的推动作用，作为“活着的人类财富”，在某一方面造诣极高的技艺工匠，把自己掌握的知识和技巧传授给年轻的一代，而往往在这一过程当中，当地的产业和经济获得发展。

三　非物质文化遗产的文化生态

澳门学作为一个以本土为对象的学科，其研究无疑以小城作为研究核心，通过对历史、民俗、文化、史料、人类学科的建立而探索其发展规律，同时研究对世界发展的影响和作用。

探讨澳门的发展模式对本地乃至世界的影响，最终以人类社会长远的繁荣兴盛为目标。诚然，其研究并不仅仅限于澳门自身，涉及国家和世界发展的因素，聚焦澳门却并非仅限于澳门，与国际社会及世界环境紧密联系。因此，澳门学的研究自然存在多样性和全面性，正如澳门非物质文化遗产研究，既是本土的文化特质，也受周边环境、国际社会的影响。例如，联合国教科文组织对非物质文化遗产的定义，国家对非物质文化遗产的政策，以及本地市民的参与情况等。

澳门学要成为一门独立的学科，其研究必须具有高度的科学性，即建立在严密的科学分析的基础上。因此，对非物质文化遗产的发展进行系统的研究，就探索澳门的民间文化的系统化，以及与社会发展形成的互动关系。纵观上述谈及澳门的非物质文化遗产项目，可以肯定，这是一个“接地气”的研究项目，是传统和现代相结合的学科。正因如此，其研究有必要结合提升至学术的层面，结合文化生态学，赋予澳门学研究生命力，而且澳门学研究具有多样性和灵活性。由于参与者众多，相关的非物质文化遗产项目影响一地区人群相处的模式、意识形态、价值观等，而形成特定的文化。综上所述，从澳门学的角度探索非物质文化遗产研究，主要有以下几方面。

1. 研究群体的社会特征

"非物质文化"因活态传承而关联着特定的人，非物质文化遗产因遗产的认定问题而涉及传承者与被代表者、小群体与大共同体的关系。这两大关联构成一种社会机制，共同积累共同体的历史连续性的日常经验，从而形成最经济、可持续的方式参与完成共同体的自我认同和社会文化的再生产。的确，非物质文化遗产的最大特点是与当地和当代的人群社会息息相关，不能脱离人而独立存在，所以说它是"活的文化遗产"。这便有别于其他历史遗产，如世界遗产或文献遗产，可相对独立地存在。因此，对非物质文化遗产的研究，也是澳门人类学的研究，一旦失去传承者，非物质文化遗产就失去了意义。从澳门学的角度开展非物质文化遗产研究，也离不开对当代人包括组织者和主事者的研究，还有参与社区和人群的研究，以及传承人的研究。因此，需借助通过文化生态学的理论体系，认识和掌握澳门非物质文化遗产参与群体的特征和规律，探讨传承者与被代表者的影响。

2. 研究不同时期澳门非物质文化遗产的发展

非物质文化遗产是一项既保留传统也与日俱进的文化项目，因此通过研究其产生、源流和发展情况，了解其演变，尤其每个时期的变化，掌握澳门社会及社区文化，以佐证当时的社会发展。在文化生态学的语境中，环境是显著的特点和影响因素。所以，要研究相关环境变化与非物质文化遗产的存在和发展之间的互动关系。

3. 研究澳门非物质文化遗产的种类

从上述可见，澳门非物质文化遗产项目涵盖范围广泛，有语言、表演艺术、社会风俗、礼仪、节庆、传统手工艺技能等。只有深入探讨其类型特色、涵盖因素才能有效地收集、分析和整理相关素材，通过推动非物质文化遗产研究带动澳门学研究。

4. 研究非物质文化遗产教育和编撰教材

综上所述，澳门非物质文化遗产具有传承的要素，因此推动教育发展和编撰教材极为重要。一方面，以澳门非物质文化遗产项目为题，编制教材作为年轻人或大众学习的媒介；另一方面记录作为研究的依据，为后世解决非物质文化遗产的源流、涵盖元素、流传背景等，尤其针对一些濒危的项目。

5. 研究对小众语言的保护

事实上，语言不仅是交流的工具，还反映了人们对世界的看法，而且是区分种族和个人的重要因素。根据联合国教科文组织的资料，世界上6000多种语言中，50%以上是濒危语言；6000多种语言中，96%只被世界4%的人口使用；90%的语言没有出现在教育中或网络上；平均每两周就有一种语言消失；非洲语言的80%没有相应的文字体系。联合国教科文组织濒危语言计划的使命就是弘扬和保护濒危语言和语言多样性。以土生土语为例，它目前已经成为极小众的语言，因此有必要研究和编制语言读本，录制语言和视频，以保护相关的语言免于流失，得到有效传承。同时，通过提示、比较、选择、推荐等工作，为研究者提供必要的参考读物。

6. 比较研究

从澳门非物质文化遗产的特点出发，运用比较方法，进行各种比较研究。包括非物质文化遗产项目的横向比较，如对澳门与西方国家、澳门与内地、澳门与香港、澳门与岭南地区等非物质文化遗产项目的渊源进行比较研究。澳门目前拥有15项非物质文化遗产，其中不少经历了多个阶段，至今已形成一定特色。通过探讨各地之异同，从中了解非物质文化遗产的发展规律。

7. 研究非物质文化遗产的保护

非物质文化遗产作为一地的重要遗产，其保护和传承工作显得分外重要，这是将传统文化有效保存并为后世所用的严肃问题，亦是使澳门文化知识遗产得以保留的重要问题。然而，笔者近年在资料搜集过程中发现，目前有的项目存在失传的危机，如上述土生土语、神像雕刻，甚至舞醉龙等。事实上，要真正使这些珍贵遗产得以留存，必须得到政府、民间的重视，在保护的同时，也要顺应时势，这样才能得以平衡发展。简单而言，澳门的非物质文化遗产项目具有重要的研究价值，非物质文化遗产研究可作为澳门学研究的重要内容。因此，我们必须将视野扩大，进一步挖掘更多的非物质文化资源，并适时进行申报。

四　非物质文化遗产资源挖掘与整理

任何一门学科的构思，都要确立其目的和价值，思考其研究对象、范围及方法，更要考虑所具备的条件。毋庸置疑，非物质文化对社会影响深远，对建立一地的文化认同和价值观均具有现实意义。因此，未来澳门学的研究，也应思考挖掘和整理更多具有潜质的项目，通过深入研究，对于那些符合条件的资源，进行申报非物质文化遗产名录工作，以扩大其影响力。这样，也可以拓展澳门学的研究空间，而且与当代社会相结合。只有基于广大群众开展研究文化生态学才具备条件，而澳门学才具有生命力以及时代气息。

1. 挖掘民间艺术资源

澳门拥有相对悠久的历史，而且是一个近内地和通达海外的小城，有着深厚的文化底蕴，其独特的人文内涵形成了多元的民间文艺素材。然而，由于近年急速发展，澳门民间艺术资源的挖掘与整理亦是刻不容缓。澳门基金会自2012年始，与旅游与文化部的民族民间文艺发展中心联合启动澳门民间资源挖掘整理工程——“十部文艺集成志书·澳门卷”项目。具体包括对澳门民间曲艺、戏曲、民歌、器乐曲、舞蹈、谚语、歌谣、故事等的挖掘整理，并开展编纂工作，由专家学者与市民共同参与。具体而言，该项目是对澳门地区民间文艺的历史和现状进行全面、系统、彻底的普查，并运用现代记录手法，结合摄影、摄像、录音等多媒体技术进行记述，在此基础上展开系统的整理工作，最终达到宣传与保护中华民族丰富的文化传统、彰显澳门文化深厚内涵的目的。

2. 传统节日与习俗

澳门的不少传统节日虽然并未列入非物质文化遗产名录，却也得到市民参与推动而发展起来。因此，进一步研究具有特色的传统节日和习俗，对于推动非物质文化遗产保护很重要，尤其是一些民众参与度高的项目，如观音信俗、水陆法会、太岁信俗等。

（1）观音俗信

每年不少与观音菩萨相关的节日，吸引了大批善信参与。最为人熟知的有农历正月二十六的观音开库、二月十九的真正观音菩萨的诞生、六月十九的观音菩萨成道日，还有农历九月十九的观音菩萨出家日等，丰富了本地居民和游客的生活。

以观音开库为例，大批善信在正月二十六零时排起长队。所谓“观音开库”或“向观音借库”，是华人的民间信仰，也源于民间传说，主要指观音菩萨慈悲开仓。因此，每年正月二十五晚上，澳门观音堂门口水泄不通，当中有做生意的商人，也有打工一族，一到子时即进入寺院。其实这是精神上满足而已，善信取了个红包，希望财运亨通、事事如意，就心满意足。这样的宗教信仰活动，已经融入市民的生活当中。

（2）水陆法会

自澳门功德林寺院正式成立（1925）开始，便举办水陆法会，其后一段时间停办。近十年，因应社会的发展而重新启动此佛教界的盛事，功德林寺院成为澳门唯一主持水陆法会的寺庙。法界圣凡水陆普度大斋胜会，简称水陆会，又称为水陆道场、悲济会等，是汉传佛教的一种修持法，也是汉传佛教中最盛大且隆重的法会，在佛教界具有举足轻重的地位。事实上，每年在寺院法师的带领下，组织社会各方善信，连续多天进行法会和巡游，参与者逾千人，形成规模浩大的佛教活动，诚为澳门非物质文化活动的基因。

（3）太岁信俗

太岁又称岁阴，是中国古代天文和占星中虚拟的一颗与岁星（木星）相对并相反运行的星。而后，演变成一种神祇信仰。战国时期的“岁星纪年法”，就是用岁星在天上的位置来表示年度，一年一个辰，12 年一循环，用于古代的占星术推算。其后，岁星便成为重要的神祇，太岁信仰在澳门也非常流行，信众甚多。每年新春期间，澳门大批市民到庙宇排队摄太岁或拜太岁，祈求平安。

3. 非物质文化遗产数字化

当今澳门社会急速发展，许多非物质文化遗产的场景也在渐渐地发生变化，昔日景物转眼间已改变，而社会的变迁令民间艺术、传统文化渐渐消失。为此，在保护方面，未来应开展数字化计划，从不同层面关注非物质文化遗产的传承。以现代化的技术进行拍摄及记录并转化为电子资源，包括非物质文化遗产相关的生活场景、传统习俗、人物、口述历史等。事实上，将非物质文化遗产数字化的过程，就是转无形为有形，使失落的遗憾得以弥补，令后世了解澳门传统文化，令城市的发展变化得以记录和延续，作为研究的重要依据。

4. 推动青年人对本土文化的认知

澳门青年人对本土历史文化的了解和认知仍有待提升。据笔者数年前参与的“澳门青年人如何应对社会变迁”研究项目，对 1000 多名本澳青年进行问卷调查，结果显示，青年人对本土文化欠缺认同感。例如，作为中西文化精髓的澳门历史城区列入《世界遗产名录》(世界级),特区政府、民间虽大力宣传,却只有25%的受访青年表示非常了解;对澳门的民间艺术项目列入非物质文化遗产名录(国家级),表示非常了解的只占14.2%;而对澳门天主教文献列入《世界记忆名录》(亚太区级),认为非常了解的更少,只有12.9%。由此可见,青年人不太了解澳门的文化底蕴,也没有因为澳门的各种文化资源被国际社会认同而感到自豪。由此反映出澳门青年人对澳门的文化认同感不足。

文化的传承可以令我们更好地了解历史,了解过去是为了更好地创造未来。如何鼓励年轻人认识自己本土的历史和文化乃至世界的共同记忆,是各地学者非常关注的问题。为此,澳门学在学科建设的同时,应通过各项政策及相应措施,通过宣传、合作、沟通,以及签订相关协定,让澳门青年人参与非物质文化遗产项目,使青年人对本土文化产生认同。

五　结语

文化作为一种社会现象,是人们长期形成的产物,也是历史积淀的体现。可以说,文化是人类创造的所有物质和精神财富的总和,反映一个国家或民族的历史、地理、风土人情、传统习俗、生活方式、文学艺术、行为规范、思维方式、价值观念等,同时也包括当地的世界观、人生观、价值观等具有意识形态性质的部分,当然也涵盖自然科学和技术,语言和文字等非意识形态内涵。

澳门非物质文化遗产的重要性,不仅仅是文化表现形式本身,其重要意义是具价值的知识和技能,得到本地社会的认同和参与,一代一代地传授与继承。事实上,在任何一个国家或地区,这种传承的过程就是通过少数群体与主流社会群体的联系产出社会价值和经济价值,不论对发展中国家还是发达国家都同样重要。

澳门作为以中华文化为主流,多元文化共存的交流合作基地,社会对文化遗产的议题甚为关注,而且扩大了范围。然而,在这二十多年间,澳门经济急速增长,城市环境变化也在加块,传统文化备受冲击,社会舆论更加关注发展和保护之间如何取得平衡;另外,年青人对历史遗产的关注度不足,文化传承也成为澳门一大挑战。因此,更有必要从澳门学的视野探索澳门非物质文化遗产的发展。

笔者始终认同，澳门学的研究对象应以澳门文化和澳门历史为主，结合当代社会发展，研究澳门文化独特的兼容性及其历史，对世界寻求不同文化共存、共融、共同发展的模式，营造一个开放而宽容的世界有一定的作用。而文化的含量中，非物质文化遗产具有恒久性和持续性，具有文化生态学的条件。

参考文献

1. Twenty-Nine New Documentary Collections Inscribed on the Memory of the World Register 21 - 06 - 2005 （UNESCO）. URL：http：//portal. unesco. org/ci/en/ ev. php-URL_ ID = 19320&URL_ DO = DO_ TOPIC&URL_ SECTION = 201. htm.
2. UNESCO Intangible Cultural Heritage，http：//ich. unesco. org/en/home.
3. 李向玉：《澳门非物质文化遗产保护现状与未来》（澳门史志书系），澳门理工学院，2012。
4. 任国英：《生态人类学的主要理论及其发展》，《黑龙江民族丛刊（双月刊）》2004 年第 5 期（总第 82 期）。
5. 杨开荆：《澳门特色文献资源研究》，北京大学出版社，2003。
6. 杨开荆、刘静文等：《澳门青年人如何应对社会变迁研究报告》，澳门社会科学学会，2013 年 4 月。
7. 澳门博物馆，http：//www. macaumuseum. gov. mo/w3MMsource/HeritageListC. aspx。
8. 戢斗勇：《文化生态学论网》，《佛山科学技术学院学报》（社会科学版）2004 年第 5 期。

三　文化艺术与多元发展

澳门模式：多元文化与中华民族共同体*

周大鸣**

摘　要：澳门是一个族群高度多元化的社会，澳门各族群的形成与发展不仅与历史上一系列标志性事件有着直接而密切的关系，也受到不同时期澳门社会的经济文化结构深远的影响。移民社会是澳门的重要标签之一，不同来源的移民与本土人群交融形成的不同族群汇聚在澳门孕育了极具特色的多元澳门文化。“九九”之后，澳门进入了一个新的历史时期，新时期的特征主要表现为具有共同意识的澳门族群的出现；澳门族群的出现，根植于多元的族群文化在澳门的密切交流中，最终达到交融的状态。澳门族群的出现，与维护国家统一、多元文化团结共存、社会经济稳定发展等因素有着根本的因果关系，中华民族共同体构筑过程中的“澳门模式”极具参考价值。

关键词：澳门族群　多元文化　中华民族共同体　澳门模式

一　引言

澳门位于珠江口西侧，包括澳门半岛和氹仔、路环两个离岛，总面积因

* 本文曾刊于《澳门理工学报》2020 年第 2 期。

** 周大鸣，中山大学移民与族群研究中心首席专家、博士生导师，教育部长江学者特聘教授。

为沿岸填海造地而一直扩大，自有记录的1912年的11.6平方公里逐步扩展至2018年的32.9平方公里。嘉乐庇总督大桥、友谊大桥和西湾大桥把澳门半岛和氹仔岛连接起来，而路氹填海区把氹仔和路环两个离岛连为一体。2018年澳门总人口为66.74万人，人口密度为每平方公里2万人，人口密度居世界前列。澳门是世界最发达的城市之一，2017年澳门人均居民总收入达到57.47万澳门元，位列世界前五位。截至2017年，澳门地区生产总值已达到4406亿澳门元，其中博彩与博彩中介业生产总值占49.1%。①

族群的形成是一个复杂的过程，涉及城市环境和特定群体之间的关系。一般来说，城市中不同背景的移民在进入城市后，其不同背景带来的文化差异会直接导致文化的多元性，并成为族群构成的基础。这一形成过程可以是地缘的——来自同一地区，可以是血缘的——来自同一亲属群体，也可以是语言的——讲同一方言，还可能是其他原因导致的，他们往往会聚居在一个区域，或至少在日常经济生活中有比与外界更多的往来。这些群体由于长时间的互动往来，往往倾向于保持原文化，或在原有的基础上使用新的文化符号来强化或至少保持群体成员之间的相互认同，如此族群便在这些交往与认同的过程中产生。

1999年回归后，澳门经济社会高速发展，社会矛盾明显缓和，族群和谐共处，不仅在东亚社会独树一帜，在全球范围内亦堪称典范。这一时期同时发生的是笔者预见的澳门族群作为一个共同体产生。② 1999年，中华人民共和国恢复对澳门行使主权，毋庸置疑，"回归"作为一个历史事件对澳门整体的影响十分巨大，它直接加速了澳门族群的组合进程。澳门各族群作为中华民族的一员，它形成的过程与结果极具代表性，对研究中华民族共同体的形成有很大的价值，本文就此展开探讨。

二　澳门多元族群形成的三个阶段

澳门是一个多族群共同生活、相互交流与发展的社会。作为中西文化交汇之地，在澳门历史发展的不同阶段，不同的族群由于历史阶段的特殊环境

① 澳门特别行政区政府统计暨普查局：《澳门资料2019》，2019，第19页。

② 周大鸣：《澳门的族群》，《中国社会科学》1997年第5期。

渐次登上澳门历史舞台，迎来了各自的高光时刻，也铸就了澳门这一多族群的社会的文化根基。笔者将澳门的族群形成大致分为葡人来澳前、葡人入据澳门至1887年前的澳门、1887~1999年的葡属澳门三个阶段，简要对澳门多元族群形成的过程与最新演进做一介绍（这期间澳门人口的变化可参见表1）。

表1　1555~1999年澳门人口

单位：人

年份	总人口数	指数*	中国人	葡萄牙人	其他国家人
1555	400	2			
1563	5000	25	4100	900	
1578	10000	50			
1580	20000	100	4000~5000		
1621	20000	100	7500	700~800	
1640	25600	128	20000	600	5000
1700	4900	24.5	4000	900	
1743	5500	27.5	2000	3500	
1839	13000	65	7033	5612	355
1867	78080	390.4			
1878	59959	299.8			
1910	74866	374	71021	3601	244
1920	83984	419.7	79807	3816	361
1924	193175	965.8			
1927	157175	785.9	152738	3846	591
1937	164528	822.6			
1939	245194	1225.9	239803	4624	767
1940	400000	2000			
1945	150000	750			
1950	187772	938.8	183105	4066	601
1960	169299	846.5	160764	7974	561
1962	270000	1350			
1970	248636	1243	240008	7467	1161
1980	241950	1209.5			
1985	290633	1453.2			
1990	339510	1697.5			
1991	355693	1779.4	240496	101245	13952

续表

年份	总人口数	指数*	中国人	葡萄牙人	其他国家人
1995	415000	2075			
1999	429600	2148			

注：*指数以1580年为100。

资料来源：表中数据来自黄启臣、郑炜明编著《澳门经济四百年》，澳门基金会，1994，第3页；郑天祥等著《澳门人口》，澳门基金会，1994，第25页；澳门统计暨普查司：《第13次人口普查暨第3次住屋普查总体结果》，1993，第44页；澳门统计暨普查司：《1996中期人口统计总体结果》，1997，第92页。

（一）葡人来澳前

澳门拥有居民的历史悠久，早在新石器时代古越人便已在澳门繁衍生息。20世纪70年代以来，澳门路环岛的竹湾、黑沙北、路环村及九澳等地相继发现了史前及唐宋时期的遗物，表明澳门自新石器时代以来就一直有人类活动。据考证，路环岛黑沙等地发掘出来的彩陶残片与长江中下游的大溪文化属于同一类型。①

1152年，始设香山县。澳门属香山县长安乡延福里恭字围，其时有龙田、龙环两个渔村，居民以捕鱼为业。澳门的早期居民，主要是从事渔业的渔民。澳门旧称蠔镜，为避虫字旁，称为濠镜。现存史籍中对濠镜的最早记载来自葡萄牙人皮雷斯1514年所著之《东方志》，从葡萄牙人的记载中，我们可以很清楚地知道在这一时期澳门已经成为区域内比较重要的港口："除广州港口外，另有一港名濠镜（oquen），陆行三日程，海行一日一夜，是往琉球诸地之海港。"16世纪的澳门显然不是单纯的渔村，它作为扼守珠江口的重要节点，彼时被有眼光的商贾与海客以官府体制之外的方式进行利用。

明万历三十年（1602）郭裴纂修《广东通志》卷七十记广东疍民说："疍户者以舟楫为宅，捕鱼为业，或编篷濒水而居，谓之水栏……莞、增城、新会、香山以至惠、潮尤多。"澳门及其附近海域的疍民，可谓澳门的世居族群。

① 邓聪：《香港和澳门近十年来的考古收获》，文物编辑委员会编《文物考古工作十年（1979～1989）》，文物出版社，1990，第364～375页。

在很长一段时间里，澳门人口稀少，主要的族群是以陆上与水上两种生活方式作为分界线的，彼时主要的居民是被称为“疍民”的水上居民，他们以捕鱼为生，文化与珠三角其他地区的水上居民没有本质的区别，共享自己的一套社会组织、特有节日、礼俗活动。如今水上居民虽然已是极少数，但他们长时间是澳门人口的重要组成部分。而澳门从一个小渔村成为举世闻名的“东方圣城”，还要从开埠说起。

（二）葡人入据澳门至 1887 年前的澳门

澳门作为中西交汇之地的特殊地位是从葡萄牙人来到澳门开始的，自 1553 年葡萄牙人来到澳门“晾晒货物”开始，澳门这个多元文化汇聚的城市就开始了它的传奇之路。

葡萄牙人进占澳门后输入与传播西方文化，最早是以宗教的形式进行的。葡萄牙作为一个以天主教为国教的国家，进占澳门后便将澳门变成了其在华天主教传播的策源地，同时也将澳门视为天主教在东亚的中心。1552 年，天主教士方济各・沙勿略（St. Françis Xavier）试图进入中国传教，后因病死于广东省台山县上川岛。1553 年后葡萄牙人入据澳门，此后耶稣会士来到澳门传教。1561～1563 年，来澳门的耶稣会士已有 8 人，发展天主教徒 600 多人。① 其后，信仰天主教的澳门居民逐渐增多，并作为一个群体成为澳门多元文化中的一股重要力量，天主教作为一种迥异于中国传统儒家的宗教，自然而然地表现出与中国传统的差异性，族群认同从差异开始发源。

从血缘上看，这一时期登上澳门历史舞台的分别是葡萄牙人、土生葡人和来自中国其他地区的移民。乘海船寻找丝绸与绿色黄金之国至此的海外来客自不必说，他们信守拉丁文化与天主教传统，成为最初改变澳门居民单一肤色的一群人，而他们与当地人结合后出现的土生葡人——“大地之子”，历来是人类学家关注的焦点族群，土生葡人在这一时期虽已存在，但中葡之间大规模通婚还要推迟到下一个历史阶段，在下一部分会重点讨论。

葡萄牙人的大量进入给澳门的发展带来了新的变量，而澳门的开埠自然

① 张泽洪：《澳门族群与多元文化：16～18 世纪澳门天主教与中国传统宗教》，《中华文化论坛》2004 年第 3 期。

推动了广东本地居民大量涌入。除水上居民外，陆上居民主要是来自内地的移民。这一时期的澳门居民主要从广东与福建各地迁入，中山（香山）人最多，约占当时澳门人口的1/3，由于澳门在这一时期依然为香山县所领有，所以他们严格意义上不能算是跨区移民。数量第二多的是福建人。与上述信仰天主教的葡萄牙人不同，中国人在澳门一般是通过不同地域所组成的同乡会或不同姓氏所组成的传统社会里的宗亲会进行社会动员与文化适应的。以同乡会为例，按照地域的等级，同乡会可以被分为不同的层次，比如中山同乡会作为最大的同乡会，其下还设有各乡的同乡会。

这一时期澳门多元族群的特点主要有三方面。首先体质上的差异天然地区分出了葡萄牙人与中国人两大集团，其他国家的移民在这一时期也渐次进入，华人与非华人从体质特征上可以明确区分，这种族群的分别贯彻澳门发展的始终；其次，比体质特征更为不明显的是信仰差异所致的族群差异，由于葡萄牙人的天主教传教事业的扩张，信仰天主教的团体逐渐成为澳门族群的一个重要部分，他们与遵循中国传统生活方式的中国人以及迁来澳门的其他非天主教徒共同构成澳门的多元文化根基；最后，是上文提到的在澳门的中国人中的同乡会与宗亲会，方言与血缘认同不同的族群同样在澳门的族群系谱中相映生辉。

综观这一时期澳门各族群，可以发现澳门人的认同是多重的。例如，一个人可以既是天主教徒，又是香山同乡，同时也是孙氏宗亲会的成员。这种不同层次的族群认同为人与人之间的冲突提供了极好的缓冲，当一个葡萄牙人与一个中国人发生冲突时，他们很有可能因为同是天主教徒而找到消弭矛盾的方法，这种多元族群的复杂认同在这一区域所起到的社会作用不应被忽略。

（三）1887～1999年的澳门

1887年，葡萄牙政府与清政府签订《中葡和好通商条约》，条约中列明："由中国坚准葡国永驻管理澳门以及属澳之地，与葡国治理他处无异。"至此澳门正式被葡萄牙殖民统治，尽管之后的北洋政府、南京国民政府和中华人民共和国中央人民政府从来没有承认这份条约的合法性。（1972年，联合国将香港、澳门两地从殖民地区名单中删除。）这一条约的一个影响是至此之后葡萄牙通过派驻官员等形式扩大了对澳门的控制，它的一个重要结果是澳门的葡萄牙籍公民数量急剧增加。相应的，葡萄牙人成为“合法”管治者的后果是葡萄牙人在澳门各族群中的地位达到历史最高点，跨海而来的葡萄牙人与当地人的通婚数量大幅增加，土生葡人的数量渐渐增加，作为一个群体登上了澳门历史舞台。

人类学家卡布拉尔（Cabral）在讨论澳门土生葡人时认为有三种用来识别自我或他人是否为土生的主要因素。一是语言，即个人及家庭与葡萄牙语的联系。二是宗教，包括个人和家庭与天主教的任何认同方式。三是欧亚混血。卡氏认为，这三种因素中的每一种都可以作为识别澳门土生葡人的基础。在特殊情况下，具备其中一个或两个因素也可以被认为是土生葡人。[①] 土生葡人的判定标准至少有两个：一是血缘，中葡混血一直以来被认为是从体质上显而易见的特征。二是文化，葡萄牙文化与澳门本地文化的长时间接触与互相采借的结果是文化混合的不可避免。土生葡人的标志性特点首先是操中葡双语，其次是在文化认同上他们在这一时期倾向于认同葡萄牙。

自 1887 年条约签订后，葡萄牙人成为澳门的统治阶层，相应的，与葡萄牙人体质上有较近渊源的土生葡人的地位大大提升，也进入了特权群体的行列。在这种社会大环境下，土生葡人对葡萄牙的认同随着权利的相对变化日益增强，但土生葡人的文化特质并不完全是葡萄牙式的。文化是族群认同的基础要素，是族群可识别性的认知依据。在日常交往中，族群区分一般通过语言、姓名、相貌和习俗等体现出来。土生葡人的许多文化特质都是葡萄牙式的，对华人主体族群文化的吸收也是广泛的，具有混合文化的特征。[②] 土生葡人的文化特征是其自身族群认同的最基本要素，但土生葡人的认同更多地具有主观心理倾向，影响这一主观心理倾向的因素，如上文所提到的权利等都是极其重要的。这一心理因素的极端表现为某些并无葡萄牙血统的澳门人亦自我认同为土生葡人，由此可见这一族群的产生很大程度上是一种脱离了上述分类原则的心理主观选择。

---

① 卡布拉尔：《澳门族群的构成》，《“澳门土生葡人”特辑——人类学、历史和文化》，《文化杂志》（中文版）1994 年总 20 期。

② 孙九霞：《澳门“土生葡人”的认同解析》，《广西民族研究》2003 年第 2 期。

表 2 回归前夕澳门人口出生地一览（1996）

单位：人

总数	中国澳门	中国内地	中国香港	葡萄牙	菲律宾	泰国	其他
414128	182476	195192	12509	3852	5026	751	14322

资料来源：澳门统计暨普查司：《1996 中期人口统计总体结果》，1997，第 92、115 页。

这一时期澳门各族群的总体特征，主要表现为族群日趋多元化，土生葡人作为一个介于葡萄牙人与华人各族群之间的特殊群体受到各界瞩目。尽管主体族群华人和主导族群土生葡人在过去维持着各自的族群界限，基本上实行族内婚，但在这一时期的发展历程中，相互之间的界限已经模糊，族际通婚已极为普遍。同时，我们观察到，作为族群界限的重要符号——宗教，在澳门族群间的区分越来越不明显，如华人极易皈依天主教，而土生葡人也开始信仰佛教等其他宗教。族群认同亦有淡化的倾向，并具有个体选择的特征，尤其对他族文化的认同特征很明显，如新生代土生葡人广泛认同各种文化。因此，澳门虽族群繁多、华洋杂处，但其族群关系在这一阶段逐步走向缓和而非紧张。①

三 回归——社会转型的开始

1999 年 12 月 20 日，中国正式恢复对澳门行使主权。早在澳门回归之前，“九九”一词作为澳门回归的代称即在澳门社会引起诸多讨论。澳门的各族群在未来确定的情况下展开了对澳门未来的大讨论。在这样一个大讨论中，最大的前提是“九九”之后澳门即将成为一个特殊的政治单位——中国的特别行政区，这一历史转型对于澳门社会生活的影响不可谓不深刻。而回归作为一个历史转型过程的内容，除了“九九”作为一个历史节点之外，它更作为一个文化事件决定着澳门各族群的组合方向，最终的结果便是澳门族群的诞生。1999 年中华人民共和国恢复对澳门行使主权后，在保持澳门文化多样性的基础上，“澳门人”这一身份概念作为

① 周大鸣：《澳门的文化多元与和谐——与亨廷顿“文明冲突论”的讨论》，《中山大学学报》2007 年第 3 期。

澳门各族群整合的理想类型被主流社会努力形塑，这一族群整合方式，我们称为“澳门模式”。

（一）回归是一个历史节点

以今时之人的眼光看，回归作为一个历史节点的过程，实际上从中葡签订《中葡联合声明》之日起便已开始。为了保证政权的顺利交接与澳门社会稳定有序的发展，中葡双方在谈判之初便对一些影响澳门回归的技术性问题进行了讨论，最具代表性的当属“三化”问题——中文的官方化、法律的本地化和公务员本地化。澳门的“三化”问题即是在《中葡联合声明》发表后依照其精神解决的。

自澳葡政府成立伊始，葡萄牙语就作为澳门的唯一官方语言一直沿用，尽管澳门人口中绝大部分都不使用葡语。以 1996 年人口统计为例，全澳 39.7 万人口中，使用葡语的人口仅有 7352 人，不足人口总数的 2%。[①] 显然，葡语作为唯一官方语言的状况与澳门民众的实际需求严重脱节，带有极强的殖民色彩。中文官方化在这一背景中便成为一个重要任务，《中葡联合声明》和《中华人民共和国澳门特别行政区基本法》中各有表述，《中葡联合声明》第五条规定：“澳门特别行政区政府机关，立法机关和法院，除使用中文外，还可使用葡文。”《中华人民共和国澳门特别行政区基本法》第九条规定：“澳门特别行政区的行政机关、立法机关和司法机关，除使用中文外，还可使用葡文，葡文也是正式语文。”由此可见，中文官方化在“回归”这个历史节点上表现得相对柔和，它既实现了在中国领土内中文作为国家通用语言文字的统一性，又兼顾了澳门历史上形成的多族群特征现状，在极大程度上顾及了大多数族群的切身利益。语言毋庸置疑是族群认同的一个重要指标。澳门众多的族群早已适应了本地多元的社会文化环境，在研究澳门族群的互动中，各族群相应地在语言方面存在不同的涵化层次，中文官方化在政治层面为澳门族群的形成提供了各族群可以普遍接受的社会变革路线与族群认同条件。

“九九”之前，澳门法律系统庞杂，《澳门组织章程》作为当时最根本的规约性文件实际上是从属于葡萄牙宪法的。故而，彼时法律体系有直接照

① 澳门统计暨普查司：《1996 中期人口统计总体结果》，1997，第 92、115 页。

抄葡萄牙法律的部分，也有澳门立法机关自行制定的法规，还有一些照顾华人传统习俗的法律。这样的法律体系带来的一个问题非常突出，即绝大部分澳门法律没有中文版本，在这一背景之下，由于《中葡联合宣言》对于基本保留本地法律的承诺以及维护澳门本地稳定的政治需求，法律本土化势在必行。选择和实行什么样的政治规范，一直是人们关注的重要政治问题，从而也就产生了政治规范认同问题。换言之，当人们将政治关注的焦点聚集于政治规范时，不同的人就会产生不同的政治情感和意识上的归属感，政治规范认同也就产生了。① 法律作为一种规范而公务员作为执行这一规范的成员，在这样一个历史节点上，通过法律本土化将本土各族群关心的规范重新建构，建立能够代表全澳各族群共识的系统性的法律体系，这一体系的建立，为澳门族群的产生提供了一个共同规范。共同规范的建立缓和了族群歧视导致的族群冲突，完全平等的社会规范进一步促进了族群间的社会交流。社会共识的达成使澳门人能够开始谈论未来应该如何建设澳门社会，这为澳门未来的族群建构打下了坚实基础。以土生葡人为例，回归后，在澳门的大部分葡萄牙人都已回归母国，如果说回归前澳门存在葡萄牙人与华人族群摩擦的话，回归后澳门的族群摩擦因为葡萄牙人的离开而发生了变化。现在的澳门，文化强势与政治强势这两股力量不再分属两个大的族群，它们如今都属于华人社会。这种强大的牵引力让土生葡人没有了以前那种依附一方却又担心另一方的顾虑，他们要在这个华人社会里很好地生活下去，只能调适自己的心态，融入澳门社会。这样，他们的族群认同倾向也会发生转变，因为他们体内同样有着华人的血统。随着他们与华人通婚的普遍，他们后代体内葡萄牙的血统就会越来越少，再加上他们为了生存就业所接受的中国文化的教育，于是，在若干代以后，随着葡萄牙的历史记忆越来越少，而现代的有关澳门的集体记忆不断增强，土生葡人终将成为中华民族理所当然的一员。②

（二）回归是一个文化事件

与回归作为一个历史节点的官方叙事相对，在回归这一特殊历史转

① 丁志刚、董红乐：《政治认同的层次分析》，《学习与探索》2010 年第 5 期。

② 周大鸣、李居宁：《澳门回归后土生葡人的调适与族群认同》，《开放时代》2007 年第 2 期。

型过程中，民间群体也透露出自身的关切，也对自身所关心的“澳门问题”给出了自己的叙述，比较有代表性的是澳门“本土意识”的民间建构过程。

澳门的土生葡人群体在文化上长期以来以“大地之子”的形象存在于社会的视野中，他们作为土生土长的澳门人，对澳门的认同极其强烈，又因为特殊的血统背景，澳葡时期在政治上颇受优待，以至于热衷于小品文写作的澳门作家丁楠，在《官民》一文中写到澳门华人面对特权阶层最易脱口而出的话就是：“你所有的，到九九为止。”① 由此可见，在回归前的很长一段时间里，澳门各族群存在一定的社会阶级差异。而在葡萄牙人离开后，不仅土生群体而且澳门的其他族群也对未来澳门发展中本族群所能扮演的角色产生了极大的焦虑，这种焦虑表现在现实中，便是关于“澳门问题”的文化界大讨论。

“澳门问题”的讨论源于澳门即将回归的社会现实，这个社会现实的发展结果是基于上文所述的站在一个历史节点上，过去葡澳政府的领导层即将撤走，葡人、葡语丧失在澳门的特殊地位，成为澳门众多族群与语言中的普通一员。在这个历史背景下，澳门各族群直接提出的问题是：“澳门人”要怎样填补这些位置上的真空地带?② 这一时期“澳门问题”的讨论最成功的地方在于凝聚了一个共识，即对于澳门个别族群的处境与利益，需要利用“九九”这个大的政治事件进行推动，目的是建构“澳门人”作为一个整体的族群意识。而“澳门问题”的讨论因其对“本地化”的强调而唤起了人们的“澳门意识”；“澳门意识”的增强促进了各族群的整合。澳门的土地面积和人口数量的逐渐扩大与增多是一种量变，在真正的质变即一个高度自治的澳门将要出现时，人们开始反省：什么是澳门人？什么是澳门文化？澳门现在在何处？澳门未来在何方？“九九”之后，澳门各族群，无论出身何处、所操何种语言、所持何种信仰等，均需要面对澳门作为中华人民共和国特别行政区的事实。“一国两制”保证了澳门的高度自治，在这一高度自治的背景下提出的要求，是澳门的不同族群必须通过自己的智慧解答“我是谁?”这样一个基本问题。

---

① 王韬：《评述澳门文学中的“土生”一族》，《世界华文文学论坛》2013 年第 1 期。

② 吴国昌：《批判“尖澳门意识”，重建“澳门问题”》，（澳门）《濠镜》1987 年总第 2 期。

综观回归以来澳门“本土意识”的产生、发展及其表现，我们可以看到，澳门的“本土意识”有其自身的特殊性，绝大多数澳门居民愿意接受一个理念与事实，即“爱国”与“爱澳”是“本土意识”的两个有机组成部分，两者之间无法分割。对于内地与澳门并不一致的制度和社会形态，澳门人民普遍尊重和包容，对于国家与本地存在的问题，能够较为全面、客观地看待。同时，澳门人民十分尊重中央对澳门特别行政区依法行使全面管治权。显然，这一场关于“澳门意识”的大讨论，在加深了“澳门人”认同的同时，更加深了对“澳门人是中国人”这一命题的认同，各族群在这场讨论中明确回答了讨论之初希望解决的问题，他们的答案是：“我是谁？我是澳门人！澳门人是中国人。”

（三）回归是一个集体记忆

虽然在旷日持久的讨论中对“澳门问题”取得了一定的共识，但它的影响主要还是存在于文化界，澳门的普通居民对于“九九”的到来始终怀有复杂的心理。一方面，澳门各族群担忧“九九”的到来会影响自身的日常生活，特别是澳门特色的博彩产业是否能够在这样的环境下持续；另一方面，占澳门人口超过九成的华人，对于摆脱葡萄牙人的管治，回到祖国怀抱的统一愿望无比强烈。不管各方对此有怎样的期待与担忧、喜乐与悲欢，“九九”最终在“你可知 Macau”的歌声中如期而至，澳门四百多年来被葡萄牙侵占的历史正式宣告结束。虽然“九九”的到来结束了葡萄牙对澳门四百余年的侵占，但在这四百余年的占有和管治背后的点点滴滴早已印刻在澳门居民的脑海中，成为难以磨灭的历史记忆。

历史记忆也叫作集体记忆。人类学学者莫里斯·哈布瓦赫在讨论集体记忆时将其描述为“具有双重性质——既是一种物质客体、物质现实，比如一尊塑像、一座纪念碑、空间中的一个地点，又是一种象征符号，或某种具有精神含义的东西、某种附着于并被强加在这种物质现实之上的为群体共享的东西”。[①] 凝聚族群认同最为核心的方式便是通过对历史记忆产生的共识，历史记忆在这一环境下可以被认为是族群认同最为根源的情感纽带。而历史记忆的出现是根植于长期的社会现实的，澳门过去四百多年被葡萄牙人占据

① 莫里斯·哈布瓦赫：《论集体记忆》，毕然、郭金华译，上海人民出版社，2000，第335页。

并统治的历史便是最为深刻的社会现实。

自葡萄牙人从16世纪来到澳门之时起，“华洋杂处，番海咸居”的社会状况便贯之于澳门历史的每一个节点，多族群共生在那一刻起便成为澳门最为显著的特点。这让澳门从历史起点上便拥有了复杂的内涵，澳门的居民需要通过自身努力解决澳门各族群关切的问题，各族群相互尊重从历史的起点上开始，与其说是智慧，不如说是一种生存策略。澳门作为一个少数族群管治多数族群的地方、一个多数族群又可以分成若干个亚族群的地方、若干族群可以自由选择强调自身某一身份的地方，其自身的族群历史便是复杂现实的一个表现。

葡萄牙人在管治澳门之始，便将澳门作为一个租借地经营，对于澳门的长期发展并无详细规划，甚至可以这么认为，葡萄牙人将澳门作为随时会失去的一座城市，对其发展规划是掠夺式的。在这一历史条件下，很多政策是不公正的，就如葡萄牙管治下的澳门官员，多由葡萄牙人担任，占澳门人口的绝大多数中国人绝难进入政府任职。在当时的历史环境里，葡萄牙人与土生葡人作为与管治者最为亲近的族群，几乎不用怎样努力就可以成为公务员。再如，1921年葡萄牙军警侮辱中国妇女导致的流血事件、“一二·三”运动等，无不展现了葡萄牙管治下的澳葡当局与澳门市民之间极度深刻的矛盾。这些历史事件带来的苦难牢牢印刻在澳门人的心中，成为集体的历史记忆，加之澳门回归作为一个历史节点，各族群的身份划时代地平等起来，这一历史进程最终凝结的社会现实成为澳门人共同想象的永存的集体记忆，热爱祖国从此成为铭刻在澳门人心底最为珍贵的共识，这对于澳门人最终统合成一个以爱国爱澳为核心价值观的共同体起了极大的作用。

四　澳门模式：铸牢中华民族共同体的澳门实践

文化根基是一个共同体产生凝聚力的基础，对于一个多族群的社会来说，文化整合是整个社会建构过程中的重要内容。澳门的族群与文化认同既反映了澳门人对于澳门这一共同体的自我认识，同时也是澳门从在法律意义上的回归祖国到在文化意义上回归祖国的基石。因此，澳门人作为一个组合而成的群体，在其构建的过程中强调自身的文化根基为何物就成为构建澳门共同体与“文化回归”的重要内容。在这一文化根基下澳门文化的整合，最显著的特征是澳门人对于自己是中国人的认同在回归后迅速加深。毫无疑问，澳门人已成为中华民族共同体的坚实组成部分。

（一）回归后澳门各族群的互动与调适

即使在回归十几年之后，澳门依然是一个多族群共存的地区，这从表3中清晰可见。怎样在这样一个文化族群双重多元的地区构建一个现代意义上的共同体，一直也是中央与澳门特区同时关心的问题。以华人为主的澳门人，在实现合众为一的过程中体现了历史与现实的高度结合。

表3　澳门人口出生地一览（2016）

单位：人

总数	中国澳门	中国内地	中国香港	中国台湾	菲律宾	其他亚洲国家	葡萄牙	其他
650834	265090	284072	21525	3268	28848	40279	2011	5741

资料来源：澳门统计暨普查局：《2016中期人口统计详细结果》，2017，第95页。

澳门独特的历史背景使澳门通行多种语言和方言，极为繁复的语言样态与复杂多样的族群构成使语言也极其多样。历史上，由于澳门与葡萄牙之间长期的交流以及被殖民统治的历史事实，葡萄牙语在澳门有很深的基础，甚至澳门还拥有融合汉语与其他语言的“洋泾浜葡萄牙语”。其次，澳门紧靠香港，香港崛起之后对澳门的辐射作用不容小觑，以至于现代澳门出现了“四语三文”的特殊现象。

“四语”，即汉语普通话、英语、粤语、葡萄牙语；“三文”，即在四语基础上延伸出的中文、英文、葡萄牙文。语言认同是指语言使用者对自身与某种语言或方言之间关系的心理定位。语言使用者对不同语言的认同程度和功能定位差异直接影响其语言态度和语言行为。语言认同还与地域认同和文化认同密切相关。在实地调查中，绝大多数澳门青年对粤语的认同度最高，而对其他三种语言的认同度相对较低，而且功能明显分化。多数澳门青年认为葡语是官方语言和第二外语，汉语普通话是通用语，英语是第一外语。①

① 苏金智：《“澳门普通话使用情况调查”的社会文化意义及其理论价值》，《语言文字应用》2012年第2期。

在这种情况下，澳门特别行政区政府对各语言文化的交流是十分鼓励的。

在澳门多元的文化环境下，澳门特区政府和私营部门不但自主承办了官方语言广东话和葡萄牙语的电台电视台，还同时引进了中国中央电视台（汉语普通话）、泰国国家电视台（泰语）、日本 NHK（日语）、TV5（法语）、葡萄牙国家电视台（葡语）、BBC（英语）和 CNN（英语）等语言原产地的电视台的节目。这种节目和文化的引入，一方面是为了满足不同文化背景的群体对于母语语言信息的需求，另一方面是为了维护多元文化背景下的各文化群体的媒体话语权。① 多元的语言文字很好地平衡了各自的地位。政治竞争力方面，澳门回归后中文和葡文都是澳门官方语文，享有平等的地位。文化方面，澳门长期以来以华人为主，中国传统文化和风俗习惯在澳门得到了很好的传承和保留。经济方面，澳门经济主要以旅游业为主，第三产业是推动澳门经济增长的主要产业。这样的社会现实很好地保证了各语种都有自己的优势领域，如中文在各领域均有优势地位，而葡文与英文分别在政治和经济领域拥有无可代替的优势。各有所长、各占优势的结果便是长期的互利共存。

澳门各族群间的调适可以用“三和”来形容，而“三和”正是澳门文化根基的三大支柱——中西之和、物我之和、人我之和。② 澳门漫长的历史便是中西沟通的记录，即中西之和；物我之和表现为不同文化元素在澳门能够兼容并包、互不干扰；而各族群的交往交流交融形成澳门族群的过程，便是人我之和的最好表现。

（二）从政治回归到文化回归

“九九”的到来，标志着澳门被葡萄牙管治的历史正式结束。1999 年 12 月 20 日五星红旗在澳门升起的那一刻，政治回归的目标便已达成，但如何将一个已经被外国文化影响四个多世纪的城市重新整合进伟大祖国的社会体系？重要的考验期也随之而来，如何不仅使澳门在政治上回归祖国，更使澳门在文化上回归祖国，成为最关键的问题。

澳门是一个族群众多的城市，不同文化在澳门具有深厚的历史积淀，

---

① 宋薇：《多元文化下的澳门认同与电子媒体塑造》，《中国广播电视学刊》2012 年第 1 期。

② 王锦贵：《镜海心影》，（澳门）《濠镜》2004 年总第 18 期。

要维持一个如此多样化的文化共同体的稳定繁荣，就必须从澳门的实际问题出发，通盘考虑澳门各族群的切身利益与文化需求。“一国两制”的政策构想，授权澳门特别行政区政府以极大的灵活性处理澳门本地事务。2001 年，澳门特别行政区政府便在市政局下属设置了澳门文化中心，统筹服务澳门民众的文化需求。2015 年，特区立法会更是以立法的形式将过去在文化领域凝聚的共识确定下来，其中澳门特别行政区第 20/2015 号行政法规《文化局的组织及运作》的第一章第二条第五款更是明文规定“鼓励尊重多元文化”。

尊重多元文化是澳门社会历来的信条，由于历史原因，澳门宗教信仰极其多样，天主教、基督教、佛教、道教等世界性宗教在澳门都有永久性的活动点，以妈祖崇拜为代表的民间信仰更是澳门不可忽略的文化成分，甚至一些在世界其他地方早已销声匿迹的小宗教在澳门依然拥有属于自己的影响力。在一个文化与宗教信仰如此复杂的城市里，各宗教和谐共处、互不干扰、互相尊重的奇景，在世界范围内都是罕见的。对于 20 世纪末出现林家骏主教和释健钊大师同时主持澳门机场启用的东西两种仪式，澳门人感到舒畅，外地人感到新鲜，最富现实意义和国际意义的，是多元尊重的文化意识已取代唯我独尊的狭隘民族主义，具有超前的普世伦理精神。①

文化回归的内容还包括澳门意识的增强，澳门意识的增强与澳门历史、文化以及澳门学的研究有莫大关系。过去的澳门历史研究是沿着中葡主权与治权纷争发展起来的，这一学科出现之初便带有极强的民族主义特色与政治色彩，同样我们可以清楚地看到，这些研究基本上甚少有澳门本土学者的参与。回归后，澳门历史研究的最大改变即是本土学者成为治学的中坚力量，澳门的历史话语权开始回到澳门人手中，这表现为对尊重澳门本土历史这一史观的回归。② 以历史学为先导的澳门学研究，正向着综合性人文学术研究的方向迈进，以澳门本土学者为代表的中国学者逐渐掌握了澳门学术话语权。这一现象的结果是澳门的主流价值观对澳门历史抱持尊重态度，澳门人正视澳门历史，尊重过去，守护未来。

---

① 刘羡冰：《莲花精神和文化多元尊重——澳门两笔丰厚的历史遗产》，《教育理论与实践》2003 年第 8 期。

② 吴志良：《澳门历史话语权的回归》，《澳门理工学报》2013 年第 2 期。

（三）中华民族共同体的澳门模式

毋庸置疑，澳门经验已经可以看作一个成功的团结模式。“九九”之后的 20 多年来，澳门各族群的砥砺奋进与相互理解促成了一个团结、繁荣、多元一体的新澳门。澳门经验的文化根基在于绝大多数居民对中华文化的认同，中华文化是一个崇尚和而不同的文化，以这一文化作为根基的中华民族天性是一个强调家国情怀、修齐治平的民族。过去，在葡萄牙人管治下的澳门人，对于祖国与民族的认同，很大程度上是以对中华文化的崇尚与体认表现出来的，这是澳门模式得以建立的精神源泉。

澳门人对于中华文化认同的主要载体是使用中文。持以粤语为代表的汉语各方言的人即使在葡萄牙人管治澳门的时代，也占据了人口的绝大多数。但对汉语的认同并不以排斥其他语言为前提，澳门奇特的“四语三文”景观，在世界范围内都是有趣而又发人深省的社会奇迹。在语言文字教育实践中，不仅过去被认为亲近中央、热爱中华文化的“红底学校”强调对中文的应用，即使是过去被称为“蓝底学校”的教会学校亦不甘落后。事实上，澳门第一所全面推广使用普通话教学与日常沟通的中学，便是一所传统的“蓝底学校”。这更说明了尊重社会现实这一澳门的精神气质蕴藏在绝大多数澳门人内心。而对于汉字的使用，又是澳门人极具智慧的做法，在教育界率先使用的简体字人教版教材与繁体字语文教材相映成趣，不仅使学生全方位受到中华文化熏陶，更使澳门的下一代在内心深处深刻认同自己中国人的身份。

在“和而不同”精神的基础上，澳门作为一个美好城市吸引着来自四面八方的移民。移民进一步带来更加多元的文化，而澳门文化相互尊重、和谐包容的特质，既给予移民安身之所，亦保持了澳门作为一个古老而又年轻的城市的文化活力。它的古老来自四百多年的沧桑，它的年轻来自盼望一个美好未来的占人口绝大多数的移民。这些移民怀揣着对美好生活的向往，在澳门扎根奋斗，推动了澳门经济的发展，也进一步证明了澳门模式是一个以和而不同为表现的社会情境。

在澳门模式推进的这一过程中，特区政府发挥了巨大作用。过去澳葡政府在施政过程中全然不顾民心向背的做法，在四百多年的管治时期对澳门人民造成了巨大的创伤。“九九”之后，特区政府设立之初，执政为民便成为特区政府的执政准则。与澳葡政府架构相比，回归后的特区政府架构发生了根本性变化。按照《澳门基本法》的规定，原有公共行政制度得以延续。回归后第一个十年，澳门特区政府针对原有公共行政存在的问题和为适应社会发展的需要进行了改革；回归后第二个十年，公共行政改革围绕“阳光政府”建设、部门重组与效能提升等方面进行。经过二十年的努力，澳门特区公共行政改革取得了相当大的成效，进一步完善了特区的治理体系，提升了特区政府的治理能力。[①] 发展经济自然是重要的，但特区政府在经济发展的同时力争提升公共服务、关心民众生活、缩小贫富差距、提供优质服务的执政方式，使澳门各阶层各族群能够凝聚共识，共谋澳门和谐稳定发展，实现共同富裕。可以说，特区政府的存在与发挥的作用，为澳门模式作为一个普遍共识的产生，提供了坚实的执政保障。

澳门模式的实质即是在承认与保护各族群对自身文化存在与延续的需求基础上，通过建立统一的制度规范与引导社会不同族群通过平等合理渠道表达自身文化诉求，努力将不同族群与文化纳入“澳门人”这个大框架中和谐并存。

澳门模式的本质内容便是澳门多元族群在澳门这个一体之内形成的多元一体的“澳门人”这一基础概念，而“澳门人”或“澳门族群”作为中华民族共同体的一个组成部分，是多元中的一元，亦是一体中的一员。澳门模式的建立基础是鼓励多元文化交流，澳门的各种实践即可证明这一点，在以华人为主体，各族群和谐交流、包容平等的澳门，与其说是澳门一地的图景，不如说中国无数与澳门相似的城市与地方的类似图景，是中华民族共同体建构的组成部分。澳门历史的特殊性，更能够从一个侧面展示中华民族共同体的文化根基。

澳门模式对中国内地有着重要的借鉴作用。笔者曾多次提出，中国正处于文化转型中，正在从“地域性文化”向“多元文化”转型，中国的城市也正在经历从“地域性城市”向“移民城市”的转型。[②] 在移民城市中，多元族群共存将成为常态，而澳门模式为城市多元族群和谐共存提供了一个

① 蒋朝阳：《澳门回归 20 年：公共行政的变革与发展》，《港澳研究》2019 年第 1 期。

② 周大鸣：《从地域社会到移民社会的转变——中国城市转型研究》，《社会学评论》2017 年第 6 期。

榜样。

“一国两制”伟大构想及其在港澳两地的成功实践表明，中国创造出了两种不同的社会制度在一个单一制国家内长期并存的政治形式。这一制度构建过程与目的本身，即是为兼顾各文化各族群的现实需求，最终的指向也是构筑与维护一个统一的中华民族共同体。澳门的经验告诉我们，不同文化不同族群的长期共存、相互交流交往，结局并非亨廷顿所言的“文明的冲突”，澳门体现出来的多元族群文化和谐共处，最终建立更高层次的“澳门人”与“中国人”认同的事实证明，只要多元文化族群保持正确的交流交往方式，最终是可以实现交融的。

民间文化旅游：澳门旅游业发展的新方向

陈章喜　倪　容*

摘　要： 澳门作为东西方文化交汇的世界文化遗产地，拥有世界物质文化遗产澳门历史城区和多项世界非物质文化遗产，因而澳门发展民间文化旅游有着得天独厚的优势。同时，推动澳门民间文化旅游也是澳门经济适度多元化的一项重要内容。根据产业关联理论，澳门民间文化和澳门旅游业发展存在关联与互动。实际上，澳门民间文化极为丰富，拓展民间文化旅游存在极大的空间。本文根据澳门民间文化与澳门旅游业相关数据，运用计量模型进行实证分析，结果显示澳门民间文化对澳门旅游有着重要关联，影响着澳门旅游业发展的进程与方位。在建设粤港澳大湾区的战略背景下，澳门应采取相关措施，推动澳门旅游业向着澳门民间文化旅游的新方向发展。

关键词： 澳门　民间文化　旅游业　产业关联

澳门因博彩而闻名世界。自1847年澳门赌博合法化后，人们逐渐把目光聚焦于博彩业，尤其是在2002年澳门放开赌权及“自由行”政策的推动下，澳门的博彩业蓬勃发展，澳门“赌城”的形象深入人心，而澳门独特的东西方交融的文化本质却被忽视。澳门文化具有“国际化、多元化、

* 陈章喜，暨南大学经济学院教授，暨南大学澳门研究院经济社会与区域合作研究所所长、研究员；倪容，暨南大学经济学院助理研究员，研究方向为城市经济。

宗教化和平民化”等特征。随着生活水平的提高，人们对旅游的需求不断提高，不再仅仅是追求美食、购物等物质上的满足，也逐渐开始追求文化等精神层面的满足。发展民间文化旅游，有利于游客在游玩的过程中了解澳门的文化，体验澳门的民风民俗，提高对澳门的文化认知，有利于塑造“文化澳门”的形象，淡化澳门“赌城”形象。目前，澳门的旅游业致力于朝着多层次的方向不断发展，应在保留优势旅游资源的前提下加强相关产业的发展，打造多元化的旅游市场，提高旅游业的国际竞争力。发展民间文化促进了文化产业与旅游业的融合，为旅游业的多元化发展提供了一个可持续发展的路径。通过澳门独有的民间文化来吸引游客，带动旅游业进一步发展，同时也可以创造新的就业机会，为澳门旅游业的发展提供了更广阔的环境。

一 民间文化与旅游业融合发展的理论机理

（一）民间文化的理论内涵

民间文化是某一地区先辈们的历史创造和智慧结晶，具体指的是由社会底层的劳动人民创造的、立足于民众生产、生活的具体背景、古往今来就存在于民间传统中的自发的自娱自乐的民众通俗文化。这种文化具有很强的自发性、传承性、实用性和娱乐性等特点。①

民间文化的范围包括存在于民间的物质文化、社会文化、精神文化和口头语言等各种社会习惯、风俗。民间的物质文化是由人类的衣食住行和手工艺制作等物化形式组成，如民居、服饰、农耕方式等。社会文化是指人类社会集团中氏族、家族、宗族、村落、乡镇、市镇及各职业行业集团等民间组织，这些社会组织以约定俗成的方式固定下来，成为维系民间人际关系的纽带。民间精神文化即民间意识形态，包括民间信仰、民间宗教、伦理、道德、文学和艺术。口头语言是民间社会中维系人际关系的媒介。②

为了统一对“民间文化”内涵的认识，联合国教科文组织于2003年10

① 李红梅：《论文学与民间文化的关系》，《文化创新比较研究》2017年第19期。

② 田敏：《鲁迅与浙东民间文化》，博士学位论文，华中师范大学，2011，第129页。

月17日通过《保护非物质文化遗产公约》，将“民族民间文化遗产”修改为“非物质文化遗产”。[①] 非物质文化遗产包括各种以非物质形态存在的与民众生活密切相关、世代相承的传统文化表现形式，主要是指以语言、文学、舞蹈、音乐、游戏、神话、礼仪、习惯、手工艺、建筑术、技巧、技艺和瞬间表现形式传承的文化遗存，是民间文化、民族文化的重要传承方式。

（二）民间文化与旅游融合的理论机理

1. 规制创新机制

规制创新是民间文化、旅游产业融合的保障，即通过管理变革和组织变革实现管理方式的有机协同，建立适合文旅融合发展的制度安排，推动原有产业边界的消融。方式有二：其一，政策整合。产业融合要求政策法规和市场监管的一体化，构建产业融合的政策框架、政策体系和规范标准，增强文旅产业交叉准入的政策弹性，消除阻碍融合的制度梗阻，形成全新的竞争秩序。其二，管理并合。产业融合要求文化、旅游发展在管理上的协同，破除部门管理的条块分割，减少产业之间进入壁垒和利益竞争，密切产业间技术、资本合作，降低市场交易的制度成本。

2. 业态耦合机制

业态耦合是民间文化、旅游产业融合的支撑。文化、旅游产业基于市场需求重构价值链，在产品和服务上建立供需链接，实现产业分工内部化。方式有二：其一，多元业态聚集。文化、旅游市场主体通过跨业并购、竞争合作，进行“你中有我、我中有你”的跨业多元化经营，在更大范围内配置和利用文化旅游资源，丰富产业内涵，实现范围经济和规模经济。其二，融合业态新生。文化、旅游产业链相互横向拓展、纵向延伸，打破产业边界，交叉重组，创新商业模式，实现功能互补，催生新的产品、服务和业态，赋予文化、旅游产业新的附加值和更强的竞争力。

3. 资源共享机制

资源共享是民间文化、旅游产业融合的基础。文化、旅游产业具有空间依赖性，依托各类通用性资产在一定地理空间集聚共享，能够实现有限资源

---

① 翟燕：《民间文化传承与发展中的政府职能研究》，硕士学位论文，电子科技大学，2011，第66页。

效用的最大化。一是产业资源共享，如文创产品、文创产业集聚区、景区景点等有形资源，以及传统民俗、赛事节会、文化品牌等无形资源，通过形成共生单元、共生界面、共生模式，获取文旅资源重新配置的效率。[①] 二是区域资源共享，如自然资源、遗产资源、文物资源、基础设施、公共服务平台等有形资源和区域品牌等无形资源。

4. 要素渗透机制

要素渗透是民间文化、旅游产业融合的纽带。现代产业要素跨界流动和配置，满足了文旅产业融合发展的要素需求，为业务与市场的融合奠定了基础。其一，内容渗透。IP（Intellectual Property）即知识产权或独特识别物，包括内容 IP（文学、戏剧、影视、动漫、游戏等版权）和旅游 IP（景区品牌、旅游演艺品牌、旅游商品品牌等），通过 IP 叠加延伸带动品牌、客群、流量和大数据协同，实现文体旅产业升级。其二，技术渗透。大数据、云计算、物联网、人工智能、虚拟现实、增强现实、区块链等新一代信息技术，对文旅价值链进行垂直整合，创新数字版权的交易和收益分配方式、用户付费机制等商业模式，形成价值共享平台，大幅降低交易成本，提高产业链协同效率。

5. 市场叠加机制

市场叠加是民间文化、旅游产业融合的动力。文化、旅游消费具有关联性，通过产业价值链的延伸寻求利益契合点，创造新的消费市场。利用旅游产业的营销手段和中介渠道营销文化产品，借助文化产业的传播渠道营销旅游产品，形成文化产品、旅游产品的整合消费平台，使文旅产业获得更大的市场份额和更多的销售收入，实现文化、旅游市场的延伸和重构。

二　澳门民间文化与旅游业发展的现状描述

（一）澳门民间文化的发展现状

1. 澳门民间文化的物质承载

澳门开埠 400 多年的历史，是中西文化互相碰撞、过滤、接受、融合的

① 陈章喜：《澳门博彩业与会展业：效应比较及产业走向》，《暨南学报》2012 年第 6 期。

历史，孕育出具有中西文化特色的文化遗产，这些文化遗产不仅是前人留下来的丰盛果实，更是澳门这座历史文化名城的重要组成部分，展示了澳门的城市个性，与市民的日常生活息息相关。澳门的文化遗产现时共分四类，即纪念物、具建筑艺术价值之楼宇、建筑群及场所。共有138项被评定的不动产，即俗称的文物建筑，其中有超过600座建筑物，包括教堂、炮台、庙宇、公共建筑、中西式住宅、别墅、墙体、广场、山体、公园等不同类型，分布在澳门、氹仔、路环三个缓冲区，是澳门珍贵的文化资源。澳门历史城区，在2005年7月15日南非第29届世界遗产委员会会议上被列入世界遗产名录，成为中国第32处世界遗产。

澳门历史城区是中西合璧的文化瑰宝。澳门历史城区保存了澳门400多年中西文化交流的历史精髓，是国内现存年代最远、规模最大、保存最完整和最集中，以西式建筑为主、中西式建筑互相辉映的历史城区，是西方宗教文化在中国和远东地区传播历史重要的见证，更是四百多年来中西文化交流互补、多元共存的结晶；是中西生活社区有序的组合，从过去与居民的生活习俗、文化传统密不可分。澳门历史城区共有25处历史文物建筑，分别是妈阁庙、港务局大楼、亚婆井前地、郑家大屋、圣老楞佐教堂、圣若瑟修院大楼及圣堂、岗顶前地、岗顶剧院、何东图书馆大楼、圣奥斯定教堂、民政总署大楼（现市政署大楼）、议事亭前地、三街会馆（关帝庙）、仁慈堂大楼、大堂（主教座堂）、大堂巷七号住宅（卢家大屋）、玫瑰堂、大三巴牌坊、哪吒庙、旧城墙遗址、大炮台、圣安多尼教堂（花王堂）、东方基金会会址、基督教坟场和东望洋炮台。这些历史文物建筑承载的内容深刻而丰富，包括文化传统、民间风俗、民间信仰、民间文艺、多元文化、本土文化、宗教文化等，与非物质文化遗产相得益彰，也是发展民间文化旅游的重要景点。

2. 澳门民间文化的非物质形态

澳门作为文化共融之地，不同的民风习俗异彩纷呈。400多年来，东西文化在这里扎根生长，在造就澳门特有文化景观的同时，也形成了澳门珍贵的非物质文化遗产。根据澳门特别行政区政府文化局相关资料，非物质文化遗产是指被社群、群体及在特定情况下被个人视为文化遗产组成部分的各种实践、观念表述、表现形式、知识、技能以及相关的工具、物件、手工艺品及文化空间；有关文化遗产世代相传，被社群、群体因应周围环境、与自然的互动及其历史不断地再创造，为社群、群体及个人孕育认同感和持续感。

其范围包括：传统及口头表现形式；艺术表现形式及属表演性质的项目；社会实践、宗教实践、礼仪及节庆；有关对自然界及宇宙的认知、实践以及传统手工艺技能。这里的非物质文化遗产可以近似地理解为民间文化的载体。

根据《文化遗产保护法》，拟订清单是保护非物质文化遗产的基础，为此澳门特别行政区政府文化局拟订了有关清单，以识别、确认和保护澳门的非物质文化遗产。2017 年，文化局列入非物质文化遗产清单的项目共有 15 个，包括粤剧、凉茶配制、木雕——神像雕刻、道教科仪音乐、南音说唱、鱼行醉龙节、妈祖信俗、哪吒信俗、土生葡人美食烹饪技艺、土生土语话剧、土地信俗、朱大仙信俗、搭棚工艺、苦难善耶稣圣像出游和花地玛圣母圣像出游。2020 年 6 月，文化局更新清单，有 55 个新增项目被列入清单。

（二）澳门旅游业发展的基本现状

自 20 世纪 90 年代起，澳门旅游业在博彩业的带动下迅速发展，现今已逐步形成以博彩、观光、餐饮以及住宿业为主，手信（当地特产）、珠宝、旅游运输、娱乐业为辅的完善的体系，在区域经济中占有重要地位。1999 年，澳门入境旅客总数为 744.39 万人次，旅客总消费为 102.2 亿澳门元。2013 年，澳门入境旅客总数为 2932.48 万人次，比 1999 年增长约 3 倍；旅客总消费为 595.41 亿澳门元，比 1999 年增长约 5 倍。2015 年，澳门入境旅客总数为 3071.46 万人次，下降 2.57%，这是自 2008 年和 2009 年国际金融危机之后的首次下降；2015 年，澳门入境旅客总消费为 511.28 亿澳门元，同比下降 17.2%。从 2016 年起，入境旅客总数触底回升，但仅增长 0.77%。2017 年，澳门入境旅客总数为 3261.05 万人次，同比增长 5.36%；旅客总消费为 613.24 亿澳门元，同比增长 16.45%。2018 年，澳门入境游客总数为 3580.37 万人次，同比增长 9.79%；旅客总消费为 696.87 亿澳门元，同比增长 13.64%（见表 1）。

表 1　2004～2018 年澳门入境旅客数和旅客总消费

年份	入境旅客(千人)	增长率(%)	旅客总消费(百万澳门元)	增长率(%)
2018	35803.7	9.79	69687	13.64
2017	32610.5	5.36	61324	16.45
2016	30950.3	0.77	52662	3.00
2015	30714.6	-2.57	51128	-17.20

续表

年份	入境旅客(千人)	增长率(%)	旅客总消费(百万澳门元)	增长率(%)
2014	31525.6	7.50	61749	3.71
2013	29324.8	4.42	59541	13.75
2012	28082.3	0.29	52345	15.48
2011	28002.3	12.16	45328	19.34
2010	24965.4	14.73	37982	8.05
2009	21759.8	-5.12	35153	-11.35
2008	22933.2	-15.07	39652	-10.27
2007	27003.4	22.75	44188	24.76
2006	21998.1	17.57	35417	24.28
2005	18711.2	12.23	28497	19.28
2004	16672.6	—	23892	—

资料来源：《澳门统计年鉴》。

（三）澳门民间文化与旅游融合发展的方式

1. 通过妈祖文化推动民间文化旅游发展

目前澳门的民间文化旅游融合通过多种方式发展。例如，对澳门影响深远的民间文化——妈祖文化通过不同方式来推动民间文化旅游的发展。游客可以参观澳门现存庙宇中有实物可考的最古老的也是澳门文物中原建筑物保存至今时间最长的庙宇——妈阁庙，也可以去参拜澳门路环山顶公园的妈祖像，既可以参观集闽南古建筑艺术、宗教、民俗、文化、休闲等价值于一身的妈祖文化村，也可以参加澳门每年 4 月 27 日举行的妈祖诞。通过不同的参观旅游方式，游客可以了解妈祖信俗这一民间文化，这有助于提升澳门的文化形象，推动澳门民间文化旅游的发展。

2. 通过博物馆向游客展示澳门民间文化

博物馆也是澳门向游客展示民间文化的重要载体。澳门博物馆的二楼展区从不同侧面展示了澳门的传统文化和民间艺术，再现了昔日澳门民间日常生活的场景，尤其是澳门人的休闲娱乐、宗教仪式和民俗庆典。澳门艺术博物馆则向参观者展示了中国书画、印章、陶瓷、铜器、西洋绘画、现代艺术及摄影作品等珍贵艺术品及文物。海事博物馆则展示了中国南部及澳门渔民的生活情况。圣若瑟修院藏珍馆、天主教艺术博物馆与墓室、仁慈堂博物馆则展示了很多艺术精品，包括油画、耶稣受难像、圣像雕塑、礼拜器物等，展示了基督教和天主教等不同的宗教文化。大三巴哪吒展馆则以介绍哪吒传说和节庆为主题，展示了每年哪吒诞使用的珍贵实物，如宗教仪式中的香炉、信众钤印用的哪吒印符、哪吒签以及抢炮活动中的花炮神像等，馆内亦展示了哪吒节庆的影片，又以电子书形式展示数十年来庆祝活动的旧照片，让市民了解这项传统节庆的历史与变迁。

3. 通过举办各种节日盛事发展澳门民间文化旅游

农历的二月初二举行土地诞，每逢诞期，善男信女除了在家供奉外，还在舞狮随行下，成群结队地前往土地庙祭祀，还有居民用金猪酬神、请戏班上演神功戏和举办粤曲演唱晚会等，展示了澳门的土地信俗。三月九日到十日举行苦难耶稣圣像出游，巡游历时两天，第一天，背负十字架的苦难耶稣圣像庄严地从岗顶的圣奥斯定教堂出发，被迎到主教座堂，圣像留在主教座堂接受祝祷；第二天，教士们抬着苦难耶稣圣像出游，然后送回圣奥斯定教堂。这是自16世纪设立澳门教区以来澳门一直继承着的民间传统。此外，还有农历三月初三的北帝诞，农历四月初八佛教的浴佛节、道教的谭公诞、渔业行会的鱼行舞醉龙节，4月27日的娘妈诞，5月13日为纪念葡萄牙人最崇拜的花地玛圣母而举行的花地玛圣像巡游，6月20日的哪吒诞和7月26日的关帝诞等其他节日盛事。这些节日盛事在不同程度上宣传了澳门的民间文化，推动了澳门旅游业的发展。

4. 通过特色饮食文化等推动澳门民间文化旅游

除了历史文物建筑、博物馆和节日盛事，澳门还有其他发展民间文化旅游的方式。美食也是发展民间文化旅游的重要手段，如承载土生葡人美食烹饪技艺的澳门土生美食代表着澳门特色的饮食文化，广受各地游客喜爱，很多澳门地道的风味小吃和手信亦吸引不少游客慕名而来。文化创意作品也是向游客宣传民间文化的方式。在文化创意产区，旅客可到访创意品牌店铺选购本地原创纪念品，流连于令人赏心悦目的当代艺术展览空间，参观手工艺、雕塑、陶艺等艺术工作坊，悠闲地品味与生活相结合的本地民间艺术文化。此外，还通过表演、电影等方式宣传民间文化，吸引游客。例如，音乐舞蹈类非遗，如南音说唱、粤剧、土生土语话剧等，主要以现场实地演出和影像视频为主。

三　澳门民间文化与旅游业融合发展的实证

（一）模型的设定

为了检验澳门民间文化对澳门旅游的影响，本文建立了一个基于澳门样本的多元线性回归模型，该模型中引入了澳门公开表演及展览的场数和入境旅客的数量，并引入其他影响旅游业的控制变量，如本地居民的人均总收入、外来直接投资总额、货物出口额、旅游物价指数、酒店业及饮食业就业人数和国际航班数。

首先绘制选取的这些变量的矩阵散点图（见图1），考察它们之间的线性相关关系。

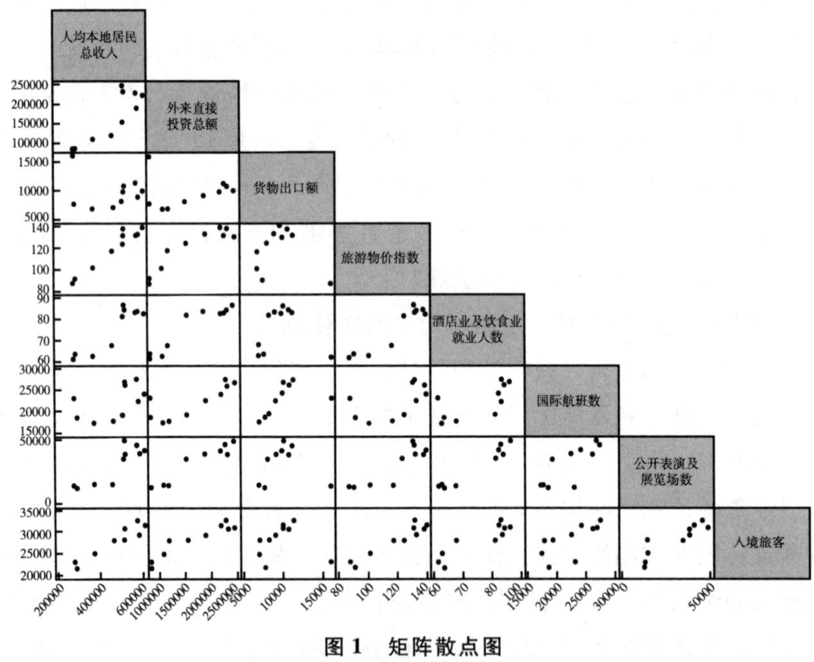

图1　矩阵散点图

如图1所示，入境旅客人数与人均本地居民总收入、外来直接投资总额、货物出口额、旅游物价指数、酒店业及饮食业就业人数、国际航班数和公开表演及展览场数大体上呈线性相关关系。所以，构建以下原始的多元回归模型：

$$TOUR = \alpha 0 + \alpha 1SHOWS + \alpha 2GDP + \alpha 3FDI + \alpha 4GOODS + \alpha 5CPI + \alpha 6EMP + \alpha 7ALINS + \varepsilon$$

结合目前已有的研究，本文选取入境旅游人数指标来衡量旅游业的发展。模型中 *TOUR* 是入境旅游人数，*SHOWS* 表示公开表演及展览的场数，*GDP* 表示本地居民人均总收入，*FDI* 表示外来直接投资总额，*GOODS* 表示货物出口额，*CPI* 表示旅游物价指数，*EMP* 表示酒店业及饮食业就业人数，*ALINS* 表示国际航班数，α_0表示常数，$\alpha_1 - \alpha_7$表示各变量的系数，ε 表示随机干扰项。

（二）变量的选取

被解释变量的选取。基于本文的实证目的，分析澳门民间文化对旅游的影响，对旅游业的衡量指标既可以是旅游收入，也可以是入境旅游人数。但是考虑到用旅游收入会受到价格因素以及时间因素的影响，数据波动较大，而且选用旅游收入会导致被解释变量和控制变量相互影响，从而导致模型存在较强的内生性。入境旅游人数相对于旅游收入数据的波动性较小，而且入境旅游人数与旅游收入之间具有同步变化的特征。因此，本文选取了入境旅游人数作为指标，用 *TOUR* 表示。

解释变量的选取。目前澳门民间文化向游客的宣传方式主要是博物馆参观、观看表演和参观艺术展览，由于 2008 ~ 2017 年博物馆数量变化不大，所以采用与民间文化旅游密切相关的公开表演及展览的开设场数来代表民间文化，用 *SHOWS* 表示。人均国内生产总值（*GDP*）反映了澳门的经济发展水平，一般来说，经济发展水平越高，旅游业发展水平就越高，能够提高旅游目的地的吸引力。货物出口额（*GOODS*），旅游目的地货物出口的增加能够很好地促进经济发展，同时对国家形象也能起到很好的推广和宣传作用，有利于国际入境旅游人数的增加。外来直接投资总额（*FDI*），一国吸收的外商直接投资越多，该国的跨国商业往来就越频繁，从而有利于商业旅游人数的增加。国际航班数（*ALINS*）反映了旅游目的地交通可达程度，也反映了与旅游业紧密相关的基础设施较为完善。用酒店业和饮食业就业人数（*EMP*）近似代替旅游业就业人数，反映了旅游目的地的旅游接待能力和旅游业的服务水平，旅游接待能力和服务水平越高，越有助于提高旅游目的地的旅游承载力。旅游物价指数（*CPI*）反映了旅游目的国的旅游产品物价水平，价格水平越高，旅行成本越高，会对旅游有削弱作用。

（三）数据的统计分析

被解释变量和解释变量的最大值、最小值、标准差以及平均值的结果见表 2。

表 2　各变量描述性统计分析

变量	平均值	标准偏差	最小值	最大值
GDP	472135	119092	279742	609092
FDI	166519	64158	84052	245330
GOODS	9682	2697	6960	16025
CPI	120	19	88	140
EMP	76	10	62	86
ALINS	22278	3850	17327	27415
SHOWS	30328	14699	12653	48846
TOUR	28086	3732	21753	32611

考虑到各解释变量与被解释变量以及解释变量之间存在较强的相关关系，为了避免模型存在伪回归，下面列出各个变量的相关系数矩阵来考查变量之间的多重共线性问题。

表 3　变量相关系数矩阵

Variable	*GDP*	*FDI*	*GOODS*	*CPI*	*EMP*	*ALINS*	*SHOWS*	*TOUR*
GDP	1.0000							
FDI	0.8601	1.0000						
GOODS	-0.1495	0.0895	1.0000					
CPI	0.9697	0.9226	-0.1184	1.0000				
EMP	0.8972	0.9419	0.0209	0.9356	1.0000			
ALINS	0.5103	0.8138	0.6050	0.5863	0.7028	1.0000		
SHOWS	0.8587	0.9606	0.1243	0.8831	0.9724	0.7943	1.0000	
TOUR	0.9441	0.9374	-0.0024	0.9570	0.8946	0.6822	0.8942	1.0000

由表 3 可以看出，公开表演及展览的场数、本地居民的人均总收入、外来直接投资总额、旅游物价指数、酒店业及饮食业就业人数和国际航班数都

与入境旅游人数正相关。但是，货物出口额与人均总收入、旅游物价指数与入境游客人数呈负相关。根据变量相关性定义，相关系数值 *r* 在 $-1\leqslant r\leqslant 1$ 范围之内。根据不同的 *r* 值，可以将相关系数分为高度、显著性和低度线性相关，其中，当 $0.7\leqslant |r| <1$ 时是高度线性相关；当 $0.4\leqq |r| <0.7$ 时是显著性线性相关；当 $|r| <0.4$ 时表示低度线性相关。根据表 3 中的结果，*GDP* 与 *FDI*、*CPI*、*EMP*、*SHOWS* 均显示高度线性相关关系，此外还有其他解释变量之间存在较高的相关关系，因此对模型中的解释变量需要进一步筛选。本模型采用逐步回归的方法来排除变量。

（四）模型的修正

首先，分别作 *TOUR* 与 *GDP*、*FDI*、*GOODS*、*CPI*、*EMP*、*ALINS*、*SHOWS* 间的回归，回归结果如表 4 所示。

表 4　因变量分别与自变量之间的回归

	GDP	*FDI*	*GOODS*	*CPI*	*EMP*	*ALINS*	*SHOWS*
Prob > F	0. 0000	0. 0001	0. 9948	0. 0000	0. 0005	0. 0298	0. 0005
Adj R-squared	0. 8777	0. 8636	-0. 1250	0. 9052	0. 7754	0. 3986	0. 7746
P > |t|	0. 0000	0. 0000	0. 9950	0. 0000	0. 0000	0. 0300	0. 0000
Coef.	0. 0296	0. 0545	-0. 0033	184. 9774	327. 2099	0. 6613	0. 2270
cons	14118	19006	28118	5965	3336	13354	21201

从表 4 中可以看出，根据调整的 R^2，*TOUR* 与 *CPI* 之间的值最大，拟合优度最好，而且 *P* 值都小于 0. 05，回归结果显著，因此第一次筛选出的回归模型的变量为旅游物价指数即 *CPI*。此外，*TOUR* 与 *GOODS* 的 *P* 值都很大，结果不显著，所以模型中直接剔除 *GOODS* 变量。

接下来，将其他解释变量分别加入回归模型，通过逐步回归的方法寻找最佳回归方程。逐步回归结果如表 5 所示。

由表 5 的结果，可以看出，回归 1 中加入 *GDP* 变量，*CPI*、*GDP* 变量都没有通过显著性检验；回归 2 中加入 *FDI* 变量，*FDI* 变量没有通过显著性检验；回归 3 中加入 *EMP* 变量，*EMP* 变量没有通过显著性检验；回归 4 中加入 *ALINS* 变量，*ALINS* 变量没有通过显著性检验；回归 5 中，加入 *SHOWS*

变量，结果显著。因此，最后确定的模型为：

$$TOUR = 8804.06 + 146.8606 \times CPI + 0.0567 \times SHOWS$$

该模型中的 *CPI*、*SHOWS* 的系数是用来预测模型的，为了进一步考察自变量对因变量的影响程度，模型中加入 beta 参数得到标准化的系数。beta 参数显示，*CPI* 的重要程度为 0.76，*SHOWS* 的重要程度为 0.22。模型中最后只得到两个自变量，究其原因，是澳门地域狭小，*GDP* 的增长与外商投资、货物出口等联系密切，而且物价指数与出口、*GDP* 息息相关，导致自变量之间的相关性太高，回归模型得到的有效变量较少。

表 5　逐步回归结果

	回归 1	回归 2	回归 3	回归 4	回归 5
CPI	134.4149 (0.156)	119.6327 (0.041)	186.0403 (0.017)	164.0502 (0.000)	146.8606 (0.010)
GDP	0.0085 (0.557)				
FDI		0.0213 (0.184)			
EMP			-2.1495 (0.985)		
ALINS				0.1790 (0.156)	
SHOWS					0.0567 (0.040)
cons	8021	10230	6001	4480	8804
Prob > F	0.0001	0.0001	0.0002	0.0001	0.0001
Adj R-squared	0.8973	0.9174	0.8917	0.9205	0.9158

由回归模型的实证分析可以得知，公开表演及展览场数所代表的民间文化对入境游客的人数有正面的影响作用，公开表演及展览场数每变化一个单位，入境游客的人次大约变化 0.06 个单位，现实意义即公开表演及展览的场数增加一场，入境游客增加 60 人次。因此，澳门民间文化旅游的发展具有实证依据，特区政府也应采取措施发展民间文化旅游，实现澳门旅游业可持续发展。

四　澳门民间文化与旅游融合发展的主要对策

（一）鼓励居民参与

发展民间文化旅游离不开澳门当地居民的参与，培养热爱、了解澳门民间文化的旅游方面的人才对民间文化旅游大发展至关重要。旅游人才的数量和质量直接影响民间文化旅游能否成功开发，也对游客的澳门文化旅游体验有着重要的影响。随着科技的进步，一些民间文化面临消亡的风险，因此应鼓励当地居民主动参与民间文化的发掘与保护继承的行动。首先，当地居民是澳门民间文化最好的继承者，也是民间文化最好的展示者，应通过各种培训方式提高民间文化继承者的素养，实现民间文化的可持续发展。其次，民间文化根源于民众生活，反映了当地独特的生活方式和审美特点，其开发必须有本地居民参与，否则难以让游客有较好的体验。应加强民间文化宣传教育，开设相关课程，从娃娃抓起，只有当地人对民间文化持认可和重视的态度，才能提高游客的感知度，民间文化旅游才可能持续发展。例如，在公交车、商场等公共场所不定时播放民间文化的视频，向大众宣传民间文化，还可以在澳门的高校中设置民间文化旅游课程，培养专业人才等。最后，特区政府也应出台政策或者通过资金补贴等方式加强对民间文化的保护，利用先进的技术，通过视频等形式对民间文化进行资料保存。

（二）加强挖掘开发

目前被列入澳门非物质文化遗产名录清单的项目有70个，但只有13个列入名录。在澳门的现实生活中，还有大量丰富的民间文化资源值得关注，应进一步挖掘，同时处理好开发与保护的关系，对民间文化进行合理开发。例如，在技艺类的民间文化中，造船技艺、猪扒包制作技艺、葡挞制作技艺、杏仁饼制作技艺、甜品制作技艺、水蟹粥制作技艺、竹升面制作技艺等均尚未得到广泛的宣传推广，有待列入保护名录；在音乐舞蹈方面土风舞等也尚未得到宣传；在信俗方面，龙王信俗也尚未列入非遗保护清单中。在未被挖掘的民间文化中，很多都具有很高的历史文化价值，也具有旅游开发的价值，应对这些民间文化进行进一步的挖掘与整合，并使之成为推动旅游发展的动力，同时帮助澳门塑造文化旅游城市的形象。①

（三）协调各方关系

民间文化旅游的参与方有当地社区居民、政府、科研机构、企业以及商家、博物馆、作坊、传承人、游客等，其中社区和居民是民间文化价值生存的环境，政府和科研机构是为民间文化旅游未来发展提供政策资金支持、服务管理和策略导向的机构；企业为民间文化的发展提供技术创新和研发；民间文化附属的商家、博物馆、作坊则分别为民间文化提供了产品销售服务、民间文化价值解说和展示场所；传承人确保民间文化能够得到活态保护和传承；游客则是民间文化旅游的消费者，也是民间文化价值的认同者。各个参与方在参与民间文化旅游的过程中，可能会因职能重复或者利益产生矛盾，因此要协调好民间文化旅游参与方之间的关系，并将每个参与方的职责细化，为旅游管理提供高效服务。

（四）创新体验模式

澳门民间文化资源形式多种多样，因此在民间文化旅游的开发模式上应不同对待，进行体验模式上的创新。对民间文化资源进行深度挖掘和整合，与食、购、游、娱几大旅游要素融合，满足各类游客的需求，提供综合性的旅游体验。根据民间文化的种类，可以将民间文化旅游的体验分为现实的实地实物的体验和虚拟的体验。在现实体验上，重视优化现有的美食、音乐、舞蹈、节庆活动等实地实物的体验。在虚拟体验上，可以开发一些增强现实（Augmented Reality，AR）的民间文化体验的游戏或其他产品。例如，在增强虚拟体验上，可以在虚拟游戏中增加实物设备、网络摄像机等，如舞醉龙虚拟游戏，可以增加不同比例的舞龙道具；自行设计制作美食的虚拟体验；等等。这些现实体验和虚拟体验可以和相关的景点结合，也可以将民间文化的体验集中在某一时空范围内，如建造一个综合的民间文化体验馆等，可以让游客根据自己的需求来体验不同的民间文化。

① 陈章喜：《澳门世界旅游休闲中心竞争力分析：理论与实证》，《港澳研究》2017 年第 1 期。

（五）发展创意旅游

利用大数据技术，挖掘澳门生活者和游客共同的关注点、兴趣点，有针对性地开发设计民间文化旅游路线和纪念性产品。深层次挖掘民间文化元素，制作具有特色的文创产品和纪念品，并将其应用于电影、漫画等新媒体载体中，宣传推广民间文化的历史内涵。还可以在旅游景点进行表演，并设计游客参与性高的环节，开展多种形式趣味性的旅游活动。独特的节庆文化也是发展民间文化旅游的重要元素，打造文化节庆旅游，能够吸引游客的参与，促进旅游业与民间文化创意的融合发展。

（六）打造交流平台

打造独有的民间文化旅游的互动平台，或者与已有的知名在线平台合作，将民间文化旅游线路的销售与推广通过中间平台来进行宣传，同时也为游客提供了前、中、后的服务。通过在线平台，在旅游前游客可以提前查阅了解相关的民间文化旅游；在旅游中，游客可以及时与旅游地展开互动；在旅游后，游客可以就自己的民间文化旅游体验提出建议和看法。这有利于加强旅游地和游客的联系，推动当地民间文化旅游发展。

（七）提供经济支持

民间文化旅游发展过程中的整体规划、对外营销等工作均都需要资金的大力支持，为推动民间文化旅游发展，建议设立民间文化旅游基金。博彩税收是澳门特区政府公共收入的主要来源，并且博彩企业会在经营过程中会产生一定的社会成本，因此应该承担一定的社会义务，同时发展民间文化旅游对博彩业的可持续发展具有重要的促进作用，因此应发挥博彩产业在资金方面的带动作用，从博彩税收中抽取固定的比例用于发展民间文化旅游。可以规定主要博彩专营企业（现为六家）从博彩收入中拿出固定比例用于发展民间文化旅游。

全球化对区域可持续发展的影响：以澳门为研究案例

高婕 盛力*

摘 要： 有关全球化对旅游业发展影响之讨论已经深入可持续发展的层面。全球化对旅游业的发展是利是弊，这需结合案例研究做进一步探讨。全球化通常会与区域或地方性因素相互作用，且这种相互作用不必然意味着反作用。作为一个博彩业过盛的小微旅游城市，澳门在过去十多年实现了经济腾飞。然而，这种发展导致了类似于“荷兰病”的消极外部性，如通货膨胀、产业脆性、社会分化，等等。全球化直接或间接地形塑了澳门的旅游业。澳门旅游业特质值得关注，其区位优势下的市场控制力如税收可抵消来自外部的消极力量。本文认为，全球化利好下澳门旅游业的发展超过其对澳门造成的消极外部性，这使决策者可以利用这种利好来消化全球化带来的问题。为此，本文从政治、经济、社会和文化层面深入探讨全球化给澳门旅游业发展带来的利弊。

关键词： 全球化 旅游业 澳门

旅游业的发展是全球化的一个缩影，本文以澳门为研究案例探讨全球化对以旅游业为主导产业的区域之影响，尤其是对区域的可持续发展之影响。全球化通常会与区域或地方性因素相互作用，但这种相互作用未必是全球化

* 高婕，香港中文大学社会科学学院硕士；盛力，澳门大学社会科学学院教授。

与地方因素的抗衡，这需结合旅游地自身情况来讨论。而探讨旅游业在全球化作用下对区域可持续发展的影响的必要性在于旅游业的消费的过程也是其生产的过程，消费地与生产地的重叠对地方的资源分配提出了新的要求。澳门是世界人口密度最高的地区之一，也是世界 GDP 排名前列的城市之一。作为一个博彩业独大但经济体量小的旅游城市，澳门在过去十多年实现了经济腾飞。然而，这种发展导致了类似于“荷兰病”的负外部性，如通货膨胀、产业脆性、社会分化等。① 全球化直接或间接地重塑了澳门的产业结构，但澳门旅游业特质也值得关注：其区位优势带来的市场力量（market power）能够使特区通过税收来抵消部分外部的消极力量。② 本文观点是全球化下旅游业对澳门的贡献超过其对该地造成的负外部性，而旅游业发展带来的收益之大足以使决策者用以解决其引起的问题，关键在于如何摆脱单一的产业结构。本文旨在分析全球化如何实现了澳门旅游业的可持续发展。

一　文献综述

（一）全球化

全球化的进程持续地将不同地区包括经济、文化、政治、环境、技术在内的社会各个方面联结为一体。有关全球化研究的海量文献，大致可分为一类是起初注重经济范畴研究的全球化概念从对商品、人口流通和融合的研究进一步发展为对服务、资本和知识的研究。③ 一类认为全球化是一种复杂并呈现多种后果的过程。④ 斯科尔特（Scholte）对全球化提出了五种各有侧重

---

① Gu, X., & Tam, P. S., “Market Structure and Casino Taxation in Tourist Resorts”, *Applied Economics*, Vol. 46, No. 10, 2014, pp. 1049 – 1057; Sheng, L., “Taxing Tourism and Subsidizing Non-tourism: A Welfare-enhancing Solution to ‘Dutch Disease’?” *Tourism Management*, Vol. 32, No. 5, 2011, pp. 1223 – 1228.

② Sheng, L., Li, T., & Wang, J., “Tourism and Externalities in an Urban Context: Theoretical Model and Empirical Evidence”, *Cities*, Vol. 70, 2017, pp. 40 – 45.

③ Reisinger, Y., ed., *International Tourism: Cultures and Behavior* (Amsterdam, Boston, London: Butterworth-Heinemann, 2009); Reisinger, Y., & Dimanche, F., *International Tourism: Cultures and Behavior* (Burlington: Routledge, 2017).

④ Bridge, G., *Grounding Globalization: The Prospects and Perils of Linking Economic Processes of Globalization to Environmental Outcomes* (Worcester, 2002); Reisinger, Y., ed., *International Tourism: Cultures and Behavior* (Amsterdam, Boston, London: Butterworth-Heinemann, 2009).

的关键性定义：国际化、自由化、普适化、西方化/现代化和去领土化。[①] 不同于斯科特尔基于宏观和政治经济角度对全球化的诠释，萨伊（Saee）提出了全球化的六个水平维度：经济、技术、政治、文化、社会和环境。[②] 尽管学者们研究全球化时侧重点不同及所关注的问题不一，但他们对全球化及其影响的研究方法的显著差异大致分为两类：功能性方法（functional approach）和政治经济学方法（political-economical approach）。[③] 功能性方法主要研究全球化如何促进区域发展以及缩小穷国与富国差距的可行性战略。[④] 然而，功能性方法局限于经济发展研究，忽视了全球化在其他维度所造成的负面影响。政治经济学方法研究分析了资本、信息等要素的非对称流动。这些流派的学者视全球化为新帝国主义或新殖民主义的形式或工具。[⑤] 他们批评支持新自由主义的西方国家假全球化之名施压第三世界国家开放资源的行为是帝国主义的新形式。

（二）全球化与旅游业

旅游业的发展是全球化进程的一个小缩影。阿扎亚（Azarya）指出："旅游业与全球化互为因果。"[⑥] 通过这一"小缩影"，作者发现大量文献研究

① Scholte, J. A., *Globalization: A Critical Introduction* (Basingstoke, Hampshire: Macmillan, 2002; New York: St. Martin's Press, 2000).

② Saee, J., *Managing Organizations in a Global Economy: An Intercultural Perspective* (Cengage Learning, Mason, 2007).

③ Zhao, W., & Li, X., "Globalization of Tourism and Third World Tourism Development", *Chinese Geographical Science*, Vol. 16, No. 3, 2006, pp. 203 – 210.

④ Cooper, C., Wahab, S., & Cooper, C. P., *Tourism in the Age of Globalisation* (New York: London: Routledge, 2001); Diamantis D., El-Mourhabi J. B., eds., *The Globalization of Tourism and Hospitality: A Strategic Perspective*, second edition (London: Thomson, 2014); Lea, J. P., *Tourism and Development in the Third World* (London: Routledge, 1988).

⑤ Petras, J., "Globalization: A Critical Analysis", in R. H. Chilcote, ed., *The Political Economy of Imperialism: Critical Appraisals* (Boston: Kluwer Academic Publishers, 1999), pp. 181 – 220; Reid, D. G., *Tourism, Globalization, and Development: Responsible Tourism Planning* (London; Sterling, Va.: Pluto Press, 2003); Sharpley, R., Telfer, D. J., & NetLibrary, I., *Tourism and Development: Concepts and Issues.* Clevendon; Buffalo: Channel View Publications, 2002); Zhao, W., & Li, X., "Globalization of Tourism and Third World Tourism Development", *Chinese Geographical Science*, Vol. 16, No. 3, 2006, pp. 203 – 210.

⑥ Azarya, V., "Globalization and International Tourism in Developing Countries: Marginality as a Commercial Commodity", *Current Sociology*, Vol. 52, No. 6, 2004, pp. 949 – 967.

了全球化与旅游业之间形式多样的关联或影响。在对全球化与旅游业的相互作用的探讨中，有不少文献运用了整体主义研究方法。例如，米尔恩（Milne）和阿特杰威克（Ateljevic）运用规制理论（regulation theory）检视了全球和地方层面的复杂关联，认为全球化背景下的新兴旅游业发展为发展中国家提供了摆脱过度依赖发达国家的机遇。① 通过确定全球化的五个主要驱动因素，德威尔（Dwyer）从供给和需求两方面论述了全球化对旅游业的重要影响，如新市场的发展和新消费价值的出现。② 同时，一些学者运用依附理论（dependency theory）揭示了当发展中国家希望通过旅游业实现发展时，全球化的不可抗力如何剥夺了地方的福祉，比如"飞地旅游业"（enclave tourism）、"非正式区域"。③ 从接触区域社会、文化同质性和异质性、消费者行为、价值等角度出发进行的考察为进一步研究提供了发散且富有启发的思考。④

（三）可持续性旅游业

作者认为，通过探究全球化的压倒性力量如何影响旅游业的可持续性，

---

① Jamal, T. , & Camargo, B. A. , "Tourism Governance and Policy: Whither Justice? Tourism Management Perspectives", *Tourism Management Perspective*, Vol. 25, 2018, pp. 205 - 208; Milne, S. , & Ateljevic, I. , "Tourism, Economic Development and the Global-local Nexus: Theory Embracing Complexity. Tourism Geographies", *Tourism Geographies*, Vol. 3, No. 4, 2001, pp. 369 - 393.

② Dwyer, *Globalization of Tourism*: *Drivers and Outcomes* (Lucknow, India, 2015).

③ Kermath, B. M. , & Thomas, R. N. , "Spatial Dynamics of Resorts: Sosúa, Dominican Republic," *Annals of Tourism Research*, Vol. 19, No. 2, 1992, pp. 173 - 190; Shaw, B. J. , "Sun, Sand and Ssales": *Enclave Tourism and Local Entrepreneurship in Indonesia* (Clevedon, 1999); Zhao, W. , & Li, X. , "Globalization of Tourism and Third World Tourism Development", *Chinese Geographical Science*, Vol. 16, No. 3, 2006, pp. 203 - 210.

④ Beirne, E. , & Curry, P. , "The Impact of the Internet on the Information Search Process and Tourism Decision-making", in D. Buhalis & W. Schertler, eds. , *Information and Communication Technologies in Tourism* (Wien; New York: Springer, 1999), pp. 88 - 97; Britton, S. G. , "The Political Economy of Tourism in the Third World", *Annals of Tourism Research*, Vol. 9, No. 3, 1982, pp. 331 - 358; Katz E. , ed. , *The Export of Meaning*: *Cross - cultural Readings of Dallas*, second edtion (Cambridge: Polity Press, 1993); D. V. L. , *Tourism*, *Globalisation and Cultural Change*: *An Island Community Perspective* (Bristol, Blue Ridge Summit: Multilingual Matters, 2004); Jamal, T. , & Camargo, B. A. , "Tourism Governance and Policy: Whither Justice? Tourism Management Perspectives", *Tourism Management Perspective* Vol. 25, 2018, pp. 205 - 208; Wise, N. , "Outlining Triple Bottom Line Contexts in Urban Tourism Regeneration", *Cities*, 2016.

可以发现并对比全球化对旅游业的积极和消极影响的“程度”。可持续发展的派生概念源于布伦特兰委员会（Brundtland Commission）提出的报告《我们共同的未来》（*Our Common Future*）：

> 满足现在需求又不牺牲未来世代满足其需求的能力的发展（Development that meets the needs of the present without compromising the ability of future generations to meet their own needs）。①

过去二十年里，基于模糊且广义的定义类型，诸多学者用了相当多的精力来论证可持续性旅游业。② 考考西斯（Coccossis）提出了四点方法——部门性（如“经济”）、生态性、长期可行性旅游业、可持续发展战略来评估可持续性旅游业。③ 其他学者如夏普利（Sharply）提出可持续性旅游业不仅是未来导向的概念，而且应是包括社会、环境和经济在内的内向性概念维度。④

全球化对旅游业的正面或负面影响已经得到广泛认知。问题是这些影响有多大？全球和地方的相互作用应逐个探讨。无论全球化的影响有多大，都必须细化到具体的区域实体。作为一个典型的小微旅游目的地，澳门直接和间接地受到全球化的巨大影响。澳门社会发生的微妙变迁使之成为一个有学术价值的研究对象。

二　全球化对澳门旅游业的影响

旅游业的繁荣是澳门经济受全球化直接或间接影响而重构的结果。

① World Commission on Environment and Development, *Our Common Future* (New York: Oxford University Press, 1987)

② Butler, R. W., "Sustainable Tourism: A State-of-the-Art Rview", *Tourism Geographies*, Vol. 1, No. 1, 1999, pp. 7 - 25; Priestley, G. K., Edwards, J. A., & Coccossis, H., *Sustainable Tourism?: European Experiences* (Wallingford: CAB International, 1996); Wall, G., "FORUM: Is Ecotourism Sustainable?" *Environmental Management*, Vol. 21, No. 4, 1997, pp. 483 - 491.

③ Coccossis, H., "Tourism and Sustainability: Perspectives and Implications", in G. K. Priestley, J. A. Edwards & H. Coccossis, eds., *Sustainable Tourism?: European Experiences* (Wallingford: CAB International, 1996). pp. 1 - 32.

④ Sharpley, R., "Tourism and Sustainable Development: Exploring the Theoretical Divide", *Journal of Sustainable Tourism*, Vol. 8, No. 1, 2000, pp. 1 - 19.

2001 年前，澳门在国际贸易中的地位是作为中国内地和海外商品与服务交流的窗口。配额政策（quota policy）和廉价劳动力一度刺激了澳门制造业的发展。然而，中国在 2001 年加入世界贸易组织（WTO）对澳门产生了两方面的影响。在直接意义上，入世强化了中国内地特别是毗邻澳门的广东省的制造业，由此澳门制造业失去了竞争力。澳门的很多工厂和资本逐步转移至广东，一些土地得以空置出来用作他途。在间接意义上，内地的经济发展为澳门创造了潜在的旅游业大市场。为了适应全球发展变化的节奏，澳门在 2002 年开始实施博彩业自由化政策。① 因此，关于全球化对澳门旅游业可持续性影响的探讨应始于 2001 年。在这里笔者试图阐述全球化对澳门旅游业的利弊，以及这些因素如何微妙地影响澳门发展的可持续性。

（一）全球化对澳门旅游业可持续性的贡献

笔者从经济、政治－社会和文化的视角看待全球化为澳门旅游业可持续发展带来的收益。再者，全球化并不是独力促成了澳门旅游业的繁荣。诸多有益于澳门旅游业繁荣的因素在澳门市场势力的作用下得以增强。

1. 经济视角

从经济角度而言，全球化从需求和供给两方面促进了旅游业发展。澳门特区政府 2000～2017 年的国民账户（national account）记载了澳门整体的经济表现（见表 1）。

表 1　特区政府居民账户（2000～2017）

单位：百万澳门元，澳门元

年份	GDP				收入中位数	人均 GDP
	总计	出口	进口	顺差		
2000	53938	48531	31806	16725	—	125271
2001	54718	50276	32405	17871	—	126107
2002	58826	55231	35010	20221	—	134181

① Sheng, L.,"Taxing Tourism and Subsidizing Non－tourism: A Welfare-enhancing Solution to 'Dutch Disease'?" *Tourism Management*, Vol. 32, No. 5, 2011, pp. 1223－1228.

续表

年份	GDP				收入中位数	人均 GDP
	总计	出口	进口	顺差		
2003	65734	61425	38317	23108	—	148182
2004	84920	80917	46220	34697	—	186776
2005	96872	82205	50642	31563	—	204607
2006	118338	93480	59793	33687	—	238057
2007	147382	116889	76740	40149	—	282962
2008	167760	134396	79113	55283	111600	312149
2009	171467	135322	60405	74917	120000	318611
2010	225051	197573	73488	124085	120000	419153
2011	294347	266895	96164	170731	132000	536178
2012	343818	313238	113672	199566	156000	603525
2013	411865	373306	125219	248087	180000	692501
2014	442070	375478	139812	235666	180000	710895
2015	362213	282211	140309	141902	216000	564635
2016	362265	275583	125037	150546	216000	560913
2017	404199	320915	129384	191531	228000	622803

注：表中 GDP 为以支出为基础的现价 GDP。

资料来源：澳门特区政府统计暨普查局。

在供给层面，第一，经济结构重组推动了与其他产业相比附加值较高的第三产业的发展。

第二，虽然博彩业在澳门历史相对较长，但是博彩业的现代化和自由化是全球化作用的结果。① 通过对外开放，博彩业自由化的决策打破了博彩业的垄断局面。大量外商直接投资（FDI）及其先进管理模式的引入成就了澳门的繁荣。如图 1 和图 2 所示，2002 ~ 2017 年，澳门对内直接投资增长了 779%。其中，50% 的对内直接投资涌入了博彩业。再者，先进的管理制度和现代科技对博彩业及整个澳门经济的贡献也不可忽视。

① Hobson, J. P., "Macau: Gambling on Its Future?" *Tourism Management*, Vol. 16, No. 3, 1995, pp. 237 - 243.

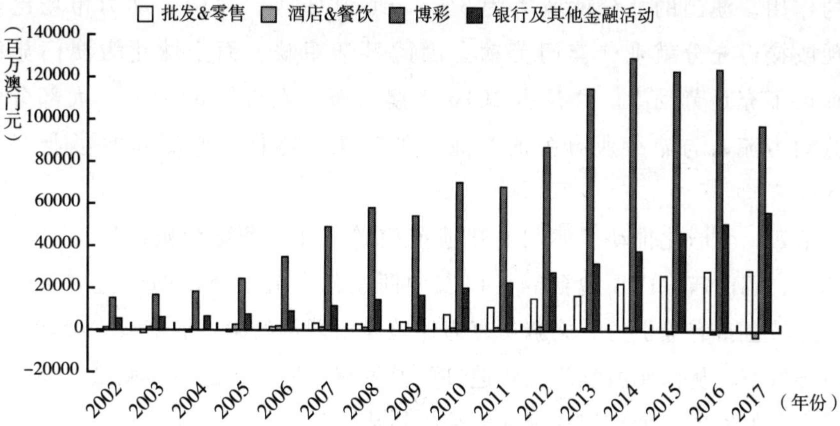

图 1　澳门旅游业部门对内直接投资（2002～2017）

资料来源：澳门特区政府统计暨普查局。

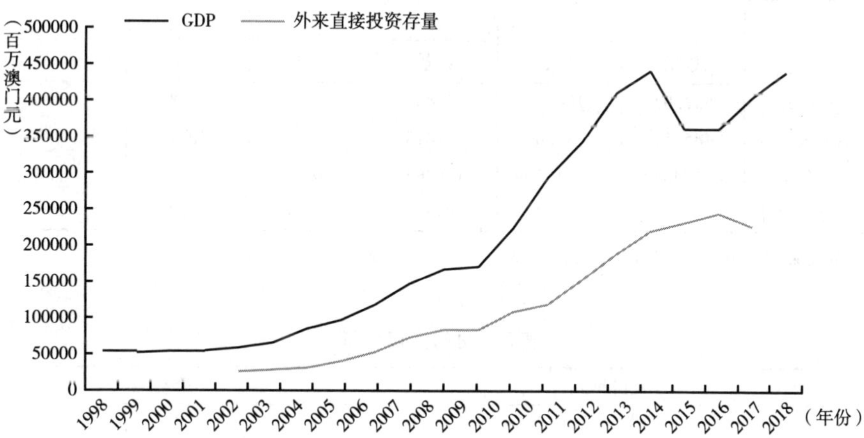

图 2　1998～2018 年澳门本地生产总值（按现时物价）及外来直接投资（总股本）

资料来源：澳门特区政府统计暨普查局。

第三，全球化在质、量两个层面上便利且加速了澳门劳动力市场的流动。正如前面提到的，旅游业现代化需要管理进步。全球化为澳门旅游业注入了高质量人力资源。经济结构重组造成的劳动力分工的层级化将在之后讨论。根据 2016 年人口统计，澳门的人口结构以及相应的人口特征如表 3、表 4 所示。澳门失业率的持续下降证明了旅游业创造就业机会的作用。澳门的充分就业率为 3%。到 2003 年，澳门劳动力市场已经实现或接近充分就业，澳门劳动力因此日渐短缺，而全球化为澳门旅游业提供了充足劳动力。移民占 2016 年澳门新增人口的 67.7%。大部分输入劳动力流入与旅游业有关的产业，如建工、零售、酒店和博彩业（见表 3）。

第四，全球化推动了澳门文化遗迹旅游产业。葡萄牙殖民遗存（大三巴牌坊、妈阁庙、山顶炮台等）以及中西文化交流在澳门的碰撞对于游客来说独特且富有吸引力。旅游初衷为体验澳门博彩的游客或多或少会参与文化遗迹旅游，从而刺激澳门文化遗迹旅游发展。同时，进一步刺激了澳门伴手礼产业的发展，如钜记饼家和安德鲁饼店。

表 2　澳门人口结构

单位：人，%

	2011		2016			
	数量	占比	数量	占比	数量	占比
总人口	552503	100	650834	100	17.8	
地方人口	485255	87.8	537018	82.5	10.7	-5.3
居澳外劳	62304	11.3	104464	16.1	67.7	4.8
居澳外地学生	4944	0.9	104464	1.4	89.2	0.5

资料来源：中国人口统计网，https：//www.bycensus2016.gov.hk/en/。

表 3　澳门人口特征

人口移入							劳动力		
年份	外劳流入	外劳（期末结余，end balance）					居民就业率（%）	失业率（%）	劳动力（千人）
		总计	产业						
			建工	批发零售	酒店餐饮	娱乐、博彩及其他			
2000	7334	2721						3	20.95
2001	7542	25925						3.6	21.9
2002	7720	23460						3.4	21.86
2003	10746	24970	1715	166	2556	1804		2.7	21.85
2004	15553	27736	1850	275	2778	2858		1.9	23.03
2005	27160	39411	5012	625	5007	5968		1.4	24.77

续表

年份	人口移入						劳动力		
	外劳流入	外劳（期末结余，end balance）					居民就业率（%）	失业率（%）	劳动力（千人）
		总计	产业						
			建工	批发零售	酒店餐饮	娱乐、博彩及其他			
2006	52409	64673	7421	1483	7601	20752		1	27.46
2007	62206	85207	11530	3672	12703	25305		1.1	30.28
2008	65905	92161	15783	6977	18025	14750		1.6	32.7
2009	33250	74905	7820	6696	16099	10016		1.8	32.34
2010	35508	75813	5009	6922	16771	11998		1.7	32.39
2011	54813	94028	11757	9531	27105	11396		1.1	33.63
2012	60624	110552	15377	11646	34020	11159	1	0.8	35.02
2013	73476	137838	26219	15328	38943	12943	0.8	0.6	36.78
2014	96450	170346	45753	18012	42622	13863	0.5	0.4	39.47
2015	92533	181646	43480	19489	48099	13933	0.6	0.4	40.38
2016	78413	177638	34612	19875	49989	13338	0.8	0.5	39.72
2017	74965	179456	30174	21098	51169	13815	0.6	0.4	38.74

注：为了与劳动有关的法律保持一致，年满16岁方可签订就业合同，澳门特区政府统计暨普查局将劳动力的年龄由14岁提高到16岁。因此，就业数据自2008年11月到2009年1月开始应用新年龄。

资料来源：DSEC，*2016 Population By-Census Detailed Results*（Macao：DSEC，2017），pp. 3–133。

全球化也从需求侧创造了澳门经济增长的奇迹。中国经济受惠于全球化而迅速发展，全国人均可支配收入的增长给澳门旅游业提供了最大且最稳定的市场。

2. 政治–社会视角

笔者认为全球化在政治社会层面带来的好处在澳门市场力量和福利政策（如转移支付）的作用下得以增强。市场势力是一个经济概念，它对一个旅游目的地意义在于其市场势力愈强，其政府调和市场失灵的能力愈强。其中，最有效的政策工具是税收。① 公共账户涉及三方面重要信息：公共总收

① Sheng, L., "Taxing Tourism and Subsidizing Nontourism: A Welfare-enhancing Solution to 'Dutch Disease'?" *Tourism Management*, Vol. 32, No. 5, 2011, pp. 1223–1228; Sheng, L., Li, T., & Wang, J., "Tourism and Externalities in an Urban Context: Theoretical Model and Empirical Evidence", *Cities*, Vol. 70, 2017, pp. 40–45.

入、博彩税收入分解以及财政盈余（赤字）。表 4 及图 3 记录了 2000～2018 年的澳门公共账户数据：2002 年以来，超过 80% 的公共收入来自博彩业。作为为数不多的自由化博彩城市，如果将地理位置纳入考察范畴，澳门相对较强的市场力量显得更强。如此强大的市场力量放大了需求侧的价格弹性。因此，税收压力对市场的影响较小。澳门丰厚的财政盈余反过来在两方面强化了澳门旅游业的可持续性。一方面，在社会可持续意义上，丰厚的财政盈余使特区政府可以升级社会福利体系。医保、免费公共教育以及派发现金分红是特区政府转移支付的主要方式。另一方面，公共收入为氹仔和路氹的现代化和城市化等提供了财政支持。

表 4　特区政府公共账户（2000～2018）

年份	公共收入（百万澳门元）	博彩税收（百万澳门元）	博彩税收占公共收入比重（%）
2000	15339	5647	36.81
2001	15642	6293	40.23
2002	15227	7766	51.00
2003	18371	10579	57.59
2004	23864	15237	63.85
2005	28201	17319	61.41
2006	37189	20748	55.79
2007	53710	31920	59.43
2008	62259	43208	69.40
2009	69871	45698	65.40
2010	88488	68776	77.72
2011	122972	99656	81.04
2012	144995	113378	78.19
2013	175949	134382	76.38
2014	161861	136710	84.46
2015	116111	89573	77.14
2016	110502	84375	76.36
2017	126367	99845	79.01
2018	134205	113512	84.58

数据来源：澳门特区政府统计暨普查局。

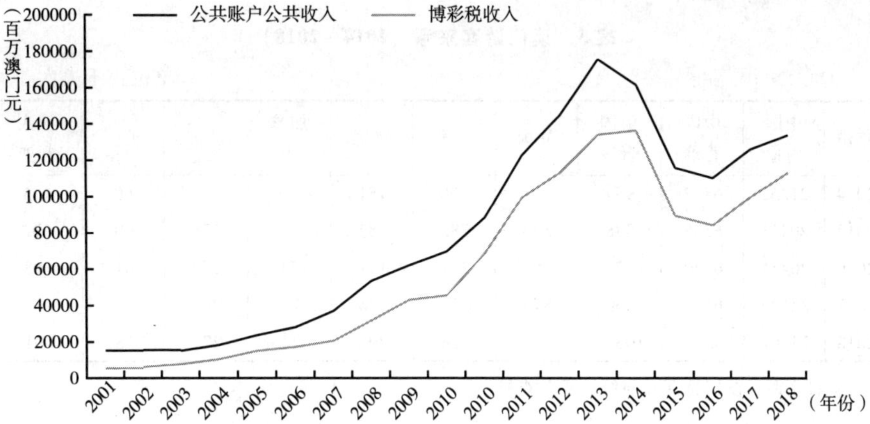

图 3　2001～2018 年澳门特区政府公共收入和博彩税收

资料来源：澳门特区政府统计暨普查局。

3. 文化视角

全球化为澳门旅游业带来世界各地的旅客（见表 5），但是从文化视角来看，不同学者对全球化背景下本地文化受到的影响有不同看法。一些学者认为全球化会带来全球文化的趋同，对一些国家和地区的本土文化造成冲击。比如乔治·里茨（George Ritzer）提出的麦当劳化（McDonaldization）就强调了麦当劳快餐产业带来的文化同质化。[①] 麦当劳快餐厅因为高效、可计算性、可预期性、通过非人工技术控制等优势风靡全球，对世界各国人民生活的方方面面都产生了影响。其代表的美国流行文化也越来越被人们接受和喜爱。在乔治·里兹看来，全球化和本地文化是对立的。然而，罗兰·罗伯特森（Roland Robortson）认为全球化同时包含文化的同质性和异质性（Homogeneity and Heterogeneity）。[②] 全球化是一个普遍性和特殊性相互渗透的过程，它既是特殊化的普遍化，也是普遍化的特殊化。地方和全球对彼此的影响是同时发生的。罗兰·罗伯特森提出了“全球本地化”（globalization）的概念，用以描述全球化产品与本地文化的结合使其更容易获取成功的现象。[③]

① Ritzer, George, “An Introduction to *McDonaldization*”, *McDonaldization*: *The Reader*, Vol 2, 2002, pp. 4 – 25.

② Robertson, R., “Globalization: Time-space and Homogeneity-heterogeneity”, in M. Feather-stone, S. Lash and R. Robertson, eds., *Global Modernities* (London: Sage, 1995), pp. 25 – 54.

③ Robertson, R., “Globalisation or Globalisation?” *Journal of International Communication*, Vol. 18, No. 2, 2012, pp. 191 – 208.

表 5　澳门游客来源（2014～2018）

单位：千人次

年份	中国内地	中国香港	中国台湾	韩国	日本	美国	加拿大	欧洲	英国	澳大利亚
2014	21252	6427	954		300	181			60	105
2015	20411	6535	988	554	282	183		258	60	92
2016	20454	6420	1075	662	301	191	75	272	61	93
2017	22196	6165	1060	874	329	186	74	268	57	89
2018	25261	6328	1061	813	326	202	74	277	58	91

资料来源：澳门特区政府统计暨普查局。

澳门的旅游业是全球化与本地化结合的产物。澳门是一个独具文化特色的城市，这使它非常具有吸引力。由于全球化，世界上许多著名城市、旅游景区越来越趋同。人们走到哪里，看到的都是高楼大厦。奢侈品品牌店、快消店以及星巴克、麦当劳等快餐店遍布全球。而澳门旅游业的一个优势在于澳门保留了很多具有中葡文化特色的历史遗迹，比如 2005 年被联合国教科文组织评选为世界文化遗产的大三巴牌坊。除了建筑，在餐饮方面，澳门也有自己的特色。在发展的过程中，澳门也吸收融合了西方文化。一些新建的赌场都借鉴了西方著名城市的建筑风格，并提供观光游览、购物、餐饮等一条龙服务。由于关税优惠，澳门的许多商品尤其是奢侈品具有价格优势，购物是很多人选择来到澳门旅游的主要驱动力。许多国际品牌都可以在澳门找到。另外，澳门的许多文娱表演越来越受到人们的认可和喜爱，比如水舞间的水上特技表演虽然门票价格比较高，但是非常受欢迎。澳门表演形式多样，许多西方艺术，如芭蕾舞、交响乐等在澳门受到中西方观众的喜爱。

（二）全球化对澳门旅游业可持续性的负面影响

本部分，笔者从经济、政治－社会和文化三个视角思考澳门对外开放的负面影响以回应之前的讨论。

1. 经济视角

全球化下单一且僵化的经济产业结构对旅游业造成的影响可通过三个现象来考察。首先是旅游业对中小企业的挤出效应（crowding outeffect）。一方面，跨国公司可较容易地实现规模经济（the economies of scale），其边际生产成本远低于中小企业。跨国公司的经济规模使之可将价格降低至中小企业的边际成本之下以排挤中小企业。另一方面，外商直接投资的进入抬高了澳门的土地价格，这让中小企业难以为继。因此，越来越多的中小企业停业，转移出来的人员多在旅游关联产业择业。受此影响，产生了第二种现象：劳动力分工的极化。越来越多的人专工旅游业，而旅游业内部的垂直流动也陷入停滞。尽管不同行业的收入中位数在1998～2018 年大致呈增长趋势（见图4），但是行业间收入中位数的差距在不断扩大，其中文娱博彩等服务业的收入中位数居高。第三，作为出口导向产业，当整个旅游目的地的产业结构单一的时候，旅游业的脆弱性也暴露无遗。一旦外部环境波动，澳门将难以承受。澳门 GDP 和税收收入增速在 2008～2011 年放缓（见图 2 和图 3）表明其经济对全球市场的依赖。受此期间外界发生的两大事件（全球经济危机和中国的反腐运动）打击，澳门经济增长放缓。这有力地指出旅游业的过度发展使得澳门经济更容易受其市场事件的影响。

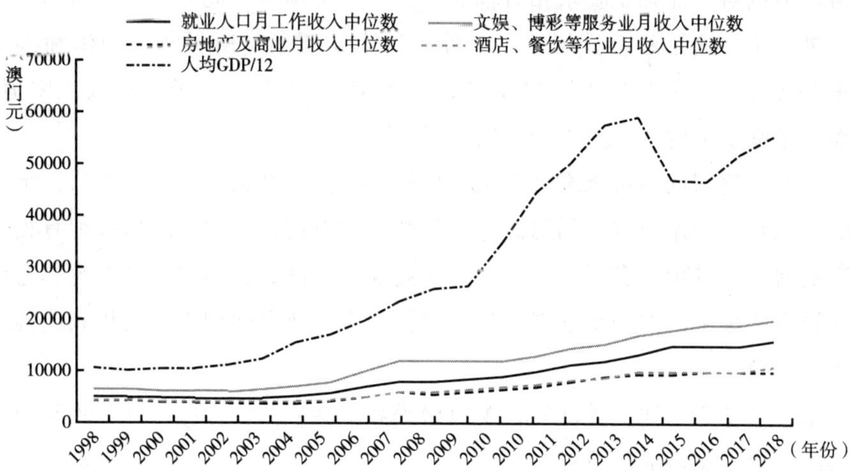

图 4　（按行业）月收入中位数与人均 GDP/12

资料来源：澳门特区政府统计暨普查局。

2. 政治－社会视角

笔者发现全球化带来的负面政治和社会影响或多或少是相互关联的。在一定程度上，早期的不充分战略规划加剧了这些负外部性。

第一，决策时跨国公司和地方社群谈判权并不对称。① 大量的税收收入来自博彩业，换言之，政府会高度重视相关产业的诉求。政府在土地利用的选择上会忽视公住房、图书馆、疗养院等公共设施的用地需求。

第二，公共管理方面，由于自上而下法则和行政主导的体制，在经济高速发展之下容易产生问题。一方面，司法和立法对行政的制衡不足是滋生腐败的温床。比如，2006 年澳门特区政府第一任运输工务司司长欧文龙贪污被捕案牵涉了诸多香港和澳门特区的政要，但案件审理的结果引起了公众对特区政府不同程度的质疑。另一方面，司法体系尚未健全。诸如博彩中介和洗钱活动等地下产业困扰着澳门社会。虽然全球化促进了澳门经济的繁荣，但是行政、立法和司法未能及时适应澳门经济的高速发展，因而对社会产生了一定程度的负外部性。

第三，趋势明显的社会阶层化（social stratification）和有限的社会流动已然成为不容忽视的问题。挤出效应导致了社会阶层化，不利于社会流动。一般而言，旅游业中的领导层对专业知识的要求较高，而在直接与游客接触的劳动力则对专业知识要求相对较低。而本地劳动力因此对教育价值的轻视也会进一步加剧了社会分层化。此外，如图 4 所示，所得收入中值和人均 GDP 的差距已进一步扩大。2017 年，人均 GDP 几乎三倍于所得收入中值，这表明越来越多的财富集中于少数人。

第四，澳门的旅游承载力直接与接待游客数量挂钩，尽管关于旅游承载力的准确数字学术界有不同的意见，但学者们对超出承载力的后果则有相对一致的看法。其中，交通拥挤、文化遗迹退化等问题在澳门均已浮现。笔者认为缺乏积极主动的城市规划亦需要对澳门今天的交通拥挤、文化和遗迹退化等问题负责。

第五，基于上述负外部性，澳门居民和游客之间的矛盾以及对政府的不满影响了澳门旅游业的可持续性。

3. 文化视角

全球化对本地文化亦有冲击。有学者指出，近年来，由于旅游业的发展

---

① Sheng, L.,"The Effects of Foreign Expansion on Local Growth: The Case of Macao", *European Planning Studies*, Vol. 22, No. 8, 2014, pp. 1735 – 1743.

和城市转型，澳门正在失去自己的特色。[1] 就物质文化遗产而言，澳门的历史文化遗产分布并不集中，除了圣保罗教堂和妈祖阁两个地标性建筑外，许多历史文化遗迹散布在城市。这非常不利于澳门历史文化遗迹的保护。此外，古老的街道（如独具特色的石子路）不能负载大量行人，而旧区重建等政策的实施能否在提高承载力的同时保留旧街风味将是一个巨大的挑战。就文化传承及传播而言，参观历史文化遗迹并不是人们来澳门旅游的首要目的，一些游客对澳门历史文化并不感兴趣，甚至对澳门历史文化遗迹知之甚少。旅游业对本土文化的作用，取决于在本地居民与游客的互动过程中本土文化是否得到传播和认可（这里的“认可”，笔者认为亦包括本地居民对自身文化的认可），而澳门本土文化是否得到传播和认可，需要持续的研究才能确证。

三　结语

20 世纪八九十年代勃兴的全球化浪潮对澳门影响至深。但是，全球化对澳门的可持续发展的影响如何？可持续性的概念是以未来为导向的。在对利弊探讨后，笔者的结论是全球化带来的收益大于其造成的损害。一方面，全球化给澳门带来的收益足以让特区政府应对其带来的问题，关键在于特区政府解决这些问题的决心。另一方面，近年来的政策和制度改进可能为澳门旅游业创造更好的未来。根据特区政府五年（2016～2020）发展规划，特区政府将更注重推动其他旅游相关产业如会展业（MICE）的发展。特区政府还有着关于经济发展和转型的明确思路。为了分散单一经济结构带来的风险，特区政府高度重视发展多元经济。目前，产业政策的制定等前期准备工作日益完备，已进入蓄势待发的阶段。此外，特区政府将通过四方面的施政来解决旅游业造成的社会问题，即鼓励发展高等教育，为年轻人创业提供财政支持，将新填海而成的 A、D 区块用于公房项目和文化遗产保护。

相较于利弊说，笔者认为将全球化看成是机遇与挑战一体共存的说法更为合适。如果旅游目的地不能调整其经济结构并改进相关的制度安排，机遇

---

① Chu, Cecilia, L., “Spectacular Macau: Visioning Futures for a World Heritage City”, *Geoforum*, Vol. 65, 2015.

将可能成为挑战。此外，全球化的力量和区域力量不必然是彼此对抗的。在文中，笔者从经济、政治 - 社会和文化的视角考察了全球化之于旅游目的地及其产业结构的利弊，我们不能否认全球化对澳门旅游业的贡献。然而，全球化确实带来了一些负面影响，这些负面影响源于在未做好发展规划之前便急于对外开放。全球化如何影响地区的可持续发展已不再是一个比较利弊大小的问题。全球化是一个蕴藏变迁的过程，只有当地区的产业发展跟上这种变迁节奏时地区的可持续发展才有望实现。

澳门城市音乐的学科体系：内涵、外延及展望*

戴定澄**

摘　要： 澳门城市音乐具有品种类别多元、历史线索清晰、风格特征鲜明、资料传承丰富、现实表现多彩的地区独特性。本文就澳门城市音乐的学科内涵即音乐类别本体做细致分析、梳理，并提供相应范畴的主要文献来源；对澳门城市音乐的学科外延，即学科的体系，包括体系在音乐历史学、音乐人类学、城市音乐学、民族音乐学、音乐社会学等理论范畴下的地区独特性和系统化建构，以及同外部城市音乐在时空上可能的比较研究进行理论综合，从中揭示澳门城市音乐学科在历史与现实层面所展示、体现的文化、文明价值，最终对作为"澳门学"理论构想中具独特地位的澳门城市音乐学科的前景做 展望。

关键词： 澳门音乐　学科体系　城市音乐学　澳门学

一　引言

城市音乐是指发生在具体城市中的多类型的音乐状况，包括其传统和现

---

* 本文曾刊于《澳门理工学报》2020 年第 2 期。

** 戴定澄，作曲理论博士，澳门城市大学特聘教授，博士生导师，主要研究领域：欧洲早期多声音乐。

实，具有地区文化文明特征的时空意义，是当今世界范围音乐学术领域一个方兴未艾的研究范畴。

一个城市的经济发达程度，是需要一种相应发达的文化予以平衡及支持的。而即使是经济及文化在同一个城市有着共同发达的状况，也并不一定就等于城市现代文明的发达。文明程度是需要文化尤其是具有历史和民间传统特色的文化的长期潜移默化之熏陶和催化的。作为文明重要演化手段和途径的音乐，尤其是带有城市文化和文明象征的本土意识的城市音乐，是使城市现代文明化最重要的途径之一。只有现代文明的发达，才能使城市的经济和文化达至真正发达的境界。

澳门是一个中西文化交融的城市，有着近400年的中西交往历史。就音乐领域而言，无论中乐、西乐，无论宗教、世俗，无论民间、官方，各个范畴的音乐都有自己的发展线索和当代成果。

美国著名音乐人类学家内特尔（Bruno Nettel）认为："在具有共性特征的单一环境中的不同人群及其音乐，其生存与相互影响成为了高速现代化背景下的城市音乐文化的特色，多种音乐之间的接触必然导致相互关联和影响，同时，某些文化和音乐的特征也由此受损而消亡。"继而指出："如今，20世纪城市语境中发生的种种特征，诸如城市的迅速发展，城市文化的多样性，以及城市中社会和文化相互作用不可避免地集聚，应该得到足够的关注。"①

世界乐坛享有盛誉的美籍华人音乐家周文中教授认为："21世纪的音乐人……要在对多种文化、首先是对母语文化进行深入研究的基础上确立自己不同于他者的语言。这是基于两个重要原因：一是别人的语言难以表达自己独立的精神；二是从更深层次来讲，有你自己的语言，别人才愿意、才可能与你平等对话，你也才可能真正确立自己音乐的价值及其地位，也只有具备独立音乐语言的音乐，才能成为将来国际音乐的主流之一。"②

上述话语，在一定程度上显示了城市音乐在现代文化、文明中的独特地位。

就澳门而言，其城市音乐具有品种类别多样、历史线索清晰、风格特征鲜明、资料传承丰富、现实表现多彩的地区独特性。

---

① 〔美〕布鲁诺·内特尔：《八个城市的音乐文化：传统与变迁》，秦展闻、洛秦译，上海音乐学院出版社，2017，第11、12页。

② 周凯模：《应用人类学的音乐教育实践——谈岭南传统音乐在高校的体系化建设》，《星海音乐学院学报》2017年第4期。

本文对澳门城市音乐的学科构建，从其学科内涵即音乐类别本体的分析、梳理着手，并就澳门城市音乐的学科外延，即学科的体系化，包括体系在音乐历史学、音乐人类学、城市音乐学、民族音乐学、音乐社会学等理论范畴下的地区独特性和系统化建构，以及同外部城市音乐在时空上的比较研究进行理论综合，从中揭示澳门城市音乐学科在历史与现实层面所披露、体现的文化、文明价值，最终对作为“澳门学”理论构想中其独特地位的澳门城市音乐的学科前景做出展望。

二　澳门城市音乐的学科内涵

根据笔者对澳门城市音乐较为长期、深入的多方位考察、资料收集和相应探究思考，对澳门城市音乐的学科内涵，包括澳门城市音乐历史传统、澳门民俗音乐、澳门仪式音乐、澳门艺术音乐、澳门娱众音乐以及上述澳门城市音乐类型相关的人、事、物共六个范畴的内容及相应类别，在本文中首次做出学术梳理、划分并定义。

（一）澳门城市音乐历史传统

> 历史音乐学的重点是人类有文字记载的音乐历史。[①]
>
> 16世纪中叶澳门开埠葡人入澳为起始，至在澳门早期文化史上留下浓重印迹的圣保禄学院关闭（1762年）为止，作为有记载的澳门音乐史的初期。这也是澳门音乐文化特色初立、音乐文化传统初始并有别具一格之音乐实践和奠定澳门在中西文化交流中作用之基础的一个时期。[②]

澳门史上的这个时期，在音乐文化方面表现出两个基本特征：一是西乐东渐的重要起始阶段；二是形成了中西音乐文化（生活）兼容并存的最初体验。究其原因，首先是地理位置的优越性，客观上的文化原始状态和社会制度的宽松及主观上民众的质朴与文化传统的宽容则是另外两个重要原因。

---

① 俞人豪：《音乐学概论》，人民音乐出版社，1997，第238页。

② 戴定澄：《澳门音乐简史》，《澳门史新编》，澳门基金会，2008，第1329页。

其后，18 世纪中期到 19 世纪末，在世界范围内蓬勃的工业革命进程和向现代社会快速行进的过程中，由于自身的中西交融优势，澳门在以天主教音乐文化为主线的西乐传统和以中国内地（含宗教）音乐为源头的民间音乐文化的基础上，展现了音乐领域新的态势，世俗音乐的兴盛与多元音乐文化的持续并行，是这一时期（即笔者所划分的澳门音乐历史的中期）音乐领域的基本表现。

20 世纪后的澳门，汇南北交通之便利，集东西文化之大成。历史的传承、文化的积淀，使得各股乐流以多种品质和方式，在新时期经济高度发达和相应文化需求的背景下，于此时此地奇异汇聚、交融，形成一幅多元、多层、多维的图画（上述三个时期澳门城市音乐历史概要，可参见笔者的《澳门音乐简史》[①]）。

澳门城市音乐历史传统的梳理和研究，应根据澳门的地区特点，以群体音乐文化的探讨为主（这也是目前世界范围内的音乐史研究趋势），而并非如同西方音乐史中多以杰出的作曲家与作品为基本风格线索的叙述方式。

与此主题相关的部分重要文论，包括汤开建的《16 世纪中叶至 19 世纪中叶西洋音乐在澳门的传播与发展》[②]、笔者的《澳门音乐简史》[③]《20 世纪澳门天主教音乐》[④]、黄启臣的《明清之际中西音乐的交流》[⑤]、查伟革的“The Tradition of ‘Bandas de Musica’ in Macao”[⑥] 及其他学者的论文、介绍文章等。不少非音乐专科类澳门史方面的著述，亦可提供不少澳门音乐历史方面的资料，如章文钦梳理的关于明清、晚清、民国时期的《澳门诗词笺注》[⑦]，施利华（即施白蒂）的《澳门军人及文化》[⑧]《澳门编年史（16 ~18 世纪）》[⑨]

---

① 戴定澄：《澳门音乐简史》，《澳门史新编》。

② 汤开建：《16 世纪中叶至 19 世纪中叶西洋音乐在澳门的传播与发展》，《学术研究》2003 年第 6 期。

③ 戴定澄：《澳门音乐简史》，《澳门史新编》。

④ 戴定澄：《20 世纪澳门天主教音乐：独特历史背景下的作曲者与作品》，澳门特区政府文化局，2013。

⑤ 黄启臣：《明清之际中西音乐的交流》，《文化杂志》2004 年春季刊。

⑥ Oswaldo da Veiga Jardim Neto, “The Tradition of ‘Bandas de Musica’ in Macao”, *Review of Culture International Edition*, 2005.

⑦ 章文钦：《澳门诗词笺注》（明清卷）（晚清卷）（民国卷），珠海出版社，2003。

⑧ 〔葡〕施利华（Beatriz Basto da Silva）：《澳门军人及文化》，《澳门研究》1988 年第 5 期。

⑨ 〔葡〕施白蒂（Beatriz Basto da Silva）：《澳门编年史（16 ~18 世纪）》，小雨译，澳门基金会，1995。

《澳门编年史（20 世纪）》[①]，龙思泰的《早期澳门史》[②]，普菲力（Aurelio Porfiri）的 *Father Ferdinando Maberini*[③]，科茨（Austin Coates）的 *A Macao Narrative*[④]；本托·达·弗兰萨的《澳门及其居民》[⑤]，潘日明（Benjamin Videira Pires）神父的《十九世纪的澳督与澳门生活》[⑥]《殊途同归——澳门的文化交融》[⑦]，印光任、赵汝霖原著，赵春晨校注的《澳门记略校注》[⑧]，李向玉的《澳门圣保禄学院研究》[⑨]，刘羡冰的《澳门圣保禄学院历史价值初探》[⑩] 等。然而，以历史学的视角看待澳门城市音乐，尚有大量资料有待挖掘和整理，尤其是存在于旧时宗教、政府、民间商会等档案中的各类语言文字、手稿、乐谱、图片等，可从蛛丝马迹中发现澳门城市音乐在历史上的印迹和发展线索。显然，这是一项任重道远但学术价值卓著的工作。

（二）澳门仪式音乐

澳门仪式音乐中，有富于西方经典历史特色并在澳门这个亚洲华人地区有着独特和丰盛结晶的宗教成果，如独特历史背景下的澳门天主教礼仪音乐，尤其是本土礼仪创作作品，以及澳门自成一体的基督教崇拜礼仪音乐等；也有源于中国传统又富于澳门本土特色的类型，如澳门的道教科仪音乐、澳门的佛教诵经音乐等。

以葡萄牙人为主在 16 世纪即已传入澳门的天主教信仰，是一个引起各方普遍关注的宗教与文化范畴。在天主教会音乐文化的丰厚历史传统背景下，20 世纪的澳门民众对天主教文化给予了较为普遍的理解和认同。继 16

---

① 〔葡〕施白蒂著《澳门编年史（二十世纪）》，金国平译，澳门基金会，1999。

② 〔瑞典〕龙思泰著《早期澳门史》，吴义雄、郭德焱、沈正邦译，章文钦校注，东方出版社，1997。

③ Aurelio Porfiri, *Father Ferdinando Maberini* (Macao, O CLARIM Macao Catholic: c Weekly, 2017).

④ Austin Coates: *A Macao Narrative* (Oxford: Oxford University Press, 1978).

⑤ 〔葡〕Bento da França：《澳门及其居民》，里斯本：政府印刷署，1897。

⑥ 〔葡〕潘日明（Benjamin Videira Pires）：《十九世纪的澳督与澳门生活》，《文化杂志》1989 年第 7~8 期。

⑦ 〔葡〕潘日明（Benjamin Videira Pires）：《殊途同归——澳门的文化交融》，苏勤译，澳门文化司署，1992。

⑧ （清）印光任、赵汝霖：《澳门记略校注》，赵春晨校注，澳门文化司署，1992。

⑨ 李向玉：《澳门圣保禄学院研究》，澳门日报出版社，2001。

⑩ 刘羡冰：《澳门圣保禄学院历史价值初探》，澳门文化司署，1994。

世纪著名的圣保禄学院之后，作为一个重要的平台，澳门圣若瑟修院在这一时期的圣乐传承方面发挥着极为显著的作用。“此时，澳门的天主教音乐生活，尤其是礼仪仪式中的音乐（Liturgical Music），由于澳门社会的经济和文化在现当代的发展成果及人文、地理、制度等各方面独特的条件，形成了繁荣多彩的局面。其中，丰富而具有较高水平的音乐作品创作，不仅吸收并发展了过往澳门在天主教音乐领域的成就，也是形成当代澳门丰富的天主教音乐生活局面的重要基础。就其在华人地区的发生特点而言，其独具一格的创作特征和创作文化尤为世人所关注、瞩目。”①

著名音乐学家林华教授在评论笔者关于澳门天主教音乐著述时认为：“澳门宗教（天主教）音乐的形成和发展，是一项两种文明之间的文化交流活动。在这项交流中，葡萄牙是输出一方，明清的中国是接受的一方，在当时的背景之下，前者输入的信息在很大程度上将会影响到交流的结果。同时，这种交流所形成的定势，又会给决定了接受一方的音乐发展的特色。”②

如果说天主教信仰带来的音乐体现了西乐东渐，澳门道教科仪音乐则是中乐南移的一个典型例子。

澳门正一派火居道士的宗源大部分是广东西南部城乡及珠江三角洲各地。澳门吴庆云道院的吴谒元道长（1869～1927，原名吴国绵，国家级非物质文化遗产传承人吴炳鋕的曾祖父）原籍顺德黄连堡黄麻涌，清末民初从家乡来到澳门之后，吴锦文（1903～1972，吴炳鋕的祖父）、吴京意（1929～2016，吴炳鋕的父亲）、吴炳鋕（1959 年出生）及吴炯章（1990 年出生，吴炳鋕之子）五代相承。吴氏家族口传心授的科仪音乐，集歌、舞、乐于一体，“成为澳门正一派科仪音乐保留较为完整和系统的代表”。③

同澳门道教科仪的祖源地广东相比，也与同样出自广东道观的香港道教科仪相比，澳门现时是保留昔日岭南正一派及全真派科仪道场音乐相对最为妥善和最为完整的地方。以吴氏家族为代表的澳门道教科仪音乐，现存留有各类道曲达至500余首，由于家族口传心授、代代相传的优势，这些道曲不仅具有原始性的特点，而且具有前述兼收并蓄、自成体系的完整性意义。当

① 戴定澄：《20 世纪澳门天主教音乐：独特历史背景下的作曲者与作品》，澳门特别行政区政府文化局，2013，第 22 页。

② 林华：《中华音乐研究视野的开拓》，《澳门日报》2014 年 2 月 13 日。

③ 戴定澄：《口传心授、五代相承的澳门吴氏道乐》，《中国道教》2009 年第 1 期。

这些道曲在特定科仪程序中并伴随一定的步态、吟诵、手诀全方位呈现时，更显示出澳门道教科仪音乐在仪式中的功能和作用，成为澳门独特的非物质文化遗产。上述状况，是历经政治运动的同为粤语地区的广东和商业化进程极为快速的香港地区所无法比拟的，是澳门独有的文化遗存，也是华人共有的文化财富。

澳门的基督教（指新教，下同）教会活动及其崇拜仪式歌曲，虽未有如澳门天主教音乐文化传入和延续的悠久历史，但同样在近代澳门史上有着重要的地位。19 世纪初来华传教的英国宣教士马礼逊，亦曾在澳门逗留，学习中文，翻译《圣经》，同时传播基督教新教教义。澳门基督教会一些较大型的教会，如澳门浸信会，已有近 116 年的历史。现时澳门各新教教会（包括不同族群，如分别以华人、菲律宾人等为主要人群聚会的教会等）在崇拜仪式中均有唱诗活动，音乐风格则随不同地区人群的参与而显现出不同的特色。澳门基督教诗歌在如何进一步融入本土特色并顾及当代会众的文化感受与认知力，逐渐发展和强化诗歌的创作与表演态势等方面，已经具有一定的特色基础。

澳门民间佛教信仰，是澳门宗教的又一具备自身历史和文化特色的例子，“澳门中国居民笃信佛教与内地一样历史悠久，自 16 世纪中叶澳门开埠以来，木地华人凡信教者，绝大多数是信奉佛教”。①

观音堂（即普济禅院）的诵经功课与法事活动，是自建寺起沿袭至今的传统，诵经功课分早课（诵楞严咒及十小咒）和晚课（诵弥陀经和忏悔文）。诵经音调高低因人而异，无专门的规定。诵经的音调基础来自梵音（佛教音乐）的“南腔”（为广东地区传入，传入的梵音与广东地区音乐有较大联系，与外省的“北腔”相对），以一些佛堂敲击乐器伴奏；做法事（主要为红白事）有管弦乐器（丝竹等）伴奏。做法事与诵经功课的最大区别是：诵经是僧侣自己修身养性；而法事则是对外（大多为应邀）的佛教活动，做法事的僧侣人数随规模而定。在普济禅院内，每年至少有三个时节即三月（清明节）、七月（盂兰节）和十二月（明寒衣节）在寺庙内做法事，其诵经的音调口传心授，保存良好，值得进一步保育、传承、探究。

① 冯邦彦：《葡国撤退前的澳门》，广东经济出版社，1999，第 221 页。

仪式音乐长久处于澳门这样一个多元文化的环境，在20世纪更兼收并蓄、自成一体，得到澳门民众的广泛认同，成为澳门音乐多样性又一表现。

宗教文化，通常是一个地区或一个民族最为倚赖的精神传统之一，也通常是一个地区或一个民族之文化与文明最重要的显征之一。而当不同的宗教信仰能够在同一时空中和睦相处与并存时，此现象则必成该时空中最典型的特征之一。澳门宗教仪式音乐的多样性及这种多样性的特色，是澳门多元文化区别于其他地区的最有特质的组成部分之一。

有关澳门仪式音乐的学术论著，主要有笔者的“A Survey of Liturgical Composition in Macao in the Twentieth Century: Musical Life with São José as Its Centre”①、“Introduction of the Catholic Music Culture in Macao: Musical Existence in the Colegio de Sao Paulo (1594 - 1762)”②、《20世纪澳门天主教音乐：独特历史背景下的作曲者与作品》③、*Música Católica em Macau no Século XX Os Compositores e as suas Obras Vocais num contexto histórico único Colaboração com a entidade* ④，吴炳鋕和王忠人主编、笔者担任学术顾问的《澳门道教科仪音乐》⑤和《澳门道教科仪音乐续篇》⑥，澳门天主教区出版的《嘤鸣集》⑦，澳门主教公署出版的《晨曦圣歌选集》⑧；即将出版的笔者

① Dai Dingcheng, “A Survey of Liturgical Composition in Macao in the Twentieth Century: Musical Life with São José as Its Centre”, in *Macao - Cultural Interaction and Literary Representions*, ed. by Katrine K. Wong and C. X. George Wei (London and New York: Rouledge Taylor and Francis Group, 2013), pp. 136 - 155.

② Dai Dingcheng, “Introduction of the Catholic Music Culture in Macao: musical existence in the Colégio de São Paulo (1594 - 1762)”, trans. by Shao Xiao Ling, in Morais, Cheng, Ferreira, Brasete, Mai, Coimbra, eds., *Diálogos Interculturais Portugal - China I* (Aveiro: UA Editora, Universidade de Aveiro, 2018), pp. 501 - 506.

③ 戴定澄：《20世纪澳门天主教音乐：独特历史背景下的作曲者与作品》，澳门特别行政区政府文化局，2013。

④ Dai Dingcheng, *Música Católica em Macau no Século XX Os Compositores e as suas Obras Vocais num contexto histórico único Colaboração com a entidade*, trans. by Shao, Xiao Ling (Macao, Instituto Cultural, 2018).

⑤ 吴炳鋕、王忠人主编《澳门道教科仪音乐》，澳门道教协会，2009。

⑥ 吴炳鋕、王忠人主编《澳门道教科仪音乐续篇》，澳门道教协会，2011。

⑦ 林平良：《嘤鸣集》，澳门天主教区，2001。

⑧ 林家骏：《晨曦圣歌选集》，澳门主教公署，1978。

主持的文化部项目《中国民间歌曲集成·澳门卷》，以及笔者发表在不同学术期刊的部分论文①；等等。此外，部分宗教界专业人士的研究成果，如文德泉神父的 *O Seminário do meu tempo 1924 – 1933*、“Seminário de S. José”②，澳门主教公署撰写的《现在和过去的圣若瑟修院》③ 等，亦间接地为澳门宗教礼仪音乐研究提供了富有价值的文献。

（三）澳门民俗音乐

就澳门而言，民俗音乐的定义，取自其民间性、原始封闭性及世俗性等特征。民间性即广泛存在于民间（如家族、族群、行业等）、口口相传、世代相承的音乐表现；原始封闭性即指该类型的音乐既较好地保留了原汁原味的传统，又相对保守、自生自灭；相对而言，世俗性则反映为在内容和形式上以自娱自乐为主，大众喜闻乐见、易于接受。民俗音乐构成澳门城市音乐文化最为核心、内在的本土风格。澳门的民俗音乐，包括流传甚广、影响较大的咸水歌、农事歌、地水南音、龙舟、粤讴、粤语小曲、儿歌、生活音调、八音锣鼓、广东器乐小曲以及土生土语歌曲、土生葡人舞曲等。这些民俗音乐的最大特点，是口耳相传的淳朴的音响和即兴、自然、自得其乐的自娱方式，一些极为原始并得到传唱、传承演奏或难得留存的音乐音响，在人们脑海中再现了当年的澳门民间文化情景。

限于篇幅，有关民俗音乐的具体内容以及相应的音响、乐谱记录资料不做展开，可参见《中国民间歌曲集成·澳门卷》《中国民间器乐曲集成·澳门卷》，以及澳门特区政府文化局即将出版的《20 世纪澳门民俗与仪式音乐研究》。同澳门民俗音乐相关的文论尚有罗伊佩（Isabel Nunes）的《舞女与

---

① 戴定澄：《口传心授、五代相承的澳门吴氏道乐》，《中国道教》2009 年第 1 期；戴定澄：《澳门道乐：作为地区非物质文化遗产的存留价值》，《澳门日报》2009 年 4 月 9 日；戴定澄：《在“两岸四地道教科仪音乐研讨会”上的总结发言》，《澳门日报》2011 年 11 月 7 日；戴定澄：《对澳门天主教音乐现状的几点思考》，《澳门日报》2011 年 12 月 29 日；Dai Dingcheng，“ Uma raridade musical：a Música Ritual Tauista em Macau Dai Dingcheng/ Unique Music：Macao Taoist Ritual Music”，2011。

② Manuel Teixeira：*O Seminário do meu tempo 1924 – 1933*（Macau：Boletim Eclesiastico Da Diocese De Macau，1970），pp. 583 – 608；Manuel Teixeira，“Seminário de S. José”，*Macau e a sua Diocese* Ⅻ，1976，pp. 339 – 398.

③ 澳门主教公署：《现在和过去的圣若瑟修院》，（澳门）《晨曦月刊》第 4 卷第 2 期，1958 年。

歌女：澳门卖淫面面观》[①]，笔者的专论《销声尚未匿迹的澳门八音锣鼓柜》[②]，由澳门道教协会出版、笔者担任学术顾问的著述《澳门的八音锣鼓》[③]，沈秉和撰写的《澳门与南音》[④]，汤梅笑撰写的回忆文章《南音的保护链》[⑤]，蔡佩玲主编的《口述历史五：神功戏与澳门社区》[⑥]，谭美玲主编的《南音客途记声迹》[⑦]，谭达先的《澳门民间歌谣渊源考略》[⑧]，飞历奇（Henrique de Senna Fernandes）的《澳门电影历史：有声影片时期》[⑨]，若瑟、利维士、嘉得礼的《永不回来的风景——澳门昔日生活照片》[⑩] 等。

（四）澳门艺术音乐

与学术界常见的将民俗音乐作为一种文化标本方式对待、将仪式音乐作为一种信仰系统的文化标记、将娱众音乐作为一种大众传媒式的文化现象来研究的方式不同，艺术音乐是一种公认的具有较高审美价值的音乐种类，有着经典、精英文化的特征，在澳门亦不例外。

艺术音乐主要包括歌剧音乐、交响乐、室内乐或经专业创作编配的民族管弦乐等。自16世纪下半叶始，直至近代，由于西方文化的大量输入，就华人区域而言，澳门在艺术音乐领域有着非凡的表现，读者可从笔者的《澳门音乐简史》[⑪] 等资料中略窥一斑。

就澳门近当代艺术音乐创作来说，笔者曾谈及澳门“在20世纪后出生或初期培养了不少以后卓有成就的作曲家，如出生于澳门的冼星海（1905～1945），5岁（1889）随父移居澳门（15岁离澳）受葡国牧师音乐熏陶的中国近代作曲先驱之一肖友梅；于澳门出生并在圣若瑟修院接受早期音乐培训

---

① 《舞女与歌女：澳门卖淫面面观》，《文化杂志》1991年第15期。

② 《销声尚未匿迹的澳门八音锣鼓柜》，《澳门日报》2012年5月17日、5月24日

③ 8吴炳鋕、王忠人：《澳门的八音锣鼓》，澳门道教协会，2015。

④ 沈秉和：《澳门与南音》，三联书店（香港）有限公司、澳门基金会，2014。

⑤ 汤梅笑：《南音的保护链》，《澳门日报》2014年1月1日，新园地版。

⑥ 蔡佩玲：《口述历史五：神功戏与澳门小区》，澳门东亚大学公开学院学生会，2009。

⑦ 谭美玲：《南音客途记声迹》，澳门大学，2012。

⑧ 谭达先：《澳门民间歌谣渊源考略》，《文化杂志》2002年冬季刊。

⑨ 飞历奇（Henrique de Senna Fernandes）：《澳门电影历史：有声影片时期》，《文化杂志》1995年夏季刊。

⑩ José Neves Catela, *Macau Memórais Revelados*，澳门艺术博物馆，2001。

⑪ 戴定澄：《澳门音乐简史》，《澳门史新编》，澳门基金会，2008。

的‘香港现代音乐之父’林乐培；早年就读于澳门教会学校的著名华人音乐理论家、作曲家刘志明神父（现为台湾辅仁大学资深音乐教授）；出生于澳门并于澳门成长、现为耶鲁大学作曲客席教授的林品晶等，还有为数不少的本土出生的作曲后秀及由国外、外地来澳居留的质素颇高的专业音乐家，也给澳门带来不同的音乐创作观念、作曲技术和相应手段”。[①]

澳门近代的钢琴音乐创作传统，是一个相对独立又相当独特的文化体系，因着澳门独特的中西交融文化背景，在西乐东渐的过程中，扮演着重要的角色，一些明确以澳门情怀为主题的钢琴作品，无论从音乐的题材、体裁、结构、呈现等各方面而言，均甚为难得。例如，“夏理柯（Harry Ore 1885－1972，俄籍犹太人音乐家，于20年代居港澳，逝世并葬于香港），作为一位常年往来港、澳，并曾在澳门居留、留下众多表演、教学、创作音迹的外来大师级音乐家，因缘于其创作、教学、表演对本澳众多音乐家和本土钢琴文化的影响，其所创作的一些东方情调和澳门题材的钢琴作品，是不可多得的艺术珍品”。[②]

澳门近代的钢琴音乐创作群体与代表性作品，尚有长期居澳的区师达神父（Fr. Áurco da Costa Nuncs c Castro，1917－1993）的中国风味钢琴作品《澳门景色》《小妹妹舞曲》，出生于澳门的作曲家林乐培（Doming Lam，1926～）为他在澳门的几位后辈写的《舅舅组曲》（五首）等，澳门作曲家林品晶的不少澳门题材或素材钢琴作品[③]，澳门作曲家秦启志的南国回忆式的钢琴小品[④]等。这些是澳门也是中国音乐文化的重要历史财富和瑰宝，从一个侧面和在一定程度上展现了澳门城市音乐的面貌，同时也折射出多元丰富的文化价值观，是整个澳门城市音乐价值体系的重要表现，对澳门及至整个华人地区的音乐艺术生态和发展历史，有着重要的学术意义。

葡语族群音乐家的创作及表演，也丰富和补充了澳门的艺术音乐形态。如白世门（Simão Barreto，1940～，东帝汶）早期曾在澳门就读，1968 年入里斯本国家演艺学院学习作曲，1986 年后返回澳门工作及创作并参与表演

---

① 戴定澄：《音乐创作在澳门》，澳门日报出版社，2007，第 21 页。

② 戴定澄：《夏里柯及其澳门关联钢琴作品》，《星海音乐学院学报》2017 年第 2 期。

③ 戴定澄：《圣城琴音：澳门本土钢琴作品选》（唱碟），澳门理工学院，2017。

④ 戴定澄：《澳门作曲家秦启志和他的钢琴作品 *Min Onmin*》，《澳门理工学报》2017 年第 3 期。

(指挥和演奏中提琴)。白世门以葡语国家的民歌为基础，创作了较多由此改编的弦乐四重奏、室内乐配乐朗诵、由室内乐伴奏的艺术化民歌等，在澳门出版发行了他的三张唱片专辑。

就澳门近当代艺术音乐表演而言，已有30年(届)历史的澳门国际音乐节，以及由政府统筹的专业表演团体澳门乐团、澳门中乐团，在澳门艺术音乐的推广、普及方面，功不可没；而富于澳门社团文化特色的众多音乐社团，尤其是主打艺术音乐普及并兼有提升社会欣赏水平愿望的社团，如澳门青年交响乐团、澳门管乐协会、澳门长虹音乐会、澳门弦乐协会、集乐澳门协会等，在澳门的艺术音乐领域也发挥了较大的作用。

有关澳门城市艺术音乐的学术资料相对较为丰富，在前述的澳门音乐历史传统段落中提供的不少文献资料中，均有不少具体描述。此外，夏理柯的 *Five South Chinese Folksongs*①，笔者的《音乐表演在澳门》②《音乐创作在澳门》③《音乐教育在澳门》④，以及部分乐评人的澳门音乐会评论集，都不同程度地对有关内容做了披露。

(五) 澳门娱众音乐

本文将内容与形式主要表现为大众化、通俗化、流行化、商业化特征的音乐种类，通称为“娱众音乐”。这类音乐的上述特征是相对于艺术音乐、仪式音乐和民俗音乐而言。澳门娱众音乐主要包括都市流行歌曲、本土音乐剧、本土儿童歌舞剧、本土爵士和摇滚音乐、本土独立音乐、各类嘉年华音乐，以及澳门特有的娱乐场所表演音乐与背景音乐等。

上述娱众音乐较多的是舶来品和受外来影响的表演风格，但有其独特的展现方式和传统，如常年不断举办的本土流行音乐节、爵士音乐节、马拉松摇滚音乐祭、“至爱新听力”(新人、新歌的电视比赛)、一连数日在海边举办的“Hush 沙滩音乐会”等大型活动。由于音乐表现的特点，这些表演大多安排在户外大型场所，还成为一些嘉年华(如每年一度的葡韵嘉年华、美食嘉年华等)的重要组成部分。一些本土创作，包括歌手自称的“独立

---

① Harry Ore, *Five South Chinese Folksongs* (London, W. Paxton & Co. Ltd, 1948).

② 戴定澄:《音乐表演在澳门》，澳门日报出版社，2005。

③ 戴定澄:《音乐创作在澳门》。

④ 戴定澄:《音乐教育在澳门》。

音乐”（即同普遍意义的流行歌曲不同，并不关注同观众互动效果，而只关注个人个性抒发的一种风格），以及通过一些比赛涌现出的一些年轻业余歌手的新作品，都有其新鲜、生动的表现。

近年来，由于大量青年音乐社团的兴起，在特区政府、基金会等的文化资助政策鼓励支持下，不少跨界的音乐形式应运而生，不少颇有特色的本土音乐剧、一些以舞蹈为语言的音乐剧场、舞台听众互动音乐、以剧情串联的古典音乐（古典音乐经此形式已经成为一种颇受欢迎的大众娱乐音乐）等，引起广泛关注。

从普通学校的中小学生到大学的学生音乐学会，从在职的基层员工到白领阶层，多数民众都是这些音乐的受众。虽然同国际上文化发达地区相比，澳门城市娱众音乐的起点并不高，但因着包容、多元的城市文化精神，因着澳门同香港、台湾、内地及国际社会便利的文化往来，更因着澳门地区较为发达的休闲文化和环境，较为自由自在、自生自长的条件和多样多元、多彩多姿的音乐表现形式，这类音乐已经形成自身呈现和发展的特色，是澳门城市音乐研究中不可或缺的范畴，值得音乐学界和社会学界关注并探讨。

（六）与澳门城市音乐类型相关的人、事、物的形式与内容

上述澳门城市音乐历史传统、澳门仪式音乐、澳门民俗音乐、澳门艺术音乐以及澳门娱众音乐构成澳门城市音乐学科的核心或基本内涵。

同时，也要关注同这些音乐类型息息相关的“人”，如宗教音乐作曲者、民间艺人、民间歌曲演唱者、宗教仪式主持者、艺术音乐作曲家、演奏家、理论家、流行音乐歌手，以及由此衍生出的有关团体等，就这些“人”（或团体）的经历、成果进行梳理、探讨；关注同这些音乐类型息息相关的“事”，如各类宗教仪式、各类演奏会和音乐会、各类民间音乐聚会或民间沙龙、各类同城市音乐相关的音乐作品、音乐研究成果等，就这些“事”的产生缘由、过程、效果进行分析、综合；关注与这些音乐类型息息相关的“物”，如具有传统历史价值的西式剧院（华人世界第一所具备西式音乐剧场功能的岗顶剧院即为一例）、中式剧场（澳门以粤剧表演为主的剧场之众多曾在周边地区引以为豪）或街头小曲演唱场所、用作宗教仪式的场所或器具等，无论尚存与否或改变与否，均可就某一专题

进行考察、思考。

关注澳门城市音乐类型相关的人、事、物的形式与内容，是窥看澳门城市音乐特质的一个不可或缺的方面。

以上论及的六大类别及相应内容，构成澳门城市音乐的学科的基础、本质的内涵范畴。

三　澳门城市音乐的学科外延

德国音乐学家克里桑德（F. Chrysander）认为："音乐的研究，特别是历史的研究，应该提高到自己科学和人文科学中长期采用的那种严肃而精确的标准上来。"①

澳门城市音乐的历史传统和现实表现，在形成独特的学科式的种类内涵的基础上，一起构成学科式的体系外延。确认这个学科的体系外延，需要三个方面理论与实践的支持。

（一）学科的体系化同音乐学理论的匹配

"思辨方法是指运用理性的、逻辑的方法对用前述技术手段获得的资料或以直观的方式调查到的材料进行综合、比较、思考和归纳，以求探索出音乐存在和发展的一般规律。"② 同上文分析梳理的澳门城市音乐的类别内涵相应，作为一个学科体系，它们有着相匹配的思辨理论基础。

1. 城市音乐学理论架构与澳门城市音乐文化——全面、整体地对澳门城市音乐文化进行分析与综合。

2. 音乐历史学理论方式与澳门城市音乐传统——对澳门城市音乐史及相应的人、事、物的线索作追溯、收集、记录、梳理、保存以及探究。

3. 音乐美学理论下的澳门艺术音乐表现——以音乐艺术价值判断体系的美学观念来审视澳门城市音乐中的艺术音乐状况。

---

① 俞人豪：《音乐学概论》，人民音乐出版社，1997，第4页。

② 俞人豪：《音乐学概论》，第10页。

4. 音乐人类学理论的视野、宗教理念与澳门地区的仪式音乐传承——从不同宗教仪式音乐的本体及其仪式的分析综合，考察其相应所聚集的不同种类、不同文化氛围中的人种群体的信仰、文化、文明。

5. 民族音乐学理论与澳门民俗音乐留存——在世界范围的大视角下观察澳门地区民俗音乐的民族性、民间性，以及相应的文化特征。

6. 社会音乐学理论观念与澳门娱众音乐的传播——虽然社会音乐学是一门同民族音乐学关系相近的分支学科，但其主要的研究目标可以很好地涵盖澳门城市的众多类型的娱众音乐——它的重点是研究音乐的生产与消费过程中的各种社会关系及它们所起的作用。因此它对各种城市流行音乐产生的社会原因、它们的生产和消费形式、传播媒体在此过程中所起的作用等，具有特殊的兴趣。①

有关上述音乐学各个理论分支的概念，应已为大家所知，此处不再展开介绍。事实上，有关音乐学的多个理论基础范畴同相关城市音乐分类的匹配方式，并不能以上述参照一概而论。应当看到，各个音乐学的分支理论范畴对于不同种类的澳门城市音乐常常有着多元、边缘、跨界的理论意义。如比较音乐学实质上是催生民族音乐学的一个重要前提，而历史音乐学、音乐人类学、音乐社会学等均会互相影响、交相辉映，最终构成完整的澳门城市音乐学科理论体系，共同服务于澳门城市音乐。

（二）体系化学科的地区独特性与区域、国际比较研究

比较音乐学是当今世界音乐文化中，重新审视各民族、地区民间音乐特色的重要方法论之一。“必须以比较的眼光对这些不同文化中的音乐类型特征之间的差异性进行深入研究。”②

在确定自身的城市音乐学科体系后，如何确立“这一个”自身的特征，是一个不可推卸的地区性的历史责任，其中较为可靠的方法即为比较音乐学系统。

可以将澳门城市音乐学科体系同其他城市音乐体系做比较研究，对澳门

---

① 俞人豪：《音乐学概论》，第 142 页。

② 布鲁诺·内特尔：《八个城市的音乐文化：传统与变迁》，第 11～12 页。

城市音乐的体系或者具体种类做区域城市、国际城市的比较研究。

这类“其他城市”的选择，可以是不同类型（如东西方不同文明之间）的城市比较，也可以是同类型（如华人地区或亚洲类似发展城市）音乐的比较；可以是“双城音乐文化比较”，也可以是“多城音乐文化论”；可以总体综合地将整个澳门城市音乐学科体系同其他城市的整体音乐学科体系进行比较，也可以选择澳门城市音乐体系中的具体类别与其他城市的同类音乐做专项比较；可以是同一时期比较，也可以是跨时期比较（这方面的例子，有澳门的天主教礼仪音乐同其源头西欧或葡萄牙 16 世纪礼仪音乐的比较①）。

以此类推，比较式研究有多种方式方法，重点是通过比较音乐学的各类方式方法，实现确认澳门城市音乐在世界范围内的文化特色，以及确知其在各种文化文明中的地位甚或是对文化文明的贡献的目标，从而更完善地保存、保育乃至发展这一具有地区独特性的城市音乐文化体系。

通过澳门城市音乐的学科体系同外部城市、地区的比较，应该更为清晰地确认澳门城市音乐学科体系的独特历史性、学科种类的多元包容性、学科内容丰富的资料传承性、学科种类的特征鲜明性、学科部分内涵的异质性和认受性，以及最终存在于“澳门学”框架中的澳门城市音乐学科的完整的体系性构建。而有关特质作为具体的观察点，值得深入思考和后续探讨。

（三）置于澳门学整体框架中的澳门城市音乐学科体系实践

近年来，“澳门学”一词不断被提出，比较多地出现在学者的论述和一些报刊的报道中。确实，澳门城市多元、丰富而具有独特价值的历史文化底蕴，基本未有过文化断层的传统承继及相对良好的资料留存，加上近年来众多学者的学术研究贡献，为澳门学奠定了厚实的基础，提供了广阔的展开空间。在这中间，笔者觉得应该注意几个问题。

其一，澳门学不能仅仅是通史或只是专注于历史大事件、政治大浪潮的

① 戴定澄：《合唱经典：欧洲文艺复兴合唱曲集》，人民音乐出版社，2008；戴定澄：《20 世纪澳门天主教音乐：独特历史背景下的作曲者与作品》，澳门特别行政区政府文化局，2013；戴定澄：《16 世纪欧洲多声部音乐研究》，台湾：美商 EHGBook 微出版公司，2017。

宏观学问，在澳门当前的时空环境下，应该多鼓励对各个具体文化范畴中“专史”“单科史”“断代史”类的相对专项的研究。就范畴而言，可以细分到二级、三级学科，只有分门别类做深做透，才能构成整体学术意义上的澳门学。

其二，澳门学确实应该突破单纯“地区学”的框架，将其放置于国际视野中进行考察，同时还可做跨地域和跨领域的综合探讨。也需要鼓励、支持境外、国外尤其是葡语国家或地区有意愿、有学术能力的学者从不同的视角来观察和探讨相关题材。然而，所有这些考察和探讨乃应从本土做起，从基础做起。只有集思广益，才能精益求精。

其三，澳门学不仅应着眼于主流学术圈内学者的工作，也应该寄希望于澳门民间众多有追求、有本土文化使命感的社团、个人的贡献。当学者的研究同民间的实践探索互动互利并相辅相成，澳门学就会是一门既规范、专业又有血有肉的城市文化学，并将在空间和时间上持续发挥作用。

毫无疑问，澳门城市音乐的学科构建，无论其内涵类别还是外延体系，均将成为澳门学架构的重要组成部分，而澳门学的真正建立则成为澳门城市音乐学科体系的根本载体，二者相辅相成，而相应的理论与实践则必定相映生辉。

澳门城市音乐的学科在外延意义上的体系演绎，应该同坚实的思辨理论相结合，形成专业兼有跨学科特征的理论模型和实践框架，将之放置在全球化视野内进行审视，并在区域和国际的城市音乐比较研究中，勾画出学科体系可靠的地区特色——一个实实在在地存在于整体澳门学框架中的独特学科系统。

四　对澳门城市音乐学科体系的未来展望

笔者曾经指出：“澳门地区时期虽短却得天独厚的音乐历史传承，城市虽小却独树一帜的音乐文化体验，人数虽少却多元和谐的音乐文明传统，在20世纪以来，既保存着各自发展轨迹，又互尊包容，和而不同，并以更为丰富的新时空特征向前发展。值得思考的是，未来澳门在对各类传统音乐文化的拯救、整理与研究等方面的策略，已经历史性地摆上台面。”①

① 戴定澄：《澳门道乐：作为地区非物质文化遗产的存留价值》，《澳门日报》2009年4月9日。

澳门城市音乐学科体系的构建，除了在学科内涵及相应类别、学科外延以及相应体系方面的理论性架构外，未来更需要在具体实践过程中对澳门城市音乐学科体系在学术上进一步有所发现、有所发展。

在上述探讨、论述的基础上，本文将以四个方面的设想，就澳门城市音乐的学科体系构建做一前景展望。

（一）学科团队与专业精神建设

澳门城市音乐的学科构建，最重要的前提是有一批专注于此、专业于此的学术人群（包括团队、境内外独立学者甚或民间研究者），并在此概念上组成有形或无形的研究团队或学派（当然少不了政府、社会源于学术视野和认知理解的鼓励支持，此为后话）。

在当今不乏浮躁的学术环境下，学科团队的专业精神、道德状况，很大程度上决定着研究成果的水平。本文认为，无论何时何地，何种文化背景，在广阔的学术视野下，学术研究的规范、学术的道德品格和学术的价值追求均应是文明世界共有的核心价值要求。澳门城市音乐学科体系研究不能一厢情愿，要以事实为依据；研究不能感情用事，要有中肯客观的评价；研究不要随波逐流，更不要为某种功利左右而改变初衷；研究不要拘泥于一时一事，要有广阔、开放的学术视野；研究不仅要有大视角，而且也要同基础实践紧密相连；研究的底线是尊重他人的研究成果，拒绝各种形式但本质为抄袭的行为。

“专业”二字的广泛意义，是指不受外界影响的客观、中肯的专业评价态度——对学术成果的评价应就事论事、实事求是，不受外在因素影响。“专业”两字的特指意义，即为专业功底和专业能力。就音乐学范畴而言，它不仅仅局限于论文写作能力，更包括对音乐本体的分析能力，做到眼（看谱）、耳（听音）、手（演奏、写作）、脑（分析、体会）并用。上述两种意义的“专业精神”相辅相成，前一种是价值判断的态度，后一种则是价值判断的依据、理由。

（二）多媒体、多层次的数据库建设

毫无疑问，收集资料工作是澳门城市音乐学科体系建设最为基础、根本性的工作，而建立一个以资料为中心的数据库，是最为有效的方式。如此，

既可集中资源提供资料，又可围绕资料基础形成相对固定的学术团队，吸纳独立学者甚或民间研究者。由于包括澳门城市音乐体系内涵和外延的数据库将会是全球独一无二的，更可在此基础上得到国际关注乃至收集到更多的相关资料。

数据库建设，可包含书面文献（包括珍贵的历史遗存文字手稿、原始档案、专著、论文、介绍文、回忆文、记事本等）、录音记录音响（包括整理出版的唱碟、DVD 等）、乐谱记录资料（包括作曲家乐谱手稿、一手采访记录的乐谱稿、乐谱出版稿等）、口头采访录音及文字（包括过往可能留存的珍贵录音留存和文字手稿）、电子媒体、图片（包括影像和画作）等。

对上述数据库的资料保存，应包括对资料的修复妥存、资料的副本备份、资料的外文翻译、资料的电子化等方式。在妥善保存这些资料的前提下，本土音乐的活化、创意再生作品等也可成为数据库新保存的一部分。

（三）挖掘、保存、教学传承与创意活化

澳门本土历史与民间传统文化的内涵及外延，如前所述，具有独特、多元、周边地区无可比拟的优势，对这种优势和特质，应采取“深入挖掘，妥善保存，细致研究，适当活化”的策略。

深入挖掘即要予以特别关注，及时、系统、有效地进行发掘性学术工作（包括各种文字的历史档案，各类具有学术价值的音响、乐谱等）；其次，对已挖掘的资料要第一时间原封不动、原汁原味地妥善保存，以备长远；而对已妥善保存的资料，在条件许可下（如学术队伍、研究设施等的保证），需进行细致的学术研究，在具体分析的基础上做宏观的综合。

以上三项工作是保护本土文化的首要任务，这些工作亦具有系统性与完整性的特征。

在此基础上，在条件允许的情况下，可以对有关文化资料做“活化”（创意）处理，包括在本土中小学直至大学本科本土文化课程及有条件的专业方向研究生课程开设相关科目教学。

必须指出的是，“创意活化”只是前三项工作的一个自然、适当的结果，而绝不应成为前三项工作必然、最终的目的。同时，活化创意还需给予原生长的文化留有保存、发展的空间，在做出创意文化贡献的同时，要保护原始版本，使原有文化现象有继续保留、探讨的学术环境。

（四）大处着眼、小处着手、“分析”与“综合”并进的学问方式

一般而言，音乐学术界内受过严格音乐本体训练（如音乐本体的作曲、演奏等）的学者，通常会比较注重对研究对象的本体解析性探讨，了解对象“是什么”和“为什么”，而相对忽视文化层面上的延伸推理；而一些人文学科出身，具有史学、美学背景的学者，尤其是一些从其他人文学界转行过来的学者，就较为注重对研究对象的人文理念思考，而相对缺乏对音乐本体的专业分析。如将此做较极端的假设，则可看出两者各有利弊：前者的研究有理有据，但易因满足于技术分析的成果而沾沾自喜，从而形成有精密的技术分析基础而无文化综合的结论，忽视了文化意义的上层思考；后者的研究立意高大，但常常缺乏音乐本身提供的资料信息支持，结论容易华而不实。因此，两者的结合，即在微观专项的本体分析（亦可理解为科学分类式的西式思维）基础上，给出宏观的文化或哲学意义上的综合（同样可相对理解为综合调理式的东方式思维），方为理想之道。

对待澳门城市音乐学研究的学科体系，要鼓励不同风格、不同视角、不同方法论的参与进入，尤其重视原始、原创的具体专项研究，在对研究对象的本体前景分析的前提下，对其背景的透视（即产生的前因后果和个性特征）如时间上的承前启后、空间上的横向比较等，取得多方和深入的展开，进而在文化哲理上做出归纳总结。这样的平衡可以是有条件的学者的自我调节，也可以是具不同优势的学者的合作。无论如何，要将“埋头拉车”的勤恳行为，同“抬头观路”的视野观察紧密结合，从而取得有价值的学术成果。

无论是世界音乐还是民族音乐的发展，都离不开文化的交流，澳门音乐发展之所以能在全球音乐文化发展中独树一帜，还是由于它得天独厚的历史文化和地理位置。“都市音乐，是资本时代的声音，是民主社会的产物，是市民精神的载体。都市音乐的价值取向，直指市井文化及其平民性、地方性、现世性。核心是平民精神。”①

澳门城市音乐不同类别的多样性及这种多样性的特色，是澳门多元文化区别于其他地区的最有特质的组成部分，也是华人音乐乃至世界音乐不可或

① 冯明洋：《音乐文化论稿——音乐学的文化学视野》，武汉大学出版社，2014，第123页。

缺的重要内容。而相应的澳门城市音乐学的学科体系，无论其内涵类别的梳理还是外延体系的构建，都是澳门学构架的重要组成部分，需要有心与热诚之人持久和具使命感的持续推进，如此才能真正发挥澳门城市音乐中这些宝贵财富的历史作用。

澳门海洋文化遗产：现状、问题与建议

赵殿红　柯　力[*]

摘　要：《粤港澳大湾区发展规划纲要》提出澳门在大湾区中的定位之一是“以中华文化为主流，多元文化共存的交流合作基地”，这个基地有其丰富深刻的文化内涵，海洋历史文化即是其中的重要元素。澳门历史文化与海洋密切相关，拥有众多具有重要价值的海洋文化遗产，不仅直观地体现在历史建筑、街道、纪念物、旧址等物质要素上，还反映在思想、信仰、文学、艺术等非物质要素上。当前，澳门海洋文化遗产保护工作基础扎实，成效显著，同时也面临重大挑战。特区政府、社团及学术机构是澳门海洋文化遗产研究与保护的三种主要力量。特区政府长期重视历史文化遗产保护和利用，积极申报各级物质非物质文化遗产，颁布法律保障相关工作。民间社团、学术研究机构也深度参与保育本地文化遗产，近些年为海洋文化遗产的研究、保护和利用提供了新概念、新视野和新方法。

关键词：澳门　海洋文化遗产　遗产保护

澳门地处南中国海大陆架边缘，包括澳门半岛、氹仔岛和路环岛三个部分。由于历史原因，澳门习惯水域管理范围一直没有完全明晰。2015 年 12 月 16 日，国务院第 116 次常务会议通过《中华人民共和国澳门特别行政区行政区域图》（新区域图），自 2015 年 12 月 20 日起施行。新区域图明确了

[*] 赵殿红，历史学博士，澳门科技大学社会和文化研究所副所长，中国历史研究院澳门历史研究中心研究员；柯力，国际关系博士，莆田学院马克思主义学院副教授。

澳门水域和陆地界线，将澳门特区水域管理范围确定为85平方公里。

2017年以来的粤港澳大湾区建设，既是国家在新的时期推动形成全面开放新格局的新尝试，也是推进“一国两制”事业的新实践。2019年2月18日公布的《粤港澳大湾区发展规划纲要》赋予澳门新的历史使命和时代担当，其中有49项内容直接指向澳门，并将澳门列为大湾区促发展建设的四个“中心城市”之一，使其居于“核心引擎”的地位，发挥“辐射带动”作用。而“以中华文化为主流，多元文化共存的交流合作基地”的定位，是对澳门特殊的历史地位、特有的历史文化积淀和丰富且成功的多元文化共存的高度肯定。粤港澳大湾区建设有利于澳门融入国家发展大局，进一步提升澳门在国家经济发展和对外开放中的地位和功能，促进澳门经济适度多元发展。

16世纪中叶开埠以来，澳门作为南太平洋贸易的重要港口迅速崛起，成为东西方贸易枢纽和文化交流的桥梁，率先通过海洋走向世界，倾心接纳来自五洲四海的文化，在近代中西文化交流中发挥着独特作用。澳门历史文化与海洋历史文化密切相关，海洋历史文化滋润着澳门历史文化，助其生长和发展，在历史的长河中，留下了众多海洋文化遗产，包括与海洋相关的宗教、文化、风俗、艺术以及建筑群和场所。

回归以来，澳门特区政府在大力发展经济、促进澳门社会发展和进步的同时，也高度重视历史文化遗产保护工作，积极申报世界级和国家级历史文化遗产，颁布各类法令，采取各种行政措施，广泛宣传，使历史文化遗产保护深入人心。

一　澳门海洋文化遗产概况

1972年，联合国教科文组织制定《保护世界文化和自然遗产公约》（*The Convention Concerning the Protection of the World Cultural and National Heritage*），公约第一条就是文化遗产的定义：“古迹：从历史、艺术或科学角度看具有突出的普遍价值的建筑物、碑雕和碑画、具有考古性质的成分或构造物、铭文、窟洞以及景观的联合体；建筑群：从历史、艺术或科学的角度看在建筑式样、分布均匀或与环境景色结合方面具有突出的普遍价值的单元或连接的建筑群；遗址：从历史、审美、人种学或人类学角度看具有突出的普遍价值的人类工程或自然与人联合工程以及包括有考古地址的区域。”1992年世界遗产中心成立，肩负着保护世界文化和自然遗产的工作。近年来，各个国家与地区都力争把本地景区列入《世界遗产名录》，不但能获得相关经费支持、专业保存维护技术支援，更可以提高知名度，衍生出文化创意产业，推进文化旅游事业，增进对外文化交流。

1985年，中国加入《保护世界文化和自然遗产公约》，1986年开始申报第一批世界文化遗产，目前已经拥有世界文化遗产38处。澳门具有得天独厚的历史文化资源。中西合璧、古今交融是澳门的最大魅力所在。2005年7月15日，澳门历史城区被联合国教科文组织列入《世界遗产名录》，是中国现存最古老的西式建筑遗产，是中西文化多元共存的综合体现。海洋文化遗产内涵十分丰富。人类历史上的涉海活动及由此而形成的思想意识、社会制度、科技创造、物质生活、民俗风情等文化遗存，都是海洋文化遗产。人类的海洋活动，主要是“渔盐之利、舟楫之便”，其中“舟楫之便”即航海活动的文化遗存，就实物角度而言，包括港口、船舶、船货以及围绕着这三者进行的精神的、社会的、科技的、物质的、民俗的相关活动。以“舟楫之便”为中心的海洋文化遗产，遗存空间广泛，历史积累的数量巨大，所承载的文化信息也极为丰富，因而较之于“渔盐之利”的文化遗存更为人们所关注。[①] 本文论及的澳门海洋文化遗产包括但不限于各级遗产名录，事实上，许多颇有价值的文化遗产至今仍散落在民间，未被选录入册。澳门海洋文化遗产作为澳门文化的重要组成部分，其呈现形式也丰富多样（见表1）。

表1　澳门海洋文化遗产入选类别

<table>
<tr><th colspan="3" rowspan="3">项目名称</th><th colspan="3">入选类别</th></tr>
<tr><th>澳门</th><th>国家</th><th>联合国教科文组织</th></tr>
<tr><th>非物质文化遗产清单</th><th>国家级非物质文化遗产代表性项目名录</th><th>人类非物质文化遗产代表作名录</th></tr>
<tr><td rowspan="2">非物质文化遗产</td><td colspan="2">鱼行醉龙节</td><td>入选</td><td>入选</td><td></td></tr>
<tr><td colspan="2">妈祖信仰</td><td>入选</td><td>入选</td><td>入选</td></tr>
<tr><td rowspan="4">物质文化遗产</td><td rowspan="4">澳门历史城区</td><td>妈阁庙</td><td>入选</td><td>入选</td><td>入选</td></tr>
<tr><td>港务局大楼</td><td>入选</td><td>入选</td><td>入选</td></tr>
<tr><td>大炮台</td><td>入选</td><td>入选</td><td>入选</td></tr>
<tr><td>东望洋炮台</td><td>入选</td><td>入选</td><td>入选</td></tr>
</table>

① 曲金良：《关于中国海洋文化遗产的几个问题》，《东方论坛》2012年第1期。

（一）澳门海洋物质文化遗产

澳门历史城区保存了澳门四百多年中西文化交流的精髓，其中不乏与海洋文明密切相关的一些历史军事、宗教建筑场所与遗址，包括妈阁庙、大炮台、东望洋炮台、港务局大楼与沙丘遗址等。

1. 海洋军事、宗教建筑群场所与遗址

港务局大楼。原称水师厂，由意大利人卡苏杜（Cssuto）设计，为1874年建成的澳门印度警察的营房，故具有印度摩尔（阿拉伯）风格，也称为摩罗兵营（Quartel dos Mouros），1905年改为港务局和水警的办公地点，现为港务局大楼。依山面海而筑，大楼前有一片空地，渔民在此晾晒渔网和咸鱼。几十年前多次装修，仍保留原貌，是澳门最大型的军事建筑物之一。

华士古达嘉马花园及铜像。1898年，澳门纪念世界著名的葡萄牙航海家达·伽马（Vasco da Gama）发现通往印度新航线400年，开辟了华士古达嘉马花园，以及与花园并列的华士古达嘉马大马路，并发行澳门首套纪念邮票。花园的正中央竖立着一座由雕刻家高士达（Tomas da Costa）创作的方尖形纪念碑，于1911年1月31日纪念达·伽马到达印度400周年纪念日揭幕。纪念碑底座为石级，正面有一块白色大理石浮雕，浮雕是根据葡萄牙著名诗人贾梅士（Luís Vaz de Camões）的著名史诗《葡国魂》中的一段神话，以赞扬达·伽马的航海冒险精神。纪念碑中间前后均有一个铜制指南针和其他航海用具，上部为达·伽马的半身铜像。

大炮台。始建于1617年，至1626年建成，名为圣保禄炮台，占地约一万平方米，当地人称为大炮台。大炮台是当年澳门防御系统的核心，与其他炮台一起，构成了覆盖东西海岸的炮火防卫网。炮台内备有水池和军需库，以应付敌人的围困。1632年，葡萄牙人借口抵御荷兰人入侵，又修建了城墙及炮台，使澳门成为一座军事防御严密的城堡。① 明清时期，大炮台一直是城防司令和澳督住所。1966年，将原营房改建为气象台后开放为游览区。1998年又将原址改建为博物馆，供游客参观游览。

东望洋炮台（包括圣母雪地殿教堂及灯塔）。修筑于1622年，炮台上有一座小教堂，毗邻的灯塔建成于1865年，是中国海岸第一座现代灯塔，

① 黄鸿钊：《澳门海洋文化的发展和影响》，广东人民出版社，2010，第173页。

至今仍正常运作。东望洋炮台中的教堂、灯塔独具特色。东望洋灯塔最初塔顶似蒙古包，后经1874年甲戌风灾被损毁，建为今貌，是东望洋三大名胜古迹之一，2005年作为澳门历史城区的一部分列入《世界遗产名录》。

路环旧城区荔枝碗船厂遗址。澳门以小渔港起步，曾经的造船业发展蓬勃，使荔枝碗船厂片区留下了深厚的造船文化、工艺以及造船的历史。造船业是澳门路环岛的一个特点，帆船制造曾是澳门一项主要工业，至今硕果仅存的几家传统造船厂，仍以世代相传的手艺承造船只。随着澳门经济的不断发展，路环旧城区逐渐显现出一系列问题，历史城区基础设施落后、街道景观环境转差，以及近年来旅游事业和城市建设高速发展所带来的问题，都给路环旧城区的保护与发展带来诸多新的挑战。由于年久失修，危及公众安全，特区政府已清拆荔枝碗两间船厂。2017年，有民间团体把收集到的670名市民签名的申诉书送交特区政府文化局，要求暂缓清拆荔枝碗船厂区，启动不动产文物评定程序，令造船工业遗址得以保留。2018年，澳门特区政府文化局将荔枝碗船厂列为文物保护单位。

妈祖阁。俗称妈阁庙，位于澳门半岛西南方，为澳门标志性建筑物之一，2005年作为澳门历史城区的一部分列入《世界遗产名录》。始建于1488年（明弘治元年），当时妈阁庙门前为澳门海岸线，是附近居住渔民作业上岸补给、歇息和祈福之处。庙宇背山面海，沿崖而筑，古木参天，风光优美。整座庙宇包括大殿（又称正觉禅林）、石殿（又称神山第一殿）、弘仁殿、观音阁4座主要建筑，是一座极富中国特色的古建筑。妈阁庙历史逾五百年，香火鼎盛，成为香客和游客必至的名胜古迹。每年的3月23日天后诞，此地常搭棚演大戏娱神娱众。

沙丘遗址与岩刻。澳门地区先民有3000多年是在海湾沙丘上度过的，沙丘里埋藏着相当丰富的遗产遗物，反映了早期的海洋文化特点。1972年7月，香港考古学会工作者到澳门进行考古调查，在路环岛的竹湾、黑沙、黑沙北、路环村和九澳五个地点发现了史前及唐宋历史时期的遗物。[①] 沙丘遗址被确定属于一种具有自己特色的原始渔民居住文化，出土的不少与海洋及渔业有关的文物显示，先民在与大自然做斗争的过程中，已经懂得舟楫之利。他们选择依山面海、避风僻浪，有淡水或浅滩的海湾，从事渔猎活

① 中国海洋文化编委会：《中国海洋文化（澳门卷）》，海洋出版社，2016，第7页。

动和采集植物根果，在这块山海之地薪火相传。黑沙遗址在澳门路环岛上，位于澳门黑沙湾南部。这里出土的一些渔业生产工具是曾经在此渔猎的人群生活的印记。在澳门史前沙丘遗址中，还发现了先民在岩石上的刻画，包括船、动物、人物。从岩画中可以看出澳门早期海船的轮廓。这说明史前澳门先民在与海洋的接触中，在认识海洋、利用海洋过程中积累了丰富的经验。

2. 渔业经济与造船业

渔业经济是澳门最古老的经济活动，曾经是澳门经济的重要支柱。20世纪，澳门渔业主要使用围网、刺网、拖网、罾网、钓具等小型渔具作业。进入20世纪，因城市化发展，农业和畜牧业走向衰落。20世纪中叶以来，渔业亦因城市发展占地和渔业资源减少而趋于衰退。据80年代的统计，澳门经常有2000多艘渔船停泊在妈祖阁内湾和南湾港口，每年出海捕到的鱼类与海产品，除了供应陆上的人吃用外，还可输出5000万吨鱼类产品，来不及输出的鱼类产品，还用来制作咸鱼、虾米、蚝干、虾酱等。澳门渔业资源发达，渔民众多，是社会中一个较为独特的阶层，与陆上居民有着本质的区别。同时，他们又是一个相对独立的群体，以海洋作为自己的生存环境，形成独有的居住形式。

澳门造船业和渔业经济息息相关，与渔业一样古老，因渔业而发展兴起，是澳门最古老的工业之一。20世纪二三十年代，全澳门有造船厂30多家，大的船厂有和记号、明生号、大节号、生隆号、泰益号、大信号等。[①] 船厂多集中在澳门半岛西北岸沿海的提督马路一带，以造渔船为主。澳门的造船业有着悠久的历史和较高的技术水平，邻埠香港不少渔民都到澳门定做渔船。澳门的造船作坊很长时间以传统的方式建造木渔船。直至20世纪50年代，造船业仍以手工为主，工艺是造船业的核心。传统造船业长期不用图纸及计算，仅凭手工船模甚至靠师傅多年累积的经验造船。造船业界亦是一个小社会，有其行规禁忌、风俗习惯、信仰祭典、社会组织、社区学校等，并开展各式各样的活动。造船业视鲁班为祖师，每家船厂都会安放供奉鲁班

① “以往澳门的造船活动分布于澳门半岛、氹仔及路环。20世纪二三十年代，澳门有船厂30多家，早期的如清同治年间始创的和记船厂。”陈国雄：《曾经辉煌的澳门造船业》，《中国水运报》2006年8月21日，A04版。

像，以示敬仰。当造船学徒入行时，都会在鲁班像前行上香拜师之礼，祈求学有所成。

数百年间，随着工艺技术的改进与完善，造船业兴盛一时。20 世纪下半叶以来，随着经济形势的变迁，造船业逐渐走向衰落，以致退出历史舞台。在许多传统船厂已经关闭、工人纷纷改投建造、装修业或其他行业的今天，澳门传统的造船工艺技术面临失传。一些民间机构也不断为这个濒危行业发声，希望能够得到传承和延续。澳门特区政府文化局于 2006 年 6 月在历史档案馆举办了“规矩准绳：澳门造船业的人群、工艺与社会”展览，展出了过去的造船工具、渔船图则和模型，以及渔民和工人的信仰与生活，并辅以工艺操作短片和人物访谈录像，为造船业的变迁留下了见证。

（二）澳门海洋非物质文化遗产

2003 年联合国教科文组织大会通过《保护非物质文化遗产公约》，2004 年中国加入公约，2006 年公约在澳门正式生效。入选国家级非物质文化遗产名录和澳门非物质文化遗产名录的项目，是澳门非物质文化遗产的重点保护对象，而在澳门尚未开展非遗普查建立全面清单以前，非遗申报显得更为重要。鱼行醉龙节于 2009 年列入澳门非物质文化遗产名录，2011 年入选第三批国家级非物质文化遗产名录；“妈祖信俗”于 2009 年列入世界人类非物质文化遗产代表作名录，2012 年列入澳门非物质文化遗产名录。

1. 渔民信仰

妈祖信俗。妈祖文化是中国传统民间文化的一部分，其产生和发展都同中西关系的发展和航海技术、航海范围以及人民认识水平等有着密切关系。妈祖文化是中华文化的一部分，也是海洋文化的一部分。航海事业在南宋以后占据重要地位，妈祖的主要神迹是救济海上遇难的渔民，是航海者的精神寄托，给予航海者向茫茫海洋进军的勇气。澳门一年一度的妈祖文化旅游节，是妈祖信仰融入澳门社会的体现，集人文、艺术、民俗与宗教于一身，成为联系海内外华人、增进彼此感情的重要纽带。妈祖文化旅游节的活动，加强了澳门妈祖文化建设，提高了澳门和澳门世界文化遗产在国际上的知名度，极大地增强了妈祖文化的辐射力。随着时间的推移，妈祖文化逐渐成为澳门多元文化的重要组成部分，成为澳门社会珍贵的历史文化遗产；妈祖更成为澳门人心中善良、博爱、和平、安宁和吉祥的偶像。[①]

盂兰节。每年的农历七月十四日是澳门传统盂兰节，又称鬼节。澳门是中国保留此习俗的少数地区之一，尤其在渔民群体中颇为盛行。澳门渔民社群吸纳了中国的民间信仰，认为宇宙中有三种超自然的东西——神、祖先和鬼。节日当天，早上渔民会举行祭祀祖先和神明的仪式，当夜幕低垂时便祭祀饿鬼。渔民会点燃蜡烛，将食物放入海里后焚烧冥镪，仪式结束时燃放爆竹。所有仪式都在船上进行，而且全体家庭成员都要参与。渔民在这项活动中还会放纸船。放进海面的纸船内载有金、银等冥镪，用以安抚海上的孤魂野鬼。

朱大仙信仰。朱大仙是港澳沿海渔民的保护神，朱大仙信仰在渔民中颇为盛行。朱大仙信仰有别于其他海神信仰的地方在于，渔民只在船上对朱大仙进行崇拜活动，在陆上并不建庙供奉。澳门地区的朱大仙信仰起源于20世纪20年代，信仰群体主要由一些停泊在澳门的港澳渔民组成，他们每年在澳门水面建醮，以祈求朱大仙的保佑。澳门朱大仙信仰和水面醮的发展，经历了20世纪20年代到60年代在内港水面的强盛发展时期，每年有数以千计的渔民参与水面打醮活动。后由于社群内部意见的分歧以及政府对安全的考虑，水面醮被移至澳门路环岛海面进行，1990年重新移回内港水域进行，至2007年只有300多户渔民参与打醮活动。[②]

2. 渔民风俗

赛龙舟。赛龙舟是澳门渔民社群的重要节庆活动和娱乐项目，也是社交聚会的重要场合。每年农历端午节前后，在新口岸海面、水塘角海面、西湾对开海面都有龙舟竞渡。20世纪80年代以来，澳门多次举办国际龙舟大赛，有亚、欧、美、澳等地的多个国家与地区参与。

舞醉龙。每年农历四月初八，是澳门的“浴佛节”“佛祖诞”，在这一公众假期，澳门鲜鱼行总会都会主办“龙腾醉步耀濠江”系列活动，舞醉龙巡游各街道，至妈祖阁参拜天后。届时锣鼓喧天，民众夹道观赏，还有派龙船饭祈福安康等活动。鱼行舞醉龙已列入澳门非物质文化遗产，历史逾百年，源于香山的“舞木龙”，在澳门中西文化的浸润和包容下，成为澳门极

① 中国海洋文化编委会：《中国海洋文化（澳门卷）》，海洋出版社，2016，第234页。

② 傅玉兰：《澳门朱大仙水面醮和非物质文化遗产保护》，《博物馆研究》2009年第2期。

具特色的创意民俗节庆盛事，原来浓郁的宗教祭祀色彩渐渐淡化，变为多样化的民间大众游艺喜庆活动，甚至应邀出国表演。

渔家婚俗。澳门渔民的婚礼仪式一般在船上举行。渔家娶亲时，不用大花轿，新郎用小船去迎接新娘，新娘也不用戴凤冠、穿霞帔。伴娘要撑起雨伞让新娘从自家的船上“过”到新郎家的船上。新娘不能穿鞋，只能穿袜子，以免把男家“踩低”。新娘“过船”后要做的第一件事就是向长辈叩跪奉茶。[①]

3. 海洋诗章

明清时期的中国文人创作的关于澳门的文学作品中，有许多与海洋文化相关。如汤显祖的《听香山译者》（二首）、《香岙逢贾胡》、《香山验香所采香口号》等，生动反映了葡萄牙人寓居澳门后以澳门作为中转站的海上贸易的繁荣。印光任、张汝霖编著的《澳门记略》不仅是一部出色的边镇志、海防志，还是世界上最早刊行的关于澳门历史的著作，同时也是一部完整的澳门海洋史。

二　澳门海洋文化遗产保护现状

澳门的海洋文化遗产属于澳门文化遗产的一部分。在政府层面，澳门海洋文化遗产保护工作由文化局下设的文化遗产厅负责。根据第20/2015号特区政府行政法规，制定《文化局的组织及运作》行政法规，对文化局进行改组，在文化遗产厅下设文化遗产保护处及研究计划处，其中文化遗产保护处负责修葺、活化建筑文物；研究及计划处负责建议启动文物评定等。

（一）澳门文化遗产保护的立法与政策

1953年12月10日，澳门总督史柏泰（Marques Esparteiro）任命了一个委员会，以“确定现有的建筑文物”。这是澳门第一次官方以书面形式关注城市的保护工作。[②] 之后，另一位总督马济时（Jaime Silverio Marques）任命

---

① 中国海洋文化编委会：《中国海洋文化（澳门卷）》，海洋出版社，2016，第116页。

② 林发钦：《澳门世界文化遗产的保护与利用》，《澳门经济社会发展报告（2008～2009）》，社会科学文献出版社，2009，第278页。

了一个新工作组，工作内容为“研究和提出适当的措施以保护和重视历史和艺术文物”。但是，当时的文物保护建筑仅限于个别的楼宇、教堂、宫殿和炮台等。至 1976 年，澳葡政府颁布了几条法令，确定了一些保护地点，成立了新的委员会负责文物的保护工作。第一份比较全面的文物保护法令是 1976 年 8 月 7 日公布的 34/76/M 号法令，[①] 该法令确定了受保护的建筑物、建筑群及地段的名单，并建立了一个直属澳督的委员会——维护澳门都市风景及文化财产委员会（即文物保护委员会）。该法令第一次对文物保护的对象做出定义和分类，共有 89 个项目被列入文物保护名单。1984 年 6 月 3 日，颁布了新的文物保护法令，编号为 56/84/M。该法令取消了 34/76/M 号法令，对澳门的文物做出了更全面的定义和分类，对每一类的文物保护方法也有比较详细的规定。澳葡政府在 20 世纪 80 年代初初次区分文化财产为“有形文化财产和无形文化财产”，这意味着澳葡政府扩大了文化遗产保护的范围，不再局限于个别实体如建筑物等。

1992 年 12 月 31 日，颁布第 83/92/M 号法令，随法令公布文物列表和文物地图两个附件。澳门回归祖国之后，上述第 56/84/M 号及第 83/92/M 号法令继续得到贯彻和执行。在葡萄牙管治澳门时，澳门的文化遗产保护政策主要是：“为法规及部门职能的建构，对文化遗产的保护类型、建筑物清单及组织部门权限的不断完善，重视葡萄牙式建筑物的保护，从而使殖民地的历史凸显在澳门社会当中。”[②] 这些政策对保育本地的文化遗产有一定的作用及贡献。特区政府成立后，上述第 56/84/M 号及第 83/92/M 号法令沿用至 2014 年 2 月 28 日，2014 年 3 月 1 日起，由第 11/2013 号法律《文化遗产保护法》取代。

在回归前，澳葡政府已经加入《保护世界文化和自然遗产公约》，这表明澳门的文化遗产与国际接轨，符合国际规例。回归后，特区政府宣布继续适用该公约。从 2001 年 7 月澳门申报世界文化遗产到 2005 年 7 月成功申请“澳门历史城区”列入《世界遗产名录》，澳门标立了一个新的身份，全世界对澳门有了新的肯定和认知。

---

① 第 34/76/M 号法令《关于澳门艺术财产分类事宜》，《澳门政府公报》1976 年第 32 期。

② 第 65/2001 号行政长官批示《设立一个在社会文化司司长办公室范畴内运作的文化咨询委员会》，《澳门政府公报》2001 年第 14 期。

《文化遗产保护法》于2013年颁布，确定了澳门特别行政区文化遗产保护制度。根据规定，凡作为具重要文化价值的文明或文化见证，且应特别加以维护和弘扬的财产，均属于文化遗产。特别是在历史、古生物学、考古、建筑、语言、文献、艺术、民族学、科学、社会、工业或技术方面，呈现出纪念性、古老性、真实性、原始性、稀有性、独特性或模范性。根据《文化遗产保护法》，文化遗产保护政策主要包含下列内容：（1）制定保护文化遗产的策略性指引；（2）综合管理"澳门历史城区"；（3）借制定计划、方案及指令，设定文化遗产保护工作的优先级；（4）调动保护文化遗产所需的人力、技术及财政资源；（5）订定文化遗产保护政策与其他领域政策之间的协调模式；（6）维护文化遗产所有人的权利；（7）开展专业技术人员及专业技工的专业训练；（8）增强公众文化遗产保护意识；（9）推动可持续及优质的旅游。[①] 从2014年3月1日起，《文化遗产保护法》在澳门生效，法律比政策文件更加稳定，约束力也更强。

澳门文化遗产保护现行法规见表2。

表2　澳门文化遗产保护现行法规

编号	名称
	澳门特别行政区基本法
第1/2017号行政法规	评定纪念物、具建筑艺术价值的楼宇和设立一缓冲区
第333/2016号行政长官批示	《古树名木保护名录》
第4/2014号行政法规	文化遗产委员会的组成、组织以及运作，由行政法规规范
第11/2013号法律	《文化遗产保护法》
第83/2008号行政长官批示	订定东望洋灯塔周边区域兴建的楼宇容许的最高海拔高度
第1/2008号行政长官公告	命令公布中华人民共和国就2005年10月20日在巴黎通过的《保护和促进文化表现形式多样性公约》适用于澳门特别行政区的通知书英文文本的适用部分及相应的中、葡文译本，以及该公约的中文正式文本及葡文译本
第202/2006号行政长官批示	关于被评定属"澳门历史城区"的纪念物、具建筑艺术价值之建筑物、建筑群及地点的图示范围及有关的保护区（补充12月31日第83/92/M号法令附件V）

① 《文化遗产保护法》，澳门特别行政区印务局网站，https：//bo. io. gov. mo/bo/i/2013/36/lei11_ cn. asp。

续表

编号	名称
第 32/2006 号行政长官公告	命令公布中华人民共和国就 2003 年 10 月 17 日在巴黎通过的《保护非物质文化遗产公约》所交存的批准书,以及该公约的中文正式文本及葡文译本
第 33/2001 号行政长官公告	命令公布中华人民共和国作出的有关通知书,作为 1972 年 11 月 23 日于巴黎签署的《保护世界文化和自然遗产公约》保管实体之联合国教育、科学及文化组织总干事,有关公约将继续在澳门特别行政区适用
第 83/92/M 号法令	修改附载于 6 月 30 日第 56/84/M 号法令及 5 月 31 日第 90/89/M 号训令之古迹、建筑群及名胜名单
第 89/89/M 号训令	剔除卢廉若旧居附图的一部分建筑文物
第 85/87/M 号训令	撤销将卢廉若私邸在古屋宇建筑群及地点类别名单内剔除之 6 月 22 日第 60/87/M 号训令
第 7/86 号联合批示	关于列为文化财产图文之界定
第 56/84/M 号法令	设立保护建筑物、风景及文化财产委员会——撤销 8 月 7 日第 34/76/M 号法令及 12 月 31 日第 52/77/M 号法令
第 3/80/M 号训令	规定在新马路由议事亭前地至巴素打尔古街(内港)一段兴建新楼宇应设骑楼底

（二）澳门海洋文化遗产保护组织

从 2001 年起，配合澳门申报世界文化遗产工作的全面启动，特区政府文化局陆续展开一系列“全澳文化遗产推广计划”，其中率先推出的“文物大使”计划，招募年龄 15～20 岁的澳门在读学生（含大学生），完成各项活动的学员将获颁证书及奖状，更有机会代表澳门到外地宣传、推广澳门。“文物大使”计划作为“全澳文化遗产推广计划”的一项大型活动，旨在通过生动活泼的培训课程、导游实践以及参观交流等，使青年学生增进对澳门历史、文物的认识，开阔视野，锻炼独立处事和组织领导的能力。经过面试、文物课程、文物口试、文物导赏等活动，成功培训“澳门文物大使”。2004 年 8 月 1 日，首届学员组织“澳门文物大使协会”，以“爱护文物 · 传承文化”为理念，以推广澳门文化遗产，普及文化遗产保护意识为宗旨。协会举办不同类型的活动，通过澳门文物大使让市民及游客加深对本地文物的认识，增强市民的文化归属感，推动文物保护工作。

特区政府还通过主办及参与各类大型会议，引起世界对澳门文化遗产的关注，促进澳门的文化遗产走向世界。在2001年举办的“近代亚洲建筑网络研讨会”上，特区政府与亚洲各国就文物建筑及其保护维修进行了深入的探讨；2002年召开的“城市文化遗产的保护——澳门视野”国际学术研讨会，为澳门的文物保护工作带来了新视野、新思维。特区政府还与葡萄牙建筑遗产局就保护、维修和改善具有历史、艺术、景观和社会价值的建筑遗产签署合作协议，为澳门文物保护工作提供了技术支持和质量保证。另外，从2002年开始，澳门作为中国代表团成员出席一年一次的世界遗产大会，还派员参加联合国在曼谷定期举办的亚太地区文物保护会议。在这些国际会议上，澳门代表不仅得以与世界文物保护先进国家交流，学习最新经验，还向世界展示了自身关于遗产保护的成绩。

相关学术机构为了加强研究，加深市民对文化遗产的认识，开办了一系列有关文化遗产的文凭及学位课程以培养人才。如澳门旅游学院于2005年获特区政府批准开设文化遗产管理高等专科学位课程；澳门科技大学设计学博士、硕士课程都设置了“文化遗产保护”课程，在持续教育课程中开设文化遗产保护与管理专业文凭课程。2019年，为培养本地文物建筑保护及修复方面的专业人才，提升澳门文化遗产保护工作水平，特区政府文化局与澳门科技大学合办“文物建筑修复和再利用专业证书课程”。

社会上也有一些民间社团协助保育本地的文化遗产。例如，澳门历史文物关注协会旨在全面关注澳门区内有关历史、文化、艺术价值的中西建筑、文物及遗迹的维护和保存，提高公众对澳门历史文化名城的认识，以期充分发挥澳门历史文物的积极作用；澳门文物大使协会在2010年8月获得联合国教科文组织亚太地区世界遗产培训与研究中心颁发世界遗产青少年基地证书，成为首批世界遗产青少年教育基地之一；澳门文化遗产研创协会，成立于2014年2月5日，为一个以青年人为核心，旨在对文化遗产展开研究和创作，传承和推广澳门历史文化，发展文化遗产事业的非营利性团体。

还有专门针对海洋问题组织的社团，包括：澳门海洋学会，开展民间国际和区域性海洋科技和学术交流活动，促进国内外海洋科技团体交往与合作；澳门海港历史文化协会，致力于研究400多年来澳门港口所积累的历史资料，构建以澳门港口历史文化为主的资料库，联合有志于保留和传承澳门传统历史及文化的人士，与澳门文化团体或特区政府机构合作，共同保护海洋文化遗产；澳门海洋发展协会，探索和挖掘海洋在推动澳门经济多元发展方面的潜力，在海洋保育议题上，就近岸海洋生态环境和资源维护等议题进行研究；等等。

澳门文化遗产包括海洋文化遗产的保护虽然已经取得初步成效，但也存在若干问题。海洋文化遗产保护是全球性的新课题。在澳门，目前已有的政策法规尚未明确对海洋领域的文化遗产进行界定，保护举措仍欠规范。只是在特区政府文化遗产大范围的概念下，偶尔涉及一些与海洋有关的建筑物或民俗的传承，并未系统地针对澳门海洋文化遗产这一范畴做出阐释。

三 澳门海洋文化遗产保护与利用的若干建议

澳门是东西交汇的历史文化名城和港湾城市，海洋文化遗产是未来可持续发展的重要资源，更是澳门保持海洋文化根基和彰显文化多样性的软实力。澳门需要保护的海洋文化遗产很多，濒临消失的项目也不少。如今的保护与利用工作虽然取得初步成效，但也面临种种问题和挑战。按照《保护文化遗产公约》的定义，“保护”包括确认、立档、研究、保存、保护、宣传、弘扬、传承和振兴等具体措施、方法和过程。参照这个定义和其他地区的经验，结合澳门的实际情况，未来澳门海洋文化遗产的保护和利用宜重点做好以下几个方面的工作。

（一）联动粤港澳大湾区开展文物普查

目前，海洋文化遗产普查工作在澳门尚未有组织地开展。仅仅依靠澳门文化遗产网站上市民自愿提供的申报远远不够，各方面都暂时未能掌握澳门海洋文化遗产的整体状况。有些项目不像有形的历史建筑，即使面临消失的危机，也未必进入公众的视野，难免出现挂一漏万的情况。因此，应尽快开展海洋文化遗产普查，拟定项目清单，确定更全面的地区名录，唯此才能既突出重点又顾及全面，实现全方位的保护。当前，香港特区和广东省已基本完成普查工作，粤港澳三地地缘关系密切，有共同的文化源流，海洋文化遗产有一定的类同性。在2018年世界经济旅游论坛上，广东首倡以历史为纽带，就粤港澳三地的历史文化遗产路径进行有效的串联、沟通，构建一个富有特色和历史底蕴的粤港澳大湾区文化遗产游径系统，共同展示三地的岭南文化和海洋文化特质。澳门应借助粤港澳大湾区建设这一历史契机，大力推进世界旅游休闲中心建设，发挥大湾区海洋文化遗产的共性魅力，打造文化历史、休闲度假等多元旅游产品，拓展粤港澳区域共享的海洋文化旅游资源。

（二）设立研究机构，提升保护质量

针对海洋文化遗产，文化主管部门的主要职责是保护，而学术机构的主要职责是研究。当然，研究也是保护的一种形式，两者相辅相成，但各自的功能又无法互相替代。海洋文化遗产对于澳门文化部门来说是一个崭新的工作领域，对于澳门学术界而言同样是新的课题。建议设立专门机构——澳门海洋文化遗产研究中心，以协助相关项目传承人和特区政府文化部门开展保护和利用工作，对澳门海洋文化遗产的历史与现状、保护的问题与对策、清单的调查与建档等，提供扎实的研究辅助，从而提升保护与利用的科学性和有效性。

（三）重视人文培养，做好公民教育

早期澳葡政府只抓文物的维修而忽视了人的教育，市民对海洋文化与习俗的认知并不深刻，这对如今的特区政府工作提出了更艰巨的挑战。需要通过各种渠道和方式让市民了解澳门海洋文化遗产的内容和价值，从而使其为保护这些文化遗产自觉和积极地行动。相关的文化知识和保护意识应有序地进入不同教育阶段、不同学习领域。改变以往以特区政府举办宣传活动为主的格局，形成更开放多元的宣传推广局面，支持一些海洋非物质文化遗产的传承者自主举办传承活动。组成专职委员会，对海洋文化遗产进行系统的研究和考核，吸纳相关专家和热心人士共同研究和推动。

（四）多重手段配合，丰富传承形式

对于具有较高历史、文化价值的澳门海洋文化遗产建筑物的保护原则应是考量保存优于维修，维修优于重建。可采取原地保护、改造用途的方式来实现保护与利用，如澳门大炮台如今已被改造为博物馆。同时，借助先进的多媒体和虚拟显示等技术创新手段对世界遗产进行更为有效的数字化保护，已成为新的国际化议题和未来的发展趋势。澳门在这一领域开展工作的时间不长，但具有很大的发展潜力。

翻展澳门：澳门文化遗产与多元文化之路

萧泳红　张小军*

摘　要：澳门有着多元文化的积淀，并形成了叠加在澳门多元文化之上的澳门文化遗产体系。澳门的考古发掘说明这个地区在新石器时代就有人类活动，沿海的一系列考古学发现可能将这个历史联系到远古海洋的人群迁徙。在几千年的历史进程中，海洋一直是澳门的文化灵魂。伴随着百年来的多元文化汇聚，澳门“层积”了大量的物质和非物质文化遗产。本文对澳门的多元文化和丰富的历史文化遗产进行了梳理，并提出了文化遗产保护的三个基本原则。

关键词：文化遗产　多元文化　文化保护　澳门

澳门是一抹历史的迷思，是一片文化的沃土，是一幅多元的画卷，是一部文明的史诗。百万年的地层文化、千万年的古代文明、几千年的海洋文明之路、百年以来的多元文化汇聚，让澳门“层积”了大量的物质和非物质文化遗产。近两年，学界热议亚洲文明的文化超越，“翻展亚洲”（Asia inside out）的视角同样适用于“翻展澳门”（Macau inside out）：将澳门置于全球文化和文明之中，透过澳门丰富的历史文化遗产，探索澳门这艘航船的历史承载和文化之旅。

---

*　萧泳红，清华大学社会系博士生；张小军，清华大学社会系教授。

一　澳门的多元文明和文化

澳门位于太平洋和南中国海沿岸，位于珠江口西岸和北回归线以南的低纬度地区。北部与广东珠海拱北相邻，西部与西江相隔，东部遥望伶仃洋和香港的大屿山，南部和万山群岛遥望。历史上澳门有着丰富的多元文明和文化。

1. 古代文明

澳门的考古发掘证明，在新石器时代，该地区已有古老的人类活动。邓聪指出，澳门考古分为两个阶段，第一阶段（1970～1990）调查了澳门各地遗址分布的情况，其中黑沙遗址揭示了从新石器时代到清朝的文化积淀。第二阶段（1990 年至今）主要是澳门大三巴遗址群及黑沙遗址的再发掘。[①] 1985 年，路环岛的黑沙发现了五千年前新石器时代遗址。此外，还有超过 5000 件陶瓷件，这些陶件主要为红陶，亦有若干白陶，所有的陶器纹饰都是波浪状和滴水纹。[②] 这是港口文化的基本特征，表明澳门地区的祖先在五千年前已经在从事捕鱼。1972 年，香港考古学会对路环进行了实地调查，在路环村、九澳、黑沙、竹湾等地发现了许多史前遗物，并于 1973 年发掘出钱币、唐代的陶器和石器。[③] 该学会于 1977 年和 1985 年分别发掘出清朝的钱币和陶器碎片等。香港有研究团队于 1995 年发掘出土了七个碗形陶锅，其器形在珠江三角洲地区曾有不少出土。在珠江三角洲和沿海群岛出土的水晶玉石饰品，估计距今 3500～4000 年，揭示了黑沙时代与珠江三角洲及其邻近地区之间的关系。在珠江三角洲以外的地方，也曾广泛发现与黑沙一带类似的饰品。如在西伯利亚贝加尔湖北部，可见相同的装饰生产技术。[④]

2. 海洋文明

包括澳门在内的南中国海岸的一系列考古学发现，已经将这个区域的历史联系到远古海洋的人群迁徙。在几千年的历史进程中，海洋一直是澳门的

---

① 吴志良、金国平、汤开建：《澳门史新编》第 1 册，澳门基金会，2008，第 2～6 页。

② 陈振忠：《珠澳史前文化及其共同性》，《东南文化》1998 年第 2 期。

③ W. Kelly, W. Meacham, "Archaeological Investigation of Coloane, Macau", *Asian Perspectives*, Vol. XⅦ (2), 1974, pp. 102－111.

④ 邓聪、郑炜明：《澳门黑沙》，香港中文大学出版社、澳门基金会，1996，第 64～68 页。

文化灵魂。澳门古代称蚝（后来改为“濠”）镜，当时的澳门到处都是浩瀚的潮滩，有丰富的海洋生物，咸水和淡水相交，适合各种鱼虾生长，加上气候温暖湿润，拥有丰富的动植物资源。

澳门在通蕃贸易时代，是外国朝贡的一条主要干道。据嘉靖《香山县志》记载，彭豫任香山县丞期间（1393），政绩斐然，深得民心，但后来一批经香山入京的外国贡品发生问题，彭豫受此案牵连，“时外裔物贡方物，自香山入京，典其事者失封缄。朝廷遣御史按问。事连豫，其子启愿以身代，邑民皇皇，恐豫得重罚。会赦获免，民大喜迎以归。坐是不得迁”。[①] 16 世纪 50 年代，澳门作为贸易港口正式开放，这是其多元文化形成和发展的重要阶段。到明朝，广州市舶司于 1535 年迁往澳门，澳门成为内地进入海外的贸易港口，中国人从澳门出发，沿着这条长长的贸易线，东北与日本、琉球和菲律宾相连，西南穿过马六甲海峡进入印度洋，到达东南亚和南海国家，以及非洲东海岸，再沿好望角北上，通往欧洲，把中国文化扩散到世界其他地区。

澳门的名称以及葡语 Macau（“妈港”的译音），将澳门与海洋的生产活动、海神信仰与人口迁徙联系起来。不少文献资料显示，澳门在开埠前（嘉靖三十三年）就有华人居住，大多是福建移民。而关于妈阁庙的始建时间，争论很大，有学者指出，妈祖崇拜在宋代兴起之后，随着闽人的迁徙，渐向岭南传播，且远至南洋。徐晓望曾指出：“在澳门有一个家喻户晓的传说：妈祖阁是闽人最早建筑的，远在葡萄牙人来澳门之前。据说当年葡萄牙人第一次航海来到澳门时，已见澳门半岛港湾里有一座妈祖庙，所以，他们将澳门称为‘阿妈港’。至今为止，葡萄牙人仍称澳门为‘Macau’，近似闽南语‘妈港’的发音……”[②] 但谭世宝以石壁文字、石刻、建筑结构、匾额等一系列新发现，推翻了学界妈阁庙建于五百年前的说法。[③] 实际上，庙宇建筑可以不断重建，现在的建筑并不能否认可能存在更早期的建筑。无论如何，妈祖信仰都与澳门历史有着密切关系，“Macau”的词源足以反映妈祖文化与澳门历史的渊源。在葡语文献中，最早涉及“亚马港”被誉为“澳门的出生纸”的文献，是平托（Fernão Mendes Pinto）1555 年的一封函件，

① 黄佐：《香山县志》卷 5，明嘉靖刻本。

② 徐晓望：《福建人与澳门妈祖文化渊源——兼与谭世宝先生商榷》，《学术研究》1997 年第 7 期。

③ 谭世宝：《澳门妈祖阁庙的历史考古研究新发现》，《文化杂志》1996 年第 29 期。

里面包含四种异体的葡语，但实际音值是一样的，都有“亚（阿）马（妈）港”的成分，足以说明澳门的外语称谓“Macau”所包含的妈祖文化的历史渊源。①

澳门因其独特的历史背景与地理特征，形成了独特的海洋文化。海洋文明的基本特征为：自然环境——开放性经济活动——进取性社会结构——多元的文化思想。现在的澳门已从昔日的小渔港变为著名的文化城市，海洋文化的灵魂渗透在澳门社会的每一个角落，各种海洋生产活动、信仰和人口随着百年以来海洋文明之路的历史延伸，让澳门“层积”了大量的物质和非物质文化遗产。

3. 多元族群文化

多元族群文化是澳门的一大特点，这主要来自历史上的各方移民。白乐嘉（J. M. Braga）指出：“在葡萄牙人抵达澳门之前，澳门已住有少数渔民。今天的普济禅院（观音堂一带），是当时西江泥沙冲积的地方。寺院非常古老，初期是一间小祠堂，属于福建移民所有。这些初期的居民，有的姓沈，有的姓何。他们居住在这个地带，拥有西江所冲积的仁土美壤，以种植维生。”② 章僧命也指，“望厦村民以何、沈、黄、许、赵诸族人氏为最多，故前时各姓皆建立宗祠于村内。……何氏宗祠为望厦村中各氏宗祠中最古者，至少亦逾数百年之久。”③

澳门是一个多元文化融合之地，不断有其他文化融入。位于澳门圣安多尼堂区的嘉路米耶圆形地（Rotunda de Carlos da Maia），当地人称为“三盏灯”。20世纪60~70年代，缅甸发生排华事件，来到澳门的缅甸华侨开始聚居“三盏灯”，他们在此开设餐馆，带来该区兴旺，三盏灯也成为品尝正宗缅甸佳肴的最佳地方，被称为“澳门东南亚美食集中地”，为澳门带来多元的饮食文化。“圆形地”来自葡萄牙语，意思是位于十字路口的中间，三盏灯是为纪念澳门第105任总督嘉路米耶（José Carlos da Maia）。关于“三盏灯”的来源，一种说法是在广场中间有四个灯泡的灯柱，其中一个被损坏，只剩下三个灯泡，故而得名；另一种说法是灯柱的三个灯朝下，造成视觉误差。80~90年代，中国内地、菲律宾、越南、马来西亚等的外地劳工开始

① 吴志良、金国平、汤开建：《澳门史新编》第1册，第45~48页。

② J. M. Braga, *The Western Pioneer and their Discovery of Macao* (Hong Kong, 1949), p. 11.

③ 章僧命：《澳门掌故（十二）》，《间巷漫谈·望厦》，《澳门日报》1962年10月15日。

来到澳门，他们于工作日晚上和周末都会聚集在该区，为澳门带来一种新颖而独特的味道。笔者到过该区观察，发现不少人已经学会广东话和普通话，他们大部分来自东南亚，也有个别是从内地来澳门工作的，他们有的已经来澳门工作二十年，而且在该社群里有自发组织的“广东话班”、小教会，以及融合中国和东南亚风格的饮食等。独有的语言、信仰和地域，让他们完全归属于这个地方，因此，三盏灯成为一个少数族群的“文化区”（Cultural Region）。

“文化区”一词可以追溯到公元1世纪，之后人类学家发展了文化区的概念，并将其定义为具有相似文化和人类现象的区域，“文化区”有利于突出和保护一个地区的文化，很适合于“三盏灯”。三盏灯圆形地贯穿五条街道，该区居住的大多是东南亚居民，他们有自己的习俗、传统服饰、饮食和节日庆典（如东南亚美食节、泼水节）等，形成了独特的地域文化特色，而这种特色并没有因城市环境变化受影响，反而逐步彰显。如何在城市化的镇南关保护传统文化，是一个富有挑战的课题。现时亚洲很多不断在发展的地方并没有因为城市发展社会变得世俗，族群没有因此分裂，亲属组织也没有因此瓦解，社会关系依旧和谐。①“三盏灯”或许可以为此提供一个范例。

4. 澳门的城街文化

澳门有着丰厚的城市和街区文化。黄竹君把不同时期澳门城市形象归纳为八个：（1）中外贸易重镇、东方梵蒂冈；（2）东方蒙特卡洛、香港邻埠无名小城；（3）文化之城；（4）亚洲拉斯维加斯；（5）世界文化遗产历史名城；（6）世界旅游休闲中心；（7）中国与葡语国家商贸合作服务平台；（8）美食之都。② 这八个不同的城市形象，能看出澳门从一个无名小城，不断累积各种文化，再由各种文化织出世界文化遗产的锦绣。

澳门历史城区是昔日以葡萄牙人为主的外国人居住的旧城区的历史街区，由相邻的广场和街道连接而成（见表1），包括22座建筑及8个广场前地，至今基本保持原貌。这座大型建筑群具有统一的风格，呈现了港口城市和中葡传统聚落的所有典型特征，包括中西文化融合的特点。

---

① Edward M. Bruner, “Urbanization and Ethnic Identity in North Sumatra,” *American Anthropologist*, New Series, 1961, p. 3.

② 黄竹君：《澳门城市形象变化与旅游发展》，《港澳研究》2019年第2期。

表 1　组成澳门历史城区的 22 座建筑及 8 个广场前地

序号	名称	序号	名称	序号	名称
1	妈阁庙	11	东望洋炮台	21	玫瑰堂
2	岗顶剧院	12	板樟堂前地	22	圣安多尼教堂(花王堂)
3	仁慈堂大楼	13	郑家大屋	23	阿婆井前地
4	哪吒庙	14	圣奥斯定教堂	24	耶稣会纪念广场
5	基督教墓地	15	大堂巷七号住宅(陆卢大屋)	25	圣若瑟修院大楼及圣堂
6	议事厅前地	16	大炮台	26	三街会馆(关帝庙)
7	港务局大楼	17	妈阁庙前地	27	大三巴牌坊
8	何东图书馆大楼	18	大堂前地	28	东方基金会遗址
9	大堂(主教座堂)	19	圣老楞佐教堂	29	岗顶前地
10	旧城墙遗址	20	民政总署大楼(现市政署大楼)	30	白鸽巢前地

资料来源：笔者自制。

传统街区表面上简陋、不起眼，却是文化积累之地。目前，澳门的城市和街区文化保护现状堪忧，特别是在城市改造中，存在资本主导、对传统街区的文化深厚性了解不足的问题。

5. 多元语言文化

澳门的多元语言文化是其特点。特别是澳门土语来自澳门历史上海上贸易之路逐渐形成的澳门的土生葡人社群，他们日常用作沟通的语言谓之土生土语，其基本词汇以葡萄牙语为基础，且广泛加入马来语、粤语、英语、爪哇语、日语、梵文及少量西班牙语、意大利语等语言。葡萄牙人 16 世纪时先后在亚洲马六甲、斯里兰卡、印尼等地定居，随着他们与当地人不断通婚，帕图亚语逐渐流行起来，在这个阶段，土生葡语深受马来语和僧伽罗语的影响。到 17 世纪，葡萄牙人携上述地区不同种族的人在澳门定居，这批新移民对日后土生葡语的影响非常深远。数个世纪以来，澳门的人种比例不断改变，不同国籍的人之间一直互相往来，由此土生葡语的运用、语法、词汇都有相应的变化。① 联合国教科文组织最新的资料显示，“澳门土生土语”(Patuá) 已被视为“极度濒危”语言，截至 2000 年能说土生土语的只有 50 人。“澳门土生土语戏剧”于 2012 年被列入澳门非物质文化遗产名录，土生土语戏剧是最能反映这种方言的独特艺术。通过舞台艺术的表达，利用这

① 黎熙元：《澳门土生葡人族群及其文化特点》，《学术研究》2001 年第 12 期。

种多语言混合和多语言结构的特征，并使用文化差异、语调、不同的单词和重音变化。以喜剧、嘲笑和讽刺的形式呈现，非正统但不失文化的原汁原味。它受到许多土生土长的葡萄牙人和当地华人的喜爱与追捧，并保持了澳门本土葡萄牙人的感情。现今，澳门土生土语已逐渐淡出历史舞台，新生代土生葡人大多已不懂这种昔日土生葡人社群用以日常沟通的语言。澳门土生土语是研究人类学和澳门土生葡人文化的一个重要依据，而澳门土语话剧正以艺术的形式，重新唤起社会对土生葡人文化的重视。目前，社会上已有不少土生葡人关注土生土语的保育与传承问题。

6. 多元宗教文化

澳门是一个拥有多元宗教的地区，人们享有完全的宗教信仰自由，澳门更被誉为“天主圣名之城”，尽管如此，她实际上并非只信奉天主教或基督教的地方，而是集各样宗教神灵荟萃的地方，其中既有葡式的基督宗教，也有各类中式的民间信仰。[①] 因此，若是说妈祖庙信仰是中华文化的代表，著名的大三巴牌坊则是澳门基督教的代表。自 17 世纪 20 年代葡萄牙人入居澳门之后，天主教在澳门便占据着主导地位。1635 年，澳门的总人口只有数万人，天主教徒却有 25000 人，其中华人天主教徒超过 15000 人，耶稣会、方济各会、奥斯定会等当时西方的主要天主教组织在澳门都有分支机构。[②] 天主教在澳门深刻影响了中国和东亚地区的文化交流，因此“学中文”成为传教士的目的。1582 年，耶稣会士在澳门建立圣保禄教堂和总院，即现在的大三巴牌坊，它成为耶稣会士来华学习华语与礼仪的最初培训基地，12 年后，圣保禄总院扩建升格为大学，开设汉语、拉丁语、修辞学、哲学、神学和自然科学等课程，成为中国和东亚第一所西式大学，至今在澳门仍留存着日本、韩国和越南等国来澳门学习的传教士的遗迹。[③] 根据澳门文化遗产网络，圣保禄教堂遗址是圣保禄教堂的前墙，以前被称为“天主之母”教堂，隶属于圣保禄学院，两者都被 1835 年的大火烧毁，而“三巴”则是“圣保禄”的音译，前皇冠上标有“大”字，以区分另一个小部落教堂，前墙遗址为巴洛克风格，配有丰富的石雕和青铜雕像，主入口处刻有拉丁语

① 郑妙冰、苏树辉、罗洁：《澳门：殖民沧桑中的文化双面神》，《世界知识》2013 年第 2 期。

② 凡夫：《澳门宗教文化》，《世界宗教文化》1999 年第 4 期。

③ 霍志钊：《澳门土生葡人的宗教信仰——从“单一”到“多元混融”的变迁》，社会科学文献出版社，2009，第 81 页。

"MATER DEI"，意思是"天主之母"，两侧有耶稣会会徽。在二楼，竖立了四尊耶稣会士圣徒铜像。在三楼，圣母玛利亚的青铜雕像位于中间，周围是天使浮雕，装饰着七条龙，还有一艘葡萄牙商船，附着中文字句。在该层的两端，有一个中国狮子形象的滴水兽。在四楼中间，有一尊耶稣基督的青铜雕像，十字架的两边都有浮雕。在顶部，由鸽子代表的"圣灵"位于三角形的中心，被太阳，月亮和象征天空的星星包围，顶部有一个天主教信仰标志，前墙富有东西方文化和艺术特色。①

7. 传统民俗文化

由于澳门的海洋文明和多元族群文化等，澳门的传统民俗文化十分丰富。各种节日及其仪式涵盖了不同族群的传统文化，不仅有中国传统的舞狮，也有西方圣诞的平安夜。无论是民间信仰文化、服装文化、饮食文化、建筑文化、市井或街市文化等，还是歌、剧、舞、艺等，都有着澳门特有的珍贵文化积淀，其中一些已经成为国家或者地方的文化遗产，得到了应有的保护。

二　澳门的多元文化遗产

澳门的多元文化积淀成为最近 20 年文化遗产丰厚的文化资源，形成了叠加在澳门多元文化之上的澳门文化遗产体系。

1. 世界文化遗产

澳门回归后，特区政府便将申报世界文化遗产作为施政要务。自 2001 年以来，它一直在推广和起草"澳门历史建筑群"宣言文本，并于 2002 年初向联合国教科文组织世界遗产中心提交了宣言文本。该文本符合世界遗产中心的资格并通过技术审查。2003 年，"澳门历史城区"被列为中国 2005 年世界遗产报告的首选项目。2004 年 9 月，负责评估世界文化遗产的国际古迹遗址理事会（ICOMOS）派遣区域专家到澳门进行实地考察。同年 12 月，澳门根据国际古迹遗址理事会的要求提交了申请文本的补充文件，申请项目由"澳门历史建筑群"改为"澳门历史城区"，从 12 座建筑的原始概念进一步丰富，通过毗邻的广场和街道连接起以澳门老城为核心的历史街区。"澳门历史城区"于 2005 年通过了世界遗产小组的技术评估，并于同

① 澳门文化遗产，大三巴牌坊，http：//www. wh. mo/cn/site/detail/18。

年7月的第29届世界遗产委员会会议上被列入《世界遗产名录》，成为中国第22处世界文化遗产。

2. 物质文化遗产和非物质文化遗产

澳门作为一个多元文化融合的地区，有着不同的人文风俗。400多年来，东西方文化在这里扎根，营造了澳门独特的人文景观，同时在澳门形成了珍贵的"非物质文化遗产"。为加强对非物质文化遗产的保护，澳门特区政府正在制定"文化遗产保护法"，将非物质文化遗产纳入保护目标已成为该领域法制建设的里程碑。该法律有一个独立的章节，明确界定和完善保护澳门独特的非物质文化遗产机制。该法律确定了非物质文化遗产的范围，制定了清单的标准和程序，规定了项目的紧急保护和继承人的义务等，具有重要意义。

澳门是中国最早对外开放的城市，内地货物经澳门运往日本、果阿、马尼拉等地转售，并出口到欧洲和美洲，成为葡萄牙东方贸易的主要枢纽，也是葡萄牙人在东方和中国的贸易基地。由于相对自由开放的气氛和海洋文化的影响，澳门确定了一系列非物质文化遗产项目，展示了多元的地方特色和风俗。① 目前，澳门有13个项目被列入非物质文化遗产名录（见表2）。

表2　澳门非物质文化遗产名录

序号	名称	序号	名称	序号	名称
1	粤剧	6	鱼行醉龙节	11	苦难善耶稣圣像出游
2	凉茶配制	7	妈祖信俗	12	花地玛圣母圣像出游
3	木雕(澳门神像雕刻)	8	哪吒信俗	13	澳门土地信俗
4	南音说唱	9	土生葡人美食烹饪技艺		
5	道教科仪音乐	10	土生土语话剧		

资料来源：笔者自制，参见澳门文化遗产网站，https://www.culturalheritage.mo/detail/102232。

3. 被评定的不动产（建筑文物）

另外，澳门有近140个被评定为不动产的建筑文物，包括多栋大楼、房屋、庙宇及教堂、广场、街道、片区、雕刻石块和炮台等，其中有近十座炮台，建于不同时代，见证了一段段的历史。自澳门开放以来，葡萄牙人多次遭到海盗骚扰，澳门军事建筑物应运而生。有研究指出，澳门军事建筑的发

① 杨开荆：《澳门历史文化资源及其数字化整理研究》，《山西档案》2017年第5期。

展大致可分为三个阶段。第一阶段，为了居民的安全和船舶的顺利交易，开始建造防御工事。这一时期的军事建筑主要包括关闸、城墙、妈阁炮台（圣地亚哥炮台）、大炮台、烧灰炉炮台等，构成了澳门的早期设防体系。第二阶段（1622 年至 18 世纪初），1622 年葡萄牙与荷兰之间爆发战争，战后葡萄牙人进一步加强了防御工事建设，这一时期也是澳门军事建筑发展最快的阶段，澳门的多数炮台均修筑于这一期间。第三阶段（从 19 世纪 40 年代到 19 世纪末），1840 年英国发动了一场战争，妄图占领澳门。鸦片战争后，葡萄牙人在其他西方列强的支持下，等待机会以占领整个澳门地区。1887 年，他们获得了《中葡和好通商条约》中"永久管理澳门"的权利，签署条约后，以亚马留为首的殖民主义者准备继续扩张，试图占领大小横琴岛和澳门对面的相应海域，却遭到了清政府"以商制夷"的有力抵制，在此期间，澳门的主要防御工事包括望厦炮台、马交石炮台及其他几座小炮台等。① 这些炮台建筑（见表 3）记载了澳门的军事文化历史，成为澳门珍贵的文化遗产。其中，部分炮台建筑更被列入澳门不动产清单。②

表 3　澳门炮台建筑

已保存		
大炮台	竹仔室炮台	烧灰炉炮台
东望洋炮台	望厦炮台	妈阁炮台
嘉思栏炮台	氹仔炮台	路环炮台
西望洋炮台		
已拆卸		
银坑炮台（前澳门属地）	腊一炮台	伯多禄炮台
沙梨头炮台	仁伯爵炮台	
已被毁（只余遗迹）		
马蛟炮台	青洲炮台	

资料来源：笔者自制。

（1）烧灰炉炮台（圣母炮台）。位于澳门西望洋山东南麓的烧灰炉炮台（圣母炮台）可能是澳门最早的炮台，于 1622 年（天启二年）澳门击退荷兰人入侵时就已经存在，与嘉思栏炮台及南湾炮台（20 世纪 30 年代因南湾

① 张硕、朱宏宇：《文化线路视野下的澳门军事建筑发展研究》，《城市建筑》2018 年第 2 期。

② 澳门文化遗产，被评定的不动产（建筑文物），http：//www. culturalheritage. mo/cn/detail/1。

填海而被拆除）共同组成澳门东南海岸的火力防御网，同时也与圣地亚哥炮台共同担负内港的防御。烧灰炉炮台建在圣奥斯定会修士会所原址，于1775年（乾隆四十年）重建并架设8门大炮。自1892年起，炮台荒置，现属于葡萄牙驻澳门和香港总领事官邸的一部分。

（2）圣方济各（加思栏）炮台。建于17世纪20年代的圣方济各（加思栏）炮台，曾附属于圣方济各修院，故得名。炮台原置大炮6门，射程最远可达氹仔岛，为澳门东南方海防重地。

（3）大炮台（中央炮台）。建于山岗之上的大炮台（中央炮台）即圣保禄炮台，始建于1617年，1626年完工。炮台位居澳门半岛中央，为主要的制高点，可以控制周边。占地约8000平方米，设施完备，炮台内蓄水池、军需储存库、官兵营房等一应俱全，是当时澳门防御系统中心。炮台可架设多达32门大炮，与其他炮台一起构成覆盖东西海岸的宽阔的火力防卫网。大炮台长期被列为军事禁区，至1965年在原营房位置建成气象台并于1976年开放为游览区。1998年，特区政府将该处改建为澳门博物馆并对外开放。

（4）东望洋炮台。始建于1622年的东望洋炮台，于1637年扩建，至翌年始筑成；因位于澳门半岛最高的东望洋山而得名，又名基亚（Cuia）炮台，华人称松山炮台，有哨房、火药库、楼塔等。东望洋炮台长期被列为军事禁区，至1976年葡军撤出澳门，炮台始开放并成为旅游景点。

（5）圣地亚哥炮台。建成于1629年的圣地亚哥炮台，曾装备有16门大炮，而在此之前只是由葡萄牙人于1622年修筑的简陋炮台。圣地亚哥炮台是澳门唯一由葡萄牙国王亲自下令兴建的炮台，而炮台司令亦一直由葡萄牙国王任命，澳督无权过问，可见其地位之特殊。除军事设施外，炮台内还筑有一座建于1740年的小教堂，当中供奉着在葡萄牙被奉为“战神”的天主教圣人——圣雅各伯，其身穿葡萄牙军服，手持长剑、铁盾。据记载，圣地亚哥炮台城墙长110米，宽40米，形成一个高出海平面3米余的长方形平台，上面还有一个用作防御的多角形碉堡。整座炮台地处内港的狭窄入口处，能有效控制所有海上活动，是当时保护内港的重要屏障。

（6）望厦炮台。望厦炮台由时任总督阿马留（Ferreira do Amaral）始建于1849年。由于阿马留被刺，该炮台未能完成，至1864年又重新修建，并在阿穆恩（Coelho do Amaral）总督任期内（1886）完成，曾配置10门大炮，炮台周边原有供来自非洲的葡萄牙士兵驻扎的兵营。葡萄牙军队撤离澳门之后，炮台的军事性质遂消失。

（7）马交石炮台。马交石炮台于1852年为辅助望厦炮台而修建。负责修建的是安东尼奥·古雅（António de Azevedo e Cunha）工程师。该炮台位于澳门半岛的马交石山顶，置大炮一尊。太平洋战争爆发后，炮台于1943年1月16日被美军飞机炸毁。炮台为一不规则六边形建筑，正门以中世纪式的吊桥连接。进门之后是一条带拱顶的走廊，两侧有射击凹位；再后有回廊，设有火药库和小蓄水池。

澳门的文化遗产中，除了包含较多的中华文化和葡萄牙文化外，也有不少来自欧洲和南亚等地区的文化元素。例如，位于白头马路、松山卓公亭一侧的巴斯墓园，该墓园又称白头坟场，被特区政府评定为不动产。白头坟场为一批来自孟买、信奉波斯教的印度人的墓园，1829年已存在，该教徒以白布包裹头，亦称“白头教”，故其墓园称“白头坟场”。17世纪70年代，该教随葡萄牙人从印度传入澳门，教徒以经商为主，后逐渐迁到香港。[①] 除了白头坟场外，建于1874年、位于妈阁斜巷的海事及水务局大楼，即摩尔兵营旧址，是当时雇佣的印度警察营地，设计者为意大利人卡苏杜。1905年改为港务局和水警稽查队驻所，现为港务局办公大楼。这是一座颇具伊斯兰风格的砖石建筑，楼房建于花岗石围筑的平台上，显得稳固而厚重；中央楼体两层，其余为一层式设计，三面由回廊环绕；回廊墙身开有大小不一的伊斯兰式拱券，并以三叶饰点缀其间，与女儿墙上节奏均匀的雉堞排列之方尖形装饰相互映衬。[②] 另外，也有建于19世纪初、位于西湾街的原怡和洋行旧址，原是英国驻华商务监督的行邸，其后曾作为怡和洋行在澳门的办事处，还有位于提督马路、具典型现代主义的红街市大楼。

4. 澳门文献遗产

澳门文献遗产包括报刊、中外文古籍和字典等，记载着澳门的历史，其中大部分为宗教类文献。杨开荆指出，从1576年教宗格里高利十三世（Gregorius XIII）颁下谕旨，澳门成为远东第一个天主教教区开始，主教堂便开始建造，也确立了澳门在远东的教区地位，管辖着中国、朝鲜、日本、越

① 澳门文化遗产，SM017－巴斯墓园（白头坟场），http：//www.culturalheritage.mo/cn/detail/43/1。

② 澳门文化遗产，AM007－海事及水务局大楼（原摩尔兵营），http：//www.culturalheritage.mo/cn/detail/8/1。

南、老挝、暹罗、马来西亚等地的天主教会。这揭开了东西方交流的序幕，令澳门成为远东与欧洲交流的重要平台。[①] 2010 年 3 月，《天主教澳门教区档案文献（16～19 世纪）》，被列入联合国教科文组织亚太区《世界记忆名录》（见表 4）。有关文献藏于澳门主教公署以及澳门圣若瑟修院，涵盖了 16～19 世纪的档案文献，主要以拉丁文、葡文、中文和其他欧洲语言为主。主教公署的文献主要包括教廷指示、信函、手稿、报告、神父数据、活动计划、会议记录，以及各地教徒的出生、领洗、结婚登记及死亡等资料。圣若瑟修院作为一所具有历史使命的神学院，保存了自 16 世纪以来欧洲及远东来澳传教士学习的资料，涉及神学、中国文化及语言、西方学术知识、哲学等领域，反映出澳门历史上起着中西文化交流桥梁的作用。

另外，创办于民国初年的功德林寺庙，为港澳地区首个女众佛教学院，不少有识之士、著名佛教大师、文化名人在此进行交流、学习、研究佛学，因而令藏经阁内保存了甚为丰富的佛教文献、儒道学说典籍。所藏文献有明朝至民初之古籍，有两千种六千件珍贵古籍、手稿、名人书信及字画、贝叶经等，其中有梁启超与观本法师信函，佛教经典、档案等，在见证寺院传播佛教文化的同时，更进行思想交流、文化积淀，在提升女性的社会地位方面具有深远影响，反映了澳门社会包容的特色。《澳门功德林寺庙档案文献（1645～1980 年）》也于 2016 年成功申报入选联合国教科文组织亚太区《世界记忆名录》。

表 4　澳门列入《世界记忆名录》的文献遗产

名称	入选时间	备注
天主教澳门教区档案文献（16～19 世纪）	2010 年（亚太区）	原件保存在澳门主教公署及圣若瑟修院
澳门功德林寺庙档案文献（1645～1980 年）	2016 年（亚太区）	原件保存在澳门功德林寺院
“汉文文书”档案汇集（清代澳门地方衙门档案）（1693～1886 年）	2016 年（亚太区）2017 年（国际级）	原件保存在葡萄牙东坡塔档案馆，澳门档案馆已复制存盘。澳门基金会出版了全部汉语和葡萄牙语文件

资料来源：杨开荆：《澳门历史文化资源及其数字化整理研究》，《山西档案》2017 年第 5 期。

① 杨开荆：《澳门历史文化资源及其数字化整理研究》，《山西档案》2017 年第 5 期。

三 文化保护与人类发展

上述澳门的多元文化积淀形成了叠加在澳门多元文化之上的澳门文化遗产体系。之所以将其称为两个文化体系，是因为文化遗产体系来自人为的选择性评定，它可能在评定过程和保护实施的过程中，在过度商业化、过度行政化和全球化等影响下，偏离澳门原生文化体系的本来面貌，甚至可能造成原生文化被破坏和发生畸变，这正是本文下面需要讨论的主要问题。

文化遗产体系偏离原生文化体系主要表现在以下方面：（1）将本来扎根于澳门文化土壤的文化抽离出来，成为一种“遗产文化”，从而脱离了原来的文化母体和文化土壤。（2）被抽离出来的“遗产文化”成为一种文化资本，进而成为商业化的主要资源，导致“文化搭台，经济唱戏”；（3）“遗产文化”的产权发生了改变，在原来的产权归属中，增加了政府的文化产权。以上种种，很容易导致文化遗产的特权化、过度商业化和行政化。因此，需要以下保护原则。

1. 文化母体的保护原则

现时在“文化遗产”的界定上，忽视了文化遗产离不开其赖以存在的文化母体。澳门文化遗产划分为“被评定的不动产（建筑文物）”、“澳门历史城区（世界文化遗产）”、“被评定的动产”、“非物质文化遗产”和“古树名木”，但除了这些被贴上“文化遗产”标签的遗产外，还有不少被忽视的文化。在任何社会，非遗文化都只是当地整个文化的一部分，是特别需要保护的文化，但是这并不意味着非遗文化是当地文化的全部，它们更不能取代当地的文化母体。

自2005年澳门历史城区被列入《世界遗产名录》后，特区政府不遗余力对世界文化遗产进行保育与推广，并以此树立澳门旅游城市形象。但澳门城街除了世遗文化之外，还有不少值得保护和活化的历史建筑和街道。如位于美副将大马路（Avenida do Coronel Mesquita）、建于20世纪50年代的“十二平房”，这些葡式平房在澳葡政府时期是政府人员宿舍，设计上采用西方建筑常见的柱子与圆拱，屋顶一般是以红色瓦筒铺砌的屋檐和窗檐，檐角还会出现类似中式传统瓦顶飞檐的装饰物，被认为是中西合璧的典范。有建筑学者称其受到19世纪英国工艺美术的影响，事实上，这是一种20世纪初起源于葡萄牙、以传统葡萄牙民居为设计蓝本形成的“民族复兴式”现代风格。这种风格的产生并非单纯地从建筑形式方面考虑，更涉及对民族身份的认同与彰显，后来被当时的葡萄牙总理萨拉查（António de Oliveira Salazar）独裁政权鼓吹，成为现代葡萄牙民族复兴的象征。特区政府于2012年提出收回“十二平房”，以用作土地储备，引起社会关注。不少人希望保留这些平房，也提出不同的活化保育建议，包括用作民宿、社团用地、博物馆和文创空间等，以促进望厦区的旅游发展。不过在谈论保育的意见前，必须先了解文物的历史和价值。美副将大马路开辟前是历史悠久的望厦村，与附近的龙田村属于当时最大的华人聚居地，但1849年村落被澳葡政府强行侵占，而村民与政府进行长时间的抗争。直到20世纪初，澳葡政府才终于摧毁望厦古村并开辟贯穿东西的马路，即为今天的美副将大马路。美士基打曾血洗关闸和白沙岭，而以其名字命名的马路则摧毁仅余的村落。街道开辟后，有发展商开始在该地兴建平房，成为今天的面貌。随着社会发展，大多数平房早已被拆毁或重建为高楼，所以美副将大马路的平房是少数被完好地保留的平房建筑群。平房保留的不单是建筑群的完整性以及建筑物本身，也包含了文物的原功能和文化等内涵。总括而言，这12座平房在本土建筑史上拥有特殊价值，而且具有历史和社会价值。笔者在该区观察过，在特区政府公布收地前，该区的平房全部都在使用，但如今就只剩下3座还在使用，其中一座正被改造为博物馆，其他都已经人去楼空。因此，特区政府不能以“活化”的口号对文物进行修改，保护文化遗产不应只局限于文物本体，还应致力于挖掘其文化价值，为社区建设、城市建设和文明发展提供营养。

保护文化遗产根本上是为了保护文化母体，[①] 而不是仅仅将文化遗产文物化，[②] 文化遗产的保护绝不能丢失文化母体，文化母体被破坏是对文化的不尊重，是各地文化遗产遭破坏的深层原因。文化母体被破坏后，即使有资金的支持，有保护规定，产生的也只是“伪遗产”，留给后人的将是一堆文化遗产空壳。

---

① 张小军：《关键是保存文化母体》，《中国社会科学报》2013年4月26日，A6版。

② 张小军、张晓松：《文化？文物？——简论文化遗产保护中的“文物化”困境》，《原生态民族文化学刊》2011年第3期。

2. 非物质文化遗产不可买卖和适度商业化原则

在现今社会中，“文化遗产”由于离开了自己的文化土壤，很容易成为一种文化资本，变为商业化的工具和文化资源，因此在文化遗产的保护中，一直存在如何保护的争论。商业化保护不失为一种保护方式，但是过度商业化则会毁坏文化遗产原来的文化蕴含，导致文化遗产在很大程度上丧失了其本来的文化意义，成为资本过度商业化和政府过度行政化的功能“玩物”，成为商品大潮中的伴生话语。[①] 笔者曾经提出“非物质文化遗产不可买卖和适度商业化原则”。[②] 这个原则强调了非物质文化遗产不是商品以及如何适度商业化的思考，同样适用于物质文化遗产。

> 笔者曾提出“非物质文化遗产不可买卖和适度商业化原则”，这个原则强调了非物质文化遗产不是商品以及如何适度商业化的思考。这个原则同样适用于物质文化遗产，任何民族非物质文化遗产原则上都不允许买卖，非物质文化遗产不是商品，其文化遗产的价值不能用货币衡量；民族文化遗产的显化物态形式（而非文化遗产本身）可以适度商业化和市场化，但前提是必须确保文化遗产得到有效保护，而且不被商业化和市场化破坏。因此，必须强调文化遗产本身不是商品，不能买卖。比如，茅台酒的酿造工艺是茅台酒作为非物质文化遗产的内容。

上面的要点是：文化遗产本身不是商品，不能买卖。比如，茅台酒的酿造工艺是茅台酒作为非物质文化遗产的内容。如果这个工艺可以买卖，茅台酒的文化遗产意义便消失了。同理，澳门的城市街区作为世界文化遗产，也不能简单进行商业开发，如果做简单的商业开发，其文化遗产的意义也就消失了，换句话说，失去了文化的灵魂。如果要适度商业化，可以对文化遗产的衍生物（而不是文化遗产本身）进行买卖，如按照茅台酒工艺（非物质文化遗产）生产的茅台酒。同理，作为文化遗产的城市街区，也只能在文化能够得到保护的前提下进行适度的商业开发。

---

① 张小军：《遗存还是遗产？——简论文化全球化中的“文化遗产”困境》，《中国非物质文化遗产保护研究（上）》，北京师范大学出版社，2007，第1~5页。

② 张小军：《遗存还是遗产？——简论文化全球化中的“文化遗产”困境》，《中国非物质文化遗产保护研究（上）》，第1~5页。

促进文化自由和文化多样性是文化生态平衡的首要基础，以此促进文化权利平等和文化多样性的保护。①

澳门是一个多元文化的藏宝地，同时又是一个资本云集的聚宝盆。如果在文化保护方式上失当或者出现失误，资本的聚宝盆可能会埋葬文化的藏宝地。如上所述，澳门有着作为世界文化遗产的街市文化，但是在城市发展中，城市空间又是创造财富如房地产业的主要资源，如何避免在对传统街区的简单拆迁的同时，又找到城市发展的可行方式，的确对特区政府和学者是一个挑战。例如，澳门对于“三盏灯”等街区，可以考虑划定“文化区”，一方面注重保护和利用族群文化，另一方面确保经济发展和文化保护并行，既要在文化保护的基础上发展经济，又不能盲目将城市商业化。换句话说，将文化保护简单融入经济发展并非上策，将文化作为整个社区的秩序安排来引领经济发展反而更符合文化生态。②

3. 文化遗产属于人民的产权原则

在文化遗产保护中，如何理解“文化遗产”的概念？“文化遗产”是一个舶来概念，其英文是“cultural heritage”。按照《英汉辞海》，遗产“heritage”的主要意思包括：“（1）［法律］传给继承人的不动产和其他财产；（2）遗产、传统，由祖先传下来或从祖先处获得的事物；（3）BIRTHRIGHT。”③笔者曾经指出：“一般的非物质文化遗产，取的是第（2）义。有些国家如日本翻译成‘文化财’，偏向第（1）义。然而，都忽略了非常重要的第（3）义：天赋权利。”④ 文化遗产是一种“文化天赋权利”，是一种“与生俱来的权利”，这一点十分重要。它当然是属于创造了这些文化的当地人民。这也就意味着，任何企业、政府和个人不经过协商就对文化遗产进行修改和拆建，或者强行占有文化遗产，都是违反文化遗产保护原则的。政府作为人民的代理人，有义务帮助人民管理文化遗产，但是没有权力不经过协商就占有。同理，文化遗产带来的商业利益，也应该有相应法规明确规定，相

---

① 张晓松、张小军：《过度商业化与民族文化多样性危机》，《原生态文化学刊》2014 年第 4 期。

② Lauretta Conklin Frederking, “Is There an Endogenous Relationship between Culture and Economic Development? ” *Journal of Economic Behavior & Organization*, Vol. 48 (2002), pp. 105 – 126.

③ 王同忆主编译《英汉辞海》，国防工业出版社，1988。

④ 张小军、张晓松：《文化？文物？——简论文化遗产保护中的“文物化”困境》，《原生态民族文化学刊》2011 年第 3 期。

应的部分应返还当地人民。[①]

联合国教科文组织《保护非物质文化遗产公约》（*The Convention for the Safeguarding of Intangible Cultural Heritage*）指出："'非物质文化遗产'指被各社区、群体，有时是个人，视为其文化遗产组成部分的各种社会实践、观念表述、表现形式、知识、技能以及相关的工具、实物、手工艺品和文化场所。这种非物质文化遗产世代相传，在各社区和群体适应周围环境以及与自然和历史的互动中，被不断地再创造，为这些社区和群体提供认同感和持续感，从而增强对文化多样性和人类创造力的尊重。"[②] 非物质文化遗产应以文化自由为基础。它还促进保护文化权利和文化多样性。联合国开发计划署（UNDP）在2004年的《人类发展报告：多样性世界中的文化自由》中明确指出："人类必须有在不受歧视的情况下发表文化认同的自由。文化自由是一种人权，也是人类发展的一个重要方面。""文化自由"（cultural liberty）的概念是由诺贝尔经济学奖获得者阿玛蒂亚·森（Amartya Sen）提出来的。[③] 如何理解"文化自由是一种人权"？简单来说，文化自由不仅是一种文化权利，还是一种群体人权。一个群体如果不能拥有对自己文化的可行能力，就意味着丧失了对自己文化的文化自由和人权。

澳门是一个具有多元文化的地方，有着丰富的文化多样性。如何保护这种文化多样性及其文化自由，对文化拥有者的赋权十分重要。对于文化遗产，要让当地人民拥有对它的权利，包括拥有管理（遗产保护）权、参与权、收益权（处分权）等。这是文化遗产活态保护的关键。非物质文化遗产有机地存活在社区或群体中，它生成、传承到演进的过程，都显示了它的生命运动和文化内涵。例如，对待现时极度濒危的土生土语，需从多方面思考。（1）作为历史遗留物，非物质文化遗产与物质文化遗产不同，必须让这种非物质文化拥有活态性特征。让它能有所传承，增加它所依附之群体的认同感。（2）非物质文化遗产是社群透过历史传承下来的，它不是个人的行为，也不是政府的指令，是一种民间自主的行为，若没有民众的自主

---

① 张晓松、张小军：《过度商业化与民族文化多样性危机》，《原生态文化学刊》2014年第4期。

② UNESCO, Text of the Convention for the Safeguarding of the Intangible Cultural Heritage, https://ich.unesco.org/en/convention.

③ 〔印〕阿玛蒂亚·森：《以自由看待发展》，任赜、于真译，中国人民大学出版社，2002。

参与，它便会逐渐流失。(3) 土生土语等文化遗产在某些社群里是其生活的一部分，土生土语与澳门土生社群是共生的，更是不可分离的，已深深渗透进他们的生活，不可以简单将文化与这些社群剥离开来，变成商业化的空壳。

总之，在非物质文化遗产保护方面，应增强民众的积极性和民众的参与。应该通过学术研究和民众参与，来共同系统梳理各项文化名录——不仅包括已被列入文化遗产名录的项目，还应该包括那些没有进入文化遗产的各种文化。同时，还要加强研究澳门多元文化的内在联系和文化逻辑，让澳门的多元文化成为世界文化保护的典范，为世界多元文化保护做出贡献。

四 结语

澳门有着多元文化的积淀，并形成了叠加在澳门多元文化之上的澳门文化遗产体系。然而，澳门文化遗产体系并不等于原生的文化体系。遗产评定下的文化遗产体系可能在过度商业化、过度行政化和全球化等影响下偏离原生澳门文化体系的本来面貌，甚至带来对原生文化的破坏和畸变。文化遗产体系偏离原生文化体系的主要表现是将本来扎根于澳门文化土壤的“文化”抽离出来，成为一种“遗产文化”，从而脱离了原来的文化母体和文化土壤。被抽离出来的“遗产文化”成为一种文化资本，进而成为商业化的主要资源。同时，“遗产文化”的产权发生了改变，在原来的产权归属中，增加了政府的文化产权，可能带来过度行政化的不当的文化保护方式。因此，本文提出了三个基本原则：(1) 文化母体的保护原则；(2) 非物质文化遗产不可买卖和适度商业化原则；(3) 文化遗产属于人民的产权原则。

澳门媒体与诗城的共生与互塑*

——以《澳门日报》“镜海”副刊为中心

龙扬志**

摘　要：澳门大众媒体曾经在旧制度时期依靠自身的商业与文化优势，努力消除“杂音”，激活文学对澳门命运的思考。离散语境成为20世纪澳门文学不可忽视的文化背景之一，塑造了澳门诗歌赖以生存的外部形态，导致诗人在文化身份再生产中形成强烈的主体意识，“回归”成为决定澳门文学发展的分水岭。作为文化宗旨和功能定位超越一般文艺副刊的文学园地，《澳门日报》“镜海”副刊创立即以建构澳门文学形象为要务，在“后回归时代”持续发挥诗坛代际转换的引领作用，通过跨代际书写参与“诗城”重建，展示出澳门诗人对“城与人”主题的切身思考，诗歌也呈现出本土性与现代性混杂的后现代景观。

关键词：诗城　镜海　新生代　文化认同

云惟利、李观鼎等学者认为澳门是“诗城”①，邓骏捷则统计自1976年

* 本文系暨南大学中华民族凝聚力研究院项目“港澳本土书写的代际转换与文化内涵研究”阶段性成果。

** 龙扬志，文学博士，暨南大学中文系副教授。

① 云惟利曾说：“一九八三年，何达先生来澳门讲诗，听者众多。他于欢喜之余，（转下页注）

至1994年的“澳门华文文学书目”“澳门华文文学作品选辑篇目”“书刊论文篇目”，从数量和质量角度得出“澳门是诗的基地”的结论。[①] “诗城”不仅意味着诗歌与城市之间的生态关系，而且也彰显了澳门深厚的中华文化底蕴，在跨越殖民语境的“文化回归”过程中发挥着极为重要的作用。毫无疑问，“诗”与“城”之间的精神关联必须以重建诗歌经典为基础，如何翻过当年由闻一多《七子之歌》奠定的悲情想象基调，是澳门当代诗人打造澳门形象、确立文化自觉的使命体现。事实上，回归20年来，由媒体、诗人、社团共同建构的澳门文化空间，一直致力于推动社群自我认知、身份关系、社会行动等相关领域的认同与融合。文学空间与生存空间的默契互动，构成“后回归时代”澳门诗坛想象城市的新方向。本文考察澳门回归前后以《澳门日报》“镜海”为代表的媒体副刊对诗歌本土书写的关注与介入，探讨澳门不同代际诗人对城市家园的情感与文化表达，尝试提供一种理解澳门文化心理与情感演变的参考途径。

一　“诗城”的离散中文处境

澳门虽然经历一百多年殖民统治，但是与非洲、拉美、东南亚等的被殖民统治地区受宗主国文化压倒性的影响不同，其一直与中华主流文化圈保持密切互动，形成了极具特色的多元、开放包容的“鸡尾酒文化”。正是因为漫长的离散遭遇与身份焦虑，澳门华文作家始终把争取文化自主作为首要任务，形成了澳门文学独特的文化景观。

作为离散文学共同面对的结构性困境，澳门华文媒体长期不能获得澳葡当局财政资助，华文文学只能通过民间形式运作。20世纪70年代末，澳门华人地位得到改善，澳葡当局对华人文化和华文文学采取“既不反

（接上页注①）盛赞澳门是‘诗的基地’。近十年来，澳门诗人和诗作都为数不少，使诗界于澳门文坛最为活跃。澳门确是个诗城。”（《十年来之澳门文学》，《澳门笔汇》第7期，澳门笔会，1994，第63页）李观鼎亦指出：“澳门是名符其实的诗城。四十万人口，四十多位骚客，平均一万人中就有一位诗人……城小诗多，已经成为澳门文化的一大特色。”《边鼓集·后记》，澳门基金会，1996。

① 邓骏捷：《澳门华文文学研究资料目录初编》，澳门基金会，1996，第3页。

对，也不支持”的“绥靖”政策，华文文学获得加速发展的历史机遇，但仍然面临发表空间的逼促问题。20世纪80年代《澳门日报》“镜海”副刊的开辟，在澳门文学史上具有文学观念启蒙和思想自觉的深远意义，[①]直接作用体现在“过渡期”中文作品发表压力得到有效缓解，尽管澳门文学空间的多元共生格局有待20世纪90年代文学社团与同仁刊物的规模化构建。

从文学场域的基本结构看，90年代的澳门文坛已初具规模，除《澳门日报》系列副刊之外，还有《澳门学生》《澳门笔汇》《澳门现代诗刊》《写作坊》《蜉蝣体》等期刊和报纸副刊定期出版。此外，一些作家经常在内地、香港发表和出版作品。传播渠道的多元化，为文学自主性追求奠定了坚实基础。尽管受文化大环境影响，90年代澳门诗歌遭遇了与内陆纯文学类似的困境，知识分子在现代性反思、生存环境转换、市场经济兴起等一系列冲击下寻找出路，价值断裂、理想失落在给澳门诗人带来空前困惑的同时，也为反省文学与自我的关系提供了难得的文化机遇。

《澳门现代诗刊》是澳门五月诗社的机关刊物，主编陶里将诗刊定位为澳门90年代诗歌理想的平台与方式：“诗社理监事的共同愿望首先是培养出澳门诗坛的新一代，其次是把澳门的诗创作繁荣起来并把她送出澳门，提高澳门文学的国际地位。在条件许可下，我们将作更广阔、更大规模的现代诗交流活动。”[②] 刊物前后持续10年（1990年12月至1999年12月），编发17期。诗刊虽然获得当局的定额补贴，但自开办之日起就面临经费和稿源的双重不足。稿源不足影响刊物的如期出版，不定时问世又严重影响诗人的寄稿兴趣，如是陷入恶性循环。《澳门现代诗刊》在世纪末宣告“放假”，不啻澳门诗歌理想遭遇挫折的隐喻。

针对《澳门现代诗刊》陷入困境的原因，陶里在第14~15期“编后记”提到“反思的必要”，透露诗刊登载的诗歌不太受澳门读者欢迎。庄文永（流星子）谈及新时代普罗大众精神生活多样化的现实变化，他认为问题是诗歌姿态“高高在上”，失去美感，导致偏离读者群体：“当代诗歌缺乏美感，诗

① 韩伟：《文学·理论·文化——〈澳门日报〉之〈镜海〉副刊的文学史意义》，《文艺评论》2015年第9期。

② 陶里：《五月诗社的成立和发展》，《澳门现代诗刊》1990年创刊号。

以美为特质的美学观念在当代日益淡化，诗美世界里并非是一片晴空，而是到处飘飞败枝残叶。毫无疑问，诗已失去了美的特质，继之而来的是一堆堆语言魔块，充塞在人们的审美空间。使读者望而兴叹，难怪有人说诗正在走向死亡！"① 对于诗歌创作而言，读者群体不仅意味着社会经济效益，而且也关系到反馈机制的完善，有效的文本接受总是与创作积极互动。诗歌读者被世俗文化分流，是五月诗社同仁以及澳门诗坛在90年代面临的挑战。

《澳门现代诗刊》的衰落固然值得惋惜，一份刊物关张意味着一批人、一个团体、一个思想文化空间退出历史舞台，而看似失败的理想也让作家收获更多的启示，即如何去认识诗歌对于社会的意义。解决时代变化带来的精神困惑，更重要的是如何使大多数青年读者接受，因为青年群体不仅代表了消费的主力，而且也主导了阅读和写作的状况。《澳门现代诗刊》停刊后，定期刊发新诗作品的只有《澳门学生》《澳门笔汇》《湖畔》等文学园地，以及《澳门日报》《华侨报》等报纸副刊。

《华侨报》"华青"副刊创办于1981年11月28日，双周刊，"华青"一开始就明确了自己的作者定位——面向广大在校学生，鼓励青年读者踊跃投稿，同时开设各种专栏探讨青年问题，介绍交流学习文化科学知识方面的心得与经验。创刊至1989年这段时间发表的诗歌数量不多，尽管诗歌专栏"新芽诗草"已出现，但是整体质量并不太高。自90年代以来，"华青"发表了大量诗歌，尤其是大中专学校学生的校园诗歌，在澳门诗坛培育文学新人方面有独特贡献。2001年《华侨报》副刊全面改版，"周末派对""娱乐""华座""华青""校园""华林"等采用同一版式，即统一标明"副刊"字样，具体名称置于版面顶端。改版后的"华青"发表诗歌数量有所增加，由于学生来稿踊跃，特意开设网上投稿通道。突出扶持校园作者必然影响其他作家和诗人作品的发表，这种取向受到教育界和青少年的欢迎，但也导致其在澳门文坛地位的下降。

由于代表性诗刊和报纸副刊整体性衰落，《澳门日报》"镜海"副刊成为澳门回归以后最重要的诗歌园地。据笔者初步统计，1999年1月到2009年12月底，"镜海"刊载新诗数量达2300多首，近几年来仍然保持类似频率。与文学期刊相比，报纸副刊的优势在于传播范围广和速度快。《澳门日报》发行

① 庄文永：《诗歌创作的思考》，《澳门现代诗刊》1999年第17期。

量稳居全澳首位，拥有广泛的潜在读者；诗歌是一种注重瞬间感受的艺术，“镜海”每周出版的周期能满足诗人的“情感时效性”要求，其开放性和灵活性为诗人的文化价值与美学观念尝试提供了园地。尽管一个副刊不能表征澳门新诗的全貌，却以中流砥柱般的存在主导着澳门诗坛的阶段性发展。

澳门文化精英借助“镜海”这一重要诗歌平台，在回归前后推动媒体副刊与诗歌形象的互塑。媒体与诗人彼此依赖，共同支撑了澳门中文诗歌的“基本面”。他们将本土意识、文化观念纳入澳门形象与“诗城”重建的议程，充分激活澳门诗人的家国想象空间，城市也因诸种经验共构而拼贴出情感与文化的基本轮廓。

二 “镜海”与澳门诗坛的代际转换

不论是文化宗旨还是功能定位，“镜海”都具有超越一般文艺副刊的意义。自创设之日起，“镜海”即明确表示以“修建自己的文坛”“建立澳门文学形象”为要务，[①] 因此扶植本土作家、培养文学与文化自信、追求认同是它在“过渡期”承担的主要使命，经过“回归季”十多年精心运作，推动澳门文学繁荣，促进文化认同。与此同时，积极拓展与外界（尤其是内地诗坛）交流的渠道，为本澳诗人和读者提供了宽泛的参照视野。比如 2007 年《澳门日报》全面改版，“镜海”取消了“新苗”专栏，开设投稿邮箱，增加对内地、香港诗歌作品的录用，极大地促进了澳门与其他地区诗歌的互动。

推陈出新是“镜海”广受青年诗人认同的重要因素。回归以降，“镜海”诗歌最令人瞩目之处可能是“新世代”诗人（也有评论家采用“新新生代”的概念）的集体登场。从 90 年代新生代诗人伴随争议缓慢成长，到新世纪新世代诗人队伍蔚为壮观，虽然所指群体对象已发生根本变化，却也意味着澳门诗坛代际转换顺利完成。结合回归前后“镜海”副刊探讨新生代诗歌，可以看出其在见证成长、引导价值等方面发挥的具体功能。

众所周知，“澳门新生代”作为一个诗学概念，源于 1991 年黄晓峰、黄文辉选编的《澳门新生代诗钞》，其时黄文辉尚为大学三年级学生。黄氏

① 云力：《〈镜海〉发刊词》，《澳门日报》1983 年 6 月 30 日，“镜海”；《澳门文学论集》，澳门日报出版社，1988，第 190 页。

介绍，“澳门新生代”指“八十年代后期和九十年代初期在澳门热衷于学习创作现代诗的年轻作者群。他（她）们几乎都是中学生，一群纯情的少男少女。这本诗集定名为《澳门新生代诗钞》，只不过是想预告一个澳门新生代诗作的成熟季节实已为期不远的讯息”。① 这本收入 49 位校园诗人并且旨在鼓励诗坛新进的诗集，由于集中展现了澳门诗坛的新生力量而引起批评家的关注。有学者认为，澳门青年诗人尚不具备文学史思辨的诗学品质，不能以文学史分期的“代”来定位。② 相比于黄晓峰对“新生代诗人”的坚决呵护姿态和庄文永、懿灵、陶里等人的具体理论支持，③ 当事人之一的黄文辉后来指出该概念启用有“权宜之虑”：“本文所谓的‘新生代作者’指的是王和、林玉凤、寂然、梁淑琪、郭颂阳、冯倾城、黄文辉、齐思、谢小冰等。以‘新生代’来命名这批作者，不过是为论述方便而作的权宜之计，一者他们相对比较年轻，是新生的一代，除王和外都出生于一九七〇年代；二者‘新生代’一词已为许多评论者用来概括上述作者群，本文不过袭用而已；三者本是最重要的，就是上述诗人是当前澳门文学界较活跃的一群，且已有专集或合集出版。”④ 但他提出的理由以及专指出生于 70 年代的诗人的表述，隐约反映出将“新生代”历史化的冲动。

福柯认为，概念不是个体运作的结果，必须借助错觉、偏见、谬误、传统而被揭示，“概念的形成规律，无论它们具有什么样的普遍性，都不是被

---

① 黄晓峰：《澳门校园文学的新芽诗草》，《澳门新生代诗钞》，澳门五月诗社，1991，第 1 页。

② 郑炜明：《澳门到底有没有新生代》，《澳门日报》1992 年 5 月 13 日，“镜海”。

③ 黄晓峰后来在《镜海妙思》（五人合集）中重新阐释了澳门新生代的共同特色，并且间接回应了郑炜明的批评：“这个集子收集了澳门新生代五位年轻朋友近年来的代表作品。它们主要是在 90 年代伊始写下的诗篇。五人合集还可以显示澳门新生代共有的创作特色，那就是表现为个性强烈，感情纯真，对生活和理想追求的全身心投入，极具探索精神，然而也多少也染上了过分敏感的怀疑主义色彩，或者由于早熟而患上了不同程度的忧郁症。这五位青年朋友的诗作显然比他们在《澳门新生代诗钞》（1991 年出版）一书所收的作品成熟多了。有人对澳门新生代这个称谓格格不入，非要扯上五十年代台湾的‘新世代’和八十年代大陆的‘新生代’来对比不可，好像小不点儿的澳门不该有自己的特色那样，澳门文学非要永远淹没于台港文学的阴影里不可，弄得澳门人谁也不敢大胆地往前走。这真是在澳门制造的完全缺乏幽默感的笑话！”黄晓峰：《代序》，舒望编《镜海妙思》，澳门五月诗社出版，1993，第 3 页。此外，庄文永有《从〈镜海妙思〉看澳门新生代诗人》，懿灵有《后现代的足迹——从新生代诗作看澳门后现代主义诗歌的实践概况》，二文皆收入李观鼎编的《澳门文学评论选》（下编）。

④ 黄文辉：《论澳门新生代作者》，《澳门日报》2002 年 6 月 12 日，“镜海”，E3 版。

置于历史或在厚重的整体习惯中沉积由个体进行运作的结果”。[①] 在黄晓峰看来，“澳门新生代”概念的历史生成并不代表文学史意义上的定位，而是对一种新进诗人与诗歌现象的描述。黄文辉指出，黄晓峰先生当年预告澳门新生代诗作的成熟季节实已为期不远的讯息，现在报告读者的是“澳门新生代作者已经成熟独立，是收获的时候了”。[②] 不论澳门新生代是否专指自70年代出生的诗人（包括生于60年代的王和），都面临年龄下限的问题，否则就会成为一个无所不包的概念，失去“新生代”内涵的有效性。

出于对“新生代”认知的历史化与概念泛化的警惕，邹家礼（寂然）使用了“超新生代”或“后新生代”的概念：“令人担忧的是当年一班‘新生代’诗人今年步伐放缓，前辈们从前开阔的诗歌王国今天面临萎缩。如何重燃诗人的热情，怎样培养出一班更年轻的‘超新生代’或‘后新生代’，是这次研讨会值得大家探讨的问题。”[③] 关于“澳门新生代”的学术回应，澳门青年学者吕志鹏、卢杰桦的博士、硕士学位论文呼应了这一命名的历史确认，并且总结出属于新生代诗人的历史特征。[④] 吕志鹏认为：“澳门诗坛新生代并非一个流派划分的概念，故其内风格和审美观可谓千差万别。”[⑤] 但是，他在后面又概括出五个只有流派才能拥有的特点，证明“新生代”命名本身具有理解与阐释的暧昧性。

“镜海”策划的“澳门新生代写作人大展”于2007年12月结束，先后展出贺绫声、陈志峰、乐水、卢杰桦、丝纱罗、陆奥雷、太皮、李卉茵、凌谷、小曦和未艾等11人的作品。而此次集体推介的主要是生于70年代后期、80年代或90年代初的一代新人，他们与黄文辉、林玉凤、冯倾城这些

① 〔法〕米歇尔·福柯：《知识考古学》，谢强、马月译，生活·读书·新知三联书店，2007，第68页。

② 黄文辉：《论澳门新生代作者》，《澳门日报》2002年6月12日，“镜海”。

③ 邹家礼：《澳门文学昂首阔步——关于“千禧澳门文学研讨会”》，《澳门日报》2000年11月29日，“镜海”。

④ 吕志鹏认为新生代具有如下五个特征：一是学院知识分子为主。二是黑色意识的延续。三是叙事性与抒情性的角力。四是社会批判意识的抬头。五是后“过渡期”新生代的意识演变。见《澳门中文新诗发展史研究（1938～2008）》，社会科学文献出版社，2011，第310～315页。卢杰桦则从作品研究出发，从“新生代诗歌的基本主题是漂泊与回归”“从历史的批判到社会现实的介入”“诗歌语言形式上的探索”几个方面展开讨论。见卢杰桦《论澳门新生代诗人作品》，硕士学位论文，澳门大学。

⑤ 吕志鹏：《澳门中文新诗发展史研究（1938～2008）》，第274页。

当年的中学生“新生代”不同，是90年代后期甚至回归以后才迈入澳门诗坛的新生力量。包括自由落体、吕志鹏、卢杰桦、贺绫声、陆奥雷、毛燕斌、凌谷、许文权、甘草、邢悦、陈淑华、吴诗婷、S、杨海一、翼、袁绍姗、玮岚、刘洁娜、心雨、再旭、小曦、凝、丝纱罗、太皮、毛燕斌等在内的这些青年诗人，构成新世纪澳门新世代诗人群体。

不同代际或许因为经历的时代与社会思潮有所区别，借用形式主义文论理解诗歌的自足性，题材与思想并非构成写作意义的必要因素。换句话说，观念本身对于诗歌并不关键，关键是观念在诗歌中的传达。建立与澳门息息相关的文化身份，既是新生代诗人重写“诗城”传统的基点，也是探讨年轻一代在新的历史背景中展开的思考方式。90年代初出现的“澳门新生代”诗人大多出生于70年代前期和中期，他们的生命经历中充满了殖民统治语境记忆，有关“过渡”与“回归”的理解到90年代已经清晰。如王和的《天使的化石——参观大三巴宗教博物馆有感》、邹家礼（寂然）的《让我倒下——一个澳门青年的心声》、黄文辉的《站在历史的渡口》、冯倾城的《过程》等，字里行间能看出历史给个体心灵打下的深刻烙印。这些作品体现了青年群体对澳门社会的观察与思考，特别是对澳葡政府管治的态度。[①] 而70年代后期和80年代前后出生的这一群体，对生命之城现实与情感的双重体认，显然与“过渡期”存在直接关联，尽管从他们开始接受启蒙教育之时起就拥有对“回归”的认识，不过对于到底何谓“回归”，可能并未形成理性认知的参照，毕竟“国家”的抽象概念离他们的理解还很遥远，家国观念对于跨越“过渡期”迈入“后回归时代”才长大成熟的年轻人而言相当淡薄。一位1986年生的“新世代诗人”表达了“书写澳门”的愿望：“生在澳门，家、国的观念毕竟太薄弱了。我们年轻一辈，根本无法在生活中察透此观念的存在，一条与生俱来的红丝快要断了。然而，我们有否自省：到底，是生活遗弃了人们，还是人们放弃了生活？生活妙在微处，不用心去感受我们的地方，文思何在？”[②]

由“镜海”副刊主导的新生代与新世代诗人的代际转换，表明“回归”不仅改写了诗人的文化政治身份，其实也改变了表述方式和话题中心，将一

① 编者：《编者前言》，黄文辉、林玉凤、邹家礼编《澳门青年文学作品选》，中国文联出版社，1999，第13页。

② 陈淑华：《写我澳门，写我生活》，《澳门日报》2004年4月7日，“镜海”C12版。

代诗人关注的现实困难和社会焦点展示出来，并与过去的诗人群体形成强烈、鲜明的精神差异，代际转换也就从这一意义实现诗坛生态的重构。

三　城市重塑与身份重建

毫无疑问，澳门回归最重要的历史性意义是彻底终结了外国殖民者在中国的殖民统治，开辟了澳门发展的新纪元，对于文学而言，则意味着新的政治文化环境之于澳门文学发展所带来的契机，正如当年学者所展望的那样，回归“使澳门作家置身于更广阔的文学背景，尤其是世界性的汉语文学背景，从而使澳门文学既立足于本土又有厚重的民族基础与世界意识”。[①] 经过20年的探索与积淀，由本土书写出发的意识极大地激活了文学重新认识家园的情感向度，在身份重建的过程中重塑想象城市的美学方式。包括“澳门新生代写作人大展”在内，体现出媒体导向的新世代诗人发掘，全方位展示了重新认识本土的文化趣味。

李观鼎先生曾经指出青年一代诗人对澳门本土关注的意义：“在全球化的背景下，在世界解构工作链的环节中，‘本地’的概念和意义被忽略了，所谓‘国际’概念，因‘本地’基因的缺失而变得越来越抽象起来，进而被简化为一种压迫‘本地’的权力。因此，在全球化、‘国际化’的进程中，如何具体落实对本地文化的关注，具有特别重要的意义。”[②] 张扬本地灵性、珍视本地文化的诗性书写，是有效抵抗盛行的消费主义的人文资源。

新一代青年诗人关于城市的切身体会，首推生命栖居与行走空间的狭窄。运用对照手法来表达澳门的狭窄空间，是诗歌常用的策略，如“一个你来不及流泪/就已淡漠的地方”,[③] 在《随感：M城步行纪》中感受都市节

① 饶芃子、费勇：《文学的澳门与澳门的文学》，《文学评论》1999年第6期。

② 李观鼎：《澳门诗人的回答——编诗札记》，《澳门日报》2007年9月19日，“镜海”E5版。

③ 全诗如下：“一个你来不及流泪/就已淡漠的地方/所有炮弹已被锈封存/就像你被爱或恨封存/一棵树被锯掉/你才会想起/它曾独自把无数/广袤的黄昏拉近/从群山雾霭那里/从情人的热情与纷乱那里/据说/有人迟早会被黄昏砸死/那几位菲籍保安/总有一位沉默地眺视着大炮台下/零落楼房间的不平/一位石凳上的老人白发已不足掩盖他对生命的无知/旗杆被自己的身影和早起的月亮/扯紧/游客在他们和我之间穿过/川流不息/像各国的流通货币。”凌谷：《大炮台上的一个黄昏》，《澳门日报》2006年2月15日，“镜海”C10版。

奏——“城市步行极其急速/不过我们都习惯迟”。① 这种对照大抵是为了表现小城对现代生活的现实压抑。

通过空间建筑感知停驻的苍老时间，在历史直观意象中激发诗兴，又是另一类抒情的方式。忆古思今从来都是永恒的书写主题，比如毛燕斌对红街市的直观印象：“这是一筐澳门最大的菜篮子/可以盛进海鲜/可以盛进鲜肉/可以盛进更多的是我们/盛进肚子后不知不觉消化掉的历史。”② 与凌谷此前写的另一首《澳门情怀之海边小巷》比较，并没有太大的不同。③ 类似的诗歌还可以举出很多。总体而言，这类诗歌对澳门的描述以自然景物的方式处理，澳门不是诗歌的目的，需要营造一个与“美丽新世界”相关的意境，④ 历史风物经常成为激发诗歌灵感的契机。

新生代诗人林玉凤在回归之前表达了澳门历史的转换，如获得 1999 年第三届“澳门文学奖”诗歌一等奖的组诗《我来自这样的一个城市》，对照历史的思想维度，显然充满更为自觉、强烈的现实反思。其中，《峰景酒店的最后一夜》以“回归”前夕作为平常背景展开，做了细致入微的心理模拟，轻松中透出沉重。比如，本诗开头如下：

我来自这样的一个城市
来的时候
城市高处
幽幽的望海古楼
有西洋人在缅怀历史
华人和洋人在争拗

① 凝：《随感：M 城步行纪》，《澳门日报》2006 年 8 月 2 日，“镜海” D8 版。

② 毛燕斌：《红街市》，《澳门日报》2006 年 2 月 15 日，“镜海” C10 版。

③ 凌谷：《澳门情怀之海边小巷》，《澳门日报》2004 年 8 月 11 日，“镜海” E2 版。全诗如下：“沿着一条葡式的小巷/走向码头/行走/像被抬进这条小巷的船桅/野心告诉我们/胸口翻滚的就是海洋//两旁的窗叶半闭/安静如两行对仗的格律诗/工整地吃掉了我没有动词的往事//炊烟叫黄昏进入了唐朝/冷月独自在秦代等我/那段被我带到小巷的殖民主义的历史/卡在我的喉咙/像一根鱼刺/跟理想一同软化//落霞不飞/自是有人在历史的一方/思恋着这段多情的石卵路/或是一只孤鹜/未被忘怀//船桅上面就是天空/人生的尽头就是码头/小巷外面就是大海/大海翻滚着的霞光/自然不是/刚才没喝完的罗宋汤。”

④ 借用达非诗歌的命名。达非：《美丽新世界》，《澳门日报》2003 年 7 月 23 日，“镜海” C6 版。

是回归还是政权交接
我们举起手中的半杯红酒
为叫峰景的酒店致哀
想起百年老店
要在历史新篇
为一个国家的一个代表
守身如贞洁的小媳妇
……①

作为享誉世界的“东方蒙特卡洛”，赌城澳门引起了诗人的忧虑。在诗人眼里，她是一个具有多重面孔的世界。比如，“我来自这样的一个城市/来的时候/城市深处/以暮色为刀/劈成两个不同的世界/世界以角子机为起点/却无法找到终点/世界之内/有人接上黑夜的信管/敲响毁灭的大门/红火一闪/黑夜已然烤成炼狱”。② 林玉凤的诗歌与其他该次获奖作者黄文辉的《峰景酒店的下午》（组诗）、邹家礼的《让我倒下——一个澳门青年的心声》以及钱浩程的《粉墨登场》等作品，③ 构成一种强烈的文本与历史互文性。从这些“澳门新生代”诗人作品里，能看到对历史与现实的强烈“介入”（陆奥雷）。

同样与历史相关，郑宁人的《龙环葡韵》展现出另一种宁静的文化韵味：“让烦闷这个词稍憩在小凳上/老化的建筑装满贾梅士的诵言/随意的鸟鸣覆盖前面空旷/然而当思绪掀开草眼帘/昔日枷椗早已迁徙未见。”④ 诗歌借助返视被“殖民”时风景，与当下生活构成一种既拼贴又交融的后现代景观，诗人厕身其中，在澳门文化韵味的诗意发掘过程中轻松抵达历史本文的思想内核。

---

① 林玉凤：《我来自这样一个城市》之二《峰景酒店的最后一夜》，首刊于《澳门笔汇》第14期“第三届澳门文学奖专辑”，1999年8月，第148~149页。后刊于《澳门日报》2003年7月16日，“镜海”C6版。

② 林玉凤：《我来自这样一个城市》之一《两个世界》，首刊于《澳门笔汇》第14期“第三届澳门文学奖专辑”，第146~148页。后入选李观鼎编《澳门现代诗选》，澳门基金会，2007。

③ 皆载于《澳门笔汇》第14期“第三届澳门文学奖专辑”，1999年8月。

④ 宁人：《龙环葡韵》，《澳门日报》2006年2月15日，“镜海”C10版。

与很多新生代诗人选择宏大历史切入城市命运的抒情方式不同，贺绫声注重从日常生活细节着手，甚至用“M 城”淡化栖居地的确切身份，通过这种微妙的间离手法，给读者留下似曾相识的印象。[①] 组诗“在 M 城”系列共 12 首，它们以个人情绪为起点，通过历史相关性依次再现 M 城的生存场景。《让诗人走在前面》云：

她确实美丽过，又悲哀过
形象超越了诗人塑造的光芒。
在大三巴牌坊前，除了怀念
并没有佩索亚的行踪
黄昏城市，好像叫 M 城
升落了百只哀荣鸽子
我知道，莲花升起的镜子下
有浪在变化，有
海永恒象征。
我成不了诗人了：阿贺，悲愤的读者。
在 M 城里，殖民地言语倦于用形容词来
描述过去。有关
葡萄牙的事，我略有所闻
至于邻居风俗习惯
我甚像个刚刚到来的异国旅客
正努力摄影古老楼宇间喧嚣
请问贾梅士在哪里
陶里在哪里
苇鸣在哪里
让诗人走在前面，
我听到导游朗读一行行诗
夜，沉静地潜入了板樟堂的人群中

---

① 推测起来，M 用来替代澳门，既是 Macau 的简写，也是澳门“地标”西湾大桥双塔吊的形状。

这一天，又失去了方向[①]

陶里曾指出贺绫声的诗歌表露出令人意味深长的沮丧："贺绫声的诗的可读还在于他对自己生长的土地M城（澳门）的陈述。一个诗人对自己的城市的观察和感情，是他的人生观和诗质的重要组成元素。M城对于贺绫声，贺绫声对于M城，他说：'我只是从板樟堂来回板樟堂/在这里用疲倦了的鞋子，耗尽了承诺'（《如果路过，请为我……》）。这不是表露了贺绫声对M城有所承担却因自己是澳门街的踽踽过路人，兀自沮丧吗?"[②] 贺绫声思考澳门的方式与新生代"前辈"（林玉凤、黄文辉等）明显不同，他对澳门的深刻情感关联不限于殖民统治的政治与历史的追溯，当他强调此刻与将来的存在，个体命运与生存空间之间也有了更难割舍的切肤之痛。"偶然看见后视镜里湿了又朦胧了的路线/才想起我和M城早已相爱了一万年"，[③] 需要提醒才能记起与城市的联系，从日常使用到理性认知，对澳门青年来说是一个意味深长的话题。爱恨交加，皆是家园。"在M城"系列澳门叙事升华为对生存与命运的思考，在对象与自我的双重反思中建构了一种富于现实穿透力的生存诗学。

贺绫声诗作对个人情感经历的处理，可见证诗歌之于作者的重要意义，而语言与时间的紧迫感相互交织，制造出源源不断的语言机锋，又促成了诗歌在技艺层面的细致化探索：技艺提升无疑是重建"诗城"不可回避的内容。当然，贺氏的写作格局并非没有值得反思之处，姚风指出："诗人必须摆脱个人私密性的纠缠，从而抵达境界的深入和旷远，否则写出来的不过是娱乐自我的私人日记。澳门太小，这种'小'不仅仅是地理意义上，一个长期居住在这里的诗人，更应该眺望大地和海洋，从而为自己的诗歌注入宏大的背景和空间。"[④] 尽管体验只能从所处空间获得，但是基于思想与文化的提醒显然具有超越个案的意义。

自出版《流动岛》以后，被贴上后现代标签的懿灵对澳门的思考，即

---

① 贺绫声：《让诗人走在前面》，《澳门日报》2005年1月5日，"镜海"F4版。

② 陶里：《落海城堡一住客心事》，《澳门日报》2011年3月26日，"新园地"E9版。

③ 贺绫声：《于一个盛夏午后在高士德55号遇上了太皮》，《澳门笔汇》第29期，2005年7月，第46~47页。

④ 姚风：《寻找适合翅膀的地方》，郑国伟：《时刻如此安静》，2005，第17页。

从身份追问、地理隐喻逐渐转移到政治文化层面，发展为某种激愤的知识分子式批判，说明澳门诗歌在与自身语境对话的同时在话语姿态上也保持着思想资源的开拓。[①] 澳门太小了，正如贺绫声《于一个盛夏午后在高士德55号遇上了太皮》所写的那样，偶遇朋友或同路人不值得惊讶，无法改变城市融入现代化的步伐，也无法改变周围的细微秩序。对小城与他人的无能为力感，是新生代诗人内心无奈的重要原因，比如《在小城马路上看见的交通事故》："小城没有了马/换来的是另一种铁的危险/这里是勇气的竞技场/为了逃避神或者恶魔的呼唤/我们用了最快的速度跑完最完整的一生/就在我们的时代/根本是没有甚么好谈的了/尤其是那些禁止超速、禁止调头、禁止过线等等/一切只会禁止的腐朽规则/只有/起来/革命！革命！革命！"[②] 这倒属于都市现代性的难题，只有让敏感的诗人首先做语言承担，才可能引起疗治的注意。

随着前行代、中生代诗人因各种原因逐渐退出诗歌创作行列，新生代早已成支撑澳门诗坛的中坚力量。从新生代创作的整体景观来看，不难发现"回归"这一事关澳门命运重建的历史遭遇对于他们诗歌写作的深刻启迪，而且从关注本土现实、思考文化、更新技艺等维度建构了新的经典。但是，没有一种题材可以提供永恒的资源，面对"后回归时代"澳门重塑政治、经济、文化的进程，只有跳出历史沉疴、开阔视野，才能肩负新的现实使命，助力澳门前行。回归以来，重塑"诗城"的使命已从"新世代"诗人那里得到继承和光大。

四 结语

澳门中文大众媒体副刊曾经在旧制度时期依靠自身的商业与文化优势有效地消除了"杂音"，成功激活了文学对澳门命运的思考与承担，实现了"诗城"之建构。"诗城"既然是关于"城"与"人"持续互动的主题，必

① 云惟利曾说："懿灵是澳门土生土长的诗人。他（按，应为她）在大学主修政治。也许正因此，他特别留心政治气候和澳门的政治病征，而敢于言说，并发而为诗。所以，他的诗集中，以社会政治为题的诗特别多，以诗议政，形成她独特的风格。"云惟利：《十年来之澳门文学》，《澳门笔汇》第7期，1994年5月，第71页。

② 吕志鹏：《在小城马路上看见的交通事故》，《澳门日报》2007年9月19日，"镜海"E5版。

然在不断重建的过程中体现生生不息的讲述意义。受地理空间限制，城市生存体验与文化记忆内化为澳门的直观经验，并在历史的当代性书写过程中重构特区的政治与文化认同。作为“回归”历史时刻的见证者和参与者，青年诗人之所以历史性地承担了书写家园、重建“诗城”的使命，是因为他们遭遇的离散处境与世界上大部分被放逐的群体截然不同。个体与家园的前途不确定性，反映出青年群体对命运共同体的深刻忧虑与现实承担，最终转换为对栖身之所的深情依恋，用文字记录一代人跨越历史时持续经历的情感裂隙与精神紧张。而在媒体功能被多元化解构的“后回归时代”，围绕资源配置、价值引导、诗学观念等相关议题开展新的文学生态重塑，仅依靠传统媒体及其副刊已经无力渗透至日常生活层面。如何集结多方力量，充分挖掘澳门在当代文化结构中的话语资源和思想活力，既是澳门新诗与时代共生面临的挑战，也是澳门文学未来力量拥有的新机遇。

清末大变局背景下的近代新词

——以郑观应诗文为考察对象

周　荐*

摘　要： 郑观应生活的时代正当鸦片战争结束不久至中国共产党诞生前夕，处于中国历史上一个前所未有之大变局，帝国主义列强的坚船利炮使中国的国门洞开，腐败的清政府在西方列强的枪炮之下签署了一个又一个丧权辱国的条约，西方文化潮水般涌入中国，负载西方文化的新词成批地出现于汉语中。作为华夏大地睁开眼睛看世界的第一批人中的一员，郑观应在诗文中使用了大量那一时代的新词，他本人也参与了新词的创造。研究郑观应诗文中的新词，对于了解清末的语言状况、认识清末的大变局都有着十分重要的意义。

关键词： 大变局　新词　郑观应

一　观应其人，《盛世危言》其书

郑观应，原名官应，字正翔、陶斋，又号居易、杞忧生，别号待鹤山人或罗浮偫鹤山人，广东香山县（今中山市）人。他是中国近代最早具有完整维新思想体系的理论家，是揭开民主与科学序幕的启蒙思想家，

* 周荐，关西大学文学博士，北京师范大学人文和社会科学高等研究院、南开大学文学院教授和博士生导师。

也是实业家、教育家、文学家、慈善家和热忱的爱国者。1842年（道光二十二年）7月24日郑观应生于广东香山县三乡镇雍陌村。其父郑文瑞在澳门设私塾授徒，观应自小在澳门接受教育，曾参加香山县的童子试，不中落第。咸丰八年（1858）离开澳门赴上海学习经商。咸丰九年（1859）在上海外商洋行工作时，入英华书馆夜课班学习英文。咸丰十年（1860）成为英国宝顺洋行的买办，并勤修英语，对西方的政治和经济等有更深刻的认识。同治七年（1868）起，他同别人合伙经营茶栈及轮船公司等。同治十二年（1873），他受聘为英商太古轮船公司总理。光绪六年（1880），他于自强运动期间编订《易言》一书，在曾国藩提出的“商战”[①] 一词基础上，将“商战”定位为在商业上学习西方的策略，[②] 并建议采君主立宪制。同年，他离开太古，并受直隶总督李鸿章之托出任上海机器织布局及上海电报局总办。光绪七年（1881）四月，他任上海电报局总办。任内，他建设了津沪电线，并组织翻译出版了《万国电报通例》和《测量浅说》，供各地电报局使用。他还因为大北电报公司所用电码本字码过少，而对电码本进行扩编，出版《四码电报新编》。光绪九年（1883），他升任轮船招商局总办。

---

① “商战”是清同治年间出现的一个词。郑观应《盛世危言》说：“习兵战，不如习商战。”孙诒让《周礼政要》云：“当此环球商战之秋，固宜急筹合群之策哉！”《周礼政要》是孙氏一部重要著作，影响远不及郑氏《盛世危言》。然“商战”一词却既非郑氏更非孙氏首创，王尔敏《中国近代思想史论》（台湾商务印书馆，1994）考证，曾国藩同治元年（1862）致毛鸿宾函中写道：“至秦用商鞅以‘耕战’二字为国，法令如毛，国祚不永。今之西洋，以‘商战’二字为国，法令更密于牛毛，断无能久之理。”是为“商战”一词较早用例。光绪四年（1878），湖广道御使李璠谓：“泰西各国，谓商务之盛衰关乎国运，故君民同心，利之所在，全力赴之。始而海滨，继而腹地，既蚀人之资财，并拒人之形势，盘踞已久，遂惟所欲为。古之侵人国也，必费财而后辟土；彼之侵人国也，既辟土而又生财，故大学士曾国藩谓‘商鞅以耕战，泰西以商战’诚为确论，此洋人通商弱人之实情也。”此亦“商战”为曾氏所创一证。“商战”一词虽为曾国藩所创，但最早明确以“商战”为口号的应是郑氏。他认为，学习西方，仅靠购铁舰、建炮台、造枪械、制水雷、设海军、操陆阵，讲求战事不遗余力，效果远不如西方各国那样倾全力去发展商务。为进行“商战”就须破除以农为本、以商为末、重本抑末的成见、陋见。列强侵华目的就是要把中国变成其“取材之地、牟利之场”，遂采用“兵战”“商战”的手段对付中国，而“商战”比“兵战”更为隐蔽、危险，危害更为严重。因此郑氏主张“西人以商为战，彼既以商来，我亦当以商往”，“欲制西人以自强，莫如振兴商务”。郑氏之前，国人对于“商战”的理解是肤浅的；郑氏在前人基础上，结合自己经商的经验，提出了系统的“商战”理论。《盛世危言》贯穿“富强救国”的主题，力主用“商战”来对抗外国资本主义的经济侵略，主张效仿西方在国家扶持下发展民族资本主义工商业，今天看来，仍不乏现实的参考意义。

② 刘圣宜：《郑观应》，广东人民出版社，2009。

光绪十年（1884），他为轮船招商局与太古轮船公司经营不善以及员工中饱私囊等所累，身心俱疲，遂退居澳门，居郑家大屋中，潜心修订《易言》，亦即后来的《盛世危言》。光绪十七年（1891），他出任开平煤矿局总办，翌年调任招商局帮办。光绪二十年（1894），《盛世危言》完成。民国建立后，郑观应专注于教育事业，历任招商局公学驻校董事、上海商务中学名誉董事等职。

《盛世危言》是郑观应于澳门故居——郑家大屋撰写的一部堪称中国近代社会极具震撼力与影响力之巨著，是中国近代史上一部影响巨大的政论专集。1840 年鸦片战争后，林则徐首先在澳门打开一扇西看世界之窗，以后西学东渐，19 世纪下半叶，中国知识分子掀起忧国忧民、研讨富国救世良方的热潮。[①]《盛世危言》甫问世，即成为警世醒时、震动朝野、传诵数十载的一部巨著。邮传部右侍郎兼会办商约大臣盛宣怀读了郑观应送给他的这本书后，致函作者，让再送二十部，分送“都中大老，以醒耳目”；礼部尚书孙家鼐、江苏藩司邓华熙，先后三次把《盛世危言》推荐给光绪皇帝。光绪帝读罢大为赏识，“饬总署刷印二千部，分送臣工阅看”。自此“京都各地索者络绎不绝”。郑观应自己又刻印五百部，几年之内刻印（包括正版、盗版）二十余次，共十多万册，科举考试也常以该书“所序时务为题目”。[②] 不久，这本巨著又流传到日本、朝鲜等邻邦，风行一时。在之后的辛亥革命、新民主主义革命中，它都起过重要的启蒙作用，康有为、梁启超、孙中山、毛泽东等都从这部政论专集中获得教益和启迪。[③] 正因为该书影响之深远，在中国近代史上可谓罕有其匹，作者又是澳门人，因此郑观应享有“澳门之子”的美誉。《盛世危言》是郑氏最为世人瞩目的一部著作。该书之外，郑氏还有其他一些书文问世，他的语言特点在包括《盛世危言》在内的所有的诗文中都有充分的反映。

郑观应出生时正当鸦片战争行将结束、中英《南京条约》草签，1921 年 6 月 14 日[④]他逝世于上海提篮桥华德路（现为长阳路）招商局公学驻校

① 熊月之：《西学东渐与晚清社会》，中国人民大学出版社，2011。

② 中山市人民政府：《郑观应志》，广东人民出版社，2009。

③ 潘光哲：《晚清士人的西学阅读史》，台北：“中研院”近代史研究所，2014。

④ 关于郑观应的卒年，有说他是 1922 年 5 月下旬去世的。本文采信王学庄引述上海《申报》讣告考据，认定郑氏卒时为 1921 年 6 月 14 日。

校董公寓。郑观应生活的时代，正是列强恃强凌弱、中国在弱肉强食的世界一步一步走向深渊的时代。如果说鸦片战争揭开了中国历史上最后一个封建王朝——清王朝最后七十年屈辱历史的序幕，那么郑观应八十年生命中的七十年就是陪伴着这个屈辱的王朝一起度过的。[①] 他生活的近八十载时光，正是中国频遭异族侵略、中华文化被动地与异文化接触和交融、中华民族多灾多难的八十年。大时代孕育着大变动，大时代催生出反映大时代的众多新词。也正是这个大变动的时代，我们的母语——汉语发生了巨变，尤其是词语的面貌更发生了翻天覆地的变化。清末汉语的巨变，反映为词语的大量增多，尤其是外来词的大量借入和新词的大量创造。[②] 这些新词的数量究竟有多少，过去始终没有一个准确的统计。最近有学者希望建立清末民初新词语料库，方法是对《汉语大词典》所收近现代词条进行了统计，借助《辞源》将古汉语词删汰，再借助《近现代汉语新词词源词典》《近现代辞源》等，将 19 世纪汉语文献中出现的新词大致列出。[③] 这个数量虽不好确估，但笔者相信不会少于 3000 个。实藤秀惠《中国人留学日本史》列出汉语中仅来自日本的外来词就有 844 个之多。郑氏虽世居澳门，但自幼受欧风熏陶，“究心政治、实业之学”，平生经验铸为不朽名句：“欲攘外，亟须自强；欲自强，必先致富；欲致富，必首在振工商；欲振工商，必先讲求学校、速立宪法、尊重道德、改良政治。”郑氏诗文著作中的新词十分可观。一方面，郑观应用新词撰写的名句，反映了他经国济世的思想；[④] 另一方面，他的语言词汇也颇具时代特点，值得研究。

二　新词麇聚，视野开阔

郑观应的诗文语言，有一个很重要的特点，那就是“摭采新词新语入诗”。[⑤] 郑景滨所著《郑观应丛考》中有一章“郑观应诗歌考”，在谈到郑

① 唐德刚：《晚清七十年》，台北：远流出版公司，1998。

② 唐贤清、汪哲：《试论现代汉语外来词吸收方式的变化及原因》，《中南大学学报》（社会科学版）2005 年第 1 期。

③ 刘晓颖：《清末民初新词语研究》，《河北大学学报》（哲学社会科学版）2015 年第 4 期。

④ 易惠莉：《郑观应评传》，南京大学出版社，1998。

⑤ 邓景滨：《郑观应诗类编》，澳门近代文学学会，2012。

氏诗歌时说道：

> 除了一般的政治名词外，在郑诗中更有其他诗作中不易见到的大批经济新名词，真可谓琳琅满目，蔚为大观，足见郑观应见识之博，吸纳之广。例如：《莫若篇》“至于炼钢铁，制造枪炮船”中的“炼钢铁”“枪炮船”，《感赋七律八章借身世》“漫侈飞机潜水艇”中的“飞机”“潜水艇”，《轻气球》中的“轻（氢）气球”，《杂感》“地球无吸力，安能转日月”中的“地球”“吸力”，《劝农歌》“复设赛珍会，奖励较妍丑”中的“赛珍会”近似现在的“展览会”，《恭挽醇贤亲王》“献以德律风，电线从此作”中的“德律风”（即“电话”）和“电线”，《商务叹》“轮船电报开平矿”中的“轮船”“电报”，《广州商务总会告成拟设工艺院纪事》中的“商会”“工艺院”……此外，还有政治新名词的“变法”“维新”“立宪”“宪法”“共和”“议院”“下议院”“民主”等等，在郑诗中比比皆是。

类似的新词，在郑观应诗中还可举出很多。例如，他的《述志四十税》诗中有“西学”（“西学资实用”）“格致”（“绎考格致”）“抗议”（“流传同抗议”）“铁路”（“兼理铁路事”），《六十初度书怀》诗中有“化工”（“课艺何妨补化工”），《七十生日书怀（二）》诗中有“宪政”（“上书宪政曾无补”），《答黄幼农黄花农蔡毅若岑馥庄四观察论时事》诗中有“鸦片烟”（“讵惟鸦片烟”）“出口税”“进口税”（“出口税偏重，进口税多蠲”）、“入教”、“改籍”“逃捐”（“拒官恃入教，改籍为逃捐”）、“大书院”（“更建大书院”）、“变政”（“变政如明治”）、“商战”（“商战共筹边”）、“邦交”“公法”（“邦交果如是，公法岂其然”），《治乱歌》诗中有“专制”（“宪法不行专制严”），《与西客谈时事志感》诗中有“矿产”（“矿产富五金”）、“总税务”、“邮传驿”（“或司总税务，或代邮传驿”）、“包工”“国债”“借拨”（“铁路或包工，国债或借拨”），《时事孔亟殊抱杞忧妄陈管见以备采择》诗中有“议和”“立约”（“叵奈议和者，立约太不善”）、“通商”（“通商五十年”）、“国体”（“国体多轻嫚”）、“铁道”（“强邻铁道通”）、“制造局”（“并设制造局”），《莫若篇》诗中有“外股”（“莫若参外股”），《与日本驻沪小田切领事论时事作歌并序》诗中有“联盟”（“俄法联盟尤诡谲”）、“文部”（“文部专理学校事”）、“同志”（“谨为作歌告同志”），《时事感慨（三）》诗中有“铁轨”（“铁轨纵横争建筑”），《上孙燮臣师相邓小赤师帅论时事》诗中有“经济”“法律”“专科”（“经济法律设专科”）、“矿产”“合股”（“昔言矿产恐难守，中西合股或可久”）、“分段租”（“效法美邦分段租”），《感时赠盛杏荪太常》诗中的“条约”（“群起执条约”）。毕竟新词在诗中的使用会受到格律的限制，新词在郑观应的文章中，更得到了广泛的运用。例如，《盛世危言》中的“博士”“当兵”“公使”“合同”“火险”“口岸”“利权”“手枪”“小费”“大学院”“士官生”“守旧党”“鱼雷艇”“国家银行”等，《长江日记》中的“保险”“吃水”“代销”“钢船”“买办”“票位”“洋餐”“章程”“船头官”“大书院”“电报局”“官银号”“红毛泥”“三联单”“新闻纸”“执政者”“条约专条”“洋磨盘车”“洋务风气”“自主之权”“脚踏独轮车”“野鸡小轮船”“新式机汽锅炉”等。

郑观应是中国人中首批睁开眼睛看世界的一员。[①] 他的诗文中，之所以会有诸多新词，源于他对世界各国“奇技淫巧”新奇的印象和细致的观察。这一点，仅从其涉及的国家名、地区名、外国人名之多即可看出。例如《答英国广学会董李提摩太及世爵贝思福论中外时事》诗中的“西伯利亚”（“西伯利亚铁路成”）、“突厥”（“保护中华如突厥”），《时事孔亟殊抱杞忧妄陈管见以备采择》诗中的“新加坡”（“试观新加坡”）、“欧洲”（“操防法欧洲”），《莫若篇》诗中的“波兰”（“覆辙蹈波兰”）、“埃及”（“否则如埃及”），《感时赠盛杏荪太常》诗中的“中东”（“中东肇衅后”）、“日英美”（“亟联日英美”），《与朱晓南观察论时局》诗中的“英德”（“政治如英德”），《与日本驻沪小田切领事论时事作歌并序》诗中的“泰西”（“中华官制异泰西”），《与潘兰史征君论时事感怀得五绝二十六首》诗中的“埃及”（“列强图支那，受制如埃及”）、“土国”（“土国仍专制”）、“法兰西”（“昔者法兰西”）、“日本”（“善哉新日本”），《阅西报论欧洲官兵在亚非二洲杀人掠地事》诗中的“罗马”（“霸业看罗马”），《时事感慨（一）》诗中有“彼得”（“维新彼得是雄才”）、“印度”（“波兰印度前车鉴”），《哀黄人》诗中的“爪哇”“非律宾”（“爪哇非律宾，一律令

① 袁伟时：《晚清大变局中的思潮与人物》，香港：明报出版社有限公司，2006。

摧抑”)、“南啡洲”(“近传南啡洲，民情刚且愎”)、“古巴”(“前车鉴古巴，立约当谨饬”),《亚细亚协会歌》诗中的“地球”(“地球全体若鸡卵”)、“亚洲”(“凡属亚洲有志者”),《赠日本伊藤侯相三十六韵》诗中的“泰西”(“泰西公法重富强”),《列国兴革大势歌》诗中的“西欧”(“因时变法效西欧”),《有友出山入宫来索赠言书此贻之》诗中的“美洲”(“美洲换总统”)、“五洲”(“五洲同一例”),《拳匪》诗中的“五大洲”(“震动五大洲”),《壬子暮春志感》诗中的“安南”、“朝鲜”(“印度与安南，朝鲜苦苛例”),《上合肥傅相七排四十二韵》诗中的“罗马”(“奉诏遍游罗马国，浮槎妄托斗牛津”),《沪上求生会同人曾君少卿来电云美工虐待华侨请告同胞以不用美货为抵制名曰拒约会赋此纪之》诗中的“三藩市”(“应在三藩市，会商得原委”),《祝郑慎之观察七十晋一寿诗》诗中的“暹罗”“越南”(“暹罗越南策马余”),《霸主歌》诗中的“拿破仑”(“争学拿破仑”)、“葛苏士”(“怀哉葛苏士”),《列国兴革大势歌》诗中的“华盛顿”(“列邦各有华盛顿”),《保主权》诗中的“赫德”(“专司总钥为赫德”),《盛世危言》中的“保罗”“利马窦”“三藩市”“西伯利亚”“苏彝士河”等。郑观应只曾在中法战争时奉派前往暹罗、西贡、新加坡等地调查了解敌情，并没有太多出洋的经历，但他的诗文中竟有如此多关于外国的新词，只能说明他是一个语言文字的有心者，说明他对外洋一切“奇技淫巧”的重视，说明他始终在睁开眼睛看世界。

郑观应诗文中的新词新语很多，反映的是其看到的事物非常之广。举凡新生事物，他都付诸笔端。政治类的如《与朱晓南观察论时局》诗中的“政治”(“政治如英德”),《与潘兰史征君论时事感怀得五绝二十六首》诗中的“下议院”(“若无下议院，积习终难洗”)、“议院”(“议院宜缓开”)、“议员”(“欧洲举议员，首要问人格”)、“元老院”(“善哉元老院”),《盛世危言》中的“顾问”“总署”“官膏局”“实事求是”,《庚申己未两岁秋感》诗中的“共和”(“内讧迭起岂共和”)、“中央”(“中央借款为生计”)、“省长”(“底事权操诸省长”),《壬子暮春志感》诗中的“都督”、“专制”(“何以各都督，拥兵尚专制”),《读波兰衰亡战史书感》诗中的“内政”(“借词保护干内政”)、“租界”(“纷索租界归自治”)、“公民”(“参订宪法立公民”),《书抵制美国禁华人入口》诗中的“国体”“主权”(“上下争国体，主权守勿失”),《有友出山入宫来索赠言书此贻之》诗中的“议政院”（“大哉议政院”）、“选举”（“选举重人格”）、“巡捕”（“巡捕如西法”）；宗教类的如《庚申己未两岁秋感》诗中的“修真院”（“求真须辟修真院”）、“主教”（“主教六通谁不服”）、“上帝”（“何日随师朝上帝”），《赠日本伊藤侯相三十六韵》诗中的“传教”（“内地传教最失计”），《伍秩庸先生辞总裁仍护法巩固共和赋此志喜》诗中的“圣教会”（“闻已组织圣教会”）；经济类的如《庚申己未两岁秋感》诗中的“公司”（“底事公司不及人”）、“股东会”（“前期组织股东会”），《路矿歌》诗中的“股票”（“股票私售与比通”）、“合同”（“工程陋劣违合同”）、“集股”（“总之集股非无法”），《乙未感事》诗中的“财政”“矿路”“利权”（“财政暗侵开矿路，利权显夺踞关津”），《盛世危言》中的“保单”“税单”“国库”，《开矿谣》诗中的“招商”（“招商立公司”），《寄寿叶誉虎交通部总长》诗中的“实业”（“研求实业访能贤”）、“国有”（“国有收归且莫迟”），《水陆师学堂各艺大书院博物会机器制造厂栖流工作所皆富强始基急宜创办赋此志感》诗中的“专利”（“专利若干岁”），《商务叹》诗中的“矿苗”（“不先钻穴验矿苗”）、“轮船”、“电报”、“开平矿”（“轮船电报开平矿”）、“轮船局”（“忆余会办轮船局”）；法律类的如《庚申己未两岁秋感》诗中的“律师”“驳论”（“律师驳论辄伤身”）、“公理”“失真”（“茫茫公理今何在，报纸徇情亦失真”），《赠日本伊藤侯相三十六韵》诗中的“公法”（“泰西公法重富强”），《书中国医士讼师与泰西不同》诗中的“律师”（“医道关生死，律师定死生”）、“立法”（“国家不立法，任彼肆横行”）、“卒业”、“执照”、“注册”（“卒业给执照，注册纪姓名”）、“陪审”（“堂讯有陪审，贪官无任情”），《盛世危言》中的“故杀”；社会类的如《汉阳差次得沪友书》诗中的“增订”（“事变书增订”）、“实践”（“士夫宜实践”），《愤世》诗中的“海关”、“邮政”（“非但各海关，邮政亦如此”），《大舞台曲》诗中的“殖民”（“殖民捷效如英德”），《读盛太常请变法自强疏》诗中的“铁轨”、“火轮”（“铁轨火轮周内地”），《亚细亚协会歌》诗中的“地球”（“地球全体若鸡卵”），《壬子暮春志感》诗中的“报纸”、“毛瑟”、“炸弹”（“报纸挺毛瑟，炸弹壮声势”）、“都督”（“何以各都督，拥兵尚专制”），《哀黄人》诗中的“专职”（“有无领事官，保护设专职”）；外交类的如《哀黄人》诗中的“洋舰”、“洋商”（“洋舰保洋商，内河恣游弋”）、“领事官”（“有无领事官，保护设专职”），《盛世危言》中的“总领事”“照会”；军事类的如《劝各名医仿泰西预筹军中救伤会歌并序》诗中的“后膛”（“新式后膛更灵快”）、“水雷”（“电气闪光乌鹊坠，水雷激浪鱼鳖焦”）。

三　旧词新义，西词中译

郑观应的新词，与人们耳熟能详的旧词意义截然不同，已获取了新义，有的词其新义甚至与今义几无区别。例如，《答汪甘卿孝廉》诗中的“小学”“中学”“大学”（“小学知所爱，中学知所敬。大学穷哲理，有道砥其行。”），已非旧日“文字、音韵、训诂”的“小学”，“中学、西学”的“中学”，“论语、孟子、大学、中庸”的“大学”。郑氏新词的词义，不少已与现代十分接近。如《劝各名医仿泰西预筹军中救伤会歌并序》诗中的“测量”（“望远测量期必中”）、“医士”、“红十字会”（“泰西医士树宏愿，红十字会名特标”），《赠上海道德会医士徐君亚东》诗中的“门诊”（“日施门诊百数十，汗流脊背不言劳”），《卫生歌》诗中的“体操”（“欲节精神壮，体操筋骨强”），《筹赈感怀》诗中的“食品”（“衣裳贱罗绮，食品厌珍馐”）、“医院”（“或设大书院，或创育婴楼，或建工作厂，或为医院筹”），《自任路政备受谤言大局已定洁身而退赋长歌一章见志并示同人》诗中的“代表人”（“衅起代表人”）、“总办”、“入股”（“公举总办后，入股更踊跃”）、“银行”（“唯愿银行设”），《书免挂销号禁白鸽票二事有序》诗中的“挂销号”“白鸽票”（“挂销号税真邀免，白鸽票场永不开”），《鸦片吟》诗中的“阿芙蓉”（“厥名阿芙蓉，本草曰罂粟”）、“戒烟局”（“待集同志人，广设戒烟局”），《赠禁烟会董亚历山打》诗中的“天人感应”（“人生觉性自天受，天人感应理谁知”），《虐婢歌》诗中的“自新局”（“若是不听教，宜送自新局”）、“黑奴”（“英美放黑奴，国强而富足”），《庸医》诗中的“文凭”（“良医给文凭，庸医示惩儆”），《友道叹》诗中的“电汇”（“电汇恐稽迟，不见一字复”）、“大老”、“减息”（“复求一大老，减息代追讨”）、“股票”（“易得股票回，珍重以为实”）、“伪君子”（“由来伪君子，礼重言多谄”），《读寒山诗自励并训后人》诗中的“进修”（“进修及少年，青春不足恃”），《赠经莲珊太守》诗中的“混浴”（“和光混浴免招尤”），《赠陈省三观察》诗中的“义务”（“义务尽一年，原欲免排挤”)、“工代赈”(“集议工代赈”)。中国不乏这样一些腐儒，他们不仅沉醉于旧词旧义，而且以掌握更多的古词僻义来自夸，自我陶醉，鲁迅笔下的孔乙己就是一个典型的形象。而郑观应则不同，他努力掌握新词，灵活使用新义，说明他不仅设法融入新的时代，而且积极为新时代代言、发声，这显得多么难能可贵。

郑观应诗文中的词语，既有汉语词，也有一些拟音词。郑氏诗文中出现的拟音词，少数发生了改变，有的译法今已废弃不用，如“瑙威”(Norway，今译“挪威”)，“哗打罗”(Waterloo，今译“滑铁卢”)，“士壳伦”(Scotland，今译“苏格兰”)；有的甚至存在不止一种译法，却也废弃不用，如“丹墨”“丹马”(Denmark，今译“丹麦”)，“福兰”“佛郎”“佛郎克”(franc，今译“法郎”)；多数译词为后世所沿用，如“罗马”、“毛瑟”、“德律风”、“屈臣氏”(Watsons)。虽然郑氏诗文中出现的新的译词未必就是郑氏本人所造，但即使是他人创造的译词，一经郑氏所用也增加了知名度，百多年来一直为人所乐用。例如，著名的屈臣氏最早可追溯到1820年皮尔森及利文斯顿在澳门开设的“澳门药房”；1828年，他们于广州开设“广东大药房”；1871年更名为“屈臣氏公司”，并成为正式的商业品牌。“屈臣氏”一词，1894年为郑观应《盛世危言》收录，使用至今。郑氏诗文中的词语，多数是用汉字写的语词。这些词语，双字的居多，如“驳论”“飞艇”“律师”“议员”。郑氏所用的双字新词，多数沿用至今，个别的为他词取代，如“远镜”为“望远镜”取代。郑氏诗文中的三字新词也有一些，如“工代赈”“五大洲”“兴亚会”“元老院”；四字的间或有之，如“红十字会”“三联报单”“天人感应”“自主之权”。词长反映了那一时代新词的面貌和人们对新词的宽容。郑观应考察地方时也留意方言俗语，随时记录下来。例如，他在《长江日记》中记录下“渝帮”这个词，注明是“重庆商人群体”，“潮帮”是“广东潮州商人群体”的意思，“广帮”是“广东商人群体”的意思。他还记录下一些行业性的新词，如“起拨”是“盘货陆行”，“水脚”是“水上运输费”，“鸡窝”是“铜矿圆而丛处”，“明轮”是“装在船的两侧或尾部，状式车轮的船用推进器”，“暗轮”则是“装在船尾，在水下的推进器”。他在长江沿岸考察时还记录下了当地的俗谚：“滟滪大如马，瞿塘不敢下。”(《长江日记》)《盛世危言》也间或引用一些古谚，如“白屋出公卿”。清儒对俗语的轻贱的态度，笔者曾做过分析，认为：“明清时期关注词语的学人虽众，但他们多数还是打心底里认定他们所研究的物件是俗而不雅的……俗语开始时遭忽略，并非它们自身的过错，而是士大夫心态的问题。而心态存在这种问题的，又不仅仅是中国的士大夫，而是世界范围内的，带有普遍性的。”① 郑观应是出身社会中下层的士大夫，了解社会底层，关心民瘼，对百姓口中的俚俗自然也就给予关注。这一点也是他的著作词汇丰赡的一个重要原因。

和其他生活于大变局时代的人们一样，郑观应诗文中也存在新词、旧词交替使用的情况。更值得注意的是郑观应笔下沿用至今的新词，有的是译词，更多的是汉语词，如“报纸”（《壬子暮春志感》：“报纸挺毛瑟，炸弹壮声势”）和“新闻纸”（《长江日记》）；“阿芙蓉”、“罂粟”（《鸦片吟》：“厥名阿芙蓉，本草曰罂粟”）、“鸦片”（《长江日记》）、“莺粟”（《盛世危言》）；“轮船”（《商务叹》：“轮船电报开平矿”）和“轮舟”（《长江日记》）；“越南”（《祝郑慎之观察七十晋一寿诗》：“暹罗越南策马余”）和“安南”（《壬子暮春志感》：“印度与安南，朝鲜苦苛例”）；“亚洲”（《亚细亚协会歌》：“凡属亚洲有志者”）和“亚细亚”（《亚细亚协会歌》）。虽然在郑观应的笔下尚未明白表现出使用何者的倾向性，但是其所用的一个词沿用至今，似已说明了问题。

郑观应对西学充满了热情，在《盛世危言》中有关于西学的成系统的学科术语，如《学校上》篇中有“经学”“法学”“智学”“医学”“重学”“格物学”“化学”“算学”“光学”“性理学”“声学”“画学”“诗歌学”“气力学”“测量学”“师范学”“书法学”“药性学”“金石学”“草木学”“机器学”“治术学”“文字减笔学”“生物学”“律例学”“罗马律学”“史学”“出使章程学”等学科，有“农政院”“丹青院”“律乐院”“师道院”“宣道院”“女学院”“训瞽院”“训聋喑院”“训孤子院”“训罪童院”“养废疾院”等机构；在《西学》篇论到“泰西之学”，有“汽学”“电学”，论到西方教育有“富国学”“交涉学”“算学”“格物学”“动植学”“地学”“音乐学”“农学”“商学”“体操学”“外国语言文字学”等学科；在

① 周荐：《汉语俚俗词语在近代学人心目中的位置》，《河北师范大学学报》（哲学社会科学版）2018 年第 2 期。

《考试上》篇中有“矿学”；在《善举》篇中有不少关于西方社会组织的新词，如“栖流所”、“施医局”、“养老院”（“养老所”）、“养老会”、“老儒会”、“育婴堂”、“抚孤会”、“童艺院”、“恤穷院”、“工作场”、“养病院”、“疯癫院”、“疯人院”、“训盲哑院”（“训哑院”“训聋瞽院”）、“义学堂”、“绣花会”、“保良会”、“济贫所”、“劝世会”、“劝农会”、“虞后会”、“义学会”、“戒烟会”。这些反映西方事物的术语新词，今天读来确有眼花缭乱之感，有些恐怕已很难还原郑氏当初所本的西词。尽管如此，这些术语新词反映的事物都是当时的中华所无的，它们的出现表明了郑氏对西学的敏感，表明了他对西方事物的欣赏，也体现了中华之需，反映了当时汉语词汇的缺失。它们成批地出现，无疑是那个大变局时代的重要一页，也对汉语词汇未来的发展奠定了重要的基础。

澳门社团的多元文化

鄞益奋*

摘　要： 基于澳门社团社会的属性，澳门社团的多元文化是研究澳门多元文化乃至澳门学不可绕过的研究重点和视角。本文对澳门社团的包容文化、人情文化、程序文化、小圈子文化、封闭文化的多元文化属性进行梳理和分析。澳门社团的包容文化主要体现为政府和社团之间的合作以及社团间的合作，彰显出社团与政府、社团之间以及社团与市民之间的亲密关系；澳门深受中国传统文化中人情文化的影响，澳门社团在人员招聘等方面体现了熟人文化和人情文化的管理文化；澳门社团的程序文化继承澳门的法治文化，体现为澳门社团对相关制度规则的充分尊重和敬畏；澳门社团在内部管理上体现了少数人主导的小圈子文化和财务透明度不高的封闭文化。

关键词： 多元文化　包容文化　人情文化　小圈子文化　封闭文化

澳门是中西文化交汇的平台和桥梁。澳门独特的中西文化交流历史，铸成了澳门文化具有开放性、重商性、包容性的独特品格。西方文化和中国传统文化多元并存、互相阐释、互相融合，使澳门文化具有“和而不同”的

* 鄞益奋，博士，澳门理工大学社会经济与公共政策研究所所长，副教授，研究方向：澳门公共行政与公共政策。

多元融合品质。“澳门长期形成的中西文明交汇，多元价值共存的特殊文化现象，为其持续发展营造了良好的社会氛围。从内涵上看，澳门文化承接了中国传统政治文化、岭南文化和外来的宗教文化、商业文化的精髓，并通过族群、宗教、习俗、社团和法律制度等载体予以传承。”①

澳门文化的多元性在澳门社团文化中得到明显的体现。澳门社会治理的一个鲜明特色是社团和政府形成了良好的和谐合作关系，社团在澳门的社会治理中发挥了举足轻重的作用。社团一方面代表社会各个阶层向政府表达和反映居民的各项要求，另一方面作为特区政府施政的合作伙伴，提供包括教育、卫生、公益、慈善等各项社会服务，使澳门形成了独有的政府和社团和谐相处的社团文化。澳门各个社团以和为贵，彼此相互合作，社团之间存在包容共生的合作文化。与此同时，澳门社团在内部管理中存在人情文化、小圈子文化和封闭文化，由此形成了澳门社团的多元文化。

一　社团的包容文化

澳门社团的包容文化主要体现为政府和社团之间的包容关系。相对于其他国家和地区来说，澳门社团与政府的关系较为和谐，多数社团崇尚的是“爱国爱澳”的核心价值观，较少用极端的、对抗的方式与政府形成相互对立的紧张态势，形成澳门特色的社团温和批评和监督政府的方式。这种特有的政府和社团和谐文化的形成，是由澳门特有的历史文化以及相关的制度安排决定的。

首先，政府与社团的基本关系定位是法团主义，即政府和社团关系的基本定位是合作关系，多数情况下社团是作为政府的助手和伙伴来参与社会治理的活动。根据王名的研究，从国际比较的视角来看，现代社会组织体制主要有三种类型。“第一种是自由主义，国家与社会平行发展，其特点是：国家原则上不限制、监管社会组织，NGO 也较少参与公共服务并较少得到公共资源，如美国、韩国等；第二种是法团主义，国家与社会协同发展，其特点是：国家鼓励并监管社会组织发展，NGO 积极参与公共服务并大量获得

① 马进保：《澳门的多元文化构成及其对政治发展的影响》，http：//www. gdzf. org. cn/gdfxh/fxyj/201012/t20101229_ 134825. htm。

公共资源，如德国、英国、瑞典等；第三种是管制主义，国家管制社会发展，其特点是：国家限制并监管，社会组织分为官办和民间两类，分别管理，如新加坡、日本等”。[①] 澳门特区政府与社团的关系属于第二种情况，是法团主义的类型。一方面，社团帮助特区政府收集和听取民意，使得特区政府更容易听到民意，并将民意融入公共政策，让政策更贴近民意。另一方面，社团发挥自身的资源优势和专业优势，弥补特区政府管理和特区政府供给公共服务的内在不足，帮助特区政府执行政策和提供社会公共服务。

其次，特区政府在社团登记注册上保留了宽松的行政管理空间，澳门社团的准入几乎没有限制。基于特区政府对自由结社权利的肯定和尊重，充分的结社自由使居民创建或加入社团非常容易。在澳门，成立社团是很简单的事情，特区政府只核实申请成立的社团名称、章程是否重复，在登记注册时特区政府只收取很少的印务费，用于在特区政府公报上刊登章程，而且一般只需要半个月到一个月即可完成所有的法定手续。“一般来说，有完整的组织架构和有健全的组织章程就可以向澳门基金会递交申请，经该基金会行政委员会审核之后，你甚至可以获得相应的资金支援，从而成为澳门社团组织中的一员。”[②]

再次，宽容和谐、包容温和是澳门人的秉性。长期以来，谦和包容、和衷共济已成为澳门人的基本价值信念，澳门人始终以宽容、互助、温和、友善的心态待人处事。讲究包容、强调合作，是澳门文化和澳门价值的一个重要体现。“包容、共生是澳门价值的根本特质。四百多年来，移民相继来澳，因当局行殖民统治难以向上流动，而个人或家族又势单力薄，为养家立业，邻居、街坊、同乡、同宗、同业间互爱互助渐成传统，各类成文或不成文的规矩影响和制约着人们的思维与言行。加之天主教、佛教、道教等宗教与民俗信仰普遍且虔诚，培育了澳门人与人为善、见事相帮的特质。总体而言，澳门是一个平和包容、没有敌意的社会。”[③]

复次，社团以和政府协商对话的方式来解决社会公共问题的方法有特定

---

① 王名：《现代社会组织体制的国际比较及中国的战略》，《中国机构改革与管理》2015 年第 4 期。

② 《一个基金会与一个社团大社会——与澳门基金会主席吴荣恪先生一席谈》，《中国经济导报》2010 年 4 月 29 日，http://www.ceh.com.cn/ceh/xwpd/2010/4/29/62679.shtml。

③ 贺之军：《澳门价值启示国际关系》，《澳门日报》2015 年 4 月 19 日，A7 版。

的历史传统。回归以前，澳门各个界别的社团就以不同方式和政府进行协商，帮助解决依靠法律途径难以解决的问题。比如，1970 年至今，澳门的商会和工会就一直就建造业技工的最低薪酬进行磋商，寻求劳资双方皆能接受的薪金水准。再如，20 世纪 90 年代，澳门街坊会联合总会就发挥良好的沟通桥梁作用，促成市民与政府及地产发展商通过协商达成协议，成功完成了木屋拆迁计划。因此，澳门社团和政府的和谐文化有社团协商传统作为基础。“澳门社团除了提供康乐、咨询、帮助之外，亦进行非官方而具权威性的协商对话，为居民谋求合理权益及寻找有利的发展权利，所以澳门浓厚的社团文化促成了协商文化在社会有效地实践。这种协商文化不是法律规定形成，其独特的价值和作用是高于法律。这种文化是建基于澳门具有中华传统文化自律道德的特点的同时，亦被葡萄牙人所带来的议事文化所影响，中西文化底蕴互相有机结合，致使澳门社团在法理之上进行为居民福利自觉进行的协商沟通。”①

最后，爱国爱澳是澳门绝大多数社团的核心价值观。澳门的华人社团有着深厚的爱国爱澳传统，其所覆盖的社会群体也有着这样的核心价值观，因而一直是澳门平稳发展的坚实基石。② 澳门华人社团具有光荣的爱国爱澳传统。不少澳门社团的章程明确将“爱国爱澳”作为社团的主要宗旨或价值观。比如，澳门妇女联合会章程提到：“本会以增进澳门妇女爱国爱澳、团结、关心社会、服务社会、办好妇女儿童福利事业及维护妇女合法权益为宗旨。”澳门工会联合总会会歌写道：“爱国旗帜高高举起，团结维权立场坚。”澳门市贩互助会章程也明确指出市贩互助会的宗旨是“团结小贩行友，爱祖国，爱澳门”。

因此，澳门社团和特区政府的关系是较为和谐的，特区政府与社团和平相处，社团极少用激烈的手段来抗议特区政府的施政。无论是社团与政府的关系还是社团间关系，合作的和谐的文化是主流的价值观，冲突的、非合作的文化则处于边缘地位或仅为少数人所接受。

值得一提的是，近年来，澳门社团内部的垄断性结构有转化为竞争性结

① 崔世平：《中华文化中人权普遍性与特殊性的探索》，http：//www. humanrights – china. org/cn/xsdt/xscg/t20110920_ 797328_ 1. htm。

② 林伟：《澳门社团的整合与培育研究》，《广西社会主义学院学报》2013 年第 10 期。

构的趋势。近年来，由于新生社团的增多，社团的结构日趋多元化和分散化，这不可避免地对传统的社团结构形成冲击。“在澳门众多的社团中，近年来新生社团的影响力在不断扩大，较为有力地冲击着传统社团的支配性地位。”① 但从整体上看，社团之间并没有出现明显的竞争关系，非竞争的、合作的关系仍然处于主流地位。不同的是，社团从原来的等级化结构向平行化结构转变，传统社团的影响力没有以前那么强大，而新生社团的影响力则日益增长。由此，新生社团和传统社团的实力差距日渐缩小，传统的由政府与大社团密切合作再延伸到小社团的机制受到质疑，这为政府治理带来了新的挑战。但社团结构从垄断向竞争转变的趋势，并没有妨碍社团间合作文化的生长和发展。相反，随着社团实力差距的缩小，社团间合作的动力和需求也将越来越迫切，从而对强化社团间的合作与和谐共处有一定的促进作用。当然，社团间实力差距的缩小也会加剧社团间的竞争，这也表明了未来澳门的社团间关系将会是一种竞争和合作并存的竞合关系。

二　社团的人情文化

人情文化又称为人格化文化、关系文化、熟人文化等，一般是指根据血缘、亲缘和地缘关系形成的社会网络并通过感情来维系的人际关系。在人情文化下，社会关系是以本人为中心一层一层推出去的圆圈，呈现为亲疏有别的差序格局。社会学家费孝通先生曾经指出，在中国传统社会中，社会关系是逐渐从一个又一个人推出去的，是私人联系的增加，社会范围是一张张私人联系所构成的网络。在费孝通看来，中国社会是一个差序格局的社会，人与人之间，无论是血缘家庭关系还是社会政治关系，都有亲疏贵贱的伦次等差，否则就会陷入混乱。因此，建立在这一基础上的中国传统社会有几大特征，其中最典型的特征是“人治社会”“长老统治”“特殊主义伦理”。这些现象表现在实处，就是“在某种程度上，维持秩序时所采用的力量，不是法律，而是人际关系的历史传统”。② 在这种社会文化背景下，人与人之间的关系就显得非常重要。

---

① 陈溥森：《澳门社团在社会趋向多元中转型》，《澳门日报》2013 年 2 月 27 日，F4 版。

② 王斗、余芳：《中国的关系文化》，《东西南北》2012 年第 14 期。

黄光国在《人情与面子：中国人的权力游戏》一文中就指出，中国人一般拥有三大类人际关系：情感性关系、工具性关系和混合性关系。[①] 其中，家庭、密友等关系的情感关系持久、稳定，情感成分超过物质功利成分；店员与顾客工具关系短暂、易逝，功利成分大于情感成分；亲戚、师生等的混合性关系则是空间上联成一个社会关系网络，时间上保持一定的延续性，情感成分和工具成分所占的比重不相上下。在这个体系中，中国人的人际关系中或多或少都存在情感关系的元素。特别是在情感成分占据较高比例和一定比例的情感性关系和混合性关系中，中国人往往会采取亲疏有别的处理方式来选择不同的社会交往“人情法则”，在资源配置上优先考虑自己熟悉的人。

由此，人情文化、关系文化的显要特征是亲疏有别，而不是平等对待。儒家思想对人的假设是人是生活在关系网络中的人。只有正确处理网络中主仆关系、父子关系、夫妻关系、长幼关系、朋友关系五种关系，才能使自己生活幸福。中国人对关系亲疏的选择，是以亲属关系—熟人关系—地域关系—生人关系为路径。每个人都有以“人伦为经，以亲疏为纬”的关系网络。在处理事务时，职责与关系都是必须考虑的因素，“六亲不认”就会在亲友圈、朋友圈、老乡圈中失去地位，慢慢被疏远。相比之下，西方国家的关系是一种完全的契约关系。西方关系更多的是要求权利的享受和义务的履行，西方关系路径的选择比中国简单得多，不分远近亲疏，只看权利义务。[②]

应该讲，人情文化普遍存在于澳门社会。其实，虽然澳门一贯被称为中西文化交融的地方，但中国传统文化是其底色和核心。由此，人情文化、熟人文化渗透进澳门经济社会的方方面面和各个领域，无论是政府的公共行政，还是一般的商业行为。在这方面，研究澳门博彩业的学者也指出澳门博彩业的精英体制很大程度上是以人情文化作为润滑剂，“华人社会独有的人情文化，使得基本上是以面子、信用等人脉关系要素为润滑剂的经营体制，得以顺利运行”。[③]

---

① 黄光国：《人情与面子：中国人的权力游戏》，台北：巨流图书公司，1988，第 11 ~ 19 页。

② 马晓娟、韩润娥：《关系行销及中西方关系文化比较研究》，《商业经济》2010 年第 11 期。

③ 王五一：《以赌权开放为中心的澳门博彩业治理体制变迁》，《新华澳报》2014 年 10 月 30 日，P3 版。

在人情文化作为澳门社会底色文化的背景下，不难想象和推论人情文化对澳门社团必定产生的作用和影响。事实上，人情文化不仅体现在诸如人员招聘的社团内部管理中，也体现于社团选举和社团政治中。比如，有学者就指出："社团政治中就有熟人文化的因素，包括社团可透过已建立的人际网，向会员推介个别候选人，又或动员会员支持个别候选人；又如老板参选，向员工施压助选等。"①

人情文化有一定的消极性。在这方面，有学者有较为具体且集中的阐述："人情文化对国民性产生了巨大的消极效应。首先，它助长了一部分中国人的自私。做人情总是以自我为圆心，以自我利益为半径的，并依据不同的方式与关系亲疏不同的人进行社会交换，以获取一定的功利目标；而且，做人情还要尽可能保持本人所付出的代价与对方的回报相等，因此讲人情在一定意义上说是个人追求个人利益实现的手段，它极可能滋长斤斤计较个人得失的自私心理。其次，它损害人们的公正心，可能造成社会的不平等。中国是一个差序格局的社会，资源支配者通常要根据关系的疏密、厚薄以及主观的好恶，选择不同的方式和资源来与关系网内不同的人交往，这样就可能违反社会公正原则和规章制度，而决定是否做人情以及人情的大小，从而造成社会的不平等现象。再次，由于遇事讲人情，唯恐伤害对方的情面，因此人们常常过分表现出忍让、谦恭、中庸、保守、怯弱和自卑等性格。除此之外，像依附、顺从、懒怠、奢侈等许多不良品质与人情文化也不无联系。"②

因此，以温情脉脉的人际关系为纽带而结成的民间社团，通过情感上的联谊和物质上的相助，可以化解群体间的矛盾，增强团结，发挥正面的功能和作用。但人情文化归根到底是一种特殊主义的倾向，而不是一种普遍主义的倾向，这对于社团管理的制度化、公平化和科学化而言，形成了阻碍，产生了不良的影响。澳门社团在未来的发展中要取得进一步的发展，必须消除人情文化的不良影响，致力于实现内部管理的现代化、科学化和民主化。

---

① 《学者倡选举经费透明化》，《澳门日报》2013 年 6 月 27 日，C5 版。

② 参见涂可国《儒学、人情文化与人际关系的优化》，《东岳论坛》2011 年第 8 期。

三　澳门社团的程序文化

如果说特殊主义的人情文化是澳门社团文化的一个侧面，普遍主义的程序文化则是澳门社团文化的另一个侧面。普遍主义的程序文化在某种程度上是特殊主义的人情文化的对立物，它推崇制度和规则的至高无上，信奉制度面前人人平等，杜绝人际关系对制度的影响，试图用非人格化的手段，通过法规和规则把人限制在特定的活动空间内，以此保证政策意图自上而下得到贯彻，进而实现公共利益。

作为否定人情文化的程序文化，同样对澳门的公共行政有着深远的影响。在政府的行政过程中，一般公务人员都被要求遵从按章办事的官僚文化和程序文化。一般公务人员在公共行政过程中基本上以法律法规作为行动的最高准则，只有法律规定的才会去做，法律没有规定的绝对不会越雷池半步。从这个意义上讲，普遍主义的程序文化对澳门公共行政有良性的影响，澳门公共行政人员对法律十分敬畏，依法行政也成为共识性的价值取向。

然而，程序文化对澳门公共行政也有着负面的作用。由于对法律法规及法定程序的过度推崇，特区政府实际上已经渐入文牍主义的泥泞。一方面，特区政府的各种法律法规汗牛充栋，行政程序充斥着各种繁文缛节，致使行政效率难以提高；另一方面，公务人员成为极度机械化的“螺丝钉”，其创新性和积极性得不到制度的诱导。在这种过程导向和控制导向的程序文化下，公务人员往往是为了服从法律而服从法律，不关心为什么要服从法律的规定，缺乏对制度精神的追问，容易使政府的施政陷入“只见树木，不见森林”“关注细节，忽视整体”的困境。

程序文化对社团运作实践也有同样的效应。社团严格按照相关的社团法律和法规办事，呈现出典型的法治文化和制度文化的取向，但也容易陷入“为遵守制度而遵守制度”的形式主义误区。

四　社团的小圈子文化

从法律层面看，澳门社团有较为明确的法律制度规定的内部治理结构。但从社团管理和社团运行的实践经验看，社团内部管理的制度和成效，却往往取决于少数社团领导的能力及风格，从而导致社团管理出现人格化、非制度化的局面，缺乏完善的民主选举、民主决策、民主管理、民主监督的系统机制。就此，社会难免质疑社团的代表性及管理的民主性。社团管理民主化不足的缺陷，源于澳门社团的小圈子文化，具体表现为以下几个方面。

首先，真正依照章程通过民主方式选举产生社团领导层的情况并不普遍。依照《澳门民法典》的规定，社团需要制定章程，并严格按照章程的规定来运作。在运行的实践中，澳门社团的章程千篇一律，而且有些社团生活出现了对章程的偏离。在“领导架构成员产生”这个核心议题上，从制度的要求来看，社团领导成员都需要按章程选举产生。可实际的情况是，不少社团领导层都是协商产生的。现实中，社团领导层换届基本上是由少数人事先拟好提名名单后在会员大会上鼓掌通过。

其次，社团领导的任期没有限制，社团领袖连任多届的现象较为普遍。民主的价值和理想需要多重机制加以层层呵护，这些机制包括法治、竞争选举、理性的选民以及任期的限制等。其中，除了竞争选举外，任期限制是实现民主的一个至关重要的前提条件。这一条件的缺乏，也意味着民主化不足。这也反映了“小圈子文化”的特点。

再次，虽然澳门号称“社团社会”，60 万人口中有超过 9000 个社团，但居民的社团参与率其实并不高。这是因为，积极参与社团的是“来来回回那些人”，少数人和小圈子的人可以一个人参加多个社团，从而造成了“社团数量多而居民参与率不高”的怪象。早在 2005 年，澳门发展策略研究中心的“澳门居民素质调查 2005”调查结果就指出，“社团的权力仍把持在少数人手中，大部分居民社团参与率并不如想像中那么高”。① 而且，9000 多个社团中真正活跃的社团也不多，也只有为数不多的社团较为活跃，大多数社团没有特别多的活动。“真正较有实力、有影响、有能力，致力于为社会服务、为经济发展的社团大约占社团总数的 15%，其余 85% 的当然亦同样发挥着自己的作用。但是，不排除少数社团连日常看门的、听电话的人都没有，形同虚设。”②

① 娄胜华、潘冠瑾、林媛：《新秩序——澳门社会治理研究》，社会科学文献出版社，2009 年。

② 《社团发展亟待与时俱进》，《澳门时报》2014 年 3 月 20 日，第 2 版。

最后，由于社团领导任期无限制以及社团领导身兼数职等多种因素下，社团决策与管理上出现了家长制作风以及一言堂的苗头。“由于决策机构（理事会）人数众多，加上许多社团领导身兼数职，同时亦有一些领导长期任职、连任多年，因此，往往就由那些长期任职者替代社团领导集体作出决策与管理，久而久之，成为变相的家长制。”① 对于社团管理中滋生的“家长管理”文化，也有学者指出了这种非民主的管理方式对人才培育的不利影响。“本澳传统社团文化以‘家长管理’的方式培养青年人才，对人才的成长其实有一定的负面作用。”②

五　社团的封闭文化

与社团内部决策与管理民主化、制度化不足密切相关的另一问题是社团的封闭性。理论上，作为第三部门和社会组织的社团应该具有较高程度的开放性，才能吸引更多人员加入并积极参与社团活动。一般来讲，开放的社团最重要的特点就是保持财务的公开透明，西方发达国家对非政府组织（NGO）管理的先进经验就特别强调了其财务公开的重要性。“对基金会等公益慈善性组织的财务管理要作为重点，定期或不定期地进行稽核，将其结果向社会公开，允许公众进行检查监督。NGO 组织的年检资料和公益慈善机构领导人的收入也公之于众，以方便发挥新闻舆论的监督作用。”③

如上所述，澳门社团与特区政府有着亲密无间的和谐合作关系，这种合作关系在促进特区政府和社团有效合作的同时，也带来一定的负面效应。如容易产生独立性降低、迎合以及官僚化的问题。其中，官僚化的管理意味着僵化、不够民主透明，这恰恰是当前澳门社团管理碰到的最大难题。

澳门社团透明度不高、较为封闭，与社团内部治理制度无法提供一个有效的监督机制也有很大的关系。一般来说，澳门社团的内部治理机构分为全体会员大会、理事会和监事会。其中，会员大会是社团的最高权力机关，决定社团的重大事项，如章程的修改、社团各机关成员的任免、资产负债表的

① 娄胜华：《挑战与变革：澳门社团可持续发展分析》，《行政》2013 年第 2 期。

② 陈观生：《人才发展战略之对症下药》，《新华澳报》2014 年 4 月 23 日，P3 版。

③ 孟伟：《美国 NGO 组织发展的经验与借鉴》，《特区实践与理论》2009 年第 3 期。

通过、社团的消灭，以及法律或章程没有赋予社团其他机关职责范围的事宜。理事会是社团的执行机关，通常由民主选举产生，设有理事长、副理事长、秘书长等职位，负责处理社团的日常工作。理事会每年向全体会员报告工作开展情况。监事会属于社团内部监督机构，具体负责监督法人行政管理机关的运作、查核法人的财产、编制年度监察报告等工作。为了履行职责，监事会可以要求行政管理机关提供必要或适当的资源和方法。然而，“尽管澳门大多数社团都具有法律要求的理事会、监事会等形式要件，但是社团内部的监督机制并未真正启动，未能发挥彼此制衡、民主监督的功能”。① 内部民主监督的不到位或缺位，在一定程度上为社团小圈子文化的发展提供了更大的生长空间和更多的可能。

事实上，对社团来说，建立公开、透明、开放的社会监督机制是非常重要的。这是因为，社团的开放程度决定了社团的吸引力和凝聚力。如果一个社会的社团开放性不够，或者说社团管理是一种较为封闭的黑箱作业，那么社团对居民的吸引力肯定是有限的，居民的社团参与率也不会达到一个较高的水准。正是在这个意义上，有学者指出，澳门社团的封闭文化是澳门存在大量社团而公民的民主意识和参与意识不高的原因所在。“澳门目前社团遭遇的成员流失与退出，实际上，既有社会环境剧变的因素，也与社团的封闭性直接相关的。这也是何以澳门存在大量社团而公民的民主意识与政治参与意识却并不如想像得那样高之原因所在。”②

六　结语

长期以来，澳门文化蕴含着丰富的积极因素，既有岭南文化开放进取、重商实利的特点，又有移民文化多元包容的品性。然而，澳门的多元文化并不是美国熔炉式的多元文化，而是更像加拿大的马赛克式的多元文化，更像沙拉水果拼盘，多元并存而难以融合。

在法团主义的政府－社团合作体制中，受中国传统文化的影响，澳门社

① 李燕萍：《对澳门社团监督问题的思考》，《当代港澳研究》2014 年第 2 期。

② 娄胜华：《庇护主义、利益政治与澳门社团文化嬗变》，澳门社会学学会、澳门大学社会学系主办“两岸四地政治文化与公民社会国际研讨会”，2009，第 245 页。

团文化表现为特有的和谐文化、人情文化、程序文化、小圈子文化以及封闭文化，存在非竞争的、非公开的、人格化的、民主化不足的缺陷。这与我们提倡的开放的与国际接轨的、竞争的、民主化的、制度化的社团文化有差距。因此，在肯定澳门社团在协助政府提供社会公共服务的作用和贡献的同时，需要进一步检讨澳门社团文化存在的问题，加强社团管理的制度化、民主化、透明化。

四　历史研究与史料整理

西洋葡萄酒从澳门走上中国人的餐桌*

金国平**

摘　要：在大航海时代，“西洋葡萄酒”随海舶来到东方。随着1557年葡萄牙人租居澳门和天主教进入中国，它开始传播于华夏大地。源自澳门的葡萄酒文化改变了国人的饮酒习惯，在传统的粮食酒天下，属于果酒的葡萄酒赢得了一席之地。

关键词：西洋葡萄酒　葡萄酒文化　澳门

一　引言

酒文化是以酒为载体的各国文化现象的总和，是商品文化的组成部分，也是各国文化系统中的亚文化。

由于酿造原料的不同，酒类大致可分为果酒、乳酒和粮食酒。而果酒中最为著名者当属葡萄酒。① 葡萄酒的历史与人类的文明史几乎同样长久。根据研究，葡萄酒发源于西亚地区，公元1世纪前后传播到世界各地。

葡萄牙航海家达·伽马率领船队绕过好望角，驶入印度洋，横渡至东印

* 感谢葡萄牙贝森银行首席执行官卞方先生慷慨提供书籍资料及同普塔克（Roderich Ptak，笔名“葡萄鬼”）的不断交流。

** 金国平，暨南大学澳门研究院研究员。

① 汉语最早称“蒲桃酒”。明朝已出现了“葡萄酒”。李时珍在《本草纲目》中说“葡萄酒”与“烧酒”可治“寒湿”，参见金沛霖主编，阎中英、余志强、介挺、张瑞麟副主编《本草纲目》，《四库全书　子部精要》上册，天津古籍出版社、中国世界语出版社，1998，第1129页。

度，开辟了一条通往东方的新航路，使得欧洲与东方的海上交通变得前所未有的便捷。中西文化交流的内涵，也使伊斯兰文明与中华文明之间的交流转变为基督教文明与中国文明之间的交流，人类历史迎来了第一波全球化，进入了空前高涨的时代。

自大航海时代，欧洲出产的酒类主要是葡萄酒舶海而来，大批量涌入中国，明清以来统称其为“番酒”“西洋酒”“洋酒”“红毛酒”[①] 或“西洋葡萄酒”等。

中外酒文化在岭南地区交汇，“广东是近代中国接触西方文化最早和中西文化碰撞最为激烈的地区，酒文化的交流构成岭南中西饮食文化交流的重要部份”。[②]

从 1557 年开始，葡萄牙人正式租居澳门。澳门成为“西洋葡萄酒”入华的桥头堡，[③] 于此集散。原为澳门外籍居民的一种生活消费时尚，逐渐成为中国酒文化的一部分。

正德时，后来成为第一位来华使节的皮雷兹在《东方简志》中介绍说：“所有华人食用猪、牛及其他动物肉。嗜酒成性，尤将我们的葡萄酒视为上品，常酩酊大醉。”[④]

嘉靖时，叶权所著《游岭南记》有记：“广东军饷资番舶，开海市，华、夷交易……西洋酒，味醇浓，注玻璃杯中，色若琥珀。”[⑤]

---

① 马振垣《卧云堂诗稿》云：“红毛酒歌　秦望山头风夜吼，一夕雪花深没牖。玉楼银海彻骨寒，石鼎金炉火不守。主人饮我玻璃杯，云是南海红毛酒。红毛之酒红于血，色香异味三奇绝。倾之一盏即醺人，葡萄椰子失芳冽。”参见陈永正编注《中国古代海上丝绸之路诗选》，广东旅游出版社，2001，第 269 页。

② 广东省社会科学院历史研究所：《岭南酒文化与广东石湾酒厂集团发展史》，世界图书出版广东有限公司，2014，第 85 页。

③ “澳门有每年进口葡萄酒的传统。这些存货多数留在了澳门。但有时候，少量存货也会流入内地和日本的传教士手中。这些葡萄酒被他们用于个人消耗或者节日庆祝。很多在远东的欧洲人已经习惯了当地的美食，但进口的葡萄酒和乳酪，无论对于中国大陆的神父还是澳门的商人和行政人员来说都是不可或缺的。对于许多澳门人来讲，饮用葡萄酒是日常生活中十分重要的环节，是当地文化的一部分。这个习惯一直保存至今。确实，在享用地中海美食方面，无论是橄榄还是葡萄酒，直至四五十年前，澳门都处于领先香港和中国其他沿海城市的位置。”参见〔德国〕Roderich Ptak 著《十六七世纪登陆澳门的葡萄酒　海上“葡萄酒之路”》，陈梓菲编译，《葡萄酒》2016 年第 1 期，第 156 页。

④ 金国平编译《西方澳门史料选萃　15～16 世纪》，广东人民出版社，2005，第 18 页。

⑤ （明）叶权：《贤博编》，《游岭南记》，中华书局，1987，第 45 页。

万历时，姚旅在《露书》中记载欧洲人罗华宗（即罗雅谷）来华事迹时云："问其酒，则蒲萄也。"①

入清以后，吴渔山的《三余集》之《代远西先生谢恩赐饮葡萄浆并青缎白金》有言："丹陛胪呼二远臣，葡萄满赐一杯春。"②

《澳门记略》卷下这样记述欧洲的舶来酒："酒以葡萄，注以玻璃高碗。……酒以白葡萄为上，红葡萄次之，所谓色如琥珀、气类貂鼠者。又有葡萄红露酒③、葡萄黄露酒，皆以瓶汁，外贮以箱。"④

《竹叶亭杂记》卷三记载："广东香山属地曰澳门，为通夷舶之所……酒贮以玻璃瓶，大小罗列，以酒之贵贱，分杯之大小。"⑤

《红楼梦》第六十回涉及宝玉品饮"西洋葡萄酒"。⑥

有清一代，为我们留下了大量详记与诗文，仅举两例。

例一：彭孙贻的《客舍偶闻》详记汤若望请吏部尚书范光文饮西洋葡萄酒之事："取西洋葡萄酒相酌，启一匣，锦裹，又一匣，出玻璃瓶，高可半尺，大于碗。取小玉杯二，莹白无瑕，工巧无匹，谓吏部范公⑦曰：'闻公大量，可半杯。'若望斟少许相对。吏部以为少，若望笑曰：'此不可遽饮，以舌徐濡之。'潞公⑧如其言，才一沾舌，毛骨森然若惊，非香非味，沁入五脏，融畅不可言喻。数舐酒尽，茫茫若睡乡，生平所未经。若望亦如寐，良久各醒。仆从分饮半杯，仆不能起。若望命取粥各举一碗，身柔缓，须扶乃登车。仆从皆踉跄欹侧归。"⑨

例二：查慎行在接受大学士张玉书等赠送的蒲桃酒（即西洋进贡的葡萄酒）后，在和同僚举办的品酒宴会上即兴作有《谢院长惠西洋蒲桃酒》诗："妙酿真

① 谢国桢：《明清笔记谈丛》，上海书店出版社，2004，第31页。

② 陈诏：《舌尖上的〈红楼梦〉》，上海古籍出版社，2013，第131页。

③ 即"liquor"的意译，音译为"利口酒"。

④ （清）印光任、张汝霖：《澳门记略校注》，赵春晨校注，澳门文化司署，1992，第144、165页。

⑤ （清）姚元之：《竹叶亭杂记》卷3，中华书局，1982，第90页。

⑥ （清）曹雪芹、高鹗原著，王齐洲、王丽娟解读《〈红楼梦〉文化读本》（上），岳麓书社，2008，第494页。

⑦ 范公，即清吏部文选司郎中范光文，鄞县（今浙江宁波）人。明兵部右侍郎、著名藏书家天一阁主人范钦曾孙。——引者注

⑧ 潞公，即范光文。——引者注

⑨ （清）鹏孙贻、（清）杨士聪撰《客舍偶闻·玉堂荟记》，于德源校，北京燕山出版社，2013，第25页。

传海外方，龙珠滴滴出天浆。醍醐灌顶知同味，琥珀浮瓶得异香。直可三杯通大道，谁教五斗博西凉？平生悔读无功记，误被村醪引醉乡。”①

二　输入与传播

各色西洋酒开始在华传播，甚至改变了国人的饮酒习惯。国人已经能够对欧洲酒予以明确的类别区分，如葡萄酒、白兰地、香槟酒以及各种露酒，其中，“西洋葡萄酒（包括红葡萄酒和白葡萄酒）”输入量最大，普及最广。②

葡萄酒引入中国的历史十分悠久。中外酒文化交流以两汉时期为勃兴期，唐宋时期为第二次高潮，明清时期则为第三次高潮。

从输入途径分析，曾有两道：一为陆上丝绸之路；一为海上丝绸之路。海上丝绸之路分为三个扩散地：（1）第一扩散地——澳门；（2）第二扩散地——香港；（3）第三扩散地——上海。

19 世纪 50 年代，在《澳门宪报》发行之初，其上便刊登有各种葡萄酒的广告。

《澳门宪报》1851 年 6 月号 5 月 1 日之广告：

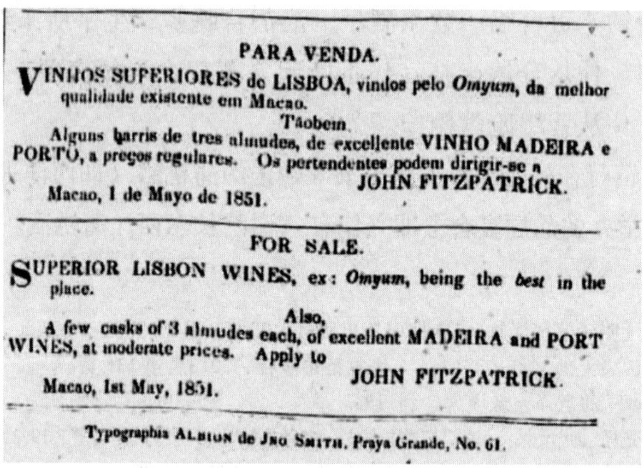

PARA VENDA.

VINHOS SUPERIORES de LISBOA, vindos pelo *Omyum*, da melhor qualidade existente em Macao.

Tãobem

Alguns barris de tres almudes, de excellente VINHO MADEIRA e PORTO, a preços regulares. Os pertendentes podem dirigir-se a

JOHN FITZPATRICK.

Macao, 1 de Mayo de 1851.

FOR SALE.

SUPERIOR LISBON WINES, ex: *Omyum*, being the *best* in the place.

Also,

A few casks of 3 almudes each, of excellent MADEIRA and PORT WINES, at moderate prices. Apply to

JOHN FITZPATRICK.

Macao, 1st May, 1851.

Typographia ALBION de JNO SMITH, Praya Grande, No. 61.

图 1

① 杨琏、艾军编《中国古代酒诗词集萃》，云南美术出版社，2011，第 228 页。

② 这方面的研究，参见 Lei Jin，“A Study on Consumption of European Red Wine in China（1680 - 1840）：State of the Art，Question，Hypothesis，Sources and Methodology”，Working Paper 18.02，Universidad Pablo de Olavide，Department of Economics，Quantitative，Methods and Economic History，2018。作者对澳门葡萄酒的引入和消费及对中国其他地区的影响等情况未有任何涉及。

出售

雯云号从里斯本运来高级葡萄酒。

全澳仅有。

亦以平价出售数桶三阿尔姆得[①]

装高级马德拉葡萄酒和波尔图葡萄酒[②]。

欲购者，请洽费特资帕德里克。

《澳门宪报》1851 年 5 月号 5 月 22 日之广告：

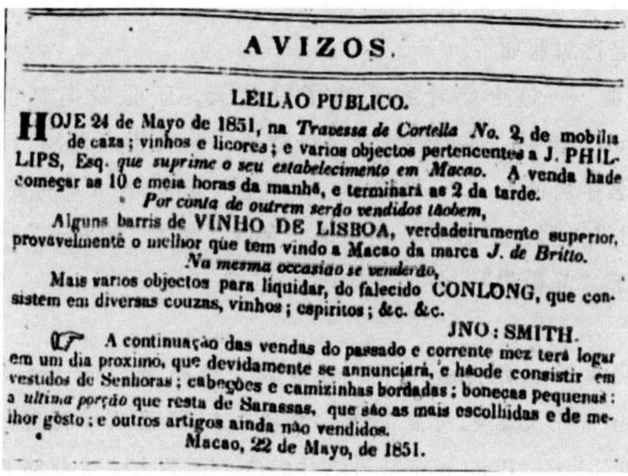

AVIZOS.

LEILÃO PUBLICO.

HOJE 24 de Mayo de 1851, na *Travessa de Cortella No. 2*, de mobilia de caza; vinhos e licores; e varios objectos pertencentes a J. PHILLIPS, Esq. *que suprime o seu estabelecimento em Macao.* A venda hade começar as 10 e meia horas da manhã, e terminará as 2 da tarde.

Por conta de outrem serão vendidos tãobem,

Alguns barris de VINHO DE LISBOA, verdadeiramento superior, provavelmentê o melhor qúe tem vindo a Macao da marca *J. de Britto.*

Na mesma occasião se venderão,

Mais varios objectos para liquidar, do falecido CONLONG, que consistem em diversas couzas, vinhos; espiritos; &c. &c.

JNO: SMITH.

☞ A continuação das vendas do passado e corrente mez terá logar em um dia proximo, que devidamente se annunciará, e hãode consistir em vestidos de Senhoras; cabeçòes e camizinhas bordadas; bonecas pequenas: a *ultima porção* que resta de Sarassas, que são as mais escolhidas e de melhor gôsto; e outros artigos ainda não vendidos.

Macao, 22 de Mayo, de 1851.

图 2

公开拍卖

……数桶里斯本葡萄酒，质量上乘。或许是

布利托牌运抵澳门的最佳美酒……

施密特启

① 1 阿尔姆得 = 16.8 升。

② 即“缽酒”。

19 世纪初起，澳门经销的“洋酒”种类有：

> 洋酒　以暹罗国为第一（外国名酒记）。澳门中洋酒来自西洋、红毛、佛郎西诸国者甚多。哪呋酒，红白二色，品最贵。罢栏地酒，红及淡白二色，味最浓，须和水饮，能治跌打刀伤。火酒亦和水饮。白酒、红酒能壮血。咧酒色黄，味苦，能消热积。利歌酒、巴悉酒、西打酒、亚姑嗹酒、三边酒、唬酒，俱淡黄。嘞酒深红，哑叻酒色白，甜酒色红，斤地咧酒、啤鳌酒俱淡红。葡萄酿金星酒，有金屑如星，类多精美，皆《名酒记》所无载（物产略）。①

中外文名称对照如下。

1. 哪呋酒——这个字让我头痛了好几天，于是我向老酒友葡萄鬼（Roderich Ptak）求助。还是葡萄鬼深谙酒道，为我指点迷津，建议“哪呋酒”的外文名字可能是“Pinot Noir”。一查这“Pinot Noir”的资料，果然和“哪呋酒”对得上号。“哪呋”是法语“Noir（黑）”的对音”。“佛郎西”即法国。至于“品最贵”，见如下描述：

> 它是这个世界上最绵长、最夺魄、最精致、最古老的味道……Pinot Noir（中文名也叫黑品乐，黑比诺）葡萄被誉为酿造葡萄界的“娇小姐”。……Pinot noir 葡萄绝对能这个世界上味道最绵长，最夺魄，最精致，最古老的……这就是 Pinot Noir，不论是葡萄本身或由其所酸制的酒液都具有古老、优雅、精致的特征。虽然外表可能朴实无华，但只有细心者才能发现 Pinot Noir 的真正内涵和绵长韵味，索诺马山谷也具有同样的高贵品格。②
>
> 黑品诺（Sp tburgunder）、比诺罗瓦（Pinot Noir）是果味浓郁的红葡萄酒，这类酒即便年份不长味道也不错。③

---

① 祝淮修、黄培芳等辑《（道光）香山县志》，《中山文献》第 3 册，台北：台湾学生书局，1985，第 240 页。

② 李琦芳、汤涵婷、廖敏：《美国，四种表情》，新华出版社，2008，第 256 页。

③ 〔德〕沃尔夫冈·梅尔希：《只想嫁给你，理想老公手册》，邹丽、李雯翠译，吉林美术出版社，2005，第 95 页。

2. 罢栏地酒——brandy。[①] 罢栏地来自英文 Brandy。Brandy，从荷兰文“Brandewijn”而来，意即“烧酒”。

3. 火酒——aguardente。为一意译，意即“烧酒”。

4. 白酒——white wine。即“白葡萄酒”。

5. 红酒——red wine。即“红葡萄酒”。

6. 唎酒——beer。[②] 即“啤酒”。

啤酒也是先传入澳门，后进入内地。[③]

19 世纪 30 年代，葡萄牙语单词“CERVEJA”被翻译成了“大麦水”。[④] 亦称“麦芽酒”[⑤] 或“麦酒”[⑥] 等。

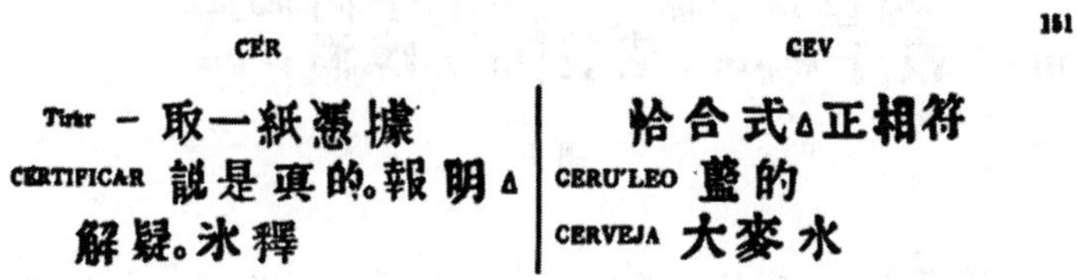
CER　　　　CEV　　　　151

Tirar — 取一紙憑據
CERTIFICAR 說是真的。報明△
解疑。氷釋

恰合式△正相符
CERU'LEO 藍的
CERVEJA 大麥水

图 3

我们来看一下“啤”字出现的情况。

到 19 世纪 40 年代，才在卫三畏的《英华韵府历阶》中出现了现在通用的名字“啤酒”。[⑦]

啤酒传到中国，时值清朝末年。啤酒一词在欧洲多种语言的读音中，

① 关于 19 世纪该酒在港澳的情况，参见王汉明《香港洋酒文化笔记，一八四一——一八五一》，三联书店（香港）有限公司，2018，第 250～251 页。

② 王汉明：《香港洋酒文化笔记，一八四一——一八五一》，第 246～247 页。

③ 汤开建：《天朝异化之角：16—19 世纪西洋文明在澳门》下卷，暨南大学出版社，2016，第 1399 页。

④ Joaquim Affonso Gonçalves, *Diccionario portuguez-china no estilo vulgar mandarim e classico geral*（《洋汉合字汇》）（Macao，1831），p. 151。

⑤ 〔日〕饭田草：《你所不了解的英国酒吧和啤酒的国度》，田静译，新世界出版社，2014，第 26～27 页。

⑥ 朱世英、季家宏主编《中国酒文化辞典》，黄山书社，1990，第 199 页。

⑦ *Ying Hwa Yun-fu Lih-Kiai*（《英华韵府历阶》，*An English and Chinese Vocabulary in the Court Dialect*），Macao：Printed at the Office of the Chinese Repository，1844，p. 13。

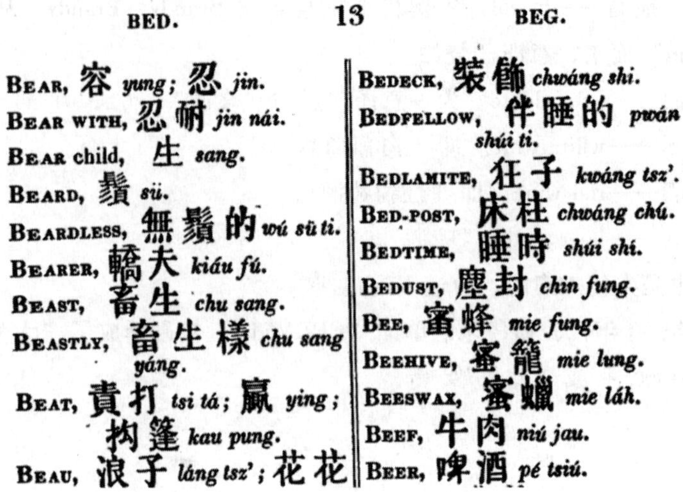

BED. 13 BEG.

Bear, 容 yung; 忍 jin.
Bear with, 忍耐 jin nái.
Bear child, 生 sang.
Beard, 鬚 sü.
Beardless, 無鬚的 wú sü ti.
Bearer, 轎夫 kiáu fú.
Beast, 畜生 chu sang.
Beastly, 畜生樣 chu sang yáng.
Beat, 責打 tsi tá; 贏 ying; 抅篷 kau pung.
Beau, 浪子 láng tsz'; 花花

Bedeck, 裝飾 chwáng shi.
Bedfellow, 伴睡的 pwán shúi ti.
Bedlamite, 狂子 kwáng tsz'.
Bed-post, 床柱 chwáng chú.
Bedtime, 睡時 shúi shí.
Bedust, 塵封 chin fung.
Bee, 蜜蜂 mie fung.
Beehive, 蜜籠 mie lung.
Beeswax, 蜜蠟 mie láh.
Beef, 牛肉 niú jau.
Beer, 啤酒 pé tsiú.

图 4

前面一个音节或 Be 或 Bi，其发音都近似于汉语中“皮”字的读音，所以，根据外国人的读音，再加上它含有一定量的酒精，酒味刺鼻，于是聪明的中国人便将它译为“皮酒”。清朝末年的书报上用的就是“皮酒”二字。本书第一章中的“中国近代啤酒史话”一节里，有一幅插图，那是清末时期，丹麦嘉士伯啤酒公司在上海张贴的一幅广告画，画中酒店招牌上书写的便是“皮酒”二字。清末著名小说家吴趼人描写清朝光绪年间社会百态的、号称清朝五大奇书之一的《二十年目睹之怪现状》，曾提到当时在上层社会已流行的舶来品“皮酒”一物。第六十八回里有这样一段话：“我便拿了一个外国人吃皮酒的玻璃杯[①]出来。”此处“皮酒”的“皮”字，便是晚清的流行写法。后来有人认为这个“皮”字虽是音译，但不够妥贴，因为啤酒乃饮用之物，理应与“口”有关，于是他就按照中国古代造字法中的形声法，将“口”作为形符（又叫意符或者叫形旁），表示这是进口之物，是吃的东西；用“卑”作声符（或者叫声旁），表示这种舶来品的读音，两相结合，便构造出了一个崭新的“啤”字来。“啤”字大概出现于20世纪10年代。

① “玻璃杯”，即葡语“jarro”或英语“jar”的意译，汉语的“扎啤”的“扎”便是由此而来。

此后便将只能表音不能达意的“皮”字取而代之了。至于是哪个老夫子造出“啤”字的，如今已无从查考了。

在未见到更早的资料前，应该说“啤酒”这个名字最早在澳门翻译使用，而且是个美国“夫子”造出来的！“‘啤’字大概出现于20世纪10年代”的说法将“啤酒”名字出现的时间提前了半个多世纪。

7. 利歌酒——liquor。[①] 即“利口酒”。港澳粤称为“力娇酒”。

8. 巴悉酒——Barsac。[②] 法国巴斯克地区所产白甜葡萄酒。

9. 西打酒——sidra。[③] 即“苹果酒”。“打”字明显是葡萄牙语音节“dra”的对音，因此不是来自英语的“cider”。

10. 亚姑嗹酒——aguardente。为一音译，意即“烧酒”。

11. 三边酒——champagne/champaigne。[④] 即“香槟酒”，亦称“三变酒”。[⑤]

12. 唬酒——Hock。[⑥]“英国人称莱茵河区出产之葡萄酒为Hock。”[⑦]

13. 啵酒——Port Wine。即“波尔图酒”。[⑧]

14. 哑叻——arrack。即“亚力酒（阿拉伯语：عرق）”。中国古译“阿剌吉”或“哈喇基”等。是一种蒸馏酒，透明无色，具有茴香味且不甜。

---

① 王汉明：《香港洋酒文化笔记，一八四一——一八五一》，第26页。

② 王汉明：《香港洋酒文化笔记，一八四一——一八五一》，第26页。现译“巴萨克”，一种甜白葡萄酒，参见〔法〕皮埃尔·卡萨梅邯：《我的第一次品酒》，北京：北京联合出版公司，2015，第138页；〔法〕劳瑟：《法国波尔多顶级酒庄赏鉴》，乐乐译，上海科学技术出版社，2014，第184页。

③ 关于19世纪该酒在港澳的情况，可见王汉明《香港洋酒文化笔记，一八四一——八五一》，第256页。

④ 关于19世纪该酒在港澳的情况，可见王汉明《香港洋酒文化笔记，一八四一——八五一》，第253～255页。

⑤ *Ying Hwa Yun-fu Lih-Kiai*（《英华韵府历阶》，*An English and Chinese Vocabulary in the Court Dialect*），Macao：Printed at the Office of the Chinese Repository，1844，p. 31。

⑥ 王汉明：《香港洋酒文化笔记，一八四一——八五一》，第26页。

⑦ 张万洪：《中国餐饮天书 如何做一名出色的总经理（Restaurant guide book）》，广东旅游出版社，2014，第264页；〔英〕奥兹·克拉克：《1845年霍克葡萄酒》，李文良译，《葡萄酒史八千年　从酒神巴克斯到波尔多》，中国画报出版社，2017，第77页。

⑧ 关于19世纪该酒在港澳的情况，参见王汉明《香港洋酒文化笔记，一八四一——八五一》，第262～263页。

15. 甜酒——rum。[①] 即“朗姆酒”。

16. 斤地咧酒——“咧酒”即“beer”。“斤地”或为一品牌名，疑为“Perkin's”[②] 之对音。还有一种可能是“斤地咧酒”为误写，实际上要写的是“斤酒”，因为在同文中，“咧酒”已有一次涉及。“斤”或是“Gin”[③]的译音。“金酒 GIN 的中文译名较多，台湾称琴酒，港澳译为毡酒，大陆译成金酒，这与方言的读音有关。此外，还称杜松子酒（Genever）。”[④] 我们认为，最后一种可能性最大，因为在酒单中缺少对“Gin”的描写。

17. 啤鳌酒——sherry。[⑤] 即“雪莉酒”或“些利酒”。

18. 金星酒——这个字也让我废寝忘食了几天。突然脑洞大开，不就是香槟酒吗！在葡萄牙的“party”上，大人问孩子要不要“vinho de estrelinhas（带小星星的葡萄酒）”或“vinho com bolinhas（带小气泡的葡萄酒）”，而不用“香槟”这个大人的词，使气氛更加活跃。

三　葡萄酒外交

在中西交往中，尤其是中葡关系中，西洋葡萄酒作为贡酒，充当外交工具。[⑥]

（一）麦德乐使团

《葡萄牙国王唐·若昂五世遣中华及鞑靼雍正皇帝特使出使简记》记载：“许多大小不一、装满瓶子的箱子。内装露酒及其他我国生产、制造的

① 王汉明：《香港洋酒文化笔记，一八四一—一八五一》，第 265 ~ 267 页。

② 王汉明：《香港洋酒文化笔记，一八四一—一八五一》，第 265 ~ 267 页。

③ 王汉明：《香港洋酒文化笔记，一八四一—一八五一》，第 256 ~ 257 页。

④ 吴振鹏编著《葡萄酒品鉴一本就够》，中国纺织出版社，2015，第 42 页。

⑤ 关于 19 世纪该酒在港澳的情况，参见王汉明《香港洋酒文化笔记，一八四一—一八五一》，第 266 页。

⑥ 葡萄酒是“葡萄酒外交”的载体。它有两个方面：一是中国与西方国家之间的交往，二是中国皇帝与西方传教士之间的关系。在传教士的建议下，康熙皇帝还将葡萄酒视作一种具有健康保健功能的“药酒”。这构成一条保持康熙皇帝和欧洲传教士之间联系畅通的“葡萄酒之路”或称“葡萄酒热线”。葡萄酒从澳门走进了康熙皇帝的药盒。有关史料及研究均多，主要论著有李天纲《中国礼仪之争：历史·文献和意义》（上海古籍出版社，1998）和汤开建《天朝异化之角：16—19 世纪西洋文明在澳门》下卷。

珍贵礼物。”①

梵蒂冈的一份汉语文献记载的雍正四年来华葡使麦德乐人贡的方物内有：“第十五、十六号箱内装巴斯第理共十二瓶第十七、十八、十九、二十号箱内装红黄白露葡萄酒共四十八瓶。”②

《粤海关志》的记载略有不同：“……巴斯第理、葡萄红露酒、葡萄黄露酒、白葡萄酒、红葡萄酒……”③ “……巴斯第理十二瓶、葡萄红露酒十二瓶、葡萄黄露酒十二瓶、白葡萄酒十二瓶、红葡萄酒十二瓶……”④

《海国四说》也记载：“……巴斯第理十二瓶、葡萄红露酒十二瓶、葡萄黄露酒十二瓶、白葡萄酒十二瓶、红葡萄酒十二瓶……”⑤

迄今为止，“巴斯第理”失考。

江绍原在《国人对于西洋方药医学的反应》一文中承认：“此外向有‘呵葛达片’与‘巴斯第理’二物，未审为何。”⑥

从葡萄牙文的礼品单来看，并无一个与“巴斯第理”音吻合的词。“巴斯第理”可能是“bálsamo”⑦ 的讹略音译。⑧

（二）巴哲格使团

梵蒂冈的一份汉语文献记载的乾隆十八年来华使葡人巴哲格贡方物内有：“礼品是这些金丝缎，银丝缎，银器，自来火，大鸟枪，小鸟枪，各样香料，各样葡萄酒，各样葡萄烧的蒸的香露，各样药料油，宝剑，宝石，各

---

① 金国平：《葡萄牙国王唐·若昂五世遣中华及鞑靼雍正皇帝特使出使简记》，《中葡关系史地考证》，澳门基金会，2000，第 199 页。

② 阎宗临著，阎守诚编《传教士与法国早期汉学》，大象出版社，2003，第 201 页。

③ （清）梁廷枏总纂《粤海关志校注本》，袁钟仁校注，广东人民出版社，2002，第 449 页。

④ （清）梁廷枏总纂《粤海关志校注本》，袁钟仁校注，第 228 页。

⑤ （清）梁廷枏：《海国四说》，骆驿、刘骁校点，中华书局，1993，第 228 页。

⑥ 江绍原《国人对于西洋方药医学的反应（十三）——小品三二六至三三二——都是关于药物的——》，《贡献》第 4 卷第 6 期，1928 年，第 14 页。

⑦ “传旨：着萨木哈将避风巴尔萨木香方子送进呈览。”参见张荣选编《养心殿造办处史料辑览·乾隆朝》第 4 辑，紫禁城出版社，2015，第 316 页。

⑧ Mariagrazia Russo, *Fontes documentais para a história das relações entre Portugal e a China: A embaixada enviada por D. João V ao Imperador Yongzheng (1725 – 1728) Através da documentação do Arquivo Distrital de Braga* (Lisboa: Centro Científico e Cultural de Macau, 2007), pp. 311 – 330.

样鼻烟盒，玻璃器皿等物，大概共值二十万上下价值。”①

葡萄牙文的原始报告更详细：

> 第 16 和第 17 号箱——与其他号码箱包装相同，装有卡尔卡维卢斯②白葡萄酒（N.ºs 16 e 17 — Duas ditas semelhantes ás mais, de vinho branco de Carcavellos.）。
>
> 第 18 号和第 19 号箱——与其他号码箱包装完全相同，装有巴雷罗③红葡萄酒（N.ºs 18 e 19 —Duas ditas em tudo semelhantes, de vinho tinto do Barreiro.）。④

四 结语

由古至今，中国酒文化所受外国酒文化的影响，尤其是葡萄酒的饮用，由小到大，从弱变强，始于接受而终于常饮，成为一种享受和时尚。但“从更长远来看，这种健康的习惯也是近来才被华语国家广泛地接受”。⑤ 纵观历史，我们看到，洋酒文化对中国酒文化所产生的影响既深且广，尤其是改革开放以来，两种酒文化不断碰撞与交融，促使中国人的饮酒结构出现了一个前所未有的大调整，在传统的粮食酒——白酒的天下，时髦的果酒——葡萄酒也有了一席之地。在此过程中，澳门起到过非常重要的作用。香港和上海开埠后，又构成了两条新的输入渠道，但要承认澳门开了中国人日常饮用葡萄酒之先。可以百分百地说：葡萄酒，从澳门走上了中国人的餐桌。

① 阎宗临著，阎守诚编《传教士与法国早期汉学》，第 214 页。

② 位于里斯本大区，里斯本市以西一城市。

③ 位于里斯本大区，里斯本市以南一城市。

④ Alexandre Metello de Sousa Menezes, Julio F. Biker, *Abreviada relação da embaixada que el-rei D. João V. mandou ao imperador da China e Tartaria*（Lisboa：Impr. Nac.，1879），p. 108.

⑤ 〔德〕普塔克（Roderich Ptak）：《十六七世纪登陆澳门的葡萄酒　海上“葡萄酒之路”》，陈梓菲译，《葡萄酒》2016 年第 1 期。

天主教堂与澳门欧洲中世纪城市空间早期建构

陈才俊*

摘　要：1557年澳门开埠之后，以耶稣会为主体的罗马天主教修会伴随葡萄牙人的入居而纷至沓来，积极兴建教堂。天主教堂既是澳门最早的公共建筑，亦是澳门城市诞生的标志。居民围绕教堂聚居，渐趋形成市民中心——教区或堂区，形成澳门早期城市的雏形。耶稣会是澳门教区的开拓者与奠基者，主导着澳门早期教堂的建造。带有浓郁巴洛克式耶稣会风格的教堂建筑，不仅肇基澳门早期的城市空间，而且确定了澳门城市的整体架构。澳门城市空间的早期建构是对欧洲中世纪城市空间结构的移植，既具有葡萄牙风格建筑之特色，亦充满欧洲中世纪后期城建模式之共性。

关键词：澳门　天主教堂　耶稣会风格　城市空间

澳门被喻为一座"海风吹来的城市"①。这"海"乃是地中海；这"风"则是欧陆风。漫步在享有"东方蒙特卡洛"（Eastern Monte Carlo）之誉的澳门半岛，徜徉于以天主教堂为地标、充满欧陆风情的西洋建筑群中，

---

* 陈才俊，历史学博士，暨南大学中国基督教史研究中心教授，主任，博士生导师，主要研究领域：中西文化交流史、中国基督宗教史、西方宗教文化史、海外汉学。

① 严忠明：《一个海风吹来的城市：早期澳门城市发展史研究》，广东人民出版社，2006。

仿佛置身于地中海边的欧洲中世纪都市。故此，有人将澳门称为“世界上最欧洲化的城市”[①]。

1557 年，葡萄牙人获准寓居澳门。随之，因回应欧洲宗教改革而诞生的罗马天主教新兴修会耶稣会（Society of Jesus）传教士接踵而至，并迅速建造教堂，为澳门城市的始建揭开序幕。1576 年，被教宗格列高利十三世（Pope Gregory XIII，1502－1585）在通谕中命名为“天主圣名之城”（Cidade do Nome de Deus）的澳门正式成为主教区，更进一步推动了耶稣会的教堂兴建活动，并为澳门城市空间的早期建构奠定基本格局。1586 年，葡属印度殖民地副王颁布法令，正式授予澳门享有与葡萄牙的埃武拉（Évora）同等的城市自治权。

众所周知，城市的诞生是以公共建筑的出现为前提的，而澳门开埠之初公共建筑的最重要表现形式则多与天主教的宗教场所密切相关。故此，“澳门城市作为葡人社群在华商贸与传教的主要活动空间，自其始建就烙下了西方宗教的痕迹”。[②] 此所谓“西方宗教的痕迹”，即罗马天主教会的印记。澳门城市始建中最早出现的公共建筑是天主教堂。这些教堂对澳门开埠初期的城市建设起到过至关重要的作用，不仅肇基澳门欧洲中世纪城市空间格局，而且奠定澳门城市规划的核心架构。澳门天主教堂的兴建最早由耶稣会开启，其后则有方济各会（Franciscan Order）、奥斯定会（Augustinian Order）、多明我会（Dominican Order）等其他罗马天主教修会的参与，直至 17 世纪 30 年代才告一段落。这一时期既是澳门城市空间建构的早期阶段，也是澳门城市建设的关键时期。澳门城市空间的早期建构始终由耶稣会主导，深受耶稣会价值理念的影响，呈现出浓郁的“耶稣会风格”。

一　西教东传与澳门天主教堂之出现

葡萄牙人入居澳门之前，澳门半岛“还是一个幽美而富饶的小渔村”，[③]

① Melchior Yvan, *Six Months Among the Malays, and A Year in China*（London: James Blackwood, Paternoster Row., 1855）, p. 281.

② 汤开建：《天朝异化之角：16—19 世纪西洋文明在澳门》，暨南大学出版社，2016，第 580 页。

③ 〔葡〕马若龙（Carlos Marreiros）：《澳门的多元化建筑风格和城市布局》，张雨虹译，《文化杂志》2003 年总第 48 期。

"只有稀少的流动人口聚居，并没有形成村落"。[①] 因为聚居人口零散，所以澳门开埠以前并未出现多少固定建筑物，而且为数不多的几处建筑乃用木板、稻草等简单材料搭建而成，颇为原始。澳门开埠之初，只是葡萄牙人的一个临时生活居留地和沿海贸易商业点，仅有一些供交易、储存和居住的临时建筑分布于海边和山坡之上，尚不具备城市雏形。[②]

澳门作为一座城市的诞生，无疑是以公共建筑的问世为标志。澳门最早出现的公共建筑是天主教堂，早期最具代表性和影响力的建筑亦乃天主教堂。故此，从某种意义而言，澳门城市的诞生与早期建设几乎就是天主教堂建造的历史，也是一座"天主圣名之城"或者"基督城"建设的历史。澳门开埠初期，以耶稣会为主体的罗马天主教各修会纷至沓来，积极兴建教堂。耶稣会作为明末清初天主教在华传教的开拓者与中坚力量，作为在澳门具有绝对影响力的修会，主导着澳门最初的天主教堂建造，在澳门早期教堂建筑风格的形成乃至日后的建设中均起到决定性作用。

耶稣会是由西班牙人依纳爵·罗耀拉（Ignacio de Loyola，1491－1556）于1534年在巴黎发起创立的一个天主教新兴修会，1540年获得教宗保罗三世（Pope Paul Ⅲ，1468－1549）的批准。其创建乃是回应16世纪初欧洲爆发的宗教改革运动；其重要使命之一，则是投身海外传教运动。所以，耶稣会自成立之日起，便开始奔赴遥远而陌生的大陆，传布耶稣基督的福音；[③] 进军亚洲、巴西和非洲，以弥补天主教因宗教改革在欧洲的损失。[④]

虽然耶稣会并非第一个远赴中国的天主教修会，亦非最早抵达澳门的传教组织，[⑤] 却是澳门教区的开拓者与奠基者。1557年，随着澳门的正式开

① 陈泽成：《从澳门城市建筑看中西文化交流》，《文化杂志》2003年总第46期。

② 参见刘托《濠镜风韵：澳门建筑》，文化艺术出版社，2005，第7页。

③ 参见〔德〕彼得·克劳斯·哈特曼（Peter C. Hartmann）《耶稣会简史》，谷裕译，宗教文化出版社，2003，第39页。

④ 参见〔印度〕桑贾伊·苏布拉马尼亚姆（Sanjay Subrahmanyam）《葡萄牙帝国在亚洲1500～1700：政治和经济史》，何吉贤译，澳门纪念葡萄牙发现事业澳门地区委员会，1997，第92页。

⑤ 1555年，葡萄牙人格雷戈里奥·龚萨雷斯（Gregório Gonçálves）神父抵达澳门，成为最早抵达澳门的天主教传教士。参见〔葡〕罗理路（R. M. Loureiro）《澳门寻根》附录文献12《格雷戈里奥·龚萨雷斯神父给胡安·德·波尔哈的信》（约1571年），陈用仪译，澳门海事博物馆，1997，第140页。

埠，耶稣会士（Jesuit）接踵而至。1560 年，第一批由耶稣会正式派遣的传教士抵达澳门；1562 年，耶稣会士、意大利人乔瓦尼·巴蒂斯塔·德·蒙特（Giovanni Battista de Monte，1528－1587）和葡萄牙人傅礼士（Luís Fróis，1532－1597）到达澳门；1563 年，耶稣会士弗朗西斯科·佩雷斯（Francisco Peréz，1514－1583）、曼努埃尔·特谢拉（Manuel Teixeira，1536－1590）神父及安德烈·平托（André Pinto，1538－1588）修士来到澳门。[①] 1576 年 1 月 23 日，教宗格列高利十三世颁布敕令，正式设立澳门主教区，管辖中国、日本、朝鲜、安南及相关毗连岛屿的传教事务。于是，澳门成为明清时期中国第一个天主教传教中心。此后，耶稣会在澳门稳步发展，势力渐增，影响日甚，直至 1762 年耶稣会士被澳葡当局逐离、遣返。总体而言，明末清初耶稣会在澳门存在的两百多年里，不论是传教的人数还是对澳门的影响，均长期处在华天主教各修会之上。特别是 16 世纪末以降，“耶稣会更发展为澳门的主导力量，在一定程度上可以说，在澳门教区的管辖范围内，耶稣会成为了澳门社会的最高主宰”。[②]

教堂是传播基督信仰的媒介，是向世人展示天主荣光与力量的载体。从 16 世纪中叶开始，耶稣会在所到之处都积极兴建教堂，仿佛要在人间建造天堂。其在澳门之传教活动亦复如是。甫抵澳门，耶稣会士便着手建造教堂，以满足社区生活不可或缺的信仰需求。未几，一批耶稣会风格的教堂陆续耸立于澳门地势高敞、视野开阔之地，成为澳门最早的公共建筑，并为澳门城市的始建揭开序幕。

澳门最古老的天主教堂，乃耶稣会建造的圣拉匝禄堂（Igreja de São Lázaro）、圣老楞佐堂（Igreja de São Lourenço）和圣安多尼堂（Igreja de Santo António）。葡萄牙史学家若瑟·热苏斯·玛利亚（José de Jesus Maria）1744～1745 年在澳门完成的《中国与日本的亚洲》（*Ásia Sínica e Japónica*）一书记载：“根据一些记录，1558～1560 年一些耶稣会神父已经来到这里（指澳门——引者注），在他们的帮助和建议下，建造了两三间小教堂，圣

① 参见〔葡〕施白蒂（Beatriz Basto da Silva）《澳门编年史：16～18 世纪》，小雨译，澳门基金会，1995，第 15～16 页。

② 汤开建：《天朝异化之角：16—19 世纪西洋文明在澳门》，第 610 页。

拉匝禄教堂、圣老楞佐教堂和圣安多尼教堂，他们还修建了舒适的住所，神父们可以在这里居住，聊作贫穷的神父们精神上的慰藉。"[①] 此乃迄今学界所知有关澳门最早三座天主教堂的最原始记录。

圣拉匝禄堂（亦称望德堂、发疯寺）建造于 1558～1560 年，被视为"澳门第一座天主教教堂"。[②] 其最早建筑构造是木板加茅草屋顶，直至16世纪末才改为砖石结构、人字形屋顶的两层楼建筑。1637 年，该堂再次重建，并获得教会特权，奠定其在澳门主教区之权威地位。其后，该堂又经过多次拆建。圣拉匝禄堂不仅是耶稣会在澳门建造的第一座教堂，而且"是澳门最早居民中的基督徒举行祈祷的地方"[③]。自 1632 年始，圣拉匝禄堂"成为澳门华人社会中的天主教宣教中心"[④]。圣老楞佐堂（亦称风顺堂、风信堂）始建于 1558 年。该堂最初是一座木制小教堂，1618 年改建成花岗石教堂，后又经过多次重建、改建。据《澳门记略》载："西南则有风信庙，蕃舶既出，室人日跂其归，祈风信于此。"[⑤] 故此堂乃祈祷顺风、祝福平安之所。圣安多尼堂（亦称花王堂）建造于 1558～1560 年。该堂初建时仅为茅草覆盖的简陋建筑，至 16 世纪末才变成有塔楼的多栋"人"字形屋顶砖石建筑，1638 年大规模重建之时则全部换成花岗石材料。其后，该堂多次被毁和重建。圣安多尼堂供奉的安多尼（St. Anthony the Great，约251～365，亦译作"安东尼"）是天主教圣人，被尊为"婚姻主保"，故华人称其为"花王堂"。[⑥] 圣拉匝禄堂位于澳门旧城东部，圣老楞佐堂位于澳门旧城东南方向的风信堂街，圣安多尼堂位于澳门旧城西北的花王堂广场。这三座耶稣会教堂"三足鼎立"，均匀地占据着澳门半岛葡萄牙人可以控制的区域。三大教堂地理位置的确定，划定了澳门城市的最初范围，确立了澳门城市的核心区域，奠定了澳门早期城市空间的基调。自此，"葡萄牙人以一种

① José de Jesus Maria, *Ásia Sínica e Japónica*, Vol. Ⅰ, Macau: Instituto Cultural de Macau, 1988, p. 126，转引自汤开建《天朝异化之角：16—19 世纪西洋文明在澳门》，第 507 页。

② 郭永亮：《澳门香港之早期关系》，台北："中研院"近代史研究所，1990，第 46 页。

③ 〔瑞典〕龙思泰著《早期澳门史》，吴义雄、郭德焱、沈正邦译，章文钦校注，东方出版社，1997，第 28 页。

④ 汤开建：《天朝异化之角：16—19 世纪西洋文明在澳门》，第 508 页。

⑤ （清）印光任、张汝霖：《澳门记略校注》，赵春晨校注，澳门文化司署，1992，第 150 页。

⑥ 参见汤开建《天朝异化之角：16—19 世纪西洋文明在澳门》，第 511 页。

和平的宗教方式，定义了澳门城市最初的范围”。①

耶稣会在澳门最具影响力的教堂当属圣保禄教堂（Igreja de São Paulo，亦称三巴堂、大三巴教堂）。该堂位于圣安多尼堂附近，1565 年建成，最初由木架与稻草搭建，1573 年重新由黏土筑成。其后，该堂屡被焚毁又屡次重建，直至 1637 年建成大三巴牌坊而成为澳门城市之地标。圣保禄教堂不仅是澳门历史上规模最大、影响最深的天主教堂，而且是远东地区最宏伟、最壮丽的教堂建筑。其规模在当时仅次于罗马的圣彼得大教堂（Basilica di San Pietro）。“早期的文献和绘画资料都可以反映，澳门圣保禄教堂其建筑之宏伟，装饰之华丽，设备之完善，皆堪称远东教堂之冠。它不仅是一座教堂，而且是一规模宏大的公共建筑群。”② 圣保禄教堂是耶稣会鼎盛时期在澳门的杰作，更是其时澳门城市的象征。

耶稣会在澳门建造的代表性教堂，还有进教寺（Igreja de Nossa Senhora do Amparo）、主教座堂（Igreja de Sé）等。进教寺，亦名唐人庙，初称荫庇之母小堂，又称圣阿白露圣母教堂（Igreja de Santo Amparo），1602 年初建于大三巴山脚，后被焚毁，复于 1634 年在澳门关前后街名为“Rua de Nossa Senhora do Amparo”的地方异地再建。该堂专为华人讲授福音，乃澳门城内早期重要的堂区教堂，与不远处的圣保禄教堂、圣安多尼堂互为呼应，成为澳门其时主要的天主教中心。主教座堂，亦称大庙、大堂，位于澳门城内最高处的几条狭窄街巷交会处。教宗格里高利十三世 1576 年颁布敕令，将澳门圣母玛利亚教堂（即圣保禄教堂前身）升格为主教座堂。正式的主教座堂始建于 1622 年或 1623 年，乃澳门天主教之中枢。

1576 年澳门主教区建立之后，罗马天主教其他修会亦纷至沓来，并建造各类教堂。1579 ~ 1580 年，方济各会建起嘉思栏堂（Igreja de São Francisco，亦称噶斯兰庙）。该堂位于澳门旧城南湾街最东部的丘陵之上，占地面积广阔。1634 年，方济各会又建成圣甲剌堂（Igreja de Santa Clara，亦称圣克拉拉教堂、尼姑庙、圣克拉拉修道院）。该堂位于东望洋山麓，华人俗称“尼寺”。1587 年，奥斯定会开始建造圣奥斯定堂（Igreja de Santo Agostinho，亦称龙嵩庙、龙嵩堂）。该堂位于澳门旧城内风顺堂区岗顶广场。

---

① 严忠明：《一个海风吹来的城市：早期澳门城市发展史研究》，第 123 页。

② 汤开建：《天朝异化之角：16—19 世纪西洋文明在澳门》，第 521 页。

1622 年，奥斯定会建成西望洋教堂（Igreja de Nossa Senhora da Penha，亦称主教山教堂、法国之岩圣母教堂）。该堂位于澳门最高地点之一的泥流山（又称主教山）上，处于西望洋山之顶，为奥斯定会的隐修院。1587 年，多明我会建成圣多明我堂（Igreja de São Domingos，亦称板樟庙、圣母玫瑰堂）。该堂位于澳门旧城中部板樟堂广场两条街巷交界处，乃“澳门现存唯一能证明多明我会修士曾于澳门活动的建筑遗迹”。[①]

另外，澳门早期的教堂也有个别不隶属任何修会者，著名者如东望洋教堂（Igreja de Nossa Senhora da Guia）。东望洋教堂亦称松山教堂、基亚教堂，位于澳门半岛最高点之一的东望洋山的炮台内，始建于 1622 年。首任澳门总督唐·弗朗西斯科·马士加路也（Dom Francisco Mascarenhas，1623~1626 年在任）曾言：“我们在 1623 年抵达澳门时，三巴炮台、东望洋炮台、噶斯兰炮台、西望洋炮台、妈阁炮台，及烧灰炉炮台，都有了雏形。”[②] 该堂乃澳门最小之教堂，初建之时名为“白雪圣母隐修院”，又称“导航圣母教堂”，而民间则讹称为“圣母雪地殿教堂”。

总体而言，虽然澳门早期所建之天主教堂特色各异，但唯有耶稣会的教堂无论在规模、体量上还是在气势上均傲视群雄，独领风骚。从耶稣会抵达澳门至其 1762 年被逐离开的两百多年间，澳门的代表性教堂多为耶稣会所建，澳门城市的整体基调亦充满耶稣会风格。尤其是 1637 年圣保禄教堂大三巴牌坊的竣工，既标志着澳门整体空间格局的形成，亦标志着澳门城市早期建设告一段落。[③]

二　教堂建筑与澳门早期城市建筑风格

天主教特伦托大公会议（拉丁语为 Concilium Tridentinum，英语为 Council of Trent，1545 - 1563，亦译“特利腾大公会议”）之后，教会革新运动催生出巴洛克（Baroque）文化和巴洛克虔敬形式。它们是典型的天主教文化，注重

① 汤开建：《天朝异化之角：16—19 世纪西洋文明在澳门》，第 517 页。

② 转引自郭永亮《澳门香港之早期关系》，第 69 页。

③ 17 世纪中叶以后，除新建一些较小的修院以外，澳门基本没有重要的建筑物落成。直至 18 世纪中叶之后，澳门城市建设才有新的起色。

对感官的作用，以富丽堂皇的教堂建筑、规模盛大的宗教仪式等为显著特征。[①] 特伦托大公会议举行之际，正值耶稣会创立发展之时。耶稣会不但充当起特伦托大公会议精神的代言人，而且成为会议理念的践行者，尤其是在促进巴洛克建筑风格的形成及其在欧洲和海外传播方面发挥着举足轻重的作用。

从 16 世纪最后 30 年到 18 世纪中期，耶稣会持续发展。耶稣会试图通过一切手段来荣光天主，仿佛要为信众在人间建造天堂，而其中非常重要的表达形式便是艺术。艺术可以将信众与圣人及众天使联结起来，并且让信众目睹，切身体验。于是，耶稣会借助其良好的发展势头，积极在欧洲所有天主教地区和海外传教区展开大规模的工程建设，建成一大批耶稣会风格的教堂、修院、学校。气势雄伟的教堂乃是耶稣会赢得信众的重要媒介，也成为其向世人展示天主荣光和威力的核心载体。根据特伦托大公会议精神，罗马教廷要求将天主教堂装饰得富丽堂皇。故此，耶稣会所建教堂大多为典型的巴洛克式建筑，极其华美壮丽。巴洛克式建筑在古典造型的基础上大量使用曲线、曲面，采用破裂的山花与麻花形柱子，装饰复杂考究，花纹变化多样，反映出自由创造的意向。耶稣会在罗马建造的巴洛克式教堂——耶稣堂（Chiesa del Gesù，建于 1568～1575 年）和圣依纳爵堂（Chiesa di Sant'Ignazio di Loyola，建于 1626～1650 年），不仅成为耶稣会教堂建筑之典范，而且是新型天主教堂建筑之楷模。它们按照特伦托大公会议制定的标准建造，空间宏大，且因不设立支柱，故在各个方向均可清楚地瞻仰圣坛。[②]

耶稣会历来使用自己的模式，并不仅仅是考虑“美学方面的追求，而是旨在表达对在建设耶稣会房屋、神学院和教堂时应遵循的标准的忠诚”，表现出对“灵活和对每个时代艺术发展的适应，对地理环境的适应，对当地建筑传统的适应，以及对经济条件的适应等”。[③] 耶稣会的这种“自己的模式”理念，可由戈麦斯·瓦斯（Gomes Vaz）神父 1593 年从果阿写给罗

① 参见〔德〕彼得·克劳斯·哈特曼（Peter C. Hartmann）《耶稣会简史》，第 26 页。

② 参见〔德〕彼得·克劳斯·哈特曼（Peter C. Hartmann）《耶稣会简史》，第 61～62 页。

③ 〔葡〕阿玛罗（Clementino Amaro）：《圣保禄神学院和大炮台：考古挖掘和解读》，曾永秀译，澳门博物馆专案组编《与历史同步的博物馆——大炮台》，澳门博物馆，1998，第 138～139 页。

马教宗的申请信中得到证明。在致教宗的信中，他请求选派技术精湛的高水平耶稣会建筑师主持新开辟传教区的教堂建造工程，因为当地的世俗建筑师过于偏重使用艺术加工，而把成本定得很高。根据这种实用上的理解而非风格上的理解，耶稣会开始使用“iI nostro modo”一词，意即“我们自己的建筑方式”。另外，在其他范畴中亦有相同的表达。如耶稣会明末在华传教开拓者之一的巴范济（Francesco Pasio，1554－1612）神父亦曾在弥撒文中提及“con tutte le solenità possible，conforme al modo della Compagnia”，意思是说“根据耶稣会的方式，力求庄严”。①

“耶稣会风格”建筑，乃是耶稣会按地域及人文对象，在原来欧洲流行的古典建筑形式基础上加以适应性改变而形成的不拘一格的建筑形式。“耶稣会风格”的教堂固然存在许多相似之处，但也有许多教堂体现出不同时代、不同地区的特征。尽管耶稣会在建筑风格上力求统一，但对于这个国际性修会来说，却不可能存在一个放之四海而皆准的模式，也不可能存在一个统一的教条来规范教堂和学校的建造方式、图纸设计、内部装饰。② 除了因地、因人制宜之外，耶稣会在建筑上不拘形式、重复设计，也是为了运用有限的资源达到建筑表达的最佳效果。

毋庸置疑，葡萄牙人在澳门建造的早期建筑都有明显的耶稣会痕迹。耶稣会在澳门存在的两百多年间，澳门的代表性建筑多为耶稣会风格。如由澳门教区首任主教贾尼劳（D. Belchior Carneiro Leitão，1516－1583）1558～1560年建造的圣拉匝禄堂，早期的建筑风格是欧洲乡土风格，镶以尖顶的边饰（此乃澳门耶稣会早期惯用的檐头装饰），加上屋顶尖端的十字架，然后将钟楼置于教堂左边。同样由贾尼劳1569年建成的澳门最重要的教会慈善机构——仁慈堂（Santa Casa da Misericórdia），则以与圣拉匝禄堂同样的建筑方式建成。此外，早期的仁慈堂还建有欧洲古典式的门楼，朴实中显出庄严。此亦为耶稣会在“自己的建筑方式”上对欧洲古典建筑风格的自由发挥。同为澳门最古老三大教堂之一的圣安多尼堂，因为以主持婚礼为主要任务，所以除采用耶稣会其时的朴实理念建造外，立面还选用大型希腊山形墙作顶，并附上简单的直线线条予以装饰，彰显了大方可观的一面。上述三

① 参见邢荣发《明清澳门城市建筑研究》，香港：华夏文化艺术出版社，2007，第66页。

② 参见〔德〕彼得·克劳斯·哈特曼（Peter C. Hartmann）《耶稣会简史》，第64页。

大建筑，以一种接近民众的朴实作为理念，充分体现了耶稣会的建筑宗旨与风格。[①]

圣保禄教堂是耶稣会澳门建筑之经典。其气势之磅礴，规模之宏大，装饰之华丽，陈设之精良，均可与其时世界其他著名教堂比肩。以教堂内部装饰为例，据英国 17 世纪著名商人、旅行家兼作家彼得·芒迪（Peter Mundy，1596－1667）1637 年 7 月描述："附属于神学院（即澳门圣保禄学院——引者注）教堂之穹顶，建造得非常优美，乃我记忆中前所未见。那种精巧的手工出自中国工匠之手。他们以木镶嵌并漆成金色，还漆上其他优美的颜色，如朱红色、天蓝色等。穹顶分成多个方格，且在方格接口之间置以一个木制雕刻的大玫瑰及很多叶瓣，重叠盘绕，向所有末端缩小成为一个圆球；最宽处有一码（英美制长度单位，一码等于 0.9144 米——引者注）直径之大小，及有一码长垂直于圆球处而自屋顶垂下。"[②] 由彼得·芒迪的描述可知，澳门圣保禄教堂确实富丽堂皇、工艺精巧、精美绝伦。

耶稣会在远东开展传教事业的过程中，经费是通过民间的捐献以及进行货物贸易获得的。由于远东的海路艰险以及贸易兴衰的影响，教会的经济收入很不稳定，故他们在澳门建造教堂时不得不考虑成本，节约开支。另外，因为要遵循以最适当的花费建造最好教堂的原则，耶稣会在澳门建造教堂时便形成了一套独特的设计与建造方式，那就是由耶稣会内的神父设计及监督建造教堂。耶稣会士既谙熟教会的理念，又理解建筑的功能，便催生出澳门的耶稣会风格教堂建筑。[③] 同时，耶稣会士皆为学识渊博的饱学之士，在处理城市建筑和世俗事务时往往善于变通。他们根据澳门的环境、气候、空间、建筑材料等，学习和吸收不同文化的建筑传统及风格，故其建造的教堂具有中西合璧的特点。因此，澳门建筑往往是葡萄牙式庭院与中国式庭院融为一体，地中海特色的宫门、门廊与岭南派的屋檐相映生辉，房屋的装饰则既有马来西亚、菲律宾、印度风格，也有中国元素。[④]

---

① 参见邢荣发《明清澳门城市建筑研究》，第 67～68 页。

② Lt. -Col. Sir Richard Carnac Temple, ed., *The Travels of Peter Mundy, in Europe and Asia, 1608－1667*, Vol. Ⅲ, Second Series, No. ⅩⅣ (Cambridge: Printed for the Hakluyt Society, 1907－1925), pp. 162－163.

③ 参见邢荣发《明清澳门城市建筑研究》，第 66 页。

④ 参见严忠明《一个海风吹来的城市：早期澳门城市发展史研究》，第 134～135 页。

由于耶稣会影响并主导澳门教堂建筑两百多年，故其他天主教修会在澳门所建教堂均或多或少受到耶稣会建筑风格的影响。最典型者有奥斯定会始建于1587年的圣奥斯定堂和多明我会1587年建成的圣多明我堂。前者主体建筑为三角形屋架硬山顶，立面部分为巴洛克风格，正面入口饰以巴洛克山花，且有数十级台阶直接通往教堂大门，是澳门耶稣会教堂的常见建筑形态。后者最初为木板相隔的简陋建筑，后经几次重建和修缮。修缮后的圣多明我堂明显受到澳门圣保禄教堂立面设计的影响，呈现出典型的耶稣会风格平面表现手法。

葡萄牙建筑史家巴拉舒（Carlos Baracho）认为，澳门这个城市的最大特点是葡式中世纪结构。他引用了他的葡萄牙同侪亚历山大·阿尔维斯·达·科斯塔（Alexandre Alves da Costa）的描述："在葡萄牙占领的各个地区都可以清楚地看到我们的城市从中世纪以来的形态特点，即自发组织的机体，或者更确切地说，一个伟大的人类群体之手所体现的坚强意志。在逆改革和巴洛克风格风行之时，教会确立其地位的历史时刻出现了大量宏伟的宗教建筑群，它们虽然也受到文艺复兴运动和军事用途关于理性和秩序方面的思想局限，但与当时城市建设的结构形式形成鲜明对照。"① 耶稣会早期在澳门建造的大量"耶稣会风格"的教堂，不仅在很大程度上影响其他修会在澳门的教堂风格，而且或多或少濡染到澳门的其他城市建筑样式，并最终使澳门形成典型的欧洲中世纪城市建筑特色。而且，受教堂建筑影响，澳门其他公共建筑均融入西方人的宗教情感和由此形成的城建思维模式。

澳门被视为中国近代建筑的博物馆，其建筑形态丰富多彩，建筑形制多种多样。澳门开埠之后，欧洲中世纪城建模式主导着澳门的建筑风格，许多建筑类型在澳门均为第一次出现。由于中西文化的混合与交融，澳门城市多元文化共生。这一特点在澳门早期城市建筑史上表现得尤其明显。许多西方建筑风格被移植过来，一些中国传统建筑形制也得到弘扬，于是中西合璧的建筑形态便成为澳门早期城市建筑的一大特色。

---

① 〔葡〕巴拉舒（Carlos Baracho）：《澳门中世纪风格的形成过程》，范维信、喻慧娟译，《文化杂志》1998年第35期。

三　天主教堂与澳门欧洲中世纪城市空间

欧洲中世纪早期城市一般由教堂、教会慈善机构、城堡、居民区组成，且一直按此模式发展演进。中世纪后期是欧洲城市形成的主要时期，城市空间大致表现为：一道城墙将城市中心与其他区域隔离；城内有作为宗教生活中心的标志性建筑——教堂，有作为市民生活中心的居民区（包括市场），有作为行政与防卫中心的城堡。教堂是影响欧洲中世纪城市空间的核心元素。大教堂一般是城市的标志性建筑，小教堂则是社区居民聚会场所。大小教堂与公共广场连为一体，暗含居民精神生活与世俗生活相得益彰的和谐关系。居民围绕教堂、修院聚居，渐趋形成居民中心——教区或堂区，并由此奠定欧洲早期城市的雏形。

欧洲中世纪城市建筑有一个非常显著的特征，即当存在统一而强大的教权时，教堂便占据城市的中心地位，其超出一切的高度和极其庞大的体量主导着城市的整体空间。教堂广场是城市的中心所在，是市民集会、狂欢和从事各种文娱活动的中心场所。在中世纪的葡萄牙，教会领袖拥有无可争议的统治地位，教会亦对社会发展具有难以撼动的影响。故在葡萄牙的早期城市建设中，教会扮演着极其重要的角色。耶稣会作为在欧洲宗教改革与反改革运动中出现的新兴修会，1540 年进入葡萄牙后，不仅迅速成为影响国家宗教信仰的至关重要的教会组织，而且在世俗事务尤其是城市建设方面发挥着举足轻重的作用。开埠之后，澳门很快成为完全由葡萄牙教会（主要是耶稣会）控制的政教合一地区，所以教会毫无疑问对澳门早期城市的建设和规划发挥了决定性作用。

葡萄牙是欧洲众多国家中最早进行海外扩张者之一。在开辟东方航线的过程中，葡萄牙人建造起一座座城堡和商站。这些城堡和商站有的最终演变为城市，而且具有“葡萄牙人东方建筑模式”的共同特点。在葡萄牙人的宗教热情与英雄主义的推动下，耶稣会将具有葡萄牙建筑特色和欧洲中世纪后期城建模式的共性，在远东地区予以实施，渐趋形成“葡萄牙人东方建筑模式”。耶稣会自创立之日起便极力开拓海外传教事业，大力在传教地区兴建巴洛克式教堂。在其看来，巴洛克式教堂庄严高贵、气势宏伟、生机勃勃、富有动感、注重光效等，是教会为上帝的子民建造的人间天堂。这种教堂建筑形态既主导着葡萄牙的城市空间布局，也决定葡萄牙人在海外所建城市的特点。[①] 澳门城市空间的建构亦不例外。葡萄牙人被允许入居澳门后，传教士即刻着手建造教堂，并在教堂附近竖起栏杆，修建房屋，作为宗教、生活和军事的中心，形成最初的定居点。[②] 教堂的问世促使澳门出现大的定居点，并逐渐形成完善的生活区域。葡萄牙人的住宅群慢慢在教堂周围建立起来并向外辐射，形成澳门早期城市的雏形，亦即“天主圣名之城”的雏形。[③]

教堂是深刻影响澳门早期城市空间的核心元素。与欧洲中世纪城市一样，澳门天主教堂不仅是规模宏大、装饰考究的中心建筑，在整个区域举目可见，而且是广大民众精神的归宿。民众围绕教堂、修院建造住宅，逐渐形成居民点。澳门的城市空间同样是以教堂及其附属的医院、学校、慈善机构为核心，每个大的教堂辐射一“片”，然后形成“区”（堂区）；“片”“区”相连，最终形成一个整体。[④] 1557 年至 17 世纪 30 年代，是澳门城市建设初期。在此期间，天主教各修会先后在澳门建造诸多教堂，然后以教堂为中心建立社区，向四周辐射，形成城市的雏形。具体而言，澳门最初由圣拉匝禄堂、圣老楞佐堂和圣安多尼堂三大堂区组成。葡萄牙人根据自己的信仰和贸易需求，散居在三大堂区周围。17 世纪以前，澳门城内只有大约五个居民聚居区，居民区松散地聚集于以教堂为主体的公共建筑周围，尚未形成街区概念。至 17 世纪 30 年代，澳门堂区已发展到五个，每个堂区均隶属于一座教区中心教堂。至此，澳门已经有明确的城市空间分区，并发展成为一座具有相当规模的城市。这种以教堂为居住区域中心和城市标识的城建模式，完全来自欧洲中世纪的城建理念。

1586 年，葡萄牙政府承认澳门的城市地位，并赐予其“天主圣名之城”的称号。“1586 年 4 月 10 日，印度总督达罗卡伯爵唐·杜阿尔特·德·梅内塞斯在该日的信中证实赐名澳门为‘中国上帝圣名之城’。”[⑤] 澳门作为新

---

① 参见严忠明《一个海风吹来的城市：早期澳门城市发展史研究》，第 27～29 页。

② 参见马若龙（Carlos Marreiros）《澳门的多元化建筑风格和城市布局》，《文化杂志》2003 年第 48 期。

③ 参见陈泽成《从澳门城市建筑看中西文化交融》，《文化杂志》2003 年第 46 期。

④ 参见刘先觉、陈泽成主编《澳门建筑文化遗产》，东南大学出版社，2005，第 56 页。

⑤ 〔葡〕施白蒂（Beatriz Basto de Silva）：《澳门编年史：16～18 世纪》，第 23 页。

兴的远东城市，甫一诞生即被赐以此名，充分说明天主教在其早期建设中之重要作用。从物质层面来讲，天主教堂是澳门早期城市建设的主体。自1557年至17世纪30年代，澳门建造大量天主教堂，为其后来成为世界上教堂密度最高的城市奠定了坚实基础。从精神层面而言，天主教会是澳门早期城市建设的灵魂。尤其是耶稣会，对澳门早期城市建设影响颇巨。耶稣会以圣保禄教堂为核心建成一个庞大的宗教建筑群和军事综合体——“大三巴”区域（“三巴”即“圣保禄”之音译）。“大三巴”成为澳门的制高点，即顶峰。1637年落成的大三巴牌坊乃是澳门的城市标志与精神象征。“大三巴”不仅是一座教堂，而且是一个规模宏大的公共建筑群。耶稣会士兴建这一宗教综合体的目的，就是要在澳门表达基督至上的理想，将信徒引入人间天国。因此，从某种意义而言，葡萄牙人在澳门建立的这座“上帝之城”，既体现了这里许多教堂和忠诚的传教士，也彰显了这里的居民对上帝无比忠诚。①

澳门早期城市空间主要是对欧洲中世纪城市空间结构的移植，其重要特征为：一是有一条明显的不规则线性“直街”（A Rua Direita）；二是有一串连接教堂节点的“前地”（Largo，Praça 或 Praceta）。这种模式延续了葡萄牙人的筑城传统，是葡萄牙中世纪城市建设的标志。②

葡萄牙的城市和乡镇中成千上万条大街、马路、小巷和广场都有不同的名称，但是全国的大部分城镇都有一条称为“直街”的街道。葡萄牙人在东方兴建的城市中，也都将最主要的街道命名为“直街”。在伊比利亚半岛，“直街”的观念来自《圣经》中对使徒保禄的记载，以弘扬其在异邦传教的精神。葡萄牙学者官龙耀（Luís Sá Cunha）指出：“这一街名之所以广为流传，是因其与使徒圣保禄（S. Paulo）的生平有关。相传圣保禄就出生在西利西亚（Cilícia）充满生机的塔尔索（Tarso）城内的‘直街’。圣保禄被认为是西方世界最敏锐的天才之一，是地地道道的犹太人；在去往大马士革的道路上，耶稣突然出现在他的面前，他同耶稣有一段精彩的对话。从此，他成了基督教杰出的使徒，他的名字在欧洲特别是在地中海一带广为流

① 参见严忠明《一个海风吹来的城市：早期澳门城市发展史研究》，第62~65页。

② 参见童乔慧、盛建荣《澳门城市规划发展历程研究》，《武汉大学学报》（工学版）2005年第6期。

传，倍受人们尊崇。"[①] 所以，葡萄牙城建理念中的"直街"，乃是对圣保禄的纪念。

澳门城市的始建也承继了葡萄牙城建模式的"直街"理念。"直街"既是澳门早期城市空间的核心框架，也是连接各教堂节点的最重要街道，更隐含耶稣会的精神追求。澳门"直街"始建于1557年开埠时的沙栏仔街附近，连接圣安多尼堂（花王堂），直达大三巴街附近，通向圣保禄教堂，然后向营地大街延展，而营地大街则通过圣多明我堂（板樟堂）、仁慈堂和议事亭，与龙嵩街相接，最终通向圣老楞佐堂（风顺堂）附近。其连接居民聚居点与教堂并最终形成完整的街区。[②] 澳门"直街"最后通向的中心则是圣保禄山（Monte de São Paulo）。这既充分显示了"直街"理念与圣保禄崇拜之间的密切关系，也恰好说明耶稣会对圣保禄精神的高度崇拜，同时彰显了澳门葡萄牙人对圣保禄的虔诚信仰。

在澳门城市的早期建设中，随处可见耶稣会对圣保禄崇敬的印记。首先，耶稣会把最初居住的城市的"顶峰"命名为圣保禄山，并将其宗教、教育和军事综合体分别命名为圣保禄教堂、圣保禄学院、大三巴炮台，凸显了其对传播基督福音的坚定信念。其次，圣保禄山周围的街道被命名为大三巴斜街、大三巴右街、大三巴街、大三巴巷等，体现了耶稣会对圣保禄异邦传教精神的弘扬。另外，澳门北部城墙一个通往内地的城门也叫三巴门（即圣保禄门），折射出耶稣会希望以基督征服中国的理念。圣保禄山是澳门葡萄牙人宗教信仰的象征。圣保禄教堂也因为宏伟的结构和砖石构造而成为澳门的标志性建筑。

在澳门城市的早期建设中，还诞生了一个特有的城市空间名称，即"前地"。它是由"Largo""Praça""Praceta"三个葡萄牙词语汉译而成，意即"广场"。不过，Largo指小广场；Praça比Largo稍大，乃是与军事、商业有关的广场；Praça和Praceta二者的空间大致相同。在西方，广场历史久远，是欧洲古代城市最重要的城市空间，也是市民集会、狂欢和从事各种文娱活动的中心场所，在整个城市环境和社会生活中都占有十分重要的地

① Luís Sá Cunha, *Portugalbum: 55 quadros para conhecer Portugal e o seu povo* (Macau: Institito Cultural de Macau, 1990), p. 39，转引自汤开建《天朝异化之角：16—19世纪西洋文明在澳门》，第468页。

② 参见严忠明《一个海风吹来的城市：早期澳门城市发展史研究》，第108页。

位。葡萄牙人16世纪中叶在澳门定居建造教堂之时，也在教堂前面开辟空地作为活动中心。这便是澳门最早的“前地”。澳门的“前地”与欧洲中世纪城市的广场相若，更接近于伊比利亚半岛葡萄牙、西班牙两国的小广场。“前地”在澳门最初乃是作为教会聚会之用而开辟，成为城市的宗教活动核心场地。对于当时的澳门葡萄牙人来说，教堂被视为“社区中心”，教会在那里定期举行礼拜仪式。澳门教堂前设置“前地”，一方面是为方便信众的宗教生活，对城市有利；另一方面与中世纪葡萄牙人崇尚户外生活的习惯大有关系。这也说明此类空地的功能从最早具有城市宗教凝聚的功能已转变为适合市民日常生活的功能，从一种宗教生活的需求转化为一种世俗生活的需求。[①]

“前地”被视为澳门城市空间建构的一大特色。它形状小巧，布置随意，既是扩大的街道，又是街道与建筑之间的过渡，还是市民休憩的小广场。[②] 其时，在澳门各条弯弯曲曲、自由延伸道路的交叉点上，每隔一段距离便有一个广场作为舒缓交通、分散人流的中心点，形成澳门古代道路系统的节点状布局。这些道路节点分布松散，自由而均匀，形成澳门古代道路系统的结构性框架。在完全依托地形、经由历史缓慢积淀筛选的情况下，澳门古代道路系统形成极不规则却又极为合理自然的布局。只有澳门才具有这样的道路布局，也只有这样的道路布局才完全属于澳门。同时，这些广场往往位于各大教区的中心，并直接与各教区的中心教堂连接在一起。实际上，广场往往成为各教区中心教堂的“前地”。这种城市空间的处理手法，显然具有欧洲中世纪城市的特点，又因与典型的欧洲城市广场处理方法略有差异而成为澳门独有的特点——这种道路广场结合城市教堂的处理手法构成澳门古代道路系统的鲜明特色。据文献记载，至17世纪30年代，澳门城内大概有五个教堂“前地”，分别为花王堂前地（亦称圣安多尼堂前地）、圣保禄教堂前地（亦称耶稣会纪念广场或大三巴广场）、大堂前地、板樟堂前地和仁慈堂前地。至此，在城市建设总体框架的基础上，澳门城市空间的早期建构基本完成。

---

① 参见林永胜《澳门前地空间》，《文化杂志》2004年第53期。

② 参见许政《澳门宗教建筑》，中国电力出版社，2008，第68页。

四　结语

天主教堂是欧洲早期城市诞生的必要前提，是构建欧洲中世纪城市空间的核心元素。中世纪早期的欧洲民众围绕教堂聚居，渐趋形成居民中心，即教区教堂或堂区，然后发展成为城市的雏形。澳门城市空间的早期建构乃是对欧洲中世纪城市空间的移植。

16 世纪中叶，伴随葡萄牙人东方航线的开辟，以耶稣会士为先驱的罗马天主教传教士抵达澳门，很快将澳门建设成为远东地区的重要传教基地。耶稣会所到之处，不仅把基督福音传播给异教民众，而且让基督教的价值理念、文化内核融入当地文化。其最直接有效的途径则是通过教堂呈现。教堂作为传播基督信仰、展示天主荣光的重要载体，被耶稣会在开辟新教区的进程中赋予浓郁的欧洲中世纪色彩，对远东地区现代意义城市的诞生与建设具有重要影响。耶稣会是罗马天主教在澳门最具影响力的修会，主导着澳门的教堂建造。其所建之巴洛克式耶稣会风格的教堂，不仅成为澳门最早的大型公共建筑，为澳门城市的始建揭开序幕，而且分布于澳门半岛各地，构成澳门早期城市的标识。虽然天主教其他修会如方济各会、奥斯定会、多明我会等接踵抵达，建造各具特色之教堂，但均或多或少受到耶稣会建筑风格的影响。耶稣会在澳门所建之教堂，不仅成为澳门城市建筑的主体风格，而且奠定澳门城市空间的基本结构，还极大地影响了澳门城市的早期规划与发展。

因为深受天主教会影响，所以澳门开埠不久即成为世界上土地单位面积天主教堂数量最多的城市，是名副其实的“天主圣名之城”。澳门早期天主教堂乃精心设计和审慎施工而诞生的建筑形态，既是城市景观的核心，也是城市构图的中心，同时还起到勾勒城市轮廓的作用。这些教堂沿着连接山顶的一条轴线依次排开，构成城市的纵轴，在布局和视觉上控制着整个城市。天主教堂塑造并彰显澳门早期城市的空间格局和整体特征，构成澳门城市建设的重要节点，具有非常重要的城市识别意义。澳门作为城市自诞生之日起，其空间便由以教堂为中心的几个教区或堂区组成，宗教活动构成城市社会活动的核心和市民精神生活的依托。故此，天主教堂乃是阐释澳门欧洲中世纪城市空间特征的重要载体和显性标识。

鸦片战争前两份产生于澳门的《洋事杂录》*

汤开建**

摘　要：分别藏在上海社会科学院历史研究所和广东省立中山图书馆的两份《洋事杂录》，是鸦片战争前两广总督林则徐派往澳门的情报人员所获得的情报汇纂，内容涉及澳门的经济、社会及人物等各个方面，是反映澳门和广州的西洋事务的重要中文文献。本文将以上两种文献予以介绍并汇释，分析其重要的史料价值。

关键词：《洋事杂录》　澳门　葡萄牙　林则徐　西洋

澳门历史研究在当下而言，新史料的发现与利用是尤为重要的，特别是清代澳门历史，其中的空白处甚多，必须有新史料的发现予以弥补。鸦片战争前两份产生于澳门的《洋事杂录》就是极为重要的且未被人利用的新史料，内容极为丰富，涉及澳门的政治、经济、社会及人物等方面。这两份《洋事杂录》都应该是鸦片战争前来广东出任两广总督林则徐派出的情报人员从澳门调查采访而获得的有关情报。第一份《洋事杂录》，原藏于上海社会科学院历史研究所，原件为手抄本，后在 2002 年收入福州海峡文艺出版社出版的《林则徐全集》第 10 册《译编卷》。根据抄本的记录，“道光二十

* 本文曾收录于刘平清主编《广州大典研究（2020 年第 1 辑 总第 5 辑）》，国家图书馆出版社，2020，文中主要葡文资料由澳门大学历史系博士生刘琮同学翻译。

** 汤开建，澳门科技大学中国历史研究院澳门历史研究中心讲座教授。

六年丙午，自春二月至夏六月，在少穆先生幕下，得录此千百之一。子茂陈德培自记”。据此可知，这份《洋事杂录》是由道光二十六年（1846）还充当林则徐幕僚的陈德培辑录编辑而成。陈德培，生卒年不详，字子茂，江苏关县人，林则徐任两广总督时的幕僚，与林则徐关系甚为密切，两人有多封信件往来。第二份《洋事杂录》，原藏于广东省立中山图书馆，系清代档案稿本，现在编入《清代稿钞本》八编第354册。原名为“鸦片战争史料”，这应该是现代人整理时所为，笔者认为此命名不妥。根据陈德培《洋事杂录》一书之内容，该书亦当为《洋事杂录》的另一种，其中有一部分与陈德培的《洋事杂录》完全相同，但也有一部分为陈氏《洋事杂录》所无。故该书也应该命名为《洋事杂录》。但这份《洋事杂录》的编辑者不详。下面分别就两份《洋事杂录》有关在澳门收集到的西洋事务及澳门本土的情况予以介绍。

第一份　陈德培辑《洋事杂录》

陈德培《洋事杂录》全文共分为十三部分，主要内容是介绍欧美各国及其属地的政治经济及社会风俗等情况，是为两广总督林则徐全面了解西洋各国及澳门情况收集到的各种情报。情报均未署明时间，但从内容上看，都应该来自道光十八、十九年以后。一部分情报有作者，如史济泰、容林、彭邦晦、袁德辉、温文伯等；另一部分情报则没有作者，或为当时人们赴澳门的调查，或为当时的翻译人员从西洋书籍和报刊中译出。本处并非全文俢录，仅择其西洋事务及澳门情况之重要者予以介绍。

史济泰、容林同述史济泰，系医生，容林，香山南屏村人，到过暎咭唎

一、暎咭唎国疆域不大，国都在懒顿即兰墩，并无城池，周围约六十里。楼房重叠，至矮亦有五层。房屋华丽，街道洁净，终宵灯火辉煌，照耀如同白日。

一、暎夷国王系少年女人，现年约二十三四岁，已立四五年，国号嘁［域］哆唎吔，貌极富厚、美丽，澳夷有其图像，识字，善琴。国中政事，有头等番官四人综理。

一、国王、番官所居之屋款式与民房毫无区别，惟门首书明有某官字样，绘有采画，以别官民。又，大门外只有番兵一二人，持枪峙立把守，此外并无护卫。

一、暎国来粤路程，先至噫即乌鬼国地方。买足伙食，出大洋由西路历孟买至新埠；由东路则历孟哑啦至新埠，合路至粤。统计水程约行五个月。若夷船回国，货物满载，则不走孟买、孟哑啦各路，经历大洋望东行，过小西洋至噫，水程约须三个月，再由噫至英国，水程仍须一月方到。

一、急系海中一岛屿，内有千余人户，猪、羊、牛、肉、鸡、鸭、麦、面均甚相因，山水亦好。如花旗、吕宋、嗬兰、咈兰哂、暎咭唎各国夷船来粤贸易，必由此过，买足伙食，取足山水，始出大洋。惟大洋风性不测，水极腥臭，波涛汹涌，莫如此极，顺风亦得七八日方能走完。各国海舶至此，最惧失事，过此可以无虑。

一、暎国、荷兰、咈兰哂、大吕宋、双、单鹰、花旗各国至粤贸易，由噫出大洋最为险恶，程途又远。各夷于四年前探知嘟刮即大白头地方。有数山，一经凿穿，走船非但可免噫之险程，并且程途较近。前经收银一千余万两，凿山疏河，已有一半工程。去年因所收之银业已用完停工，以待收有银两，再行兴工开挖，约四年可以完工。

一、英夷秤每重一斤为一棒，较中国秤重十二两。量每长一尺为一码，较中国尺长二尺四寸。洋银一棒系五圆，斯特凌钱一个亦合五圆洋银。

一、每年以三百六十五日为一岁，以中国冬至后三日为冬至日，以伊国冬至后七日为元旦日。每逢二月，只有二十八日，其余有二十九日，有三十日，有三十一日，有三十二日者。闰日不闰月，几年逢闰一日。并何月是大建，何月是小建，记忆不清，仅记得闰日总在二月间。正月三十一天，（二月二十八天或二十九天），三月三十一天，四月三十天，五月三十一天，六月三十天，七月三十一天，八月三十一天，九月三十天，十月三十一天，十一月三十天，十二月三十一天。

一、暎国交易行使洋钱有五种：大者七钱二分，曰打拉；中者三钱六分，曰哈打喇，又曰花儿晋；小者一钱八分，曰时吟，又小者九分，曰半时吟；其最小者只重二分半，曰喱，边厘。又有名哓吐者，亦洋钱之类，每哓吐一个七厘二毫，每百个合大洋一圆。

一、交易行使铜钱系红铜所铸，如洋钱式，宽如中国钱，厚倍之，有五十个易打拉一圆。

一、离国都约一日程途，有一埠头曰呴，设有炮台守口。

一、暎国在西北乾方，国都西有二埠头：呴、摄吧哕呞；西南有四属国：嗑哑唎、孟买、蔓哒啦萨、波路便浓。

一、嘉庆年间，暎咭唎与咈兰哂争斗时，有白旗将军名哆吥喱咗[①]统摄兵权，原为御敌咈兰哂而设。十三年，因大班喇咈[②]与压冬之奸夷啼吧喱·曼嗌[③]等图占澳门，专人回国，捏称得有内地马头，请兵弹压。哆吥喱咗许之，遂带兵船大小二十七只，先到西洋，向借澳门夷楼居住。因西洋曾为咈兰哂所窘，英国救之，感其德，遂允檄谕澳夷，交其携往。暎兵陆续开驶，是年七月二十五日到齐，抛碇澳门洋面。哆吥喱咗自加东海王白旗大将军，将谕送给澳夷，派兵头领兵三千，于八月初二日上澳，占住炮台、溢口、夷楼等处。澳民相率迁避。经澳门前山厅、营会同香山营、县前往查询，该夷捏称防护货物至此。诘以护船何以遽住炮台？该夷答以炮台系屯兵之所，西夷可住，暎国亦可住，语多不逊。营、县据禀大府。九月中旬，哆吥喱咗驾兵舶二只闯入黄埔。饬府查诘，仍敢抗违。且言暎咭唎贸易最大，数十年来输饷不知凡几，今欲见大宪面话。随经大府檄饬虎门镇堵御，虎门、碣石镇防堵，立德、香山协韶州参将、抚中参将领兵三千防守澳门。旋暎兵驾驶三板数十只欲闯入省，被立德官兵施放三千斤大炮，轰毙七夷，遂不敢进。复经大府檄广协带兵围公司夷馆，拿获压冬奸夷吔喱四名，羁留督署关帝厅，并将洋商管押封舱，不准贸易。复传谕英夷，如再抗违不去，即欲搜拿喇咈，同所获四夷立即正法，且明备火排、火具，声言烧毁夷船，奸夷震恐。冬月，哆吥喱咗退出澳洋，领兵回国。因恨起衅始于喇咈，以致

① 哆吥喱咗，应即威廉·啊嗥嚓·嗖路唎，又译都路厘，又译嘟路喱，又译嗖路唎（? ~1811），英国远征军司令，海军少将，1808 年率领英军侵占澳门。其英文名为 William O' Brien Drury。

② 喇咈，又作喇佛，又译啰咱吐，又译罗伯赐（1793 ~ 1813），英国东印度公司大班，1807 ~ 1810 年任英国东印度公司广州特选委员会主席。其英文名为 John William Roberts。

③ 啼吧喱·曼嗌，当即托马斯·曼宁，英国东印度公司商馆职员、翻译，1807 年 1 月来广东，后学习中文，1816 年充当阿美士德使团汉语秘书。其英文名为 Thomas Manning。

縻饷失机，悉以上闻其主。十四年，行文调取喇咈回国。因四班嗌哗㖞[1]于占澳时不肯佥名同谋，先期避回新埠，随令接大班之手，籍喇咈家，以偿所縻之饷，未治其罪。旋饬其领兵占夺噶喇吧，以赎前愆，胜之。十七年春，复令来粤充大班，大府不准，驱逐回国，潜住澳门白鸽囚夷楼。冬月病死，埋于楼之后园，今有石赞在焉。喇咈既死，人莫识其病，群夷剖腹视之，见胃内黄沙数粒，大如绿豆，粘着处均成小孔，咸谓其在噶喇吧受水毒所致云。

一、嘆咭唎公司之设，因该夷国用不足，签国中富户聚资贸易中国，使专其利，他人不得与贾。凡国中岁需正供外有不足者，悉取资焉，谓之公司。始议公司之限以三十年为届，满届即散，听民自贾，不限年数。乾隆间，公司之届满，该国因用度仍不敷，再展一限。嘉庆甲戌、乙亥间，二届复满，公司仍复请展，俾清帐目，许以十年为限。嗣因与咈唁哂比岁连兵，军需不继，用公司款项过多，复又予限十年，于道光十四年散去，计公司立局共有八十年，至此国人始得自贾。闻其国人云，日后国用不足，又须重复公司矣。

一、黑土产自嗌啊啦属邑叭哒喹，白土产自孟买、哪嗌，红土则产于曼哒喇萨。叭哒喹，本吆啰地，英夷至彼兴贩，稔知地肥产旺，乾隆四十七八年统兵占得；他如孟买、哪嗌、嘡哒嚏等国，亦以次占得，派兵镇守产鸦片地，募土番栽培，收获悉数输缴，每箱定发工本唠啤二百圆，扣洋钱百圆，历久照（收），没有增减。即以镇守兵目驻局，径司收售。凡各夷至局购买，自腊月至四月，交市五次，论箱计值。时价虽有低昂，约计每箱总在四百圆内外。除工本百圆，余剩之银，以三分之一发局开销地方一切款项，以三分之二归入王家。其银即由局中核缴。闻各夷兴贩至粤鸦片，黑土二万七八千箱，白土约二万箱，红土仅二百余箱，综计来粤鸦片约四万余箱；以内地所售之数而计，英国所得之饷约有洋钱八九百万圆。内地销售，如白土卖价六百圆，黑土卖价七百圆，约除资本四百圆，又船脚、保标、趸租各费，白土每箱可获息一百六七十圆，黑土每箱可获息二百六七十圆。若内地规

① 嗌哗㖞，即押咙臣，即益花臣，英国大班，1811～1815担任英国东印度公司驻广州特选委员会主席。其英文名为John Fullarton Elphinstone。

费，则出买家。

一、叭哒嚀无论平芜高冈，均可撒种子栽种，听其生长，无须灌溉。春花夏实，形如婴［罂］粟。五月熟时，夜划其皮，早收膏液。闻其制法：筑一大厂，内掘百十方池，经宽三丈，深约一丈，身底石砌，涓滴不漏，收液贮之，拌以砒霜，取其不生虫蛆。另药二味，未得其详。贮满覆以木盖，对年始出。近地有亭阁一座，七八层高，约十丈，顶层无神像，仅有大铜炉一具。岁之清明日，延吆啰僧二三百名，日焚檀香千斤，先在亭顶面朝东北跪拜讽经。僧旋至池，每池四僧，分列四角，如前讽诵七七四十九天而止。讽经始日，每僧持活乌鸦一只至池，每池四僧，亦分列四角，揭盖咒诵，杀鸦人池，仍覆盖，至五月取出，用器盛之，捏为团，以干叶包裹，计重三斤，贮箱交局。再闻该夷讽经焚香，烟向东北。数年来，烟向西南，莫非天意庇佑中国，永绝鸦片欤！孟买、哪嗌、嘜哒啦萨土地稍瘠，须在平芜择地而种。栽植制造一如叭哒嚀，惟诵经无亭阁，捏团大小不一，若颜色各别，因地出产，而种类制法实无二致也。

一、唤国、花旗例禁吸食鸦片，体面人有犯，监禁一年释放；贫贱人有犯，鞭责二百，仍着打扫街道一年。用铳打人海，讹传也。

一、外夷唤咭唎、花旗、嗬呓，咈呓哂、大小西洋、俄罗斯、大小吕宋等国，吸食鸦片各有例禁，并无人吸食。若燕刁、吆罗、骂丝音来三番种类，历无禁条，听民自吸，惟系吸食生土，毋须熬煮。其枪弯曲，斗如碗大，内藏暗火，贮人烟土，无论行坐皆可吸食矣。

一、英华书院系在吗啦架，先日系吗礼𠯿[①]倡建，故塑有其像，上学瞻拜。闻先在院教读系湖南一人、徽州茶叶客一人。无论汉人、夷人，进去都是读汉书。至新埠，并无书院。

一、红毛及大吕宋、吐呦、花旗、唛咣咕、大西洋、了润唦哷等地均出金。红毛、嗬呓、咈呓哂、花旗之唛咣咕俱出银。大吕宋、红毛、花旗、咈呓哂、嗬呓俱出铜。红毛属埠头计哒产黑铅。闻外夷无白铅。红

---

① 吗礼𠯿，即马礼逊（1782～1834），伦敦会牧师，第一位来华的基督新教传教士，1807～1832 年担任英国东印度公司广州商馆翻译，二十余年间主要在广州、澳门两地传教。其英文名为 Robert Morrison。

毛、嗜吔啸哱及大西洋产马口铁。

一、息辣即新忌坡，亦名新州府，系红毛新辟土地，即《海录》所载旧柔佛，海道四达，为红毛等国来往必由之路。至广东，风顺八日，逆风半月；至红毛，约三四个月。

一、花旗与红毛中隔一海，由红毛至花旗，横渡约一月水程。由广东至红毛，约四个月；至花旗，约四个半月。

一、西洋语云人皮拉多者，是皇帝二字。称山为爱伦。

一、镪水系红毛、嗬兰、咈兰哂、花旗等国所出。制法用甫挖出五金沙和药，熬炼成水，发给药局。外夷外科用之，取其杀虫。其性毒，误食致命，医家可得，不售市肆，能烂铁器，迸裂石块。

一、外夷国君之名，以始得国人之名名之。其子孙之承续者，第别以代数，不易其名也。如咦咭唎，始得国者为雅治[①]，其子孙嗣位者亦为雅治，相传四代；始曰雅治第一[②]；次曰雅治第二[③]；至雅治第三[④]，系于嘉庆二十五年正月二十九日故，其子孙于道光元年七月十九日立，曰雅治第四[⑤]。如本支无续，以旁支及女嗣位者之名为名，其后仍以代数别之。[⑥]

这一份情报来自一位名叫史济泰的英国医生和一位去过英国的香山南屏人容林的报告。这份报告是一份关于英国及其英属殖民地全面介绍的历史资料，涉及英国国家的君主政治、国家疆域与首都、英国来广东的途程、英国的度量衡、历法和货币，还详细介绍了嘉庆十三年（1808）英国军队占领澳门的原因、过程，特别细致地指出了在这一事件中英国东印度公司大班喇佛及益花臣所起的作用。其中还介绍了英军退出澳门后，喇佛在嘉庆十七年（1812）又被派来澳门主管英国东印度公司的广东贸易，但未获广东地方政府批准，并将喇佛驱逐回国，喇佛并没有执行，而是“潜

---

① 雅治，又译乔治（George）。

② 雅治第一，即英国国王乔治一世（George Ⅰ），1660～1727年在位。

③ 雅治第二，即英国国王乔治二世（George Ⅱ），1727～1760年在位。

④ 雅治第三，即英国国王乔治三世（George Ⅲ），1760～1820年在位。

⑤ 雅治第四，即英国国王乔治四世（George Ⅳ），1820～1830年在位。

⑥ 林则徐全集编辑委员会编《林则徐全集》第10册《译编卷》，海峡文艺出版社，2002，第5144～5149页。

住澳门白鸽囚夷楼。冬月病死，埋于楼之后园”。报告还介绍了英国东印度公司建立的时间、原则以及解散的原因。报告中还有大量的篇幅介绍英属殖民地的物产，包括各地的鸦片等。其中还提到马礼逊在马六甲创建的英华书院，里面的资料为他处不载。虽然嘉庆以后关于英国的介绍并不罕见，但如此细致深入地对英国的政治经济及与中国的贸易进行介绍，这应该是第一份。

袁德辉说袁德辉，广东南海人，能写拉体讷字，原籍四川巴县人。

常熟钱良择《出塞纪略》载：俄罗斯文移用蜡帝诺字，蜡帝诺即西洋拉体讷也。《东华录》载：大学士等以鄂罗斯贸易来使赍至原文翻译之文进呈圣祖仁皇帝阅之。谕曰：此乃喇提诺、托多乌祖克、鄂罗斯三种文也。外国文亦有三十六字母者，亦有三十字、五十字字母者云云。喇提诺亦即拉体讷也。

一、新忌坡、吗啦喍、新埠均系三处英咭唎属地，共一岛屿。由粤东出口，西南行约二十日，先到新忌坡，再行二日到吗啦喍，又行二日可到新埠。地方土番名吗啦由，即无来由种类。新忌坡店铺约有四五百家，吗啦喍店铺只有一百余家，新埠店铺约有一二千家，均系滨临海岸。闽、粤之人在三埠开设杂货铺、裁缝铺、钟表铺、鞋铺、木匠铺，各款生意居其大半。咈兰哂、嗬兰、暎咭唎均有在彼住家，房屋高大华丽。吗啦喍镇旁建立书院一所，额曰“英华书院”。有汉人朱姓在院教课。小夷人诵读汉书，每年修金三百圆。汉人子弟亦有在内读书。至汉人与土番，多有吸食鸦片。三处埠头，暎咭唎均派官兵镇守，凡有煮熬鸦片烟膏者，必须在番官处请领牌票，方准熬煮售销，未请牌票者不准私开。此外，尚有酿酒、屠宰、赌博三款，亦须纳税，所纳之饷与煮熬鸦片同重。贸易行使累子系红铜熔铸，如洋钱式，每百个易洋钱一圆，十余个买猪肉一斤。土产胡椒。

一、汉人至新埠等处携带货物：茶叶、土茯苓、薯莨、紬、潮烟、丝烟、腌蒜、咸菜、水缸、粗碗、边爆。回来携带胡椒、红树皮、沙锅、米。

一、内地渡洋，海船均由新会县属之江门载货出口。

一、嗌呀啦土番，即吆啰鬼，脚长，无腿肚。红毛选其身材高大者充伍，谓之叙跛兵。①

这份情报来自广东南海人袁德辉的报告。袁德辉，原籍四川巴县人，后入籍广东南海。他应是从马来西亚槟榔屿回国的华侨，因为懂英语，所以担任钦差大臣两广总督林则徐的译员，他翻译过滑尔达《国际法运用在行为和民族与主权事务的自然法则的原则》一书的部分章节，并定名为《各国律例》。这份报告主要是对英属马六甲、槟榔屿和新加坡三地的介绍，其中特别是关于马六甲英华书院的介绍，资料为他处所无。

温文伯述广东民人，曾到嗌呀啦，回粤已近三十年。

一、红毛即嘆咭唎，地名嘆唥。粤东去约五月路程。现在国王系女主，年方十九岁，天文、地理皆能通晓。国号咲啵哆唎。辖下有三大港口：一嗌吖嗶，粤东去须两个月。到红毛尚有三月路程。有税馆一所，即在此处，并有兵头文武衙门。所有烟土俱囤积此处。至公土出在嚤嚕国，叭哒喀地方做好，运在公司，公司如中华会馆，然后发售各处。二十年前，每箱约须三百余元，近来时价有无加长，难以意断。每百元收课二元，照公司单验放。

一、嗌吖嗶即呜嗶哔，由嗌吖嗶去二十余日，离嘆唥尚有三月路程。公土之种到其地再种，即变为白土，皆在本所发卖，亦有税饷，照公土一律纳饷，其余与嗌吖嗶相仿。

一、嘚机即嗌咪，由嗌吖嗶去约四十余日，离嘆唥尚有三月路程。其地出白土，又出红土，即金花红。其种俱由叭哒喀带来。亦有税馆，纳饷俱与嗌吖嗶相同。

一、嚤嚕国地名嘞哰哓。国主名啁啁咆。粤东去约四个月，离嗌吖嗶二月路程。所辖叭哒喀去嗌吖嗶一个月，到嘞哰哓亦是一月。叭哒喀地方土产鸦片，其地租与红毛国。红毛人仍批回叭哒喀夷人耕种，收成后，因叭哒喀无人会做，故运回嗌吖嗶做好发卖。烟叶与中国芥兰菜相似。

一、咪唎㗎即花旗，素与咈咥哂贸易交好，因红毛国主欲夺嗬咥港

① 林则徐全集编辑委员会编《林则徐全集》第10册《译编卷》，第5150～5151页。

口，故咈唥哂亦往相争，即檄花旗相助，于嘉庆二年起，直斗至二十二年止。因各国亏空，故求和好。先时，红毛、咈唥哂、嗬唥、吕宋、黄旗皆遵啦囒吶为王，后因啦囒吶退隐，各国遂各霸一方，各起国号。文字各有不同，惟花旗与红毛相仿。至各国关口课饷，盐为最多。红毛因战斗多年，需耗费，所以买卖银钱皆用纸票，每张二三千元、七八千元不等。令殷户出银换票，每月算利二厘，以图生息，期限十年，本利归完。至于民间殷户前夺港口，大打仗则所耗兵费皆出官民捐补，小打仗则殷户签银请兵争夺，如夺得港口，即进国主，照例纳税，败则国主不问。

一、孟雅拉地方平地无山，并无金银矿。其地所用之银，名曰唠啤，形如洋钱，不过差小，字纹各别。字系吆啰字，有花一朵似菊。分三等：大者重三钱三分，用作三钱六分；次者减半；又次者再减半。汉人以吆啰字似芽菜，故谓之芽菜银，系红毛人至各港贸易，收找碎银，各色旧银器皿倾铸唠啤。又外夷各国交易，俱用光板洋钱，一有戳记者不用。

一、外夷各国倾铸洋钱，有用由各港口贸易收买旧碎银倾铸者，有用纹银倾铸者，均搀白铅。纹银色足，搀铅较多。其各国所铸洋钱，作工精致，吕宋为最，他国皆不及焉。

一、暎咭唎、西洋、咈唧机、花旗、荷兰、吕宋、双鹰、单鹰、嘿、黄旗等国，均以中国冬至后十日为元旦日，以三百六十五日为一年，并无闰月，或逢四年闰一日，或五年闰一日。

一、暎咭唎国有二十六字母。初学读吐啤吟，识字审音。次读哆吐咃啭、如中国四书。哋唲、如中国纲鉴。吟啤噉谦、如中国诗集。哑喱哾嘀、算法。志呵喂嚹、讲天文地理。嘀哑咪唎、字典。喂嚏哎、注解，喊吐、讲究学习各艺之用。其余书籍尚多，以及别国书籍，俱未见闻。

一、新忌坡系暎咭唎新开疆域，约有二十年，土番系无来由种类。汉人至彼贸易、耕种、手艺者闻有二万余人，闽居三分之二，粤居三分之一，并无别省人至。闽、粤之人有在彼娶番女为妻。

一、孟雅拉地方，如武彝［夷］茶叶一种，内地值银三钱五六分，孟雅拉可售值五钱。土番只饮水，不吃茶。他国夷人、内地华民至彼方吃茶。夷人吃茶，早晨八点钟一次，晚七点钟一次，吃法以白糖、牛乳冲吃。煮饭用姜黄，系吆啰国因只饮水，不吃茶，恐受潮湿太重，故饭菜俱以姜黄同煮，他国偶有效之。

一、红毛教曰克力斯顿教，医生米尔尼①以耶稣教主之名作经流传。西洋教曰加特力教，吗㖸厘西②所传。③

这份情报来自从印度、孟加拉国归国华侨广东人温文伯的报告，也是对英国及其属地以及18世纪初国际形势的一般性介绍。

英国往返日期

据新闻纸，上年十二月系中国戊戌年十一月义律寄信回国，论禁止内河、黄埔等处鸦片贸易之事，样样俱准。今年十月系中国己亥年九月接到本国回信。计往来十个月零。

又，义律于夷国八月十五日接到二月二十七日来文。一百七十日。

又，义律寄信回到兰顿。一百九十八日。

己亥十一月十六日新闻纸云：衣里沙士地它船。系八月初二日中国六月廿三日。自兰顿开船，言兰顿七月三十日中国六月二十日知道缴鸦片之事。④

这份报告主要译自澳门报纸的内容，报告道光十八年（1838）英国驻华商务监督义律（Charles Eillot，1801～1875）有关的行程和活动。

记罗卜担语

英吉利国王，嘉庆年间在位者，其国号曰着查，序第三，道光元年没。传其子，亦号着查，序第四。道光九年没，无子。其叔序第四者为王，国号威连，道光十七年没。现系女主，国号威多里鸦，在位已四载。道光十九年，计该女主年二十岁，未招夫婿。此女主系老着查及威连之侄女，而小着查之堂妹也。

---

① 米尔尼，即米怜（1785～1822），英国传教士，1809年加入伦敦传教会，1813年抵澳门，为继马礼逊后第二位来华的基督教传教士。1815年，南赴马来亚马六甲协助马礼逊传教，创办英华书院。其英文名为William Milne。

② 吗㖸厘西，即利玛窦（1552～1610），意大利耶稣会士。1582年抵达澳门，后进入内地传教。其西文名为Matteo Ricci。

③ 林则徐全集编辑委员会编《林则徐全集》第10册《译编卷》，第5150～5153页。

④ 林则徐全集编辑委员会编《林则徐全集》第10册《译编卷》，第5154页。

红毛兵有四支：步兵穿红衣；马兵有红有蓝；大炮兵穿蓝；散兵穿绿。武官职分颇同内地。

星忌利坡乃小岛，属暎国，在中国与孟雅喇国半途之间，地窄人少，却是热闹市镇。

印度读作天竺。即轩都士丹别名也。轩都士丹，黑脸兵丁也。共三十万，行伍系黑面的，其武官系红毛人。前十三年与缅甸战胜，皆用叙跛兵。①

罗卜担，即罗伯聃（Robert Thom，1807～1846），英国商人。1834年来华，加入怡和洋行，在澳门居停过很长一段时间。此人极具语言天赋，懂得西班牙语、法语、拉丁语和希腊语，而且在广州与澳门期间又学会了中文。1840年，他与他的中文教师“蒙昧先生”由广州周报出版社在澳门出版了《意拾喻言》（即《伊索寓言》），他当时采用的笔名为“懒惰生”。该书为一本采用中英双语对译的专门介绍《伊索寓言》的著作，全书共介绍《伊索寓言》中的故事81则。这一段罗卜担的话不知道是谁翻译介绍的，也是在介绍英国的政治与军事。

嗌啊啦所用各种钱

金钱三种：俄尔摩值大洋钱八元。

阿特里值大洋钱四元。

西　机值大洋钱二元。

银钱六种：打　拉即整块大洋钱，重七钱二分。

咘　啤值半元，重三钱六分，与哈打拉相同。

阿打尼洋钱四分之一，与时吟相同。

早洼尼洋钱八分之一。

娜阿尼洋钱十六分之一。

奄　尼洋钱三十二分之一，亦名阿拿，每个值拜士四个。

铜钱二种：拜　士每大洋钱一元值拜士一百廿八个。

瓜打拜士每四个抵拜士一个。

① 林则徐全集编辑委员会编《林则徐全集》第10册《译编卷》，第5154～5155页。

嘆咭唎有吪吐一百个吪吐值大洋钱一个。[①]

这份情报主要是介绍英属殖民地孟加拉国所用的货币的币值。

嘆咭唎国王发给该国商船禁约八条

一、往别国，遵该国禁例，不可违犯。如违犯亦有罪。

一、往广东贸易，遵领事官验牌，不得从［纵］水手酒醉行凶，恐伤华人。

一、往广东（须）遵法，违禁货物不可带去及违禁货物亦不可带回。如违者有罚。

一、广东妇人不可带回本国。

一、往广东由西南路入，不得见安南头。如见安南头，伙长罚俸。

一、往广东由东路入，不得见万里长沙。如见万里长沙，伙长罚俸。

一、往广东，在洋面遇船欺凌，抢夺财物，回国以强盗论，办死罪。

一、往广东闹事，贻累别船，赔还别船银两，仍要治罪。[②]

这里公布了英国国王颁发给英国商船海外（主要指广东）贸易的八条禁令，这八条禁令亦不见他处有载，其中特别提到不准将广东妇人带回英国。

外夷行船船中规条十条

一、行船所有各水手听伙长号令。如不听伙长号令，轻者杖藤鞭五十或一百，重者槌脚镣，押舱，回国办罪。

一、到埠不许水手与该国人争斗闹事。

一、船不许私放三板埋山[③]汲水洗衣，必要经（禀）明方准。

一、遇风雨，各司其事，必齐踊跃，殆抗者罚。

① 林则徐全集编辑委员会编《林则徐全集》第10册《译编卷》，第5155～5156页。

② 林则徐全集编辑委员会编《林则徐全集》第10册《译编卷》，第5156页。

③ 埋山，广东方言，靠岸之意。

一、开舱上落货，水手不得偷泄货物，如有，以贼论。

一、管食司厨之人，每照分两排定，不得减少分毫。

一、落货不照法，遇风雨舱内货物摇动，管舱之人罚。

一、看更失更遇泄，看更之人罚。

一、管炮之人该放炮不放炮，罚。

一、行船遇大秋鱼拦头，或遇龙上水，看头之人不喝令放炮，罚。①

这份情报报道了外国船只行船的十条规例，亦不见他处有载。

花旗国各说

咪唎嘡国即花旗，疆域较大，先为英属，近今数十年来自为一国，并无国王统摄。域中有二十四埠头，各埠公举公正一人为乡正，管理词讼、粮饷一切事务，定例有五年一更换者，有三年一更换者，办事公允，公议再接手管理。否则，不俟期满，即行废黜，另行举人。风俗较暎国淳厚俭朴，余俱相同。

咪唎嘡夷众于三十年前，不服暎国统辖，有兵头哗咂顿领首纠兵起事，争战数年，不分胜负。嗣得咈咥哂兵头嗰吒吅到国助战，于夷国七月初四日大获胜仗，将暎兵杀逐，而国遂定，插立花旗。夷众因虑一经再有国王，日后又复暴虐，故不议立。

咪唎嘡复国系于七月初四日，故自此以后国人每年逢此日停止贸易，操兵演炮，游玩如云，筵宴庆贺，极为胜会。

咪唎嘡先年争复疆域，系兵头哗咂顿为之倡，故国人至今尊之如圣人。今人或生子，或开馆，或造船，或有新地方，所名多有依旁哗咂顿字意，取其吉庆。

咪唎嘡钱，系红铜熔铸，无孔，谅即晄吐。较英钱差小，每一百个易打拉一圆，七钱二分重洋钱也。②

① 林则徐全集编辑委员会编《林则徐全集》第10册《译编卷》，第5156页。

② 林则徐全集编辑委员会编《林则徐全集》第10册《译编卷》，第5157～5158页。

这份情报主要是对美国各方面情况的介绍，包括国土疆域、与英国的关系等。

庚子八月廿三日吐吶嚹供

广东在暎咭唎之东南方，约水程三万余里。该夷吐吶嚹来时，在途三个半月。暎咭唎本国，初过咈㗅哂，再过士边，士边另有国主。再过葡萄咖即大西洋。以上三处行走二十日，都可望见山头形势。再走十日，至呀喃哩咖，此处系各主其国。海外是红毛属，过此尽系巨洋大海，并无山麓。又走两月，方至嘉化。系荷兰属。又走四五日至琼州。又走三四日进万山。如遇南风，即不由小吕宋过，如遇北风，即由小吕宋过。

暎咭唎国王所居之地，名曰㗅啽，在俄罗斯之西，约海程二十日。㗅啽东方去一日，即荷兰国。又走六七日至士呍嚹另有国主。又走一日至颠没，另有国主。又走十日至俄罗斯国主所居之地喃噜啞㗨吣嚹啷。

打打里在俄罗斯之南，只有一二日陆路。另有国主。阿付颜呢士旦，在打打里之南约七八日陆程。另有国主。嗎㗑在阿付颜呢士旦之东南一二日陆路。系红毛属，或即印度。巴社在俄罗斯之南约十日陆路。另有国主。

回疆在暎咭唎之东南，相距一月。缅甸在暎咭唎之东，相距四五个月。如由陆路，两月可到，须经俄罗斯过。西藏在暎咭唎之东，相距两月，须走回疆，无路可通。

番鬼字典，名曰力神拉哩，系已故之吗唓𠯿所著。①

这是道光二十年（1840）八月二十三日英国人吐吶嚹供词中的内容。吐吶嚹，即文森特·斯坦顿（Vincent Stanton），英国剑桥大学神学生，1838～1839 年来澳门，任丹拿先生儿子的私人教师，1840 年 8 月 6 日在澳门劏狗环被清政府以间谍罪抓捕，拘押在广州。当时清政府审讯吐吶嚹，留下了一份供词，这应该就是供词中的一部分内容。这里主要讲的是英国来广东的海上行程，但其中特别提到了马礼逊所著的《英华字典》，当时中国人称为“番鬼字典”。

① 林则徐全集编辑委员会编《林则徐全集》第 10 册《译编卷》，第 5158～5159 页。

香山县丞彭邦晦查

大西洋国现系女王掌理国务，年仅二十岁，招红毛之人为婿，前年、去年连生二子。该国夷例，有女即不传侄，其婿不能袭王位，所生子女均可传位。

在澳夷人多系大西洋来者，计五种：曰西洋，曰红毛，曰嚤哩，曰吕宋，曰咈唦哂。兵头、兵总如中国总兵管［官］啰嚟哆，系大西洋人。散兵有自小西洋来者，小西洋为大西洋属国。澳门去大西洋较远，有事禀小西洋转达。

大西洋离粤程途约计半年可到，小西洋约计两月可到，均系出万山夷洋，自东南转折西北。

地满即哋㗎，系大、小西洋所属，无与红毛之事。离粤程途计五十日，水土极为恶劣。有兵头驻守。凡大、小西洋及澳夷犯事者戍之。

咈唦哂与啖咭唎对峙，中隔一海，火船横渡一日可到，疆域亦不甚大，国都在吧吶唎，并无城池，周围约有五六十里，房屋华丽，街道洁净，与啖咭唎无异。老国王名嚂哝啪，性喜争斗，昔年因与啖咭唎不睦，互相攻击，被英夷一擒再擒，放置于啖属之嗽哋嗹，不令回国。本国另立新王，不知其名。嗣闻老王已死于嗽哋嗹。嘉庆廿一年进贡文内言，咈唦哂霸王波那巴耳已服了。又云假王般那毕地已捉获。

咈夷秉性奸巧，造物精致，即如饮食、器具，无不力求其精，钟表亦以为最。男女服色均极华丽，淫乱莫有比伦。枪炮、火药制配极精，各夷皆不能及。

咈夷系十字教门，俗与西洋鬼同。凡遇礼拜之期，有跪拜诵经之仪。

嗬兰国疆域亦不甚大，与啖咭唎、咈唦哂相距程途各二三日。国都在嘁唎啦，亦无城池，周围约五十里，河道缠绕弯曲如羊肠。国王住屋宽深约有三里，四面石墙，楼台五层，屋檐雕凿花卉，极其精致。街道房屋随河之曲折创筑，两岸皆然，每一里造一木桥以通往来，无桥处所有小船摆渡。

嗬兰亦系十字教门，礼拜仪注与咈唦哂相同。

诺克拓，啖咭唎医生之称。阿依勒，系医生之姓名，著有《西果啰彼喱哑》书一部，计四十余卷。《西果啰彼喱哑》译汉语《文学字典》

四字，是书天文、地理、舆图俱全。各国俗向［尚］、人情、物理［产］、技艺、医算以及水法、火法、草、虫、禽、兽、出产鸦片，无不记载。[①]

这份情报是香山县丞彭邦晦的一份调查报告。该报告分为两部分，前半部分介绍了葡萄牙及其在亚洲的管治地果阿、澳门和哋唎的情况，而后半部分则介绍了法国、荷兰两国的部分情况。此外，还介绍了阿依勒医生编纂的百科全书。

地球招牌

加利新地球，将船户姑万、哥瓦二人在咪唎坚西北滨海访出之地，又将啤啰嘶考准鞑子之边地，并今时行人所知之地，一概收入列之于上。

一千八百一十六年三月初一日，加利在呛顿斯坦街造卖。按：呛顿即红毛国都

地图招牌

订正地图，吩哩在者斯那东北角第四条街发卖新出地理志。

一、精致总图有六十二张，界画色别，价值十棒。每棒五圆。

一、经典地理志，价值四棒。

一、花旗地图六大张，价值八棒。

一、全图六张，价值七棒。

一、欧罗巴地图四大张，价值六棒。

一、亚西亚地图四大张，价值六棒。

一、亚佛利加地图四大张，价值六棒。

一、南米利坚地图，价值四棒。

一、花旗各方手卷地图。

一千八百三十一年否拉多尔否亚城[②]

红毛番书澳门有卖

---

① 林则徐全集编辑委员会编《林则徐全集》第10册《译编卷》，第5159~5160页。

② 林则徐全集编辑委员会编《林则徐全集》第10册《译编卷》，第5161~5162页。

地理图外夷各国地图俱全，无唐字，有大小板。 嘅

地理志外夷各国风俗俱全，无唐字。 咑嘫喍喇啡

唐番字典半唐半番字。 噫咥哪哩孖厘臣撰

番字典无唐字。 噫咥哪哩。

戊戌年 外国茶价，新闻纸内译出

咔啤 小洋钱，重三钱二分；

时呤 小洋钱，重一钱八分；

边喱 红毛铜钱，五十个易七钱二分重洋钱一圆，核算每边喱值银一分四厘四毫

棒 红毛以一斤为一棒，中国只有十二两①

这份情报主要是情报收集者所见到的地球仪和各国地图以及它们出售的价格、在澳门售卖的红毛番书、道光十八年（1838）的外国茶价。

图章②

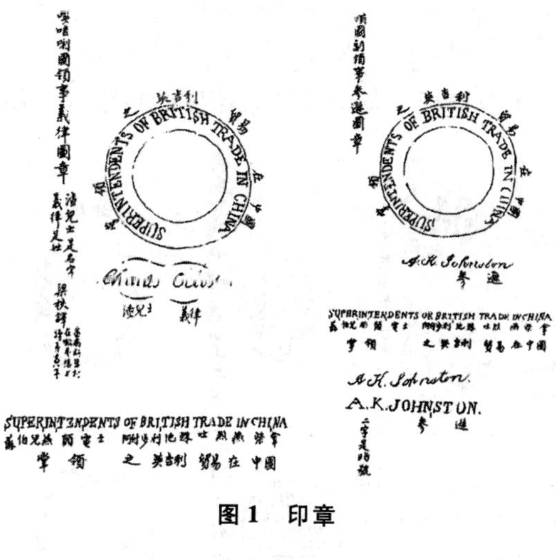

图 1 印章

图 1 左边是英国在中国贸易的首领义律的印章，为梁秩译；右边是英国在中国之贸易首领英国副领事参逊的印章。

① 林则徐全集编辑委员会编《林则徐全集》第 10 册《译编卷》，第 5162 页。

② 林则徐全集编辑委员会编《林则徐全集》第 10 册《译编卷》，第 5163 ~ 5164 页。

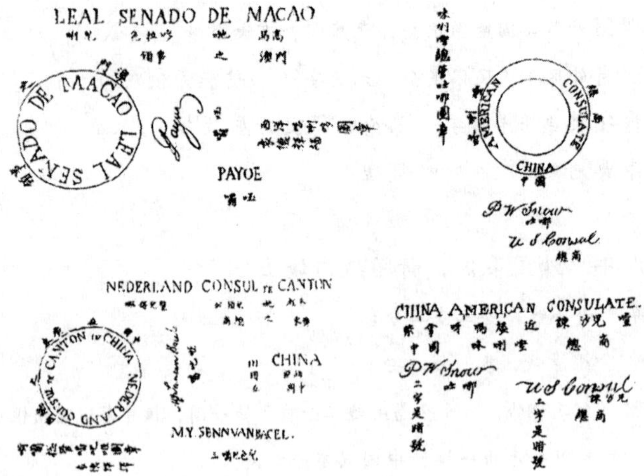

图 2　印章

图 2 左边为澳门之领事西洋议事会唛唎哆霸旺（Payoe）印章，袁德辉译；右边为咪唎坚中国总商吐哪印章。

钱币①

这里介绍了西班牙、英国及英属印度的钱币（见图 3）。

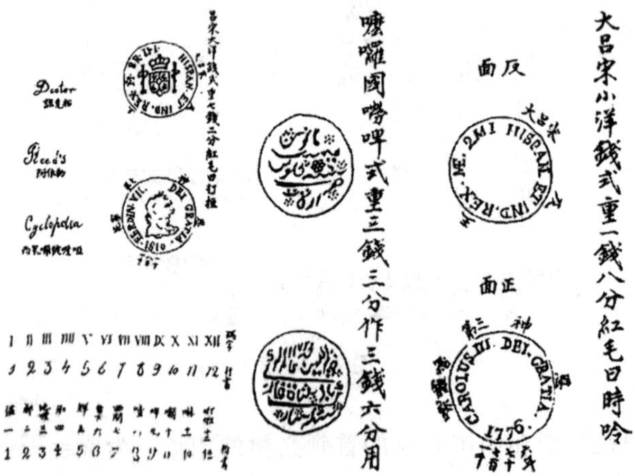

图 3　钱币

① 林则徐全集编辑委员会编《林则徐全集》第 10 册《译编卷》，第 5167 ~ 5168 页。

第二份　佚名辑《洋事杂录》

这份《洋事杂录》原名“鸦片战争史料”，但细观其内容，并非记录鸦片战争之事，所以认为这应该是后来整理者命名的错误。因为该书与陈德培所辑《洋事杂录》形式与内容完全一致，故我亦将其命名为《洋事杂录》。全文不分章节。同陈氏《洋事杂录》一样，很多情报的来源亦出自史济泰、容林、温文伯等人之手，但此份《洋事杂录》中史济泰提供的情报特别多，也特别详细。值得注意的是陈氏《洋事杂录》虽然同时记录西洋与澳门事，但关于澳门本土的情况记录并不太多，而这一份资料则有大量关于澳门政治、经济、军事及社会风俗等方面的记录，如《史济泰口述澳门情形》《胡、马密查澳门情形》《烟犯纪亚九供略》《西洋》《史济泰述良歹夷人》等五份情报都是专门报道澳门之事情，特别详细地介绍了葡萄牙商人在澳门鸦片贸易中的地位和作用，为陈氏《洋事杂录》所无，亦为以往澳门鸦片史研究者所未关注者。这五份情报应该说是目前我们所见鸦片战争前关于澳门历史最为详细的记录，为我们研究鸦片战争前澳门社会历史提供了极为丰富细致的资料。我尽量地利用葡文史料和其他中文文献与此处所录澳门事情相互比证，力求丰富鸦片战争前澳门社会历史之原貌。

史济泰、容林同述

……

一、唤夷国王、番官均无关防，可以任亲族出入。

一、唤夷来粤贸易，必须在国王出请领执照，并吩谕船至中国要遵天朝法度，不许日久不回，如有逗留日久及无执照者回国，船则入官，人即治罪。

……

一、遇父母丧，帽以黑巾缠绕，衣黑服，至穿孝若干月，殊不知其详。

……

一、唤国天气寒冷，每逢冬月后辄下雪，至三月方止。□无论贫富，均不衣裘，不衣棉夹，惟衣洋布单衫二件，背心一件，外衣大呢衫一件。在家烘火，出门衣雪衣。

一、唤夷饮食嗜烧炙，严寒不加衣，性喜烘火，致受火热，是以必得内地茶叶、大黄，频频吃之，以解火毒。

一、男女婚姻，自行择配者多，由父母做主者少，或赘或娶，亦无一定。婚配之日，或延番僧至家，或男女同至庙中谒见番僧，告知情由，并番僧询明系属两厢情愿，即与讽经，男女一同回家。凡夫妇序次，女居左首，男居右首。

……

一、遇天朝谕檄赍赴夷国，着洋商设法专人送去，自无遗失。若给夷人自行带去，断不呈投。

一、唤夷并不吸吃鸦片。

一、夷人兴贩鸦片至中国销售，国王不办。其□利，其有重饷也。

一、男女不回避，如遇从未见面之客，男女同在一处坐□。[①]

陈德培辑《洋事杂录》也有《史济泰、容林同述》一目，但此处内容比陈氏《洋事杂录》要多，此处所录者均为陈氏《洋事杂录》所无，故知此处介绍英国情况较陈氏《洋事杂录》详细。

史济泰述

……

1、吐呐唻十八九岁时，曾随贡入都，学会官话。嘉庆廿一年，遂充正贡使，具表乞居大屿山，冀避澳门之税关。其时同谋者尚有孖吟[②]，孖吟颇识汉文搁官话。嘉庆中□□，住澳门之南湾，贾且□，服华服，以汉字教夷人，时充副贡使。

……

一、新埠额设兵船，不过五六只，又与新埠附近之新忌坡、吗啦唻、嗌买，哪猛、嘜哒啦萨，各有兵船三四只，明雌啦兵船十二只，

① （清）佚名辑《洋事杂录》，《清代稿钞本》八编第354册，广东人民出版社，2017，第372～377页。

② 孖吟，即马礼逊，参见本书第397页注①。

皆有兵头统领，彼此均可通听调动。卖鸦片之奸夷，请他私来保标，只要认识，随埠可请。第新埠系来往必由之处，每有认得，故请新埠兵船居多。

一、红毛王之下有三大将，为各官之长，一守国都，一统东北各路埠头，一统西南各路埠头。吗他哈向统西南路，去年在粤，扦夷私请来粤，闻系想占大夷山，并派来收鸦片规。

……

一、新埠并不产米，小吕宋出米，系装运入澳，并无鸦片。明呀喇、噶喇吧两处出米，系港脚船装运来粤，抛碇伶仃洋。米之下皆是鸦片。

一、红毛出金，未知山名。大吕宋、吐呦、花旗、唛哓咕、大西洋之润柳呟等地，均出金。

一、出银地方，红毛、嗬呓、咈呓西、花旗之唛哓咕俱产。此外，未悉其详。

一、出铜地方，红毛、大吕宋、花旗、咈呓西、嗬呓等国俱产。

一、出铅地方，系红毛属埠头计哒产黑铅，闻外夷并不产白铅。

一、马口铁系红毛、嗐吔哺哸所产，大西洋亦出。

一、外国并不出砒霜，至缅甸是否出产，不得其详。惟闻红毛每年有海船一二只前往贸易。

一、玻璃出自红毛、嗬呓、咈呓西、大西洋等国。

……

一、外夷不穿皮衣，因嫌其厚笨，行走不便，男人仅于雪衣领间有用之，女人用皮褡在胸之前后。

……

一、谢清高不在澳门。

……

一、红毛解鸦片药水，其色如浓茶，玻璃小瓶装贮，三钱价银二员，瘾轻者可解，瘾重者无效。澳门现在有买，至因何药料配制，未悉其详。近闻大西洋并白头吆啰亦出。

……

一、坤球系地理图，有用铜壳制造，外用纸糊者；有用象牙镶成者。图形绘日月星宿，是乾球；绘地理，是坤球。嘉庆廿一年，暎吉利贡物内有二球。

……

一、婢咓哐[1]名噂，系红毛人，居家两处，一在国都嗹顿，一在咴吐哇呢啾，巨富，并无妻子，并无功名，三弟一妹。本人现存，约七十余岁，先年充公司大班、总商，嘉庆二十一年回国退，洽斯当东接手管理。

一、斯当东即吐呀哧，自幼来粤贸易多年，官话土语俱能通晓，后接充公司大班总商。嘉庆二十一年充贡使，后回国。此后并未来粤，此人有功名，不大，约六十余岁，尚存。

一、啰咖事理、罗耳都敢吏耳、唠喊哈三名，未悉其事。[2]

这是一份为陈氏《洋事杂录》所无的情报，亦为英国医生史济泰报告。该报告中很多资料均为独家所有，是研究中英关系及英国与澳门关系极好的资料。如嘉庆二十一年（1816）士啤竦曾经上表恳请清政府批准英国人居留大屿山，企图逃避澳门之关税，这应该是英国人觊觎香港的最早记录。还记载马礼逊（孖吟）当时居住澳门南湾，“贾且口，服华服，以汉字教夷人”。

史济泰口述澳门情形

一、澳门三面滨海，一面陆路，通前山，东西宽二里余，南自码阁，至北之陆路关闸汛止，程约九里。澳门华夷杂处，约共五千余户，华居其四，夷居其一。

一、西洋澳夷设立澳炮台六座，为日已久。一在澳尾妈阁，一在西望洋，一在架思阑，一在南湾中约，系防海口，一东望洋炮台在入澳陆路口，一大炮台居澳之中。二者最为紧要。

一、西洋澳夷大中小户，约五百余家。老幼男女，五千余名。大夷

---

① 婢咓哐，又译晒吩哐，又译押咓臣，即益花臣，英国大班，1811～1815年担任英国东印度公司驻广州特选委员会主席。其英文名为 John Fullarton Elphinstone。

② （清）佚名辑《洋事杂录》，《清代稿钞本》八编第354册，第378～391页。

馆七十余所，中夷楼二百余所，小夷房二百余间。巨富十七八家，小康三四十家，余为穷乏。

一、澳夷将大夷楼租给红毛、花旗、荷兰、咈呾西、吕宋、白鬼等夷居住，此共卅余间，并有典出红毛者十余间。西夷近已贫乏，恐将悉归红毛。

一、澳夷向建司打一所，楼房宽阔，系办事公所，凡遇会议事件，兵头、番差、判事咸至司打会议，判断事毕，各散回馆。

一、澳夷兵头一名，番差一名，系由国王发来，五年一更换；判事四人，系澳夷公举，一年一更换；嘁嚟哆，亦系公举住澳之夷承充，一年一更换。西洋叙跛五百名，每月给兵粮艮六员，一月共须艮三千员。岁发兵装二套，每二套须艮十两，每年须艮五千两。

一、澳门西夷设立税馆一所，西洋额设船只装载货物，出洋入澳，均须报税，每年约可收艮七万元。税馆设总理一人，分司八人，系住澳夷承充。

一、澳夷每年收外夷租楼房二万元，收汉人地租艮四千余元，并税艮七万，每年所入总有十万。除官俸兵粮输纳租外，余剩银两业归司打存贮。

一、澳夷额定海船二十五只，近已缺额，只剩十三只。

一、旧定章程，西夷所住之地，岁在香山县纳租艮五百两，长以一千三百八十余丈为界限，毋许越界。日久添筑房屋，竟有越占。

一、澳夷向来恭顺，今日夷情奸猾，大非昔比。因其新王嚂味嗜①于道光二三年接位②后，将发来兵头、番差之权柄削去一半。凡澳中夷务，多系富夷数人专擅。澳夷生长内地，洞悉官场民情，遇事多有挟制，即如华民地租，岁底拮据难资，动辄斗，甚至持毁。其强悍之习，类多如此。先年，西夷欲饰，与红毛各别。近之，俱仿红毛，实无分别。

---

① 新王嚂味嗜，即指葡萄牙国王若昂六世（João Ⅵ），其葡文全名为 João Maria José Francisco Xavier de Paula Luís António Domingos Rafael，1816～1826 年在位。

② 是指 1823 年 5 月 27 日葡萄牙王子唐·米格尔（D. Miguel）在本国弗兰卡（Franco）镇发动政变，解散议会，废除宪法，恢复其父若昂六世专制君主的权力。

一、兵头哦呍呶[①]携有家眷，番差咈吟嗦[②]家眷未来，俱住南湾。

一、夷庙十座：一曰花夷庙[③]，一曰大三巴，一曰板樟，一曰大庙，一曰米自万地[④]，一曰隆松[⑤]，一曰风顺，一曰小三巴，一曰袜奴边也[⑥]，一曰弥姑[⑦]。逢各房星昴之日，男女俱至庙礼拜，共有十庙，每期只到一庙，余庙俟期礼拜，周而复始，七日礼拜一次，跪次男下女上。

一、奉禁鸦片，澳门奸夷有资兴贩，咸不愿缴；贫夷无资兴贩者，议徼。闻昨会议，各自争执。

一、弥姑庙生落水坑尾[⑧]坊，闭门扃户，庙规整肃洁净，衣服饮食俱自窦。进入庙为尼，俱系富家之女，贫者不得进去。有女为尼，父母俱为极荣。同行番官司打签字粘贴庙中，入庙之日，宴会亲朋，番官司打咸送至庙门首。女入，当家老尼出接拉手而入，扃闭门，终其身不得复出。父母每年至庙外隐窗见面三次。女甫进庙，司门三年，招递法内习教读经。老死则火葬，埋于庙后。西夷尊尼最为郑重，如父母有事致书司打番官，俱系依从。现在奉禁鸦片，闻女曾有书致番官司打人等，令其当与各夷一体遵缴云。此语系问之澳夷不兴贩鸦片者所传。

一、米自万地庙，收育婴儿，所雇乳妈亦有华妇在内。庙门旁设一窗洞，安置小床，并垫棉絮数寸，另系一铃，如遇有人于天未明时送婴

---

① 哦呍呶，当即边度，1837～1843 年出任澳门总督。其葡文名为 Adriao Acácio da Silveira Pinto。

② 咈吟嗦，当即巴士度，1838 年出任澳门按察使，即首任澳门地区法官。其葡文名为 José Maria Rodrigues de Bastos。

③ 花夷庙，应即花王庙，又称花王堂，又称圣安多尼教堂，1558～1560 年建于澳门。其葡文名为 Igreja de Santo António。

④ 米自万地，即仁慈堂，为葡萄牙人在 16 世纪中于澳门建成的第一家慈善机构。其葡文名为 Santa Casa da Misericórida。

⑤ 隆松，即龙嵩庙，又称龙松堂，又称圣奥斯定堂，1587 年由西班牙奥斯定会士建于澳门。其葡文名为 Igreja de Santo Agostinho。

⑥ 袜奴边也，即嘉思栏庙，亦称圣方济各会教堂，1579 年由西班牙方济各会士建于澳门。其葡文名为 Igreja de Santo Francisco。

⑦ 弥姑，即尼姑庙，又称圣家辣堂或圣克拉拉教堂，为方济各会第二会之修道院，1634 年建于澳门。其葡文名为 Mosteiro de Santo Clara。

⑧ 水坑尾，原文作“水尾”，当脱一“坑”字，据补。

儿置于小床，按铃即走。内闻铃声，即将婴儿收育。稍长，男教识字，女学针凿。俟至成童，分给富庶之家。故内地人咸呼之野仔庙。

一、西洋者不婚：本身所生者不婚，同胞者不婚，余皆婚。纪澳夷亦然。①

这是一份由英国医生史济泰口述记录下来的澳门情报。这份情报全面介绍了18世纪初期澳门情况，内容十分广泛，包括地形、户口、炮台、住宅、公所、税馆、额船、地租银、税饷、教堂及慈善机构，还介绍了澳门的行政官员、军队以及各种社会风俗。很多资料均为《澳门记略》、道光七年《香山县下恭常都十三乡采访册》、《（道光）香山县志》所未载者，从时间上来讲，正好补充了上述三书所涉时间所未能记载的澳门历史资料，而且十分详细，有很多资料甚至超过葡文档案的记录，具有极为重要的史料价值。

文中还特别提到鸦片战争前澳门的住宅、住户及人口问题，称："澳门华夷杂处，约共五千余户，华居其四，夷居其一。"又称："西洋澳夷大中小户，约五百余家。老幼男女，五千余名。大夷馆七十余所，中夷楼二百余所，小夷房二百余间。巨富十七八家，小康三四十家，余为穷乏。"而且还称："澳夷将大夷楼租给红毛、花旗、荷兰、咈兰西、吕宋、白鬼等夷居住，此共卅余间，并有典出红毛者十余间。西夷近已贫乏，恐将悉归红毛。"

其中还提到鸦片战争前澳门有"西洋叙跛五百名"，叙跛即叙跛兵，是葡萄牙人从果阿调至澳门的印度军队。而据道光十五年（1835）广东水师提督关天培的报告，澳门原有番梢480名，因经费不足裁汰240名，故仅留下240名。② 1835年8月20日的《中国丛报》公布的澳门军队数量，当时澳门共有士兵300人。③ 从1835年到1839年并未见葡萄牙向澳门增派军队的记录，而《洋事杂录》称澳门有叙跛兵500名，明显高于上述记录。我认为这里是将从事巡逻的澳门警察也纳入其中，故有叙跛兵500名之说。

这里还公布了澳门几个重要的经济数据。一是澳门海外贸易经澳门葡萄牙海关每年所收的税银为7万元，这是十分珍贵的澳门葡萄牙海关税收

① （清）佚名辑《洋事杂录》，《清代稿钞本》八编第354册，第395～400页。

② 《广州将军哈丰阿等奏报查明澳门炮台各情形折》，中国第一历史档案馆等编《明清时期澳门问题档案文献汇编》第2册，人民出版社，1999，第267页。

③ *Chinese Repository*, Vol. 4, No. 6, 1835/10, pp. 292 - 293.

的中文记录，可以与葡文档案相互印证。二是葡萄牙每年还有出租外夷楼房租金 20000 元，收汉人地租银 4000 余元，并税银 70000 元，每年所入总有 100000 元。这就是说澳葡政府每年各种税收总数当为 170000 元。三是澳门原有船数总额为 25 艘，但到鸦片战争前时仅剩 13 艘，缺额达到 12 艘。

这份情报还详细介绍了澳门圣克拉拉女修会和澳门仁慈堂的情况。圣克拉拉女修会此处称为“弥姑庙”，并称澳门当修女的均为富贵人家，贫穷者不能当。在澳门修女的地位很高，“西夷尊尼最为郑重，如父母有事致书司打番官，俱系依从”。而仁慈堂此处称为“米自万地庙”，实际上指的是育婴堂，内中所记育婴堂的规制，均为其他文献不载。

胡、马密查澳门情形己亥四月廿三

一、呵吁系夷人收税，每箱鸦片收洋银十一二元，凡货物值银一百两，抽洋七元，每年约收九万、十万不等，作为澳门兵饷使用。兹余一万八千解回，交该国王。查近年只够兵饷之用。

一、新喊嚟哆者咩嘿，系罗底橙转请，办事不甚公正，夷人仍新议举旧喊嚟哆名做遮·吗哌啊充当，其罗底橙查系十五年回国。

一、佛咾哈已下夷监，鬼子监禁现有四人，咈咾哈咕并伊妻在内。

一、噾横即哋嘟噾，唐名阿广，现在遁逃。

一、嗜哏头仔名喟嚎，又名喏嗖·哔嗄哾，现在下横街住，乃躲逃。叫女婿架哆嚧作引水。

一、王阿习，即阿则史云：伊充为洋税饷小差，经东莞县拏获，同犯阿九一案。

一、林松，名微咣哋史云：伊本澳门人，入西洋教，伊弟林早，均于二月逃回趸船内。

一、红毛老鬼子名嗻啼，单鹰人，家住南湾之百鸟巢。

一、哑嗬嘍，红毛人，其父已故，从前在时，替孟阿拉船工作，伙长掌舵闻得唛嚟哆知他犯烟，亦要拿禁史云：伊有三子，出家资托人贩药。

一、西洋鬼子出示：如有食烟、卖烟，立拿收禁。

一、西洋鬼子男女大小不到四千七百余人。

一、汉人亦有入教充当兵丁，夷人现恐汉兵勾合，已有驱逐出教，等语。

一、西洋大兵头名吐唎哔喇·边嗖[①]史云：其官名阿云呶，二兵头名唎喱吔史云：其官名阿彩兰地。

一、嘢哆呢系替红毛飞艇掌舵，此时已逃。

一、蔡德，即蔡达，新会人，曾当过西洋夷兵，现已逃往吕宋。[②]

这份情报来自由林则徐于道光十九年（1839）四月派往澳门密查的胡守备和马守备的报告。这份报告完成的时间是“己亥四月廿三”，即1839年6月4日。这一次林则徐于四月派胡、马两位守备前往澳门密查，就是因为道光十九年三月抓获的纪亚九贩卖鸦片烟一案。

前已访得该西洋住澳夷人，多有私将鸦片存贮夷楼，贩卖渔利，历次拏获烟匪，供指卖自澳夷，确有案据。叠经本大臣、本部堂谕饬该同知，转谕该夷目喽嚟哆遵照，毋许奸夷囤贮售卖，并令将所存烟土呈缴。嗣据该同知申据该夷目禀覆，现在该夷兵头哃吖，遵照一律禁止，出谕严拏等情。方以为该夷目自必认真办理，乃昨该同知等拏获烟犯纪亚九一名，讯据供称，本年三月初二、三等日，在山水园地方嘢哆呢夷楼，买过烟土二次等语。[③]

这份资料主要是为调查澳门纪亚九贩鸦片案的密查报告，其中公布了很多有关澳门鸦片贸易的信息，包括税收及葡华鸦片烟贩等，其中内容均为其他文献所不载。

第一，介绍了澳门葡萄牙海关对于进入澳门的鸦片，每箱征税11~12元，其他货物价值银100两者，征收7元税银。每年海关征收的税银在90000~100000元，其中18000元上缴葡萄牙国王金库，其余作为兵饷。

第二，介绍了澳门议事会的一次改选，新喊嚟哆者咹嘢，喊嚟哆即澳门议事会理事官，咹嘢，应即摆华，为澳门摆华家族第三代，其葡文名为

---

① 吐唎哔喇·边嗖，即哦吒呶，参见本书第416注①。

② （清）佚名辑《洋事杂录》，《清代稿钞本》八编第354册，第401~403页。

③ （清）林则徐：《林则徐集·公牍》第71号，中华书局，1963，第84页。

弗朗西斯科·摆华（Francisco José de Paiva Jr.），与其父亲同名，故称小摆华。1801 年 1 月 4 日生于澳门老楞佐堂区。在澳门长大，赴葡萄牙读书，在科英布拉大学获法学博士学位，返澳后一边开设自己的律师所，一边经营其家族的航运生意。1830 年担任市政议员。1831 年任议事公局普通法官，同年任华务官，1836 年被选为澳门议事会理事官，1847 年任澳门民兵营少校司令，同获委任为澳门驻香港首任领事，1849 年去世。啰底橙，葡文名为 António Pereira，是澳门富商俾利喇（Manuel Pereira，1757 ~ 1826）的长子，也是小摆华的岳父。啰底橙从其父亲俾利喇那里继承了一艘当时载重量非常大的船只“Duque de Cadaval”。1834 年担任议事会理事官，1835 年返回葡萄牙。他在回葡萄牙之前又推举其女婿小摆华出任澳门议事会理事官。由于 1836 年出任澳门理事官的小摆华“办事不甚公正”，澳门葡萄牙人重新选举曾经当过喊嚟哆的做嗻·吗哌啊担任理事官。做嗻·吗哌啊，应即米兰达·利马，1833 ~ 1834 年第一次出任澳门议事会理事官，1839 ~ 1840 年再次担任澳门议事会理事官。其葡文名为 José Baptista de Miranda e Lima。

第三，介绍了澳门监狱的情况。《澳门记略》称：“狱设龙松庙右，为楼三重，夷人罪薄者置之上层，稍重者系于中，重则桎梏于下。”① 文中称“鬼子监禁现有四人”，葡萄牙人咈呾啪咕和他的妻子也被关在澳门监狱中。这个咈呾啪咕为何人，尚未找到葡文文献印证。此人很可能为葡人鸦片烟贩；嗜哏头仔，又名喟嚓，其葡文名为喏唑·哔喥哼（Joaquim Pedro），住在澳门下横街，应该是一位在逃的葡萄牙鸦片烟贩；“嘤哆呢”应即林则徐信中提到的“山水园地方嘤哆呢夷楼”贩卖鸦片的嘤哆呢，此人应为葡萄牙人，为英国人的运输鸦片的飞剪船当舵手，纪亚九曾在他的家中购买过鸦片，当纪亚九案发后此人外逃；还有一位名叫阿广，又名嚅横，又名哋嘟嚅的葡萄牙人，其葡文名当为映·吗哂啊·路哋喱呍（João Baptista do Rosário），为澳门议事会理事官，因贩卖鸦片事败露，出逃外洋；澳门的华人烟贩王阿习，又名阿则，在澳门葡萄牙税馆当差，已经被东莞县抓获；林松，澳门本地人，居住“大街”，而且加入天主教，“代

① （清）印光任、（清）张汝霖：《澳门记略》卷下《澳蕃篇》，国家图书馆出版社，2010，第 28 页。

番人写字”，葡文名为嘫咣呲（Vincent），其弟林早，系为西洋买办崩鼻尖所请，两人均为鸦片烟贩，他们已经于本年逃回伶仃岛的鸦片趸船；还有蔡德，又名蔡达，广东新会人，在澳门葡萄牙军队当兵，也是一名鸦片烟贩，现已逃往吕宋。

第四，介绍了大鸦片烟贩英国商人嘘哋和葡萄牙商人哑唦喽。嘘哋，又译啤啼、咇哋、咟悲哇、托马斯·比尔（Thomas Beale，1775～1842），英国商人，1789 年以普鲁士领事秘书身份来澳门，1804 年与查尔斯·马格尼亚克开办比尔和马格尼亚克洋行（Beale，Magniac & Co.），主要从事鸦片贸易，1842 年在澳门自杀。此处所言单鹰国夷人嘘啼，据马士《东印度公司对华贸易编年史》第 3 卷第 115 页称，1809 年在广州和澳门的外国侨民有普鲁士人比尔和麦格尼亚克。因为托马斯·比尔曾经是以普鲁士领事秘书身份来澳门的，故称其为单鹰国人。此处称嘘哋“家住南湾之百鸟巢”，此百鸟巢即澳门著名的托马斯·比尔花园，又称咇哋花园。姚元之《竹叶亭杂记》称：“咇哋花园者，园中以铜丝结网蒙之。内有大树一株，小树数株，有假山，有水池。壁上多插以树枝，蓄各种鸟，红黄白绿，五色灿然。鸟之上下飞鸣，宛如在园林中也。或巢于树，或巢于山间水旁，或巢于檐壁及所插枝上，名曰百鸟巢。”① 英国人哑唦喽，应为葡萄牙富商俾利喇（António Manuel Pereira，1757～1826）的遗孀。俾利喇有过三次婚姻，他的第一任妻子姓 Viana，名叫 Rosa Pires Viana，是 Nicolau Pires Viana（出生于 1734 年）的女儿。俾利喇与第一任妻子生有一个儿子，即啰底橙（Antonio Vicente Pereira，1788～1868）。这位哑唦喽应是其第三任妻子安东尼亚·科尔特娜（D. Antónia Vicência Baptista Cortela），她是俾利喇第二任妻子的亲姐妹，俾利喇和第二任妻子没有孩子。俾利喇和第三任妻子只有一个女儿约瑟娃·佩雷拉（D. Maria Ana Josefa Pereira，1825～1901），她 1838 年和马葵士（Lourenço Caetano Cortela Marques）结婚。哑唦喽在其夫俾利喇去世后，继承了其夫的遗产，成为俾唦喇行宫——白鸽巢别墅的房东。哑唦喽所属的 Cortela 家族是澳门最早的居住者之一。哑唦喽的祖父 Lourenço Baptista Cortela e Albuquerque 1730 年出生在风顺堂，其曾祖父也出生在澳门。哑唦

① （清）姚元之：《竹叶亭杂记》卷三《广东香山属有地曰澳门》，《续修四库全书》第 1139 册，上海古籍出版社，2002，第 408 页。

喽的父亲是 Ignácio Baptista Cortela de Sousa e Albuquerque，1750 年出生在风顺堂。她的父亲和祖父都担任过澳门王室金库总保管人（Depositário Geral dos Cofres de Macau）一职。她的父亲同时也是澳门商埠的注册商人（negociante matriculado），在澳门保险公司（Casa de Seguros de Macau）有 2 股股份，该公司共计 86 股股份。1823 年的时候他是议事会的议员。据此，我们可以看出哑颂喽所属的 Cortela 家族应是世居澳门的葡萄牙族裔的家族，但不知为什么《洋事杂录》称其为“红毛人”。

烟犯纪亚九供略己亥三月

供：系澄海县乌程村人，在澳门打铁围居住，先后在澳门山水围夷楼上嘦多呢处自买烟土五次，又与东莞人王阿习代买烟土一次。

又供：闻得夹板船即趸船，内泊澳门、金星门两处，报知红毛兵头，然后驶往别处。本年正月底，有船五只驶往潮州，系澳门西夷委利哆的生意。兵头义律可以招得回来。

又：澳门南湾地方，系红毛番鬼居住的。

又：澳门代番人写字的系进教林松，番名嗰咣咃，有弟名林早，在澳门大街居住崩鼻尖请的。

又：有不知姓的阿权，新会县人，年约三十余岁，在西洋番鬼处做生意，住澳门进教围，番人甚信之。

又：澳门番人有五种：红毛、西洋、嚤喱、吕宋、佛啷西。

又：西洋夷人有钱的是四人：哑唦婆百鸟巢房东，男人嘦多呢已死，其孙名嘦多呢·满威·必烈，廿四岁；啰底橙；拜罢啰底橙的女婿，外号即是底橙，均做鸦片生意。西洋船只出入，系啰底橙经管，惟有兵头、番差可以管束他们；再有番户一人名嗜哏头仔，官名嘚嚓，系管西洋鬼子出入的。又有西洋夷人曰月音喍家，有名鸦片。

又：西洋人买烟系在小西洋附近之孟阿拉运来的，也有向红毛国贩买的。今番差已将烟土搜出，解往兵头发落。澳门夷人当有多的，送在趸船落贮。

又：西洋系白色旗号。

又：澳门当有哟唧鬼子，也做烟土生意。

又：有老红毛鬼子名嗻咈，住南湾。又有啦哗嗟、啡喱哆二人，系管事的，已下趸船去了。[①]

这份情报来自道光十九年三月抓获的纪亚九贩烟案之供词。据纪亚九招供，他原系广东澄海县乌程村人，后到澳门营生，住在澳门打铁围，他先后五次在澳门山水围夷楼的葡萄牙烟贩嘤哆呢处购买烟土。据纪亚九供述，道光十九年正月有五艘鸦片船驶往潮州，是澳门议事会理事官经营的生意。纪亚九还称澳门葡萄牙人最有钱的有四人，第一位有钱人就是哑唦嚶，即百鸟巢的房东，但必须指明此处的百鸟巢不是前面所言的托马斯·比尔的咇哋花园，而是指俾利喇的白鸽巢花园，该花园是哑唦嚶从她丈夫手中继承过来的，所以称她为百鸟巢的房东，俾利喇是1826年去世，故此处称她“男人嘤多呢已死”。哑唦嚶还有一个孙子，名叫嘤多呢·满威·必烈（António Manuel Pereira）。俾利喇在18世纪末19世纪初为澳门首富，俾利喇去世后其遗孀继承了他的财富。不仅如此，澳门的另一位富商皮奥·马葵士（Domingos Pio Marques de Noronha e Castelo-Branco），1840年去世后也将他的遗产赠给了他妻子伊葛拉西亚·科尔特娜的姐妹哑唦嚶，故哑唦嚶在当时成为澳门首富。第二位有钱人即前所言之啰底橙（Antonio Vicente Pereira，1788～1868）。他担任过仁慈堂的执事（provedor），于1830年、1832年、1833年、1834年俱出现在议事会官文最后的署名中，其中1830年和1834年是澳门议事会理事官。据后文所言他拥有资产约六十万，故成为澳门第二位有钱人。第三位有钱人为拜罢，即小摆华，为啰底橙的女婿。第四位有钱人为嚸喉头仔，官名喟嗉，是澳葡当局官员，“管西洋鬼子出入”。第五位有钱人为月音喋家，即后面所言的“喊喋”，俗名为鸦片。这五位澳门葡萄牙人均因经营鸦片烟生意而成为澳门最有钱的人。其中啰底橙已于道光十五年（1835）返回葡萄牙，故此处称澳门有四位有钱人。

西洋

一、西洋兵头是该王遣来，现在此名曰嘜呍呶[②]为总兵□□，嘜嚟多是伊属下。

① （清）佚名辑《洋事杂录》，《清代稿钞本》八编第354册，第404～406页。

② 嘜呍呶，前面作“哦呍呶”，当即一人，即澳门总督边度。

一、西洋问教化王治世是治世□教化命。

一、西洋禀大西洋令，折禀小西洋地满。

一、问司打自行收税，每年有羡余解回该国否？

一、彭县丞云：有西洋人士唎嘁鎛，自称夷职员。人颇明白，不能说汉话，其跟人，年廿岁，能为汉话。

一、胡、马两守备查，澳门崩鼻尖，西洋人老买办。梁晋，号旭高工，年四十余，祖传西洋买办。

一、澳门同知禀后，查喽嚟哆确系管理澳夷事务官，但该国并无更替年限章程，任职自愿充当。查旧喽嚟哆因年老辞退，名做遮·吗低啊，其接手喽嚟哆名佛呭嗯吐咕·做遮·哶嘿。

一、纪亚九买鸦片烟案内，卖者□查。吣嘟露，名露横，汉名阿广，二十余岁，其西洋名曰映·吗晌啊·路哋喱呍喽嚟哆，已出洋。其同居外父曰呗咕曾于郭阿平案内买物，委黎多称为晌知咕，其外父之黑奴曰佛哏思咕，即嘤多呢，其外父之舅曰做遮，趁洋。

一、摘录沈河瀚原单云，李东竹信云，道光二十年，尔都奸民串同路客奸民谢首等，在澳门勾结夷船来泉，此后泉民贩土无须来广第一条勾结。[①]

这份报告是专门对葡萄牙的调查报告，但各项记录都十分简单。其中介绍了两位为葡萄牙人充当买办的华人：一名称为“澳门崩鼻尖”，为西洋人的老买办；另一名为梁晋，号旭高工，是世代为西洋买办。另外，又对纪亚九买鸦片烟案的卖鸦片者进行了介绍，此人称为吣嘟囉，名囉横，汉名阿广，其葡文名为映·吗晌啊·路哋喱呍（João Baptista）为澳门议事会理事官，因贩卖鸦片事败露，出逃外洋。他与岳父呗咕同居。呗咕又作非之咕、晌知咕，是为郭阿平鸦片案中卖鸦片烟者，已被广东地方政府抓获。呗咕的黑奴佛哏思咕·嘤多呢（Francisco António）和吣嘟囉的舅舅做遮（José）均乘船逃出外洋。

史济泰述良歹夷人

咞兰呶，先日充过嘁嚟哆，不做过判事。

① （清）佚名辑《洋事杂录》不分卷，《清代稿钞本》八编，第354册，第407～409页。

哦吔啊，系旧嚹嚟哆。

咉·嗥哓呶，到西洋国都管理民事，与番差一样。

咉嚓、咜唎嚹喇，俱充过嚹嚟哆并判事。

以上五名系西洋正派人，不贩鸦片。

啰底橙，住江门街，资财约六十万，道光十五年回国。

咩吧，资材约三四十万，与罗底橙同房居住，己亥四月作嚹嚟哆。

嗷哈，住风神庙，资财约二十余万。

当哼叮呶，混名四万，住下环街，约十万资财。

味哓吔·嘤哆吥·噢明呶，住小三巴对面，资财约十余万。

嚾呶，住小三巴对门，资财约十余万。

嚹架，住小三巴左边，资财约五六十万。

嘤哆吥·哋哆哼，住下环上街，资财约十余万。

啰咋，住新村尾，资财约十余万。

嚏唎嚹吵，系薯莨头仔，住下环街，资财约三万。

嘩叻啲·吪呤嗯嗦咕，住司打左边上街第一间，资财三四万。

噢呥呶·嘤哆吥，住下环上街，资财约三四万。

吒咕，混名振教夷，住南湾街口龙安阁左边，资财约三四万。

肥鬼仔，住大马头长楼，资财约三四万。

嚟咝，住下环上街，资财约三四万。

嚏吡嗟呶，混名痘皮鬼仔，住南湾兵头巷，资财四五万。

以上十六名均系积蓄资财至出产鸦片地方贩运至澳奸夷，以一半存在伶仃趸船，以一半囤澳馆售卖。闻洋面趸船，澳夷亦有股份。

此外，小伙贩私奸夷，不下十余人。①

这份情报亦是由英国医生史济泰提供，这份报告主要对澳门葡萄牙人进行排队并分出资财的高低和品行的好坏。他将不贩卖鸦片的澳门葡萄牙人称为“西洋正派人”，一共有五人：一为咐兰呶，曾任澳门议事会理事官，但没有担任过法官；二为哦吔啊，曾任澳门议事会理事官；三为咉·嗥哓呶，

① （清）佚名辑《洋事杂录》，《清代稿钞本》八编第354册，第410～412页。

澳门葡萄牙人，到葡萄牙里斯本担任王室法官，管理民事；四为映嚓，担任过澳门议事会理事官和法官；五为呓唎喊喇，担任过澳门议事会理事官和法官。

这里还介绍了十六名“积蓄没财”的葡萄牙大鸦片商人。

第一名为啰底橙，前已有介绍。

第二名为喊喋，住小三巴左边，拥有资财五六十万。喊喋，应是维加（Veiga）的另译，其全名为若阿金·维加（Joaquim José Ferreira Veiga），与前文所言“月音喋家”应为同一人，是理事官摆华家族的第二代弗朗西斯科·摆华（Francisco José de Paiva，1758～1822）的女婿。1822 年第二代摆华去世后，其妻子成立“摆华遗孀及其子女有限公司”，在广州设有多处办事机构，开展对华贸易，分公司由其女婿若阿金·维加打理。喊喋的资产很多，有五六十万，这与前文说的西洋夷人有钱的是四人相吻合。

第三名为吽吧，即拜罢，啰底橙的女婿，与啰底橙同房居住，拥有资财三四十万。

第四名为嗷哈，住风神庙即风信庙，拥有资财二十余万。嗷哈应是 Jorge 对译，其全名应为 José Vicente Caetano Jorge（1803～1857）。他于 1831 年担任议事会的 almotacé（负责检查货物的重量和测量及制定价格）一职。1837 年和 1838 年是议事会议员。1840 年和 1845 年是澳门政府议事会的理事官。他后来还是从事苦力贸易的澳门商人。1848 年 7 月 4 日被任命为仁慈堂行政管理委员会的司库。虽然他的资产远远多于嚐哴头仔的三万，但是他并不在前文所讲的西洋夷人有钱四人之列。

第五名为当哹叮呶，混名四万，住下环街，拥有资财约十万。

第六名为味咣哋·嘪哆咮·噢呏呶，其葡文名应为 Miguel e António Vicente Cortello（1783～1844），大约在 1820 年继承了他父亲“澳门国库总保管人”（Depositário Geral dos Cofres de Macau）和“逝者和不在澳门者的财产司库”（Tesoureiro dos Defuntos e Ausentes）的职位。他是 Tranquilidade 号的船主，在澳门保险公司有 1 股股份。他 1789 年出生的弟弟 António Vicente Cortela，也有澳门保险公司 1 股股份。据印度学者阿马尔·法洛魁（Amar Farooqui）《作为颠覆的走私：殖民主义、印度商人和鸦片政治（1790～1843）》记载，此人为从事印度马尔瓦（Malwa）鸦片贸易的澳门商人。[①] 他住小三巴对面，拥有资财十余万。

第七名为难呶，住小三巴对门，拥有资财十余万。

第八名为喽哆咻·哋哆咻，住下环上街，拥有资财十余万。

第九名为啰咋，此人当为澳门葡人富商罗咱家族的第五代，其葡文名为 Vicente António da Rocha，据印度学者阿马尔·法洛魁《作为颠覆的走私：殖民主义、印度商人和鸦片政治（1790～1843）》记载，此人也是从事印度马尔瓦鸦片贸易的澳门商人。[②] 其父亲为西蒙·罗咱（Simão Araûjo Rocha，1745～1821），为澳门富商、市政议员。他们家住澳门新村尾，拥有资财十余万。

第十名为嗹吡唓呶，混名痘皮鬼仔，葡文名当为 Cypriano António Pacheco（1790～1858），澳门商人，船长，持有澳门保险公司 1 股股份，是议事会的司库。1826 年担任议事会的 almotacé 一职，1837 年任澳门议事会理事官。据印度学者阿马尔·法洛魁《作为颠覆的走私：殖民主义、印度商人和鸦片政治（1790～1843）》记载，此人为从事印度马尔瓦鸦片贸易的澳门商人。[③] 住南湾兵头巷，拥有资财四五万。

第十一名为嵻叻咿·吡呤嗯嗦咕，住司打左边上街第一间，拥有资财三四万。

第十二名为喫吺呶·喽哆咻，应为味咣哋·喽哆咻·喫吺呶之弟，葡文名为 António Vicente Cortela，1789 年生，卒年不详。他也拥有澳门保险公司 1 股股份。住下环上街，拥有资财三四万。

第十三名为三咕，混名振教夷，住南湾街口龙安阁左边，拥有资财三四万。

第十四名为肥鬼仔，住大马头长楼，拥有资财三四万。

第十五名为架呰，住下环上街，拥有资财三四万。

第十六名为嗹唎喊吵，系嚤哏头仔，住下环街，拥有资财约三万。嗹唎

---

① Amar Farooqui, *Smuggling as Subversion: Colonialism, Indian Merchants, and the Politics of Opium 1790 - 1843*, Lexington Books, 2005, pp. 238 - 239.

② Amar Farooqui, *Smuggling as Subversion: Colonialism, Indian Merchants, and the Politics of Opium 1790 - 1843*, Lexington Books, 2005, pp. 238 - 239.

③ Amar Farooqui, *Smuggling as Subversion: Colonialism, Indian Merchants, and the Politics of Opium 1790 - 1843*, Lexington Books, 2005, pp. 238 - 239.

喊吵，前面称嚤哏头仔名啱喹·哔嗼呥，此处又称嚤哏头仔名㖒唎喊吵，其全名应为啱喹·哔嗼呥·㖒唎喊吵（Joaquim Pedro Silveira）。

除了上述16位澳门葡萄牙大鸦片富商外，还有经营鸦片生意的小商贩十余人。这是在中文文献中第一次如此详细地公布澳门葡萄牙富商拥有的财富数据，可以反映鸦片战争前澳门葡萄牙人的经济情况，如此重要的经济数据在中文文献中出现，为我们研究澳门社会经济史、澳门对外贸易史提供了极为重要的资料。

能写夷字

> 陈耀祖，号之山，年约五十一二岁，原籍福建，寄籍番界。捐六品职衔，咨送内务府充当翻译俄罗斯国夷字夷语多年。妻子随带在京，另有一妾，仍在广东省居住。
>
> 谢觐廷，号尧阶，年约六十岁以外，广东高要人。道光初年，由两广制台咨送内务府充当翻译俄罗斯国夷字夷语，只身在京，与陈耀祖同住琉璃厂西北极蓭。
>
> 袁德辉，四川巴县人。己亥四月，澳门蒋县丞募来，医生史济泰带来。
>
> 梁秩，番禺新州村人，二十岁，在夷楼上读夷书八年。
>
> 容林，香山南屏村人，卅五岁，到过英吉利。此人于道光年李督任内承准廷寄，以京中能写拉体词字之人，现仅谢觐廷一人。今再拣选二人，旋拣得番禺人陈耀祖，即耀祖曾在京当差，道光六年，因母病告假回籍，仝系能写拉体词字，一并送京。每名于海关担杂项下，每季给养赡家口银二十两，按年咨送造办处，其未能赏钱粮。①

这份报告主要介绍当时广东懂西洋文字的翻译人员，共有陈耀祖、谢觐廷、袁德辉、梁秩、容林五人。其中，袁德辉是由澳门蒋县丞于嘉庆二十年（1815）招募，随同英国医生史济泰而来，而广东番禺人梁秩则是在澳门读过八年洋学堂而来充当翻译的，香山南屏人容林则是到过英国而回国担任翻译者。

---

① （清）佚名辑《洋事杂录》，《清代稿钞本》八编第354册，第413～414页。

记罗卜担话

……

一、(英)咭唎属下三国,曰孟雅喇,曰孟买,曰蔓哒剌萨。

一、出鸦片地方,曰暹罗鸦片税重,并产金艮,宋卡并产艮,咭𠯿㕛贩鸦片,其国人死者甚多,客商鲜不效尤,新埠本无来由种类,英吉利招集商贾于此,乌土产艮,明呀喇,蔓哒喇萨产艮,俱英所辖,吗唎哋回种,盎叭喱,孟买,苏辣英属,□项西洋辖二国,土产俱旺,与孟买同则亦出鸦片烟土矣,唧吐小西洋属,鸦片之来附英吉利船。

一、产金艮地方曰荷兰,曰大西洋,曰大吕宋,曰英吉利。

一、咩哩吁即米利坚,产金艮,其国出入用火船。

……

一、花旗各埠地名,曰哗咂𠽸,嗯哟,啡哩嗒吧,啵咂,啵哋嚤,嚩递㖿,嗯哒咹,喳哩咁𠽸,吃咈,想嘿𠹭。以上十埠头,曾经到过,尚有十四埠头未经到过者,不知系何地名。

……

一、国中设立穷人馆,赤贫之人到馆挂号后,即进馆居住,每日给予旧船缆约重三四斤,令其劈照卖给修船塞缝之用,取得价值,作为口粮。

一、设立育婴堂,收养幼孩,乳至数岁,始教读书识字,别令学习至成童后,听其出馆,自觅工作。

一、设立医馆,延医居内。凡遇赤贫之人患病,无力医治,至馆挂号后,即往住馆内调治,饮食药饵皆系出自医馆。俟病痊愈,始行出馆,并不受谢。至医馆资财,系海船到埠,每人捐艮三元。又富人分家时,听其施送入馆。附胡守备口述云,花旗医生俾打伯向在省城夷馆行医,伊有《红毛海运图》愿来献。其通事梁麟山,年廿,系省城人,与绍兴会稽董事王允相好。

一、外国人到花旗并不欺生,见外国人至彼窘乏,有送艮钱,有赠衣服。

……

一、酿酒系采取各样果品酿造,名曰葡樫酒,其色红,又曰红酒,味酸甜。

一、荷兰国城垣亦不甚大，与英吉（利）、佛兰西相距程途各二三日，国都在喊咁吔，亦无城池，周围约五十里，河道绕弯，宛如羊肠。国主住屋宽深，有三里宽，四面石墙，楼台五层，屋檐雕凿花卉，极其精致。街道房屋随河三面新创筑，两岸皆然。每一里造一木桥，以通往来。无桥亦有小船摆渡。

一、男女秀白，与西洋相仿，见有外国人至，面色赤黄，当面试诮。

一、贫富妇女，无论老少，均属负货物上街买卖。

一、土产羽毛、白毡、钻石、珊瑚、琥珀、火腿、酒。①

这是翻译西洋人罗卜担的介绍欧美各国的情况，与陈氏《洋事杂录》部分相同，此处所录者均为陈氏《洋事杂录》所无。

温文伯口述广东人，由孟雅拉回，已近卅年

……

一、中港脚即中国海口各处皆有，现来港脚趸船，想系红毛三大港口来的。

……

一、英吉利人遇父母丧，不讽经，帽以乌纱巾缠绕，□黑绢衣八个月。遇亲用丧，帽以黑纱缠绕，取用黑带缠绕三月。

一、西洋人遇父母丧，迎番僧讽经，余同。

一、吆啰人遇父母丧，只有红色衣服，并无棺木埋殓，仅用浮土掩之。盖刁地方，平素鑊发，以白布裹体，人死弃之于水上，无丧，然只百日不鑊发而已。

一、英吉利同姓不为婚，孟雅拉亦然，西洋人同姓为婚。此外各国莫知其详。

……

一、英吉利在新忌坡只收各国至彼贸易之税，并不征收海舶过往之税。

① （清）佚名辑《洋事杂录》，《清代稿钞本》八编第354册，第415～422页。

……

一、番女富者，穿湖绉春绸，俗喜白色、蛋青色居多。冰糖、白糖，系调茶冲吃。①

这份情报来自广东华侨温文伯的口述，是介绍海外的西洋风俗的，与陈氏《洋事杂录》部分相同，此处所录者均为陈氏《洋事杂录》所无。

孟雅喇夷人咻津沙结供种植鸦片情形

查询孟雅喇鸦片如何种植?

据称：产自孟雅剌，由彼国约一个月方到种树处，每年正二月下种，九个月方能成熟。

又查种成后如何制造成土共有几种?

据称：其树二三尺高，每条树开花结成子，约四五个月，每个大的重十两，小的八两不等。夜晚用刀将子破开，取胶汁煮干，用碗装起成个，其树即不要。每年一造成，土只此一种。

又查每箱在本国用成本几何?

据称：每箱烟土四十个，每个约值十二个哼嗶小艮定三名，每个哼嗶值番银半元。若卖与客商，每个得价十六个哼嗶哼嗶华人谓之芽菜。

又查在本国纳税几何?

据称：照本卖价收税，如每个烟土卖价十六个哼嗶，每箱四十个，计卖价六百四十个哼嗶。每百个收税五个，计每箱收税三十二个哼嗶。

又查在何处收税?

据称：其税在孟雅剌公理衙收，并称前说之卖价系上年时。值树花结子，收成多少不等，如旺收，则价稍平；歉收，则价稍贵。此外，尚有载脚即船价、咽嚓华言为保镖费，须银多少，夷人不知道。

又另向他夷查询云：载脚每箱银十六元，咽嚓，每百元抽三元，保其无水火盗贼之虞也。

又查咻津沙结皆系黑鬼，又谓之吆啰，并非内地人，大约红毛夷船

① （清）佚名辑《洋事杂录》，《清代稿钞本》八编第354册，第423～429页。

水手多用此辈。①

这份情报来自英国船水手孟加拉国人咻津沙结的供词，主要介绍了孟加拉国鸦片种植及税收等情况。

戊戌年外国茶价新闻纸内绎出各款

一哱啤小洋艮也，每个重三钱二分。

一时吟即小洋钱，每个重一钱八厘。

一边喱，按红毛铜钱五十个易七钱二分；洋艮一元，核计每边喱值艮值银一分四厘四毫。

一磅，按红毛以一斤为一磅，中国只有十二两。

一平常功夫茶，每磅时吟一个，边喱一个又四分之三伸艮二两五厘二毛。

一中等工夫茶，每磅时吟一个，边喱三个伸艮二钱二分三厘二毛。

一黑茶，每磅时吟一个，边喱十一个伸艮三钱三分八厘四毛。

一上黑茶，每磅时吟两个，边喱二个零四分之三伸艮三钱九分九厘六毛。

一馨香白毛茶，每磅时吟两个，边喱五个又四分之一厘伸艮四钱三分五厘六毛。

一平常禧春茶，每磅时吟两个，边喱十一个又四分一伸艮五钱二分二厘。

一好禧春茶，每磅时吟四个，边喱五个伸艮七钱九分二厘。

一嫩禧春茶，每磅时吟两个，边喱七个又四分之一伸艮四钱六分四厘四毛。

一禧春茶末，每磅时吟一个，边喱四个又四分之三伸艮二钱四厘四毛。

一珠茶，每磅时吟一个，边喱十个又四分之一伸艮二钱八分四厘四毛。

一小种茶，每磅时吟两个，边喱十个伸艮五钱零四厘。

一小珠茶，每磅时吟三个，边喱六个半伸艮六钱三分三厘六毛。

---

① （清）佚名辑《洋事杂录》，《清代稿钞本》八编第354册，第430～432页。

一大珠茶，每磅时呤四个，边喱三个伸艮七钱六分三厘二毛。

一上等珠茶，每磅时呤五个，边喱八个伸艮八钱三分五厘二毛。

一白毫茶，每磅时呤两个，边喱三个又四分之三伸艮四钱一分四厘。

一上白毫茶，每磅时呤两个，边喱十个又四分之三伸艮五钱一分四厘八毛。

一上茶，每磅时呤一个，边喱五个半伸艮二钱五分五厘六毛。

一次屯茶，每磅时呤一个，边喱四个又四分之一伸艮二钱四分一厘二毛。

一色种茶，每磅时呤一个，边喱一个又四分之一伸艮二钱零八厘六毛。

一花白毫茶，每磅时呤三个，边喱八个伸艮六钱五分五厘二毛。

一红梅茶，每磅时呤一个，边喱十一个伸艮三钱三分八厘四毛。

一禧春类茶，每磅时呤一个，边喱十一个伸艮三钱三分八厘四毛。

一广东武夷茶，每磅边喱九个又四分之三伸艮二钱三分二厘二毛。①

这份情报是从澳门报纸中翻译的道光十八年（1838）各地方各种茶叶的价格，译者不详。

洋行茶价抽分戊戌年定

一武夷君眉茶，每担价艮五六十两不等，每担抽交洋行会馆公费一两四钱，又行用六钱。

一工夫茶，每担价艮自十余下两至廿七八两及卅二三两不等，每担公费、行用同前。

一徽州珠茶，每担价艮五十余两，正茶每担价艮三十余两，雨前茶每担价艮□□两，每担公费、行用同前。

一本省和平大茶，每担价艮七八九两不等，每担公费艮一两四钱，又行用三两。

一湖丝，每担价艮自四百余元至五百余元，每担抽艮七两。②

① （清）佚名辑《洋事杂录》，《清代稿钞本》八编第354册，第433～436页。

② （清）佚名辑《洋事杂录》，《清代稿钞本》八编第354册，第437页。

这份情报是道光十八年（1838）广东洋行对广东茶价的抽分规定。

英吉利一千八百卅七年新闻纸己亥四月袁德辉绎

一、夷人茶行设单开载章程，恐有搀假情事，于每城议派啊𠼝一人即司事前往，专管上茶，不得以次茶搀和售销。上茶议用铅盒装载，分大中小三等。大盒贮一斤，中盒贮半斤，小盒贮三两，均以图记载明各盒价值。黑茶每斤时呤五个，苏种每斤时呤五个，禧春每斤时呤五个，绿茶每斤时呤六个，花儿晋六个，好杂茶末每斤时呤四个，工夫茶每斤时呤四个，常用黑茶每斤时呤三个，花儿晋八个考夷书所载，夷秤重一斤，内地只有十二两，至时呤、花儿晋每个值艮若干，未验其详。[①]

这份情报是对英国1837年4月英国报纸有关茶叶贸易的翻译，译者为袁德辉。

尚有应诘问者

一、夷船上有软木，削尖见水即涨，可以塞漏。此木何名？出于何国？

一、有爱汉者，刻《东西洋考》，郭实猎为之作序。

一、新埠英华书院供马礼逊内有嘉应先生教汉字。

一、马拉加有马礼逊生祠，内有牌位。

一、大屿山大澳一天后庙旁，有单间小庙，供盐厂教主神道，系坭身，头戴红缨大帽，身穿蓝袍。牌写盐厂教主，乾隆五十四年建庙，道光十四年东涌迎会接春，被抬夫跌碎，大澳盐厂人补塑。[②]

这份情报应该是时人调查到的有关洋事情况的报道，但此处称“新埠英华书院”，实误，新埠是指槟榔屿，而英华书院建在马六甲，可见情报收集者不准确。

---

① （清）佚名辑《洋事杂录》，《清代稿钞本》八编第354册，第438页。

② （清）佚名辑《洋事杂录》，《清代稿钞本》八编第354册，第440页。

应入告者

一、六万里　亦忌。

一、英国女王。

一、兵船影射律劳卑、马他伦皆来收私税。

一、趁公司散，可大严禁，杜绝烟土。

一、禁红矾。

一、吴士拉、郭实猎、爱汉者马礼逊号。①

这也应是情报收集者收集回来的各种信息，但此处称“吴士拉”“郭实猎”“爱汉者”均为马礼逊的号，这应是情报收集者的错误，“爱汉者”实为“郭实猎”的笔名，“吴士拉”即“郭实猎”的另译，都不是马礼逊的号。

① （清）佚名辑《洋事杂录》，《清代稿钞本》八编第354册，第441页。

乾嘉时期澳门铺户房屋租赁纠纷档案所见铺底权问题*

吴宏岐　杨耀东**

摘　要： 乾嘉时期，中外人口不断聚居，带动了澳门房屋租赁业的兴盛，葡人业主与华人租客之间产生了多起房屋租赁纠纷案件。从葡萄牙国家档案馆所藏相关中文档案史料可知，香山县官员在处理相关纠纷案件时，往往以保护华人租客的永租权为处理纠纷的基本原则，其实质则是对华人租客铺底习惯与铺底权权益的认可。澳门华人租客铺底权的形成大致包括租地建铺、用银顶受、修葺铺屋和继承父遗四种途径。通过与晚清民国时期广州、梧州等地铺底权形成与交易情况的比较分析，可知乾嘉时期澳门华人铺底习俗当是后世岭南诸地铺底习俗的滥觞，当时澳门华人租客铺底权形成和交易方式与后世的情况也并无二致，而当时香山县官员对华人租客铺底权的认可态度，也与民国时期广东地方政府在处理铺底问题时的态度一脉相承。

关键词： 乾嘉时期　澳门　房屋租赁纠纷　铺底权

在中国近代商业社会具体运作中，存在一种被称为“铺底权”的特殊

---

* 本文为国家社科基金重大项目“宋元以来珠江三角洲海岸带环境史料的搜集、整理和研究”（批准号：19ZDA201）相关研究成果。

** 吴宏岐，历史学博士，暨南大学历史地理研究中心教授，研究方向为岭南历史地理与澳门史研究；杨耀东，暨南大学历史地理研究中心硕士，研究方向为岭南历史地理研究。

物权，即“铺东就房东所有不动产上使用经营之权”。[①] 关于铺底权问题，民国时期学术界有过争论。1923 年，王凤瀛就指出，“老佃与铺底，均为吾国特殊之特权，其存废问题，颇为学者所聚讼”，其中所谓“老佃权者，最长期无限制之永佃权也”，而“铺底者，以房屋永久使用为要素之一种物权也”，“北地京津一带及南方广东等处，均有此种习惯，近自商业发达、房屋增加，于是业主铺客争讼未已”。[②] 1929 年，胡长清在《法律评论》上发表《铺底权之研究》一文，认为“第一次民法草案一味抄袭德民法，而置我国固有习惯于不顾。就物权法言之，我国本无所谓不动产质及土地债务，乃硬将外国民法不动产质权及土地债务之规定抄入，我国固有之铺底及典当不动产反无只字及之。第二次民法草案虽将土地债务削除，新设所谓典权之规定，然于铺底仍付阙如，且仍保留不动产质”，而“立法院起草之新民法，毅然将不动产质及土地债务一并削除，而于第四章及第十章新设铺底权及典权之规定，不能谓非我新民法之一大创作焉”。他同时还说道：“查我国水陆通商地方、繁盛街市之店铺，多有铺底之习惯。兹据调查所得，如河北之北平、广东之广州、江西之南昌，均有此种习惯存在。”[③] 近年来，学界对铺底权问题的讨论更为热烈，如金伏海《续租权与铺底权之比较》从法学角度对续租权与铺底权进行了多方面的比较；[④] 卢忠民《近代北京商铺的铺底与铺底权》对铺底与铺底权的概念、分类等内容进行梳理并分析了其对北京商铺发展的影响；[⑤] 吴丽平《民国北京铺底研究》从法学角度考察了民国北京铺底从习惯到逐渐制度化的过程并探讨了民间习惯与法律之间的冲突和适应；[⑥] 乔素玲《近代广东社会与地方法制发展》一书以铺底权为例探讨了民国时期习惯在广东地方法中的地位与作用；[⑦] 黄素娟《从省城到城市——近代广州土地产权与城市空间变迁》一书中探讨了双重产权对 20 世

① 潘维和：《中国民事法史》，汉林出版社，1982，第 434 页。

② 王凤瀛：《老佃铺底为我国特有之物权，此种制度应否保存？如不应保存，则其已存之权利关系如何？应如何整理?》，《社会学杂志》第 10 期，1923 年。

③ 胡长清：《铺底权之研究》，《法律评论》第 6 卷第 52 号（总第 612 期），1929 年。

④ 金伏海：《续租权与铺底权之比较》，《比较法研究》2006 年第 4 期。

⑤ 卢忠民：《近代北京商铺的铺底与铺底权》，《中国社会经济史研究》2011 年第 2 期。

⑥ 吴丽平：《民国北京铺底研究》，《历史档案》2012 年第 1 期。

⑦ 乔素玲：《近代广东社会与地方法制发展》，法律出版社，2016，第 223 ~ 273 页。

纪20年代广州城市建设的影响。[①] 不过，总的来看，上述研究成果多是从法学角度对铺底权的物权性质的讨论，对于早期地方铺底习惯的形成、铺底权的具体运作过程等相关问题的研究较为薄弱。笔者新近在乾隆、嘉庆时期澳门房屋租赁纠纷档案中发现有大量涉及铺底权纠纷的案卷，通过系统整理分析这些档案材料中蕴含的铺底权资讯，可对当时澳门地区商铺铺底权的相关问题做较为细致深入的实证研究，有助于从一个侧面了解在民国时期岭南地区尤其是广东广州、广西梧州等地铺底习惯的历史渊源。

一　清代以来铺底习惯流行的主要地区

以往有一种观点认为，“铺底权自民国初年，以至解放，流行于广州社会”，“是广州特有的习惯，不仅全国其他地区无之，即广东本省之各市、镇、县、乡也没有这种习惯”，其原因则是“广州自早为通商口岸，民国以来商业发达，市面繁荣，商户向业权人承租店铺，为发展营业，每每耗巨资修建或装饰铺面，及届时租赁期满或志图别业，业主收回店铺，但因租户出资修建，价值巨万，业主无力补偿，于是租户另招人赔承铺底，并由承顶人接洽且与业主订立租约。在新旧租户变更之间，业主乘机需索‘茶仪’或称‘鞋金’，数额视铺位大小，地点旺淡而定，动辄数千元或千数百元不等。司法实践中，业权人与租户因终止租约交铺或承顶铺底纠纷涉讼，要么，业主出资补偿租户修建的一切费用，否则听凭租户招人承顶，业主不得阻挠”。[②] 这种说法有偏颇之处。实际的情况是，铺底权习惯并不是从民国初年才开始有的，也不仅仅出现在民国时期的广州。

目前不少研究者倾向于认为，铺底权习惯至少从清代就已出现。如金伏海认为，“如果说法国法上商事租赁地位的产生，部分地道因于世界大战后出现的商用房屋匮乏状态，从而具有一定的‘偶然性’，那么，我国固有法

① 黄素娟：《从省城到城市——近代广州土地产权与城市空间变迁》，社会科学文献出版社，2018，第225～246页。

② 林启宣：《旧广州的铺底权》，广州市政协学习和文史资料委员会主编《广州文史资料存稿选编》第9辑，中国文史出版社，2008，第418～419页。

上的铺底权则纯粹是由商人自身在长期的商业实践中形成的习惯法规则"，"铺底权的出现，应该归功于铺底习惯"，而"明清以迄民国时期，我国水陆通商地方繁盛街市的店铺，多有铺底的习惯"。[①] 卢忠民也认为，"铺底权自清至民国历久不衰"，"我国清初以来的'铺底与铺底权'习惯"，"成为北京商铺正常稳定健康经营的有力保障"。[②] 丁世华更考证说："在铺房所有权上设定铺底权，从全国范围来说，为北京所独有。从它的创立开始，虽盛行京市，但其起源不见典籍记载。据1922年京师税务左右翼公署开办铺底转移税时从民间所持字据追寻出的端倪，其起源是在清代乾隆年间。乾隆以后，及至民国，铺底权已遍及京城城厢，而且种类繁多。"[③] 丁世华说铺底权"为北京所独有"，这固然与林启宣的说法类似，是相当偏颇的，但他指出北京的铺底权习惯起源于清乾隆年间却是有史料证据的。乾隆二十五年（1736）九月二十日卖铺底人王建勋与人所立契约中就写明："卖铺底约人王建勋，今将崇文门外南大街东柳枯井路北永森木场家俱铺底，出卖与赵广裕名下永远为业。同中言定卖价银三仟八（捌）佰两正，其银笔下交清不欠。自卖以后，倘有旧业主本族亲戚等出而争碍者，有旧业主一面承管，不与新业主相干，恐口无凭，立此据为证。"[④]

如前文所述，根据民国时期王凤瀛、胡长清等人的调查，北方之北京（北平）、天津与南方之广东、江西南昌等均有铺底习惯。另据黄素娟研究，"铺底权是普遍存在于近代北京、天津、广东各商埠及广西梧州等的一种商业习惯"，但是"各地铺底具体指涉的内容略有不同"，在北京，铺底分为倒价铺底、家具铺底、倒空铺底、建筑铺底、活租铺底、定期租铺底、永租铺底、押租铺底、分业铺底、处分租铺底、帮伙铺底、折债铺底12种，而在清末广州，时人认为铺底主要指店铺在上下手交易中产生的"顶手"及新店开张时产生的装修费用。当时的报刊上已登载大量铺底的"顶用告白"或"顶受告白"。[⑤] 黄素娟所谓"广东各商埠"的说法略显夸张，但近代以

① 金伏海：《续租权与铺底权之比较》，《比较法研究》2006年第4期。

② 卢忠民：《近代北京商铺的铺底与铺底权》，《中国社会经济史研究》2011年第2期。

③ 丁世华：《旧北京的房屋铺底权》，《北京房产杂志》1995年第10期。

④ 吴丽平：《清代北京铺底研究》，《首都师范大学学报》（社会科学版）2011年第4期。

⑤ 黄素娟：《国家政权建设时期与民国时期广州城市土地产权变迁（1911～1935）》，《社会》2018年第2期。

来，在广东一省范围内，除了省会广州以外，汕头[①]、中山[②]、阳江[③]等地均有铺底习惯。民国档案资料显示，当时新会县不少地方也有铺底习惯，此种习惯在江门一带尤为盛行。[④]

广西梧州也有铺底习惯，更说明了铺底习惯在近代两广地区的普遍性。1926 年广西梧州总商会为清理铺底给国民政府的呈文中写道："窃梧埠之有铺底顶手，历数百年，成为一种习惯。……又细查梧埠铺客广州人十居八九，一切商场习惯，实与广州无异。"[⑤] 其中"梧埠之有铺底顶手，历数百年"的说法，目前还找不到可信的史料证据，但"梧埠铺客广州人十居八九，一切商场习惯，实与广州无异"之说法却是比较可信的，这透露出当时在广西梧州流行的铺底习惯应当是由广州商人带来的。明清时期，尤其是"一口通商"时期，广州一直是中国南方最主要的商埠，即使在鸦片战争以后香港迅速崛起，广州在中国南方的商业中心地位仍然相当突出。以广西梧州的情况推测，民国时期江西南昌，广东汕头、中山、阳江、新会、江门等地的铺底习惯极有可能均是从广州流布过去的。

然而，乾嘉时期澳门房屋租赁纠纷档案中涉及的大量的铺底权资讯似乎提醒我们，广州并不一定是岭南地区铺底习惯起源最早的商埠，其铺底习惯极有可能是从南面的澳门商埠传布而来。

二　乾嘉时期澳门铺户房屋租赁纠纷档案中所见的铺底习惯

乾嘉时期，中外人口不断聚居，带动了澳门房屋租赁业的兴盛，葡人业

① 汕头市政厅：《呈省政府呈复并无抽收佃户代建铺底房捐请备案由》，《汕头市政公报》第 49 期，1929 年。

② 陈禹：《民国时期的中山县地政》，政协广东省中山市委员会文史委员会：《中山文史 1～3 辑（1962～1965）》，广东人民出版社，1989，第 55 页。

③ 马宁：《民国中后期县域社会商业纷争研究——以粤西阳江县商铺租赁纠纷案为例》，《社会科学论坛》2016 年第 4 期。

④ 区寿康：《江门商场五十年见闻》，政协广东省文史委员会：《广东文史资料精编（上）》第 3 卷《清末民国时期经济篇》，中国文史出版社，2008，第 37 页。

⑤ 《广西梧州总商会为清理铺底给国民政府的呈》，赵宁渌主编《中华民国商业档案资料汇编第一卷（1912～1928）》上册，中国商业出版社，1991，第 225 页。

主与华人租客之间相应产生了多起房屋租赁纠纷案件，其具体情形在葡萄牙国家档案馆（即东波塔档案馆）所藏相关中文档案中多有反映。刘正刚、朱文利曾利用相关档案资料对乾嘉时期澳门房屋修建与租赁情况进行了初步考察，认为这一时期是清王朝鼎盛期，对澳门享有绝对的主权，中方不仅对屋宇建造实施管控，而且关注屋宇修缮全过程，并依约调解租赁纠纷。[①] 张廷茂也指出，“在澳葡商人贸易不景气，商业收入不敷用项，而又有大量房屋空旷无人居住的情况下，向华人出租房屋以获得房租收入，已经成为澳门葡人的重要生活来源。正是这种利益上的密切联系，使葡萄牙官方禁止向华人出租房屋的政令一直难以奏效，直至最终取消有关禁令，承认向华人租户的必要性”，相应地，“频频出现加租迫迁案件”。[②] 不过，笔者注意到，乾嘉时期澳门铺户房屋租赁纠纷档案，实际上涉及了大量的铺底权资讯。从葡萄牙国家档案馆所藏相关中文档案史料可知，香山县官员在处理相关纠纷案件时，往往以保护华人租客的永租权为处理纠纷的基本原则，其实质则是对华人租客铺底习惯与铺底权权益的认可。

乾隆五十八年（1793）正月，澳夷若瑟山多（José Santos）通过夷目向香山县正堂许敦元报称：“置买三层楼地方铺头十间，因年久朽烂，欲为修整，以防倾颓失业。但曾赁与民人开张，不肯搬空付整，合将情由转禀，恳为严押该铺人等搬空，交付业主修整，不致倒坏。”此案“当经备移戎厅，查明押迁去后”，戎厅（即澳门同知）在派人调查后，给出的处理意见是：“查三层楼铺屋十间，原系［澳夷］晏哆呢庇咧嚧（António Pereira）旧业，向租与民人郭丽彬及黄顺等祖父住［眷］开铺，经历年久，向来如有坏烂，俱自行修整，并无欠租。现在查勘各铺墙壁木料坚固，并无朽坏，其为夷人若瑟山多藉词修整，妄冀加租，显而易见。查澳门民人租赁夷屋居住，遇有损坏，俱系租户自行修整。如有迁移，后住之人，另偿修费，名为顶手，其数较租额二三倍不等。而夷人悉照旧额收租，从无加增之例。今夷人若瑟山多以晏哆呢庇咧嚧久行出租，叠经自行修［整完］固之屋，一旦遽请搬迁，无论人数众多，难营栖息之所。且此风一开，逐一效尤，纷纷禀请押迁，殊

① 刘正刚、朱文利：《乾嘉时期澳门房屋修建与租赁之考察——以东波塔中文档案为依据》，《文化杂志》2005年第54期。

② 张廷茂：《清代中叶澳门华人社会研究》，暨南大学出版社，2019，第146页。

多滋扰。似应仍循其旧，毋庸押迁。”[①] 澳门同知是乾隆八年（1743）设立的，全称是“前山寨海防军民同知”，并发给“广州府海防同知关防”，其职责是“专司海防，查验出口、进口海船，兼管在澳民蕃”。[②] 澳门同知任命以后，同原有的香山知县、县丞衙门、海关监督、驻军长官一起，形成五官合作管治澳门的体制。其中澳门同知官职最高，肩负全面责任；知县次之；县丞分管各类案件；驻军分工防务；海关分工税收。[③] 有研究者指出，为了解决《大清律例》与现实社会脱节问题，提高司法审判的有效性，中国官吏将澳门当地习惯作为审理华葡民事纠纷的重要依据，香山县官吏审理乾隆五十八年年葡人若瑟山迫迁三层楼铺户案就是一个典型案例。[④] 不过，从澳门同知对此案的处理意见中可知，在当时澳门商铺租赁经营中，存在租户“如有迁移，后住之人，另偿修费，名为顶手，其数较租额二三倍不等。而夷人悉照旧额收租，从无加增之例”之铺底习惯，澳门同知处理纠纷的原则是“仍循其旧”，实际上是尊重旧有铺底习惯。当然，澳门同知处理这类事件，也是有成例可依的，因为在嘉庆七年（1802）四月香山知县许乃来在处理万尔咕欲加租张延芳铺屋一案时就提到：“阖澳民居铺户，虽属夷人管业，而或承父遗，或由己造，夷人不得加租，久成定例。自乾隆五十五年勒增泗和等铺租，经许前宪禁止，成案可据。”[⑤] 可见在乾隆五十五年（1790）香山知县许敦元就依照尊重旧有习惯之原则，成功地处理了相关案件。

值得注意的是，澳门夷目接到澳门同知的处理意见后，重新找了一个借口，于乾隆五十八年五月十二日复向香山知县许敦元禀请：“押三层楼铺户搬空，付业主起造税馆，以便洋船回帆清查货饷。”这个借口冠冕堂皇，似没有理由不同意，但同月二十七日香山知县的答复却是：“查澳内房屋向准内地民人租赁居住，开铺贸易，以资尔等日用，本属两有便益，所赁房屋遇有损坏，又系租户自行修整，屋主递年净得租利，毫无拖欠。

① 刘芳辑《葡萄牙东波塔档案馆藏清代澳门中文档案汇编》（上册），章文钦校，澳门基金会，1999，第258页。

② （清）印光任、张汝霖：《澳门记略》上卷《官守篇》，赵春晨点校，广东高等教育出版社，1988，第26页。

③ 黄鸿钊：《澳门同知与近代澳门》，广东人民出版社，2006，第52页。

④ 王巨新、王欣：《明清澳门涉外法律研究》，社会科学文献出版社，2010，第136页。

⑤ 刘芳辑《葡萄牙东波塔档案馆藏清代澳门中文档案汇编》（上册），章文钦校，第263页。

历年既久，相安无事，自应各循其旧，未便更张滋扰。今若瑟山多初以该处铺屋房间年久坏烂，欲行修整，禀请饬迁，迨经戎厅勘明，各铺屋墙壁木料俱皆坚固，向有坏烂，系租户自行出资修整，历年租银，又无拖欠。若瑟山多自知前禀错谬，不能置办，复又变易其词，称欲起造税馆，以便清查货饷。□□［不思］稽查货饷，无须另建，况前禀何以不即□［叙］明，其为捏情饰混，已可概见。”香山知县许敦元还相应谕令夷目：“即便转饬若瑟山多遵照，所有民人郭丽彬等□□［租赁］三层楼铺屋，历年既久，租无拖欠，不便遽令迁移，该处房屋遇有坏烂，仍照旧日章程，听租户自行出资修理，不得希图加租，托词修整，混请押迁，希图滋扰，致干重咎。”①

乾隆五十八年正月和五月，澳门同知、香山知县依照当地铺底习惯和铺底权交易规则处理澳夷若瑟山多借词修整逼迁三层楼租户一案为后来类似案件的处理提供了成例。如乾隆五十九年（1794）九月，香山县丞贾奕在处理澳夷若瑟山多雇泥水匠人陈亚贤借修整楼房之机，拆开隔壁鲍亚蒂铺屋贴壁瓦面并希冀乘机取回该铺一案时，就“断案除饬泥水匠人陈亚贤等，立将所拆鲍亚蒂铺瓦照旧修葺外”，又谕令夷目转饬澳夷若瑟山多“遵照前后案断，慎毋任意借修，逼迁滋事，致干未便”。② 又如，嘉庆四年（1799）十一月，香山知县许乃来在处理味吼将蕉园围卖与万喊未先哋（Manuel Vicente）并逼迫原租户黄玉成、郑德如、吴其昌等搬迁一案时，就谕令夷目转饬味吼等“□□［应仍］听黄玉成等居住，照旧收取租银，实为两□［便］”，“禁止拆毁，如黄玉成等拖欠租银，不妨指名具禀本县，□□押追，决不稍为宽贷”。③ 同年十二月和次年四月，香山知县许乃来又多次谕令夷目“转饬照旧收租，禁止拆毁去后”，④“即便转饬万喊，照旧收租，毋□□□［得妄思］押迁，如敢抗违，定即禀明大宪，移该国王究办，决不姑宽，各宜禀遵。”⑤ 另外，嘉庆七年（1802）四月，香山知县许乃来在处

① 刘芳辑《葡萄牙东波塔档案馆藏清代澳门中文档案汇编》（上册），章文钦校，第258～259页。

② 刘芳辑《葡萄牙东波塔档案馆藏清代澳门中文档案汇编》（上册），章文钦校，第259页。

③ 刘芳辑《葡萄牙东波塔档案馆藏清代澳门中文档案汇编》（上册），章文钦校，第260页。

④ 刘芳辑《葡萄牙东波塔档案馆藏清代澳门中文档案汇编》（上册），章文钦校，第261页。

⑤ 刘芳辑《葡萄牙东波塔档案馆藏清代澳门中文档案汇编》（上册），章文钦校，第261～262页。

理万尔咕欲加租张延芳铺屋一案时谕令夷目“立即饬令夷人万尔咕遵照，照旧收取张延芳承父遗下三角亭铺租，禁止该夷毋得妄思加租，以致滋生事端”。[①] 嘉庆十三年（1808）五月香山知县彭昭麟在处理叶罗氏控夷妇吵闹踞铺一案时指出：“查批赁铺，屋如有坏烂，铺主不肯出银修葺，铺客捐银代修，议定租价，立有永远批贴，应听其居住输租，即或转赁别人，亦不得过问。”[②] 这些都属于香山县官员依据当地铺底习惯断案的情况。

如前所述，目前能够看到的最早的香山县官吏依照铺底习惯断案的事例是乾隆五十五年（1790）香山知县许敦元处理葡人勒增泗和等铺租案。但澳门半岛地区铺底习惯的形成，显然要更早一些。嘉庆九年（1804）十一月，王岱宗向香山知县彭昭麟禀称：“伊故父王维新乾隆四十五年用价顶受陈珍原批澳夷野仔庙对街小铺一间，每年清纳地租银三十六员”。[③] 这说明澳门半岛地区铺底习惯至少在乾隆四十五年（1780）以前就存在。而在嘉庆十年（1805）七月，吴亚耀向香山知县彭昭麟禀称“伊父吴起观，生前于乾隆二十七年十二月内，与澳夷和尚映承批铺地二间，捐银起造，共用过工料银一百一十九两二钱，二面算明，立有番纸批约，作加一算制，递年应息银一十一两九钱二分，地租每年该银十三两五钱，两相抵扣。”[④] 吴起观租地起屋，所用工料钱的年息每年可将地租银大部分抵扣，显然是地主与铺客双方都认可铺客自费起造铺屋后就拥用了铺底权。这条档案史料说明，至少在乾隆二十七年（1762）澳门半岛地区就已经出现了铺底习惯。目前已知北京最早的铺底契约是乾隆二十五年（1760）九月二十五日卖铺底人王建勋与人所立契约。两地出现铺底习惯的时间大致相差不大，只不过北京的铺底习惯主要流行于当地商人之间，而由于明后期以来葡萄牙租住这一特殊的历史地理背景，澳门当地铺底习惯主要是流行于澳门葡人业主与华人租客之间。

三　澳门华人租客铺底权的形成途径

从乾嘉时期澳门铺户房屋租赁纠纷档案可知，澳门华人租客铺底权的形

① 刘芳辑《葡萄牙东波塔档案馆藏清代澳门中文档案汇编》（上册），章文钦校，第263页。
② 刘芳辑《葡萄牙东波塔档案馆藏清代澳门中文档案汇编》（上册），章文钦校，第277页。
③ 刘芳辑《葡萄牙东波塔档案馆藏清代澳门中文档案汇编》（上册），章文钦校，第266页。
④ 刘芳辑《葡萄牙东波塔档案馆藏清代澳门中文档案汇编》（上册），章文钦校，第269页。

成大致包括批地建铺、用银顶受、修葺铺屋和继承父遗四种途径。

1. 批地建铺

16世纪中叶澳门开埠初期，葡萄牙人主要居住于澳门半岛西北侧的沙梨头（贾梅士花园）一带，随后逐渐向南扩展，在澳门半岛中南部形成了以直街为中心的澳门街道网并兴建了澳门城（澳城）。直街最初是从沙栏仔街附近开始，连接圣安东尼堂，直达大三巴街附近，然后向营地大街方向发展。营地大街作为一个最早的澳门贸易聚焦点，既连接大三巴街，又连接龙嵩街，并通过龙嵩街向圣老楞佐堂方向发展，成为直街的主干。直街中间连接了两个“前地”（广场）：一是大三巴前地，一是议事亭前地。沙栏仔街、花王堂街、大三巴街、营地大街、龙嵩街作为鱼骨式的街道主干向两边延伸，逐渐形成澳门城市的街道网。[①] 至于澳门城墙的兴建，则与海盗的活动有密切的关系。曾一本是明代中后期侵犯澳门海盗之一，他领导的海盗集团于隆庆二年（1568）进攻澳门，与居于澳门的葡人发生激战。事后，葡人开始在澳门修筑城墙以作防卫。[②] 明代澳门城墙的修建，根据修筑时间、防御对象、工程规模三个因素，可以分为两个阶段：16世纪末抵御海盗阶段、17世纪初抗击荷兰人阶段。在第一个阶段，全面而且系统的防御工程还没有展开。进入第二个阶段后，大规模的城墙建设终于展开。澳门城墙的修建，奠定了葡人此后近三百年在澳门居留的范围。[③] 大致到17世纪30年代，澳门城已基本建成，城墙内主要为葡人居住区，由此构成了早期澳门城的雏形。到17世纪中叶，澳门城市的发展主要集中于龙嵩街和议事亭前地，在南湾沿岸及今新马路一带也出现了葡人住房。城市位于澳门半岛南部，起于现在半岛东南侧的南湾大马路到西侧的内港之间，北面的城墙从大炮台延伸到东望洋山，可拱卫葡萄牙人居住的整个区域。城墙内欧洲人的基督教世界，布满了西式教堂、广场、公共建筑、商店、住宅等。中国人主要居住在西北岸火船路、草堆街以西至白鸽巢一带。营地街和现在的清平剧院一带是当时中国社区的中心，建筑多为中式风格。18世纪，南湾发展成一个城市社区，该区以一条与海岸平行的马路为界，经过一些

① 严忠明：《一个海风吹来的城市：早期澳门城市发展史研究》，广东人民出版社，2006，第5～56页。

② 林发钦：《澳门史稿》，澳门近代文学学会，2005，第123～124页。

③ 林发钦：《澳门史稿》，第150～151页。

横巷将其与龙嵩街相连。这时，在南湾一带兴建了大量的西洋式楼房，有公司办事处、贵族豪宅和政府官邸。在建筑风格上引进了欧美流行的新建筑样式，特别是民用建筑。从 19 世纪初开始，又辟建了一些城市公园，改善城市生态环境。①

不过，在澳门开埠早期，中葡双方对于华人进入澳门城区都是有限制的。1711 年（康熙五十年）4 月 29 日，葡印总督向澳门议事会下达命令："为了避免华人入城带来的损害，不允许他们在澳城购买房屋，议事会应设法加以禁止。"1764 年、1766 年和 1768 年，葡印总督又多次向澳门议事会下达类似的命令。② 中国地方政府早在明万历二年（1474）设立关闸之时，就有"使华人不得阑出，夷人不得阑入"之用意。③ 乾隆九年（1744）五月，首任澳门同知印光任颁布了《管理澳夷章程》，其第三条即规定："澳内民夷杂处，致有奸民潜入其教，并违犯禁令之人窜匿潜藏，宜设法查禁，听海防衙门出示晓谕。凡贸易民人，悉在澳夷墙外空地搭篷市卖，毋许私入澳内，并不许携带妻室入澳。责令县丞编立保甲，细加查察。其从前潜入夷教民人，并窜匿在澳者，勒限一年，准其首报回籍。"④

当然，不论是澳葡自治机构的禁令，还是中国官方的限制，都不能完全禁止华人入澳居住。从目前所见到的档案资料来看，至少在乾隆年间已有福建商人向澳门葡人批地建铺，以便长期居住，开展经商活动。如吴起观于乾隆二十七年十二月内与澳夷呋和尚承批铺地二间，捐银起造店铺，店名兆合，共用过工料银一百一十九两二钱，双方算明，并立有番纸批约，以此铺底银的年息一十一两九钱二分来抵扣每年租金十三两五钱的绝大部分。据嘉庆十年（1805）七月吴起观之子吴亚耀向澳门同知禀称："至乾隆四十五年呋和尚取过兆合银五十两，仍照加一息算，批约存据。又四十六年十月内，收到兆合银七两五钱。四十七年十二月三十日，收兆合银三两三钱七分八厘。五十年十月初七日，收兆合银四两五钱。迨至嘉庆六年四月初九日，经夷目万威庇咧（Manuel Pereira）将收银照加一算抵兑地租外，番人和尚若要取铺，应交回蚁银一百九十四两五钱二分"，而据澳门同知估算："自乾

① 谭树林：《英国东印度公司与澳门》，广东人民出版社，2010，第 301～305 页。

② 张廷茂：《清代中叶澳门华人社会研究》，暨南大学出版社，2019，第 28～29 页。

③ （清）印光任、张汝霖：《澳门记略》上卷《官守篇》，第 21 页。

④ （清）印光任、张汝霖：《澳门记略》上卷《官守篇》，第 28 页。

隆三十八年至嘉庆九年止，共该租银五十两五钱六分。惟查自乾隆四十六年起至嘉庆九年止，四次已兑收过吴亚耀货银七十四两七钱一分，除租又长收银二十四两一钱五分。兹该夷若欲取铺售卖，似先行交还吴亚耀土料及收长银两，二共该银一百四十三□［两］二钱五分，方可追屋，听夷人售卖。”[①] 从这些记载可知，吴亚耀之父吴起观于乾隆二十七年十二月承批澳夷映和尚铺地起造店铺时所用的工料银一百一十九两二钱作为铺底，不仅可以部分抵扣租金，而且会滋生利息，使铺底银不断增加。

2. 用银顶受

由于澳门城内空地不多，通过批地建铺取得铺底权要受到诸多限制，所以更多的情况是通过用银顶受，即现金交易的形式取得铺底权，即“澳门民人住居铺屋，有与夷人承赁空地烂屋，自捐银两修造，递年纳夷地租者；有与民人用银顶手，每年另纳夷人地租者，历久相安无事”。[②] 如嘉庆七年（1802）五月，郭宁远禀称：“伊父丽彬于乾隆三十六年用价花银一百四十五员［圆］与杨仲武顶买树板幛［樟］庙前右侧铺一间，暂租陈亚容。不幸去年四月父故，无银将铺顶卖。先召陈亚容，无银买。凭中卖与刘黄英，得价应用。邀容三面订明，准限搬迁，迨逾限日久，经投地保理处，屡催弗恤，又拖欠租银，经禀县台谕夷目转饬遵照，票差黄凤带陈亚容讯明押迁。”[③] 如果按照郭宁远的说法，则其父郭丽彬是在乾隆三十六年（1771年）用银 145 元从杨仲武手上顶买来商铺，嘉庆六年（1801）四月其父去世后，他又将商铺顶卖给刘黄英。其实，这两次商铺交易实际上都是铺底权交易，因为据澳夷映的陡吐（João de Deus）称：“窃夷承父遗下板樟庙右侧铺一间，前因华人郭宁远之父郭丽彬与夷父租赁此铺，历年纳租无异，祸因郭丽彬身故，伊子郭宁远先转批与陈亚容开张，将夷铺转卖别□，伪以用价百余员［圆］买杨仲武之业□［过］契，□□□□［为］顶受确业，瞒禀县主、戎厅，捏控□□［亚容］□［教］唆夷妇霸踞。”[④] 可见，葡人板樟庙右侧铺一间起初租赁给了华人杨仲武，后来顶卖给了郭丽彬，郭丽彬身故后由其子郭宁远转租给了陈亚容，后又将商铺顶卖给刘黄英。其中两次顶手

① 刘芳辑《葡萄牙东波塔档案馆藏清代澳门中文档案汇编》（上册），章文钦校，第 269 页。
② 刘芳辑《葡萄牙东波塔档案馆藏清代澳门中文档案汇编》（上册），章文钦校，第 274 页。
③ 刘芳辑《葡萄牙东波塔档案馆藏清代澳门中文档案汇编》（上册），章文钦校，第 263 页。
④ 刘芳辑《葡萄牙东波塔档案馆藏清代澳门中文档案汇编》（上册），章文钦校，第 264 页。

所交易的，其实都是商铺的铺底权。

值得注意的是，不仅华人铺客之间可以通过顶手交易铺底权，而且房主或地主也可以通过顶手支付铺底价银的方式来收回商铺。如在上述板樟庙右侧铺一间纠纷一案中，郭宁远曾将商铺以150元的价格顶卖给刘黄英，房主唤的陡吐欲收回商铺，认为郭宁远“不过陆续置物件仅值十银员”，“而吐父当日建造此铺并非白地”，所以他“情愿补回花银七十员［圆］，与郭宁远作相顶手之业”，但郭宁远“竟坚然要一百五十员［圆］之多，不容理辨”。① 双方出价差距较大，故而唤的陡吐收回商铺之事也不了了之。当然，如果租赁期满以后葡人房主愿意支付铺底银，也是可能收回商铺的。如嘉庆十年（1805）七月，澳门同知在处理吴亚耀租铺案时认为房主唤的陡吐“若欲取铺售卖，似先行交还吴亚耀土［工］料及收长银两，二共该银一百四十三□［两］二钱五分，方可追屋，听夷人售卖”，香山知县彭昭麟按此意见，要求夷目立刻通知房主，“如果欲取铺售卖，即将吴亚耀之父吴起观造屋工料及长收银两即令满足”。②

3. 修葺铺屋

居澳华人通过修葺铺屋的途径来取得铺底权也较为常见，这通常有两种情形，一种是从葡萄牙人手中租赁商铺后通过修葺铺屋而取得铺底权益，另一种是通过顶手交易从华人手中得到商铺租赁权后又整修扩大铺屋而形成新的铺底权益。如乾隆年间郭丽彬及黄顺等祖父租赁澳夷晏哆呢庇唎嘑（António Pereira）三层楼旧业住眷开铺，“经历年久，向来如有坏烂，俱自行修整”，③ 形成铺底权，即属于前一种情形。至于后一种情形，随着铺底顶手交易的频繁，在乾隆后期和嘉庆年间更为常见，如“叶琼彩用银与胡姓顶受红窗门铺屋一间，洋货生理。始初每年纳租银二十四员［圆］，至乾隆五十三年，与夷主间嗲嚧订明，自捐银两将铺修整阔好，永远住居，每年添纳租银共六十员”。④

4. 继承父遗

葡人房产可以子承父业，华人的铺底权同样也可以子承父遗。前述郭宁

① 刘芳辑《葡萄牙东波塔档案馆藏清代澳门中文档案汇编》（上册），章文钦校，第264页。
② 刘芳辑《葡萄牙东波塔档案馆藏清代澳门中文档案汇编》（上册），章文钦校，第269页。
③ 刘芳辑《葡萄牙东波塔档案馆藏清代澳门中文档案汇编》（上册），章文钦校，第258页。
④ 刘芳辑《葡萄牙东波塔档案馆藏清代澳门中文档案汇编》（上册），章文钦校，第275页。

远与房主咉的陡吐的铺屋纠纷案中，郭宁远就是继承了父亲郭丽彬的铺底权。实际上，香山县的官员在处理这类案件时，也多次强调“阖澳民居铺户，虽属夷人管业，而或承父遗，或由己造，夷人不得加租，久成定例”。①

当然，所谓“父遗”，其实是包括母亲、丈夫的遗产的，葡人可从母亲手中继承铺屋，华人遗孀也可从亡夫手中继承铺底权。例如，葡人佩雷斯（Peres）就曾“承母遗下铺屋一间，坐落沙栏仔，向系批与华人何亚清开张生理，每年租银二十两正”；② 而华人叶琼彩在嘉庆二年（1797）年身故后，孀妇叶罗氏承继了铺底权，“一向照纳租银六十员［圆］无异”，不过叶罗氏考虑到儿子年仅 13 岁，又将“铺面租赁别人开张，借得余租赡口”。不料业主间哆嚧死后，其女婿咟哎经理屋业，自嘉庆八年（1803）起就蓄谋取回铺屋，不肯收受租银，至嘉庆十二年（1807）十月，又提出“每年加租至一百员［圆］，十一月即率夷妇入铺居住”。③ 由于乾隆五十三年（1788）叶琼彩与屋主间哆嚧订立的合同中写明“实建造修整支买砖瓦、石、木料、灰泥、钉板、桷、工共计支银五百四十九员［圆］零六钱三分”，④ 咟哎“无可抵偿，遂捏叶琼彩生前曾揭欠间哆嚧银一千余员［圆］以为抵塞”，香山知县彭昭麟审理此案结论是：“查批赁铺屋，如有坏烂，铺主不肯出银修葺，铺客捐银代修，议定租价，立有永远批贴，应听其居住输租，即或转赁别人，多收租利，亦不得过问。”⑤ 这起案件说明，香山县官员不仅对多种情形形成的铺底权均予以认可，而且也认可了租客转赁商铺以便多收租利的行为。

四 结语

从葡萄牙国家档案馆所藏相关中文档案史料可知，香山县官员在处理澳门铺户房屋租赁相关纠纷案件时，往往以保护华人租客的永租权为处理纠纷

---

① 刘芳辑《葡萄牙东波塔档案馆藏清代澳门中文档案汇编》（上册），章文钦校，第 263 页。
② 刘芳辑《葡萄牙东波塔档案馆藏清代澳门中文档案汇编》（上册），章文钦校，第 284 页。
③ 刘芳辑《葡萄牙东波塔档案馆藏清代澳门中文档案汇编》（上册），章文钦校，第 275 页。
④ 刘芳辑《葡萄牙东波塔档案馆藏清代澳门中文档案汇编》（上册），章文钦校，第 275 页。
⑤ 刘芳辑《葡萄牙东波塔档案馆藏清代澳门中文档案汇编》（上册），章文钦校，第 276～277 页。按“查批赁铺屋，如有坏烂”之句，原书标点作“查批赁铺，屋如有坏烂”，似不通。

的基本原则，实质则是对华人租客铺底习俗与铺底权权益的认可。

从档案资料可知，至少在乾隆二十七年（1762）澳门半岛地区就已经出现了铺底习惯，与北方都会北京出现铺底习惯的时间大致相同，只不过北京的铺底习惯主要流行于当地商人之间，而澳门铺底习惯主要是流行于澳门葡人业主与华人租客之间。

澳门华人租客铺底权的形成大致包括租地建铺、用银顶受、修葺铺屋和继承父遗四种途径。香山县官员不仅对多种情形形成的铺底权均是认可的，而且也认可了租客转赁商铺以便多收租利的行为。

通过对晚清民国时期广州、梧州等地铺底权形成与交易情况的比较分析，可知乾嘉时期澳门华人铺底习俗当是后世岭南诸地铺底习俗的滥觞，当时澳门华人租客铺底权形成和交易方式与后世的情况也并无二致。而民国时期广东地方法院在处理铺底权纠纷时主要是引用《民法总则》中“民事，民法所未规定者依习惯”的规定，“实质上是依照地方习惯，保护承租人在所承租的建筑物因修建、装潢、改进设备，增加了建筑物的经济价值，容许其有请求补偿的权利”。① 显然，乾嘉时期香山县官员对华人租客铺底权的认可态度，也与民国时期广东地方政府在处理铺底问题时的态度一脉相承。

① 林启宣：《旧广州的铺底权》，广州市政协学习和文史资料委员会主编《广州文史资料存稿选编》第9辑《社会类》，中国文史出版社，2008，第418～419页。

法国来华耶稣会士白晋的西文汉学研究

张西平*

摘　要：白晋是首批来华的五名法国耶稣会士之一，作为传教士汉学家，他既用中文写作，也用西文写作。本文研究他生前在法国出版的两本法文汉学著作，一本是《康熙皇帝传》，一本是《中华帝国现状——致勃艮第公爵与公爵夫人的画册》，这两本书在当时的欧洲产生了重大的影响。本文研究两本书的具体内容以及它们在西方汉学史上的贡献与地位。

关键词：白晋　康熙　中国　画册

作为来华的传教士汉学家，白晋不仅用中文写作，研究《易经》，还用法文写作，翻译中国的典籍，向欧洲介绍中国。同时，在华期间还参加由康熙帝组织的绘制《皇舆全览图》的工作，正是这些活动和著述，使白晋成为一名杰出的汉学家，在中西文化交流史上留下浓重的一笔。

白晋写作这两部著作（《中国现任皇帝传》和《中华帝国现状：致勃艮第公爵与公爵夫人的画册》）的时间，都是在从澳门返回欧洲后，因此白晋这两部汉学著作也反映了澳门在中西文化交流史的重要作用。以往在研究澳门时侧重研究它在西学东渐上的重要作用，其实澳门在中学西传上也有着重要的历史地位。本文通过研究白晋用法文所写的两部著作，不仅揭示他汉学研究的另一面，还意在说明澳门在中国文化西传中发挥的重要作用。

---

* 张西平，北京外国语大学教授，国际儒学联合会原副会长，《国际汉学》主编。

一　白晋的《中国现任皇帝传》

白晋用欧洲语言所写的著作中，《中国现任皇帝传》一书影响最大，它也是白晋生前法国出版的第一部汉学学术著作。

这本书是白晋 1693 年奉康熙皇帝之命，带着康熙帝送给路易十四国王的 19 册中文图书及礼品，返回法国招聘新的来华传教士，在返回法国期间所写。白晋这本书是献给法王路易十四的，目的在于使他们在中国的传教事业得到国王的支持。正如他在书开篇所说："陛下，如果有朝一日，中国皇帝出于对在陛下的保护下已经到达完美境地的法国科学与艺术的无限向往，而对我们神圣宗教也肃然起敬，尽管他天生骄傲，一向确信自己拥有对世界各国人民起启蒙作用的先进文化的中国国民，也认识到天主教的教义胜过本国空洞玄虚的哲学，以致中国皇帝和国民能够信仰福音教义，那将是在陛下当政时期何等大系之事啊！"①

这本书 1697 年在法国出版后，两年后即再版，三年后在海牙出版，1710 年先后出版了荷兰文版和意大利文版，在欧洲产生了很大的影响。白晋回欧洲时看到了莱布尼茨《中国近事：为了照亮我们这个时代的历史》(*Novissima Sinica historiam nostril Temporis illustratura*)，他对莱布尼茨的这本书很感兴趣，但感到对康熙皇帝的介绍不够详尽，于是他给莱布尼茨写信说："索邦大学的博士皮克斯（Piques）先生——他的名字我想您一定不陌生，他好心地把您今年出版的论文集《中国近事》给了我一份。我读了好几遍，每次都会发现新的乐趣。您热心地了解并宣传在中国传播福音取得的进展，希望在中国皇帝的支持下让整个帝国皈依基督教，为答谢您这一片好意，请接受一本我不久前刚出版的有关中国那位伟大君主的小书，我想这本书您应该会喜欢。"② 这样莱布尼茨在 1669 年在《中国近事》拉丁文版的第二版上刊出了白晋《中国现任皇帝传》的拉丁文版。由此可见这本书当时

① 白晋：《中国现任皇帝传》，杨保筠译，G. G. 莱布尼茨：《中国近事：为了照亮我们这个时代的历史》，梅谦立、杨保筠译，大象出版社，2005，第 53 页。

② Gottfried Wilhelm Leibniz, Der Brriefwechsel mit den Jesuiten in China (1689 - 1714), S106, Herausgegeben und einer Einleitung versehen von Rita Widmaier, Textherstellung und Ubersetzung von Malte-Lundolf Babin, Felix Meiner Verlag, 2006.

在欧洲的影响。①

如果从西方汉学史的学术史来考察，这本书的价值何在呢？应该说，这是传教士第一本专门介绍中国皇帝的著作。欧洲的传教士来到中国后，明代利玛窦等人虽然进入了北京，也以皇帝食客的名义长期住了下来，但他们从未见过当时的万历皇帝，尽管他们以修自鸣钟的名义也能进到宫中。清军入关后，经顺治、康熙两朝，传教士方正式进入宫中，成为朝中官员，② 自然就开始和皇帝有了直接的接触。在传教士汉学著作中，白晋之前直接记载清朝皇帝的有两人，一个是汤若望，一个是南怀仁。将他们的记载和白晋这本书做一对比，就可以看出其书的价值。

汤若望在清初与顺治皇帝有过密切的接触，甚至顺治帝称汤若望为“玛法”，即尊父、师傅、长老的意思。顺治皇帝多次与汤若望交谈，“1656 和 1657 两年之间，皇帝竟有二十四次临访汤若望于馆舍之中，作较长之晤谈”。③ 汤若望在其《生活回忆录》（*Lebenserinnerungen*）中对他和顺治帝的接触有详细的介绍，文中对顺治帝的秉性、特点也有较细致的描写。但汤若望并未单独撰文全面介绍顺治帝，只是在自己的在华经历中对顺治帝有所介绍。④

南怀仁也是与中国皇帝有过密切接触的人，他和汤若望一样被清朝的皇帝加封三代，特别是经过清初历狱，他受到康熙帝的赏识，开始教授康熙帝学习科学知识。“因此每天早晨天刚刚亮，我就进入宫廷。我经常是立即就被带入了皇帝的私人房间，直到下午，甚至在 3、4 点钟之后才返回我的住所。我单独地和皇帝在一起，坐在同一张桌子跟前，我一面读这些书籍，一面作出解释。”⑤

① 《中国现任皇帝传》有多个中文译本，《清史资料》第 1 辑刊出了马绪详翻译的《康熙皇帝》（中华书局，1980）、赵晨翻译的《康熙皇帝》（黑龙江出版社，1981）、春林等编的《康熙帝传》（珠海出版社，1995）；法文版第一次翻译成中文是 2005 年在大象出版社出版的莱布尼茨的《中国近事：为了照亮我们这个时代的历史》一书中。

② 肖一山编《清代通史》第 1 卷，华东师范大学出版社，2005。

③ 〔德〕魏特：《汤若望传》第 2 册，杨丙辰译，知识产权出版社，2015，第 13 页。

④ 参见陈垣等著《民元以来天主教史论集》，台北：辅仁大学出版社，1975。

⑤ 〔比利时〕南怀仁著，高华士英译《南怀仁的〈欧洲天文学〉》，余三乐译，林俊雄审校，大象出版社，2016，第 118 页。南怀仁无疑是来华耶稣会士中最早与康熙皇帝有过密切接触的人，也是最早向欧洲介绍这位中国君主的人。拉丁文献《关于尊敬的南怀仁神父以汉文和拉丁文所写的一本书的报告》写道：“南怀仁神父同时明确指出：约四年之前，皇帝每天召见他，持续五个月。皇帝几乎每天从早到晚让南怀仁神父讲解耶稣会士所写的约 120 本有关天文学的书。那时，他和一两个人与皇帝在一起。”G. G. 莱布尼茨：《中国近事》，第 38 页。

尽管如此，南怀仁也没有写出一篇专门论述康熙皇帝的文章，而只是在他的著作中对康熙帝做了较为详细的介绍。

因此，从西方汉学史的角度来考察，白晋的《中国现任皇帝传》是欧洲汉学史上第一部公开出版的专门介绍中国皇帝的著作，在西方汉学史上是有着重要地位。

汉学标志着中国自身学问的国际化，如果从这个角度来看，白晋这个传记是世界上第一部康熙皇帝传记，因为中国文献《清圣祖实录》《康熙政要》，包括后来的《清史稿》都记载了康熙皇帝的事迹，尽管这些尚算不上典型的传记，我们姑且称为传记，但这些都是在康熙去世以后编辑，真正在康熙帝在世时所写的传记仅有白晋一本。

这是从中外学术史的角度来考察白晋这本书的历史价值，如果从白晋传记的内容本身来看，它有哪些价值呢？

首先，白晋的《中国现任皇帝传》所附的康熙帝画像是中外历史上第一幅康熙帝的画像。

西方汉学史上正式出版物中第一次有中国皇帝画像的是基歇尔（Athanasius Kircher）的《中国图说》。

《中国图说》收录了来华耶稣会士卜弥格（Michel Boym，1612－1659）所画的许多画像，由于他在南明传教，并和永历皇帝有过亲密的接触，作为南明的特使被派往罗马，[①] 在罗马期间将他绘制的关于中国的图画给了基歇尔，这些图画中就有卜弥格所画的永历皇帝，只是学术界一直未对《中国图说》中的绘画展开研究。[②] 这是明朝皇帝首次在西方图书中出现。

在卜弥格代表南明皇帝返回欧洲后不久，[③] 卫匡国（Martino Martini，1614－1661）则带着清朝皇帝开始统治中国的信息返回欧洲。[④] 卫匡国带回了基督教在中国新的发展，最重要的进展就是汤若望开始执掌钦天监，并且得到了顺治皇帝的支持。基歇尔在《中国图说》中说："凡是想了

① 卜弥格：《卜弥格文集》，张振辉、张西平译，华东师范大学出版社，2013；张西平：《儒学西传欧洲研究导论：16～18世纪中学西传的轨迹与影响》，北京大学出版社，2016。

② 〔德〕阿塔纳修斯·基歇尔：《中国图说》，张西平、杨慧玲等译，大象出版社，2010。

③ 卜弥格：《卜弥格文集》。

④ 参阅费赖之《在华耶稣会士列传与书目》上册，中华书局，1995，第262页。

解更多情况的人，应参阅汤若望所写的《历史》一书，不知他是否出版了，我见到是它的抄本，它叙述了中国历法的改革。”[1] 汤若望的这本书应是《汤若望及主持钦天监工作的耶稣会士书信所提供的在华耶稣会传教区的创建与发展史》（*Historica relation de initio et prohressu Missionis Societatis Jesu apud Sinenses, ac prasertim in regia Pekinensi, ex Litteris R. P, Adami Schall, ex eaden Societate, supreme ac regii Mathematum tribunalis ibidem presides*, in－8, vinna, 1665），于1665年出版。[2] 因此，基歇尔在《中国图说》中所介绍的汤若望与顺治皇帝的情况的知识来源是很清楚的，根据这些知识，笔者判断在《中国图说》中“大清帝国最高统治者”是顺治皇帝。[3]

后来欧洲一些画家根据汤若望的《汤若望及主持钦天监工作的耶稣会士书信所提供的在华耶稣会传教区的创建与发展史》和《中国图说》的图像和材料，创作了汤若望与中国皇帝一起研读天文学的艺术画，这幅画中穿红色衣服的中国皇帝应是顺治皇帝。

实际上汤若望的《汤若望及主持钦天监工作的耶稣会士书信所提供的在华耶稣会传教区的创建与发展史》这本书中并无汤若望和顺治皇帝的画像[4]，因此《中国图说》中的顺治画像是欧洲的画家所画，具体是谁画的，尚不清楚。初步分析是基歇尔在出版这本书时请人绘制的，《中国图说》中各类图画作者是谁，一直没有人做过研究。

白晋在《中国现任皇帝传》开篇就说：“今日谨向陛下呈上的这幅画像，毋容置疑是迄今为止人们从东方带到法国的最弥足珍贵的礼物……这幅画像是一位皇帝画像，而且这位皇帝还有幸在许多方面恰好与路易十四陛下十分相似。”[5] 这说明白晋认为这幅画像十分重要。

按照白晋的说法，这幅康熙皇帝画像应该是在中国画好后带到法国的，白晋这个说法很值得怀疑，因为这幅画为铜版画，当时中国是绘制不出来

① 〔德〕阿塔纳修斯·基歇尔：《中国图说》，第210页。

② 费赖之：《在华耶稣会士列传与书目》上册，第185页。

③ 〔德〕阿塔纳修斯·基歇尔：《中国图说》，第212页。

④ 笔者在罗马耶稣会档案馆查阅了这本书，是一本开本很小的拉丁文著作，没有任何插图。

⑤ 白晋：《中国现任皇帝传》，杨保筠译，G. G. 莱布尼茨：《中国近事：为了照亮我们这个时代的历史》，第52页。

的。因此，这幅康熙皇帝画像应该是白晋回到法国后，由法国的画师绘制的。① 《中国近事》中刊出的这幅康熙皇帝画像在欧洲产生了很大的影响，以后的许多书中刊出的康熙皇帝画像，基本上是仿制《中国近事》这本书中的画像。

白晋的这本书首次刊出了康熙皇帝的画像，在欧洲产生了长远的影响，关于清朝皇帝的画像在各类书籍中不断出现。

从书的文字内容来看，白晋通过介绍康熙皇帝，向欧洲展现了东方大国的最新情况，在西方汉学史上的意义是重大的。

首先，《中国现任皇帝传》使欧洲第一次了解到清初的历史。来华耶稣会士对明清之际历史的介绍，首推卫匡国的《鞑靼战记》，这本书1654年在安特卫普出版，当年就出版了英文版，随后先后出版了意大利文、法文、德文等版。卫匡国此书的价值在于他第一次介绍了当代中国政治史，介绍了明清鼎革，相对于曾德昭（Alvaro Semedo，1585－1658）的《大中国志》、门多萨（Gonzalez de Mendoza）的《中华帝国史》，其对历史的介绍要更为鲜活。但卫匡国的书主要介绍的是明清之际政权变革过程中的战争和社会，对晚明政权和清初政权的斗争，以及张献忠和多尔衮的各类战事多有记载，对尚未继任的康熙皇帝和康熙朝的情况完全没有介绍。在这个意义上，白晋的这本书是在欧洲第一次全面介绍康熙朝的历史，具有重要学术价值。由于他生活在京城，故对康熙朝的重大事件都有所了解。

例如，在讲到智取鳌拜时，本来要判他死刑，但鉴于鳌拜在前两朝为国效力，康熙帝“赦免其死刑，改判终身监禁，让这位首相在狱中了却残生”。② 白晋等传教士首次入宫时，陪同他们的人指着坐在宫门旁边的人，说，这就是被康熙帝罢免的四位阁老之一。③ 这些历史细节在中文文献中也

① 白晋在书中说：“当我把这幅画像呈现给陛下的时候，我唯一的担心，就是画家的笔触是否有损这位皇帝本人的形象。这幅画像虽然并不那么细致入微，但我可以断言，其每根线条都是严格按照本人的形象勾画出来的。”（白晋：《中国现任皇帝传》，第53页），按照白晋的这一说法，绘画应在中国完成，然后在巴黎制作。

② 白晋：《中国现任皇帝传》，杨保筠译，G. G. 莱布尼茨：《中国近事：为了照亮我们这个时代的历史》，第55页。

③ 白晋：《中国现任皇帝传》，杨保筠译，G. G. 莱布尼茨：《中国近事：为了照亮我们这个时代的历史》，第65页。

没有见到。[①] 在书中，白晋介绍了康熙朝的所有重大历史事件：平定三藩；击退郑成功对南京的围攻，进而收复台湾；平定噶尔丹叛乱；委派张诚、徐日升参加与俄罗斯的《尼布楚条约》谈判。白晋对康熙朝的这些记载有些是亲眼所见，有些是他到中国后听说的，但大体反映了清初的实际情况。马雍先生在评价卫匡国的《鞑靼战记》时说："马尔蒂尼的《鞑靼战纪》却应当在其中占有一个相当重要的地位。第一，因为这部书撰写的时间与事件发生的时间极为接近，它可以列入最早的一批记录之内。第二，因为作者亲身游历过许多地方，得之当地人士口述的材料较多。第三，因为作者是一个外国人，一个局外人，除了他个人世界观的偏见以外，不受中国当时的政府、民族、党派、地域等色彩的影响，忌讳较少，颇能反映一些真实情况。"[②] 将马雍对卫匡国《鞑靼战记》的评价用到白晋的《中国现任皇帝传》上也是十分恰当的。

其次，如果将白晋这本书放入中国历史文献的记载中来考察，书中对康熙皇帝的细节介绍，是中文文献完全没有的，因而其具有重要的学术价值。首先，对康熙帝相貌的记载为："他仪表堂堂，身材均称，举止不凡。他五官端正，双目炯炯有神，比一般中国人的眼睛稍大，鼻子略成鹰嘴形，鼻尖鼓起。虽然脸上有几颗痘痕，但丝毫无损于他个人的美好形象。"[③] 这是目前所看到的对康熙形象的最早记载，中国史书中尚无这样详细的记载，汉学家们对康熙的形象多有记载，但白晋记载时间略晚于南怀仁，但记述更为逼真。[④] 康熙帝继承满人尚武的传统，苦练骑射，他的武功达到很高水平，"满朝文武没人能拉开康熙皇帝所使用的强弓，……他不论是立射还是骑射，也不管是驻马还是飞马，都能左右开弓，百发百中。对飞禽走兽，无

① 参阅蒋兆成、王日根《康熙传》，人民出版社，1998。

② 马雍：《近代欧洲汉学的先驱马尔蒂尼》，《历史研究》1980 年第 6 期。

③ 白晋：《中国现任皇帝传》，杨保筠译，G. G. 莱布尼茨：《中国近事：为了照亮我们这个时代的历史》，第 53 页。

④ 康熙二十八年（1689）《中俄尼布楚条约》签订后，俄罗斯使臣来京，受到康熙皇帝的接见，记下了康熙皇帝的形象："仰视御容，非必秀出人寰，然视之令人忠爱之心油然而生。黑睛奕奕有光，隆准，头微向上，须黑而短，颏下颇疏，面多细麻。身适中……" 参见〔俄〕雅兰布《聘盟日记》，《小方壶丛钞》第三帙。另外，南怀仁在《鞑靼旅行记》中，李明在其书中也有对康熙皇帝容貌的描写。

论它们静立。飞翔还是跑动，他也几乎箭无虚发”。[①] 这些记载或许有些夸张，但汉文材料中没有这样详细的记载。由于白晋这些传教士与康熙帝有着近距离的长时间接触，他们对康熙帝生活状况、个人特点的介绍非常细腻。

例如，白晋这样介绍康熙帝的衣着：“从日常的服饰和用品可以看出康熙皇帝喜欢朴素的美德。冬天，他穿的是几张黑貂皮和普通貂皮缝制的皮袍，这种皮袍在宫廷中也是极普遍的。此外，就是用非常粗糙的丝织品缝制的御衣，除了穷苦百姓不穿之外，这种丝织品在中国是极其一般的。在阴雨连绵的日子里，他常穿着一件羊毛呢绒的外套，这种外套在中国被认为是一般的服装。夏季，有时看他常穿着荨麻布做的上衣，这种布也是老百姓家中常有的东西。”[②] 在谈到康熙帝的记忆力时，书中所举的一个例子也很独特，那就是南怀仁告诉康熙帝一种鸟的名字，用的是弗莱芒语，几年后他和南怀仁在一起时又见到这种鸟，他问南怀仁鸟的名字，但南怀仁早就忘记了，而康熙帝却说出了这种鸟的弗莱芒语名字。

像这样的细节，中国史书中是没有的，而正因为白晋和其他传教士与康熙帝有过亲密的接触，所以这些材料才十分可信，从而弥补了中文文献的不足。

最后，如果从传教士汉学史上看白晋这本书，它的贡献也是很大的，这是来华传教士中对康熙皇帝介绍最为详细的一本传记。来华传教士中最早记载康熙皇帝的是南怀仁，他在《鞑靼行记》中记载了康熙皇帝旅行的情况；[③] 张诚也多次随康熙帝外出，其中对康熙帝也多有记载；[④] 李明在《中国近事报道》中对康熙帝也有介绍。[⑤]

白晋这本书之所以超越以上几位传教士的解释，是因为他从生活到治理国家，从外交到内政全面向我们呈现了这位中国皇帝的个人生活，而以往传

---

① 白晋：《中国现任皇帝传》，杨保筠译，G. G. 莱布尼茨：《中国近事：为了照亮我们这个时代的历史》，第 54 页。

② 白晋：《中国现任皇帝传》，杨保筠译，G. G. 莱布尼茨：《中国近事：为了照亮我们这个时代的历史》，第 68 页。

③ 杜文凯编《清代西人见闻录》，中国人民大学出版社，1985，第 69～84 页。

④ 张诚：《对大鞑靼的历史考察概述》，杜文凯编《清代西人见闻录》，第 85～122 页；张诚：《张诚神父 1691 年第三次鞑靼之行》，国家清史编撰委员会编译组、中国人民大学清史所合编《清史译文新编》第 2 辑《清史译文》上册，中国人民大学出版社，2005；〔法〕伊夫斯·德·托马斯·博西耶尔夫人：《耶稣会士张诚：路易十四派往中国的五位数学家之一》，辛岩译，大象出版社，2009。

⑤ 〔法〕李明：《中国近事报道》，郭强等译，大象出版社，2004。

教士介绍的只是康熙皇帝治理国家的一面。其次，在康熙皇帝学习西学、研读西方科学知识方面，白晋的介绍最为详尽。这自然和他充任康熙帝的数学与哲学老师的经历有关。

以上三个方面说明，作为一本传教士的汉学著作，这本书具有重要的地位，对西方汉学知识论的推进做出了不可磨灭的贡献。

传教士汉学作为西方知识体系的一种，他自然保留着西方文化的特点，这也是我们应该加以注意的。就白晋这本书来说，这本书是献给法王路易十四的，白晋写这本书有两个目的。第一，希望通过介绍说服路易十四对来法国来华传教士予以支持。白晋在书中说："恳请陛下根据我们的愿望派船到中国。我们确信法国船和其他国家的船只同样受到中国人的欢迎，我热切盼望第一批法船能尽快起航。请陛下允许我今年与新招募的幸运的同道一起，壮大我们小小的传教团，在回到日出东方地区以后，尽力勤勉工作。"① 白晋达到了目的，他返回中国时不但带回了第二批法国传教士，而且开辟了法国与中国的首次贸易，还与"安非特利特"号一起来到中国。第二，通过介绍耶稣会在中国传教的成绩，获得法国路易十四和民众的支持。

白晋的这两个目的都达到了，他在法国的活动是十分成功的，在一定意义上，白晋的《中国现任皇帝传》不仅在西方传教士汉学史上具有重要的地位，在中西文化交流史特别是在中国和法国文化交流史上也具有重要的地位。正是由于白晋访法的成功，《中国现任皇帝传》才在欧洲产生了重要影响，欧洲传教士对中国的影响开始发生分化，法国来华传教士在中国与欧洲文化交流史上发挥越来越重的作用，葡萄牙来华传教士的地位下降。所有这一切都源于白晋这次出访和白晋这本书的影响。

二　白晋的《中华帝国现状：致勃艮第公爵与公爵夫人的画册》②

该书图文并茂，分为两部分，第一部分介绍中国的政治和行政制度，第

① 白晋：《中国现任皇帝传》，杨保筠译，G. G. 莱布尼茨：《中国近事：为了照亮我们这个时代的历史》，第 100 页。

② *Etat présent de la Chine*, en figures gravées par Giffart sur les dessins apportés au Roi par le P. Bouvet. in-fol., Paris, 1697. 以下关于此书的研究采用刘婷婷的译稿，再次表示感谢。

二部分在第一部分介绍的基础上，对重要的人物以图画形式呈现出来。这本书国内学术界很少有人介绍，忽略了它的学术价值。

（一）白晋对清朝政府体制的介绍

在介绍中国的部分时他说："中国值得享有所有国家的尊敬和欣赏：她拥有广袤的国土，丰富的物产，肥沃的土地，多元的文化和彬彬有礼的人民。中华帝国历史悠久，四千多年的王朝更迭，历经两百三十六位帝王，未曾有过间断。然而，中国最值得世人欣赏与推崇的，莫过于其制度的优越性与政府的智慧统治。"①

他简略地介绍了中国古代的历史，说自中国诞生之日起，政府便一直在努力完善其卓越的执政艺术，从伏羲指引中国人走出密林，不再继续茹毛饮血的原始生活，到原始信仰的时代，他首先带领人们祭祀掌管天地万物的神明。中国古代的图腾是龙。他说："其实自远古时代以来，龙一直都被视为中华民族的图腾。生活在中国的第三个朝代，即大约公元前一千一百年的周文王规定将五趾龙奉为至高无上的标志。"②

和利玛窦一样，白晋也采取的是肯定中国上古史信仰的办法来调和中国的信仰和基督教信仰之间的矛盾。所以，他介绍说，在那远古时代，黄帝建造了第一座寺庙，献给"上天的皇帝"，即"上帝"。而且从古至今，中国都保持着对上帝的信仰。"黄帝所赐予的治理国家的善术，直到今日仍旧被奉为这个王朝执政的基本准则。"③ 显然，白晋这样解释中国宗教信仰是为了讨好勃艮第公爵与公爵夫人。

接着，白晋对清朝的国家管理体制做了介绍。

为了更加清晰明了地介绍各级职官，在此需要介绍一下朝廷行政机构的设置。朝廷共分十二个部门，其中六个部门由文官管理，名为"六部"；五个部门由武官管理，名为"五府"。此外，还设有一个凌驾于六部五府之上的部门，也就是国务院，位列十二部之首，名曰"内院"。④

---

① 白晋：《中华帝国现状：致勃艮第公爵与公爵夫人的画册》，刘婷婷译，抽印本，非正式出版物，第5页。

② 白晋：《中华帝国现状：致勃艮第公爵与公爵夫人的画册》，第6页。

③ 白晋：《中华帝国现状：致勃艮第公爵与公爵夫人的画册》，第5页。

④ 白晋：《中华帝国现状：致勃艮第公爵与公爵夫人的画册》，第7页。

白晋这里对清朝国家管理体制的介绍并不准确，清代中央行政体制大体如下：内阁，这或许是白晋所说的内府，雍正年间设军机处，这是白晋以后的事，他不可能知道；六部，即“吏部”“户部”“礼部”“兵部”“刑部”“工部”；另有掌管少数民族和外交事务的理藩院和分管论纂文史的机关翰林院和都察院。

在谈到内阁时，他介绍说：

> “内院”意为“内部的机构”，因其地点位于皇宫内部，三个级别的文官供职于此。第一级为国务大臣，名曰“阁老”，全部为一品官员，人数并未有定额设置，通常为五到六人。其中一人被授为内院的首辅，行使类似王朝的总理大臣之职。内院的第二级官员是阁老的副职，名曰“大学士”，意为具有博学多才的大员，一般由一或二品的文官担任。第三级官员是皇帝的秘书，名叫“中书阁”，一般为四、五或六品的官员。①

白晋这个介绍大体符合事实，只是过于简略。“顺治十五年（公元1658年）七月，清王朝参照明制，改三院为内阁。大学士改加殿、阁头衔，称‘中和殿大学士’、‘保和殿大学士’、‘文华殿大学士’、‘武英殿大学士’、‘文渊阁大学士’、‘东阁大学士’……大学士的品级改为正五品。”②

白晋生活在京城，加之又是康熙帝的近臣，故对清初的政府机构编制熟悉，他介绍说，六部分别为：

> 一、吏部：负责王朝所有开支。
> 二、户部：对各地财政、捐税进行总监督。
> 三、礼部：掌管国家的典礼、仪式等事宜。
> 四、兵部：负责管理全国军械，统领军队。
> 五、刑部：国家最高审判机构。
> 六、工部：负责土木以及其他公共工程。

① 白晋：《中华帝国现状：致勃艮第公爵与公爵夫人的画册》，第7页。

② 陈茂同：《历代职官沿革史》，华东师范大学出版社，1988，第513页。

白晋这个介绍不太准确，吏部主要是掌文职官吏之政令，并不负责王朝的开支供给。户部总的职掌全国疆土、田地、户籍、赋税、俸饷、财政事宜。礼部总的职责是管理国家祀典、清点、军礼、丧礼、接待外宾，管理学校和主持科举等事。

白晋简单地描述了清政府内部官员的设置和运转情况。

以上这六部统领着各省的机构以及朝廷大部分机关。各部均设有一位行政长官，以及左右两位副官。行政长官的官职通常为正一品，副官一般为正三品。此外，各部还单设有一名监察官，负责监督、检查各部的事务，并向皇帝汇报。监察官最重要的任务莫过于监督各部行事过程中是否存在有失公允之处。除六部之外，还另设有其他一些部门，它们相对独立却又从属于中央六部，负责人通常为肩负不同任务的官员。类似部门共有四十四个，每部设置一名长官和十二名参事，户部和刑部有二十四名参事。除这些有官位的人员外，还有一些并无职位的办事人员，在为皇帝服务，而且工作一些年限之后便可以获得八品或九品的官职。①

白晋还简要地介绍了清朝的都察院系统和各省的地方管理模式以及官员的品级。

严格说，白晋这些介绍并不十分准确，这些只是他大体了解的清政府的总体结构。他说，每年朝廷会将官员的名册翻印四次，名册记录着官员的姓名、官职、俸禄以及科举出仕的年限。帝国共有 13600 名文官以及 18500 名武官，共 32000 多名官员。官员人数众多，体系庞杂，却能保证秩序井然，各级职权明晰，不得不说令人称奇。我们甚至可以得出结论：世界上没有哪个国家可以像中国那样治理得如此良好，人民如此幸福。这对当时的法国了解中国是有价值的。

（二）白晋通过图像介绍中国

白晋这本书最有价值之处在于提供了中国不同官员的图像，从而使读者可以更为具体地看到中国官员的形象和服饰。

白晋说："佩剑的武官仅被分为六等，代表他们的是九种不同的猛兽，

---

① 白晋：《中华帝国现状：致勃艮第公爵与公爵大人的画册》，第 8 页。

比如狮子、老虎等。”①

白晋说：“身着长袍的文官被分为九个等级，每一等级都会选取某一种鸟类来代表，比如鹳、鹰等。”②

白晋说：“除了如上我所谈到的带有金色花边的补子外，中国人还用不同官帽和镶嵌着宝石的腰带来表明官位的高低。所有官员身上的装饰物都是一样的，然而一到三品文官和一到四品武官的服饰上绣着许多三趾或四趾的龙，这便是他们和其他低一些的官职的区别所在。他们身上绣有的龙图腾被视为极高的荣耀，因为龙是皇帝的标志。……相比于汉族男人，满族征服者们对汉族妇女显然有更多考量，他们并没有强迫妇女们改变装饰或服装，虽然满族妇女服饰和汉族妇女服饰迥然不同。然而，妇女们保持了和她们丈夫一样的传统，她们的衣服上也缝制有所有能够表明官位的符号。”③

画册中也有鞑靼妇女的图像。

画册中最令人惊讶的是出现了明朝皇帝和官员的图像，作为康熙帝的外交使臣，从中国国内政治来说，这是犯了死罪。但白晋充分利用了当时中国和欧洲信息不畅的条件，对康熙帝采取了两面手法。对一个法国来华传教士来说，作为一名汉学家，他这样做是希望更为全面地展现中国历史的真实面貌，这也是可以理解的。

白晋在书中说：

> 在这套画册中我们还另加入了一些画像，可以展示在鞑靼人进攻中国前国家官员所惯用的服饰风格，王朝易主之后鞑靼人要求汉人官员更换他们的服饰。……皇帝身上的龙图案都有五个趾，而属于大臣们的龙只有三个，或者至多四个趾。五趾的龙似乎是专属于皇帝的图案，整个国家没有人敢擅自使用这个图案，没有黄帝的明确命令，甚至都不能绘制龙的图案。……其实自远古时代以来，龙一直都被视为中华民族的图腾。生活在中国的第三个朝代，即大约公元前一千一百年的周文王规定

① 白晋：《中华帝国现状：致勃艮第公爵与公爵夫人的画册》，第5页。
② 白晋：《中华帝国现状：致勃艮第公爵与公爵夫人的画册》，第5页。
③ 白晋：《中华帝国现状：致勃艮第公爵与公爵夫人的画册》，第6页。

将五趾龙奉为至高无上的标志。[①]

身着中式庆典服装的中国阁老（或称一品文官、内阁总理大臣），一般出现于有皇帝出席的场合。

如果将白晋这本书从西方汉学史的角度加以考察，它的价值在哪里？

第一，这是第一部详尽向西方介绍清朝国家管理体制的著作。清军入关后第一个向西方介绍清朝的是卫匡国。卜弥格返回欧洲时代表的是南明，卫匡国返回罗马时清朝已经站稳脚跟。《鞑靼战记》的内容反映的是明清鼎革期的社会变动和军事斗争，完全没有涉及对清朝国家体制的介绍。因此，白晋这本书是来华传教士第一次向欧洲简略地介绍清朝国家体制，从汉学史的角度看，这是十分有意义的。

第二，这是第一部向西方介绍中国明清两代汉满官员服饰的著作。第一次用图画形式向欧洲介绍中国社会的是卜弥格，他绘制的晚明社会人物画全部被基歇尔收入他的《中国图说》中。他以图的形式介绍了明朝的皇帝、皇后、大臣、士兵、南北方的农民。这些画栩栩如生，特别他所画的两位中国贵妇人，十分细腻，不是近距离观察，是画不出来的。

但卜弥格毕竟只是南明的外交使臣，他的画不涉及清朝。白晋这本书的画像涉及明清两代的官员和官员夫人，甚至出现了明朝皇帝的画像，具体是哪一位很难说清，但相对于卜弥格所画的永历皇帝要清晰得多。白晋在书中加入这些图像，除了政治目的——通过这些人物画像，向法国展现中国悠久的文化、高度的文明外，他也想向法国介绍中国的服饰。白晋在书中说：

> 然而如上所提到的内容并非我们将这些人像引入法国的主要终极目的。我们认为，我们的国家可以更多关注这个聪慧而又勤劳的民族的服饰：尤其是在我们伟大的路易大帝统治下的美好时代，他的贤德和品味格外出众，我们借鉴其他国家许多科学与艺术的精华。我们的王朝应该不会介意借鉴一下中国的服饰文化。法国的时尚一直由一些奇特的潮流先驱所引导着，也许与其盲目跟风，不如理性选择一套我

① 白晋：《中华帝国现状：致勃艮第公爵与公爵夫人的画册》，第5页。

们适合的服装。

鞑靼人和汉人女士的衣服类型丰富，将方便舒适与端庄稳重有机结合起来，装饰性与庄重感并重。我们只需要浏览一下这些图片便可信服。反观欧洲的女士服装，过分持重，不合体统且并不舒适，或许可以借此机会学习一下东方的服饰，并模仿她们着装的方式。这种端庄朴实的风格适合中国的无信仰的女性，想必也会更适合信奉基督教的女士们。①

因此，这部著作完全可以称作欧洲汉学史上第一部有关中国服饰史的著作，这样的定位也说明了白晋这部著作的学术价值。白晋这部书出版于1697年，但三年后法国的一些书籍开始转载白晋书中的画，由此足见此书的文化影响。

三　结语

白晋是来华传教士中第一个撰写著作介绍中国皇帝的人，由于他是康熙帝的近臣，对康熙帝的生活细节有所了解，因此白晋的《中国皇帝传》出版后在欧洲产生了很大的影响，是推动欧洲18世纪中国热的重要作品。

由基歇尔和白晋开创的用图画来表现中国的方法成为以后西方汉学和西方文化界讲述中国故事的重要手段，在16~18世纪欧洲关于中国的图书中绘画成为一个重要的内容，而到19世纪这种风气越来越重，② 而从根源上来说，白晋是这个风潮的掀起者之一。

① 白晋：《中华帝国现状：致勃艮第公爵与公爵夫人的画册》，第4页。

② 赵省伟等编《西洋镜》（1~9），海洋出版社，2017；张文献编《美国画报上的中国1840~1911》，北京大学出版社，2017；沈弘编译《遗失在西方的中国史——〈伦敦新闻画报〉记载的晚晴1842~1873》，北京时代华文书局，2014；李红利、赵丽沙编译《遗失在西方的中国史——法国〈小日报〉记录的晚晴1891~1911》，北京时代华文书局，2015；〔瑞典〕喜仁龙：《遗失在西方的中国史——来北京皇城写真》，沈弘、聂书江编译，广东人民出版社，2017；赵省伟、李小玉编译《遗失在西方的中国史——法国彩色画报记录的中国1850~1937》，中国计划出版社，2015；沈弘编译《遗失在西方的中国史——〈伦敦新闻画报〉记录的民国1926~1949》；赵省伟、侯芙瑶、邱丽君编译《遗失在西方的中国史——海外史料看庚子事变》，重庆出版集团，2018。

由于在“礼仪之争”中白晋采取了索隐派立场，从而受到了耶稣会士的压制，他的中文《易经》研究手稿全部没有出版，导致他的汉学研究成果一直未能与世人见面，但他的这两部法文著作在其生前得以出版，成为我们研究其汉学成就的重要文献。从这两部法文著作，我们可以看出，白晋在中法文化交流史上具有重要地位，是一位值得深入研究的人物。[①]

① 笔者的国家社科基金项目《来华耶稣会士白晋〈易经〉手稿研究》已经结项，笔者与全慧主编的《白晋文集》（5卷本），不久也将在大象出版社出版，这位湮没于历史尘埃的传教士很快会浮出水面，《白晋文集》的出版将会推动中西文化交流史尤其是中法文化交流史研究。

澳门渔业与渔民研究：回顾与展望

李涵闻*

摘　要：澳门渔业与渔民是学界较为关注的课题之一，学界就近现代渔业经济发展、渔民人口迁徙与职业流转、渔民生产与生活方式等专题进行了考证与叙述，并于近年来因应产业发展与渔民生息诉求而逐渐加强调查访谈与口述历史研究。从目前的成果来看，主要以史实描述与社会调查为主，学理层面的探讨尚存不足。在加强史料尤其是葡语资料搜集整理的基础上，将澳门渔业与渔民放置于澳门华人社会研究、海洋学学科建构发展以及澳门学与中外文化交流研究背景下，不仅将进一步拓展实践性经验研究的广度与深度，更能提升学理意义，参与澳门学理论范式讨论，丰富文明交流的理论与实践。

关键词：澳门　渔业　渔民　澳门学　中外文化交流

前　言

澳门独特的地理位置与优越的气候条件促成渔业的蓬勃发展，并在经济结构中长期占据重要地位，成为澳门最为传统的举足轻重的产业，“1940 年

* 李涵闻，中外文化交流学博士，河南大学文化旅游学院讲师，口头与非物质文化遗产研究中心研究员。

以前，海产是澳门社会经济的重要支柱”。① 在此背景下，相当部分人口的经济活动与生活方式，均与渔业生产活动密不可分，也造就了渔民这一特殊的行业群体。澳门渔民素有“水上人家”或“水上居民”之称，早在宋代便已在澳门居留栖息。澳门开埠后，讨海为生的渔民不断于此湾泊聚集、结伴作业，自成水上一村，并伴随渔业的发展逐步形成特殊的社会群体。据1867年澳葡政府人口普查数据，时年水上人口数量达17691人，约占当时总人口的21.7%，② 群体规模之庞大由此可见一斑。独特的舟居生活方式，使渔民在人口流动、组织分工、宗教信仰与文化习俗等多方面与陆地居民差异甚显，也使其成为具有特殊性的群体。

有关澳门渔业与渔民之研究向来吸引着学界的关注，并出产相应研究成果。首先须提及的是，澳门渔民大多源于疍民，所谓“疍民”，也称连家船民、游艇子、白水郎、蜒等，是我国东南沿海地区一个独特的族群，“南蛮杂类，与华人错居，曰蜒、曰獽、曰俚、曰獠、曰㐌，俱无君长，随山洞而居，古先所谓百越是也”。③ 国内外学术界对该族群的关注由来已久，早在19世纪，美国人亨特（William C. Hunter）便对珠三角一带的疍民及其船艇进行了描述。④ 英国人呤唎（Augustus Frederick Lindley）对广州、香港、澳门一带的疍家女有所关注，阐述了其社会地位低下的现实。⑤ 20世纪初至40年代末，中国学者罗香林、陈序经、林慧祥、何格恩、钟敬文等，以民族史、社会史、民俗与民间文学之法，对疍民的族群起源、社会地位、生产方式、语言文化、信仰习俗等进行全面观照。此后，历经新中国成立之初的民族识别与社会历史调查、50~70年代传统汉学基础上的“中国问题”研究，80年代后路径转为历史学的区域社会文化史与人类学族群理论和田野方法相结合。⑥ 其中，以珠三角地区研究为代表，黄新美、叶显恩、吴建新、傅贵久、张寿祺等一众学者对珠三角及港澳地区的疍民进行了系统深入的研究。

---

① 黄启臣、郑炜明：《澳门经济四百年》，澳门基金会，1994，第196页。

② 参见〔葡〕古万年、戴敏丽《澳门及其人口演变五百年（一五零零年至二零零零年）：人口、社会及经济探索》，澳门统计暨普查司，1998，第116页。

③ 魏征等编修《隋书》卷82《南蛮》，清乾隆武英殿刻本。

④ 〔美〕威廉·亨特：《广州番鬼录·旧中国杂记》，冯树铁、沈正邦译，广东人民出版社，1993。

⑤ 〔英〕呤唎：《太平天国革命亲历记》，王维周译，上海古籍出版社，1985。

⑥ 参见黄向春《从疍民研究看中国民族史与族群研究的百年探索》，《广西民族研究》2008年第4期。

具体落脚至“澳门渔业与渔民”之议题，《中国海洋文化·澳门卷》辟专章介绍渔猎文化与渔民社会、经济发展。① 其借助考古发现证实古岛渔村所蕴含的渔猎文化，同时利用数据阐明渔业经济的发展与现状，并对渔民的舟居、住家艇、棚屋、服饰、婚姻、节庆、祭祀等文化习俗与仪式实践一一进行介绍。客观而言，虽然该成果学术性不强，但仍可为相关研究提供大量素材，亦是为数不多的概述性成果。相关研究成果亦多以专题研究形式呈现，议题涉及近现代渔业经济发展、渔民人口迁徙与身份流转、渔民生产与生活方式等。随着社会、经济与环境的变迁，澳门渔业由盛而衰，与之相对应的是，渔船与渔民数量日益减少，逐渐引起特区政府与学界重视，加之近20多年来口述史愈加受到学界重视并取得长足发展，有关渔业与渔民的调查与口述史成果逐渐问世。诸多成果不断丰富着澳门渔业与渔民研究的维度、视角与内容。

一 近现代渔业经济的发展

渔业向来是澳门最为传统的支柱性产业，故有关渔业经济的研究起步较早，成果也较为丰硕。早在1913年，马沙度（Álvaro Cardoso de Melo Machado）便在《澳门风物》（*Coisas de Macau*）一书“澳门资源”一篇中对澳门渔业经济予以分析论述。② 何大章、缪鸿基在《澳门地理》“经济活动”一章中，对渔民、渔船与渔栏的数量规模，渔资源种类以及捕鱼技法等进行了概述，并将澳门渔业划分为远海渔业、近海渔业以及沿海渔业，分别阐述了不同类别所需之作业空间与时间、生产工具、人员规模以及渔获品种。同时，对澳门渔业制度进行了分析，指出行业群体中有大渔主、小渔主和渔人之分，三者之间相互产生契约关系：大渔主垄断渔业，并通过资本运作与小渔主通过“栏信”“栏佣”产生信贷关系；小渔主雇用渔人开展捕捞作业。此外，于“澳门之将来”一章中，对澳门渔业港之发展进行了展望，指出濠江及十字门为最合适之渔港；未来应以改良渔业制度及工具为首要，并设立水产专门

① 《中国海洋文化》编委会：《中国海洋文化·澳门卷》，海洋出版社，2016。

② Álvaro Cardoso de Melo Machado, *Coisas de Macau* (Lisboa: Livraria Ferreira, 1913).

学校，促进澳门渔业的可持续发展。[①] 麦振华编著的《澳门渔业概况》，则为介绍澳门渔业的系统性著作，以更为丰富的视角及翔实的数据呈现了产业经济的整体发展状况，具体内容涉及澳门的地理环境、渔业种类、渔民状况、渔栏现状、渔业公司的现状、渔业团体、渔业港之发展等。[②] 此外，尚有诸多关于澳门历史、经济研究的成果，对渔业生产状况及发展变迁有所涉及，如彭琪瑞、薛凤旋、苏泽云的《香港与澳门》,[③] 缪鸿基等的《澳门》,[④] 黄启臣、郑炜明的《澳门经济四百年》[⑤] 以及邓开颂的《澳门历史（1840～1949）》[⑥] 等。在渔业衰败、渔民人口萎缩的现实背景下，澳门渔业的发展趋势引起学者的重视，孟庆顺指出20世纪澳门渔业经历了1918～1934年以及20世纪五六十年代两个兴盛期，但随着工业化的兴起，在海洋生态恶化、渔业生产成本提高、周边地区竞争和限制的加强以及澳葡政府的不支持等内外因素影响下，渔业逐渐式微，无力再现昔日辉煌。[⑦]

除上述有关澳门渔业经济总体情况的研究外，渔业经营制度、商品市场运作、渔栏与渔民之关系等亦成为学者关注的焦点。澳门土生葡人路易斯·贡沙华·高美士（Luís Gonzaga Gomes）的《中国内地和澳门的渔业》，重点对澳门渔业市场运作体系展开探讨，指出渔栏在澳门渔业经济运行中占据重要地位，其与渔民产生信贷关系，并从后者那里购入水产品，再打折卖给零售商，而后零售商将产品售卖给消费者，呈现出一个较为完整的市场运作流程。[⑧] 人类学家路易（Rui Brito Peixoto）以澳门渔栏与渔民为中心展开调查，指出渔民这样一个特殊的水上群体在经济方面高度依赖渔栏这样一个岸上的特别阶层，双方的资本运作方式与信贷关系，构成一种特殊的产业制度；经由与香港渔业经济政策进行比较，认为澳门渔业经济并非通过政府调

---

① 何大章、缪鸿基：《澳门地理》，广东省文理学院，1946。

② 麦振华：《澳门渔业概况》，中华文化服务社，1947。

③ 彭琪瑞、薛凤旋、苏泽云：《香港与澳门》，商务印书馆，1986。

④ 缪鸿基等：《澳门》，中山大学出版社，1988。

⑤ 黄启臣、郑炜明：《澳门经济四百年》，澳门基金会，1994。

⑥ 邓开颂：《澳门历史（1840～1949）》，澳门历史学会，1995。

⑦ 参见孟庆顺《试析20世纪澳门渔业兴衰的原因》，《中山大学学报》（社会科学版）1999年第3期；《20世纪上半叶澳门渔业的变迁》，《当代港澳》2001年第2期。

⑧ Luís Gonzaga Gomes，"A Pesca na China e em Macau"，*Revista Macau*（1949）：26－35.

控和自由竞争来调节，而是依靠人与人的社会关系，这种高度地方化的制度也是澳门渔民阶层保持稳定的决定性的因素之一。[①] 孟庆顺立足于20世纪八九十年代的具体案例及数据，论述渔民与渔栏的经济关系经历了一个由不平等到平等的发展过程。其在《澳门渔民与渔栏之关系探析》一文中指出，渔栏起初扮演着渔民的销售代理人与资金贷款方角色，后来逐渐转变为银行与投资者的结合体，佣金与红利促使双方结成利益共同体；伴随着共同利益基础——渔业经济的衰落，双方的密切关系逐步瓦解，并各自寻求生计与经营方式的转型。[②] 林广志的《澳门之魂：晚清澳门华商与华人社会研究》将渔民视为华人群体，在专章中描述了葡萄牙人逐渐夺取管治权后对渔民与渔业实施的管理手段，尤其是对渔业经济的管治，如实行渔业承充制度，将澳门半岛的卖鱼生意专营权拍卖，由承充者给渔栏发牌，凭此抽收公钞；对渔农社会向商业社会的逐步转变过程进行了揭示。[③] 这也是为数不多的涉及葡人管治背景下澳门渔业与渔民生存发展状况的研究成果。

二 渔民人口迁徙与职业流转

澳门渔民源于疍民，以船为家，终生漂泊于水上，因常受到政治或经济环境变化之影响而具有显著的“流动性”特征。如“迁海”与“海禁弛”时期疍民往复于内地与海上；政府对疍民可否上岸居住之政策时常调整变动，大多采取禁止之策，并对濒水寮居之住所进行拆毁，致使疍民渔户聚散无常；香港开埠后则迁徙离澳，澳门盐价的升高亦驱使渔户前往香港，导致政府对疍民渔户的管理及人口统计出现较大波动。[④] 澳门人口研究方面，首推古万年、戴敏丽的《澳门及其人口演变五百年（一五零零至二零零零年）：人口、社会及经济探索》，对1867～1996年澳门水上人口的数据进行了统计与揭示，包括水上人口总数、水上人口在澳门总人口中的占比以及按

① 〔葡〕路易：《“疍家”与“渔栏”体现中国南方经济金融关系的两个因素》，良友译，《文化杂志》1988年总第4期。

② 孟庆顺：《澳门渔民与渔栏之关系探析》，《广东史志》2001年第4期。

③ 林广志：《澳门之魂：晚清澳门华商与华人社会研究》，广东人民出版社，2017。

④ 赵利峰、郑爽：《明清时期澳门人口问题札记三则》，《华南师范大学学报》（社会科学版）2009年第6期。

性别、年龄划分之人口数量等，清晰地呈现出水上人口全貌及发展演变趋势。[①] 全面翔实的数据，也为随后的相关研究提供了基础性材料。朱俊芳对澳门渔户的湾泊住所及颠沛流离的生活情状进行了描绘，其中重点论述了疍家渔户的职业，指出除以捕捞海产品为生外，疍家渔户还从事运输及贸易行业，生计方式的变迁也一度使澳门渔户在职业身份上不断流转。[②]

事实上，自 16 世纪西方人不断涉足华南海域，澳门渔民也逐渐被卷入全球化的贸易体系之中，在与西方人的不断接触中，逐渐衍生出新的职业与生计方式。除朱氏所提及之职业外，“引水人” 亦是一个特殊的身份与职业。澳门同知印光任于乾隆九年（1744）议请：“洋船进口，必得内地民人带引，水道最为紧要，请责县丞将能充引水之人，详加甄别……至期出口等候，限每船给引水二名，一上船引入，一星驰禀报县丞……”[③] 不少西方学者对此有所关注。Peter Dobell 便指出，这些引水人多由渔民充当，他们懂得船只相关器具的英文名称，并能够使用英语与西方人展开交流；[④] Paul Van Dyke 研究最为精进，对官府对引水人的管理，引水人的资质、数量及收费以及引水的过程等进行了详细阐述。[⑤] 国内学者程美宝同样对此进行了深入研究，先是撰写了《水上引水人——16 ~ 19 世纪澳门船民的海洋世界》一文，[⑥] 后又于《把世界带进中国——从澳门出发的中国近代史》一书中辟专章花费笔墨介绍澳门“引水人”与“水上人”。[⑦] 其通过对文献典籍的梳理，呈现了澳门疍家渔户的身份认同、生活生计与地位变迁，认为正是因流行性高、农业化程度低，水上人在江河和海岸运输中发挥了重要作用，为其提供了较多身份流动的机会；还通过对庙宇的捐助，观察当时鱼行、渔栏、船铺等的运营，揭示了整个渔业与渔农经济的发展。此外，作

① 参见〔葡〕古万年、戴敏丽：《澳门及其人口演变五百年（一五零零年至二零零零年）：人口、社会及经济探索》。

② 朱俊芳：《明清时期澳门人口研究》，硕士学位论文，暨南大学历史学系，2005。

③ （清）田明曜修，陈澧纂《香山县志》卷 22，清光绪刻本。

④ Peter Dobell, *Travels in Kamtchatka and Siberia: With a Narrative of a Residence in China*, Vol. Ⅱ (London: Henry Colburn and Richard Bentley, 1830).

⑤ Paul Van Dyke, *The Canton Trade: Life and Enterprise on the China Coast, 1700 - 1845* (Hong Kong: Hong Kong University Press, 2005).

⑥ 程美宝：《水上引水人——16 ~ 19 世纪澳门船民的海洋世界》，《学术研究》2010 年第 4 期。

⑦ 程美宝：《把世界带进中国——从澳门出发的中国近代史》，社会科学文献出版社，2013。

者还对水上人中的女性做了阐述，在女性处于弱势边缘地位的传统中国社会，澳门为水上人中的女性提供了难得的独立发展之机。

三　渔民的生产与生活

澳门渔民独具一格的生产、生活方式，塑造出丰富多彩的物质与精神世界，其与渔业经济议题一道成为学者最热衷的研究领域。路易便致力于从外在形象、居住空间、生计方式、生活习惯、族群认同、语言习俗等方面揭示水上人家与陆地居民的群体差异，撰写了《海上人家、陆地常客——中国南部社会群体差异初探》，并通过梳理渔民群体的来源以及参与城市渔业贸易活动，指出水上渔民与陆地人家有着密切的联系，而前者的特征并非完全种族和文化孤立状态的产物，而是同陆地人进行频繁社会接触的结果。① 而后，他以渔民的作业技术以及宗教信仰为中心进一步开展田野调查，写成《浅论华南的中国渔民习俗技术和社会》一文与《艺术、传说和宗教仪式——关于中国南方渔民特性的数据 I》一书。前者对澳门“水上人”与“陆上人”进行生活方式上的比较，指出二者之间存在“文化壁垒”；对渔民群体的捕鱼技法、作业分工、职业流转、族系关系、信仰崇拜等进行探讨，从规模和结构角度探寻家庭成员与渔船成员间的内在关系，指出渔民群体的“父系社会”属性与“世系萎缩”现象。② 后者主要从渔民信奉之神祇以及信仰空间尤其是妈祖、观音以及妈阁庙、观音古庙的起源、建立、建筑特色等进行论述，指出渔民阶层的世界观本质上是宗教性质的；对庙宇空间举行的相关信俗仪式活动进行呈现，揭示了水陆居民及社会各阶层之间的神缘性关联，进而显现渔民与陆地社会之间社会意识上的差异。③ 周运源聚焦于渔民的日常生活与生产生计问题，对船居生活方式以及陆居生活的转变做了深入剖析，其中还探讨了澳门渔民与广东其他沿海地区间的联系，形成了一定

① 〔葡〕路易：《海上人家、陆地常客——中国南部社会群体差异初探》，甫语林译，《文化杂志》1987 年总第 2 期。

② 〔葡〕路易：《浅论华南的中国渔民习俗技术和社会》，张小玉译，《文化杂志》1988 年总第 3 期。

③ 〔葡〕路易：《艺术、传说和宗教仪式——关于中国南方渔民特性的数据 I》，《文化杂志》1988 年总第 5 期。

的“区域共同体”意识。[①] 在各自研究的基础上，朱德新、孟庆顺、周运源集合内地及港澳三地文献史料，并结合澳门渔民互助会、澳门渔民子弟学校等机构提供的档案数据以及访谈口述材料，合著了《二十世纪澳门渔民研究》。[②] 这是第一部针对澳门渔民的研究著作，它将研究置于特定历史时期内，对澳门渔民的生活方式、家庭结构、族系关系、职能分工、宗教信仰、风俗习惯、教育发展、行业组织、社会参与、生产经济、对外联系等一一做了论述，呈现出近现代澳门渔民的全景式风貌。梁美莲的《澳门路环村落空间发展研究——以黑沙村为例》在论述路环村落形成及发展时，对渔港商业形态及渔民作业方式、舟居生活、信仰习俗做了简要介绍，以此揭示了路环由渔农社会转向商业社会的变迁轨迹。[③]

物质世界的不断发展推动着精神世界的延伸，澳门渔民独特的生产、生活方式衍生出颇具特色的信仰与习俗。陈衍德便通过描述澳门渔民信仰主体——妈祖的神职神性乃至信仰形态在行业经济发展影响下发生的适应性变迁，揭示了渔民精神信仰世界与现实物质世界之间的关联互动。[④] 朱天舒聚焦于谭公信仰与洪圣大王信仰这两种深受渔民崇拜的信仰之形成与演绎模式，认为谭公信仰的形成代表民间的地方神可以向渔民神、行业神、宗族神、正统神等多元化发展的模式；洪圣大王信仰则代表正统神在民间信仰中被再塑的模式，由此揭示了渔民信仰与聚落民众信仰、神正统性与地方性之间的共通性。[⑤] 在澳门还有一独特的信仰——朱大仙信仰，其信俗目前只在港澳地区留存，只在渔民群体中流传，祭祀活动只在水上进行。傅玉兰对此进行了深入研究，首先撰写了《澳门朱大仙水面醮实录（上、下）》，以田野作业及民族志书写的方式对该仪式的过程进

---

① 周运源：《20世纪澳门渔民若干问题研究》，《广东史志》2002年第3期；周运源：《透视中国澳门渔民——20世纪澳门渔民的生活、工作及对外联系》，《当代港澳》2002年第1期。

② 朱德新、孟庆顺、周运源：《二十世纪澳门渔民研究》，中国档案出版社，2002。

③ 梁美莲：《澳门路环村落空间发展研究——以黑沙村为例》，硕士学位论文，华侨大学建筑学院，2013。

④ 陈衍德：《澳门的渔业经济与妈祖信仰》，《中国社会经济史研究》1997年第1期；陈衍德：《澳门的商业经济与妈祖信仰》，《世界宗教研究》1998年第1期。

⑤ 朱天舒：《从港澳的谭公和洪圣大王谈起——渔民信仰中的两种模式》，李向玉、郑炜明、胡柱鹏主编《“中国渔民信俗研究与保护”学术研讨会论文集》，澳门理工学院，2013，第181～194页。

行了再现。[①] 其后着重对该信仰与仪式实践的起源、发展、特点与内涵进行剖析，撰写了《澳门朱大仙水面醮和非物质文化遗产保护》，并指出由于渔业式微、从业人员大幅减少、渔民群体凝聚力减弱、仪式值理一职缺少“传承人”，以及政府行政审批手续烦琐等，这样一种只属于渔民的信仰面临日渐萎缩之挑战，呼吁以申报与列入非物质文化遗产名录之形式对其加以抢救保护。[②] 郑炜明对此同样予以关注，并从非物质文化遗产保护的视角对朱大仙信俗进行了回溯及思考。[③] 现如今，朱大仙信仰确已于2017年列入澳门非物质文化遗产保护名录。陈青、宋彩珍对澳门舞醉龙信俗活动进行观照，对其起源与流传形式进行介绍考证，指出其原型为广东香山木龙舞之一种，源起不迟于唐代，盛于明清，随着香山乡民迁居澳门，这一习俗便传播于此。[④] 李建萍和宋灏岩分别撰写了《澳门渔业信仰与神像雕刻业的兴衰》与《澳门渔业文化发展探析》，从不同角度论述了澳门渔业文化、信仰崇拜、关联产业的起源及发展，由此窥探信仰世界在渔民现实生产与生活中的实践性表达情状。[⑤]

四　当代渔业与渔民发展调查

随着近20多年来口述史愈加受到学术界重视并取得长足发展，澳门在该领域亦有所斩获，而渔业与渔民成为重点关注对象之一。澳门特别行政区民政总署与香港大学饶宗颐学术馆合作，于2004年与2006年分两个阶段开展路环、氹仔行业口述史研究，其中涉及捕鱼业、凿蚝业、虾酱咸鱼业，并最终择取捕鱼业编入《路环氹仔口述史——行业卷》。该部分将五份渔民口

① 傅玉兰：《澳门朱大仙水面醮实录（上）》，《博物馆研究》2009年第4期；傅玉兰：《澳门朱大仙水面醮实录（下）》，《博物馆研究》2010年第1期。

② 傅玉兰：《澳门朱大仙水面醮和非物质文化遗产保护》，《博物馆研究》2009年第2期。

③ 郑炜明、陈德好编著《醮会道释：港澳朱大仙信仰的人类学田野调查》，澳门理工学院，2013；郑炜明、罗慧、孙沁：《从港澳朱大仙信俗来源看非物质文化遗产的探源与传播问题》，《重庆文理学院学报》（社会科学版）2017年第3期。

④ 陈青、宋彩珍：《澳门舞醉龙的起源追寻》，《第二届海峡两岸体育运动史学术研讨会论文集》，中国体育科学学会，2014，第521～526页。

⑤ 李建萍：《澳门渔业信仰与神像雕刻业的兴衰》，《古今农业》2015年第3期；宋灏岩：《澳门渔业文化发展探析》，《世界农业》2016年第3期。

述记录以方言形式整理成文字，对渔民类别、作业类型与空间、宗教信仰、习俗禁忌以及渔民和渔栏间的商业关系等进行了真实记录。[①] 林发钦主编的《龙环春秋——澳门氹仔老街坊口述历史》是对十位氹仔老居民进行访谈形成的口述文集，其中有数位访谈对象从事渔业以及与渔业相关之行业，通过口述文字，呈现出特殊时期渔民的迁移、从业行业的变更、造船业等相关产业的发展以及氹仔渔农社会的转型。[②] 阮玉笑编著的《渔家心声——澳门渔民访谈》，则是专门针对渔民及渔业的访谈成果，从渔民本位出发了解其生产生活的经历与感受，由此透视澳门渔业的发展演变历程以及前景。[③] 这些珍贵的口述史成果，为相关研究提供了最为真实、朴素的历史生活场景，更拓展了史料的来源范围与书写方式，为学术研究增添鲜活的生命力。

随着社会的发展、经济的转型以及环境的变迁，澳门渔业历经挑战与波折，渔船与渔民数量日益减少，渔业在澳门经济结构中所占的比重大幅下降，逐渐式微。对此，澳门特区政府及社会各界十分重视，组织开展相关调查，以了解产业发展及渔民生息诉求，探寻合理发展路径。20 世纪 90 年代末期，澳门培正史地学会组织师生对澳门众多行业进行调查访谈，相继出版了三部报告文集，其中对捕鱼业进行了调查梳理，介绍了渔业的发展、渔船种类、作业空间、捕捞技法，还对渔民收入与渔获销售价格及进出口额进行了统计，亦对渔民的节俗、渔船的摆设与维修一并做了阐述。[④] 受特区政府委托，澳门理工学院吴绍宏组织编著了《澳门渔业发展调查》，以促进澳门渔业发展及提高渔业生产效率为目的，运用问卷调查、访谈、统计分析等社会科学方法，针对“渔民工作现况”“渔民对行政当局渔业政策的看法”“渔民对澳门渔业未来发展的看法”“渔民个人资料”四个方面进行了全面调查与整理，呈现出当下渔民与渔业经济社会的生存面貌，为相关研究提供了不可多得的田野调查基础材料。

---

① 郑炜明、吕志鹏主编《路环、氹仔口述史——行业卷》，澳门特别行政区民政总署，2014。

② 林发钦主编《龙环春秋——澳门氹仔老街坊口述历史》，广西师范大学出版社，2018。

③ 阮玉笑编著《渔家心声——澳门渔民访谈》，澳门理工学院，2014。

④ 陈子良主编《澳门百业——培正学生历史报告选集》，培正史地学会，1998；陈子良主编《澳门百业续编——培正学生历史报告选集》，培正史地学会，1999；陈子良主编《澳门百业三编——培正学生历史报告选集》，培正史地学会，2000。

五 思考与展望

综观国内外，渔业与渔民研究向来是学界关注的热点问题。国外对于该问题的关注主要伴随人类学、社会学、民俗学等学科的形成与发展，“人类学家对于海洋渔业社会的关注是与人类学学科自身发展相伴而生的。”以1898年哈登（Alfred Cort Haddon）的《剑桥托雷斯海峡人类学探险报告》（*Reports of the Cambridge Anthropological Expedition to Torres Straits*）作为海岛民族志之滥觞，到1946年雷蒙德·弗斯（Raymond Firth）的《马来渔民的小农经济》（*Malay Fishermen: Their Peasant Economy*）开渔业与渔民研究之先河，研究整体沿着“海岛民族志—传统渔业社会议题研究—变迁格局下的社会议题研究”这一理路展开，形成一个较为完整的“实践—理论—反思”系统。

国内学术界对于渔业尤其是渔业史的梳理研究较早，这与我国向来注重史学研究的传统息息相关，早在清光绪三十二年（1906）沈同芳便著《中国渔业历史》一书。而后人类学、社会学、民俗学等传入，渐受学者热衷，渔业与渔民研究日益兴起。当前，研究主要集中于渔业政策制度、产业转型与渔民社会保障体系、群体分化、生计转型、文化认同、海权意识等领域，学者沿着理论建构与实践性经验研究两条路并行。

反观澳门渔业与渔民研究，通过梳理不难发现，在研究方法上，既有成果主要以史实描述与社会调查为主，体现出学界对于史学传统的继承与对产业及群体生存发展问题的关注。同时，在学术界研究方法与路径的发展过程中，有关澳门渔业与渔民的研究能够有效跟进，不断充实与丰富研究视角与维度。在研究内容上，既有成果更加侧重于渔业经济发展与渔民生产及生活方式，这也体现出学术研究“现实关怀”与“人文关怀”的品质。

但相关研究仍显现一定问题，存在进一步发展与完善的空间，主要体现在以下几个方面。首先，研究内容与维度有待丰富与拓展。尽管既有研究取得一定成果，但相对侧重于产业经济发展与群体生产方式、居住空间、生活习俗、宗教信仰，对于产业转型、渔民社会保障体系、当代生计转型、文化认同、海权意识等学界较为关注的话题却少有涉及。其次，实践性、经验性研究较多，理论型研究较为薄弱。尽管在研究方法上既有研究能够实现学术跟进，但对于相关学科理论的运用显现出不足，这也导致研究成果“多平铺直叙、少学理探讨”。再次，材料的挖掘应用层面，相对于中文材料的不断挖掘整理，外文史料的挖掘运用还有较大提升空间，尤其是葡文材料。虽然近年来关于晚清澳门的部分葡文数据逐渐问世，但挖掘力度仍较为“薄弱”，对于葡文材料的使用更是存在欠缺。从澳门葡萄牙人的视角看待澳门社会与渔民社会，可以获得更多的信息与隐秘内容，而缺少葡文材料，自然造成研究立场及客观全面性方面的偏颇与缺失。最后，在澳门学界强调中外文化交流的背景下，少有成果关注葡人的管治模式对澳门渔业与渔民产生的深刻影响，亦较少从中外文化交流视角对渔民群体予以观照，未能显现出澳门渔业与渔民“世界的”“文化交流的”特色属性。

若要全面、准确地认识与挖掘澳门渔业与渔民的内涵与外延，提升研究的学理意义，未来应在加强史料特别是葡语史料的搜集与整理基础上从以下三个维度着手展开。

其一，作为澳门华人社会研究的拓展部分。渔民群体乃是澳门华人群体中的一个特殊行业群体，关于澳门华人社会的研究，近年来已成学界关注的热点，并出产一系列研究成果。借此契机，由澳门渔民入手，注重该群体与华人社会的关联，路易曾指出：“渔民的特征并不全是他们种族和文化的孤立状态的产物，而是同陆地人进行频繁社会接触的结果。”① 因此，未来不仅应关注二者间的差异，更需观照二者间的互动，进一步丰富与拓展澳门华人社会研究的广度与深度。

其二，作为海洋学学科建构发展的重要体系内容。在获得海域管辖权以及参与“21 世纪海上丝绸之路”与粤港澳大湾区建设的背景下，澳门海洋研究将迎来发展的重大契机，渔业与渔民作为重要的组成部分，理应获得学科理论与实践性经验研究的双重重视。当前海洋文化研究与海洋学科发展取得长足进步，特别是海洋人类学、海洋社会学等新兴学科理论与方法在渔业社区、渔民社会研究领域有着广泛的运用与实践，这为澳门在该领域的研究提供了可以借鉴的经验。对相关海洋学科的引入，“不仅对研究者重新认识依海而生的澳门世界具有一定的启发意义，同时对澳门特区海洋知识体系的

① 〔葡〕路易：《海上人家 、陆地常客——中国南部社会群体差异初探》，甫语林译，《文化杂志》1987 年总第 2 期。

建构、海域管辖与海洋生态保育、海洋渔业生产、海洋文化遗产保护等现实问题也具有重要价值”。[①] 借助相关学科理论的建构，亦将显著提升澳门渔业与渔民研究的学理意义。

其三，作为澳门学与中外文化交流的重要案例。澳门学是探讨澳门模式与澳门精神的综合性知识体系，其学术内涵实质上等同于“中西文化交流的所有知识系统”，具有全球化视野与国际化色彩；学者们围绕“互动相生”的范式意义，努力构建与彰显澳门学的理论模式与学术价值。[②] 显然，涵盖于澳门学知识体系内的澳门渔业与渔民，成为进一步丰富澳门学研究的议题与方向。自16世纪以来，澳门渔民便与来澳西人有所接触，成为中西方彼此认识与交流的“开路先锋”。近代以降，葡人逐渐夺取澳门管治权，渔业与渔民继而成为中葡政治、文化碰撞交流的“场域”。澳门渔业与渔民的这种“特质”，本身便与澳门学的学术内涵有着相当程度的契合。从中外文化交流视角探讨澳门渔业与渔民的发展变迁，将研究实践、理论与澳门学“互动相生”范式相融合，为之提供富有价值的案例与参照物，有利于进一步参与澳门学理论建构，在持续不断的研究中揭示中西文化交流进程下的澳门范式。

---

① 张先清：《澳门的海洋研究：一个人类学视角》，《南国学术》2019年第1期。

② 参见林广志《试论澳门学的概念、对象及其方法》，《广东社会科学》2010年第6期；郝雨凡、汤开建、朱寿桐、林广志：《全球文明史互动发展的澳门范式——论澳门学的学术可能性》，《学术研究》2011年第12期。

书以载史

——明清间梵蒂冈图书馆早期中国收藏及历史背景

余　东*

摘　要： 伴随着文艺复兴时期欧洲人文主义的兴盛，仅供教宗本人和教廷内部使用的教宗私人藏书室在15世纪中叶开始向学界开放，此为现代意义上的梵蒂冈图书馆之起始。一个世纪后图书馆已开始有意识地搜集中国文献。本文叙述梵蒂冈图书馆对中国文献的早期收藏史，从1514年葡萄牙国王曼努埃尔一世为庆祝教宗利奥十世登基所送的"异域风情"的贺礼，到16世纪中叶未来成为教宗的马塞录·塞维尼对中国文献的搜集，直到礼仪之争激烈之时徐甘地大出资在中国搜寻、交由柏应理从澳门启程带到罗马的400多种耶稣会士在中国出版的中文书籍。16世纪和17世纪中国文献入藏梵蒂冈图书馆与当时东西方交流的社会环境息息相关，澳门身处其中发挥了重要的桥梁作用。

关键词： 明清中国文献　梵蒂冈图书馆　在华耶稣会出版物　葡萄牙亚洲保教权　礼仪之争

---

* 余东，武汉大学图书馆学系毕业，曾在意大利罗马圣玛利亚自由大学（LUMSA）和罗马大学（La Sapienza）进修。现任职梵蒂冈图书馆东亚馆员、研究员，负责中国和远东地区文献。其主要工作是对梵蒂冈图书馆藏中国和东亚历史文献进行编目和研究。其研究方向包括中西文历史地图、绘画、古币、印刷史、来华传教士文献、梵蒂冈亚洲文献收藏历史等。

一　梵蒂冈图书馆及其收藏历史简介

14 世纪中叶在意大利诞生的文艺复兴运动，15 世纪和 16 世纪在欧洲各地迅速发展。与文艺复兴相伴随的是科学的进步、地理大发现和大量人才的出现。正如时人记载："我们在一个世纪间所见到的科学的进步比我们的前辈在十四个世纪里所看到的更大。"这场文化革新的运动，并未同中古世纪完全隔绝关系，而是重新发现古代文化的精华。在意大利，文人学士开始搜寻研究各地深藏在隐修院图书馆内的古代文学典籍；同时，为了东西教会的合一问题，或为了逃避奥斯曼帝国的入侵，大批拜占庭东罗马帝国的学者携带大量希腊文写本古籍流亡到西方，使得此时期对古典文献的收藏具有了得天独厚的条件。文艺复兴的核心思想是人文主义，以人为中心，肯定人的价值和尊严。文艺复兴时代，最受尊重的人是人文主义者，他们涉猎各种学问，从中汲取精华，作为规范自己和指导别人生活的原则。教宗尼古拉五世（Nicholas V，1397－1455，1447～1455 年在位，见图 1）俗名托马索·巴伦图切利（Tommaso Parentucelli），是 15 世纪中叶的人文主义学者。尼古拉五

图 1　尼古拉五世（*Vat. lat.* 171，f. 138v. ©2023 Biblioteca Apostolica Vaticana，Dionysius Areopagita，sec. V-VI，*De divinis nominibus*. 15 世纪中期写本）

世在位时期决定将教宗私人藏书室向学界开放。这就是现代意义上的梵蒂冈宗座图书馆的起始。

尼古拉五世派人到英国、德国、希腊搜罗珍本，让流亡的东罗马帝国学者将希腊古典作品翻译成拉丁文。他在位的七年里收集了约 1300 件写本，并任命了首任宗座图书馆馆长托尔泰利（Giovanni Tortelli），由此梵蒂冈图书馆成为西方世界最大和最重要的藏书机构之一。自建馆伊始梵蒂冈图书馆就对普通学者开放；其藏书不是仅局限于神学方面，而是涵盖人类知识的所有领域，包括文学和科学，文种从最开始的拉丁文和希腊文，到之后的希伯来文，再到很多其他种语文，包括远东印度、日本和中国的文字。随着时间的推移，图书馆搜集材料的品种也由写本书籍，扩大到档案资料、印刷书籍、素描、版画、地图、艺术品、纪念章和硬币。

自 1450 年前后对学者开放以来，梵蒂冈图书馆的收藏不断扩大，一个世纪之后成为欧洲收藏最丰富的图书馆，位于 15 世纪建筑内的空间已不能满足对其收藏有系统地存放。1590 年，新的图书馆建成并使用至今。①

梵蒂冈图书馆自建馆起就拥有丰富的写本馆藏，均由各位教宗收集而来。几百年来，来自教宗私藏、王室图书馆或私人图书馆等不同渠道的重要收藏不断加入。目前梵蒂冈图书馆总计藏有 82000 种不同文字的写本，100000 个存档单元的档案资料，1600000 本纸质书（包括 8700 部摇篮本书），400000 枚硬币和纪念章，100000 张版画、绘画和印版及浮雕作品以及 150000 张照片。这些文献资料涵盖时间从基督纪元最初数世纪至今，地域文种上包括从远东到哥伦比亚之前的美洲西部等地区的多种语言和文字。其中，中文收藏共计约 7000 种，包括 2000 多种古籍善本、600 种民国印刷品、1000 种当代出版物，一些非书资料包括几百

① 对于梵蒂冈图书馆及其收藏历史更全面和深入的研究，参见 Antonio Manfredi, ed., *Storia della Biblioteca apostolica vaticana. I, Le origini della Biblioteca vaticana tra Umanesimo e Rinascimento (1447 - 1534)* (Città del Vaticano, 2010); Massimo Ceresa, ed., *Storia della Biblioteca apostolica vaticana. II, La Biblioteca vaticana tra Riforma cattolica, crescita delle collezioni e nuovo edificio (1535 - 1590)* (Città del Vaticano, 2012); Claudia Montuschi, ed., *Storia della Biblioteca apostolica vaticana. III, La Vaticana nel Seicento (1590 - 1700): una biblioteca di biblioteche* (Città del Vaticano, 2014); Barbara Jatta, ed., *Storia della Biblioteca apostolica vaticana. IV, La Biblioteca Vaticana e le arti nel secolo dei Lumi (1700 - 1797)* (Città del Vaticano, 2016)。

种地图、碑帖、刺绣、象牙雕、照片，以及3000枚古币。另外，图书馆还藏有15种满文文献、1种蒙文文献，以及一些藏文文献。①

二　葡萄牙获亚洲保教权；首本中文书到达梵蒂冈

15世纪地理大发现时期，葡萄牙人从欧洲前往东方发展贸易，在非洲安哥拉、印度果阿和东南亚马六甲等地先后建立军事及贸易据点。曼努埃尔一世（Manuel d'Aviz，1469－1521）主政期间（1495～1521），葡萄牙成了欧洲最富有的国家，在侵占非洲大片殖民地后向亚洲扩张。1497年，葡萄牙船队从里斯本出发，沿非洲东海岸到蒙巴萨（Mombasa），绕过好望角，于1498年5月到达印度的加尔各答，由此开辟了一条从欧洲直达亚洲的海上航线。在此航线上，葡萄牙在蒙巴萨建造了城堡，在果阿兴建了殖民城市，在澳门建立了中转港。葡萄牙垄断这条航线百年，成为东方海上贸易帝国。海外航行给葡萄牙人带来声望与财富，教会欲借对世俗君主提供政治支持维护和扩大其统治权，教会的政治支持也是葡萄牙所求。代表葡萄牙和教会合作经营海外发现事业的海外保教权应运而生。15世纪中期，教会颁发了一系列敕谕赋予葡萄牙征服的权利。15世纪末，从事海外发现事业的西班牙也采取拉拢罗马教会的策略，因此教会又颁发许多敕谕对西班牙让步。由此葡、西两国围绕保教权进行了长期争斗②。15世纪和16世纪的宗教复兴伴随着地理大发现，天主教会因受新教革命的刺激进行改革。1540年，耶稣会依照教宗保罗三世（Paul Ⅲ，1468－1549，1534～1549年在位）敕谕的宗旨正式成立，并成为葡萄牙最有权势的修会，耶稣会士随葡萄牙商船进驻葡萄牙殖民领地。这种局面在17世纪末开始被打破，路易十四为法国获得保教权，派遣从属法国的耶稣会士赴亚洲和中国。

从里斯本到好望角直到印度洋的航线开通后，曼努埃尔一世开始竭力争取在亚洲的保教权，积极与教宗修好。教宗儒略二世（Iulius Ⅱ，1443－1513）去世后，新教宗利奥十世（Leo X，1513－1521）于1513年3月加冕。借庆祝

① 余东：《梵蒂冈图书馆馆藏中国周边国家古代写本文献》，in Zheng Liren et al.，eds.，*Navagating the Sea of Books*：*Selected Articles from the 1st*，*2nd*，*and 3rd Sino-American Academic Library Forum on Cooperation and Development*（Beijing，2017），pp. 348－376。

② 许璐斌：《葡萄牙和西班牙的远东"保教权"之争及其历史影响》，《北京教育学院学报》2008年第2期，第39～43页。

新教宗登基之机，1514 年春曼努埃尔一世向利奥十世送去来自新发现的东方的贵重贺礼。贺礼分装两艘船从里斯本出发运往罗马，其中装载白色犀牛的船只不幸中途沉入水中，另一艘承载白色印度大象的船只安全抵达摩纳哥的赫库勒斯港（Port Hercules），再由陆路运至罗马。一同送来的礼品除白象外，还有香料、瓷器、镶嵌宝石的宗教法衣、鹦鹉、波斯马，以及一本中文书。

曼努埃尔一世作为贺礼送给利奥十世的这本中文书，应该是有史以来到达教宗手中的第一本中国书籍。有记载说，教宗曾满怀极大的热情向朋友展示这本书。而来自印度的白象 Hanno，一抵达罗马便引起轰动，其声名家喻户晓，成了每次宗教游行仪式中的主角，同时期以它为主题的绘画、雕塑、戏剧等艺术作品数不胜数（见图 2）。①

图 2　诗人 Baraballo（水彩，17 世纪，*Barb. lat.* 4410，f. 32r. ©2023 Biblioteca Apostolica Vaticana）

注：据说糊涂诗人 Baraballo 声称骑上白象可以出口成章，吟诵彼特拉克般的诗句。教宗开玩笑说，如果他胆敢骑上白象 Hanno 并从梵蒂冈骑行至卡比托利欧（Campidoglio），将会在那里为他加冕，结果才至圣天使桥 Hanno 就不愿再前行。Baraballo 被 Hanno 从背上掀翻在地，成为众人的谈资、笑料并被载入史册。

① 不幸的是，由于水土不服，Hanno 到达罗马两年后就病重去世，年仅七岁。教宗利奥十世悲伤至极。根据教宗意愿，Hanno 被葬在望景庭院（Cortile del Belvedere）朝向圣彼得大教堂处。巧合的是正对此庭院的另一边就是梵蒂冈图书馆正门入口。参见 S. A. Bedini，*The Pope's Elephant*（Manchester，1997）。

正是在这一年，利奥十世将亚洲的保教权授予葡萄牙。保教权包括以下内容：到东亚的传教士应向葡萄牙政府登记，应搭乘葡萄牙商船前往亚洲；东亚的主教应由葡萄牙国王推荐，当地为传教发生的交涉事务应由葡萄牙政府代理；在当地举行宗教仪式时，葡萄牙国王代表应在各国代表之前；葡萄牙政府负责提供传教津贴；在中国的传教事务由葡萄牙驻澳门总督负责监督。[①]

三　16世纪上半叶葡人习粤语所用之《上大人》和建本书

梵蒂冈图书馆主动搜购中国书籍始于1550～1555年马塞录·塞维尼（Marcello Cervini，1501－1555，见图3）任职枢机馆员期间。1554年图书

图3　枢机馆馆员马塞录·塞维尼（*BAVOA*. 432，©2023 Biblioteca Apostolica Vaticana）

① 李天纲：《中国礼仪之争：历史·文献和意义》，上海古籍出版社，1998。

馆的入藏记录显示从威尼斯著名书商 Tramezzino 处购得一本中文书。[①] 塞维尼也是一位人文主义学者、神学家，他在担任枢机馆员的五年里（1550～1555），组织力量广为抄录东西方文献。塞维尼后来成为教宗马塞录二世（Marcello Ⅱ，1555 年 4 月 9 日至 30 日在位）。他也是耶稣会的一贯支持者。

大英图书馆里收藏有一本法文《意大利旅行日记》（*Voyage d'Italie*，书号 *Lansdowne MS* 720，作者 Nicolas Audebert）。此日记的第 275 页正面（原页码 279）是 Audebert 在梵蒂冈图书馆抄录的一页《中文字母表》（*Alphabetum idiomatis de Cina*），并特别注明他“被告知原件为教宗马塞录手书”（Ex schedula manu Marcelli Papae scripta，ut aiunt）。

奥德贝尔（Nicolas Audebert，1556－1598）是法国奥尔良学习考古的年轻人文主义学者，于 1574～1578 年在文艺复兴发源地意大利游学。在意大利逗留的近四年间，奥德贝尔拜访意大利著名的文人学者，热衷于同他们畅谈交流，并时常从他们那里见识到一些珍贵的古董、书籍等。在日记里，奥德贝尔耐心细致地描述他的所见，并配上极具仿真效果的素描插图。奥德贝尔在 1576 年 10 月 6 日到达罗马，之后可能是在次年 3 月 1 日启程南下去坎帕尼亚。他访问梵蒂冈图书馆的具体日期没有记载，但极可能是在他停留罗马的这段时间。在梵蒂冈图书馆，奥德贝尔看到的文献包括古典作家维吉尔和泰伦提乌斯的作品、英国国王亨利八世手书的《捍卫七项圣礼》（*Assertio Septem Sacramentorum*，1521）、中文书籍、一张中文字母表（见图 4）等。可以想象，年轻的奥德贝尔在亲眼看到这些镇馆之宝时受到的震撼，以至于他当即将其中的一份中文字母表、两份伊特鲁里亚字母表、一份亚美尼亚字母表的开头部分和一份数字音节手稿原样抄录了下来，之后放在他的《意大利旅行日记》第 275～281 页。

虽然当时图书馆工作人员告诉奥德贝尔这份《中文字母表》是教宗马塞录即塞维尼所抄录，但现在看来实际上只有题名 *Alphabetum idiomatis de Cina* 是塞维尼的手迹，正文部分应该是时任枢机馆员的塞维尼手下的人员抄录的。中文是象形文字，称“中文字母”并不准确。这份《中文字母表》是中国传统上幼儿描红习字用的《上大人》，共 25 字。每字旁边对应的拉丁字母注音是用葡萄

① Clara Dong Yu，“Sulla presenza di testi cinesi in Vaticana nel Cinquecento：Nicolas Audebert e il *Vat. estr. – or.* 66”，in *Miscellanea Bibliothecae Apostolicae Vaticanae XXI*（Città del Vaticano 2015），p. 560，nt. 4；p. 573.

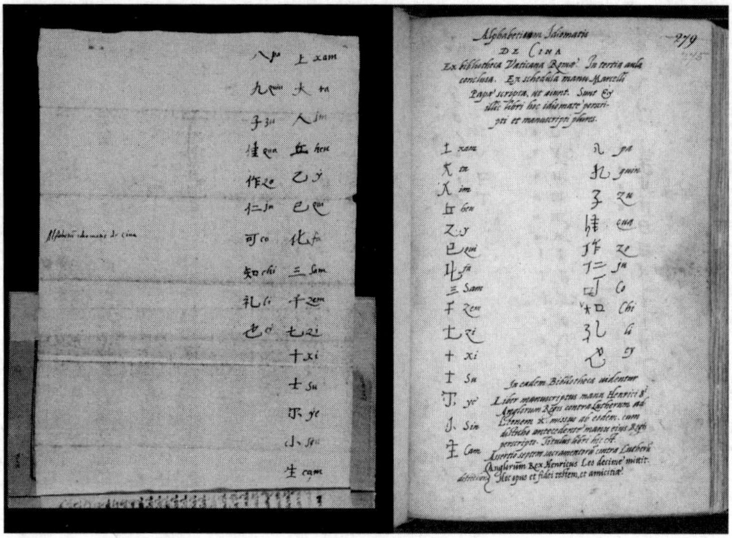

图4 《中文字母表》[(*Alphabetum idiomatis de Cina*),梵蒂冈图书馆藏原稿(*Vat. estr. – or.* 66, f. Vr)和大英图书馆 Audebert 抄本(British Library, *Lansdowne Ms* 720, f. 275r,划掉的原页码 279). *Miscellanea Bibliothecae Apostolicae Vaticanae XXI* (Citta' del Vaticano 2015), pp. 592 – 593]

牙语注释的粤语发音。这份字母表抄件的原件应是16世纪50年代之前在广东和澳门沿海游弋并试图叩关求市的葡萄牙商船上的商人学习粤语所用。[①]

奥德贝尔在梵蒂冈图书馆还看到了一册中文书,是福建建阳本的《续资治通鉴节要》(见图5)。这本书也同样来自16世纪上半叶至50年代间在东方的葡萄牙商人。当时中国南方图书市场最常见价格极低的建阳本民间类书或普及类史书,被来往于日本沿海和中国南方沿海及澳门通商的葡萄牙商人用来学习汉语。这些书被带到欧洲也有很好的市场,常为图书馆收藏或学者购得作为参考书用于编纂史书。可以佐证的是扉页上原书主人的笔记:朱皇帝,名后总(即明世宗朱厚熜,1507 – 1567,1521 ~ 1567在位);*Joanes Res portugales*(若昂三世,João Ⅲ,1502 – 1557,1521 ~ 1557 在位)[②]。葡萄牙人到达中国和日本正是在若昂三世统治的最初几年,亦即明嘉靖前期。

---

① 关于《中文字母表》的发现、研究历史和鉴定,请参阅 Clara Dong Yu,"Sulla presenza di testi cinesi", in *Miscellanea Bibliothecae Apostolicae Vaticanae XXI*, pp. 574 – 581。

② 对建阳本《续资治通鉴节要》的研究和鉴定,请参见上注,pp. 561 – 574。

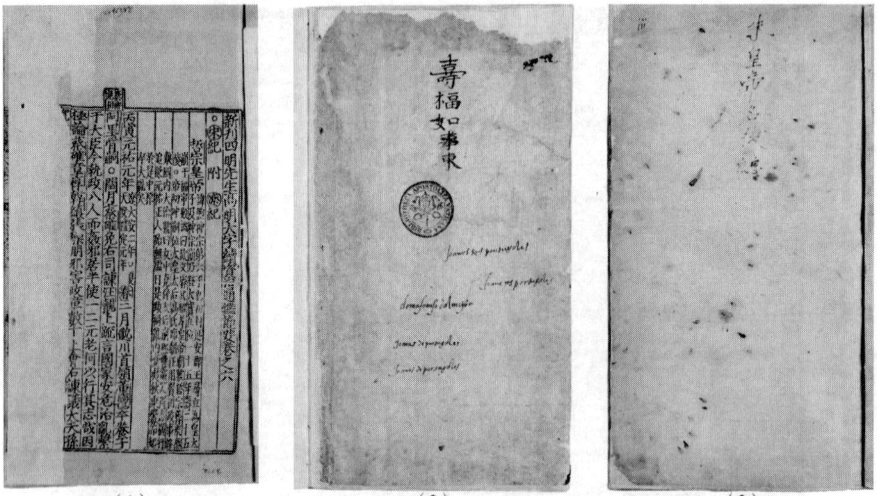

（1）　　（2）　　（3）

图 5　（1）《续资治通鉴节要》首页（*Vat. estr. - or.* 66，f. 1r. © 2023 Biblioteca Apostolica Vaticana）；（2）《续资治通鉴节要》扉页笔注（f. Ir. © 2023 Biblioteca Apostolica Vaticana. *Joanes Res portugales*）；（3）扉页笔注“朱皇帝名后总”（f. IIIr. © 2023 Biblioteca Apostolica Vaticana）。

参观梵蒂冈图书馆的访客中除奥德贝尔这样的年轻游学者外，也有当时的学界名人，如法国著名作家、哲学家兼政治家蒙田（Michel de Montaigne，1533 - 1592）。蒙田后于奥德贝尔在 1581 年参观了梵蒂冈图书馆，图书馆向尊贵的客人展示了馆藏的不同种类的重要文献。据蒙田在《旅游日志》[①] 中所述，他在梵蒂冈图书馆看到了十件宝贝，其中包括一本中文书。

16 世纪的欧洲，各地的年轻人把前往文艺复兴发源地意大利游学、朝圣当作自己求学结业的一个里程碑。游学的大致路径由北向南，罗马是必不可少的一站。也因为此，当时的梵蒂冈图书馆特地集中了一组有精致插图的拉丁文写本以及一小组“异域情调写本”作为镇馆之宝，在 16 世纪下半叶和 17 世纪初向访客展示。这一小组“异域情调写本”编号为 3771 ~ 3778[②]，共 8

① M. De Montaigne，*Journal de Voyage de Michel de Montaigne en Italie*，*par la Suisse & l'Allemagne en 1580 & 1581*（Paris，1774），p. 147. 此书中文译本题名《蒙田意大利之旅》已由上海书局出版。

② Levi Della Vida，*Ricerche sulla formazione del più antico fondo dei manoscritti orientali della Biblioteca Vaticana*（Città del Vaticano，1939），pp. 168 - 169；Clara Dong Yu，“Sulla presenza di testi cinesi”，in *Miscellanea Bibliothecae Apostolicae Vaticanae XXI*，pp. 581 - 584.

件，包括两份中文文献（编号3771和3772），一份是明刻本《事林广记》，另一份是上述《续资治通鉴节要》，二者皆为明末南方沿海地区价廉易寻的纸本书。①

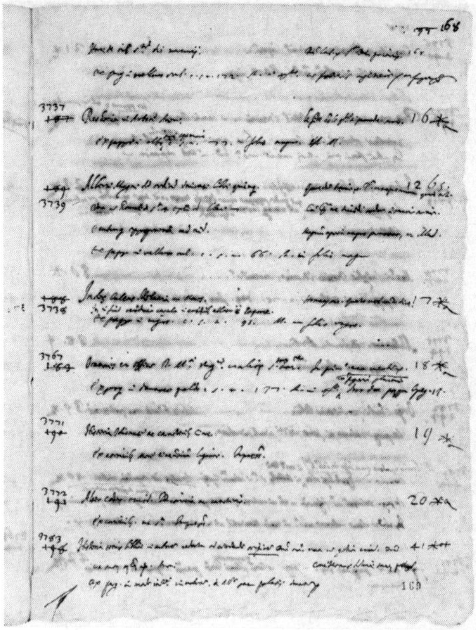

图6　图书馆写本目录初稿（*Vat. lat.* 6949，f. 169r. © 2023 Biblioteca Apostolica Vaticana. *Armarij librorum paruorum Camerae ultimae Secrae*）

注：1. 这是16世纪末图书馆写本目录初稿，至17世纪初不断修改增加。第153页正面至第204页反面著录的是小尺寸的书籍，收藏在图书馆新馆第二密室的书橱里［图书馆迁到新馆后，拉丁文献被重新分类分藏三室：西斯廷大厅（Salone Sistino）、第一密室（Prima Secreta）、第二密室（Ultima Secreta）。此面著录有上述两本中文文献3771和3772，描述文字“3771（190划掉）Historia idiomatum ac caracteribus Cinae. Ex corticibus more cinensium lignorum impressus”和“3772（191划掉）Alter codex eiusdem idiomatisac caracteris. Ex corticibus ut supra impressus”

2. 页面中间主体部分是对每件文献的描述；右面带星号的阿拉伯数字为此文献在当时已存在的辅目录上的编号（至今尚不能确认是哪些目录。当时梵蒂冈图书馆内应该存有不少的写本目录或书单，有些可能保存至今，有些可能已经佚失。当时的主目录是1550年Ruano目录）。

图书馆目录（见图6）的另一页还著录有两件日文刻本，即两册译自葡文的多明我会修士格拉纳达（Luis de Granada，1504－1588）所著的《向善书》（*Guia do pecador*）（见图7），由日本耶稣会学院（Collegio Japonico Societatis Jesu）在1599年印制于长崎。这是梵蒂冈图书馆最早收藏的两本日本著作，应该是通过澳门送到罗马。

① 更多信息请参阅本书第488页注②。

图 7 《向善书》第二卷书名页（*R. I.* III. 340 - 341. ©2023 Biblioteca Apostolica Vaticana. *Guia do pecador*）

注：页面下方有笔注 Macao。

四 耶稣会中国传教副省区会长曾德昭；早期中国教会文献；《崇祯历书》

1553 年葡人入居澳门后，耶稣会士纷纷随商船前来澳门传播天主教，澳门随之成为进入中国内地开展更广泛的传教活动的基地和中转站。主张用中国语言文字在中国传教的意大利耶稣会士罗明坚神父在 1579 年来到澳门，1582 年同为意大利耶稣会士的利玛窦神父也抵达澳门，二人于 1583 年成功进入内地在肇庆传教。[①] 随着耶稣会在远东传教活动的开展，和教会有关的

① 有关早期耶稣会传教士抵达澳门及进入内地的研究文献汗牛充栋，在此不一一列举。仅参考黄启臣《澳门——16 至 19 世纪中西文化交流的桥梁》，《比较法研究》1999 年第 1 期，第 15 ~ 36 页。

书籍、信件等文献通过从澳门启程返回欧洲的商船被寄到罗马，或由返回欧洲的传教士带来。

曾德昭（Alvaro Semedo，1585－1658）是葡萄牙耶稣会士（见图8），他于1610年至澳门，1613年到南京，之后大部分时间都在中国中部和南部传教，唯一一次去北方是1625年的西安之行。他是第一个见到当年出土的唐景教碑的欧洲人。曾德昭原中文名字为谢务录，他在1616年的南京教案中被捕关押，之后被押解回澳门直到1621年，后改名曾德昭潜回内地继续传教。为招募更多的传教士来中国，曾德昭在1636年被委任为耶稣会中国传教副省区代理会长（Procurator of the vice province of China），次年从澳门启程返回欧洲，寻求欧洲方面对中国传教事业的支持。为此曾德昭在1640～1644年走访了里斯本、马德里、罗马。他在1641年出版了葡文版《大中国

图8　曾德昭神父［*Stampe*. II. 148（14）. © 2023 Biblioteca Apostolica Vaticana. Balthasar Moncornet，*P. Alvaro Semedo Portughese*］

注：像下文字为：曾德昭神父，葡萄牙人，耶稣会士，1642年作为日本和中国副省区的代理会长来到罗马。

志》，之后又出现西班牙文、意大利文等不同版本。[①] 曾德昭于 1644 年离开罗马，次年返抵澳门，之后留驻中国南方，担任耶稣会中国传教副省区会长（Vice-Provincial of the Jesuit China Mission）[②]。

1637 年曾德昭启程回欧洲前，以“大明国濠镜澳耶稣会基利斯当教下晚生”郑九西为首的广州天主圣母堂十余名教友齐聚一堂，修书一封向曾德昭表达敬意。信中提到曾德昭于 1616 年和其他教友一起被官府羁押和流放澳门一事。

这封信（见图 9）很可能被曾德昭亲自带到罗马，和教宗乌尔班八世（Urban Ⅷ，1568－1644，1623～1644 年在位）时期很多来自东方的珍贵文献一样，被收入教宗的家族图书馆——巴尔贝里尼图书馆。乌尔班八世俗名为马菲奥·巴尔贝里尼（Maffeo Virginio Romolo Barberini）。他在 1627 年创办的学院专门培训传教士，被称为乌尔班学院（Collegium Urbanum）。乌尔班八世于 1633 年颁布通谕，解除前教宗格里高利十三世不准传教士前往中国和日本传教的禁令。

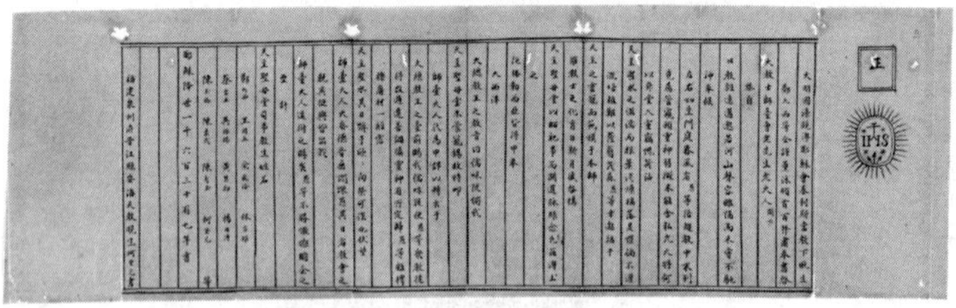

图 9　曾爷书［*Barb. or.* 154（1a）. ©2023 Biblioteca Apostolica Vaticana. 1637］

巴尔贝里尼家族是 17 世纪和 18 世纪意大利的豪门望族，除乌尔班八世外，家族里还出了很多枢机主教，如乌尔班八世的侄子老弗朗西斯（Francesco Barberini *senior*，1597－1679），在 1626～1633 年担任梵蒂冈图书馆第十二任枢机馆员。巴尔贝里尼图书馆由巴尔贝里尼家族创建于 17 世纪早期，在两个世纪内收藏大量增加。乌尔班八世教宗和老弗朗西斯枢机馆员

---

① 关于《大中国志》不同版本的最新研究，参见 I. Pina，“The European Circulation of Álvaro Semedo's Work”，in L. F. Barreto & Wu Zhiliang，eds.，*China-Macau and Globalizations：Past and Present*（Lisbon；CCCM-FM，2017），pp. 90－103。

② 关于曾德昭的生平，请参见 Association for Asian Studies. Ming Biographical History Project Committee，Chao-ying Fang，L. Carrington Goodrich，*Dictionary of Ming Biography，1368－1644* Vol. Ⅱ（New York：Columbia University Press，1976）。

对珍本、善本的喜好和收藏对其家族图书馆馆藏的快速增加起了决定性的作用。巴尔贝里尼图书馆的所有藏书和书架于1902年被梵蒂冈图书馆收购。

实际上梵蒂冈图书馆最珍贵的中国明代善本文献几乎都曾被巴尔贝里尼图书馆收藏，如著名的利玛窦《坤舆万国全图》等耶稣会舆图星图，《天学初函》《崇祯历书》等耶稣会在中国的早期出版物。《崇祯历书》的编修工作开始于1629年，并在1631～1635年先后五次进呈崇祯皇帝。[①] 目前梵蒂冈图书馆藏有《崇祯历书》残卷，共8册13卷，其中《恒星历指》第一卷（见图10）是时任耶稣会中国副省区代理会长曾德昭所送。这册书封面的背面，有拉丁文笔记，如下。

> *R*(everendus) *P* (ater) *Antonius Sammedus è Soc* (ietate) *Iesu* | *Chinensis Procurator Vaticanae* | *Bibliothecae humillime obtulit.*
>
> *Attulit A*(dmodum) *R*(everendus) *P*(ater) *Hieronimus Petruccius* | *ex ead* (em) *Societate hac die* | 8. *a* [= octava] *S. S.* [= sanctorum] | *Petri*, *et Pauli.* 1643.

中文译文如下：

> 曾德昭神父，耶稣会士，中国传教代理会长，谦恭地献给梵蒂冈图书馆。此书于1643年的圣徒彼得和保罗日第八日［即7月6日］由同是耶稣会神父的Girolamo Petrucci[②] 交付。

此笔记中曾德昭的拉丁文名字Alvarus被误写成Antonius，显然书写者并不熟悉曾德昭本人。

---

① 关于《崇祯历书》的详细内容及研究考证，参见石云里、褚龙飞《崇祯历书合校》，中国科学技术大学出版社，2017。

② 佩特鲁齐（Girolamo Petrucci ，1585－1669），意大利耶稣会士。曾在罗马担任十六年的修辞学教授，并在不同的场合用拉丁文进行诗歌创作和讲道。他是乌尔班八世批准的罗马日课经赞美诗文学改革的主要负责人。参见 *Enciclopedia universal ilustrada europeo-americana*: etimologías sánscrito, hebreo, griego, latín, árabe, lenguas indígenas americanas, etc. : versiones de la mayoría de las voces en francés, italiano, inglés, alemán, portugués, catalán, esperanto, Madrid [1907?]－c1930, vol. 46, p. 263。

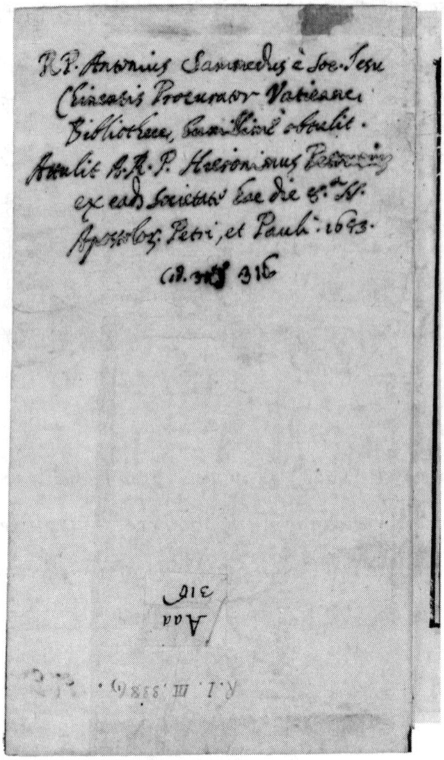

图 10 《崇祯历书》里《恒星历指》第一卷封面背面（*R. I.* III. 338. ©2023 Biblioteca Apostolica Vaticana）

注：曾德昭名字被错写为“Antonius Sammedus”。

五 礼仪之争；柏应理 400 本书

自 1583 年罗明坚和利玛窦获准定居肇庆并开始耶稣会在中国的传教事业，一个世纪后，耶稣会来华传教士已逾百人。他们在中国以适应策略进行传教，以西儒身份被中国官方和士林认可。作为传教工作的一个重要部分，这些早期的耶稣会传教士与他们中国本地学界的合作者一起著录或翻译出版了总计 500 种有关神学、哲学、友谊、幼教以及数学、天文学等现代西方科学的书籍（见图 11）。这些书籍曾经在礼仪之争时被呈给罗马教廷，作为耶稣会士百年间在中国的努力和成就的见证。

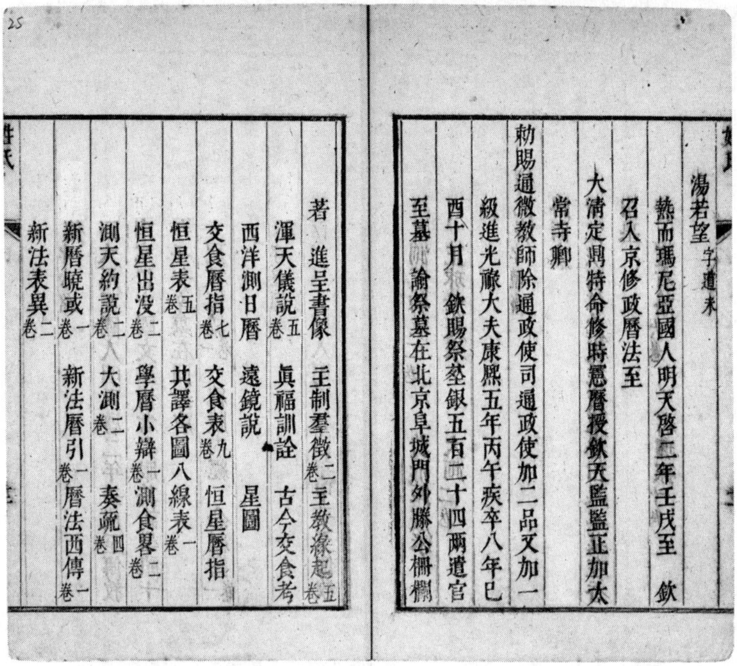

湯若望 字道未
熱而瑪尼亞國人明天啓二年壬戌至 欽
召入京修政曆法至
大清定鼎特命修時憲曆授欽天監監正加太
常寺卿
勅賜通微教師除通政使司通政使加二品又加一
級進光祿大夫康熙五年丙午疾卒八年已
酉十月 欽賜祭塟銀五百二十四兩遣官
至墓 諭祭墓在北京阜城門外滕公柵欄

著 進呈書像 主制羣徵 卷二 主教緣起 卷五
渾天儀説 卷五 眞福訓詮 古今交食考
西洋測日曆 遠鏡説 星圖
交食曆指 卷七 交食表 卷九 恒星曆指
恒星表 卷五 共譯各圖八線表 卷一
恒星出沒 卷二 學曆小辯 卷一 測食畧 卷二
測天約説 卷二 大測 卷二 奏疏 卷四
新曆曉或 卷一 新法曆引 卷一 曆法西傳 卷一
新法表異 卷二

图 11 《圣教信证》[*Barb. or.* 134（4），ff. 11v－12r. ©2023 Biblioteca Apostolica Vaticana. 1647，包括从圣方济各·沙勿略至徐日升共 92 位入华耶稣会士及其著作]

梵蒂冈图书馆收藏有三幅刻本耶稣会中文书目（见图 12），馆藏号为 *R. G. Oriente.* S. 13A，B 和 C。第一幅包括三部分：《引》《天主圣教书目》《历法格物穷理书目》。纸上粘贴三个拉丁文和意大利文题签，从字迹上看，很像柏应理（Philippe Couplet，1623－1693）手书。最上方中间部位是总题名 *Catalogus librorum Sinicorum à P. P. Soc. Jesu editorum*（耶稣会神父出版中文书籍目录），《天主圣教书目》一行的中间部位是 *Libri Sacri*，《历法格物穷理书目》一行的中上部位是 *Libri mathematici & philosophici*。“天主圣教书目”之下列 123 种，“历法格物穷理书目”下列 89 种。结尾署名“极西耶稣会士仝著述”。

第二幅题名为《天主圣教书目》，题名上方粘贴拉丁文题签 *Catalogũs Librorũm Sacrorũm*。题签的拉丁文字迹和第一幅不同，但和柏应理带来罗马的中文书上拉丁文笔注相同，可能是沈福宗（1657～1692）手书，有待对比

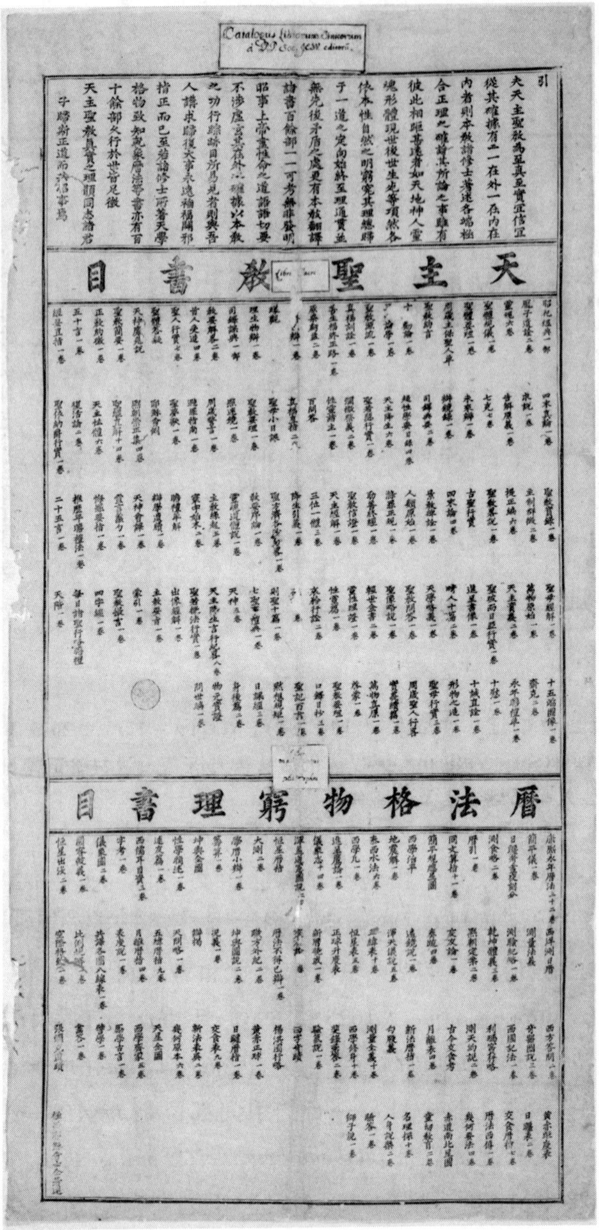

图 12 耶稣会神父出版中文书籍目录（约 1670 ~ 1690 年，三幅之第一幅）（*R. G. Oriente.* S. 13A. ©2023 Biblioteca Apostolica Vaticana. *Catalogus librorum Sinicorum à P. P. Soc. Jesu editorum*）

和考证。[①] 这幅书目罗列了共125种天主教书籍的题名，比第一幅中的《天主圣教书目》多了《神鬼正纪》四卷[②]和《善恶报答问》一卷[③]。此页纸张左下方刻印有文字："极西耶稣会士仝著述　计二百一十六卷"。第三幅题名《历法格物穷理书目》共列书名89种，与第一幅所列的《历法格物穷理书目》对比，除第一幅有些未注明卷数的在第三幅被注明卷数，以及《寰有诠》六卷和《历法不得已辩》一卷前后次序互换之外，完全相同。此页纸张左下方刻印有文字："极西耶稣会士仝著述　计268卷"。

柏应理在1686年也出版了拉丁文版的《1581～1681年在华耶稣会传教士目录》（*Catalogus patrum Societatis Jesu, qui post obitum S. Francisci Xaverii primo saeculo, sive ab anno 1581. usque ad 1681. in Imperio Sinarum Jesu-Christi fidem propagarunt, ubi singulorum nomina, patria, ingressus, praedicatio, mors, sepultura, libri Sinice editi recensentur*[④]）。在此目录里，柏应理记录了自1581年圣沙勿略在上川岛去世的一个世纪里，入华耶稣会士共106人（包括圣沙勿略），在中国出版宗教类书籍126种、天文算法等科技类书籍89种，另有286种（或册?）由中国信徒出版。

梵蒂冈图书馆关于柏应理书籍的目录有两种，即1685年或1686年的*Catalogus librorum Sinicorum*（馆藏号*Vat. lat.* 7128，ff. 213－223）和Ecchellense-Naironi于1686年编写的中文书目录（馆藏号*Vat. lat.* 13201，f. 281r）（见图13），后者应是抄录前者。两个目录均著录天主教书籍97种，共24函168册；天文算法等科技类书籍52种，共19函148册。

柏应理于1680年被选为耶稣会中国传教副省区代理会长，次年从中国启程途经澳门返回欧洲。他离开中国时，随身携带了414册耶稣会在中国出版的中文书籍，以及两位中国信徒——时年49岁的吴历（1632～1718）和二十四岁的沈福宗。由于年龄和健康原因，吴历未在澳门登船，而沈福宗则陪同柏应理至欧洲。

① 关于柏应理带来罗马的中文书，参见下文。

② 又名《神鬼真纪》，绛州约1633年第一版。

③ 又名《善恶报略说》，北京1670年第一版。

④ 罗马耶稣会档案馆藏有此书，馆藏号 *Jap. Sin.* I. 193。参见 Albert Chan, *Chinese Materials in the Jesuit Archives in Rome, 14th-20th Centuries. A Descriptive Catalogue* (Routledge, 2015), pp. 251－252。

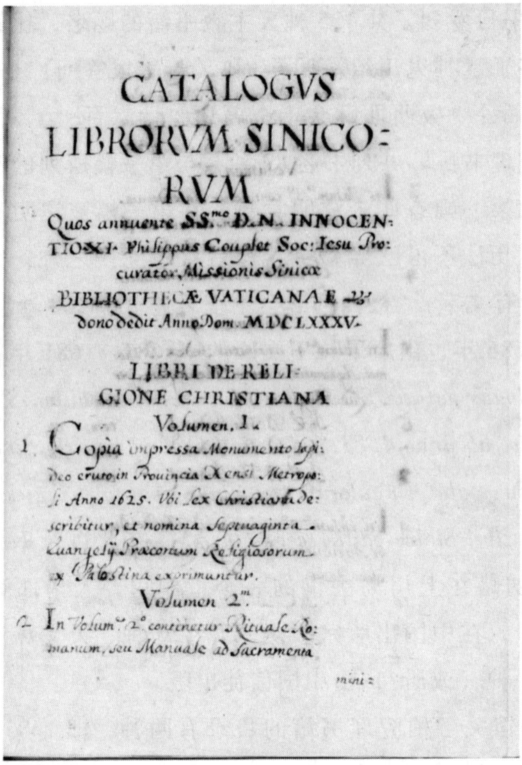

CATALOGVS
LIBRORVM SINICO:
RVM
Quos annuente SS.me D.N. INNOCEN:
TIO XI. Philippus Couplet Soc: Iesu Pro:
curator Missionis Sinicae
BIBLIOTHECAE VATICANAE
dono dedit Anno Dom. MDCLXXXV.
LIBRI DE RELI:
GIONE CHRISTIANA
Volumen. 1.
1 Copia impressa Monumento lapi:
deo eruto in Provincia Xensi Metropo:
li Anno 1625. Ubi Lex Christiana de:
scribitur, et nomina Septuaginta
Evangelii Praeconum Religiosorum
ex Palestina exprimuntur.
Volumen 2m.
2 In Volum. 2o continetur Rituale Ro:
manum, seu Manuale ad Sacramenta
mini:

图 13　Ecchellense-Naironi 于 1686 年编写的中文书目录（著录了柏应理呈给教宗并收入梵蒂冈图书馆的中文书，共 316 册，*Vat. lat.* 13201，f. 281r. © 2023 Biblioteca Apostolica Vaticana）

柏应理欧洲之行的背景是持续数十年之久的关于“天主之名”和“祭祖敬孔”主题的礼仪之争。这场争论从最开始 17 世纪初在日本和中国的耶稣会传教士内部，扩展到之后耶稣会与道明会、方济各会和其他修会的传教士之间，以及传教士和罗马教廷之间，持续百年之久。礼仪之争的原因复杂，主要包括：在华各修会间神学意见不同，传教路线有分歧；葡萄牙和西班牙关于保教权的利益争夺；传信部和保教权的争执，教权和政权间的冲突；等等。①

柏应理，比利时籍耶稣会传教士，于 1658 年初抵达澳门。他在 1661 ~ 1665 年在中国内地传教，其间得益于汤若望掌管钦天监的有利局势，并在

① 参见辅仁神学编译会编译《神学辞典》，1996，“中国礼仪之争”条目。

经济上得到徐光启孙女徐甘地大的大力支持。1665 年因受历狱牵连被流放到广州，到 1671 年才得以恢复传教工作。[①] 柏应理此行罗马是向教宗汇报中国传教副省区的工作情况，请求教宗任命中国神父，并允许用中文举行弥撒等宗教仪式。为此目的，柏应理随身携带的中文书籍包括了实现中国礼仪的必要工具——翻译成中文的《弥撒经典》（*Missale Romanum*）、《圣事礼典》（*Rituale Romanum*）和《司铎日课》（*Breviarium Romanum*），显示已经具备宗教仪式中使用中文的条件；带年轻的沈福宗随行，向教宗显示任命中国神父的条件已经成熟。柏应理共携带 414 册中文书，都是从中国出发前在徐光启孙女徐甘地大资助下能够搜集到的耶稣会传教士在中国前一个世纪里著作出版并在教难中幸存的中文书籍。回欧洲后柏应理为徐甘地大写了传记并出版。[②] 他所携带的 414 册中文书，大部分呈给教宗，之后由梵蒂冈图书馆收藏；小部分送给传信部，现在也由梵蒂冈图书馆收藏。[③] 柏应理呈给英诺森的 330 册中文书是梵蒂冈图书馆早期收藏的最大一批中文典籍。

柏应理和沈福宗一行途经荷兰、法国，于 1684 年底最终抵达罗马。1685 年 6 月，两人得到教宗英诺森十一世（Innocentius Ⅺ，1611 - 1689，1676 - 1689 年在位）的接见。柏应理向教宗提交了一份报告，希望其允许用中文举行弥撒等宗教仪式和任命中国本地神父。在这份写给传信部主教的中国教务报告 *Breve relatione dello stato e qualità delle missioni in Cina*[④] 中，柏应理解释说，传教士决定撰写和出版书籍的目的首先是接近中国民众中受过教育的阶层，那是一个“不乏丰富的聪明才智探究知识……的民族”，是为使这个民族接近对天主教的理解。柏应理把他搜集到的书籍赠给教宗，以便在“梵蒂冈图书馆里的某个角落存放这些耶稣会入华头一个世纪的一点工作［即此］一小批中文书”，这样做“至少可以有这样的结果，即将来有一

---

① 请参阅柏应理手书«Postulata Viceprovinciae sinensis in Urbe proponenda […] per Philippum Couplet electum procuratorem»，利类思鉴准，in ARSJ，*Cong. Prov.* 81，f. 219/1 - 8。

② Ph. Couplet S. J. ，*Histoire d'une dame chrétienne de la Chine*（Paris：Michallet，1688）.

③ 这些书当时由传信部图书馆收藏。传信部图书馆藏所有善本书于 1902 年被归入梵蒂冈图书馆。

④ ARSI，*Jap. Sin.* 131，*Breve Relatione dello stato e qualità delle Missioni della Cina*，*composti dal P. Filippo Couplet Flamingo della Compagnia di Giesù Procuratore a Roma per quelle Missioni dedicata agli Eminentissimi e Reverendissimi Signori Cardinali di Propaganda.*

天——也许会有那么一天——懂中文的欧洲人将可以对我们的书进行研究、审查”①。英诺森十一世承诺将把报告交由传信部审查。由于传信部和宗教法庭（Sant'Uffizio）犹豫不决，柏应理在罗马无望达到预期目的，遂于1685年底离开罗马再至巴黎觐见法王路易十四。

柏应理在罗马的一年时间里，找到了早期派往中国的耶稣会士翻译的中国儒家经典的一些拉丁文译稿，并把这些珍贵手稿带到巴黎，于1687年在巴黎出版了《中国圣贤孔子》一书。该书对17世纪和18世纪的欧洲人了解中国文化产生了巨大影响。法国启蒙运动思想家伏尔泰、德国哲学家莱布尼茨都读过该书。

也是在1687年，柏应理在巴黎得知传信部的枢机主教拒绝了用中文举行弥撒仪式的请求。年底，柏应理开始返回中国的旅程，途经比利时、英国、西班牙，于1690年下半年到达里斯本。由于罗马和葡萄牙之间关于保教权的矛盾，柏应理在里斯本滞留近两年，最终于1692年3月会同其他十五位耶稣会士登船启程。1693年5月，柏应理一行所乘船只在途经果阿海岸时遭遇风暴，柏应理不幸遇难。②

柏应理从中国带到罗马的耶稣会在中国出版的中文著作，不仅如他三个多世纪前希望的那样被珍藏在梵蒂冈图书馆，接受来自欧洲和全世界能读得懂中文的学者的“研究审查”，更是被数字化和影印出版，方便了全球各地学者使用。

六　结语

现代意义的梵蒂冈图书馆的诞生伴随着文艺复兴时期欧洲人文主义的兴盛，图书馆对中国文献的搜集也始于同样的大环境之中。16世纪和17世纪中国文献入藏梵蒂冈图书馆与当时东西方交通的历史背景和社会环境——大航海时代葡萄牙东进的野心和对亚洲保教权的争夺，天主教耶稣会在中国传教

① Yu Dong, “Chinese Language Books and the Jesuit Mission in China: A Study on the Chinese Missionary Books Brought by Philippe Couplet from China”, in *Miscellanea Bibliothecae Apostolicae Vaticanae VIII* (Città del Vaticano: Biblioteca Apostolica Vaticana, 2001), pp. 507 – 554.

② E. J. Malatesta, “The last voyage of Philippe Couplet”, in J. Heyndrickx, ed., *Philippe Couplet S. J. (1623 – 1693). The Man Who Brought China to Europe* (Nettetal, 1990), pp. 163 – 181.

事业的发展以及礼仪之争——息息相关。澳门身处其中起到了桥梁的作用。

欧洲传教士在中国著述、翻译和出版的作品，虽然最终目的是为传教服务，但对中国文化在各方面都产生了深远的影响，尤其成为中国认识欧洲最近几百年科技发展的工具。反过来，中文书籍以及由传教士本人翻译的中国作品传到欧洲，也对介绍古老的中国文明给西方并让西方了解中国文化和思想起了决定性的作用，影响了欧洲的神学家和哲学家。总之，这些在中国和在欧洲印制出版的图书是当时东西方之间沟通必不可少的工具，一方面深刻地影响了中国知识阶层，另一方面帮助部分欧洲知识分子改变了世界观和历史观。除了最为学界熟识并得到较为深入研究的传教士文献之外，梵蒂冈图书馆的中国收藏里尚有大量至今未有得到重视的珍本甚至孤本，如被联合国教科文组织第 37 届大会主席郝平先生誉为国宝的元代写本《大方广佛华严经》和很可能同为元本的《清明上河图》，正待有关专家学者进行深入研究和鉴定。

近六个世纪以来，梵蒂冈图书馆以其一贯宗旨搜集和保存世界各语种、涵盖人类知识各学科门类的文献，一如既往地接待学者学习和研究这些珍贵历史文献，不分国籍、肤色、政治信念和宗教信仰。梵蒂冈图书馆的宝藏属于全人类，图书馆欢迎来自世界各地各界的合作和支援，以更有效更长久地保存它们，为学者的使用提供更好的服务。

澳门研究丛书书目

澳门人文社会科学研究文选	
社会卷	程惕洁 / 主编
行政卷	娄胜华 / 主编
政治卷	余　振　林　媛 / 主编
法律卷	赵国强 / 主编
基本法卷	骆伟建　王　禹 / 主编
经济卷	杨允中 / 主编
教育卷	单文经　林发钦 / 主编
语言翻译卷	程祥徽 / 主编
文学卷	李观鼎 / 主编
文化艺术卷	龚　刚 / 主编
历史卷	吴志良　林发钦　何志辉 / 主编
综合卷	吴志良　陈震宇 / 主编
新秩序	娄胜华　潘冠瑾　林　媛 / 著
澳门土生葡人的宗教信仰	霍志钊 / 著
明清澳门涉外法律研究	王巨新　王　欣 / 著
珠海、澳门与近代中西文化交流	珠海市委宣传部 等 / 主编
澳门博彩产业竞争力研究	阮建中 / 著
澳门社团体制变迁	潘冠瑾 / 著
澳门法律新论	刘高龙　赵国强 / 主编
韦卓民与中西方文化交流	珠海市委宣传部 等 / 主编

澳门中文新诗发展史研究（1938～2008）
吕志鹏／著
现代澳门社会治理模式研究　陈震宇／著
赃款赃物跨境移交、私营贿赂及毒品犯罪研究
赵秉志　赵国强／主编
近现当代传媒与港澳台文学经验　朱寿桐　黎湘萍／主编
一国两制与澳门特区制度建设　冷铁勋／著
澳门特区社会服务管理改革研究　高炳坤／著
一国两制与澳门治理民主化　庞嘉颖／著
一国两制下澳门产业结构优化　谢四德／著
澳门人文社会科学研究文选（2008～2011）（上中下）
《澳门人文社会科学研究文选（2008～2011）》编委会／编
澳门土地法改革研究　陈家辉／著
澳门行政法规的困境与出路　何志远／著
个人资料的法律保护　陈海帆　赵国强／主编
澳门出土明代青花瓷器研究　马锦强／著
动荡年代　黄鸿钊／编著
当代刑法的理论与实践　赵秉志　赵国强　张丽卿　傅华伶／主编
澳门行政主导体制研究　刘　倩／著
转型时期的澳门政治精英　蔡永君／著
澳门基本法与澳门特别行政区法治研究　蒋朝阳／著
澳门民事诉讼制度改革研究　黎晓平　蔡肖文／著
澳门人文社会科学研究文选（2012～2014）（上中下）
《澳门人文社会科学研究文选（2012～2014）》编委会／编
澳门特别行政区立法会产生办法研究　王　禹　沈　然／著
全球化与澳门　魏美昌／主编
中葡澳门谈判（1986～1999）　〔葡〕卡门·曼德思／著
臧小华／译
镜海微澜：黄鸿钊澳门史研究选集　黄鸿钊／著
澳门道路交通事故民事责任研究　吕冬娟／著
“一带一路”与澳门发展　澳门特别行政区政府政策研究室
澳门基金会
思路智库／主编

新时代　新征程："一带一路"与澳门发展	澳门特别行政区政府政策研究室和区域发展局 澳门基金会 思路智库／主编
"一国两制"下的中央管治权研究	骆伟建　周　挺　张　强／著
澳门特别行政区基本法解析	骆伟建　江　华　赵英杰／著
澳门特别行政区治理模式研究	王　禹　沈　然／著
发达微型经济体财政预算过程研究 ——对澳门特别行政区的启示	何伟鸿／著

图书在版编目(CIP)数据

澳门学与澳门民间文化：第六届澳门学国际学术研讨会论文集 / 澳门基金会编. -- 北京：社会科学文献出版社，2023.5
（澳门研究丛书）
ISBN 978-7-5201-8693-3

Ⅰ.①澳… Ⅱ.①澳… Ⅲ.①澳门-地方史-近现代-文集 Ⅳ.①K296.59-53

中国版本图书馆CIP数据核字（2021）第144725号

·澳门研究丛书·
澳门学与澳门民间文化
——第六届澳门学国际学术研讨会论文集

编　　者 / 澳门基金会

出 版 人 / 王利民
责任编辑 / 王晓卿
文稿编辑 / 肖世伟
责任印制 / 王京美

出　　版 / 社会科学文献出版社·当代世界出版分社（010）59367004
地址：北京市北三环中路甲29号院华龙大厦　邮编：100029
网址：www.ssap.com.cn
发　　行 / 社会科学文献出版社（010）59367028
印　　装 / 三河市东方印刷有限公司

规　　格 / 开 本：787mm × 1092mm　1/16
印 张：32　字 数：535千字
版　　次 / 2023年5月第1版　2023年5月第1次印刷
书　　号 / ISBN 978-7-5201-8693-3
定　　价 / 158.00元

读者服务电话：4008918866